コミュニティー・キャピタル

中国・温州企業家ネットワークの繁栄と限界

西口敏宏・辻田素子 著
Toshihiro Nishiguchi　Motoko Tsujita

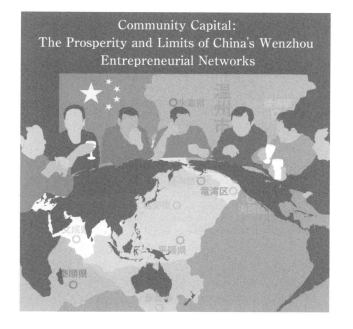

Community Capital:
The Prosperity and Limits of China's Wenzhou
Entrepreneurial Networks

有斐閣

はしがき

　本書の目的は，一見，何の変哲もない諸個人が形成するコミュニティーの国際的な台頭と繁栄への道程を，最新の社会ネットワーク理論とその実証分析から導出された「コミュニティー・キャピタル」（同じコミュニティーの成員間で活用できる関係資本）の概念を用いて分析することである。個人の繁栄には，さまざまな資本が必要である。例えば，一見似通った若者でも，有力大学の学位を取得し，語学が堪能な者は，そうでない他の者よりも，個人的に利用できる人的資本に恵まれている。だが，単純に個人に属する人的資本の量と質だけで，一意的に特定の個人の繁栄と成功への道程が決定づけられるわけではない。

　むしろ，同程度に，あるいは，それ以上に大切なのは，個人が自らの社会的つながりを通してアクセスできる関係資本の広がりと多様性，そして，何よりもその利用可能性である。関係資本の活用法としては，就職難にもかかわらず，父親の友人の知人の紹介で有力企業に就職したり，あるいは，資産家の叔母から無担保・無利子で資金調達し，起業したりすることなどが含まれる。そうした関係資本の有用性は，あなたが誰と知り合いであり，その人が関係資本を含むいかなる資本を所有し，あなたを助けるためにどれほど豊かな人的ネットワークを活用でき，また，積極的に支援してくれるか，といった要素にかなり左右される。

　本書は，人々のつながり構造とその運用が，個人や社会にいかなる作用を及ぼすのかをテーマに，私たちが長期間，世界各地で実施した広範なフィールド調査から発掘し，分析した証拠を，最新のネットワーク理論の枠組みを用いて，綿密に検証している。近年のネットワーク研究では，数値シミュレーションによるモデル構築や，シンプルな想定に基づいて定量化されたビッグデータ解析などの領域で蓄積が進んでいる。私たちは，そうした進展を尊重しつつも，既存の定量分析だけでは捉えきれない，意図や感情をもった人間同士の濃密な関係性や情報伝達の実効性といった側面を緻密に追い，主に定性的アプローチで，とはいえ，適宜，定量データも駆使しながら，多面的な分析を行っている。

　研究対象として，私たちが着目したのは，中国浙江省の温州人企業家である。中国の改革開放後，沿海部の港湾都市，温州は，幅広い日用品の製造・販売で急成長すると同時に，主な進出先である欧州を中心に新華僑として台頭し，優れた自発的な経済発展によって世界の耳目を集めた。例えば，"Made in Italy"製を含む競争力の高い衣服やバッグを自ら製造・販売し，中国との貿易だけでなく進出国からの再輸出にも貢献し，さらに，中華や新しいタイプの日本食レストラン

などを営んで，大富豪となる温州人企業家が続出した。歴史的に長く貧困を堪え忍んできた彼らは，改革開放以降，約30年という比較的短い間に，中国国内ばかりでなく，進出先の欧州各国にも強靭な同郷人ネットワークを築き上げ，その諜報力と機動力をフルに活かして，目覚ましい経済的繁栄を成し遂げた。

本書では，近年，温州人企業家が創出した国内外に広がる同郷人ネットワークの特徴的な構造と機能，そして，それらを支える関係資本を実証的に考究することによって，彼らの経済的繁栄の秘密とその成長限界の論理を探る。1人1人を見れば，決して高学歴でなく，人的資本に恵まれてもいない彼らが，中国国内と主な進出先である欧州を結ぶ効果的なネットワークを形成して大繁栄を築くことができたのはなぜか。同時期に出現した他の地域出身の新華僑と比べても，概して温州人企業家のパフォーマンスが傑出しているのはどうしてなのか。さらに，近年，温州ではマネー・ゲームに敗れ，資金繰りに窮した一部の中小企業経営者の逃亡や企業倒産が注目を集めたが，そうした彼らの苦境はいかなる事由に起因しているのか。

本書は，このような疑問を解明するに当たり，温州人の間に広く行き渡る価値基準と行動規範，彼ら同士の間でのみ交換される社会的な関係資本に着目し，「信頼」，「コミュニティー・キャピタル」，「社会的埋め込み」（social embeddedness）の概念を分析ツールとして援用する。いうまでもなく，近年，これらの概念を用いた研究は，社会学，経済学，そして，両者を結ぶ経済社会学（economic sociology）の分野で特に脚光を浴び，理論と実証の両面で，優れた業績や知見が蓄積されつつある。

本書が分析対象とする中国人のつながり構造，とりわけ華僑・華人のネットワークが発揮する機能とその意味の解明は，伝統的に政治学，歴史学，中国学，あるいは，人類学などにおける先行研究の専管領域と見なされてきた。そこでは，華僑・華人をダイアスポラ（diaspora, 離散集団，流浪の民）と見なし，今なお中国特有の「文化」問題として議論される傾向がある。だが，本書は，そうした伝統的な立場と一線を画し，近年，国内外で際立った繁栄を享受する温州人企業家を，最新のネットワーク理論の枠組みと知見を援用し，徹底したフィールド調査で収集されたオリジナル・データに基づき，経済社会学の観点から，実証分析する点に特徴がある。

組織論を専門とする一橋大学イノベーション研究センター教授の西口敏宏と，中小企業と地域経済を研究する龍谷大学経済学部教授の辻田素子が，中国人，なかでも，温州人企業家に興味を懐くことになったきっかけは，2003年に西口が，長年の畏友，マイケル・クスマノ，マサチューセッツ工科大学（MIT）スロー

ン・スクール教授のボストン近郊のご自宅に招待された際，たまたま許琳（Xu Lin，シュ・リン，当時バブソン・カレッジ助教授）さんと再会したことに始まる．中国出身の彼女は，一橋大学で修士課程を終えた後，クスマノ先生のもとで MIT 経営学博士号を取得し，米国で職を得ていた．久々に再会し晩餐をともにした彼女と西口，クスマノ夫妻の話題の1つに，欧州で近年，頻繁に見かけるようになった温州出身の移民企業家に関する許さんの体験談があった．

同じ 2003 年に，ワッツの *Six Degrees*（邦訳『スモールワールド・ネットワーク』）が出版され，そのなかで，西口・ボーデによるアイシン精機火災事故のケース分析（Nishiguchi and Beaudet 1998）が7頁にわたって紹介されていたことを契機に，同書を読了していた西口は，スモールワールド・ネットワーク理論（第2章で後述）の大いなる可能性に思いをはせていた．そして，大多数の者が「近所づきあい」を大切にするかたわら，「遠距離交際」にも励む少数のメンバーが併存し，両者が，離反するどころか，渾然一体となって集団的営為に等しく貢献しているように見える温州人企業家のコミュニティーが，スモールワールド構造の理念型に近いのではないかという印象を懐いた．

他方，辻田は当時，中国の広東省，江蘇省，上海などで，日系，台湾系を含む外資系企業や，新たに誕生した産業集積の調査を，別途，開始していた．改革開放後の中国には，華人を含む外国資本や海外市場に依拠して発展した「珠江モデル」，地元政府と企業の結びつきが強い集団所有制で発展した「蘇南モデル」，家族経営を中心とした私有制と商人ネットワークが特徴的な「温州モデル」といった多様な発展「模式」が併存していた．なかでも，所有関係が明確な温州の民営中小企業は，企業の吸収や合併などによる企業規模の拡大と近代的な企業制度の導入などを積極的に推進し，急成長を続けており，脚光を浴びていた．しかも，その直前，辻田は一橋大学の大学院生時代に，西口の指導のもと，㈶中小企業総合研究機構との共催による「中小企業ネットワーク研究プロジェクト」（1998〜2002年）の中心メンバーとして参画した共同研究の体験から，中小企業同士，あるいは，中小企業と大企業や政府との関係性が，企業や地域の発展にいかなる影響を与えるかについて，深い関心を寄せていた．

2004年3月，米国から参加してくれた許琳さんを仲介役に，西口と辻田は，中国人留学生とともに初めて温州を訪問した．1週間という短期間ではあったが，2人は，スモールワールドのアイデアを援用した実証研究を遂行するに当たって，温州人企業家コミュニティーは適格な研究対象となりうるとの確証を得た．同年8月，私たち2人は，通訳を務める中国人留学生を伴い，イタリア在住の温州人企業家調査を開始した．その後，西欧，東欧，ロシア，ウクライナ，トルコなど，

欧州全域に在住する温州人企業家を中心にインタビューを重ねるごとに，新たな一連のリサーチ・クエスチョンが次々と生じ，一定の知見が得られると，すぐ次の研究ステップに誘う新しい疑問が湧き起こるにつれて，フィールド調査対象の拡大と深化がスパイラル的に進行した。そして，シンプルで美しいとはいえ，数値シミュレーションに大きく依存し，階層性を考慮せずに，分析上，すべての等価的ノード（結節点）が必ず電気回路の配線図のようにつながっていなければならないという，現実社会ではほとんど見られない前提条件のもとでのみ，分析が可能となるスモールワールド・ネットワーク理論の適用限界と，そこから生じる偏りを，フィールド調査でのみ得られる豊かな定性データと解析結果で補う必要があることを悟った。

　結果的に，本研究は，開始から本書刊行に至るまで，丸12年の長丁場となった。フィールドワークと執筆，さらに，定性的な証拠だけでなく，研究目的に沿った定量データの創出と統計処理の検証作業など，一連の研究活動のすべてが，初期の予測をはるかに超えて長期間にわたり，決して楽なことだけではなかった。とはいえ，その分，度重なるフィールド調査の生体験と，そこで収集された膨大なオリジナル・データからのみ得られる豊富な知見と確証をもとに，他にあまり類例のない多面的な議論を展開し，また，深掘りすることができたのではないかとの感慨がある。

　書籍の企画としてようやく1つの形にまとまりつつあった2009年に，以前からお世話になっていた有斐閣のベテラン編集者，藤田裕子さんに，最初の出版企画案をお見せした。当時の日本は，リーマン・ショック後の世界経済危機の影響もあって，経済全体が低迷し，「負け組」や「格差社会」といった言葉が流行り，希望をもてない孤立した個人の急増を反映するさまざまな社会事象がマスコミを賑わせていた。私たちは，最新のネットワーク理論を実証的に考究する作業を通して，見かけ上は，温州人企業家という一見特殊な研究対象を扱いながらも，その研究成果からは，必然的に普遍性の高い知見と帰結が導出されることを確信していた。そして，一般的な含意として，ある種の社会的つながり構造とその巧みな運用の仕方によって，個人が繁栄する秘訣を探し当てるという，一般読者をも惹きつけるメッセージ性の強い書籍が生まれるのではないかという，有用性もほの見え始めた。

　その一方で，2011年に，温州で企業経営者の失踪や自殺，工場閉鎖，企業倒産などが相次ぎ，その苦境は「温州民間信用危機」として国内外で広く報じられた。このとき発生した一連の事件は，実体経済への波及を恐れた中国政府がその沈静化に奔走しなければならないほど深刻な事態であることを告げていた。それ

まで，比較的順調だった一定期間の証拠に基づいて，ともすると凝集性の高い温州人企業家コミュニティーが示すパフォーマンスの高さに注意を奪われがちだった私たちは，あたかも研究の出発点に引き戻されるかのように，改めてその負の側面をも考慮し直す必要を感じ，「温州民間信用危機」の要因と危機後の実態解明のために，欧州や中国への調査を，よりバランスの取れた視点を織り込みながら続行した。

そうした進展と相前後して，私たちは比較研究の視座が不可欠であることを痛感していた。例えば，広大な中国にあって，温州とわずか数百キロメートルしか離れていない福建省出身の在欧の新華僑は，温州人とほぼ同じ時期に進出しているにもかかわらず，総体として，押し並べて，温州人の後塵を拝していることが観察された。さらに，1990年代から2000年代半ばにかけて，やはり福建省から大挙して不法移民が日本に押し寄せ，さまざまな社会問題を惹起していることも周知の事実だった。

このような背景に鑑み，12年に及んだ本研究の後半では，特に福建省をはじめとする温州以外の出身者，つまり「非」温州人企業家を集中的にインタビューし，その実態を把握し比較検証するために，欧州や中国へ何度も足を運んだ。そうした調査活動後半の集中的なフィールドワークとそこからの新たな証拠の発掘によって，最初はシンプルなスモールワールド性の検証をめざしてスタートした本研究の，より実効性のあるオリジナルな分析の枠組みが，ちょうどドロドロとした粘液質の原素材のなかから，3D形状の新製品がゆっくりと浮上してくるかのように，次第に形成されていった。「コミュニティー・キャピタル」と「同一尺度の信頼」という本書の鍵概念も，このようにして自ずと析出された。

これらの概念の適用によって，理数系の数値シミュレーションのように，至極単純な前提のもとで，すべてのノードがつながっていなければ分析できない世界とは対照的に，仮に明確な配線図が描けなくても，内と外とのバウンダリーがはっきりとしたコミュニティー・メンバーの間では，同一のコミュニティーに属しているという強固なアイデンティティーさえ共有されていれば，たとえ面識がなく，個人的能力や階層の異なる成員間においても，比較的容易に自由闊達な協業関係が生まれ，コミュニティー全体の頑健性と成長に貢献しうるとの確証が得られた。結果的に，調査活動の後半において，そうした明示的な比較検証の枠組みで，新たにフィールド調査と実証研究をやり遂げられたことが，本書の議論に奥行きと独自性を与えることになった。

本書のふんだんな証拠は，1人1人がものの見方を少し改め，双方向で他者との関わり方にわずかばかりの工夫を凝らして，つながり構造とその力学を改善す

ることで，最初は八方塞がりとしか思えなかった周囲の世界を，さまざまなチャンスに満ちた希望の社会の構築に向けて，軌道修正できる可能性を示唆している。人との関わりや振る舞いについて考察を巡らせ，たとえささやかにでも行動を起こすことによって，必ずしもストレートに繁栄という結果が保証されるわけではないが，そこに至る重要な道標の見極めとメカニズムの理解には貢献するはずである。本書は，ネットワークと社会関係資本，中国経済，国際移民，中小企業，起業などに関心をもつ研究者や実務家，政策決定者だけでなく，貧困から抜け出したい，新しい人生を歩み始めたい，環境改善のために行動したいといった，変化を求める多くの意欲ある人たちに，重要なヒントを与えるであろう。なぜなら，優れたパフォーマンスを持続的に示すコミュニティーの構造特性とそのポテンシャルをフルに活かすタイプの信頼関係をよりよく理解し，それらを実践に移すことによって，必ずや諸状況の改善の糸口がつかめるはずだからである。

　本研究が意想外に長引いたことで，2009年の最初の出版企画案をお見せして以来，私たちの研究成果がまとまるのを，そっと辛抱強く見守って頂いた有斐閣の藤田裕子さんには，大変なご苦労をおかけした。また，入稿後数カ月で店頭に並べて頂きたいという，私たちの無謀な要望にも，全面的にご協力頂き，感謝に堪えない。

　最後に，12年の長い研究プロセスの間に，西口の母，満子と，辻田の父，武雄が逝去した。幼少期から，いつも穏やかに，晴れやかに，西口の成長と自己実現への道程を見守ってくれた母への深い感謝の念は，その89年の人生が終焉した今も，湧き出る泉のように，全く尽きることはない。辻田にとって，父は，人間関係や身の処し方などを相談できるよきメンター（助言者）であった。30代で，勤務先の新聞社をやめて大学院に進学するという決断ができたのも，父がそっと背中を押してくれたからである。私たち共著者が，長年にわたって学術活動に勤しみ，今般，本書の上梓に漕ぎ着けることができたのも，私たちの記憶が始まる以前から，いつも優しく見守ってくれていた，彼らのおかげである。合掌。

新緑萌える 2016 年 5 月吉日，国立と京都にて

西口　敏宏
辻田　素子

著者紹介

西口　敏宏（にしぐち　としひろ）
一橋大学名誉教授・特任教授

1952年生まれ。早稲田大学政治経済学部卒業。ロンドン大学社会学修士（M.Sc.），オックスフォード大学社会学博士（D.Phil.），MIT（マサチューセッツ工科大学）研究員，INSEAD（インシアード，欧州経営大学院）博士後研究員，ペンシルベニア大学ウォートン・スクール助教授を経て，1994～1997年一橋大学産業経営研究所助教授，1997～2016年一橋大学イノベーション研究センター教授，2016年より現職。組織間関係論，社会ネットワーク論を研究。財務省，経済産業省，防衛省など政府の委員を歴任。ケンブリッジ大学，メリーランド大学，MIT各上級客員研究員。財務省財務総合政策研究所・特別研究官。

主要著作

『ネットワーク思考のすすめ』（東洋経済新報社，2009），『遠距離交際と近所づきあい』（NTT出版，2007），『中小企業ネットワーク』（編著，有斐閣，2003），『戦略的アウトソーシングの進化』（東京大学出版会，2000．中国語訳『戦略性外包的演化』上海財経大学出版社，2007），*Knowledge Emergence*（共編著，Oxford University Press，2001），『リーディングス サプライヤー・システム』（共編著，有斐閣，1998），*Managing Product Development*（編著，Oxford University Press，1996．米国シンゴウ製造業研究優秀賞），*Strategic Industrial Sourcing*（Oxford University Press，1994．米国シンゴウ製造業研究優秀賞・全米図書館協会『チョイス』誌最優秀学術書賞・日経経済図書文化賞）。

辻田　素子（つじた　もとこ）
龍谷大学経済学部教授

1964年生まれ。京都大学文学部卒業。京都大学文学修士（心理学専攻）。ロンドン大学経済学修士（M.Sc.）。1988～1998年まで読売新聞大阪本社勤務。一橋大学大学院商学研究科博士課程単位取得満期退学後，静岡産業大学経営学部講師を経て，2006～2014年龍谷大学経済学部准教授（2007年までは助教授），2014年より現職。専門は中小企業論，地域経済論。中小企業振興審議会委員（滋賀県），京都老舗の会（京都府）特別会員などを務める。

主要著作

「徳島県上勝町――U・Iターン者の定住・起業と地域づくり」（松岡憲司編著『人口減少化における地域経済の再生』新評論，2016所収），「永続繁盛している長寿企業の経営革新と事業承継」（松岡憲司編著『事業承継と地域産業の発展』新評論，2013所収），「地域主体の地域振興」（社会政策学会編『地域の生活基盤と社会政策』ミネルヴァ書房，2011所収），『飛躍する中小企業都市――「岡谷モデル」の模索』（共編著，新評論，2001）。

目　次

第1章　研究アプローチと問題設定 ── 1

はじめに　1

汎社会的でも，エゴ・セントリックでもない，中範囲のアプローチ　4
社会的埋め込みと準紐帯　5
既存のソーシャル・キャピタル論の多義性　8
コミュニティー・キャピタルと同一尺度の信頼　10
個人，コミュニティー，社会全体への信頼　12
4つのネットワーク戦略　16

調査対象　19

研究のアプローチ　24

インタビュー対象の属性と調査方法　25

本書の問い　28

第2章　理論的背景 ── 35

社会ネットワーク論　35

刷り込みと緩いネットワークの強み　35
スモールワールド──凝集性と探索力の良いとこ取り　38
トポロジーが重要　40
玉ねぎ構造と集団的影響　43

社会ネットワーク分析の諸問題　46

測定尺度と指標　47
信頼と特恵扱い　48
絞り込みと方向性を伴う探索　52

コミュニティー・キャピタル論　52

社会的埋め込み　52
　　　コミュニティー・キャピタルの効果　54
　　　循環的な共同知の創出と集団学習　56
　■「結束型」と「橋渡し型」のコミュニティー　58

第3章　最貧地域の大逆転　富豪の街, 温州 ── 63

　■ 貧しい出稼ぎ農民　63
　■ 民営企業が牽引する「温州模式」　65
　　　高層ビルの谷間を高級車が疾走　66
　　　自力による繁栄　68
　　　靴や金属製ライターの世界的産地　69
　　　世界市場で商才を発揮　71
　　　改革開放後の国内市場で商機をつかむ　72
　■ 温州人ネットワークの強み　76
　　　需要に即対応　76
　　　互助組織「会」で飛躍　77
　■ 温州人のネットワーキング力　79
　　　「新規開拓型」ネットワーク　79
　　　既存ネットワークの拡張　81
　　　成長企業のリワイヤリング能力　82
　■ 官民協業の企業支援　84
　■ ネットワーク・リワイヤリングの制度化　86
　■ 温州繁栄のメカニズム　89

第4章　海外温州人コミュニティーと現地社会 ── 93

　■ 在欧温州人のルーツ　93
　■ 改革開放後の第2次出国ブーム　96

- 欧州社会に根付く温州人コミュニティー　98
  - 現地政府の「恩赦」で合法身分に　98
  - 在欧温州人の主なビジネスと進出戦略　100
  - 温州人街を形成——相互扶助の精神　104
- 現地社会への貢献　106
  - 売れる中国製品と商売上手な温州商人　107
  - 現地経済を支える温州企業の「相補的」進出戦略　109
  - 中国人移民を安く使う温州企業　112
- 現地人や他の移民との軋轢　115
  - 現地人による排斥活動　116
  - 他地域出身中国人の嫉視　118
  - 裕福な中国人を狙う犯罪と取り締まり強化　119
- 現地社会との，より調和的な共存に向けて　120
- 2つ以上の故郷　121

第5章　在欧の温州人企業家のネットワークとコミュニティー・キャピタル　125

- インタビュー相手の属性と調査方法　127
  - 「商機探索型」の企業家予備軍から「事業拡大型」の企業家へ　129
- 在欧の温州人企業家の分析結果　135
  - さまざまなネットワーク——血縁，同郷縁，地縁，学縁，業縁　135
  - コミュニティー・キャピタルに関する指標　137
  - 同郷縁の空間的広がり　143
  - 同郷縁以外のつながりを含むネットワーク　146

第6章　在欧の温州人企業家のクラスター分析　153

- ネットワーク戦略の4類型　153

リワイヤリング能力を示す指標　154
　　階層クラスター分析による分類　156
　　コミュニティー・キャピタルを支える強靭な凝集性　168

第7章　在欧の温州人企業家のタイプ別ケース分析 ── 173

▍企業家ネットワーク戦略の4類型5タイプ　173
　ジャンプ型　173
　　　特に「ジャンプ度」の高い2人　174
　　　通常の「ジャンプ度」を示す2人　178
　動き回り型　183
　現状利用型A　186
　現状利用型B　190
　自立型　194

▍戦略を使い分ける　196

▍「蜂の巣」の情報伝播のように　198

▍円卓食事会の参加者の多様性　200

▍異国で成功した他地域出身の「ジャンプ型」中国人との比較　204

▍高結束型・低橋渡し型コミュニティーとジャンプ型の役割　208

第8章　在欧の非温州人企業家のネットワークと
　　　 コミュニティー・キャピタル ── 211

▍在欧の非温州人企業家の属性　212

▍在欧の非温州人企業家の分析結果　216
　同郷縁の空間的・業種的広がり　217
　血縁・同郷縁と他の諸縁の関係　218

▍在欧の非温州人企業家のネットワーク戦略3類型　223
　非温州人企業家のネットワーク戦略3類型のケース分析　229
　　　ジャンプ型　229
　　　現状利用型　231

自立型　234
▌在欧の温州人 vs. 非温州人企業家の交流タイプ比較　　237

第9章　福建人との比較研究
そのネットワークとコミュニティー・キャピタル ——— 241

▌福建の華僑・華人　　241
　密航の郷　241
　交易から苦力，不法移民へ　244
　老華僑と故郷への投資　248

▌日本と福建，温州　　251
　日本における福清人と温州人　251
　在日福建人と犯罪　254
　海外で稼ぎ，故郷に家を建てる　256
　在日福州人の脆弱なコミュニティー・キャピタル　258
　在日温州人の豊かなコミュニティー・キャピタルと起業家精神　262

▌犯罪の誘因となる村社会の規範　　264

▌欧州における福建人と温州人　　268
　イタリア在住の福建人　268
　エンポリ在住のアパレル業者　269
　ナポリとローマ在住の貿易業者　273

▌温州人コミュニティーで際立つ結束力　　278

第10章　結束型コミュニティーの逆作用 ——— 283

▌2011年温州民間信用危機　　284
　経営者の逃亡と工場閉鎖　284
　逃亡・自殺の典型的事件　287
　連帯保証による債務連鎖　289

▌温州の民間金融　　291

その仕組みと改革開放後の変遷　291

理性を失った温州の民間金融　295

　民間金融の貸出先　295
　支払い不能な高金利　296
　大多数が参加――過剰な集中と脆さ　296

▌温州民間信用危機の発生要因　　297

マネー・ゲームによる資金繰り悪化　298

本業ビジネスの弱体化　300

企業家精神の変容　302

信用危機と実体経済　303

▌強い結束型コミュニティーの逆作用　　305

なぜ，経営者は逃亡し自殺するのか　305

危機の信頼関係への影響　308

第11章　より多くの個人に繁栄をもたらす社会の本質 ── 313

▌温州人コミュニティー繁栄の秘密　　313

「ジャンプ型」を中心とするリワイヤリング　314

強い凝集性と成功の循環　315

生きた情報の共有と解釈による集団学習　317

▌前近代的な排外的コミュニティーを超えて　　320

▌一般的な含意　　321

補論 A　温州アパレル企業ネットワークの変遷 ── 323

▌中国有数のアパレル産業の集積　　325

▌質問票調査の方法と対象企業　　326

▌創業者の属性　　330

創業形態　330

創業者の年齢と職業経験　331

創業者の離郷（外出）経験　332

企業の他組織との関係性　335

販売形態　336
「OEM方式」と「特約販売店方式」の併用　336
顧客数　337
長期安定的な取引関係　337
血縁から同郷縁，そして，業縁へ　338
温州域外の顧客重視　339

生産形態　340
サプライヤー数と購買外注比率　340
「服装完成品」を外部調達　341
業縁ベースの長期安定的な取引関係　342
域内で完結しないサプライチェーン　343

政府および党組織との関係　345

アパレル産業のネットワーク　348

創業者の離郷経験と広域リワイヤリング　348

付録A　在外企業家および在温州アパレル企業の各調査で用いた質問項目（抜粋）　351

在外企業家への質問——フィールド・インタビュー　351

在温州アパレル企業への質問（日本語訳）——フィールド・インタビューおよび温州市服装商会への質問票　357

インタビュー・リスト　363

参考文献　397

謝辞　419

索引　423

図表一覧

温州を含む中国地図 …………………………………………………………………… xix

図 1-1　訪問先（国・都市）リストと地図，2004〜2016 年 …………………… 27

図 2-1　遠距離交際と近所づきあいのネットワーク——ひまわりモデル ………… 39
図 2-2　玉ねぎ構造ネットワーク ……………………………………………………… 44

図 3-1　温州市の貿易額の推移，1998〜2011 年 …………………………………… 72

図 5-1　在欧の温州人企業家の居住国別の中国出国時期 …………………………… 134
図 5-2　在イタリア温州人企業家の地域別中国出国時期 …………………………… 134
図 5-3　在スペイン温州人企業家の地域別中国出国時期 …………………………… 134

図 6-1　在欧の温州人企業家の Ward 法によるデンドログラム …………………… 157
図 6-2　在欧の温州人企業家の 4 類型 5 タイプ（ジャンプ型，動き回り型，現状利用型 A，現状利用型 B，自立型）………………………………………………… 158

図 8-1　在欧の非温州人 vs. 温州人企業家の業種 …………………………………… 215
図 8-2　在欧の非温州人 vs. 温州人企業家の中国出国時期 ………………………… 215
図 8-3　在欧の非温州人 vs. 温州人企業家の出国理由 ……………………………… 215
図 8-4　在欧の非温州人 vs. 温州人企業家の学歴 …………………………………… 216
図 8-5　在欧の非温州人 vs. 温州人企業家の中国出国後の滞在国数 ……………… 217
図 8-6　在欧の非温州人 vs. 温州人企業家の経験職種の数 ………………………… 218
図 8-7　在欧の非温州人 vs. 温州人企業家の結婚相手 ……………………………… 219
図 8-8　在欧の非温州人 vs. 温州人企業家の出国時に頼りにした相手 …………… 219
図 8-9　在欧の非温州人 vs. 温州人企業家の創業期の資金調達先（自己資金は除く）………………………………………………………………………… 220
図 8-10　在欧の非温州人 vs. 温州人企業家の共同経営相手 ……………………… 220
図 8-11　在欧の非温州人 vs. 温州人企業家の販売先の多様性 …………………… 221
図 8-12　在欧の非温州人 vs. 温州人企業家の仕入先の多様性 …………………… 222
図 8-13　在欧の非温州人 vs. 温州人企業の従業員の多様性 ……………………… 222
図 8-14　在欧の非温州人企業家の Ward 法によるデンドログラム ……………… 224
図 8-15　在欧の非温州人企業家の 3 類型（ジャンプ型，現状利用型，自立型）… 225
図 8-16　在欧の温州人企業家 vs. 非温州人企業家の交流タイプ比較 …………… 239

図 9-1　日本在住の福建人，浙江人，広東人の推移，1964〜2011 年 …………… 252
図 9-2　在日不法滞在福州人の学歴 ………………………………………………… 260

図 9-3	在日不法滞在福州人の中国での前職	260
図 9-4	在日不法滞在福州人の将来展望	260
図 9-5	日本における中国人の不法入国者数の推移，1998〜2013 年	266
図 9-6	日本における中国人不法残留者数と不法残留者数に占める比率，1995〜2014 年	267
図 10-1	温州市中小企業の資金調達構成比，1980 年代〜2011 年	293
図 10-2	温州市民間金融の平均利率と市場規模，1978〜2011 年	294
図 10-3	改革開放以降の温州市と中国の経済成長率，1979〜2014 年	304
表 1-1	コミュニティー・キャピタルの概念的見取り図	11
表 1-2	インタビュー・リスト，2004〜2016 年	26
表 2-1	「結束型」と「橋渡し型」のコミュニティー特性	59
表 3-1	国家レベルの称号を得た産業集積の一例，2001〜2004 年	70
表 3-2	温州市の主な輸出相手国・地域の変遷，2002 年，2007 年，2010 年	73
表 4-1	青田人の出国年代別人数，1797〜1949 年	95
表 4-2	1979〜1995 年の青田人の出国理由と人数	97
表 4-3	在イタリアの中国企業の内訳，2005 年	103
表 4-4	プラートの繊維産業，2005 年	110
表 5-1	温州人企業の立地場所と業種	128
表 5-2	在欧の温州人企業家の調査時点における居住国	133
表 5-3	在欧の温州人企業家の出国理由	135
表 5-4	在欧の温州人企業家の結婚相手	138
表 5-5	在欧の温州人企業家の最終学歴と出身校の立地場所	139
表 5-6	在欧の温州人企業家が出国時に頼りにした相手	140
表 5-7	在欧の温州人企業家の商機探索期におけるアルバイト先	141
表 5-8	在欧の温州人企業の従業員に占める同郷人の割合	141
表 5-9	在欧の温州人企業家の創業期の資金調達手段	142
表 5-10	在欧の温州人企業家の中国出国後の滞在国数	144
表 5-11	在欧の温州人企業家が経験した職種・事業の数	147
表 5-12	在欧の温州人卸売業者の販売先	148
表 5-13	在欧の温州人卸売業者の仕入先	149
表 5-14	在欧の温州人企業におけるデザイナーと専門販売員（営業代理人）の外国人（現地人）活用状況	150
表 5-15	在欧の温州人企業家の共同経営相手	150
表 6-1	在欧の温州人企業家の分散分析表（10 項目に関する各クラスターの平均値の差の検定）	159

表6-2	在欧の温州人企業家の10項目に関するクラスター間の比較	160
表7-1	「ジャンプ型」温州人企業家のリワイヤリング指標	174
表7-2	「動き回り型」温州人企業家のリワイヤリング指標	183
表7-3	「現状利用型A」温州人企業家のリワイヤリング指標	187
表7-4	「現状利用型B」温州人企業家のリワイヤリング指標	190
表7-5	「自立型」温州人企業家のリワイヤリング指標	195
表7-6	温州人と非温州人の円卓食事会参加者の多様性比較	202
表8-1	在欧の非温州人企業家の出身地	213
表8-2	在欧の非温州人 vs. 温州人企業家の調査時点における居住国	214
表8-3	在欧の非温州人企業家の分散分析表(10項目に関する各クラスターの平均値の差の検定)	226
表8-4	在欧の非温州人企業家の10項目に関するクラスター間の比較	228
表9-1	1841〜1949年の福建華僑の出国人数の推移	245
表9-2	主な沿海地域の出国者,1982,1990,1995,2000年	246
表9-3	福建省における主な「華僑の郷」,1988年	247
表9-4	福清市蒜嶺村の海外在住労働者の出国費用	256
表9-5	福清市蒜嶺村の海外在住労働者の平均年収	257
表9-6	福清市蒜嶺村の海外在住労働者の主な出費使途	258
表9-7	福清市蒜嶺村の村民の関心事	259
表10-1	2011年温州民間信用危機――報道事例一覧	285
表A-1	調査対象企業の主な生産品目	328
表A-2	調査対象企業の従業員数分布	328
表A-3	調査対象企業の設立時期	329
表A-4	創業者の数	330
表A-5	創業者同士の関係	331
表A-6	創業者の2006年現在の年齢分布	331
表A-7	創業者の創業以前の職業	332
表A-8	創業者の離郷経験	332
表A-9	離郷経験のビジネスへの貢献度	333
表A-10	離郷経験が役立った側面	333
表A-11	販売形態	336
表A-12	OEM顧客数の分布	337
表A-13	特約販売店数の分布	337
表A-14	主要3顧客との取引開始時期	338
表A-15	主要3顧客との経営者もしくは創業者の相互関係	338
表A-16	企業規模別に見た主要3顧客との経営者もしくは創業者の相互関係	339

表 A-17	主要3顧客の立地場所	340
表 A-18	サプライヤー数の分布	341
表 A-19	サプライヤー上位3社からの調達品	342
表 A-20	サプライヤー上位3社との取引開始時期	342
表 A-21	サプライヤー上位3社との経営者もしくは創業者の相互関係	342
表 A-22	サプライヤー上位3社の立地場所	343
表 A-23	調達品目とサプライヤー立地場所の関係（件数）	344
表 A-24	社内共産党組織の有無	346
表 A-25	社内共産党書記長の出自	346

写真　マドリード郊外のフエンラブラダ倉庫街 …………………………………… 108

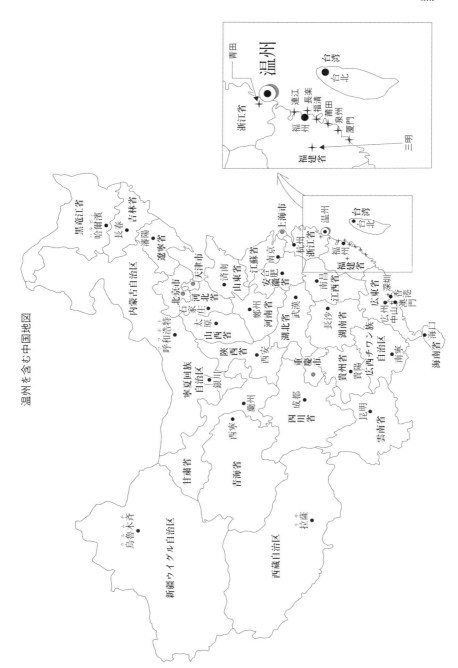

本書のコピー，スキャン，デジタル化等の無断複製は著作権法上での例外を除き禁じられています。本書を代行業者等の第三者に依頼してスキャンやデジタル化することは，たとえ個人や家庭内での利用でも著作権法違反です。

第1章
研究アプローチと問題設定

■ はじめに

　私たちは，本書で，平均的な能力や意欲をもつ個人が，わずかな工夫でその潜在可能性を開花させ，より優れた成果を達成し繁栄できる社会とはいかなるものかを，その構造特性，ならびに，そうした特性を生み出す個人間の相互作用への考察を含めて提示していく。研究対象としては，歴史的，同時代的に中国の温州人企業家の行動パターンをシステマティックに追うことによって，個人，組織，そして，社会が，めまぐるしく変化する複雑な環境に柔軟に適応して，生き延びていくための有用な戦略が示唆される。現代中国における自発的な資本主義発祥の地とされる，温州出身の企業家が主人公ではあるが，最新のネットワーク理論を援用しながら，彼ら個人の属性を超えて創発する独特なコミュニティーの栄枯盛衰を丹念に分析することによって，困難な状況に直面しても，希望をもって生きることができる社会のありようや，そうした社会に転換するための手がかりを見出すフレームワークを提示する。

　本書が分析の単位として注目するのは，個人でもなく，広義の社会一般でもない，特定のメンバーシップによって明確に境界が定まる「コミュニティー」である。ここでいうコミュニティーには，政治，経済，歴史，文化などの諸局面で深く結びついた同一地域に居住する人々の集まりである地域共同体はもちろん，取引や雇用を含む利害関係に基づいて人為的に形成された企業集団，さらには，趣味や価値観を共有する人々が集まるサークルやボランティア組織などが含まれる。つまり，メンバーかどうかを区別する明確な基準が存在し，そのため，内部者と外部者を隔てる境界の明確な「中範囲の社会」を本書は扱う。

　私たちはふだんの生活のなかで，身近なコミュニティーに対して，さまざまな印象をもち，疑問を感じる。例えば，国際的によく知られるように，日本の大手自動車メーカーを中長期的に比較すると，トヨタ自動車のパフォーマンスが継続して圧倒的に優れているのはなぜなのか（Womack et al. 1990, Liker 2003, Liker and

Meier 2005)。個人的にトヨタの社員が，日産やホンダの社員よりも，能力や資質，意欲において格段に優れているとは考え難い。また，そうした差違を体系的に示す証拠は見当たらない。トヨタのパフォーマンスを分析し，その優位性の主因を考察するにあたっては，個々の社員の属性よりもむしろ，傘下のサプライチェーンを含めて，トヨタが形成する一大産業コミュニティーの社会構造，ならびに，そのメンバー間に共有され駆動される価値体系こそが，他の自動車メーカーのそれらに対して，比較優位を有すると想定したほうがリーズナブルではないか。

　転じて，高校や大学時代の同級生の現状を思い返すと気づくことだが，卒業後数十年経つと，各人の利用可能な権限と諸資源に圧倒的な差がついていることが珍しくない。地元の名門高校や都会の有力大学を卒業した当時，同じく可能性に満ちていたであろう若者のうち，1人は国会議員，もう1人は定職をリストラで失ったホームレスになっていたとしよう。仮に数十年前，彼らの個人的資質に大差がなかったとしても，今日，彼らが日常的に接し，影響し合う他者の人数，範囲，属性などは著しく異なっており，そうした仲間や知人とのつながりを通じてアクセスできる諸資源の質量にも，雲泥の差が生じているはずである。そこに至る長い個人史のプロセスにおいては，偶発事態や運の浮沈なども多々あったには違いない。とはいえ，いったん定職に就き，あるいは，それを失い，一定の人生行路が定まってから後は，彼らの属するコミュニティーの違いが，そこにおける構造的要因によって，個人の利得や職業的成否に著しい差違を生み出していたとしても不思議ではない。

　本書は，こうした「コミュニティー」に起因するパフォーマンス上の違いを分析するにあたり，教育や経験を通じて習得する知識，技能，学歴といった特定の個人に属する「個人的資本」でも，「社会全般」に行き渡る社会規範や国民文化に基づく広義の「社会関係的資本」でもなく，その中間概念として，特定のメンバーシップによって明確に境界が定まり，その成員間でのみ共有され利用されうる資源としての「コミュニティー・キャピタル」(community capital) に焦点を当てる。つまり，ここで問題となる概念は，経済学でいうヒューマン・キャピタル (human capital; Schultz 1961, Becker 1964) でも，経済社会学や政治学で馴染み深いソーシャル・キャピタル (social capital; Putnam 1993, 2000) でもなく，あくまで中範囲の理論 (middle-range theory; Merton 1968a) の範疇として，特定コミュニティーにおけるメンバー間に涵養され，交換される限定的な関係資本であり，彼らによってのみ有効裡に利用されうる共通の資本を指す[1]。

---

　[1]　いうまでもなく，ここで扱われる「資本」は，物理的，もしくは，金融の資産とは異なり，通常，

表面的には同じような経済活動を続ける2つのコミュニティーにもかかわらず，両者で繁栄の程度が著しく異なるのはなぜなのか。他の条件を同一とすると，個人はいかなるコミュニティーに属すれば，より大きな繁栄を入手できるのか。「コミュニティー・キャピタル」は，そうした疑問を解きほぐす鍵となる概念である。

　目に見えず，教育や訓練などの結果，個人に付与される後生的属性（ヒューマン・キャピタル），あるいは，人々の関係性の中に生じ，共有され，利用しうる関係的資源（コミュニティー，ないし，ソーシャル・キャピタル）を指す。前者はあくまでも個人に属し，後者は社会構成員の関係性に存するが，共通点もある。それは，双方ともに，必ずしも現時点の即時・即物的な利用（可能性）ではなく，むしろ，現在の投資行為の帰結として，将来のより大きなリターンの取得（可能性）に眼目を置くという点である。

　なお，パットナム（2000，第1章）が記述するように，20世紀にソーシャル・キャピタルという言葉は，少なくとも6回，個別に発明されており，特にその初期においては，この概念が物理的な近隣関係に基づく地域共同体，すなわち，狭義のローカル・コミュニティーと不可分であったことが窺える。その後，パットナム自身によるイタリアと米国におけるマクロレベルの精緻な実証研究（1993，2000）によって，分析レベルが，国家，ないし，広義の地域全体にまで拡張されるに伴い，ソーシャル・キャピタル概念はむしろ，マクロレベルの社会単位全体（society-wide）に幅広く行き渡る関係的資源であるという含意を強く帯びるものとなった。

　さらに，同じ言葉を用いながらも，特定の社会経済階層に横断的に共有される文化的・社会学的な資産という側面が強調される一方で（Bourdieu 1984），本文で後述するように，メンバーシップの明確な特定宗派の学校や，同一民族の成員のみによる排外的なビジネス・コミュニティーを律し駆動する原理としても論議されている（Coleman 1988）。

　この最後の議論は，一見，初期における狭義の地域共同体をイメージしたソーシャル・キャピタル論の再興と映るかもしれないが，必ずしもそうとは言い切れない。なぜなら，この場合の決定的な共通項は，特定宗派ないし民族集団を核とする所属のアイデンティティーであり，仮にそのバウンダリーが一部重複したとしても，地理的な概念とは，必ずしも同一ではないからである。

　そうしたメンバーシップの境界が明快で，その内部者同士の特定個人間というよりも，むしろ属するコミュニティーそのものに対する「システム・ワイド」な信頼関係を基盤とするソーシャル・キャピタルの1つの変種を，カドゥシン（Kadushin 2012, pp. 162, 180-181, 183）は"community-level social capital"，あるいは，"community social capital"と呼んで，境界が必ずしも明確ではなく，むしろ社会全般にあまねく行き渡る普遍化信頼に基づいた広義のソーシャル・キャピタルと峻別した。本書の鍵概念である「コミュニティー・キャピタル」は，その意味で，そうした後者における中範囲の社会学的考察の系譜を引くものであり，既存のソーシャル・キャピタル論の枠組みにおいて，住民構成，市民活動，住区構造などに特化した，狭義の「地域コミュニティー・レベル」の分析とは異なる（稲葉 2011）。さらに，英語を含む日常言語で，時にコミュニティー・キャピタルという同じ言葉が，狭義の地域社会における物理的あるいはインフラストラクチャー上の資産を指すこともある用語法とも，一線を画している。

　なお，本書に限らず，日常言語的な訳語の呼応関係を示せば，資源＝resources，資本＝capital，資産＝assetsとなろうが，互換的な使用も散見される。物理的，金融的ではなく，あくまでも人々の関係的資源に焦点を当てる本書では，英語の"resources"の意味を包含する「キャピタル」，「資本」の用語法を用いることによって，可能な限り既存の学術慣行に従うが，原著の訳文を引用する場合等はこの限りではない。

汎社会的でも，エゴ・セントリックでもない，中範囲のアプローチ

　ここで先取り的に，ともに社会ネットワークを扱うとはいえ，既存の政治学系，および，社会学系アプローチの，方法論上の特徴と制約を指摘しておこう。端的に，この問題は，ソーシャル・キャピタルの概念をどう捉え，定義づけるか，ならびに，その前提の違いから派生するデータの取り扱いの差違に直結している。つまり，国家統計や国民意識調査などのマクロデータを用いて調査対象を「汎社会的に」捉え，一括して分析を試みる政治学系アプローチ（Putnam 2000）に対して，これまでの社会学系アプローチは，「自己」を中心（ego-centric，必ずしも「利己的」を意味しない）に，誰といかにつながっているか，また，自己の属する直近の特定小集団を中心（socio-centric）とする"socio-box"を析出し，入手可能な限られた内部データに基づいて，そのソシオグラム（sociogram，社会的配線図）を描き，メンバーの社会力学を分析しようとする（Kadushin 2012）。つまり，特定集団における人間関係の構造を示すために，成員相互間の選択・拒否関係を測定し，ノード（node，結節点）を点で，ノード間のつながりを線で示すネットワーク図を描画して，その限られた社会空間内で，分析を進め，議論しようとする。これら2通りのアプローチの双方に，さらに分派や支流が認められる。以上から容易に推察できるように，分析のレベルとデータの入手可能性の違いが，一見，同じようなトピックを扱っているように映っても，極端に異なる観察結果と知見を生み出すことが多い。

　つまり，そうした両極端の既存アプローチでは，一方では，分析の単位とレベルがあまりに茫漠として目が粗く，諸変数の因果関係も混沌として把握しづらい反面，他方では，限られた集団内の特異な人間関係の力学と構造を微視的に追うことには適していても，データの偏りと解釈上のバイアスが混入するリスクが避け難かった。そのうえ，データ自体の入手可能性とカバーする項目の範囲によって，分析結果や解釈がいかようにも変わりうるため，知見の信憑性と一般化に問題が残ることもあった。仮に近年流行のビッグデータを用いたとしても，第2章で詳述する同じ測定尺度（commensuration）の要件を満たすため，例えば，共著者関係といった一見，表面的には問題なさそうな共通指標によってのみ，分析が進められる傾向が強く，やはり利用可能なデータ自体の特性と偏りによって，極めて限定的で役立たずの知見しか生まないことも頻繁に見られた。要するに，データ次第で，結論がいかようにも揺れたのである。

　ところが，誰しも冷静に周囲を見渡せばたちどころに感知しうることだが，社会経済事象は，単に識字率，教育レベル，経済成長の国家統計の検討や，あるいは，特定地域の不良少年グループにおけるミクロな人間関係の詳細データ分析と

いった両極端のアプローチでは，とても十全に解明される性質のものではない。また，ビッグデータを利用しさえすれば，問題なくサンプル処理がなされ，有用なネットワーク分析ができるかというと，それほど事は単純ではない。なぜなら，企業に代表される組織，その組織間関係，さらに，地域共同体といった研究対象は，マクロ経済統計でも，あるいは，その成員一部のソシオグラムでも，それだけでは満足のいく分析のできない，広大な中間領域を構成しているからである。言い換えれば，そうした中間地帯には，これまで，より適切なアプローチが期待されながらも，現実には著しく不完全な分析方法しか適用されてこなかった研究素材の宝庫が潜んでいる。

　本書は，そうした既存のソーシャル・キャピタル論における二分法の，汎社会的なマクロ認知論でも，エゴ・セントリックなミクロ構造分析でも，これまで十分に捕捉されず，見逃されがちであった広い中間領域に光を当て，コミュニティー・キャピタルという，運用上の的確さを担保する新たな「中間」概念を導入することによって，操作化（operationalization）を行い，実証分析を行う。なぜなら，境界とメンバーシップが明確なコミュニティーを分析対象とする，より限定的な作業概念が不可欠だからである。そのことによって，既存の二分法では，概念的混乱を避けて通ることの難しかったメソレベルにおける社会事象の分析に，より適切で一貫性のある方法論が担保されよう。

　誤解のないように申し添えると，本書は全く新たなアプローチを提起するものではない。むしろ，従来ないがしろにされがちだった研究アプローチの，ある1つの可能性への注意を喚起するものである。とはいえ，その研究上の有用性と実効性はかなり大きいと考えられる。特に本書が直接扱う研究対象に関する，多面的で豊かな関連データについては，そのことが言える。その実践的な根拠を次節以降に示そう。

社会的埋め込みと準紐帯

　小集団であれ国民社会全体であれ，もとより成員間のあらゆるつながり構造をすべて可視化することは不可能である。とはいえ，大多数の人々の日常生活は，そうした極端なマクロとミクロの世界の狭間で，さしたる疑問も差し挟まず，自分がどこの誰とつながっているかについても頓着せずに，会社や官庁，学校などの勤務先で日々働き，余暇に，プライベートに友人と会い，また，スポーツクラブや趣味の同好会などに参加することなどで成り立っている。つまり，各人はそれぞれの目的に沿ったコミュニティーに属しており，それぞれに一定のアイデンティティーを見出している。また，よほど小規模な勤め先でない限り，そこにお

けるメンバー全員と直接，親密に接することができるわけではなく，まして，取引先関係者の全員と知り合う可能性も少ない。

ただし，そうした事実によって，各人が所属先コミュニティーにおいて自己を中心とする "ego-centric" な，あるいは，自己の直近の特定小集団の "socio-centric" な社会ネットワーク配線図を，たとえ完全に描出することが不可能であっても，必ずしも，各人がそこから疎外され，あるいは，浮いた存在であることを意味しない。なぜなら，2度の隔たり（two degrees of separation）を超えると，その先の間接的なつながり構造に関する人間の認知能力は極端に低下することがよく知られており（Kadushin 2012），そうした認知限界の事実と，ある特定人物の社会的なつながり構造が現実に豊かであるかどうかは，直接には関係ないからである。

そこでむしろ，各人の社会的埋め込み状況（social embeddedness）のほうが重要となってくる。そして，このことは，上述したような特定コミュニティーへのアイデンティティーの深さと程度に密接に関わってくる。つまり，継続的に優れたパフォーマンスを示すあるコミュニティーでは，その成員の大多数が，等しく自身のメンバーシップを真剣に捉え，同僚や仲間との個人的な面識の有無，さらには，その個別的な紐帯の強弱にかかわらず，同じ境界内のコミュニティー・メンバーが相手である限り，支援を惜しまず，仮に何らかの理由でコミュニティー全体が危機に陥った場合でも，誰にも強制されずに，皆が一致団結して問題解決に当たるといったようなことが頻繁に起こる。一般にこの種のコミュニティーは，1企業であろうが，複数の特定企業からなるサプライチェーンであろうが，地域共同体であろうが，他の凝集性も結束力も弱いコミュニティーに比べて，環境異変に対する耐性が強く，強い成育性があるため，長期にわたって生存し，成長し，繁栄するための，より多くのポテンシャルをもつ。

逆に，いかに強力で中央集権的な権力や外部圧力によって強制しようとしても，もし成員間一般に，特定の個人間の好悪感情を除くと，そうした「同一尺度の信頼」（commensurate trust）関係がなく，属するコミュニティーへのアイデンティティーにも欠け，各人がアトミスティックな自己利益だけを優先させる傾向が支配的な場合は，そのコミュニティーの長期的な成長と生存可能性は低く，むしろ比較的早く，実質的に瓦解する可能性がある。どちらかというと，現実社会には，この後者の類型パターンの事例がより多く存在しているように見える。つまり，成員がコミュニティーにほどよく埋め込まれておらず，それどころかむしろ，そこから疎外されている状態である。

そうした対照的な状況を比較考量する際，問題は，直接データを入手しうるノ

ード間の限定的な配線図描きに熱中することではない．肝要なことはむしろ，外部者と内部者を明確に仕分ける境界の定義が明瞭なコミュニティーを分析単位として，2度の隔たりを超えるつながり構造の認知限界に，必要以上に囚われずに，むしろ，そうした認知限界を実効的，機能的に補うため，各人とコミュニティー全体を介在者なく直結する強いアイデンティティーの感覚，感情，認識があるかどうかを確かめることである．そうした揺るぎないアイデンティティーがある限り，同一コミュニティー内の他者が直接の知己か否かにかかわらず，状況に応じて適時適所で，彼らに対して協力と支援を惜しみなく分け与えるレディネス（readiness，準備万端状態，喜んで引き受ける態度）をもった成員が，クリティカル・マスを構成するほどに存在するかどうかが，決定的に重要なのである．つまり，そうした心理的な準備が常に成員間に整っていることこそが，そのコミュニティーの成育性とパフォーマンスの，決定的な分水嶺となりうる．程度の差こそあれ，不完全なデータに基づいて描かざるをえないネットワーク配線図の出来映え自体は，二義的な問題でしかない．

このような前提に基づくと，必ずしもディスクリートな（discrete，明瞭に分離した）配線図が描けるわけではない，そうした汎コミュニティー的な協力関係の基礎となるつながりのあり方を「準紐帯」（quasi-ties）と呼ぶFrank（2009）の研究は注目に値する．彼は，旧来の（伝統的な）ソシオセントリック図の描画が眼目ではなく，米国中西部と南西部の小・中・高の計6校という，バウンダリーの明確な各コミュニティーの教育現場におけるコンピューター・テクノロジー導入に際して，自然状態で通常予見されるデジタル・デバイド（digital divide）の弊害を未然に防ぐために，そうした新技術の専門知識を備えた一部の教員が，必ずしも面識のない者を含むコミュニティー仲間に対して，ボランティア訓練活動の一環として，惜しげもなく個人的な時間とノウハウを，所属するコミュニティー全体の能力向上のために，供与したことを報告している．つまり，成員が属する共同目的コミュニティー内の他者と同一のアイデンティティーを共有する度合いが強いほど，個別の知己に対してではなく，そのコミュニティーの成員全体に対して，より均一的に資源配分をする傾向が認められた．言い換えれば，そうした同一尺度によるアイデンティティー自体が，「準紐帯」として，個別の人間関係やディスクリートな社会配線図を超えて，汎コミュニティー的に機能することが確認されたのである．

このように，既存の研究アプローチの方法論上の制約もあって，これまで大いに無視され，本来あるべき共通の知識体系に欠けていた研究活動の中間領域に，コミュニティーという中範囲の概念を分析単位として，改めて探索のメスを入れ，

検討を進めることは意義深く，有用であろう。さらに，詳細は後述するが，同じコミュニティーの内部者同士を「同一尺度の信頼」で結びつける強い内的な社会凝集性と，他方で，部分的なリワイヤリング（rewiring, 情報伝達経路のつなぎ直し）が可能とする外部探索性との両者に関して，その相克ではなく，むしろ同時達成を実現する稀な力学的バランスが保たれる領域について，コミュニティー単位で考察を深めることは，決定的に重要であろう。

既存のソーシャル・キャピタル論の多義性

さて，第2章で詳述するように，人々の「きずな」や「つながり」を，機械的に同じ尺度で均質化したうえで，測定しようとする「狭い」社会ネットワーク分析（social network analysis, SNA）が隆盛を誇る一方で，「きずな」の質と内容を，正面から問い直す動きも注目を集めている。例えば，米国の政治学者や経済社会学者を中心に，ソーシャル・キャピタル（社会関係資本）という鍵概念を用いて，仮に個人の能力や属性が同じであっても，その人がいかなる社会に埋め込まれているか（embedded）によって，その個人ならびに属する社会全体の発展可能性とパフォーマンスが異なる点に着目するアプローチである。

とはいえ，「ソーシャル・キャピタル」の定義は，識者によって千差万別であり，その適用範囲も著しく広範である。端的に言えば，この概念を汎社会的にマクロに捉え適用しようとする政治学系アプローチと，自己を中心（ego-centric）に，誰といかにつながっているか，また，派生的に特定の小集団を中心（socio-centric）とする，入手可能な特定データに基づき，その社会的配線図であるソシオグラムの範囲でのみ，分析を進め，議論しようとする社会学系アプローチの2通りに分かれることは，すでに説明した通りである。

例えば，政治学者のパットナム（Putnam 1993）によると，ソーシャル・キャピタルとは，「人々の協調行動を活発にすることによって，社会の効率性を高めることのできる『信頼』『規範』『ネットワーク』といった社会的仕組みの特徴」である。彼は，イタリアの南北格差をソーシャル・キャピタルの違いによって説明する。広域の社会全体を対象とする，いわばマクロ適用概念としてのソーシャル・キャピタルを提示し，信頼や規範といったその社会全体で共有される価値観の存在に重点を置いている。

対照的に，個人や集団が諸目的を達成するために動員される資源としてのソーシャル・キャピタルを提唱する社会学者のリン（Lin 2001）は，同概念を「当該個人のネットワークあるいは交友関係の中に埋め込まれた資源」と定義する。リンは個人レベルのネットワークを重視し，各人がどのようなネットワークを駆使

して，就職，昇進といった「利得」を手にするかといった，諸資源へのアクセスとその利用を議論の中心に据える。つまり，彼が着目するソーシャル・キャピタルは，もう一方の伝統的なミクロ社会学の伝統に則り，あくまで，ミクロレベルにおける個人ネットワークの観点から利用可能な構造的資源なのである[2]。

このように，ソーシャル・キャピタルの定義はさまざまで，分析レベルも識者によって大きく異なる[3]。あまりにも多様な，異なるレベルの現象を一括して「ソーシャル・キャピタル」という魔法の一語で説明しようするがゆえに，その多義性が批判の対象となり，問題を惹起する。例えば，社会全体に行き渡る一般習律（Tocqueville 1961）と同系譜の，マクロ認識的概念としてのソーシャル・キャピタルの考え方によって，2011年の東日本大震災後に国民の多くが示した自律的な協力関係は理解できても，傑出した個別企業や小集団のネットワーク分析には，あまりに茫漠としており，その有用性に問題が残る。また，リンの唱道するミクロ構造的な概念としてのソーシャル・キャピタルでは，個人とその直近を取り巻く社会関係に着目し，そこにおける直接的な相互作用と帰結の検討はできるものの，異なる企業間や集団間の「関係的資本」全体を比較分析するといった概念的道具立ては脆弱である。

要するに，社会関係を扱うネットワーク分析において，「関係的資本」の概念一般の有用性は認められるが，ネットワークや信頼，規範といった次元の違う諸概念を，一意的にソーシャル・キャピタルで代表させ，しかも，個人，集団，組織といった異なる駆動レベルの多様な関係性を，この包括概念によってのみ分析

---

2 引用句も含め，このパラグラフの「資源」は一貫して"resources"を指す（本章の注 **1** 参照）。

3 そもそもソーシャル・キャピタルとは何かという問題に関しては，主要な論者の間でも，その定義，内容，適用範囲等について，一致しているわけではない。とはいえ，上述のように，国や民族といった「大集団」の諸制度や社会経済システムを議論するグループと，「個人」の利得につながる比較的小規模な社会ネットワークを分析するグループとに大別することはできる。リン（2001）は，自らを後者に，パットナムを前者の代表的論者の1人と見なしている。なお，前者のグループが注目するソーシャル・キャピタルは，「連帯的」社会関係資本，後者のそれは「資源動員的」社会関係資本と呼ばれることもある（金光 2003）。

また，「集合財（公共財）」，あるいは，「個人財（私有財）」としての社会関係資本として類型化されることもあり，前者は，ある集団，地域，国などに属するメンバーが有する文化や規範，信頼などと，当該分析ユニットに属するメンバー個人の利得や，同ユニットの社会経済パフォーマンスとの関係性を扱う。他方，後者は，個人を取り巻く社会関係やネットワークが個人にもたらす便益を検討する。ノードが，人の場合は，就職や昇進，健康などに寄与するネットワークの影響が，組織の場合は，当該組織がその関係構造の中から得られる便益が議論される（Lin 2001, 稲葉 2007）。

だが，既存の分類法を精査すると，同じ著者による同一の著作の中でさえ，集合財（公共財）概念の適用範囲が，ある箇所では国全体，他の箇所では地域共同体や集団といった具合に，一貫性がなく，無批判的に揺らぐ傾向が見られる。この種の既存のソーシャル・キャピタル概念の「放し飼い」は，いたずらに混乱を増すだけである。

しようとする試み自体,そもそも問題を抱えている[4]。

コミュニティー・キャピタルと同一尺度の信頼

ここまでの議論の自然な帰結として,同じ測定尺度（commensuration）が要請される社会ネットワーク分析に内在する課題（Zuckerman 2010）や,ソーシャル・キャピタル概念自体の多義性に起因する問題への方法論的な対応として,本

---

[4] 例えば,日本における1995年1月の阪神・淡路大震災,さらに,前述の2011年3月の東日本大震災において,被災した見ず知らずの人々が,混沌の中にあっても互いに励まし合い助け合ったことは広く知られている。大切な家族や恋人や友人を失い,全財産を津波で流され,悲しみや絶望に暮れながらも,被災者は互いに譲り合うことを忘れず,秩序を守った。なかには,自らを犠牲にしてまで,高齢者や弱者,日本語の不自由な外国人などを率先して救った者もいた。2005年8月に巨大ハリケーン「カトリーナ」に襲われたアメリカ・ニューオーリンズで直後に発生したような一般住民による商店の略奪や暴行行為はほとんど見られず,治安は一貫して自律的に維持された。『ニューヨーク・タイムズ』や『タイム』,CNNテレビをはじめとする各国メディアが,自然大災害後に発生した社会的混沌の中でなお日本人の多くに見られた忍耐力や他者への思いやり,助け合い,また,スーパーマーケットの窓が破れ,容易に商品を略奪することができたにもかかわらず,皆,店頭の長い列に辛抱強く並んで買い物の順番を待ち秩序を保ったことなどを競って報道し,世界の人々がいわば日本社会のソーシャル・キャピタルの厚みに深く印象づけられたことは記憶に新しい。（他方,ハリケーン・カトリーナ直後の反社会的行動に関するネガティブなマスコミ報道には取り上げられなかった,好社会的［prosocial］行動に関する研究［Rodríguez et al. 2006］も存在することを指摘しておく。）

対照的に,中国では近年頻繁に,公共の場における道徳観や人としての最小限の倫理観の欠如が指摘される。例えば,2011年10月,広東省仏山市の卸売市場の敷地内で,異なる車に「2度」轢かれて路上に転がる（同市場で働く母親の）2歳の女児を18人の通行人（加えて,映像には写っていない現場周辺の複数の店主や店員）が見て見ぬふりをし,放置したまま,通り過ぎた事件が報じられた。現場の防犯カメラ映像がインターネット上に流出したこともあり,"2歳女児見殺し事件"は,世界を驚愕させた。近年中国では,交通事故などで道路に倒れている人を不用意に助けると,感謝されるどころか,逆に本人や家族から加害者にでっち上げられ,裁判にかけられし,高額の治療費などを請求されるという,善意を逆手にとった悪質な事件が頻発している。そのため,「街頭で倒れている者を安易に助けてはならない」という厳しい教訓とともに,街角の困窮者を放置する現象が広がっていたという。世界のメディアはこぞって,中国人の道徳観が危機にあると報じた。

だが,いうまでもなく,逸話的な証拠を頼りに,所与の社会における一般的傾向を論じることは慎むべきであるばかりでなく,仮に上述の2国におけるソーシャル・キャピタルの一般的な違いが認められるとしても,そうした事実は,例えば,同一国で同一産業に従事する2つの競合企業,その各々のサプライチェーン,あるいは,地域経済ネットワークの間に,時に顕著に観察されるパフォーマンス上の違いを全く説明しえない。つまり,社会全般のソーシャル・キャピタルのいかんにかかわらず,例えば,日本の下位自動車メーカーのサプライチェーンの業績は概して国際競争力に劣り,他方,温州人企業家コミュニティーは近代史で稀に見る経済成長と大繁栄を築き上げた。そして,この双方の事例ではともに,誰が内部者（ins）で他の誰が外部者（outs）であるかについて,明瞭なメンバーシップの規準があり,彼らを仕分ける境界もはっきりしている。このことから,研究対象と目的に即した,分析の単位とコンセプトが,何よりもまず重要であることは容易に判断できる。

表1-1　コミュニティー・キャピタルの概念的見取り図

資　本 capital	ヒューマン[1)] human	コミュニティー[2)] community	ソーシャル[3)] social
分析単位 unit of analysis	個　人 individuals	コミュニティー communities	社会，国家 societies, states（society-wide）
信　頼 trust	特定化[4)] particularistic	同一尺度（均一的） commensurate	普遍化 universalistic（generalized）

注：1）　没歴史的（ahistorical）な経済学のパースペクティブで，「個人」に属する諸資源のみが研究対象（Schultz 1961，Becker 1964）。
　　2）　主に社会学，経済社会学，組織間関係論の分野で，例えば，米国カトリック系ハイスクールの低い中退率，ニューヨーク市のユダヤ系ダイヤモンド業者における排外的紐帯（Coleman 1988, Portes 1998）；米国開拓期の清教徒，タウンミーティング開催のニューイングランド住民（Tocqueville 1961, Hopper and Hopper 2007）；特定コミュニティーの「準紐帯」"quasi-ties"（Frank 2009）；トヨタのサプライチェーン（Nishiguchi and Beaudet 1998）；温州人企業家ネットワーク（西口・辻田 2015）。なお，"social capital" の言葉を用いる Coleman（1988）の説明内容が，実質的には「コミュニティー・キャピタル」を指すことについては，本章の注1，ならびに，第2章「コミュニティー・キャピタルの効果」の節を参照。
　　3）　政治学では，大地域や国家全体における一般習律・慣行（Putnam 1993, 2000）。ただし，伝統的な社会学の一部では，エゴ・セントリック（ego-centric）で，自己に直結する直近の（socio-centric）グループや集団のみを分析対象とする場合にも，同じソーシャル・キャピタルの名称を用い，その場合の分析単位は，個人，ないし，特定集団であることに注意（Burt 1992, Lin 2001 他多数）。
　　4）　このうち特殊形態としては，後述する中国の *guanxi*（グアンシー），ロシアの *blat*（Michailova and Worm 2003）等を含む。

書は，「個人」でも「社会全体」でもなく，その中間領域で，特定のメンバーシップによって明確に境界が定まる「コミュニティー」を分析単位とし，そのメンバー間でのみ，排外的に共有され，利用されうる「コミュニティー・キャピタル」の概念を，有力なオールターナティブとして提起し，活用する。そうした「中範囲の」分析レベルによるアプローチは，第2章で詳述するように，同じ測定尺度と指標問題に拘泥する旧来の社会ネットワーク分析法によって，覆い隠されがちだった「不都合な真実」ばかりでなく，企業グループ間や，特異な言語（方言）・風習・アイデンティティーなどによって異なる，コミュニティー間の経済格差やパフォーマンスの違いを比較検証する場合には，分析の目が粗すぎる汎社会的なアプローチでは考えられないほど，リーズナブルに対応可能で，分析上，有用性が高いと想定される。

　本書は，旧来の両極端のアプローチによって見逃され，あるいは，十分に対処してこなかった研究（活動）の「真空地帯」を，意味ある形で埋める作業を，広範なオリジナル・データを分析することによって，同時に進めていく。つまり，大きな社会全体に行き渡るのでも，小さな個人の属性のみにとどまるのでもない，第3の中間領域，しかも，その境界内の成員である限り，直接の面識のあるなし

にかかわらず，共有され発動される「同一尺度の信頼」によって堅固に結びつき，適時適所で，相互に扶助し合う慣行を遵守するようなコミュニティー自体を分析単位とした，新たな研究アプローチが一貫して適用される。

表 1-1 は，そのような観点から，本書の分析単位である「コミュニティー」を，「個人」ないし「社会全体」から明確に区分し，整理し直した，概念的見取り図である。

個人，コミュニティー，社会全体への信頼

関係的資本の駆動には信頼が不可欠だが，伝統的には，「特殊化信頼」(particularized trust) と「普遍化信頼」(universalistic trust) という対立概念によって，一刀両断的に議論されてきた (Uslaner 2002, 2003)。前者は，情報や経験に基づいて信頼に足る人物と判断される特定の個人にのみ適用される特殊信頼であり，通用範囲が限定的で特殊である。対照的に，後者は，信頼を道徳的価値と捉え，見知らぬ他者も同じ基本的価値を共有しているとの前提で適用される一般的信頼であり，汎社会的に通用する。信頼が適用される単位については，前者は「個人」であり，後者は「社会全体」である。

ところが，この2つの信頼の単位を，例えば，特定の取引業者が関わるサプライチェーンの中で繰り返し発生する通常のビジネス関係に当てはめようとしても，うまく適用できない。なぜなら，そこでは個人間の好悪でも社会全般の習律でもなく，あくまで特定のメンバーシップによって境界が明確に定まるサプライヤー・コミュニティーの合目的性に奉仕し，そこに帰属する者同士でのみ遵守される「均一的な信頼」関係こそが重要であり，そうした信頼がどれだけ広く深く成員間に浸透し遵守されるかによって，サプライチェーン全体における取引関係の安定的な営みと予測性，そして，成果が大きく左右されるからである。つまり，この種のコミュニティーのメンバーは，完全に属人的でも汎社会的でもない，第3のタイプの信頼である「同一尺度の信頼」によって支えられている。そうでなければ，例えば，元請のバイヤーや下請のセールスが代わった瞬間から，彼ら個人間の「特殊化信頼」をゼロから構築し直さなければならず，商売活動が成り立たない。同一尺度の信頼は，そうした属人性を捨象した次元に生じ，ある意味で，特定コミュニティー内だけで通用する「普遍化信頼のミニ版」である。その具体的な貢献度の指標は，各ビジネス・コミュニティーの目的と性質によって異なるが，次章以降で見るように，温州人の間では，配偶者や出国時の助け人，創業資金の提供者などが，コミュニティー・キャピタルの重要な指標となり，等質的な信頼の証しともなっているのである。

このようにバウンダリーが明確で，「同一尺度の信頼」に支えられた「コミュニティー・キャピタル」の考え方は，同一の産業に従事するいくつかの企業群の中で，特定の企業グループのみが傑出した業績を挙げ続け，あるいは，同じように甚大な自然災害に見舞われた複数のローカル・コミュニティーの中でも，一部のみ原状回復と復興が目立って早いといった具合に，私たちが身近に観察する現実社会におけるパフォーマンスの差違の分析にとって，運用上，より有用で的確な概念であると想定される。

　ところで，本書の研究対象となる，温州語[5]という特殊な方言をもち，排外的

---

[5] 書き言葉としては同じ中国語に属するとはいえ，温州語という特殊な方言は，標準語としての北京語や，南方で広く用いられる広東語などとは，発音や単語などが大きく異なるため，実質的にはドイツ語と英語以上の違いがあるとされる。中国人であっても，温州人による温州語の会話を理解することは不可能に近い。こうした温州語の"特性"を活かし，中国軍は，1979年の中越戦争で，温州人兵士を通信部隊に使った。敵のベトナム人兵士に通信を傍受されても，温州語の内容を判読し理解することは不可能という判断に基づく作戦であった（宮崎2006）。

　人口約14億人の中国は，漢民族，モンゴル族，チベット族，ウイグル族，朝鮮族などからなる多民族国家で，夥しい数の方言がある。北京語（標準語）を使わない限り，同じ中国人でも互いに理解し合えないほど言葉の壁は厚い。華北・西北・西南地域では北方語（官話方言）が使われるが，上海や江蘇省，浙江省では呉語（上海語），広東省では粤語（広東語），福建省や台湾では閩語（福建語）が話される。ちなみに，温州語は呉語に分類される。

　厄介なのは，出身地がわずかに離れるだけで，同じ「呉語」や「閩語」でもコミュニケーションが著しく困難になることである。浙江省の港湾の街，温州と，河に沿ってそこから少し内陸寄りの青田は，わずか50キロメートルしか離れていないが，それぞれの住民同士でさえ，互いの方言で話すと，半分程度しか話が通じないという。このことは一度，日本から同行した温州市出身の中国人留学生を伴って，2009年に青田でフィールド調査をした際に，実地に確かめることができた。

　さらに，人口51万人（2010年末）の青田人にとって厄介な問題は，青田市中心部と，そこからたった10キロメートルしか離れていない同農村部とでは，やはりアクセントが大いに異なり，互いの意思疎通の障碍になるという。例えば，青田の一区画で傷害事件が発生し，地元警察が，現場を目撃した地元住民の老婆を尋問した際，本人は「靴が濡れた」と表現したのに，尋問者は「脚が悪い」と聞き違え，実際，脚の悪い人物を片っ端から捕らえてしまったというエピソードが残されている（2016年2月26日，在日30年の青田人・中華レストラン経営者，留春平へのインタビュー）。

　そうした事実を，スウェーデン人とノルウェー人とデンマーク人が互いに自国語で話し合った場合は概ね7～8割，イタリア人とスペイン人でも5割程度は，相手が何を言っているのか，ほぼ理解できるという現象と照らし合わせてみると，その凄まじさが推察できる。ちなみに，そうしたわずかな地理的距離が大きな方言の違いを生み出す現象は，中国では温州と青田間に限らない。例えば，福建省都の福州市は，秋田県とほぼ同じ面積だが，福州市主席が公式業務で市内各地を視察する際には，管轄の行政区域ごとに話されるアクセントが大きく異なり，よく理解できないため，総勢16人の通訳を随行する必要があるという（2010年2月22日の福州市帰国華僑聯合会でのインタビューによる）。

　そうした夥しい数の「相互にかけ離れた」方言は，地域コミュニティーや故郷に対する愛着ばかりでなく，よそ者を排除する傾向をも強めるため，文化的融合や政治経済の統一化への大きな障碍となっている。さらに，こうした事実は，中国大陸における数千年の歴史の中で，全体としていかに人々の移動が少なく，各地の方言が「化石化」する傾向を強めたかについての，何よりの証左と

で強固な社会的凝集性を示す温州人コミュニティーでは，人口の2割を占める「離郷人」が，適度にランダムな動きをしながら，国内外にある「遠く」のオイシイ情報を適時にコミュニティー仲間にもたらし，双方で緊密に連携しながら，他に先んじて新市場を開拓し，コミュニティー全体に繁栄をもたらしている。そうした構造優位の基盤には，血縁や同郷縁といった確固たる同一尺度に基づく，強靭な信頼関係があることが認められる。

　このことは，つまり，あるコミュニティーが合目的に機能するためには，その起源や種類のいかんを問わず，メンバー間の信頼関係，しかも，当事者間のネットワークにおいて，特定プレーヤーの異動や交替に伴う指標（index）の変位によっても，その結果がほとんど左右されず，彼らの意識のなかでは成員間に，同じ尺度で十全に機能する信頼関係が共有されており，そのことが彼らの好パフォーマンスの維持にとって，決定的に重要であることを示唆する。

　この点で，ザッカーマン（Zuckerman 2010）が指摘する，社会ネットワーク分析の客観性と比較検証性の維持に必要な「同じ測定尺度」と並ぶもう1つの課題，つまり，「指標（indexicality）の標準化」問題も実効的に解決される。つまり，分析の信頼性を担保するために，ノード相互の対関係（dyad）において，例えば，「私」の代わりに「彼女」が，「あなた」に代えて「あの男」が入れ替わった場合，そのことによってこのペア（対関係）の，さらには，ネットワーク全体の「関係性」そのものが変わってしまうと，それだけで客観的な比較分析が困難になるからである。これも，測定尺度の問題に関わる，方法論上のもう一面である。

　本書が提示する「同一尺度の信頼」，つまり，直接の知り合いでなくとも，同じコミュニティーに属するメンバーであれば，基本的に自分と同じ価値観，協調性，問題解決のアプローチを有しているという前提に基づく信頼は，「特定化信頼」と「普遍化信頼」の間の広い適応領域で，これまで十分にそれと意識されてこなかったかもしれないが，実は常に現存し，コミュニティー・キャピタルの駆動要因の1つとして，介在し，機能してきたのではないかと想定される。

　ただし，「同一尺度の信頼」を駆動させる原理は，コミュニティーの性質と内容によって，必ずしも同一ではない。例えば，温州人の企業家ネットワークとトヨタのサプライチェーンはいずれも合目的によく機能していると考えられるが，見かけ上の機能的な類似性を根底で支えるプレーヤー同士の相互信頼の種類を確かめると，決定的な違いがある。トヨタは，たとえ日常レベルで意識されていなくても，まず見知らぬ人や企業も，自分たちと同じ基本的価値を共有するという

なっている。

前提に立った「普遍化信頼」をもとに，新しいサプライヤーとの取引を開始するが，温州人のネットワークは，あくまで温州人としての出自と特異性に依拠する同郷人コミュニティー内でのみ通用する信頼関係が基盤になっているため，外部者は受け容れない。そのため，仮に温州人コミュニティーに深く入り込んでイコール・パートナーとして行動しようとする部外者が現れても，門前払いされるのが落ちである。

　一般に，「普遍化信頼」を広く流布させることができない社会，つまり，赤の他人を無条件に信頼することが高いリスクとなる社会では，「特定化信頼」，ないし，それに強く規定されたものとして制約される「同一尺度の信頼」が，成果を手に入れる重要な手段となり，温州人社会はまさにその典型であるともいえよう。しかも，それに重複する形で，特定の個人同士の間でのみ通用し，彼らの間でだけ個別的に互酬性が維持される中国社会特有の「グアンシー[6]」(*guanxi*，中国語で

6　中国語の「グアンシー」(*guanxi*) は，人々の関係性を指す言葉である。しかも，そこには，ニュートラルな意味での人間関係一般を指すというよりも，むしろ，1対1の特別な個人間の結びつきを基本とし，その結びつきには，お互いが相手に無制限の負担を強いるという意味での，互恵的な忠誠と義務が含まれている。

　中国に似たコネ社会の特質をもつロシアにも「ブラット」(*blat*) と呼ばれる特定の個人同士における人間関係を表す言葉があり，Michailova and Verner (2003) は，「グアンシー」と「ブラット」の構造や類似性を，社会ネットワークの観点から分析している。彼らによると，「グアンシー」も「ブラット」も，個人レベルで特殊化された関係性がベースにあるが，そうした関係性が，多くの場合，普遍的な法や慣行に先だって，特にはそれらを飛び越える形で，組織や社会のためにも利用される。言い換えれば，普遍的な法や慣行が比較的未発達もしくは未整備な社会において，それらのいわば代替物として，こうした個人間の特殊な関係が機能するのである。例えば，AがBと知り合いで，BがCと親しい関係にあれば，Aは直接には知らないCのために便宜を図る義務を感じる。つまり，個人間の結びつきが，互いにつながり，優先的に便宜を図り合うコネ社会を構成しているのである。

　また，「グアンシー」や「ブラット」では，信頼の構築や情報の共有を促すつながりの継続性が重視される。多くの中国人やロシア人が，便宜を図った直後のお返しを嫌がるのも，その証左といえよう。なぜなら，彼らのコネ社会では，便宜を得た直後の返仕は，その関係をそこで打ち切りたいという意図を示唆するため，礼を欠くと見なされるからである。半永久的に続くつながりの継続性を担保するためには，1度便宜を図ってもらったら，その事実を先方の人間関係の「帳簿」の「貸し方」に，そして，受益者側の「借り方」に記したままの状態にしておく必要がある。さもないと，次の機会に先方がこちらにものを頼みづらくなるからである。いずれにせよ，こうした「グアンシー」や「ブラット」によって規定される社会の人々のつながりは，個人の能力や誠実さに関する認知レベルの信頼というよりも，むしろ，器物とさえいえる友誼レベルの情動的な信頼が基本のようである。

　また，「グアンシー」や「ブラット」が行き渡った社会の顕著な特徴として，集団による制裁があり，信頼を裏切った当事者やその関係者は厳しく非難され，村八分にされる (ostracized)。

　このように，中国もロシアも個人的な関係性が先取的に人々の行動を律するコネ社会と想定されるが，違いもある。ロシア人が，コネを使って友達を助けることに喜びを見出すのに対し，中国人はそれを社会的義務と捉え，社会の調和を乱すことなく，いかにして何を得るかを重視する傾向が

も，日本と同じ漢字「関係」を用いるが，ニュアンスは全く異なる）の程度も，温州人の間では特に強いと想定される。

ただし，今日の諸産業国家における信頼関係において，「血縁」や「同郷縁」のみに基づくものはごく一部であり，先進国の経済活動では，むしろ，例外的でさえある。そのような自然発生的な信頼関係は，連結できるノード数が限られており，それのみに頼った場合，原初的な境界を超えて，企業が成長し，多角化し，高度化することは難しい。また，第10章で詳述するように，何らかの契機で経済的パフォーマンスに悪影響を及ぼす，誤った，もしくは，行きすぎた慣行が，このように閉鎖的なコミュニティーに行き渡ると，他の場合にはよく機能したその同じ特性が，逆作用を発動して，一気にコミュニティー全体に停止状態や衰退をもたらす危険性も否定できない。そうした閉ざされた関係性を超えて，さらなる発展を求めるのであれば，より普遍的な水準で，幅広い出自の人々にも同等に共有される「信頼」の根拠が要請される。つまり，血縁と同郷縁を超えた赤の他人同士を含めた人間関係を，いわばボトムラインにおいて合目的に駆動する，普遍的な規範に基づく信頼関係に転換する必要性が示唆されるのである。

4つのネットワーク戦略

本書は，同一尺度の信頼をベースとする「コミュニティー・キャピタル」という新しい概念に加え，グラノベッター（Granovetter 1973）の「緩いつながりの強

強い。また，中国人は総じて，面子と恩義（義理）に敏感であるため，自分の面子を失わないために，義務を全うしようと努める。

とはいえ，いずれの場合も，先に示唆されたように，先進諸国に比べて，法体系が未整備で社会的な諸制度やシステムが十分に発達もしくは機能していないとされる中国やロシアでは，その不足分を機能的に補う意味でも，個人的なつながりが非常に重要な資源となっている。そうした国々では，個人的なコネを利用して信頼できる情報や諸資源に接近できることが，不確実性を減少させ，変化への対応力を高めるために決定的に重要であり，何を差し置いても，人々はまず緊密な個人的関係にそれを求めるのである（Michailova and Worm 2003）。

中国社会における人々の関係性を多面的に分析したカリフォルニア大学バークレー校の社会学者ゴールドらも，「グアンシー」は，社会秩序やその経済構造，変化する諸制度の中心にあり，政治や経済から私的な家庭生活までほぼすべての領域で重視され，感情（ganqing），人情（renqing），面子（mianzi）などを大切にする中国社会の特質と深くつながっていると指摘している（Gold et al. 2002）。

他方，近年の中国では，公共の場における道徳観や倫理観の低下が指摘されることについては，すでに本章の注4で，2011年10月，広東省仏山市の卸売市場で，異なる車に「2度」轢かれて路上に倒れた2歳の女児が放置された事件を引いて論じた。逸話的な証拠のみによって，社会の一般的傾向を論じることは慎むべきだが，かようにふんだんに議論され，また，現出する経験的証拠に鑑みると，一般に中国社会は，やはり「普遍化信頼」が広く流布するには相当の困難を伴うことが予想されるといっても，過言ではないかもしれない。

み」(strength of weak ties)，バート (Burt 1992) の「構造的な溝」(structural hole)，あるアイデア，流行，社会行動などが一気に広がる劇的瞬間（ティッピング・ポイント）を説いたグラッドウェル（Gladwell 2000）らの議論を一部継承し発展させる形[7]で，私たちが知りえたクリティカル・マスとしての在欧州の温州人企業家コミュニティー内に広く行き渡る成員の類型について，下記の4分類法を提起し，一貫して使用する。

(1) 「現状利用型」(passive recipient)

直近の人間関係を適宜利用し，しかも，ほとんどそうした直接的な関係内にとどまったまま活動する。

(2) 「動き回り型」(active mover)

既存の人間関係をベースにするとはいえ，適度にランダムなリワイヤリングを積極的に行う。

(3) 「ジャンプ型」(jumper)

同様に既存の人間関係をベースにするが，他方で全く新たに独力で，遠方に及ぶ脱コミュニティー的な人間関係を構築する。

(4) 「自立型」(independent)

できるだけ他者を頼らず，自力で機会を開拓していこうとし，対同郷人・非同郷人を問わず人間関係が乏しい。

「現状利用型」は，直近の人間関係を適宜活用する類型で，交友範囲はあまり広くない。ほぼ「近所づきあい」を中心に生きており，失業のような何か困ったことに直面しても，まず近所づきあいの人間関係の中で解決しようとする。それで目処が立たない場合には，長らく疎遠となっている昔の友人を思い出してコンタクトするかもしれないが，探索の努力はせいぜいそこ止まりだろう。直近の人間関係，つまり，1度の隔たり（one degree of separation）程度を基本とし，学歴も，新しい知人や友人を増やす頻度も，あまり高くない。

一方，「動き回り型」は，現存する人間関係を基本にするとはいえ，適度にラ

---

7 グラッドウェルは，多様な世界を自由に往来し交際範囲の広い「コネクター」(connecter)，専門知識を誇示し他人に説明する「メイブン」(maven)，多数の人を納得させ売り込む才能をもった「セールスマン」(salesman) の各機能の重要さを論じ，彼らの連携プレーこそが「イノベーター」(innovator) の斬新なアイデアや情報を，広く社会につなぎ，一般人にわかりやすく翻訳，伝播して，経済的繁栄をもたらすと指摘している。だが，彼の議論には，ある特定の社会やコミュニティーにおいて，他の大多数を占める「普通の人」(より弱いノード) への視点が，あたかも一方的に影響を受ける羊の群れに準ずるといった暗黙の了解を除いては，決定的に欠けている。そのため，本書は，彼の洞察力を認めながらも，そうした偏りを是正し，さらに，本研究の目的に沿う形で，独自に4類型を開発し，その相互関係にも注目する操作化（operationalization）を通じて実地検証を実施している。

ンダムなリワイヤリングを積極的に行う。このタイプは，身近な親戚や友人，知人だけでなく，彼らがもつ人脈やコネを当てにすることが多い。「知人の知人」はもちろん，時には，「知人の知人の知人」とも，精力的につながろうとする。信頼できる既存の人間関係を最大限活用しながら，未知の世界を開拓し，また，新規の人間関係をつくることで，直面する問題を克服し，新たなチャンスを見出そうとする。

先の2者とは対照的に，「ジャンプ型」は，既存の人間関係を維持する一方で，そこを大胆に飛び越え，全く新規に，しかも独力で，次々と生活圏の外延を広げ人間関係を開拓していく。この種の探索と独自のリワイヤリングによって新たな人間関係を開拓するか，あるいは，数度の隔たりを介して到達した人と積極的に関わることによって，瞬く間にその関係を1度の隔たりに転じてしまう。親戚や友人はおろか知人さえいない異郷に移り住み，価値観や生活習慣の異なる現地人とも，容易に友人関係，さらには，共同経営者としての緊密な商売上の関係などを築くことができる能力をもつ。こうしたジャンプ型は，バート（Burt 1992）の言う「構造的な溝」（第2章で後述）をいち早く見つけ，躊躇なく架橋するタイプで，彼らの交際範囲は，現状利用型や動き回り型よりもはるかに広範で，多岐にわたることが多い。なお，一般に「高学歴」で「教養がある」，「語学が堪能」，「社会的地位が高い」といった「ヒューマン・キャピタル」に恵まれた人ほど，「ジャンプ型」に転じやすい傾向にあると考えられる。

他方，「自立型」は，温州経済の発展に伴って比較的近年そのプレゼンスを高めてきた新しい類型で，多くはすでに中国国内で起業し発展させた事業を所有しており，その海外展開を図るために「投資移民」として正規ビザを取得して海外進出するパターンを踏むといった特徴がある。つまり，伝統的な上記の3類型に比べると，海外進出の段階ですでに一定の自己資源や販路を有し，すぐに現地オペレーションを開始できるため，特に同郷人の支援を必要としない。

もちろん，この4類型はあくまで理念型であり，本研究のフィールド調査と後章で述べるクラスター分析から抽出された1つのモデルにすぎない。現実には，ある個人が目的に応じて，同時並行的に各類型の営みをうまく使い分け，あるいはまた，継時的に自らの類型を変遷させる者もいるであろうが，本書では，企業家のネットワーク戦略の類型化を通して，情報，物資，資金といった諸資源がいかなる論理でネットワーク上を流れ，利用されるのかを検討する[8]。

---

8 ところで，現状利用型，動き回り型，ジャンプ型，自立型の4類型は，さまざまなコミュニティーに幅広く見られる現象である可能性がある。例えば，現代人の生活に欠かせないフェイスブックやツイッター，LINEといったSNS（ソーシャル・ネットワーキング・サービス）の世界でもその

第1章　研究アプローチと問題設定　19

調査対象

　本書で，私たちは，1978年に鄧小平が発表した改革開放後，中国における「自発的な」資本主義発展発祥の地の1つとして目覚ましい発展を遂げた中国沿海部の温州[9]と，その後40年近くにわたって温州人企業家の多くが成功裡に事業

傾向が見られる。自分の意見を発信するブロガー，スナップ写真を投稿する女子高生，マーケティング活動に積極的な企業など，利用者の意図はさまざまだが，それらはすべて巨大なネットワークの一部を構成するノードである。モバイル端末さえあれば，温州人のように世界各地に広範なネットワークを築くことも困難ではない今日，「世界はますます狭く」なりつつある。

　例えば，フェイスブックでは，誰かのページを閲覧すると「共通の友人」数が表示されるため，各ユーザー間の関係性や各リンクの範囲が一望でき，この点で，温州人ネットワークに似た情報共有プロセスの観察が可能である。そうした特性によってこのオンライン・サービスの利用者を分類してみると，やはり，(1)身近な友人，仕事仲間，家族や親戚とだけリンクし，彼らに限定して投稿内容を公開する「現状利用型」，(2)友人の友人を探索してリンクを拡大していく「動き回り型」，(3)全く未知の者とのつながりも積極的に開拓しようとする「ジャンプ型」，そして，(4)何事にもつかず離れずの「自立型」の存在が認められる。つまり，少数のジャンプ型ユーザーが率先して記事を投稿しシェアすることで，他のより消極的，もしくは，情報探索力に劣る3タイプのユーザーに有益な情報が伝わる。その際，ハブ（hub，中心的な結節点）の役割を果たすジャンプ型ユーザーは「構造的な溝」に架橋し，自らの満足感を含む個人的な利得を得るだけでなく，結果的にコミュニティー全体が相補的に発展していくと考えられる。

　そうした意味で，本書は，一見，日本の読者にはあまり馴染みのない温州人コミュニティーをテーマにしているように見えるかもしれないが，そこでの議論やメッセージには，最新のSNSの世界から，排他性が目立つ一方で停滞する地域共同体，規制による既得権益の猛者と化した衰退産業，馴染み客だけに同じ商品を売り続けて業績低迷に陥った企業，メンバーの顔ぶれが固定的で行き詰まりを感じる研究グループといった，あらゆるコミュニティーに適応可能な汎用性を備えた，新たな跳躍へのヒントが満載されている。

[9]　温州の経済発展の叙述とデータ等については，第3～4章を参照されたい。

　ところで，「温州」と聞くと，多くの日本人はみかんの代表的な品種である「温州蜜柑」（学名 Citrus unshiu）を想起するかもしれない。一般に「みかん」といえば，この「温州蜜柑」を指すほど，日本人には馴染み深い。みかんの品種を指す場合，「温州」は「うんしゅう」と呼ばれ，室町時代の用語集「節用集」でも「温州橘」（うんじゅきつ）の記載が確認される（大槻文彦による『新編大言海［新編版第8刷］』1987，p. 237）。つまり，「温州蜜柑」における「温州」は，学名的にも，歴史的にも，唐音読みの「うんしゅう」で一貫している。

　だが，「温州蜜柑」は，みかんの名産地である浙江省の都市「温州」（Wenzhou，比較的の現代中国語の発音に近いカタカナ表記は，ウェンジョウ，ウェンゾウ）にちなむ名称とはいえ，原産地を意味するものではない。「温州蜜柑」と同じ品種は中国に存在せず，実際には，鹿児島県出水郡長島が原産と考えられている（小学館の『日本大百科全書22』1988，p. 272）。また，日本語で「うんしゅう」と聞けば，出雲国の別名である「雲州」（うんしゅう）がイメージされることも少なくない。

　他方，松村明・三省堂編修所編纂の『大辞林』（1988，p. 378）には，「おんしゅう【温州】」の見出しで「中国の浙江省南部，東シナ海に面する港湾都市。甌江流域の茶・ミカンなどの集散地。うんしゅう。ウェンチョウ」との説明がある。新村出編の『広辞苑　第6版』（2008，p. 443）および松村明監修の『大辞泉増補・新装版』（1998，p. 415）でも，「温州」を「おんしゅう」と呼び，

を展開してきた欧州を舞台に，彼らの大繁栄の秘密と，近年，やや不振の兆候が現れ始めたその原因を，第2章で詳述する理論的枠組みとアプローチによって分析していく。

私たちが，温州人に注目したのは，次の3つの理由による。

第1に，温州人の傑出した経済活動である。歴史的に華僑・華人[10]の成功者は世界にあまねく存在しているが，彼らの多くは，広東省および福建省の出身で，インドネシアやマレーシアなどの途上国や後発国，あるいは，北米などで財を成している[11]。それに対して，改革開放後に移民が急増した温州（2000年代前半で現存する温州移民の約8割が1980年代に発生）は，最後発の移民グループに属する。いわゆる新参の華僑で，しかも「おおむね停滞し」大儲けが難しい成熟経済圏の西欧で，比較的短期間のうちに大繁栄を築いている。すべての中国人にとって，集団としては比較的新しい移民先である東欧でも，温州人は，ほぼ同時期に移民した他の中国人を圧倒する成功を手にしている。

温州人が続々と海外に向かっていた1990年代，日本社会も，急増する中国人の密入国や不法滞在，不法就労，犯罪事件などの対応に追われた。だが，そこで話題になったのは，温州人ではなく，主に福建人，なかでも，省都である福州市に属する2つの行政地域，福清と長楽の出身者であった[12]。

浙江省南部の都市として記述している。

さらに，天児慧・石原享一・朱建栄・辻康吾・菱田雅晴・村田雄二郎編『岩波現代中国事典』(1999, p. 84) も「温州」を「おんしゅう」と呼ぶ。甌（おう）江の下流に位置しているため，かつては「甌」と呼称されていたが，気候が温暖なことから，唐代に「温州」と呼ばれるようになったと指摘している。

こうした歴史的経緯を考慮すると，日本語で，「温州」を「うんしゅう」と発音する場合はみかんとの関連が比較的濃厚であり，「おんしゅう」と呼ぶ場合は地名を指すことが一般的なようである。

以上の諸事情を総合的に鑑み，柑橘類ではなく地域名としての「温州」を扱う本書では，漢音読みの「おんしゅう」で統一する。

10 華僑と華人の区別にはさまざまな議論があるが，基本的には，他国に居住してもなお中国国籍を保有している中国出身者が華僑であり，進出先居住国の国籍を取得した者は華人と呼ばれることが多い。つまり，現地の国籍取得を境に，華僑が華人に転じる。このように厳密にいうと両者は，法的には全く異なる存在であるが，血縁や文化，伝統等で深いつながりがあるため，現実には明確に区別するのは難しく，一括りに論じられることも多い。

11 中華民国僑務委員会編『僑務統計年報2009』によると，華僑・華人3940万人のうち75.4%がアジアに集中しており，なかでも，インドネシア（783万人），タイ（718万人），マレーシア（648万人），シンガポール（276万人）が目立つ。ちなみに，日本は68万人，欧州は全体で126万人である。

12 ところで，その後，20年余り継続して不況に見舞われた日本とは対照的に，高度成長経済を維持し続けた中国本土の繁栄によって，在日中国人の不法入国者や不法滞在者は2005年以降，急速に減少し始めた。詳細は第9章に譲るが，法務省入国管理局が毎年発行している『出入国管理』に

多くの若者が海外へ出稼ぎにいく福清や長楽の村落は，彼らの送金によって建てられた，時に密航御殿とも呼ばれる3〜4階建ての豪邸が，その立派さを競い合っているとはいえ，それらの資産が事業資金に転じることは少ない。靴やアパレルの地元メーカーが急成長し，貧しい農村の内発的発展モデルとして世界的に注目された温州のような，"健全な"経済発展が，相対的に見られないのである。

広大な中国にあって，温州と福州は，わずか260キロメートルしか離れていない。直線距離でちょうど東京都庁と愛知県庁の間程度である。しかも，個人の能力や学歴を比較した場合，温州人が福州人を含む他の中国人に比べて，特に優れていることを示すデータはなく，むしろ，限られた証拠は，温州人の教育レベルが今日の中国平均よりも低いことを示唆する。

実際，私たちがインタビューした欧州在住の温州人企業家180人のうち，学歴が判明した者は70人であったが，その中で大卒以上の学歴をもつ者はわずか8人で，11.4％にとどまった[13]。不明者が110人にものぼったのは，小学校さえ出ていない者や小学校卒，あるいは，中学校中退といった低学歴の者ほど学歴を言いたがらなかったためである。不明者のなかに大卒以上の学歴をもつ者はほとんどいないと推察されることから，実際の大卒比率は5％程度と見られる。単純比較は難しいとはいえ，この数値を，今日の中国青年の大学進学率26.5％（2010年）と比較する[14]と，調査対象となった温州人企業家が，いかに学歴面で後塵を拝し

よると，中国人の不法入国者は2005年の4960人をピークに2011年には949人に，不法就労者も，2005年の1万4239人をピークに減少に転じ，2011年には4876人にまで激減した。不法残留者数も，2012年1月1日現在，7807人でピークだった1994年（3万9738人）の約20％にとどまっている。

[13] 8名のなかには，北京師範大学や浙江大学といった名門大学の卒業生がいる一方，高校と同等の中等専門学校を卒業し社会に出た後，スイス系ビジネススクールの中国校でMBA（経営学修士）を取得したというものの，その校名が不明の者（つまり，インタビュー中，本人がどうしても思い出せない，という者）も含まれる。この最後の件に関して，確定的に事実関係を追うことは難しいとしても，仮にそのMBAの取得が真実であったとすると，インタビューの場に居合わせたもう1人の中国人が後にわれわれに伝えたように，「中国では珍しくないことだが，MBAの学位を金で買ったと解釈するほうが自然だ」とする意見もあった。

[14] 中国では，文化大革命終了後の1977年に大学入試が再開されたが，1990年代半ばまで，毎年の大学入学者数は数十万人規模で，大学進学率も1ケタ台にとどまり，大学はいわゆるエリート教育の段階にあった。だが，教育部によって「21世紀に向けた教育振興行動計画」が発表された1998年を機に大学の門戸が開かれ，大学（短大を含む）の入学者数は，1998年の108万3600人が2010年には661万7600人と12年間で約6倍に増えた。進学率も1999年に10.5％，2005年に21.0％，2010年に26.5％と急上昇している。中国教育部の『中国教育統計年鑑2008』，『中国教育統計年鑑2010』および『全国教育事業発展統計公報』（各年版）による。

なお，調査対象となった温州人企業家の教育レベルを，文化大革命（1966〜1976）中の混乱による正規教育の欠如に帰することも可能であり，実際，特定年齢層のインタビューではそうした事実が認められたものの，当時の状況はほぼすべての中国人にとって同様だったはずであり，この種

ているかが知れよう[15]。

　さらに『温州市志（上）』（1998, p. 407）も，中華人民共和国成立以降の温州人移民の学歴がおおむね中卒程度であり，決して高水準ではなかったことを記録している[16]。こうしたさまざまな証拠を突き合わせてみると，学歴によって代弁される温州人企業家のヒューマン・キャピタルの程度が，一再ならず，中国人の平均を下回っていた事実が浮かび上がってくる。それにもかかわらず，なぜ今日，総体として温州人の経済活動が突出しており，注目を浴びるのか。私たちの知的好奇心は駆り立てられた。

　温州人に注目した第2の理由は，温州人コミュニティーの凝集性である。私たち部外者の多くは，中国人を一括りにする傾向にあるが，中国人の行動性向や文化は，北京，上海，福建，広東，四川など，出身地によって細分化される[17]。同じように海外に向かう中国人でも，出身地域によって，その移住先，移住目的，現地での同郷人や現地人との関わり方などにバラツキがあり，温州人は，他地域の中国人に比べて，同郷人同士のつきあいが極めて濃いとされる。彼らは，世界のどこへ進出しても，商売上の主な取引相手も，結婚相手もほぼ同郷人だけというのが，ごく当たり前の社会に生きている。しかも，その程度が著しく高い。私たちの関心は，そうした温州人コミュニティーに特徴的な凝集性が彼らの経済的繁栄とどのように結びついているのか，そのメカニズムを探り，理解することにあった。

　　の議論は温州人の低学歴を説明しえない。

15 実際，2006年にインタビューしたミラノの温州人卸屋街の40歳代の店主は，小学校に2年しか通ったことがなく，英語やイタリア語はおろか，中国語（つまり，標準語である北京語）さえ話せず，アクセントが特異なため同郷人との意思疎通にしか使えない温州語のみで生活し，成功裡に卸売業を営んでいた。さらに，その隣でやはり卸売店を経営する温州人の店主は，小学校にさえ入学したことがないため，私たちの丁重な依頼にもかかわらず，本人が恥ずかしがってインタビューに応じてくれなかった。

　　こうした証拠は，温州人が，個人の属性としての学歴などに代表されるヒューマン・キャピタルといった要因ではなく，むしろ，属する同郷コミュニティーを構成する人々の間で共有された分厚いコミュニティー・キャピタルに依存し，そこに深く埋め込まれていることによる便益を全面的に享受し，活用していることを示唆する。そうでなければ，温州語しか話せず，小学校を出ていない店主が，遠いイタリアの地で，単に生き延びるだけでなく，成功裡に商売を営むことなど可能であろうか。

16 1950年から1984年にかけての温州市文成地区出身華僑640人の学歴を見ると，「中卒」が53.4％で最も多く，「小卒」（19.8％），「高卒」（18.8％）と続く。「大卒」はわずか1.4％にすぎない。

17 宮崎（2006）は，日本人同様，中国人にも出身地域によって多様な個性があるとして，反骨精神旺盛な四川人，関西商人に似ている広東人，なぜか嫌われる上海人，凶暴なマフィアの多い福建人，中国のユダヤ人といわれる温州人，といったお国柄を紹介している。そうした出身地域別の「お国柄」に関する文化人類学的な考察は，本書の直接の関心事ではなかったが，広範なフィールド調査の過程で，そのような通説に呼応する一般的な観察は頻繁になされた。

第3は，そうした強い凝集性を有する一方で，海外に進出する温州人の行動様式に顕著に見られる，ランダム・ウォークとでもいうべき，その大胆な探索行程である。彼らは最初，ほぼ間違いなく血縁者を頼って海外に出るが，最初の居住地であまり成功しないと，素早くそこに見切りをつけ，別の血縁者や同郷人を頼って，他の地域や国に移り住む。そして，そこでも思ったほど上手くいかない場合は，やはり血縁・同郷縁ルートで新しい情報を探り，よりよい環境を求めて，さらに別の地域や国に頻繁に移動し，ある程度成功するまで，そうした移動パターンを繰り返す。例えば，ハンガリーのブダペストからウクライナのキエフに移ったかと思うと，今度は南米を経由した後，パリに舞い戻り，最後にスペインのマドリードで商売が当たると，そこに定着するといった具合である。重要なことは，この場合のように，いったんどこかで成功するとそこに住みつき，今度は故郷の親戚や友人，あるいは，これまで転々としてきた各地で知り合った同郷人を呼び寄せ，彼らの商機探索を助けながら，成功した地で業務を拡大するといった，温州人に共通して見られる探索と定着と相互扶助の循環パターンである。

　こうした経緯で成功した温州人企業家は東欧を含む欧州各地に無数に存在し，たった1人で渡航してから10年もすると，呼び寄せた親戚一同が欧州各地に100人ほども定住して，互いに緊密に助け合いながら商売を営むといったことも珍しくない。そして，各人が一時もやむことなく，よりよい機会を求めて，同郷人ネットワーク上の探索と移動を繰り返すため，振り返ってみると，全体として複雑なジグザグ模様のリワイヤリングの軌跡を残す。

　そうした温州移民の行動様式は，ある特定の目的地に渡航し，そこで成功しても失敗しても，特に他の別天地の可能性を探ることもなく帰郷することの多い，福建人や広東人の「Iリターン型」とは対照的である。後2者においては，新しい情報や機会を探索するルートが限られ，仮にそれらが得られても，コミュニティー全体への伝播力が弱い。つまり，個別に有益な情報は得られても，その「近隣効果」は少ない。

　他方，温州人の「ジグザグ型」は，新情報や機会を探るルートも，仲間内の伝播力も豊かである。そのため，一方では堅固な凝集性を保ちながら，他方では遠くへのランダムな情報探索能力をも兼備した彼らの特徴的なネットワークは，個人的な属性の総和とはまた別の次元で，優れた総合力を発揮すると想定される。

　本書では，最新のネットワーク理論の進展に鑑み，大多数の者が「近所づきあい」を大切にするかたわら，「遠距離交際」にも励むメンバーが少数存在するスモールワールド・ネットワーク，ならびに，その系譜を引く一連の理論的枠組みを，分析の1つの有力なパースペクティブとして援用している。華僑・華人のな

かでも，温州人のコミュニティーは，一見相反するそうした内的凝集性と外部探索性の双方をバランスよく兼ね備えることによって，1980年代以降に生じた歴史的状況を上手く利用し，他の通常の中国人コミュニティーを凌駕する経済的繁栄への道程で役立てることができたのではないか。そうした観点も，温州人を調査研究の対象とした第3の有力な理由の一部である。

研究のアプローチ

　本書の研究対象は，移民政策を含む国家政策や国際関係，国家経済と貿易といったマクロ，地域や地域間関係などのメソ，個人や組織およびそれら同士の関係といったミクロの3通りのレベルで分析しうる。必要に応じて，マクロとメソのレベルのデータ分析と考察も行うが，限られた諸資源の中でとりわけ本書が注力したのは，ミクロレベルから創発する社会経済的プロセスの，エスノグラフィックな記述と分析である。つまり，繁栄する個人や組織がいかに，どのような情報や諸資源を入手，伝播，共有し，集団的解釈を加えたうえで，それらをいかに循環させるのか，また，そうした一連のプロセスで，彼らのコミュニティー・キャピタルはどのように機能し貢献するのかといった，互いに連関し合う多様な動きの詳細な記録である。

　とはいえ，本書の研究方法は，フィールド調査による定性的な観察と記述のみにとどまらない。個別サンプルの諸属性を標準化された個票に落とし込み，定量化したうえで，クラスター分析によって先述の「現状利用型」，「動き回り型」，「ジャンプ型」，「自立型」を統計有意に析出し，それぞれの特徴を第6章で可視化して議論している。社会ネットワーク研究では，多くの場合，分析対象となるネットワークの規模拡大とともに，意味ある形での，定性的な調査が著しく困難になる。そのため，大規模なネットワークの部分的な抽出，ないし，全体構造の大胆な単純化による分析か，あるいは，数値シミュレーションを駆使した仮想空間での動態観察の手法などに頼らざるをえない。だが，そうしたアプローチを推し進めても，ネットワーク内部で生成する事象の本質を洞察し，理解することは困難である。そのため，たとえ限定的であっても，相当数の実サンプルを確保したうえで，定性・定量の両面から，多角的な分析を加え，ローカルなコンティンジェンシー（contingencies，付随する偶発事）をきちんと把握し，総合的な解釈を加えて，議論を展開する必要がある。そうした両側面の要件に鑑み，本書は，諸資源の制約のなか，少なくとも，リーズナブルな範囲で，多年にわたる丹念なフィールド調査を実施し，定性観察と定量分析のバランスの中で入手した豊かな知

見を提供している．そうした意味で，本研究は，単にコミュニティー・キャピタルや同一尺度の信頼といった「中範囲の社会」の分析に適した新概念を提示するにとどまらず，実践的な社会ネットワーク研究手法の1つのあり方を示せたと考えられる．

インタビュー対象の属性と調査方法

20世紀前半までの温州人の海外への出稼ぎと移住に関する記述は，2次資料に依存しているが，1978年の改革開放以降の彼らの動向と企業の急成長に関する分析は，2004〜2016年の12年間に実施した，広範なフィールド調査における現場観察とインタビュー記録がベースとなっている．その間，私たちは，中国，日本，イタリア，フランス，英国，ドイツ，スペイン，ポルトガル，オランダ，オーストリア，ロシア，ウクライナ，ハンガリー，チェコ，スロバキア，ポーランド，トルコ，アラブ首長国連邦（UAE），米国の計19カ国57都市で，496組織（団体），707人に聞き取り調査を行った[18]．インタビューに要した総時間は，1700時間4分に及び，インタビュイー1名当たりの平均所要時間は約2.4時間に達した．

フィールド調査では，中国国内および海外で活動する温州人企業家への体系的で徹底したインタビューを中心にしながら，比較研究の観点から，福建人や広東人，東北人などを含む他省出身の「非」温州人企業家へのインタビューも実施した[19]．質疑応答は，インタビュイーの属性（年齢，学歴，職歴，出身地等），起業および離郷の経緯（目的，方法，資金，主要な支援者，ルート等．ただし，巻末補論Aで扱う温州在住企業家中，離郷経験のない者を除く）を含む半構造（semistructured）形式で行われ，特に障碍のない限り，必ず工場，社屋，店舗，ショールーム，倉庫等，関連施設の丹念な訪問観察と調査も，併行して実施した．また，企業だけでなく，各地で，地元政府，業界団体，同郷会や華僑華人聯合会などの同郷組織，大学をはじめとする研究機関なども訪問し，意見交換するとともに，企業家のみを対象とした調査では入手し難い多様な知見を得ることができた．なお，国・地域，組織名，インタビュイー，役職，訪問日時，所要時間，インタビュワーに関

---

[18] インタビュイーが経営者で，同時に，業界団体や同郷組織等の要職も兼任している場合，インタビューでは，当該企業の経営，ならびに，各団体等の活動実態の双方を含む，実に多彩な情報をご提供いただいた．そのため，この種のインタビュイーに関しては，巻末のインタビュー・リストで，重複を厭わず，所属するいずれのカテゴリー欄にも記載してある．なお，インタビュイーの通常のビジネス拠点とインタビュー場所が，必ずしも一致しない場合もある．

[19] なお，本書で「非」温州人という場合，通常，「他省出身の」中国人を指し，別途，特に指摘しない限り，同じ浙江省内の他地域出身者は含まない．

表 1-2　インタビュー・リスト，2004〜2016 年

カテゴリー	組織数	インタビュイー数	所要時間
1. 政府	32	52	131 時間 22 分
2. 企業	359	432	842 時間 23 分
（中国国内）	(114)	(162)	(233 時間 51 分)
（中国国外）	(245)	(270)	(608 時間 32 分)
3. 業界団体	6	14	36 時間 29 分
4. 同郷組織（帰国華僑関連組織含む）	56	134	481 時間 23 分
5. 研究機関	17	47	136 時間 23 分
6. 報道機関	6	7	17 時間 40 分
7. その他	20	21	54 時間 24 分
計	496	707	1700 時間 4 分

注：所要時間は，個々のインタビュイーに要した延べ時間である。グループ・インタビュー等による重複分の調整はしていない。また，いうまでもないが，カテゴリー「2. 企業」のうち，中国国内と中国国外の内訳を示したカッコ内の数値は，計に含まれていない。なお，補論 A で分析した在温州のアパレル企業 48 社（質問票調査回答企業）のうち，4 社については，筆者らが 2004 年 1 月上旬に現地でインタビューを行った企業であるため，上記のインタビュー・リストにそれらの数値を加算してある。また，30 社は，当時研究支援者であった中国人留学生（一橋大学商学研究科博士課程）が 2006 年 8 月 13 日から 18 日にかけて単独で現地に出向き，各社の責任者に会ってインタビュー形式で質問票調査を実施したものである。この 30 社のデータも，上記インタビュー・リストの「企業」欄に含まれており，インタビュイー数および所要時間については，1 社当たり 1 人，平均 30 分で算出した。なお，残る 14 社は，2006 年 1 月から 2 月にかけて，業界団体の温州市服装商会に全面委託したものであり，上記インタビュー・リストには含まれていない。

する詳細なインタビュー・リストは，巻末に付したので参照されたい。表 1-2 は，その要約であり，図 1-1 は，訪問先（国・都市）とその概略地図を示す。

　私たちがインタビューした企業 359 社のうち，温州人が所有し経営する企業（以下，温州人企業と略す）[20] は 264 社である。サンプルの選択方法や属性等については第 5 章で詳述するが，温州人企業のうち，中国国外の立地が 189 社，中国国内の立地が 75 社である。国内に関しては，北京や成都といった温州以外の地域をビジネスの拠点とする企業 8 社を含んでいる。中国の国内外を問わず，主に離郷して事業を展開する温州人企業を対象として，これほど広範にインタビュー調査し，ミクロレベルから創発する社会経済的プロセスを精緻に追い，コミュニティーを基盤とするネットワークの効能が発動される経緯を，エスノグラフィックに記述し分析した研究は，世界的に珍しいであろう[21]。

---

[20] ほとんどの場合，企業経営者への直接インタビューであったが，一部，それに準ずる役員や経営幹部へのインタビューも含む。なお，264 社のうち，当時研究支援者だった中国人留学生が単独で実施した 30 社を除く，234 社に関していえば，経営者がインタビューに応じてくれたのは 209 社である。そのうち，男性経営者のみで対応してくれたのは 160 社，女性経営者のみは 38 社，男女のカップル（主に夫婦）は 11 社だった。

[21] 私たちのインタビュー調査の大半は，中国語でなされたため，同行した中国人助手（その大多数は，少なくとも，共著者の 1 人と面識があり，日本の大学に留学中の中国人大学院生もしくは学部

図1-1 訪問先（国・都市）リストと地図，2004〜2016年

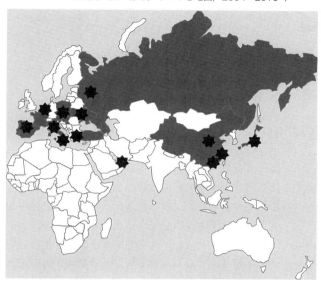

計19カ国，57都市
中国：北京，西安，成都，桐郷，杭州，義烏，温州（青田含），福州（福清，長楽含），厦門，泉州，広州，中山市，江門
日本：東京，船橋，横浜，名古屋，京都，大阪，神戸，福岡
イタリア：ベニス，パドバ，ボローニャ，ミラノ，フィレンツェ，プラート，エンポリ，ローマ，ナポリ，パレルモ，アグリジェント
フランス：パリ
英国：ロンドン
ドイツ：ケルン
スペイン：マドリード，バルセロナ，エルチェ，マラガ，グラナダ，マヨルカ
ポルトガル：リスボン
オランダ：アムステルダム，デン・ハーグ，ユトレヒト
オーストリア：ウィーン
ロシア：モスクワ，サンクトペテルブルク
ウクライナ：キエフ，オデッサ
ハンガリー：ブダペスト
チェコ：プラハ
スロバキア：ブラチスラバ
ポーランド：ワルシャワ
トルコ：イスタンブール
アラブ首長国連邦（UAE）：ドバイ
米国：ニューヨーク

注：米国訪問先はニューヨーク市のみのため，図は省略。

また，温州に立地しているアパレル（服飾・衣料）企業を対象に，ヒアリングと併行して，質問票調査を実施した。実施にあたっては，業界団体である温州市服装商会（日本でいう協会，すなわち，同業者団体）の協力を得て，同会の主要メンバーである全理事企業132社を対象とし，最終的には48社（うち34社はインタビューを実施）から分析可能な質問票用紙を回収した。同調査の集計報告と議論は，補論Aで展開している。

本書の問い

　本書で詳述する温州人企業家の世界的ネットワークは，コミュニティー・キャピタルに依拠する社会ネットワーク分析の新たな事例であり，近年，ビッグデータ一辺倒の観のある米国の定量分析による豊富だが特定傾向の強い知見を補完する意味で，イン・デプスの定性的観察が最も得意とする類いの実証的知見を提供する。コミュニティー・キャピタルという有効範囲の明確な新しい中範囲の概念を用いたアプローチは，第2章で論じるように，厳格な方法論の追究によって一方的に切り捨てられ，その存在すら忘れられがちであった「不都合な，とはいえ研究上，実践上，必須の真実」に再び光を当て，より豊かでバランスのとれた知見の導出に役立つであろう。

　本書が解明を目指すのは，(1)構造というインフラのうえを，何を契機に，どこから，いかなる情報や諸資源が流れるのか，(2)そうした情報や物資，資金がどこから流れ始め，誰がどのような役割を担い，どこにつないでいるのか，(3)実際に誰がいかに活用しているのか，といった具体的な問いかけを通じて捉えられる社会経済事象である。ここで問題となるのは，新古典派経済学にいうアトミスティックな経済主体の行為が需給関係の均衡のもと一意的に定まるとするアプローチ

生）の通訳で実施された。多くの場合，許可を得てインタビュー内容を録音したうえ，終了後間もなく，共著者双方の手書き，あるいは，電子媒体に直打ちしたフィールドノートを照合して，矛盾点や曖昧な個所などを，適宜，同行した中国人助手の助けを得，時に録音記録にまで遡って再検証しながら修正し，より完璧に近い形に仕上げた段階で，電子ファイルに清書して恒久記録（A）とした。

　さらに，インタビューのうち，完全なデータが一揃いしたコア・サンプルについては，後日クラスター分析等の統計処理のため，各エントリー別の個人データを「個票化」して，統計分析上，盤石に近いデータ（B）を作成することができた。実際のクラスター分析を含む統計処理の際には，例えば，カテゴリー分類やデータの解釈，分析上の判断などに迷った場合，上記のAおよびBの適切な個所を突き合わせ，それをもとに共著者間で対話を重ねながら，入手したデータをあらゆる側面から検証し直す作業を繰り返し，最もリーズナブルと判断しうる最終の分析結果に練り込んでいった。そうした一連の作業は，著しく時間がかかり，煩瑣でもあったが，諸資源の制約の中では，それなりの好結果を残すことができたと考えている。

第1章　研究アプローチと問題設定　29

では十分に把握しえない領域，つまり，その同じ経済主体が必然的に"埋め込まれ"影響し合うソーシャル・コンストラクト（social construct，社会的な構成実体）を突き動かす原動力であり，そのメカニズムの解明である（Merton 1968a）。

　本書の結論を先取りして要約すると，温州人企業家の同郷縁をベースとする結束型コミュニティー・キャピタル（内的凝集性）と，遠距離交際に長けた「ジャンプ型」人材を中心とするネットワーク・リワイヤリング能力の高さ（外部探索性）が拮抗も離反もせず，むしろ，助け合って機能するバランスのよさが浮き彫りとなり，同じコミュニティーの成員間に共有される同一尺度の信頼が，そうした特性を底支えしていることが明らかとなった。だが，近年，温州人に繁栄をもたらしたその同じ特性が，彼らのさらなる発展を拘束している。

　次章以降では，まず，本書の理論的背景を，スモールワールド，刷り込みと緩いネットワークの強み，構造的な溝，社会ネットワーク分析の諸問題，社会的埋め込み，循環的な共同知の創出と集団学習，結束型と橋渡し型のコミュニティーといった観点から論じたうえで，ネットワーク戦略，信頼，コミュニティー・キャピタルなどの概念をもとに，歴史的，同時代的に，豊富な定性・定量データを駆使して，下記の問いを1つ1つ丁寧に考究し，実証していく。

　知識や学歴といった個人的資源にも恵まれず，政府援助や自然資源にも乏しかった温州人企業家が，他の中国人を圧倒する経済的繁栄を手にできたのはなぜか。これが本書の中心的な問いである。そこから各種の派生的な問いが生じる。

　なぜ，改革開放後の同じ歴史的時期に，計画経済の名残で日用品が払底していた国内市場，続いて海外市場に進出した際，他の中国人を制して，温州人企業家は抜きん出た成果を挙げることができたのか。参入障壁の少ない日用品産業で，どうして，これほど長期にわたって優位を保つことができたのか。それは単に歴史的僥倖の所産なのか。彼らが進出した諸外国の移民政策のなせる業だったのか。それとも，彼ら同士のつながり方と情報伝播に関わる何らかの構造要因があったのか。仮にそうだとすると，その文化的背景と，社会的なメカニズムは何か。さらに，そうした構造要因は時代とともに変遷してきたのか。

　温州人企業家のネットワーク戦略は一様なのか。それとも，そこには，能力，業種，企業の発展段階に応じた，いくつかの類型が認められるのか。もし，後者だとすると，それらは何であり，類型間にどのような相違があるのか。そして，それぞれの類型間のつながり方に，いかなる特徴が見られるのか。そもそも，そうした類型の違いは，中国の他地域出身者にも同じく当てはまり，一般に広く見られるのか。仮にそうだとすると，温州人に比べて，何が異なっており，そのことによって，社会経済的パフォーマンスにどのような結果の差違が生じているの

か。

　一般に中国人社会は「普遍化信頼」に乏しく,「グアンシー(関係)」と呼ばれる特定個人間の「特殊化信頼」のみに頼って生きていかざるをえないことが論じられるが,温州人同士の信頼関係もそれと全く同じなのか。それとも,格別に彼ら同士の間でだけ機能し,その行動を律する,何か別種の信頼関係があるのか。もし,あるとすれば,それは何であり,彼らの経済的繁栄にどのように関わっているのか。また,その特殊な信頼関係のあり方は,彼らが形成する同郷人社会で共有される目に見えない資本,コミュニティー・キャピタルをいかに支え,促進しているのか。

　温州人企業家の「社会的埋め込み」状況は,いかなる特徴をもち,歴史的,将来的にどのような功罪をもたらすのか。仮にその逆作用が表面化した場合,いかなる制度的,法的,文化的対策による「出口」が見出せるのか。それとも,見出し難いのか。

　厳密な数学的証明は難しいとしても,彼らの形成するネットワークは,内的な凝集性と外部探索性を兼備し,情報伝達特性に優れたスモールワールド・ネットワークの理念型に接近していると想定できるのか。また,個々の企業家レベルでパフォーマンスの違いを比較した場合,「ジャンプ型」は,他の3つの型の企業家よりも,おおむね繁栄しているといえるのか。そして,成功する企業家ほど,第2章で述べるように,グラノベッターのいう「遠い友人」を大切にし,バートのいう「構造的な溝」に効果的に架橋しているのか。

　強固な凝集性を示す,温州人企業家のコミュニティーの特性は,第2章で説明する「結束型」vs.「橋渡し型」のスペクトラム上で,どこに位置するのか。もし,血縁・同郷縁をベースとした既存の信頼関係に依存する成員が圧倒的多数を占めるとすれば,「高・結束型+低・橋渡し型」となろうが,果たしてそうか。仮に比較的少数の「ジャンプ型」が出自コミュニティーから離脱せず,そのリワイヤリングによる情報探索の結果が,「近隣効果」によって仲間内で有効利用される場合は,共時的に「高・結束型+高・橋渡し型」の社会と同等の機能を手にしている可能性があるが,果たしてそうか。あるいは,そうした一刀両断的な理解の仕方では捉えきれない,通常は相克する要素を兼備する"生きた"活動領域があるのか。

　最後に,彼らの経済的繁栄は,単に一部者のリワイヤリングによる冗長性のない外部情報が,一方向で他の類型者にもたらされ,受動的に利用されることのみによる帰結なのか。それとも,面識の有無にかかわらず,各類型者が「準紐帯」原理によって同一コミュニティー内の他者と信頼関係を築き,入手情報に共同解

釈を加えて仲間に伝播し，集団検証と学習を通じて創出される共通知を，メンバー間で増幅させて相互価値に高める排外的なネットワーク．さらに，そうしたプロセスの一切合財を，次のステップにおける役割転換によって循環的に展開させられるようなネットワークこそが，競争優位の源泉をなしているのか．

少なくとも，叙述的には，これらの問いに対する答えの多くが，すでに本章で与えられてはいるが，その1つ1つの実証を扱う第3章以降を読み進める際に，上記の網羅的な問いは，鳥瞰図的なサインポストとして有用であろう．

以下，理論を扱う第2章に続き，第3～4章は，改革開放後30年余りで，温州人が中国や欧州諸国で大成功し，経済繁栄を謳歌するに至ったプロセスを叙述する．

第5～7章は，欧州在住の温州人企業家を対象に，ジャンプ型，現状利用型，動き回り型，自立型の各類型がいかに結びつき，優れた集団的パフォーマンスを達成しているかについて，概観的叙述，クラスター分析，ケース分析の3側面から実証的にアプローチする．彼らを緊密に結びつけ協業に駆り立てる機能は，制度的には，中国内および主要な移民先の至るところに張り巡らされた強力な同郷会網によって担保され，また，インフォーマルには，強靱な起業家精神に満ちた地元環境に生まれ育ち，血縁・同郷縁を通して，世界のどこへ行ってもサポートが得られる豊かなコミュニティー・キャピタルによって育まれる．そうした非公式とはいえ合目的に働く"福利厚生機能"こそが，他の中国離郷人には稀な，温州人ネットワーク社会に顕著な特徴である．その結果，彼らの間に「同一尺度の信頼」が醸成され，それがゆえに，情報ハブとしての一部者の諸資源が，他類型にも分け隔てなく流れ，共有され，有効活用される．

対照的に，第8～9章が詳述するように，福建人や東北人などに代表される「非」温州人の同郷コミュニティーは，同じような各類型が認められるものの，進出先が欧州か日本かを問わず，各類型間の結束力が脆弱で，個別に入手された諸資源が，仲間内で広く享受される構造になっていない．そのため，平均レベル以下のヒューマン・キャピタルしかもたない温州人でさえ，同郷人コミュニティーの「埋め込み効果」によって，多くの場合，外地でも比較的容易に起業し，一定レベル以上の成功を手にしているのに対して，一部の例外を除くと，非温州人は仲間からも分断され，諸資源は枯渇し，進出先社会で最底辺の労働者のステータスにとどまり続け，しばしば犯罪者として終わるコースを歩む姿が描出される．つまり，彼らの間には，「同一尺度の信頼」が微塵も見られず，そのコミュニティーは「低・結束型＋低・橋渡し型」により近い．

もちろん，温州人の繁栄を可能にしたマクロ的前提条件として，(1)中国経済が

急成長を遂げ，彼らの主な「外出先」であった欧州経済も，浮沈はあったが比較的安定的に発展した．(2)欧州においては，外国人移民の絶えざる流入もあって，温州（中国）企業が生産する「中下級」レベルの日用品を中心とする商品への需要が担保されていた，といった歴史的な特殊条件が重なったことが指摘できる．

とはいえ，そうした環境下において，すべての中国人やすべての華僑・華人が同じように繁栄したわけではない．温州人には，血縁者や同郷者しか信用しないが，困っている仲間にはこぞって手を差しのべ，決して落後者を出さないという堅固な社会連帯が一再ならず認められた．また，温州人には1世紀以上前から，近年に比べると細々としていたとはいえ，貧しさゆえに，先取的に他の人々が行きたがらない奥地を含む中国各地や海外に進出し，一攫千金を狙う伝統が根強くあった．さらに，改革開放以降に噴出した，見かけ上のランダムな移動によって，各国・各地域にクリティカル・マスとして居住するようになった温州人同士が，国境を意識することなく，最新の市場情報を交換し，個人的に資金を融通し合い，さらに，先に進出して豊かになった温州人が，後続の同郷人に住居や職を提供して生活をサポートし，起業時には出資して協業の輪を広げるといった私的な"福利厚生と再投資機能"を担う傾向は，そうした活動が相対的に微弱な他の地域出身の中国人に比べて，歴然とした比較優位を与えていた．携わる産業では日用品ビジネスの域を出なかったとしても，より多くの個人に繁栄をもたらす社会の仕組みとしては，先進的でイノベーティブであったといえよう．

つまり，1980年代から2008年頃までの欧州や中国には，温州人の価値基準や行動規範，社会構造に合致し，その成長を助ける好条件が重なり合っていた．個々の温州人が所有する個人的資源の多寡というよりも，彼らが総体としてもつ関係的資源によって，言い換えれば，仮に人並み外れた能力や意欲に欠ける温州人でも，少しの工夫でその潜在可能性を開花させ，コミュニティーに深く埋め込まれた状態を維持したまま，家族経営や商人ネットワークによって飛躍的な発展を遂げた「温州モデル」の強みを，中国内や世界の各地にトランスポートする形で繁栄できる条件に恵まれていた．

だが，第10章が詳述するように，近年，環境が激変するなかで，一部に苦境に陥る温州人が目立つようになった．慎重な議論が必要だが，そうした苦境は，彼ら自身を繁栄に導いた，まさにその価値基準や行動規範，社会構造そのものに起因している可能性も示唆される．温州企業や温州人が形成してきた社会ネットワークは，これまでの温州経済の発展に対して多大な役割を果たした反面，企業のさらなる質の向上や産業構造の高度化に対しては逆に拘束性を有し，2011年の民間信用危機という異常事態において，連鎖倒産といった負のスパイラルを引

き起こす一因ともなった。

　温州人が享受し，歴史的な諸条件の偶発性によってその経済的繁栄を支えてきたコミュニティー・キャピタルは，結局のところ，徹頭徹尾，血縁や同郷縁をベースとする原初的な段階にとどまり，彼らの地理的な拡散にもかかわらず，否，むしろ国際的な活動領域を広げれば広げるほど，コミュニティーの凝集性と排他性をいっそう強固なものにしてきた歴史が垣間見える。温州人コミュニティーは依然として，赤の他人を無条件に信頼する「普遍化信頼」が十分に醸成されていない社会の特性に溢れたまま取り残されているかのようである。

　こうした観察結果は，コミュニティーの経済活動を分析するにあたって，最新のネットワーク理論やコミュニティー・キャピタルといった枠組みを用いて分析することの有用性とともに，観察対象そのものが内発的に課す制約条件についても重要な示唆を与える。

第2章

理論的背景

　本章では，コミュニティーの構造特性と個人が入手できる利得の関係を探究するにあたって，本書で適用もしくは参照する主要な概念と分析の枠組みを提示し，議論を深める。まず，主題と直結するネットワークやソーシャル・キャピタルに関する既存の議論を整理し，その有用性と陥穽を指摘することから始めよう。

■ 社会ネットワーク論

刷り込みと緩いネットワークの強み

　私たちは，日常生活の中で不思議な縁を感じたときに，「スモールワールド・ネットワーク」の存在を実感することがある。飛行機で隣り合わせた乗客が，妻の友人の同僚であることが分かった瞬間，「世間は狭いですね」と思わず口にする。これが英語国民だと"It's a small world"と表現するだろう。この広いようで狭い世間の「スモールワールド」現象は，専門的には「6度の隔たり」（six degrees of separation）として知られる。これは，例えば，5人の知人を介して6回ほどたどると，地球上のあらゆるターゲット・パーソンに行き着くことが可能という経験則を表す。1960年代にハーバード大学の社会心理学者ミルグラムは，手紙伝達実験を行い，この6度の隔たり現象の存在を確かめた[1]（Milgram 1967）。

1　彼は，ランダムに選んだ米国中西部ネブラスカ州オマハの被験者約200人（うち約半数は株式投資家）と，ボストンの被験者約100人に，彼らと直接面識のない，ボストン勤務の株式仲買人B氏（ターゲット・パーソン）に手紙が行き着くように，自分よりはよく知っていそうなファーストネームで呼び合える間柄の親しい知人（1度の隔たり）にまず手紙を出し，その知人に，さらにB氏をよく知っていそうな別の親しい知人（2度の隔たり）に手紙を出してもらう，といった作業を依頼した。そうした手紙の連鎖を通じて，最終的に何度の隔たりを経て，ターゲット・パーソンのB氏に行き着くかを測定したのである。
　何度か実施した類似の試みの中で，上記の実験結果は，おおむね「6度の隔たり」の経験則に合致し，手紙は，平均6度程度でボストン勤務のB氏に行き着いた。より正確に述べると，最初の手紙の差出人とターゲット・パーソンの「隔たり度」を表す「介在者数の中間値」（the mean number of intermediaries）は，被験者グループによって異なり，ネブラスカのランダムに選ばれ

こうした「スモールワールド」の系譜に属する知見は，1970年代に，ハーバード大学博士課程院生，グラノベッター（Granovetter 1973）の転職に関する研究によって，さらに強化された[2]。彼は，ボストン近郊の企業マネージャー数十人にインタビューし，誰からの情報によって現職を得たのかを尋ねた。すると，対面接触の頻度による「親しさの程度」の違いで情報提供者を区分した結果，「親しい友人」ではなく，比較的疎遠だった「遠い知人」が重要な情報を提供していることがわかった。この知見は，転職という人生の重要な局面で，ふだんほとんど意識されることのない「周辺的なネットワーク」こそが，多くの場合，決定的な役割を果たすという事実を，再認識させた。というのも，滅多に会わない「遠い知人」の属する社会は，本人や親しい友人の住む世界から隔たっており，そこからの情報は，「構造的に」重複が少なく，異質で豊かであるため，転職のような新しい世界への誘いに役立つという構図が捉えられたからである。

　ところで，ここで看過できないことは，「遠い知人」の内実である。グラノベッターの研究における「遠い知人」の多くは，実はかつて学生時代の友人，あるいは，以前の職場の同僚や雇用主として，日々親しく接していた人々の中から生じていた（Granovetter 1973, p. 1371）。つまり，赤の他人ではなく，人生のより早い一定の時期に，親しく交わり，信頼関係を培った人々であった。別の文脈で，インターネット社会ネットワークの振る舞いを実証研究したバラバシも（Barabási 2002, p. 53），「現在の緩いつながり」が機能する背景には，「過去における強い

　　た人々のグループは5.7人，ネブラスカの株式投資家グループは5.4人，また，ボストンのランダムに選ばれた人々のグループは4.4人で，全体では5.2人だった（Travers and Milgram 1969）。地理的距離にもかかわらず，なかには3度の隔たり程度でつながった例も少なくなかった。まさに，スモールワールド現象の立証である。お好みのハリウッドスターとあなたが，わずか5人の仲介者でつながっていても不思議はない。いや，むしろ著名人ほど多くのコネクションを張り巡らしているので，より少ない仲介者で，ターゲット・パーソンに到達する可能性もある。

2　米国社会学界の代表誌『アメリカン・ジャーナル・オブ・ソシオロジー』（*American Journal of Sociology*）に掲載されたグラノベッター（Granovetter 1973）の初論文，「緩いつながりの強み」（"The Strength of Weak Ties"），ならびに，翌1974年公刊の *Getting a Job*（邦題『転職』）は，その先駆的功績によって，ネットワーク研究の古典として，今日も読み継がれている。

　　なお，筆頭筆者が出席した2014年8月18日（月），サンフランシスコにおける米国社会学会年次総会（American Sociological Association 2014 Annual Meeting）の"Getting a Job—40 Years Later"と題された特別講演で，現スタンフォード大学のグラノベッター教授は，一抹の謙虚さとともに，自らの院生時代の研究体験を次のように述懐した。

　　「夕食後の時間帯に，各家庭を私が訪問して，くつろいだ雰囲気の中で行われたインタビューで，『そうすると，ご友人（a friend）が，今の職を紹介してくれたのですね』と念を押すと，『ノー，ノー，ノー』と軽く人差し指を横に振って打ち消され，そうではなく『知人が（an acquaintance）ですよ』と，多数のインタビュイーから，異口同音に訂正されました。それで『ひらめいた』のです。そのようにして，私が，ではなく，『彼らが』自然に私を『発見』へと導いてくれたので，あとは，私がそのことを記述するだけでよかったのです」

つながり」があったという，時系列的なつながり構造の大切さを指摘している。そのような知見から，例えば，近年のオンラインによるソーシャル・ネットワーク・サービス（SNS）で，いかに簡便にワンクリックで「新規の友達」が激増しようとも，そのような「見かけ上の多寡」だけで，そう単純には，人生の重大な選択の助けになるかどうかわからないことが，容易に推測できる。というのも，オンラインだけの接触相手とは好対照に，長年にわたる濃密な対面接触によって「昔よく知っており」たまたま「今は疎遠となっている友人」との間には通常，交流の深さと質の面で，比較にならないほどの，圧倒的な信頼関係の蓄積があり，ふだん意識に上らなくても，必要に応じて比較的容易にそのポテンシャルが発揮されると考えられるからである。

　これに関連して，米国ナッシュビル地域の法律事務所に入職した若手弁護士の卵と彼らを指導する「メンター」との個人的な強いつながりが，若手の独立後もその専門的な職業上の成功とネットワーク形成に著しく重要な影響を与える現象を，生物界の親子関係に譬えて，つながり形成における「刷り込み」（imprinting）の所産とする興味深い実証研究もある（McEvily et al. 2012）。1933〜1978年の同地域における関連データを体系的に検証したこの研究の知見と含意，つまり，若い頃に"刷り込まれた"関係が，ふとした契機で，にわかに生産的な方向に機能し成功裡に展開するといったケースは，互いに生活圏の異なる進路に転じた後，「遠い知人」となった学生時代の同級生仲間や，新入社員時代に友情を培った同僚との，今も続くたまさかの交流とそこから生じる有益な共通体験を思い起こせば，誰しも思い当たる節があるかもしれない[3]。

　そうした「緩いネットワークの強み」の意義が明らかになるにつれて，その構造特性にこそ戦略的な価値があるとする論者が現れた。例えば，シカゴ大学の社会学者バートは，日々の身近な交際範囲に埋没して，多くの個人や組織が見逃している，複数のネットワーク間の構造的な発展と利用の可能性に着目し，離ればなれになっているか，あるいは，接触回数の少なさから疎遠な関係にある，分断

---

3 温州人の場合は，生誕直後からの「刷り込み」体験が，より強烈であることが容易に想像できる。つまり，彼らの多くは，生まれ育った郷や鎮の住人全体が，例えば，メガネやシーツといった特定品目の製造・販売に専門化した一大分業体制のもとで，親兄弟，親戚一同ともにそうした関連事業に携わる環境に「埋め込まれ」，それ以外の選択肢がありうることをほとんど意識しないまま，自然体でそうした事業に自らも関わるようになり，成人までには，企業家として成功することこそが，人生の一大目標として確立される。そうした「刷り込み」の経緯が，例えば，後に「ジャンプ型」として国際的に活躍できる1企業家として大成功したとしても，やはり配偶者は同郷人であり，また，同郷会幹部として温州人コミュニティーから離脱することなく，常にそこに「埋め込まれた」存在として活動し続ける行動パターンの相当部分を説明すると考えられる。

された複数のネットワークの間に、「構造的な溝」(structural hole)、つまり、「埋めれば有用なすき間」があると主張した (Burt 1992)。そして、例えば、構造的な溝に富んだネットワークを利用する米国ハイテク企業の管理職ほど、おおむね同僚よりも昇進が早く、若くしてその地位に達する傾向のあることを論じた (Burt 2005)。大切なのは、他人よりも早く、そうした構造的な溝を発見することであり、そのためにも、溝をよく見渡せる位置取りをすることが喫緊の課題となる。要するに、有利な位置取りと架橋によって、構造的な溝をうまく利用することこそが、早い昇進の秘訣だというのである[4]。

スモールワールド——凝集性と探索力の良いとこ取り

ところで、長い間、スモールワールド現象に関心をもつ社会学者のネットワーク分析の多くは、手作業によってなされてきたが、20世紀末にその科学的根拠が突然、グラフ理論(万物の関係を点と線で表す数学理論)を応用したコンピューター・シミュレーションに基づく研究によって解き明かされた。コーネル大学で当時、理論および応用力学の博士論文を執筆中だったワッツと、彼の指導教官、ストロガッツの手によるもので、1998年、英国の科学雑誌『ネイチャー』に掲載された2ページ半の論文がそれである[5] (Watts and Strogatz 1998)。

---

[4] バートは「構造的な溝」の議論で、ネットワークがもたらす利益として、「情報」と「統制」の2種類を挙げている。構造的な溝に架橋することによって、分断されたネットワーク内にとどまっていた情報やノウハウが、つながったばかりのネットワークの結節点を通して一挙に流れるようになり、結節点に位置する個人や組織は、より多くの報酬機会やより望ましい選択肢を手にする可能性が高まる。これが「情報」利益である。結節点に位置する個人や組織は、他のメンバーとの交渉や調整においても優位性をもち、いわゆる漁夫の利を得られる可能性も高い。これを「統制」利益と呼んでいる。

なお、彼の議論は一貫して、結節点を占める架橋者だけが排他的に利益を独占し享受する側面のみを強調するが、リピート・ゲームにおけるその有効性には強い疑念が残る。なぜなら、実情を見抜いた周囲の者による遡及的な報復が、特定者の一時的な利益を反故にしてしまう可能性が低くないからである。

ところが、逆に、仮に架橋者と周辺の他のコミュニティー・メンバーとの間に、日常的に相互協力関係が築かれ、架橋者が外部からもたらす冗長性のない情報や機会が、「近隣効果」によって成員間に広く伝播し、相補的に有効活用される場合はこの限りではない。この場合、むしろシナジー効果によって、特定個人の昇進どころか、コミュニティー全体の持続的で盛んな繁栄をもたらす可能性さえある。本書の温州人企業家コミュニティーに関する豊富な証拠は、そうした後者の可能性を強くサポートしている。

[5] その反響は、彼ら自身の想像をはるかに超えるもので、ニューラル(神経系)ネットワークや脳の研究者、電力網の振る舞いを調べる物理学者、非線形の経済現象を研究する経済学者、言葉の連想を分析する言語学者、半導体の設計技師、ソフトウェア開発者など、驚くほど広範な領域における世界の専門家たちが、異口同音にワッツ=ストロガッツ・モデルの普遍性を認め、その適用可能性を熱心に探求し始めるに至った。

図2-1 遠距離交際と近所づきあいのネットワーク——ひまわりモデル

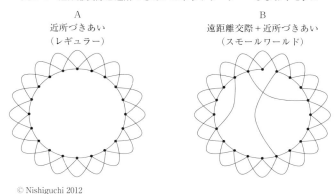

© Nishiguchi 2012

　図2-1は，彼らのアイデアを，分かりやすく描き直し，「ひまわりモデル」として示す。
　Aのレギュラー・ネットワークは，ノード（結節点）同士が，隣とその隣に規則正しく接続する「近所づきあい」のネットワークである。社会ネットワークでは，各ノードを個人と考えると分かりやすい。図2-1では，ノード数が20となっているが，その多寡にかかわらず，基本的な振る舞いは同じである。Bのスモールワールド・ネットワークは，Aに似ているが，1部にランダムなリワイヤリングが加わっている。これで「短い経路」だけだったネットワークの一部に，「長い経路」（転じて，今や近くなった経路）が混在することになる。図にはないが，つなぎ方に全く規則性がなくなるとランダム・ネットワークとなる。
　ワッツらによれば，これら3つのネットワークはそれぞれ特有の振る舞いを示す。Aはクラスター係数（clustering coefficient）が高く，秩序立っているように見えるが，ある1点から遠くの点に情報を伝えようとすると，中継点が増し，伝達の遅れや情報の逸失が増す。他方，ランダム・ネットワークは，短い経路（short path length）に特徴があるものの，伝達特性も振る舞いも予測できず，使い物にならない。
　しかし，Bはほぼ規則的で，振る舞いが予測可能なうえ，一部のランダム接続による「遠距離交際」によって，通常なら流れにくい情報が結びついたノード間に一気に流れ，付近のノードにも遠くの情報が伝わる「近隣効果」を生み，ネットワーク全体が著しく活性化することが分かった。この現象は「全体経路の短縮」と呼ばれ，相転移を伴って，ネットワークの「スモールワールド」化を促す。

ワッツらのシミュレーションでは，Bのスモールワールド・ネットワークは，新しい機会を探る能力と，情報の伝達特性の点で，Aのレギュラー・ネットワークやランダムなネットワークより，格段に優位であった。私たちの社会がBのネットワーク構造であると仮定すれば，周囲の「近所づきあい」構造がほとんど変わらない一方で，遠く離れた世界に住む2人の距離は劇的に近くなる。このメカニズムによって，スモールワールド現象や「6人の隔たり」現象も比較的容易に理解されよう。

さらに注目すべきは，リワイヤリングの程度である。ワッツのシミュレーション結果は，ネットワークの大小にかかわらず，最初5本までのランダムなリワイヤリングが，全体経路を半減させる一方，追加的におよそ50本までリワイヤリングしても全体経路は初期の4分の1までしか減らないことを示した。その先いくらリワイヤリングし続けても，効果はさらにわずかだった。つまり，ここでは「収穫逓減の法則」が働く（西口 2007）。

この種のネットワークは，近隣において高いクラスター係数，つまり，結びつきの強いコミュニティー凝集性を維持しながら，他方では，いくつかの触手をはるか遠くへ伸ばして，通常なら決して結びつかない遠距離のノードとも，短い経路でつながっており，全体として冗長性の少ない情報の探索，伝播，利用に適した特性をもっている（Watts and Strogatz 1998, Watts 1999a, 1999b, 2003）。そうした対照的な2つの特色を兼備するネットワークは，堅固なコミュニティーにおける便益を享受する一方，遠くから冗長性のない新鮮な情報を取り入れることによって，新陳代謝が活性化し，コミュニティー全体の生存能力や成育性を高めることに貢献する。つまり，2つの世界の「良いとこ取り」なのである[6]。

トポロジーが重要

ここでいったん，スモールワールド論の社会ネットワークへの含意を，下記の4点に絞って，より身近な言葉で整理し直しておこう。

---

[6] 数学的には，スモールワールド・ネットワークは，レギュラー・ネットワークに，比較的少数のランダムなリワイヤリングがなされた結果，クラスター係数（C）が最大値に達しようとしたときに，経路の長さ（L）が激減し始める，その比較的狭い領域，つまり，Lが小さくCが大きい曲線に囲まれた領域にのみ出現する（Watts 2003, pp. 80-81）。そうした相転移の発生する，いわば特殊な領域で，スモールワールド・ネットワークは，高い凝集性（高C）とショート・パス・レングス（低L）による情報伝達効率のよさという，他のレギュラー・ネットワーク，もしくは，ランダム・ネットワークでは併存しえない2つの要素を，例外的に，同時に達成するのである。ウッズィとスピロ（Uzzi and Spiro 2005）も，基本的にCC/PL（cluster coefficient/average path length）として算出されるQ（small world quotient）が高く，特定の範囲内にある限り，スモールワールド性が保たれ，ブロードウェイ・プロダクションの成功に結びついたと議論している（p. 50詳述）。

第2章　理論的背景　41

　第1に，私たちの人生は，私たちを取り巻くネットワークのトポロジー（topology）によって，大きく変わる場合がある[7]。トポロジーとは外部から力が加わり，一時的にシステムがたわみ変形しても，その基本型に戻る，弾力性や耐性をもつシステムの形状特性のことである。周囲の人や組織とのつながり構造の善し悪しで，同じ能力と意欲をもち，同じ努力をしても，トポロジーの悪いネットワークに取り込まれてしまうと，成果は出にくい。あるシステムのトポロジーは，マクロ的には，システム全体の振る舞いを規定するばかりでなく，ミクロ的には，そこに属する各個人（ノード）の行動，成果，運命の決定要因として，大切な役割を果たす。バートが，管理職の昇進速度をネットワーク構造の違いによって分析したのは，まさに，このトポロジーが決定因子として重要との見方に沿ったものである。

　第2に，ロバスト（頑健）なトポロジーの1つの典型は，完全に規則的でもランダムでもないつながり方のネットワーク，つまり，大多数のノードは，規則的につながっているが，一部のつながり方にランダム性を残したスモールワールド・ネットワークだということである。先に見たように，グラノベッターのいう「遠い友人」を大切にし，バートのいう「構造的な溝」に効果的に架橋し，大いに付加価値を生み出すのは，やはりそうしたトポロジーをもつネットワークであろう。

　第3に，トポロジーは可変的である。グラフ理論が示すように，結節点同士のつながりを一部変えるだけで，システム全体の情報伝達特性が変化し，その振る舞いのパターンはガラリと変わる。つまり，システムに属する個人，組織，地域の運命も一変する。行き詰まった企業や政府が，新しいリーダーのもとで組織改革を進め，生気を取り戻すときには必ず，システムの全体経路に大胆なリワイヤリングが起こっている。ネットワークの生存力と成育性を握る鍵は，「近所づきあい」を大切にし，時に「遠距離交際」をしながら，環境変化に応じて，柔軟にトポロジーを変化させていくためのリワイヤリング能力なのである。

　第4に，人の認知限界と資源の制約を超える繁栄の秘訣も，ネットワークのスモールワールド化にある。個人，グループ，企業組織など，特定境界をもつシステムの内部は，いくら情報が多いように見えても，外的環境の圧倒的な情報量にはかなわない。スモールワールド・ネットワーク・モデルは，このような情報量

---

[7] トポロジーという言葉は，ギリシャ語のトポス（位置）に由来し，一般に，次の3通りの意味で用いられる。(1)位相数学（位相幾何学），位相同型写像，(2)構造，形態，(3)ネットワーク論におけるノード同士のつながり方である。人間同士の関係からなる社会ネットワークを扱う本書では，(2)もしくは(3)の意味で用いる。

の内外での非対称性を克服し，システムが繁栄するためのヒントを与えてくれる。サイバネティクスの用語で言い換えれば，「最小有効多様性」(requisite variety) の確保である。ふだん結びつかない結節点を求め，ランダムでよいから長い経路のリワイヤリングを数本，脱日常的な遠くの相手にしかけることによって，所与の認知や資源の制約を超えたところにある市場が顕在化し，急成長の可能性が開かれる。もしだめなら，再度つなぎ直せばよい。

　要するに，このような見方は，繁栄や成功は，運や個別の能力をはるかに超えて，構造的要因によってもたらされる部分が大きいことを示唆する。

　本書は，近年，中国・温州の経済発展にとって温州人企業家ネットワークの果たした役割とそのメカニズムを検証するが，改革開放以前の温州が，実際に経済活動の中枢であったという歴史的な証拠はほとんどない。温州人の経済活動が著しく活性化し，世界の耳目を集めるようになったのは，1980年代以降，大量の「外出人」（離郷人）が出現し，特に遠隔地の欧州において，新興華僑・華人のクリティカル・マスとして活発な活動を開始してからである。とはいえ，2000年代後半の時点で，温州市人口787万人に対して海外在住の温州人は43万人，国内の他の地域在住者は175万人（後2者を合わせると温州人全体の約2割）であり，圧倒的多数を占めるわけではない[8]。

　むしろ，重要なことは，彼らの往来パターンがランダム・ウォークに似た「ジグザグ型」であり，さらに，遠隔の進出先においても，故郷や現地の同郷人コミュニティーから分断され，孤立することなく，常に緊密に結ばれ，社会的に深く埋め込まれて，コミュニケーションを維持し続けているという事実である。さらに，後にフィールド調査結果が明かすように，彼らが形成するネットワークは，「近所づきあい」を大事にしながらも，「遠距離交際」にも励む少数の「ジャンプ型」によって外部の世界からもたらされる冗長性のない新鮮な情報が，近隣効果

---

8 『2010年温州市国民経済和社会発展統計公報』によると，2010年末の同市戸籍人口は786.80万人である。http://www.wenzhou.gov.cn/col/col3583/index.html （2012年6月10日アクセス）。

　なお，より厳密に言えば，海外在住の温州人のうち，移住先の国籍を取得し中国の国籍を失っている場合は温州市の戸籍人口に含まれないが，中国の国籍をもっている場合は温州市の戸籍人口に含まれる。また，国内の他の地域在住者も，居住先の戸籍を取得していない限り，温州市の戸籍人口に含まれる。中国人はこれまで，「農村戸籍」と「非農村戸籍」（都市戸籍）を区別する戸籍制度によって厳格に管理され，大学進学や都市への一定規模以上の投資といった条件に合致しない限り，戸籍を簡単に移動できない仕組みになっていた。出稼ぎなどで「農村戸籍」をもつ住民が都市部に定住しても，戸籍は農村に残され，医療や子供の教育などの公共サービスを享受できないといった問題が深刻化したため，戸籍制度の改革は進みつつあるが，戸籍を農村に残したまま，他地域に居住している温州人は少なくない。こうした状況を鑑みると，海外在住の温州人43万人，国内の他の地域に在住している温州人175万人のいずれにおいても，市の戸籍人口に含まれる層と含まれない層が混在している。

によって内部にも浸透する特徴がある。つまり，そうした温州人特有の行動様式は，ある意味，スモールワールド・ネットワークの理念型に近似していると想定しうる。

玉ねぎ構造と集団的影響

さて，ワッツらのスモールワールド・ネットワーク・モデルにおける，1つの看過できない問題点は，ノードが均等に扱われるため，現実のネットワークに多く見られる階層性に適合しないことである。ところで，本書の知見を先取りして述べると，温州人企業家のネットワークでは，個人的なリワイヤリング能力の差に由来する各ノードのつきあいの範囲と多様性において，明らかに階層性が観察される。例えば，第6章で示されるクラスター分析の結果から，「ジャンプ型」がネットワークの中心部に位置し，「現状利用型」がネットワークの周縁部にいることが容易に推察できる。つまり，全く同じ尺度でないとはいえ，ネットワーク分析の標準的な単位の1つ，各ノードのリンク数で測定される，ネットワークの「中心性」(centrality) ないし「媒介中心性」(betweenness centrality) に準じた指標に，明白な差が生じている。

事実，そうした現象は，古くから指摘されてきた。マートン (Merton 1968b) が命名した「マタイ効果」(Metthew effect) もその1つである。これは，「おおよそ，持っている人は与えられて，いよいよ豊かになるが，持っていない人は，持っているものまでも取り上げられるであろう」という『新約聖書』のマタイ福音書第13章12節の記述に基づく。また，バラバシ (Barabási 2002) は，インターネット社会におけるハブ構造の成長は，もともとリンク数の多いノード (ハブ，hub) に新しいノードが優先的に接続される「優先的選択」(preferential attachment) によるものであり，その結果，「金持ちは，より豊かになる」(rich get richer) 現象がスケールフリーに起こると指摘した。

だが，そうした「ノード間の不平等」が，必ずしも，究極的にただ1つの巨大ハブのネットワーク体制を生み出すわけではなく，あるいは，大きなハブが，周辺のより小さなノードを一方的に搾取して利得を独占するだけのことでもなさそうなことが，さまざまな研究成果によって明らかになるにつれて，そうした既存理論の欠陥が改めて認識され始めた。

実際，後章でふんだんな証拠によって示されるように，温州人企業家のネットワークでは，「ジャンプ型」だけが自己利益のために全体をコントロールしているわけでも，多数の「弱い」ノードを構成する「現状利用型」が，コミュニティーの辺縁で呻吟するだけの存在でもなく，他の「動き回り型」や「自立型」も含

図 2-2　玉ねぎ構造ネットワーク

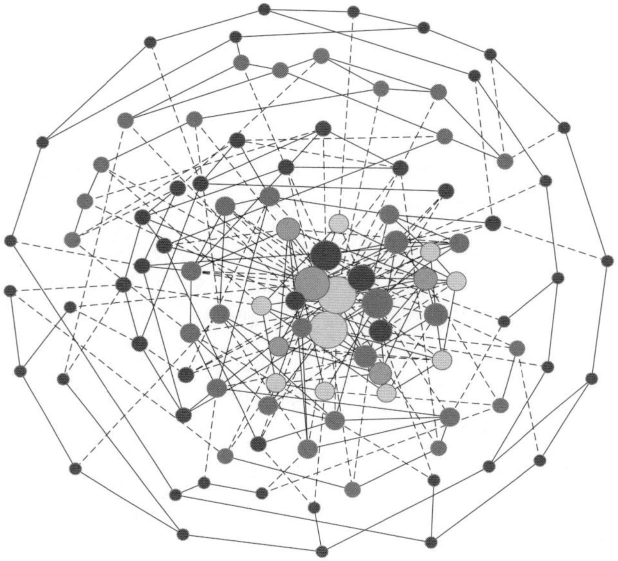

―― 層内リンク　　---- 層間リンク

出所：Wu and Holme (2011), p. 2.

めて，異なる類型の成員が，一見，目先の個人的な利益を追求しているように見えても，その実，いずれもが属するコミュニティーから離脱せず，何かしら仲間に対する自分の役割を，暗黙裡に担い，演じているかのように映る。つまり，芝居の中心人物はわずかだが，多数の脇役と舞台スタッフに支えられているのだ。そのため，第 1 章で論じた内部凝集性と外部探索性を兼備したコミュニティーのネットワーク構造を考察する場合にも，そのような階層性と共同体志向を無視して，無条件に議論を進めることは避けるべきと考えられる。

　近年，そうした既存理論の欠陥を補いうる，一連の新たな理論解析と数値シミュレーションに基づく理数系研究の知見が，主に 2 通り提起されており，いずれも注目に値する。そのテクニカルな側面の客観的な評価は，本書の扱う範囲を超えており，また，それぞれが発展途上のため，現下では，確立された一定のモデルないし理論として，完成の域に達しているとはいえないかもしれない。だが，少なくとも，上述の古典的なスモールワールド・モデルに欠けていた階層性を正面から捉え，さらに，媒介中心性の高いハブのみに注目し，他の「弱い」ノードの存在意義を無視しがちだった伝統的なネットワーク分析のアプローチを補うも

のとして、そのアイデアを援用して議論を進めることは有用であろう。

　第1は、「玉ねぎ構造」(onion structure) ネットワーク論であり、図2-2のように可視化される。なお、くどいようだが、現時点で、同論だけでも複数のバージョンがあり、それぞれが完全に一致している訳ではないが、本書の目的は、それらの技術的な細目批判ではなく、あくまで、そこに共通して見られる基本的なアイデアを、本研究のネットワーク分析の対象に適用して考察することにあることを、再度、強調しておく。

　玉ねぎ構造論の特徴は、リンク数の多い (high-degree vertices) ノードを中核に、そこからリンク数が徐々に少なくなる順に、ノードを同心円状に配置すると可視化される。中核から離れるほど、ノードのリンク数は減少するものの、横方向（つまり、同じリンク数をもつノードが形成する円周上）で、同じリンク数をもつノード同士が結びつき (degree-degree correlation, つまり、homophily「類は友を呼ぶ」現象)、外縁に向かって、玉ねぎの薄皮 (layer, 層) が重なるような広がりをもったネットワークを形成する。

　ここでは、リンク数の多いノード同士が結集する「リッチクラブ」のみならず、ネットワークの辺縁に存在しがちな、リンク数の少ないノード間の結合の必要性も着目される。そうした階層性をもつ玉ねぎ構造のネットワークは、各層内部の同心円上の「近所づきあい」が強いだけでなく、層と層の間に少数存在する「遠距離交際」のリンクによって、ネットワーク全体の結合は堅固となり、悪意をもって選択された多くのリンクをもつハブ・ノードを狙い撃ちする外部からの攻撃に対して、耐性が強くロバスト（頑健）で、よき成長因子 (good expander properties) を併せもつ (Herrmann et al. 2011, Wu and Holme 2011, Tanizawa et al. 2012)。要点を繰り返すと、この理論は、階層性を欠いたモデル化のため、実際の多くのネットワークに見られる「階層構造」を十分に説明し適用することが困難だったワッツらの古典的なスモールワールド・ネットワーク論の欠陥を補い、説明力の拡張をもたらすことが期待される。

　第2は、「集団的影響」(collective influence) ネットワーク論である。グラフのゼータ関数等と関わる数学的な裏付けをもちつつ、メキシコにおける1400万人の通話記録や米国のオンライン情報サービス、ツイッターのビッグデータを用いたシミュレーションでも、その効果が確認されている。その主な知見は、「次数中心性」(network degree centrality)、つまり、ノードのリンク数の多寡に重きを置く通説に対して、これまで無視されてきた多くの「弱い」つながりで結ばれたノード (low-degree nodes) でも拡散伝播に最適な影響者 (optimal influencers) となりうることである (Morone and Makse 2015)。

さらに，ある意味で，これら2通りのアプローチを統合する可能性を秘めて，部分的なトポロジーの「コピー」，ならびに，「弱い」ノード間のショートカットの導入によって，大規模なリワイヤリングをせずに，攻撃への耐性の強いネットワークを成長させつつ構築することのメリットを説く論考もある（Hayashi 2014）[9]。

一再ならず，発展中の数値シミュレーションに基づくこのような理数系研究のアプローチを，無条件に，現実の社会ネットワーク分析に応用することには慎重であらねばならない。だが，後章のオリジナル・データに基づく分析結果が示すように，玉ねぎ構造モデルが描出する，同心円の中心と周縁のネットワークの階層性と，集団的影響モデルが提示する「弱い」つながりのノードが情報伝播に最適な影響を与えうるという知見は，実社会のネットワークの営為に合致する点が多いと考えられる。言い換えると，こうした新しいアプローチの適用によって，既存のスモールワールド・モデルが見逃していた階層性が扱えるだけでなく，ハブへの固執を超えて，階層間のつながり，さらに，周辺の弱いノード同士のつながりが，ネットワーク全体に及ぼす影響力と存在意義が把握される点で，より現実の世界に即したネットワーク分析に役立つと想定しうる。

社会ネットワーク分析の諸問題

ネットワーク研究において，ある社会の構造をグラフ理論によって数学的に解明しようとする社会ネットワーク分析（social network analysis, SNA）は近年，急速に注目を集める研究分野である。SNAでは，個人や集団，組織などのアクター（社会単位）をノードと想定し，アクター間の関係性を示す社会構造を量的に

---

[9] ここで記述した理数系研究の最新動向については，北陸先端科学技術大学院大学の林幸雄准教授との2016年2月6日と11日のパーソナル・コミュニケーションに基づいており，同先生には謝意を表する。

　最新のネットワーク理論の進展は目覚ましく，例えば，サプライチェーンの買手・売手関係のように，特定ノード間の心理状態や信頼の程度などに左右されやすい活動分野ではなく，むしろ，伝染病の予防やサイバー攻撃対策など，より「器物的」に扱える対象領域で，一定の成果を挙げ始めていることは特筆される。

　なお，これに関連して，米国のエグゼクティブ・リクルート企業の社内電子メール交信のビッグデータを用いて，緩いネットワークの強みを実現するためには，一定以上の「帯域幅」（bandwidth）が必要であるとの知見を得た実証研究（Aral and Van Alstyne 2011）や，米国の大手SNS企業フェイスブックの130万人のユーザーが示した新製品評価のビッグデータを用いて，オンライン上の社会的影響力が，いかなる属性のユーザーの間で，どのように形成され伝播するかを検証した社会的伝染（social contagion）の実証研究も，現実のオンライン社会におけるウィルス・マーケティング（viral marketing）研究の一環として，注目される（Aral and Walker 2011, 2012）。

捉えて，彼らの関わるイベントの生起を説明しようとする（金光 2003）。そうした関係性のグラフ化による視覚的なインパクトに，多くの研究者は魅了されてきた。

測定尺度と指標

　だが，ザッカーマン（Zuckerman 2010）が指摘するように，社会ネットワーク分析の可能性と有用性は，深く吟味されずに過大評価されてきた傾向がある。というのも，SNAでは，分析の客観性，比較検証性を担保するために，ノード相互の対関係（dyad）を，同じ測定尺度で捉える必要があるからだ。多種多様で豊かであり，他方，御し難い側面もある「人間関係」を一律，同じ尺度で標準化（commensuration）しようとする社会ネットワーク分析には，そうした方法論に起因する，深刻な問題が付随する[10]。

　そもそも人と人の間に「関係」があるとは，いかなる状態のことを指すのか。例えば，新入社員の頃に配属された社内の研究チームが，他社のチームと合同で特許出願した際に，共同特許出願者として自分の名前が載せられたとしよう。この場合，現実には，当該社員は末端の実験にパート的に関わっただけで，数名の同社社員を除くと，他のメンバーとは全くコンタクトがなかったにもかかわらず，他社を含む合同研究チームのメンバー全員とはたして「関係」があったといえるのか。実態はともかく，少なくとも，そうしたネットワークの「配線図」を描くための「データ上」では，完全無欠にその通りだったといえる。なぜなら，データ上は，「氏名が掲載された関係者」全員が合同チームの共同特許出願者という「一律の尺度」で結ばれているからである。

　この測定尺度の問題は，あらゆる社会ネットワークの定量分析に出現する。例えば，東京の同じ大学に通う19～22歳の大学生4人の関係性を分析するとしよう。太郎と花子が恋人，花子と沙織が同じサークル仲間，沙織と麗華が同じゼミ生で，しかも，各々の間に他のつながりがない場合，4人に共通する唯一の尺度は，当面，同じ大学の学生という事実でしかない。そこで彼らをそのように「限定的に」取り扱い，ノード（個人）同士を線で結んで「分析可能な」ネットワーク図を描く。このネットワークは，「私」，「あなた」，「彼」，「彼女」といった指標（index）の変化に影響されない。なぜなら，4つのノード間関係は，同じ大学の学生という共通の尺度でのみ測られ，性別や恋人同士といった他の属性や特異

---

[10] SNAに関する，もう1つの「指標」（index）問題については，第1章の「個人，コミュニティー，社会全体への信頼」の節ですでに論じた。

な関係が捨象されるだけでなく，指標（指示代名詞）の変化にも左右されないからだ。こうしてロバスト（頑健）な分析が，少なくとも，理論的には可能となる。

だが，測定尺度と指標問題がこのように「解決された」扱いやすいデータからは，多くの場合，凡庸な分析結果しか出てこない。なぜなら，方法論的に精緻で完璧とはいえ，絞り込まれすぎた一律の尺度では，決して捉えることのできない豊かな現実の営みが，「不都合な真実」として一方的に棄却されてしまうからである。

先に紹介したワッツらのスモールワールド・ネットワーク・モデルに関しても，過去10数年にわたって，その社会ネットワーク分析への応用が試みられてきたが，その研究の進展を見ると，一律の尺度で「無難に使えた」のは，せいぜい科学論文か特許出願の「共著者関係」データくらいしかなく，方法論的に問題はなくとも，真に有用な知見がなかなか導出されない状況に陥っている。かくして，共著者関係に代表されるような，関係性の有無について曖昧さがなく扱いやすいデータのみを用いる社会ネットワーク分析では，操作性が担保される一方で，肝心のノード間の情報伝達特性やコミュニティー生成のメカニズムといった，より重要な側面については，ほとんど手つかずの状態にあった（詳しくは†を参照）。

信頼と特恵扱い

仮に測定尺度と指標の問題をクリアできたとしても，現下の社会ネットワーク分析には，人間の意図や選好に絡む要素が欠落しており，多くの場合，とりわけ，コンピューター・シミュレーションに基づくアプローチでは，ノードは，単に情報の受け渡しを行う通過点とされ，意思や好み，歴史をもたない，器物的な存在と想定されている。つまり，あるノードと他のノードを線でつなげば，一定単位の情報が，歪曲も減衰も追加もなく，100％そのまま伝達されることを前提としている。さもないと，そもそもシミュレーションの計算自体の複雑性が否応なく増すため，有用で系統立った知見が得られない。だが，不都合なことに，現実の社会ネットワークは，千差万別な人間関係の経緯と感情をもった個人で構成されており，そこにおける個人（ノード）は，単体でも十分に複雑なうえ，ノード間の関係となれば，いっそう複雑性が増す[11]。

このような事情を考慮すると，人と人のつながりからなる社会ネットワーク分析において，特にそのトポロジーの可視化には，一再ならず細心の注意を要する。

---

[11] ワッツ（Watts 2011）は「ミクロ・マクロ問題」の一環として，分析のレベルが1段階上がるごとに，創発的要素が出現し，新たな力学が生じるため，振る舞いの科学的な予測は不可能であることを，鋭く指摘する。

† グラフ理論に基づくネットワーク・アプローチの制約条件

　共同特許出願者や科学論文の共著者関係といった，データそのものの操作性に関しては問題の少ない大規模ネットワーク分析においても，ワッツらのグラフ理論（万物の関係を点と線で表す数学理論）に依拠する数学的なネットワーク・アプローチに内在する制約条件が，主に3つあるので指摘しておく。

　第1は，グラフ理論に基づくネットワーク分析では，すべてのノード（結節点）が他のいずれかのノードにつながっていなければならず，どこにも結びつかないノードは「孤立者」，「単離者」（isolates）として，分析対象とはならずに，除外されてしまうことである。なぜなら，定義上，すべてのノードはつながっているか，いないか，つまり，1か0の関係でしかなく，どこにもつながっていない孤立したノードは存在しえないからである。さもないと演算に支障が出る。そのため，仮に2人の研究者が親友同士で，仕事でも深く影響し合っていたとしても，データの定義によっては，互いに「無関係」と扱われ，分析の俎上に載らない一方で，まったく面識のない者同士が「緊密な関係者」として扱われる可能性がある。

　実際，こうしたことはしばしば起こりうる。共同特許出願者データのネットワーク分析を例にとってみよう。ノーベル賞学者のA博士と物理学会長のB教授は，学生時代から長年親しく，家族ぐるみの交際があり，互いの研究にも決定的な影響を及ぼし合っている。だが，両者の間で共同特許を出願した実績はない。この場合，彼らの間に「関係性はない」とされ，ネットワーク分析のデータには一切出てこない。

　他方，B教授研究室のアルバイト大学院生と，B教授が率いる国際共同研究グループの中国代表，C教授のもとで末端の実験作業に携わる研究助手とは，互いに面識はない。また，一生会うこともない。だが，共同特許出願者の一員として2人とも登録されている。そのため，大学院生と研究助手の名はデータに記録され，しかも，共同出願件数が多い場合は，互いに「関係の深い」ノードとして扱われる。科学論文の共著者関係のデータも，基本的に同じ扱いを受ける。そうしたデータに内在するバイアスを是正するための「重みづけ」の試みもあるが，ハーバード大学（当時）のフレミングらが指摘するように，異なる証拠の混成による歪みの可能性は払拭できない（Schilling and Phelps 2007, Fleming et al. 2007）。

　第2は，本文で既述したスモールワールド・ネットワークの測定に用いられる「クラスター係数」と「経路の長さ」（パス・レングス）の両方とも，「平均値」しか算出されないという点である。そのため，総計としてのネットワークの集合特性しか把握できず，各ノードを占める個人の役割の軽重が分からず，分析上の偏りは避けられない（Robinson 1950）。

　第3は，そうした制約条件によって，現実には著しく重要な役割を担っているノードが，定義上，データからすっぽり欠落する場合，補正テクニックをいかに精緻化してみたところで，最終の算出結果において，クラスター係数への影響はそれほどでもないが，経路の長さと最大クラスター・コンポーネントのサイズ測定では，過剰なバイアスが生じやすい（Fleming et al. 2007）。

　例えば，2つの「離れ小島」化したクラスターの間の「構造的な溝」に単独で架橋して，利得を独占し，大きな影響力を行使するノードがあったとしよう。つまり，ハブとしての重要な位置を占めており，このノードの有無によって，2つのクラスターが一体化したり，あるいは，互いに無関係なクラスターとして分離したりする。先に指摘したデータの定義上の問題で，仮にこのノードがネットワーク分析の対象から外れた場合，クラスター係数への影響は少ないとしても，経路の長さと最大クラスター・コンポーネントのサイズ測定に著しい歪みを生じさせ，現実から乖離した帰結が導出されてしまう。

　それほど極端でなくとも，1998年に出現したワッツらの新しいスモールワールド・ネットワーク理論に刺激されて，2000年代に叢生した数学モデルに基づく実証研究の大多数は，好んで，上述の共同特許出願者または科学論文の共著者データを含む，方法論的に問題の少ない証拠を利用し

たが，導出された知見の傾向は次の2点に要約できる。つまり，(1)研究対象が，スモールワールド・ネットワークの2つの属性（高いクラスター係数と短い経路）の要件を満たしているかどうか，(2)何らかの形で案出された「パフォーマンス指標」とネットワーク属性との間に，相関関係があるかどうか，である。

(1)に対する答えは，単純にイエスかノーか，(2)に対しては，相関がある，ない，もしくは，統計的にどちらともいえない，のいずれかである。特に(2)では，概して回帰分析等の検証で得られた知見が確定的でなく，曖昧なものも少なくなかった。つまり，研究対象と得られたデータ，および，かなり恣意的に選ばれた各変数の組み合わせや取り扱いの違いによって，知見は千差万別であり，理論的出発点のシンプルさとは対照的に，結果は豊かな混乱に見える。米国を中心として，統計分析上，問題の少ないデータの適用にこだわり，査読付き学術誌への掲載可能性を優先させる，職業慣行上の要請も影響しているのかもしれない。

とはいえ，統計手法を用いた代表的な実証研究がいくつかあるので，改めて簡潔に紹介しておこう。米国で1975年から2002年までの間に出願された総計約286万件に及ぶ全特許データの中から，約206万件について個別の投資家とその共同特許出願者を特定し，彼らのスモールワールド・ネットワーク構造を仔細に統計分析した先述のフレミングら（Fleming et al. 2007）は，短い経路に関しては，統計的によりよいパフォーマンス（順次進行する5年単位ごとに捉えられた共同特許出願期間の，各翌年に成功裡に登録された，新規の共同特許出願件数で測定）と正の相関関係があることを突き止めたが，クラスター係数については，統計的に有意な結果が得られなかったことを報告している。

また，クラスター係数と経路の長さを合体して1つの変数として扱うシンプルな手法を用いて，ドイツ企業の所有関係や米国企業の取締役エリート層が，スモールワールド・ネットワークを形成していることを報告した実証研究がある一方で（Kogut and Walker 2001, Davis et al. 2003），それらに対する方法論的な批判も見られる（Uzzi and Spiro 2005）。

さらに，1945年から1989年の間に，ニューヨークのブロードウェイで上演されたすべてのミュージカル作品のアーティスト集団，つまり，作曲家，作詞家，脚本家，振付師，監督，プロデューサーからなるチームメンバーが形成するネットワークを統計分析した興味深い研究がある（Uzzi and Spiro 2005，本章の注 **6** 参照）。この実証研究では，各作品およびシーズンごとに，アーティスト集団のクラスター係数と経路の長さを分離して計測し，前者を分子，後者をコントロールとしてのコンスタントな分母として「スモールワールド指数」を算出して，同指数と，財政的，芸術的な成功との相関関係を探っている。その結果，ある閾値まではスモールワールド・ネットワーク効果が認められるが，そこを過ぎると効果が減じられる現象をグラフで示し，新たな境地を開拓している。

とはいえ，先世紀末にスモールワールド・ネットワーク理論が提示した広範な研究の可能性に対して，今世紀初頭の10年余りに蓄積された社会科学における定量的な実証研究は，概して上述の制約条件に起因する諸問題を抱えており，未だにその潜在可能性を十分に開花させるには至っていない。こうした研究史上の文脈において，先述の約286万件に及ぶ全米特許データを用いて，大規模データによる統計分析の1つの到達点と限界を示したフレミングらは，自己反省を含めて，彼ら自身の定量的な手法では捉えきれなかった局所的な偶発事（local contingencies）を詳細に分析し，定性的に記述するエスノグラフィックな研究の必要性を訴えている（Fleming et al. 2007）。

本書は，ある意味で，このような方法論上の要請に応える1つの試みとして提示される。つまり，伝統的に米国を中心に培われてきた大規模データによる統計分析の豊かな伝統を尊重しながらも，そこにおいて捕捉を免れてきた，ミクロレベルの現場における各ノード間の情報伝達特性やコミュニティー生成の実態的なメカニズムを，1つ1つ丹念にフィールド調査で追いながら，収集した大量のオリジナル・データに基づき，歴史的経緯を含めて多面的に記述し，分析を進めることによって，既存研究の補完的な役割を果たすことを企図している。その性質上，観察と定性的なデータ分

> 析が中心になるとはいえ、一部では、第6~8章で企業家のリワイヤリング能力を示す指標の析出
> と階層的クラスター分析による企業家の分類、また、補論Aのアパレル産業における業主の属性
> と企業間関係を示す指標分析(限られた形で同論, 注**22**に提示)などにおいて、基礎的な定量デー
> タの創出と解析も行う。この点で、本書は、1つの方法論に偏ることなく、総じて相互補完的
> なデータ分析の適用に労力を傾注している。

　要点を繰り返すと、ノード間の「関係」の有無が、電子回路のオンかオフのように、一意的に捉えられない場合が多いからである。しかも、ノード間のつながりにおいて、情報が伝達媒体を移動したかどうかだけでなく、その情報がいかに発信され、伝達され、理解されるのかが、人間同士のコミュニケーションでは特に重要である。言い換えれば、コミュニケーションとは、情報、伝達、理解で成り立つ統一体であり、これら3つの選択の統合である。コミュニケーションは、理解が成立した場合に、そして、その場合に限って実現する（Luhmann 1984, 西口 2009）。

　一方、交わされる情報の量や質、タイミングなどは、各個人間の信頼関係によって極端に異なりうる。さらに、たとえ「関係性」が特定できたとしても、個人間の交流の歴史に由来する「信頼」の度合いによって、互いの振る舞いとその帰結は著しく違ってくる（西口 2007, 2009）。一般に、相互信頼が深い親密な間柄であればあるほど、交換される情報財の質・量ともに増大する。取引関係において、「馴染みの」顧客や「信頼できる」サプライヤーにだけ、「良い」情報を早い時期から惜しみなく与えるといった行為も、意図的かつ選択的に行われる。つまり、相手を選び、関係性を選り好みして扱う、そうした優先的な特恵扱い（preferential treatment）は、社会経済のネットワークでは、日常的に観察される。

　例えば、ある元請企業が、より安い製造コストを求めて、国内外注作業の多くを海外にリロケートする決断を下した場合でも、戦略的に重要な一部の国内下請先に対してだけは、数カ月前から、関連情報を含めてその発注量も取引内容も全く変わらず、従来通りの取引関係を維持する旨、密かに伝える一方で、他の下請企業には、実際の海外転注が行われる矢先に、電話1本で、取引関係の打ち切りを一方的に通告することなどは頻繁に起こる。そうした対照的な2つの事例の狭間には、一応、海外転注の情報を伝達するものの、故意にその通告を遅らせ、あるいは、断片的な情報のみを与えて、相手先をミスリード、ないし、混乱させるだけの情報発信などを含め、無限のバリエーションがありうる。そのような現実問題を無視して、器物的に測定尺度と指標の問題のみに対処して分析を進めようとしても、ほとんど意味がない（Granovetter 1985, Nishiguchi 1994, Uzzi 1996, 1997）。

絞り込みと方向性を伴う探索

現実の人間が織りなすネットワークで、真にランダムなリワイヤリングは極めて稀である。人は目的志向的に動くため、現実社会のリワイヤリングは通常、「見込みによる絞り込み」を介して「方向性をもった探索」(directed search) を伴う。

先のミルグラムの手紙伝達実験でも、5人の仲介者はそれぞれ、接触可能な人材プールの中から、ターゲット・パーソンに最も近そうな人を、「方向性をもって」選択している。表面的には、わずか5人の仲介者を通して行き着いたプロセスも、発信者も含めて6通りの別々の「知人構造」を探索した結果なのである (Milgram 1967)[12]。シラミつぶしの全方向探索 (broadcast) をしなくても、発信者は順次、6通りの「知人構造」を介して、ターゲット・パーソンに到達できる。このような方向性をもった探索こそが、数理演算だけでは決して窺い知ることのできない、優れて社会学的な特質なのである。

コミュニティー・キャピタル論

社会的埋め込み

さて、ネットワークや信頼が機能する大前提となっているのが、カール・ポラニー (Karl Polanyi 1944, 1977) が歴史的に古くから見られる非市場社会を念頭に提唱し、グラノベッターが現代の産業社会という文脈で解釈し直した「社会的埋め込み」(social embeddedness) の概念である。

ポラニーは、経済を、経済的・合理的行動の論理から派生する「形式的な経済」と生活上の物的手段を供給する「実体経済」に区別したうえで、近代社会では、「形式的な経済」、すなわち、競争的な市場―貨幣―価格のシステムが経済と見なされているが、市場経済は長い人類史における特殊な制度にすぎず、「実体経済」を考え直すことの重要性を主張した。また、「実体経済」が主流であった頃の前近代社会を分析し、この種の経済を統合するパターンとして、血縁や地縁

---

[12] 数学的には、発信者と5人の仲介者の各人材プールの乗数が、可能な「知人構造」の総体を表す。すなわち、発信者の接触可能な人材プールを500人とし、その各人がそれぞれ500人の独自の人材プールをもっているとすると、1度の隔たり（接続）関係では、発信者は500人とつながっており、2度では、500人×500人、つまり、25万人とつながっていることになる。同様に3度の隔たりでは1億2500万人、4度では625億人となる。つまり、今日の世界人口を70億人とすると、この試算ではわずか4回知人をたどるだけで、地球人口の約9倍の人々とつながってしまう。各人材プールをもっと少ない100人として計算し直しても、わずか5回知人をたどるだけで、やはり地球人口を超える100億人と簡単につながってしまう。世間は狭いわけである。

といった社会集団による「互酬」，政治的な権威等による「再配分」，合理的な利己主義による「交換」を挙げた。そして，社会構造によって，さまざまな経済統合のパターンが現れると論じ，「経済活動は非経済的種類の社会関係のなかに埋め込まれている」と主張した。

　カール・ポラニーの「社会的埋め込み」の概念は，このように歴史的な非市場社会における相互作用が前提であったが，現在的な産業社会の経済分析にも適用可能であると主張したのが，グラノベッター（Granovetter 1985）の論文「経済行為と社会構造――埋め込みの問題」である。古典派および新古典派の経済学では，行為者相互の社会関係は，競争市場を妨げる「摩擦」として扱われ，行為者は原子化され，過少社会化された存在となる。他方，社会構造を再考する修正主義の経済学では，行為者の行動パターンは内面化され，社会関係に影響されない。グラノベッターは，こうした既存の経済学が，行為者の置かれている社会構造を無視していると批判し，同時代人による多くの新しい実証研究の知見を引用しながら，経済行為は依然として個人的関係のネットワークに密接に埋め込まれている側面があることを強調した[13]。

　グラノベッターの議論は，抽象化された経済原則だけでは説明し切れない経済活動の社会的，人間的な側面に再びスポットライトを当てたもので，コミュニティー・キャピタルは，この「社会的埋め込み」の概念を基底としている。そして，重要なことに，社会的埋め込みは，際限なく，無定限に存するのではなく，必然的にバウンダリーを伴う。そうでなければ機能しない。さらに，社会的埋め込みの概念は，ある特定コミュニティーの「構造」が，外部から与えられるのではなく，個々の要素のローカルな相互作用が反復された結果，その蓄積から生じるグローバルな構成実体であることを人に想起させる。構造は目に見えない。だが，そこに現出していること，そして，その制約を受ける一方で，時にその助けも得られることを，その参加者は鋭敏に感じ取っている。

　温州人の経済行動の背後にある彼らの価値基準，行動様式，社会構造などを考察する本書は，メンバーが恩恵を施し合う互酬性の有無やその程度に格別の関心を払う。そうした関心事を含む，社会経済事象の実践的な分析目的のためには，概して3つのレベルが想定される。第1は，移民政策を含む国家政策や国際関係といったマクロレベル，第2は，地域や地域間関係，また，組織や組織間関係などのメソレベル，第3は，個人同士の相互作用というミクロレベルである。これ

---

[13] グラノベッターのこの議論は，ホマンズ（Homans 1964）による物質的，精神的報酬や社会規範への同調，非同調などの相互作用を分析した社会交換理論の発想をより発展させる形で，後のウッズィ（Uzzi 1996, 1997）らによる緻密な実証研究への道を開いた。

ら3つのレベルで，すべてにわたり，同じ密度と精度で，同じ質の研究を遂行することは，利用可能な諸資源の限界を超えている。そのため，特に本書が注力するのは，繁栄する個人や組織が，どのようなメンバーから，いかなる情報と諸資源を得て，共同解釈と学習を行い，それぞれの置かれた環境下で，いかにそれらを活かし，ネットワークを運営しているのか，そして，その過程で成員間に生じ共有されるコミュニティー・キャピタルが，どのように集団的繁栄に関与しているのかといった，ミクロレベルから創発し，メソレベルの社会経済的プロセスを経て，マクロレベルのグローバルな帰結を生み出すに至る道程の，エスノグラフィックな記述と分析である。

コミュニティー・キャピタルの効果

ところで，コミュニティー・キャピタルは，その母体となるコミュニティーとそのメンバーに，いかなる具体的な影響をもたらすのだろうか。

コミュニティー・キャピタルが，企業や企業間関係を中心とした経済活動に影響を及ぼすことに，異論はないだろう。その理由の1つは，コミュニティー・キャピタルが，情報の非対称性を補完する正の外部性を有するからである。例えば，「この社員は何があっても私との約束を守ってくれるはずだ」，「あの社長が不正を働くことはない」といった信頼は，情報不足を補い，取引コストを下げる。コミュニティー・キャピタルの影響力が低い，もしくは，及ばない条件下の取引関係では，搾取や裏切り，不正などを前提に，考えうるあらゆるケースを想定した厳格な契約を結び，それでも安心できない場合は，相手の行動を常時監視するといった防衛策を打たざるをえない（Williamson 1985）。付加価値を生まない，そうした虚しい活動に，膨大な時間と費用をかけることになる。他方，コミュニティー・キャピタルの影響力が高い状況下の取引関係では，そうした時間とコストの無駄が大幅に省け，既存市場の排他的維持，さらに，新しい製品やサービスの開発や新市場の開拓などに，全力を注ぐことができる。

例えば，ニューヨーク市のダイヤモンド取引は，歴史的にロシアの特定地域出身のユダヤ人商人らが独占的に仕切っており，取扱商品の極端な高額性にもかかわらず，同業者の仲間内では，借用書なしの資金の貸し借りや在庫品の融通など，インフォーマルな相互援助が日常的に行われ，彼らの排外的な競争力を高めている（Coleman 1988）。

コミュニティー・キャピタルは，地域社会の発展や安定にも寄与する。コミュニティー・キャピタルが豊かな社会では，貧困層や移民などが社会基盤を揺るがすほどには孤立せず，コミュニティーとしての一体感が醸成されている。人々は

顔見知りで，お互いを気遣い，海外における温州人がそうであるように，犯罪事件や暴力沙汰に巻き込まれるリスクは比較的小さい。また，人々が互いを気遣うコミュニティーは，そうでないコミュニティーに比べ，健康にもよい影響を及ぼすことが知られている（Putnam 2000, Kawachi et al. 2008）。

さらに，教育や退学率に与える影響も見逃せない。コールマン（Coleman 1988）は，全米の公立，「カトリック系」，および，他の私立のハイスクールのデータを比較分析し，カトリック系私立校では極端に中途退学率が低いことを示したうえで，この種のハイスクールには，キリスト教の中でも厳格とされる規律があり，先生や保護者，子供たちが相互に頻繁に連絡を取り合う緊密なコミュニティー・ネットワークをもっていることが影響していると指摘した。

ちなみに，コールマンは，先述のニューヨーク市におけるユダヤ人ダイヤモンド商人の排他的な慣行とともに，カトリック系私立校の低い退学率を「ソーシャル・キャピタル」の作用と説明しているが，厳密には，もともと汎社会的な広がりを含意するこの用語の適用例としては，正確さを欠く。というのも，より大きな括りで捉えられる地域社会内のごく一部において，際立って高い凝集性と一定の振る舞い傾向を示すカトリック信徒集団のより小さなコミュニティーは，明瞭なメンバーシップとバウンダリーを有すると想定されることから，より正確には「コミュニティー・キャピタル」の呼称が適切と考えられるからである。

いずれにせよ，上述のような事例や説明が示唆するように，企業の経済活動，地域社会の発展と安定，住民の福祉と健康，また，教育活動などで，コミュニティー・キャピタルはプラスの効果をもたらす可能性が高い[14]。

本書の研究対象である温州人企業家に関しては，後に豊富な証拠の検証を通して詳述するように，彼らがそのつながり構造に起因する便益を享受できるのは，盤石なコミュニティー・キャピタルがあってこそと想定される。

---

14 ただし，コミュニティー・キャピタルにはそうした正の外部性だけでなく，好ましくない負の外部性も存在している。例えば，南米系を中心とした移民研究で著名なポルテス（Portes 1998）は，4つのマイナス効果を指摘する。第1は外部者の排除である。仲間にだけ利得をもたらす強い結びつきは，その排他性によって，部外者への高い社会経済的コストとなりうる。特定グループに望ましいコミュニティー・キャピタルが，他のグループに負の影響を及ぼすのである。第2は，同一コミュニティーのメンバーに対する過剰な要求であり，成功した企業家のようなもてる者に対して，もたざる者が職の斡旋や開業資金などの援助を繰り返し求めるといった例が挙げられる。第3は，個人の自由の制限である。例えば，全員が知り合いの小さな村では，全村民が絶えざる衆人環視の中にあり，個人のプライバシーや自主性が大幅に制約され，自由な活動を阻む。第4は，「規範の下方平準化」（downward leveling norms）である。例えば，主流社会との対立構図によって，グループの連帯が強化されているような場合，メンバーの中から主流社会へ「上昇」しようとする者が出てくるとグループの結束力が弱まるため，グループに留め置こうとする「下方」志向の規範が働く。これはマフィアなどの犯罪集団でよく見られる現象である。

循環的な共同知の創出と集団学習

　温州人コミュニティーにおいて，とりわけ顕著なのが，集団的な「手探り」による商機探索の効果である。これは，(1)情報探索と伝達・共有，(2)ディスカッションによる共同解釈，(3)仮説の集団検証，(4)共通知の創出による集団学習といった「循環のプロセス」を経てスパイラル的に強化される。しかも，その背後には，トヨティズムに通じるかのような，徹底した"ニーズ・プル"の考え方が一貫して観察される（西口 2007）。

　そうした循環的な集団学習のプロセスを上手く利用する温州人企業家の成功要因について，イタリア・ローマにある意大利羅馬華僑華人貿易総会の常務副会長で，貿易会社を経営する論客，戴小璋（Dai Xiaozhang，ダイ・シャォヂャン）は，森の中でオイシイ葉（餌，市場）を探す虫の比喩を用いて，次のように説明する[15]。

　「われわれ温州人は，どの木，どの枝の先あたりにオイシそうな葉があるかを，皆の集まる会合や，遠方の親戚や友人との頻繁な電話連絡で，真剣に議論します。これが温州人独特の相互作用の文化なんです。そして，目星がついたら，その特定の葉っぱや小枝にまず数匹の虫を置いてみて，実際にオイシイかどうかを試してみるのです」

　「それだけで，市場ニーズがあるかどうかは，すぐ分かります。そして，とにかく売れるものを仕入れ，あるいは，作って販売する。例えば，ローマで何が売れるかが分かりさえすれば，他のさまざまな関連事項もすべて同時に解決できる。市場で儲かるチャンスさえあれば，そのニーズから遡って問題を解決していくんです」

　儲かりそうな葉っぱ（市場）を見極め，そこにピンポイントで虫を置く，つまり，商売に着手するかは，彼らの分厚い情報網に支えられたリアルタイムの集団的諜報力（collective intelligence）がなければ実現しえないであろう。さらに，生産品の「押し込み」ではなく，あくまで最終市場の顧客ニーズを前倒し的に「引き込み」満足させていく"ニーズ・プル"の考え方の典型的な運用があり，その点でトヨティズムの本質に通じるものがありそうである。

　さらに，変わり身の早さと相互扶助も，彼らの際立った特徴である。戴の雄弁は続く。

　「でも，駄目だったらすぐに場所を変えます。そうやっているといずれは，オイシイ餌にブチ当たります。すると，他の虫たちも，それを聞きつけて，集まってきます。あとは，温州人にとって，お馴染みの集団行動なんです。つま

---

[15] 2014年8月9日の戴小璋へのインタビューによる。

り，餌のある場所を枯らさないように，細心の注意を払いながら，そこにもっと餌と虫［捕食者］が集まるように培地を整備して，皆で知恵とカネを出し合って，繁栄させるのです」

「具体的には，優秀な若者にお金を貸すことによる集団的な信用貸しと，彼らを優先的に雇用する人材登用の2つが重要です。このコンビネーション方式は，資源と市場の上手い統合法なのです。そうした工夫で，常に現存する能力と資源の限界を超えて高みを目指す，温州人企業家の目標が達成されます」

そして，共同知の創出と集団学習に至る循環的なプロセスの秘密も明かされる。

「でも，そうやって，特定の木の特定の枝の辺りだけがいくら豊かになっても，時に嵐や寒波がやってきて，それ以上立ち行かなくなることがよくありますよね。そうすると，われわれ温州人はさっさと，オイシイ葉っぱがありそうな別の木や枝を見つけて，そっちに移っていきます。そうした見極めはもの凄く早いんですよ。なぜって，温州人はいつも，あちこちの違った森や林や木々の間を行き来しているので，どのあたりが今，売れ筋か，あるいは，逆に，どこに将来性がないのかを，いつも仲間内で語り合い，解釈を出し合って，把握しているからです」

概して教育レベルや教養に乏しく，いわゆるヒューマン・キャピタルの脆弱な温州人は，世界各地で，同じような，探索，伝達，検証といった循環プロセスを経て，そうしたコミュニティー・キャピタルに支えられた集団学習を行っていると見られる。そこには，仲間内で情報を集め，伝え合い，互いの手持ち情報や解釈を突き合わせて，より確からしい仮説に仕立て上げると，今度はそれを集団で検証し，共通知に高め，集団学習してともに栄えるといった好循環が，確かにありそうである。たとえ個々には弱い者同士でも，それゆえにむしろ孤立せず，相談し合い，支え合って，同じ方向を向いた事業に各人ともに邁進するといった社会規範が，根源から温州人を突き動かしているように見える。

そのような好循環を生み出す社会的プロセスに支えられた信頼性の高いコミュニティー・キャピタルが現存する限り，そこで活躍する企業家の多くが，定点的な結果としての富裕と繁栄ではなく，むしろ，そこに至るプロセスそのものが自己目的化し，生き甲斐となっていることは想像に難くない。

2007年8月31日にイタリアのパドバでインタビューした女性経営者，寥銀香（Liao Yinxiang，リィァォ・インシィァン）は，ベネト州を拠点にさまざまな事業を展開している。好調だった貿易会社を売却して，全く新規にレストランチェーンを始めた理由を尋ねたところ，次のような返事が返ってきた。

「前の事業を売却して大金を得た後，引退して楽に暮らすこともできたでし

ょう。でも，私たちはヨーロッパの貴族とは違うんですよ。ビジネスをやり続けるのは，良い時も悪い時も，そこで経験できるさまざまなプロセスを楽しみたいからなんです。結局のところ，何とか問題を解決して，ビジネスを伸ばすことができれば，もの凄い充実感が味わえますからね。言ってみれば，それは狩りのようなものです。一番面白いのは，獲物そのものじゃなくて，獲物を追っかけて，仕留めることなんですよ」

■「結束型」と「橋渡し型」のコミュニティー

さて，本書のテーマに関連して，「結束型」(bonding) と「橋渡し型」(bridging) という，コミュニティーの機能特性の伝統的な2類型化に関する考察が欠かせない。ところで，結論を先取りして述べると，従来，相反するものとして議論されていたこれら2つの要素を，例外的に同時に兼備した「活動領域」に，特定のネットワークのつながり構造が「陥った」場合にこそ，最もロバスト（頑健）なスモールワールド性が発揮されるため，実際のところ，旧来の一刀両断的な捉え方は適切性を欠く。そのため，本書では，必ずしも，従来のような二律背反的な立場をとらないが，説明の都合上，少なくとも当面，両者の対照的な属性に着目して議論を進めよう。

「結束型」は，いわば分子や原子の結合 (bond) のようなものであり，「血縁」，「同郷縁」，「学縁」，「民族」といった，似通ったバックグラウンドをもつ同質の人々からなる閉鎖的で結びつきの強いタイプを指す。

あるコミュニティーの多くのメンバーが，相互の結束に高い関心を払って労力を傾注する場合，そのコミュニティーは，「高・結束型」であり，逆にそうした結束に無関心で注意を払うメンバーが少ない場合，「低・結束型」であると見なされる。発展途上の社会における，高・結束型のコミュニティーは，しばしば「特定化信頼」によって支えられる。

「橋渡し型」は，多様なコミュニティーにまたがる社会ネットワークを志向し，あるコミュニティーに属するメンバーが，個人的に，他の異質なコミュニティーともつながっている場合，そのメンバーはおおむね高い「普遍化信頼」に基づいて行動している。異質な人々とリンクすることに抵抗感の少ない開放的なメンバーが多い場合，そのコミュニティーは「高・橋渡し型」であり，逆にそうした属性のメンバーが少ない場合は，排外的な「低・橋渡し型」コミュニティーと見なされる。言い換えれば，「普遍化信頼」の高いメンバーを多数有するコミュニティーは，「高・橋渡し型」，そうしたメンバーの少ないコミュニティーは，「低・

表2-1 「結束型」と「橋渡し型」のコミュニティー特性

橋渡し型	結束型	
	低 ←――――――――――――――→ 高	
低 ↕ 高	(a) 共同体としての結束が弱く外部に対して閉鎖的	(b) 共同体としての結束が強く外部に対して閉鎖的
	(c) 共同体としての結束が弱く外部に対して開放的	(d) 共同体としての結束が強く外部に対して開放的

橋渡し型」と判断される。

つまり,「結束型」コミュニティーは,排外的で強い紐帯からなるネットワークを形成し,しばしば「特定化信頼」,もしくは,そこから派生した「同一尺度の信頼」を育み,前者の場合は,特定の個人間のみ,後者の場合は,閉鎖的なネットワーク内の成員間だけで通用する互酬性を成立させている。他方,「橋渡し型」では,開放的で弱い紐帯からなるネットワークへの志向性がむしろ高く,「橋を渡す」当事者はおおむね「普遍的信頼」を育み,一般化された他者に対する互酬性を成立させている。

「結束型」は,排他的な力が強く働き,情報,資金,人材などの新しい諸資源が,外部からもたらされにくいという弱点があるため,「橋渡し型」に比べて過少評価されがちである。だが,その反面,互いをよく知っているがゆえに,例えば,1人暮らしの高齢者の見守りや子供の安全確保といった機能には,うまく適合することが多い。つまり,逆にいうと,「高・橋渡し型」というだけで,無条件に健全なコミュニティーが形成され,維持されるわけではない。

表2-1は,そうした,「結束型」と「橋渡し型」の2次元で整理し,4分類したコミュニティー特性の見取り図を示す。本表の「高」,「低」の関係は,一刀両断的というよりは連続しており,両者間の双方向の矢印はそうした連続性を表す。

さて(a)「低・結束型＋低・橋渡し型」は,共同体としての結束が弱く,個人主義的傾向が強い。外部とのつながりに対しても閉鎖的な特性をもつコミュニティーである。それに対して,(c)「低・結束型＋高・橋渡し型」は,個人主義的な傾向が強く,外部とのつながりに開放的な特性をもつ。他方,(b)「高・結束型＋低・橋渡し型」と(d)「高・結束型＋高・橋渡し型」はいずれも,共同体主義的な傾向が強い。ただし,外部とのつながりに関して,前者が閉鎖的である反面,後者は開放的な特性をもつ。

ここでの問題は,一見オールラウンドによさそうに見える(d)タイプが必ずしも無条件にベストの選択肢ではないことである。なぜなら,もし外部に対して開放

的であることが，ある閾値を超えて，結果的にワッツらのスモールワールド・ネットワーク理論におけるリワイヤリングの過剰を引き起こす場合，「収穫逓減の法則」によって逆作用が起こり，最適な領域から容易に逸脱する可能性があるからである。つまり，グラノベッターの「緩いつながりの強み」に反する事象が誘引され，ネットワークはノイズの多いカオスに転じる恐れが生じる。逆説的に，(b)タイプのように，共同体としての内部の結束は強固だが，一般に外部に対して閉鎖的なコミュニティーの場合でも，少なくとも，リワイヤリングの可能性が担保され，実際にリワイヤリングがなされた場合，その量が相対的にわずかでも，否，むしろわずかであるがゆえに，スモールワールド効果によって，ネットワーク全体としては，冗長性のない有益な情報を探索・共有し，有効活用できる点で，基本的に開放的な(d)タイプを凌駕するパフォーマンスを示す可能性が出てくる。仮にそうであるとすると，問題はむしろ，冗長性のない遠くの情報へアクセスできる「適度の」リワイヤリングを実施するための，構造特性がコミュニティーに備わっているかどうかであり，単に外部全般に対して開放的であればよいというわけではない。

　表2-1をグラフ理論の類型で表現し直すと，(b)はレギュラー・ネットワーク，(c)はランダム・ネットワークとなろう。そして，スモールワールド・ネットワークは，(b)と(d)の中間帯に，通常は相矛盾する2つの異なる属性を同時達成する要件を満たす一定の「活動領域」内に生じる。なぜなら，スモールワールドの定義上，考察対象となる社会ネットワークは，共同体としての結束が強く（つまり，クラスター係数が高く），そのため，外部に対して閉鎖的であるにもかかわらず，同時に，一部のリワイヤリングによって，外部に対して開放的な(c)のランダム・ネットワークに準ずる短い経路（つまり，情報伝達特性の良さ）を兼備するという，例外的な「領域」にのみ，相転移を伴って，生成するからである。

　要するに，問題は，常識的には相容れない正反対の属性を兼ね備えた一定の活動領域こそが，スモールワールド・ネットワークの顕著な特質であるがゆえに，上記のような，旧来の分離型（discrete）の区分法では，正確な「落としどころ」がつかめず，その把握しづらさ（elusiveness）が残ることである。言い換えると，表2-1の4つの区分法のように，あたかも相互排除するかのような形式で分割された二律背反的な提示法では，その本質を正確には表現しえない。温州人コミュニティーのネットワークがスモールワールド性を帯びるとき，基本型は(b)だが，適度のリワイヤリングによって，相転移が生じる活動領域を(d)との中間帯にまで広げ，同時に結束性と外部探索性を発揮しうることが予測される。

　さて，他の通常のコミュニティーであれば，ジャンプ型の個人は純粋に自らの

個人的能力に頼り，あくまで自己の便益のみを求めて，共同体から離脱する傾向にあるが，温州人のジャンプ型は，強靱なコミュニティー・キャピタルのもたらす共同利便性を幼少期から刷り込まれており，そこから離脱しないことこそが，自他ともに高い経済合理性を実現する鍵となることを十分に経験し学習している。そのため，たとえ個人的にいかに成功しようとも，属するコミュニティー内では既定路線の常識的な期待像に沿って，利己主義と利他主義が混在した稀有な行動パターンを示す。彼らは，便宜上，先に示した表2-1を含む，因習的でディスクリートな図式による理解を超えて，一見，相矛盾する対照的な要素を同時達成する異次元の活動領域を開拓し，そのことによって，自他を収合する弁証法的な共進化を促し，いわば集団を通した自己超越を実現する。目に見えない関係的資源によって駆動される性質のものであるからこそ，そうした実践的で"生きた"ネットワークの運用方式の進化的累積は素早く達成される。

　本書は，従来のような相互離反的で二元対立的な概念化による世界理解の仕方では，十分に把握し切れない，ダイナミズムに溢れた社会経済現象の本質を，観察しうるままに記述するとともに，適宜，定量データの測定分析結果も織り込みながら，統合的な解釈を示すことを目指す。

第3章

最貧地域の大逆転

富豪の街，温州

■ 貧しい出稼ぎ農民

　浙江省南東部に位置する温州市はかつて，中国でも最貧地域の1つであった。四方を海と山に囲まれて農地も自然資源も少ないうえ，「台湾の対岸にある軍事前線」との理由で国家投資が抑制されていたためである。

　だが，1978年の改革開放後は，長年の計画経済下で不足していた日用品需要に応えるため，農民らが相次いで起業し，靴やアパレル，メガネ，ライターといった日用消費財の一大集積地として驚くべき発展を遂げた。外国からの直接投資に依存することなく，地元の民間資本を中心に飛躍的な発展を遂げたことから，その経済発展のあり方は「温州模式（モデル）」と称され，農村工業化の範型として国内外から脚光を浴びた[1]。

---

[1] 1985年5月12日付『解放日報』の記事が「温州模式（モデル）」に関する初期の公認例の1つとされる。「温州モデル」は農村地域の経済発展方式の1つを指すが，その内容の解釈や定義を巡っては，かなり多様な議論が展開されている。例えば，張・李（1990）では，「家庭経営をベースに，市場動向を正確に把握し，郷や鎮を中心に，有能な農民がリードして発展してきたモデル」と特徴づけた。他方，史・金・趙・羅（2004）は，「改革を素早く実行し，市場経済体制の確立によって地域経済を発展させるモデルであり，民営化と市場化によって工業化と都市化を推進したモデルである」と定義している。

　また，より早く，中国の著名な社会学者である費孝通（Fei Xiaotong，フェイ・シャオトン1994）は，「発展の仕方」を「模式」と称し，「温州模式」以外に，「蘇南模式」，「珠江模式」などを提起した。彼は，各地域によって地理や歴史，社会，文化などが異なることから，その土地に適した「模式」があると主張し，温州に関しては，貧困ゆえに，人民公社制度が解体する以前から出稼ぎに行く人が多く，そうした出稼ぎ労働者による稼ぎが，「家庭工場」を発展させる原資になったとしている。

　さらに，温州の経済発展については，市場や企業，制度といった多面的視点から，張仁寿・李紅が1990年に『温州模式研究』を，史晋川・金祥栄・趙偉・羅衛東が2004年に『制度変遷与経済発展——温州模式研究』を著している。他方，日本では，慶応義塾大学経済学部の渡辺幸男教授らが，温州で現場調査を行い，2004年1月号の『三田学会雑誌』で，「移行期・中国における市場形成・制度改革・産業発展——『温州モデル』を中心に」という特集を組んでいる。

　本書と同様，温州人企業家の戦略展開に着目した著作としては，郭・張（2012）が知られる。本書でも言及しているが，「分業と協力で大きな獲物を仕留める」，「他人が気にも留めないことから

温州のこの驚異的な繁栄メカニズムを解く鍵として注目されるのが，彼らの血縁や同郷縁をベースとする強い結束型のコミュニティー・キャピタルと，遠距離交際に長けた「ジャンプ型」企業家を中心とするネットワーク能力である。温州人は，国内および海外の同郷人を中心とする人間関係を駆使し，ヒト，モノ，金，情報に関するさまざまな制約を克服してきた。すでに述べたように中国人は総じて「グアンシー」（特定化信頼に基づく「関係」）を重要視するが，温州人は，その"取り扱い"に長けているばかりでなく，恐らくはそこから派生させ発達させた，同郷人コミュニティーに行き渡る「同一尺度の信頼」という強靱な社会基盤を担保に，格段なる経済発展を遂げてきたと考えられる。

　農地が少ない温州では，農業以外で収入を得るため，計画経済の時代から出稼ぎに出る農民が多かった。その流れが，改革開放後に加速した。故郷を離れ，中国各地に"外出"[2]（離郷）している温州人が2000年代後半には175万人，海外には43万人に達し，その進出先も欧州諸国を中心に93カ国・地域に及ぶ[3]。温州市の戸籍人口787万人（2010年末）に対し，200万人をゆうに超える温州人が離郷している[4]。

　こうした「離郷人」の存在は，改革開放後の温州経済発展にとって，決定的に重要であった。彼らは中国各地や諸外国における最新の市場情報を温州に持ち込むとともに，温州で生産した製品を中国内外で売りさばき，「外出先」で稼いだ資金を温州に投資するといった多彩な役割を演じてきた。

　　ビジネスチャンスを見つける」，「商品やサービスの差別化で市場を開拓する」といった，温州商人のビジネス哲学が詳述されている。
　　　ところで，より近年，旧来の産地中心主義的なアプローチから脱却する視点を導入すべきとの声が上がっており，注目に値する。例えば，2012年2月29日の国際電話インタビューで，温州大学商学院の張一力教授は，「温州モデルは市場環境や経済発展に伴ってダイナミックに変化しており，近年は，中国や世界各地の温州人ネットワークをベースにグローバルなビジネスを展開している，世界的にも例がないこの現象に注目すべきである」との見解を示している。
　　　最新ネットワーク理論の視座のもと，本書を通じて豊富に提示される最新の証拠からも明らかなように，もはや「温州モデル」は，郷鎮や地域経済といったローカルなレベルをはるかに超えており，世界各地を結ぶその広大なネットワークの分析抜きでは語りえない。今後の実証研究は，そうした国際的な資源展開をコアな研究対象の一部として，鋭意，進展させていくべきであろう。

2　中国語の"外出"には，日本語でいう，ほどなく戻るというニュアンスで「出かける」といった意味に加えて，仕事などでよその土地へ出向き，そこに長期滞在することを含めて，「故郷を離れる」という意味がある。そのため，本書では，特に注釈を要さない限り，「離郷」という言葉を充てる。

3　なお，中国各地への離郷者数175万人，海外在住者数43万人と進出先数は，温州市地方志編纂委員会温州年鑑編集部編（2007，2008）による。

4　リマインダーとして再録しておくと，『2010年温州市国民経済和社会発展統計公報』によると，2010年末の同市戸籍人口は786.80万人である。http://www.wenzhou.gov.cn/col/col3583/index.html（2012年6月10日アクセス）。なお，戸籍人口取り扱いの詳細については，第2章注**8**を参照。

他方，温州経済の発展に伴い，市外から流入する"外来人口"も急増し，300万人を超えた[5]。その大半は，貴州省，江西省，湖南省，湖北省などの貧しい地域からの出稼ぎで，温州人が経営する工場で労働者として働いている。

数百万人単位に及ぶ人口の流入と流出。それが，温州の今日の姿である。

民営企業が牽引する「温州模式」

温州では，改革開放後，スーツや靴，ボタンなどを生産する小規模な工場が，雨後の筍の如く，出現した。また，そうした家族経営の工場で生産された日用消費財を，中国各地に運ぶ商人や，各地の商人が買い付けにやってくる専門市場も叢生した。さらに，1990年前後からは，親族や友人といった気心の知れた社長同士が吸収合併などを通じて企業規模を拡大し，品質の向上や自社ブランドの構築に取り組んできた。このように，温州は，政府による介入や支援が相対的に少ない，民営企業による自力の繁栄がベースとなり，中国における自発的な資本主義発祥の地として知られるようになった[6]。

---

[5] 『温州年鑑2008』によると，2007年6月末段階の外来人口は316万3653人で，87.0％が職工であった。

[6] 旺盛な企業家精神と利益至上主義によって特徴づけられる，今日の温州人の価値観や行動様式と，南宋時代（1127〜1279年）に温州出身者によって確立された「永嘉学派（Yongjia School）」との間に，いかなる因果関係，あるいは，少なくとも，文化的影響などがあったかについて，その歴史的痕跡を探ることは，興味深い知的探訪となろう。

事功学派，功利学派とも呼ばれる永嘉学派は，南宋時代に，現在，温州市管轄下の瑞安市（県級市，ちなみに温州市は県級市の1つ上のランクの地級市）がある永嘉地域で，同学派の代表的な思想家として知られる，陳傅良（Chen Fuliang，チェン・フリィァン），葉適（Ye Shi，イェ・シィ）らによって形成された。特に葉適は，南宋朝廷の中央政府官僚としても重用され，同時代に同じく中央官僚だった，朱子学の創始者，朱熹（Zhu Xi，ヂュ・シー，朱子［Zhu Zi，ヂュ・ズー］は尊称）とライバル関係にあったが，後者が理不尽に断罪されそうになったとき，その命を救った。

永嘉学派の「功利」重視の思想と，現代の温州人の価値観や行動様式との間に，直接の因果関係があるかどうかは，宋の時代以降，数世紀に及ぶ温州経済の低迷と史料の散逸等により，明らかでないが，少なくとも，今日の温州人企業家の飽くなき利益追求と活発な企業家精神を，温州人コミュニティーで長年共有された価値観と捉え，その特性が，改革開放後の市場経済の要件に見事に合致したという指摘は根強い。例えば，李（1997）は，『温州之謎』で，温州経済発展の駆動力の1つとして，永嘉学派に言及しており，伊原（1991）も，同学派に焦点を当て，宋代における温州の商業的繁栄と学術の隆盛について論述している。

ちなみに，宋代の温州では，北宋を追われ南方に逃れてきた南宋の政治家，高級官僚，商人，工芸家らが，温州に，北方の高度な産業技術や実務ノウハウなどを持ち込んだ結果，漆器，紙，皮革，柑橘類などの生産が隆盛し，造船業も栄えたと伝えられる。その繁栄は長続きせず，忘れ去られていたが，20世紀末以降，徐々に証拠となる「遺跡」の発掘が進み，次第に実態が明らかになりつつある（Niu 1998）。

さて，温州人の金儲け優先主義の精神がしばしば，永嘉学派と関連づけて論じられる根拠の1

高層ビルの谷間を高級車が疾走

この30年間で，温州は，どれほど豊かになったのだろうか[7]。以下，しばらく数字が続くがご容赦いただきたい。しっかりしたデータで記録しておく必要があるからだ。1978年当時，温州市の人口は561万人で，GDPはわずか13億2150万元（1978年の年間平均換算率1元123.0円換算で約1625億円；以下，特記しない限り，換算レートは，統計データの該当年もしくはインタビューした年の年間平均換算率）にすぎなかった。だが，製造業の発展に伴い，GDPは急増し，1992年に100億元，2002年に1000億元を突破し，2007年に2000億元を超えた[8]。さらに，2008年秋のリーマン・ショックからの立ち直りも早く，2011年には3351億元と，あっさり3000億元を突破し，2014年には4302億元（同年の年間平均換算率1元17.2円換算で約7兆3994億円）に達している[9]。

この間，中国経済も目を見張る発展を遂げたが，温州経済はそれをはるかに上回る伸びを見せた。1978年の値を100とするGDP指数で，中国全体と温州市を比較してみよう。ちょうど30年後の2008年において，中国全体のGDP指数1651.2に対し，温州市のGDP指数は6334.2にも達した。

1人当たりGDPも，1978年には238元（約2万9000円）と全国平均の3分の2という貧しさであったが，1990年代半ばから全国平均を上回るようになり，1999年に1万元を超え，2005年には2万元，さらに2008年には3万元を突破した[10]。上海市や北京市には及ばないものの，全国平均の2万2698元を上回ってい

として，朱子学が「利」よりも「義」を尊んだのに対して，永嘉学派は「利」と「功利」，経済性と実利性を重んじ，「商人の役割を重視して商業を発展させること」，「雇用関係と私的所有制度を合理化すること」，「貨幣の流通を重視すること」，「まず民間の商工活動を発展させたうえで課税し，社会全体の繁栄を図ること」などを主張した点が挙げられる。失脚後，故郷に戻り，私塾で教えた葉適は，彼の信念でもあるそうした実利思想を説いた（Niu 1998，および，2013年9月28日の温州市管轄下の，瑞安市における瑞安市葉適記念館の視察と，葉適第26代子孫の副館長，葉偉東の説明による）。

[7] 2000年代前半までは，ほぼ一貫して，温州市の経済成長率が中国全体の経済成長率を上回っていたが，2008年前後から，両者の経済成長率は収斂している。そのため，本章では，温州経済が急成長した改革開放後の約30年間に焦点を当てる。近年，減速気味の温州経済の動向については，第10章で扱う。

[8] 『温州統計年鑑2011』。

[9] 『2014年温州市国民経済和社会発展統計公報』。http://www.wenzhou.gov.cn/art/2015/4/7/art_3583_350264.html（2015年7月29日アクセス）。

なお，2010年以降，中国政府が金融引き締め策，ならびに，投機的な不動産投資に対する抑制策を推し進めた結果，温州経済にも少なからぬ影響を与えたが，この点については，別途，第10章で詳述する。

[10] 『温州統計年鑑2009』。

る[11]。

ただし，上述の数値はあくまで平均値であり，温州の繁栄ぶりは，都市部でとりわけ顕著である。温州市は，都市住民の1人当たり可処分所得ランキングでは，全国トップ10の常連である。2006年は2万1716元（同年の年間平均換算率1元14.6円換算で約32万円）で，上海や北京をも上回り，広東省の東莞，深圳に次ぐ全国3位となった[12]。

都市住民の耐久消費財の保有状況（2007年）を見ても，エアコンや携帯電話は1世帯にほぼ各2台，パソコンも各世帯にほぼ1台普及している[13]。驚くのは，自動車の保有率である。100世帯当たり25.9台。実に，4世帯に1世帯が保有している割合だ。ちなみに，都市住民を対象にした同時期の全国平均が6.1台，自動車の保有率が高い北京でも19.9台である[14]。

離郷人が多い温州には，中国内や世界各地の温州人が稼ぎ出した資金も流入している。メルセデス・ベンツ，BMW，ポルシェ，フェラーリ，ベントレーなどの高級外車が市内を疾走し，改革開放前には3～4階建て以上の建物がほとんどなかった市街地に，高層ビルが林立する光景を目の当たりにすると，温州の人々が，こうした統計数値が語る以上の豊かさを享受していることを実感させられる[15]。

2010年夏，3日間にわたって開催された第4回温州国際奢侈品展覧会には，日本円にして2億円から4億円の別荘，2億円の超高級外車ランボルギーニ，2800万円のクルーザー，1本42万円のワインなど総額約84億円のぜいたく品が展示即売された。初日に招待されたVIPは約500人を数え，その公表された（実際よりもかなり控え目と想定される）平均年収は7000万円，平均資産は1億4000万円という[16]。日本の富裕層も，ちょっと驚く世界がそこにあった。

---

11 『中国統計年鑑2009』によると，2008年の1人当たりGDPは，上海市が7万3124元，北京市が6万3029元である。

12 金・王主編（2008）で詳細な分析がなされている。

13 『温州統計年鑑2009』によると，2007年時点で，エアコンは100世帯当たり185.8台，携帯電話は同200.7台，パソコンは同84.3台である。

14 『中国統計年鑑2008』。

15 温州の企業家は自立心が強く，また，さまざまな状況を考慮して，収益のすべてを公表していないという指摘がある。1980年代のイタリアの公式な経済成長統計からは，実質，GDPの3分の1を占めるといわれた「ブラックエコノミー」が漏れており，真の繁栄ぶりを伝えていなかったとよく指摘されるが，今日の温州も似通った状況にあるとの推測が成り立つ。

16 フジテレビ「めざましテレビ」2010年6月9日。

自力による繁栄

　温州経済の際立った特徴の1つは，民営の製造企業が牽引してきたことである。温州市のGDPに占める産業別比率を見ると，1984年に第2次産業（工業と建築業）が第1次産業を抜いてトップに立った。第2次産業の構成比は1990年代半ばの58％台をピークに減少傾向にはあるが，2008年でもなお53.1％と過半を占め，工業都市として健在である[17]。

　また，実際の担い手である企業に目を転じると，工業部門の企業数は1978年当時4085社しかなかったが，1994年には15万社を超えた。以来，11万社から15万社の間で推移している[18]。

　その主役は，徹頭徹尾，民営企業である。2008年の工業部門の企業数14万7459社の内訳を見ると，「個体戸」と呼ばれる自営業者（77.2％）が最も多く，「私営企業」（11.6％）が続く[19]。高級外車に乗り，近年，温州でも急増しているガードマン付きの高級住宅街に居住しているのは，こうした民営企業の経営者たちである。

　他方，「国有企業」（0.04％）のプレゼンスは著しく低い。珠江デルタや長江デルタ[20]で目立つ「外資系企業」も温州では影が薄く，企業数で全体のわずか0.4％，

---

17 建設業を除いた製造業だけでは，48.3％である。

18 『温州統計年鑑2009』。

19 『温州統計年鑑2009』。中国では，企業資産が私的所有に属し，被雇用者が8人以上の企業を「私営企業」と呼び，8人未満の場合は「個体戸」（個体工商戸）と呼んで区別している。

20 政府系公式統計の『長三角年鑑2008年版』によると，中国における長江デルタの定義は3通りある。第1は，狭義の長江デルタであり，上海市，江蘇省の蘇州，無錫，南京，常州，南通，揚州，浙江省北部の杭州，寧波，台州などを含む計16都市とその周辺都市を指す。（この場合，温州は含まれないが，次の2つの定義では含まれる。）第2は，広義の長江デルタで，上海市，江蘇省，浙江省の2省1直轄市の全域を指す。第3は広域長江デルタであり，上海市と江蘇省と浙江省の他に，安徽省など近隣の省・市が含まれる。

　なお，彼らのいう"長江デルタ"に叢生した民営企業の制度的な発達を論じたニーとオパー（Nee and Opper 2012, p.52）は，必ずしも，上述の定義を遵守しておらず，任意に，南京，常州，南通，上海市，杭州，寧波，温州の7都市を選択して，一律，長江デルタ地域として扱っているが，実効性の観点から，そうした「自由な」選択には問題が多い。これには，主に下記の5つの理由がある。

　第1に，いうまでもなく長江デルタの中核都市は上海で，江蘇省の南京や蘇州，浙江省の杭州，寧波などが準中核的な位置にあるが，温州は上海とは直線距離で約370キロメートル，南京とは約480キロメートル離れており，しかも，両者の間に，例えば，日本の東海工業地帯のように連綿と続く，同質的な産業ベルトの存在は認められない。第2に，そもそも1990年代末に至るまで，沿海部を含む中国国内の交通網の未発達により，陸路による個人移動には上海から温州への片道だけでも丸1日かかり，実効性のある商業的な相互間の物流はなきに等しく，温州で初めて小さな空港が設置されたのは1990年，近代的な施設に拡張されたのは2008年のことであった。第3に，そうした物理的距離とインフラ上の問題だけでなく，狭義の長江デルタを構成する江蘇省の民営企業に対しては，早くから，温州には見られなかった，さまざまな政府支援が差し伸べられた（青島・王

生産額でも 5.7% にとどまっている。対岸約 350 キロメートル先に台湾があるため，国民党政府の再上陸を恐れる中央政府が長年，公共投資を抑えてきたことなどが，外資系企業の進出を阻害したと見られる。

靴や金属製ライターの世界的産地

温州経済のもう 1 つの特徴は，靴，アパレル，メガネ，金属製ライター，低電圧機器といった日用品の軽工業が発展し，世界的な産業集積を複数形成している点である。こうした産業集積は，その歴史も規模も多彩であるが，「中国鞋都」（中国靴の都），「中国金属外壳打火机生産基地」（中国金属製ライターの生産基地），「中国鈕扣之都」（中国ボタンの都）といった国家レベルの称号を 2009 年時点で 36 も得ている[21]。表 3-1 は，その中でも著名な産業集積を列挙したものである。

これらの中で特に有名なのが靴である。温州の靴産業は歴史が古い。南宋時代にまでその起源をさかのぼることができ，計画経済の時代も中国有数の靴産地であった[22]。

今日，温州には靴製造企業が 2700 社余りあり，2007 年の生産額は 620 億元（同年の年間平均換算率 1 元 15.5 円換算で約 9610 億円）にのぼった[23]。これは温州市の工業総生産額の約 13% にあたる。数量ベースでいえば約 10 億足。中国製靴の 4 分の 1 は温州製なのである。

もっとも，温州製の靴はかつて，「朝夜靴」（朝はいて，夜には壊れる靴），「週間

2015）。第 4 に，やはり温州とは異なり，江蘇省の民営企業では，経営や人材雇用の面で，必ずしも同郷人にこだわらず，例えば，技術的なノウハウをもった非同郷人の海外留学生などが，早くから積極的に雇用され，あるいは，創業者や経営幹部として活躍していた（青島・王 2015）。第 5 に，温州や蘇州といった地域には，それぞれ独特の方言と商人文化があり，独自に地域経済発展を築き上げてきた。個人所有の民営企業（私企業）が牽引した「温州モデル」に対して，蘇州を中心とする「蘇南モデル」は，集団所有の民営企業（郷鎮企業）と外資系企業が重要な役割を担った（関 1995，2006）。

このような一連の違いから，江蘇省の長江デルタ地域と温州の民営企業のそれぞれの発達史と形態には，相当な開きがあるため，形式的に温州を"長江デルタ"の一員に含めて，その経済活動を一律に分析しようとすること自体，かなり無理がある。

とはいえ，主に政治的，地勢上の事由から，温州市を含む浙江省，安徽省，江蘇省の広範な地域に拡散する 8 都市が，2013 年 4 月に長江デルタ都市経済協調会に加入し，同会メンバーが計 30 都市になったことは興味深い（「温州市正式加入，"長三角"轉型更有動力に」新華網浙江チャンネル 2013 年 4 月 22 日 http://www.zj.xinhuanet.com/video/2013-04/22/c_115489016.htm，2013 年 12 月 28 日アクセス）。

[21] 『温州年鑑 2010』。
[22] 温州を中心とする靴については，温州市人民図書館と温州市皮革協会が共同で立ち上げた中国鞋都図書館（http://www.shoelib.com/index.htm，2010 年 10 月 10 日アクセス）が詳しい。
[23] 『温州年鑑 2008』。

表 3-1　国家レベルの称号を得た産業集積の一例，2001～2004 年

産業	称号	命名時期	命名単位
かみそり	中国剃須刀生産基地	2001. 9. 5	中国五金製品協会
靴	中国鞋都	2001. 9.12	中国軽工業聯合会
			中国皮革工業協会
ライター	中国金属外売打火机生産基地	2001. 9.25	中国五金製品協会
低電圧機器	中国電器之都	2002. 2.17	中国機械工業聯合会
バルブ	中国泵閥之郷	2002. 6.12	中国通用機械工業協会
印刷	中国印刷城	2002. 9.12	中国印刷技術協会
ペン	中国制筆之都	2002. 9.19	中国軽工業聯合会
合成皮革	中国合成革之都	2002.10. 6	中国軽工業聯合会
			中国塑料加工工業協会
プラスチック	中国塑編之都	2002.10. 6	中国軽工業聯合会
			中国塑料加工工業協会
ボタン	中国鈕釦之都	2002.12.30	中国軽工業聯合会
メガネ	中国眼鏡生産基地	2003. 1.28	中国軽工業聯合会
男性服	中国男性名城	2004. 1. 9	中国紡織工業協会
休閑服	中国休閑服業名城	2004. 1. 9	中国紡織工業協会

出所：『温州年鑑 2010』より作成。

靴」（1 週間しかはけない靴）などと揶揄され，模造品，粗悪品の代名詞とされた。1987 年には浙江省の省都，杭州市で，5000 足以上の温州靴が見せしめのために焼き払われる事件まで起きている。しかし，その後の官民挙げての品質向上努力によって，「康奈」（カンナイ），「奥康」（アオカン），「吉爾達」（ジアルダ）などが，中国有数の革靴ブランドとして名を馳せるようになった。

靴は，温州を代表する輸出品でもある。2007 年には 5 億 3500 万足を輸出し，24 億 900 万ドル（同年の年間平均換算率 1 ドル 117.8 円換算で約 2838 億円）の外貨を手にした[24]。その額は，温州市の輸出総額の 4 分の 1 に当たる。リーマン・ショック後も堅調で，2009 年の輸出額は 27 億 5400 万ドル，2010 年の輸出額も 37 億 4000 万ドルで，温州市の輸出総額の 4 分の 1 を保持している[25]。

次いで，アパレル産業に従事する企業も約 2500 社と多い。2007 年の生産額は 480 億元（約 7440 億円），輸出額は 11 億 7000 万ドル（約 1378 億円）で，靴と並ぶ重要産業である[26]。中国服装業界が毎年発表している中国服装企業 100 強には，紳士服の「庄吉（チュアンジ）集団」，「報喜鳥（バオシィナオ）集団有限公司」，「法派（ファパイ）集団有限公司」，カジュアル服の「森馬（センマ）集団有限公

24　『温州年鑑 2008』および『温州統計年鑑 2008』による。
25　『温州年鑑 2010』および『温州統計年鑑 2011』による。
26　『温州年鑑 2008』。

司」が上位に位置している[27]。

　また，温州は世界有数のメガネ産地でもある。部品加工業者や生産設備メーカーなどを含めたメガネ関連企業は1000社を超え，約15万人が働く[28]。2007年のメガネの生産額は75億元（約1163億円）にのぼった。生産額の50％以上が海外市場向けで，150カ国・地域に輸出されている[29]。

　さらに，温州は，金属製ライターの世界的な生産基地としても知られる。もっとも歴史は浅く，その始まりは1980年代半ばとされる。ある一族が上海の専門家の助けを借りてライターを生産し大儲けしたことから，参入者が相次いだ。かつては，日本と韓国が圧倒的な強さを誇っていたが，温州企業は，日本などから生産設備や生産管理方法を導入し，「高品質」，「低価格」，「多品種」，「短納期」などを武器に一気に台頭した。現在，168社の企業で年間4億個のライターを生産し，世界市場の実に80％のシェアを占めている[30]。

　そして「正泰（チェンタイ）集団股分有限公司」，「徳力西（ダリシ）集団有限公司」といった中国を代表する民営企業を輩出しているのが，サーキットブレーカー，各種スイッチ，配電盤などを製造する低電圧機器産業である。同産業の中心は，楽清県の柳市鎮[31]と呼ばれる地域で，1500社以上の企業が集積している。年間生産額10億元以上の大企業が9社を数え，2007年の「中国企業500強」には4社が選ばれた。同年の低電圧機器産業の生産額は567億元（約8789億円）で，靴産業に次ぐ規模を誇っている[32]。

世界市場で商才を発揮

　温州経済は1990年半ば以降，世界経済との一体化が急速に進んでいる。対外貿易依存度（輸出入総額の対GDP比）の推移を見ると，1993年の2％が，2000年には20％となり，2007年には41％にまで上昇した。リーマン・ショック後の

27　中国服装協会（http://www.cnga.org.cn/，2010年10月10日アクセス）によると，2008年の販売収入100強では，森馬が第8位，庄吉が第9位，報喜鳥が第15位，法派が22位に入った。

28　『温州年鑑2010』によると，メガネメーカーが600社強，部品業者が200社強，機械設備メーカーが100社弱，専用金型業者が50社弱，専用メッキ業者が100社弱となっている。

29　『温州年鑑2008』。

30　『温州年鑑2010』。

31　中国は地方行政を4層に分けて統治しており，第1層の省級に当たるのは，省，自治区，直轄市である。第2層の地級は，地級市，自治州，地区などがあり，地級市は市と称するものの，都市部と周辺農村部を含む比較的大きな行政単位である。第3層の県級が，県，県級市である。第4層は，郷級の行政単位で，郷や鎮などと呼ばれる。日本と異なり，中国の市は県よりも上位の行政単位であり，中国の市は日本の県により近く，中国の県は一般に日本の市に相当すると考えてよい。

32　『温州年鑑2008』。

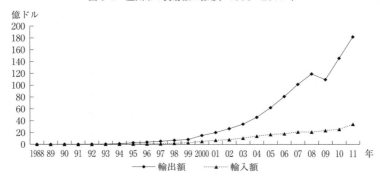

図 3-1 温州市の貿易額の推移，1998～2011 年

出所：『温州統計年鑑 2011』，『2011 年温州市国民経済和社会発展統計公報』より作成。

回復も比較的早く，2009 年には 36% まで落ち込んだが，2010 年には 40%，さらに 2011 年には 42% にまで回復した。

図 3-1 が示すように，特に輸出の伸びが顕著である。1990 年の輸出金額は 917 万ドルで 1000 万ドルにも満たなかったが，2000 年には 10 億ドルを超え，2007 年には 100 億ドルを突破した。リーマン・ショックの影響で 2009 年は対前年比で 5.1% の減少となったが，2010 年以降は増加に転じている。輸出先は，204 カ国・地域にも及ぶ。

輸出品は，靴，アパレル，メガネ，ライターなどの「小商品」（日用雑貨）であるが，それゆえに，先進国から途上国まであらゆる国・地域が市場となる。表 3-2 は，温州市の輸出先トップ 10 を 2002 年と 2007 年，さらにリーマン・ショック後の 2010 年で比較したものである。アメリカは輸出相手国ナンバー 1 として不動の位置にあるが，第 2 位以下の変動は大きい。また，イタリア，スペイン，ドイツといった西欧諸国に加え，ロシア，ウクライナ，インド，アラブ首長国連邦（UAE）といった新興国が目立つ。商機をいち早く捉えて儲けにつなげる温州人の商才が垣間見えよう。

改革開放後の国内市場で商機をつかむ

改革開放後の温州経済の発展はいくつかの段階に分けられる。本書では，温州模式（モデル）の研究で知られる，温州経済研究所の李丁富（Li Dingfu，リ・ディンフ：以下，本書では，特記しない限り，中国人名は「姓→名」の順で表記）所長の分類法に依拠し，3 段階で考察する[33]。

第 1 段階は，1978 年から 1992 年までで，中国全体が市場経済へ移行しつつあ

表 3-2　温州市の主な輸出相手国・地域の変遷，2002 年，2007 年，2010 年

単位：億ドル

2002 年		2007 年		2010 年	
総額	26.5	総額	101.5	総額	145.4
米国	2.6	米国	9.6	米国	17.2
ハンガリー	1.7	ロシア	6.4	ドイツ	9.7
香港	1.6	アラブ首長国連邦	4.9	ロシア	9.5
ロシア	1.5	ドイツ	4.7	アラブ首長国連邦	5.1
アラブ首長国連邦	1.5	ウクライナ	4.2	イタリア	4.9
日本	1.1	スペイン	4.0	インド	4.4
ウクライナ	0.9	イタリア	3.9	英国	4.4
イタリア	0.9	モロッコ	3.3	ウクライナ	4.2
韓国	0.8	インド	3.0	スペイン	4.1
サウジアラビア	0.2	韓国	2.8	ブラジル	3.9

出所：『温州統計年鑑 2003』，『温州統計年鑑 2008』，『温州統計年鑑 2011』より作成。

った時期に当たる。温州では，農民主導で工業化が進められ，資本の累積が図られた。

　第 2 段階は，1992 年から 2000 年にかけてである。天安門事件が起こった 1989 年から 3 年間は温州経済も低迷したが，鄧小平が 1992 年の「南巡講和」で改革開放の推進を訴え，「社会主義市場経済体制」を打ち出したことから，この年以降，温州経済も再び高成長期に入った。この時期，温州では，家内工業からの脱却が図られ，地元企業は品質の向上やブランドの構築に熱心に取り組んだ。

　第 3 段階は，中国が WTO に加盟した 2001 年以降で，現代的な温州市をつくるために「産業の現代化」，「都市の現代化」に取り組んでおり，先に指摘したように，企業の国際化も加速している。

　このうち，第 1 段階の発展要因として，常に指摘されるのが，(1)低級日用品の需要に対する中国の国内市場の急拡大と，(2)市場ニーズをいち早く察知し，その

33　2004 年 3 月 27 日の温州経済研究所長・李丁富へのインタビューに基づく。同所長の見解によれば，鄧小平の「南巡講話」の 1992 年，WTO 加盟の 2001 年は，改革開放後の中国経済全体にとって著しく重要な節目であった。なお，温州の発展段階についてはさまざまな見解があり，例えば，朱（2008）は，ペティ＝クラークの法則に依拠して 4 段階に分類している。第 1 段階（1978～1984 年）は，GDP に占める比重が大きい順に，第 1 次産業，第 2 次産業，第 3 次産業と並ぶ「1・2・3」時代である。第 2 段階（1984～1990 年）は，第 1 次産業が第 2 次産業には抜かれながらも第 3 次産業を上回っていた「2・1・3」の時代であり，1990 年に始まる第 3 段階では，第 1 次産業が第 3 次産業にも抜かれて最下位となった。第 3 段階と第 4 段階を分けるのは GDP の成長率である。朱は，驚異的な成長が続いた 1996 年までを第 3 期，穏やかな成長に転じた 1996 年以降を第 4 期としている。

市場に製品を売り込むことを可能にした温州人ネットワークの存在である[34]。

以前から細々とした「外出」の伝統があったとはいえ，改革開放を機に，出稼ぎや行商で全国に大挙飛び出した温州人は，各地で得た生の市場情報をもとに，製品の流通や生産に携わり始め，1 人が成功すると，血縁者，友人，近隣者の多くが追随した[35]。彼らは，北京や上海，成都などへ頻繁に出掛けて情報経路をリワイヤリングし，故郷にとどまっていては決して得られなかったであろう最新の市場情報を，温州地域に持ち込んだ。温州人は，全国を渡り歩く中で次々と商機を発見し，その情報を故郷につなぐ架橋となったのである。その際，各地の情報圏を強力につなぐフォーマルな同郷組織「温州商会」網[36]，ならびに，よりインフォーマルな人的ネットワークの双方が，相補的に働き，商業活動を後押しした。

---

34 温州の経済発展や産業集積等に関しては，張・李（1990），厳（1994, 2003, 2004），李（1997），丸川（2001, 2004），渡辺（2001, 2002, 2004），加藤（2003），史・金・趙・羅（2004）らが詳細な論述を展開しているので，適宜，参照されたい。

35 張・李（1990）は，1980 年代になると，温州市を離れる農民が毎年数万人単位で増加し，1986 年時点では 30 万人規模に達していたことを指摘している。ちなみに，出稼ぎ農民は，綿打ちをはじめ，裁縫や木工等の手工業，建設現場，商業等で生計を立てていた。

36 ネットワーク論の観点からも，温州人の企業家活動におけるフォーマルな同郷会組織の重要性について，いくら強調してもしすぎることはないだろう。なお，温州市プロパーでは，例えば，補論 A の質問票調査で協力頂いた温州市服装商会のように，業種別の商会（日本の「協会」に相当）が多く存在するが，いったん故郷を離れると，国内外を問わず，業界別というよりも，1 つの同郷会組織に収斂する傾向がある。とはいえ，例えば，イタリアのローマのような大都会では，温州人が組織する複数の同郷会が併存することが多い。いずれにせよ本書では，研究の趣旨に鑑み，「同郷会」という呼称に集約して論じる。

明や清王朝時代の「商幇」に起源をもち，今日，例えば，「日本温州総商会」や「意大利羅馬華僑華人貿易総会（実質的には在ローマ温州人同郷会）」のように，「進出先の地名・国名＋温州（または，中国，中華，華僑華人）＋（総）商会（あるいは，貿易（総）会，同郷会，聯合会，協会など）」の呼称で知られる同郷会組織は，文化大革命時には資本主義の遺物として排除されたが，改革開放後に復活した。同郷会は，地縁を共有する企業家たちが，会員間の互助を旨として他郷や他国に設け，同郷人会員のさまざまな商業活動を支援する団体である。こうした組織は，進出先の文化や商習慣に精通しており，会員企業の問い合わせや活動を支援するが，なかでも温州同郷会は，中国内に約 130，海外にも多数あり，その実効性ある強力な活動実績によって，異彩を放っている。国内では，1990 年代以降，相次いで各地に設立された結果，2010 年現在で，中国すべての省都に温州同郷会があり，うち 21 の省では省都以外の市，一部は県レベルでも，その存在が確認される。

国内外を問わず，温州同郷会は，民間企業の団体として，政府に働きかけ，政府と市場間の調整役としての機能を果たすが，特に温州商人が他省や海外に進出する際には，他に替え難い各種の貴重なリソースを提供する。例えば，国内では，上は共産党書記や市長から，下は窓口担当者まで，海外では，現地政府関係者や法律家，通関業者まで，適宜，紹介の労をとる。また，仮に問い合わせた温州人が，小さな商売を始めたいと考えていて，その投資資金が足りなければ，同郷会が融資してくれる場合がある。さらに，万一失敗しても，同郷会が損失をカバーし，成功すると，利益が本人のものになる仕組みまで備えているところもある。つまり，温州戸籍者であることが身分証番号で証明できる限り，温州人は世界中どこへ行っても，そこに同郷会さえ見出せれば，比較的容易に住居が見つけられ，食いっぱぐれる心配なしに，とりあえず小規模なビジネスを始めることがで

こうした彼らの動きは，第1～2章で枠組みを示し，オリジナル・データを用いた第4～7章で詳述するように，最新のネットワーク理論が示すメカニズムに呼応する優れた情報伝達特性を備えていたと想定できる。

　温州の新興商人にとって幸いだったことに，長年の計画経済の行きづまりによって当時，日用品が払底しており，つくれば売れる時代だった。そのため，1980年代の温州市内には，日用消費財の専門市場が相次いで誕生した。

　なかでもよく知られているのは，温州中心部から車で30分の永嘉県橋頭鎮にあるボタン市場である。同市場は，出稼ぎで故郷を離れていた葉克林（Ye Kelin, イエ・カリン）と葉克春（Ye Kechun, イエ・カチュン）の兄弟が1979年，黄岩県路橋（現浙江省台州市）で偶然，ある工場のゴミの山から，売れ残って捨てられていたボタンを1袋拾って橋頭鎮に持ち帰ったことが契機となっている。葉兄弟が，拾ったボタンを屋台に並べて売ったところ，瞬く間に売れ，数百元の利益を手にすることができた。葉兄弟の大成功を知った橋頭鎮の人々が，これを真似て次々と相補的にボタンの販売・製造に乗り出し，各種のボタン商が軒を連ね，家内工業として始まったボタン製造工場が周囲を取り巻く，一大ボタン市場が誕生した。

きるのだ。第7章で詳述するように，他地域の中国人同郷会も存在するが，その機能と結束力において，おおむね温州商会にはるかに及ばないため，羨望の的ともなっている。

　また，そうした同郷会の会長職は，ネットワークの要として決定的に重要であり，仲間から慕われ，尊敬されるばかりでなく，対外的な社会的地位が高いため，意欲ある温州人企業家は，大いなる努力と諸資源を投入し，この役職を得ようと務める。同郷会長に就任するだけで，それまで組織が蓄積してきた人脈や評判を含む諸資源が自分のものとなり，温州市，および，進出先の政府要人や世界中の同郷会幹部らとも，容易に連絡がとれる間柄となって，銀行融資も受けやすくなる。

　通常，同郷会の役職は，会長，常務副会長，副会長，常務理事，理事，普通会員の区分があり，序列が高いほど，会費も高額となる。とはいえ，総合的な損得勘定では，会長の懐から徴収される高額の年会費も安い投資にすぎず，会費に加えて，数十万元をポケットマネーから拠出する会長も珍しくない。また，そうすることで，会長職へのコミットメントも強まる。温州同郷会長の社会的地位と名誉はそれほど高いので，多くの場合，自らの名刺の最上段に，大きな目立つ活字で同郷会長の肩書きを明記し，自分が経営する企業トップの肩書きは，より小さく"埋もれた"形で，その下に併記することが，通常の慣行とさえなっている。

　このように，温州経済の発展は，血縁・同郷者によるインフォーマルな助け合いの慣行と，同郷会という相互扶助が制度化されたフォーマルなシステムの両輪が，相補的に，盤石の支援を提供しているという事実から切り離して考えることはできない。そうした双方向からの手厚い支援システムは，広大な地理的空間を横切り，異なる業種や市場の間をつなぎ，成員が外の世界と触れることを容易にする。そうでなければ，切り離されたバラバラの存在であっただろう「弱い」企業家たちはこうして，政府，業界，取引先などと，比較的簡単に接し，より多くの個人に繁栄をもたらすダイナミックなシステムに参加し，潜在的な市場機会をふんだんに得ることによって，その集団的恩恵を享受するのである。以上は，筆者らの12年に及ぶフィールド調査の観察記録，ならびに，郭・張（2012, pp.186-193）による。なお，強力な同郷会活動の具体的な成果や実例については，第7章，注 **10** を参照されたい。

こうして、それまで無名だった橋頭鎮は、一躍「東洋のボタン首都」と呼ばれるまでになった[37]。

橋頭鎮ではすでに1970年代、人口の20%前後に相当する約4000人が毎年出稼ぎに出ており、葉兄弟はそうした多くの出稼ぎ者の一員だった。情報・交通インフラが未発達なこの時代において、中国各地の現場情報が口伝えで迅速に伝わる温州人ネットワークは、おそらく、私たちが想像する以上にパワフルだったことが窺える。

温州人ネットワークの強み

温州人社会の緊密なネットワークは、市場に関する最新情報の入手から、そうした情報に基づく製品の生産・販売、さらには、資金調達に至るまで、印象的な威力を発揮した。以下では、そうした分業の仕組みや知り合い間のインフォーマルな民間金融について、簡潔に説明しておこう。

需要に即対応

温州人は、資金や原材料、技術などの経営資源が容易に調達でき、国家統制ともほぼ無縁の「小商品」を事業対象として選好した。彼らの選択は実に多彩だが、いずれも高度な技術や大規模な初期投資を必要としない、いわゆる参入障壁の低い産業である。

しかも、血縁、同郷縁が張り巡らされた農村部は、強い結束型コミュニティー・キャピタルを基盤としており、人々は極めて近しい関係にある。新しい市場や技術の情報が瞬く間に伝わるため、誰かが"金脈"を掘り当てると、周囲も簡単に追随できた。ボタン産業はその典型である。

また、限られた経営資源での参入は、各人が特定の工程のみを受け持つ分業体制を生み出し、そうした分担の仕組みが今度は、限られた経営資源での新たな参入を可能にする相互強化の中で、温州の各産業は緻密な分業ネットワークをつくり上げていった。

柳市鎮の低電圧機器産業もその発展初期においては、専門市場、販売員（行商

---

37 ボタン商は1980年に80、1981年に100、1982年に300と瞬く間に増えた。橋頭鎮およびボタン市場については、永嘉県橋頭鎮志編纂領導小組（1989）『橋頭鎮志』が詳しい。なお、21世紀に入ると、ボタンをはじめ、多くの日用消費財の卸売市場は、戦略的に一大卸売市場のインフラ整備を実施した同じ浙江省の義烏（yiwu、イウ）市に、次第に収合される形で移動した。

人），家内工業の3点セットが有効だった[38]。そこでは，専門市場が，販売員と家内工業をつなぐ場として機能した。販売員は，各地の顧客向けに，専門市場で製品を買い付け，生産を委託した。そして，専門市場を通じて販売される製品づくりを担ったのが，小規模な家内工業だった。

家内工業はさらに，金型，プラスチック成形，プレス，研磨，メッキなどの工程に分かれ，同じ低電圧機器でも，村ごとに，スイッチ，セラミック部品，爆発防止装置といった具合に特化していった。

集積がある程度発展した段階では，こうした分業構造を活かし，職人や販売員として，一定の経験を積んだ者が，わずかな資本で創業するという，独立の連鎖も目立った[39]。

互助組織「会」で飛躍

資金調達においても，血縁，同郷縁をベースとする結束型コミュニティー・キャピタルの存在が重要だった。改革開放後の相当期間，個人や私営企業などは，中国の公的な金融機関の融資対象でなかったため，創業資金は，自らの蓄えに加えて，親戚・友人等からの直接貸借や「会」，「銭庄」などの民間金融からの調達に大きく依存した。離郷（外出）した温州人の稼ぎが，家族や親戚からの借金等の形で，小規模な企業の立ち上げに使われることも多かった[40]。

「会」は，「ホィ」（hui）と呼ばれ，日本の「頼母子講[41]」や「無尽」に相当する資金調達手段である。温州では，冠婚葬祭費用から創業資金まで，さまざまな目的で利用された。信用力のある人が親となって会員を募り，会員数に相当する開催回数で積み立てを行い，毎回会員の1人が1回分の掛け金すべてを受け取るというもので，保証人や担保を必要としない[42]。

---

[38] 史・金・趙・羅（2004），程・王・李（2004）を参考にまとめた。
[39] 大島・佐藤（1994）は，販売員の経験を活かして製造業に乗り出すケースを紹介している。
[40] 張・李（1990）によると，離郷（外出）した温州人の稼ぎは相当な規模にのぼっており，彼らの1984年の総収入は6億元で，温州市の農業総生産額の44.8％に相当した。
[41] 頼母子講や無尽は，金銭の融通を目的とする互助的な民間金融で，組織の構成メンバーは一定の掛け金を一定の期日に払い込む一方，抽選や入札で決めた順番で，所定の金額を順次受け取る。日本では鎌倉時代に始まり，江戸時代に流行した。
　なお，同様のメカニズムに基づく民間金融の諸形態は近年，海外進出先の移民コミュニティーにおける回転型貯蓄貸付講（rotating credit association, RCA; Light 1972, Sequeira and Rasheed 2006）や，発展途上国における互助的な個人融資である「マイクロクレジット」，「マイクロファイナンス」として脚光を浴びており，発祥が異なるとはいえ，ともに共同体を基盤にしている点で，その類似性が指摘される。
[42] 冠婚葬祭などの費用を捻出するために，人々が相互に支援しあう「会」は，清の後期および中華民国期（1912〜1949年）に隆盛を極めたが，中華人民共和国成立後の計画経済時代には低迷した。

会員同士は人心知れた知り合いが多く，個人情報の入手は総じて容易である。このため，公的な金融機関に比べて取引コストは意外なほど低い。「会」をはじめとする民間金融は，改革開放後の 1980 年代に温州で普及し，公的金融機関からの資金調達が困難な人々に，事業資金を提供し，消費活動を喚起する機能を果たした[43]。

　改革開放後，商品経済の普及に伴い，浙江省，福建省，広東省などの沿岸部を中心に蘇生し，普及した（陳 2010）。
　参加者の数や掛け金，期間は，「会」により異なる。例えば，「会」の参加者が 10 人で毎月 100 元を掛けるというルールなら，毎月 1000 元というまとまった金額が集まり，参加者の 1 人がその 1000 元を受け取ることになる。受け取る順番は，抽選や入札などで決める。
　「会」の基本は，「会頭」もしくは「会主」と呼ばれる親が，「会」を発起して，「会員」を募ることである。会頭と会員を合わせた数だけ会合を開いて，その都度，全メンバーから掛け金を集め，その徴収額を一括して，メンバーの 1 人に給付する。集められた掛け金は毎回，異なるメンバーに順次，給付されていく。給付を受ける順番が早いメンバーから見ると，「会」からの給付金は，借入金に当たり，毎回支払う掛け金は，借入金に対する分割返済に相当する。他方，給付を受ける順番が遅いメンバーの視点では，各回支払う掛け金は積立金に相当し，「会」からの給付金は，満期に伴う一括払い戻しの性格をもつ。そして，「会」には，給付順の決定方式の違いなどによって，「揺会」（抽選）や「標会」（入札）といったバリエーションがある。
　2004 年 8 月 23 日と 2005 年 3 月 28 日にインタビューした，温州市政府僑務弁公室の周三栄（Zhou Sanrong，チョウ・サンロン）副主任によると，改革開放後は，ビジネス活動を支援するための「会」が急増した。数万元から数十万元の事業資金を融通し合うため，参加者が多くなり，期間も 5 年，10 年と長期化する傾向にあった。期間が長い「会」では，参加者が途中で死亡したり，事業に失敗したりするリスクも高まるが，「会」の多くは，血縁や同郷縁などに基づく強固なコミュニティーによって維持・運営されているため，トラブルが発生するケースは稀だったという。
　なお，改革開放後に，「利息」の概念を導入した「会」が広く普及した。まとまった多額のお金を早く手にできる人とそうでない人との間に生じる不公平を是正するためである。
　次の表は，周三栄副主任が，私たちに，典型的な「会」の仕組みをわかりやすく説明するため，例示したものである。10 人の会員から 3 カ月ごとに，1 回当たり合計 50000 元の資金を集める「会」のケースである。50000 元を受け取る順番が早い者ほど多くの利息を支払い，遅い者ほど多くの利息を受け取る仕組みである。「会」をはじめとする温州の民間金融については，第 10 章で詳述する。

メンバー	資金 50000 元を受け取る時期	毎回の支出額（元）	支払い総額（元）	備考
1. 会主（親）	開始時	5000	50000	利息なし
2. A さん（子）	3 カ月後	7000	70000	20000 元の利息を払う
3. B さん（子）	6 カ月後	6500	65000	15000 元の利息を払う
4. C さん（子）	9 カ月後	6000	60000	10000 元の利息を払う
5. D さん（子）	12 カ月後	5500	55000	5000 元の利息を払う
6. E さん（子）	15 カ月後	5000	50000	利息なし
7. F さん（子）	18 カ月後	4500	45000	5000 元の利息をもらう
8. G さん（子）	21 カ月後	4000	40000	10000 元の利息をもらう
9. H さん（子）	24 カ月後	3500	35000	15000 元の利息をもらう
10. I さん（子）	27 カ月後	3000	30000	20000 元の利息をもらう

43 本節における温州の民間金融に関しては，2004 年 3 月と 8 月および 2005 年 3 月の現地調査に加

だが，温州では近年，経営者や一般人が，高金利を強調する民間金融で，投機的なマネー・ゲームを繰り広げたため，2011年には，貸借関係でつながった緊密なネットワークに属する1社もしくは1人がつまずいただけで，ドミノ倒しのように，全メンバーに甚大な影響が及ぶ金融危機が発生した。民間金融に強く依存した温州経済の負の側面については，第10章で改めて取り上げる。

温州人のネットワーキング力

「新規開拓型」ネットワーク
　このように，改革開放後の温州経済は，中国国内で沸き起こった多彩なビジネスチャンスをいち早くつかみ温州に持ち込んだ離郷人に先導されながら，各地の鎮や郷が，一村一品的に，特定の産業に特化する形で発展を遂げた。農民らは自宅でつくった製品を，地元の専門市場に持ち込み，販売員が全国に売りさばいた。
　もっとも，こうしたビジネスモデルが通用したのは，既述のように改革開放直後，当時の中国が極度のモノ不足経済だったからである。1980年代後半からは，競争の激化や消費者の品質意識向上の中で，温州は，粗悪品，偽造品の産地として，中国内に悪名をとどろかせることになった。
　苦境に直面した零細な家内工業は，品質向上や生産力拡大に向けて，資金や設備等の経営資源を持ち寄り始めた。これが，1980年代後半から1990年代にかけて，温州で普及した「株式合作企業」である。さらに，1990年代半ば以降は，1994年の中華人民共和国公司法（会社法）に規定された「有限責任公司」（有限責任会社）と「股分有限公司」（株式有限会社）に転換する企業が増え，近年は集団化（グループ化）も進んでいる。
　こうした一連の流れの中で，血縁ベースのファミリービジネスから脱却し，合併等による生産規模の拡大，品質の向上，ブランドの構築などに取り組んだ企業が急成長した。紳士服の「報喜鳥集団有限公司」，靴の「康奈集団有限公司」，低電圧機器の「正泰集団股分有限公司」などがその典型である。これらの企業は今日，数千人から数万人単位の従業員を抱え，大量生産による強い競争力を誇り，独自の販売網を通じて自社ブランド品を全国に販売している。
　温州製品の品質向上やブランド力構築でも，温州人のネットワーキング力は際

えて，陳（2004a, 2010），王・蔡・李（2004），山岸（2005）を参照した。陳（2010）は，「会」をはじめとする中国のインフォーマルな民間金融について，その実態と生成・発展プロセスを包括的に議論している。また，山岸（2005）は，数多くの移民を送り出した浙江省や福建省，広東省などの"華僑送金"（華僑・華人による故郷への送金）に注目する中で，民間金融にも言及している。

立った威力を発揮した。とはいえ，現場情報の収集や伝播に有効であった従来型のネットワーク展開とは様相を異にしている。以前は，結束型コミュニティー・キャピタルに深く埋め込まれ，同郷人同士の人間関係を受動的に利用する「現状利用型」やせいぜい彼らの周辺を探索する「動き回り型」が中心であったが，ここにきて，一部に全く新たに同郷人の枠組みを超えて人間関係を構築する「ジャンプ型」が台頭してきた兆候が見られる。

　品質の向上やブランド力の構築，経営の近代化といった新しい課題に取り組むには，最新の技術やノウハウを手にする必要がある。このため，相当数の先進的な温州企業は，リワイヤリングのやり方を劇的に変えた。急速な環境変化によって機能不全に陥ったトポロジー（情報伝達構造）を転換するため，従来とは根本的に異なる相手先（結節点）を「方向性をもって探索し，絞り込んで」，つながり経路の新規開拓を試みるとともに，その新たな相手と緊密な関係を構築し始めたのである。

　彼らは，既存の温州人ネットワークから得られるさまざまな情報のはるか先までをアグレッシブに探索して，それまで無縁に等しかった他の地域の国有企業や集団所有制企業の技術者，技能者を積極的に招聘し始めた。また，先進国の企業と合弁会社を設立し，技術者やデザイナーを招くなどといった動きも活発化させている。

　例えば，低電圧機器メーカーの「正泰」は，上海の国有企業や江蘇省機械庁などの技術者を採用し，技師長や子会社社長といった要職につけたことで，1994年以降，製品の認証申請の許可率100%を達成している[44]。紳士服メーカーの「夏夢」（シャモン）はイタリアの有名ブランドメーカー，エルメネジルド・ゼニア（Ermenegildo Zegna）と合弁し，シャモン（Sharmoon）社を設立した。合弁会社の社長にはイタリア人が就任している[45]。

　かつてはほとんど粗悪品しかつくれなかった家内工業が，品質を向上させブランド力をつけるためには，それまでほとんど接触のなかった新分野の人材や組織にリワイヤリングを仕掛けるとともに，そうした相手先からの急速な学習を通じて，技術やノウハウを蓄積することが重要となったのである。

---

44 葉（2006）。
45 2004年8月26日のシャモン社の社長らへのインタビュー。なお，2000年半ば以降，温州企業による海外企業との合弁や技術提携が目立ち始めた。低電圧機器メーカーの正泰集団は2004年，アメリカGEと合弁で，通用正泰（温州）電器有限公司を設立し，高精度のスイッチを生産している。また，靴メーカーの奥康集団は2003年，イタリアの有名靴メーカー，Geoxと業務提携した。

既存ネットワークの拡張

　他方，温州製品の市場開拓においては依然として，既存の結束型コミュニティー・キャピタルを受動的もしくは積極的に活用する「現状利用型」と「動き回り型」の戦略が重要な鍵を握り続けている。しかも，そうした既存資産依存型のネットワークも，血縁や同郷縁を頼って"外出"する離郷人が増加する中で，順次，地理的に拡大し，進化しつつある。

　1990年代，中国の主要都市には，温州人が集住する「浙江村」や「温州街」が形成され，温州製品を扱う市場が相次いで誕生した。その代表としては北京郊外の「浙江村」が有名である[46]。かつては場末的な雰囲気が漂っていたが，2010年現在，学校や病院，ホテルなども並ぶ一大ショッピングエリアに変貌している。もっとも，もともとのファッション製品の専門市場としての機能は健在で，2007年の取引総額は400億元（約6200億円）に達した[47]。

　データはやや古いが，温州市が全国64の温州商会（日本の"協会"に相当）を通じて2002年に調査した在外温州人の経済活動状況調査によると，こうした専門市場の売上高合計は2400億元にのぼり，そのうち830億元が温州製品であったという[48]。

　温州製の靴，アパレル，メガネなどを世界市場に売り込むに当たっても，この30年で増殖した海外の温州人ネットワークが大きな役割を果たしている。

　世界市場を席巻する温州産の金属製ライター。この大きな市場を切り開いたのは，香港在住の温州商人，李中方（Li Zhongfang, リ・チョンファン）である。彼は，1988年の帰郷時に，中国国内でしか当時販売されていなかった温州製ライターを手にし「海外でも売れる」と確信した。李中方が，ライター工場を回ってサンプルをかき集め，香港に持ち帰ったところ，販売先は面白いように見つかった。品質はそこそこで価格は日本製の10分の1。売れないはずがなかった。李中方は直ちに故郷に戻り，弟と一緒に東方打火機廠（ドンファン・ダーフオジ・チャア）有限公司を立ち上げた[49]。

　李中方は，新市場を開拓した「イノベーター」で，かつ直接投資にまで踏み込んでいるが，海外在住の多くの温州商人は，輸出されてきた温州製品の現地におけるさばき手として機能している。

　例えば，温州人の渡航先として人気が高いイタリアでは，温州出身の貿易業者

---

[46] 浙江村については，王（1995），項（2000）が詳しい。
[47] 『温州年鑑2008』。
[48] 『温州年鑑2003』。
[49] 2005年3月29日の東方打火機廠有限公司へのインタビュー。

がローマに拠点を置き,安価な中国製品を温州などから輸入し,欧州市場に卸している(第4章で詳述)。さらに,そうした貿易業者から服や靴を仕入れる2次の卸売業者や小売業者も多く,北はミラノから南のシシリー島に至るイタリア各地に温州街が形成されている。なかでもミラノの中国系企業数は,1993年には340社しかなかったが,1999年には889社,2001年には1501社にまで増加した[50]。

　世界最大規模の人工島や5つ星の超高級ホテル,また,全高828メートル160階建ての超高層ビル,ブルジュ・ハリファなどの建設で脚光を浴びる中東ドバイへの進出も温州商人は素早かった。1990年代後半から,「貿易城」,「中国商城」といった卸売市場に,多数の温州商人が店舗を構えた。店頭にところ狭しと並んでいるのはもちろん,温州製の靴やアパレル,メガネなどである[51]。

　世界各地に形成された温州人の中国商城やチャイナタウンは,中国各地で見られる温州商城や温州街のいわば海外バージョンである。温州企業は当初,温州市内の専門市場を通じ,その後は,上海や北京,広州などの専門市場を通じて,海外に温州製品を販売してきたが,近年は,温州人自らが世界各地に常設マーケットを開設し,海外在住の温州商人が,温州製品の販売を担うという構図に転換してきている[52]。

成長企業のリワイヤリング能力

　もう少し具体的に温州人ネットワークの威力を見てみよう。まずは国内で資本を蓄積した温州商人が,イタリアで経験を積んだ温州人技術者や優れたデザイナーと組み,急成長を遂げているケースである[53]。こうした急成長企業の事例は,環境変化に応じたリワイヤリング能力の重要性を示唆している。

　高級アパレルメーカーの法派集団有限公司は,1997年設立の法派服飾企業有限公司を中心とする若い企業グループである。従業員は設立後6年で2000人を超え,2003年の売上高は13億元(同年の年間平均換算率1元14.0円換算で約182億円)に達する。中国の500最強民営企業に名を連ねており,「法派」(Fapai)ブランドは中国人男性の憧れの的となった。この急成長を支えたのは,営業,生産,デザインの各分野に秀でた3人の若者(設立時いずれも27歳)による相互補完的

---

[50] Ceccagno (2003).
[51] 2008年3月のドバイ調査に基づく。
[52] 他方,地元温州の専門市場について見ると,(1)独自に広域の販売チェーンを構築する有力企業の増加,(2)上海,広州,北京などの主要都市や浙江省義烏における巨大専門市場の誕生,(3)市場を海外に求める企業の拡大といった大きな流れの中で,その重要性が急速に低下している。
[53] 2004年3月25日の中国法派集団へのインタビューと同社ホームページ(http://www.fapai.com/, 2010年10月10日アクセス)。

な共同経営であった。

　3人は高校時代の同級生で，同社を共同創業する前はそれぞれ別個の仕事をしていた。3人のうち総裁を務める彭星（Peng Xing，ポン・シン）は，中国で最初にスーツが流行した頃，見よう見まねでつくったスーツを大連にまで運び，財を築いた。彼は離れた土地の市場情報をいち早くつかみ機敏に反応した。一方，生産の総責任者である副総裁の馮哲（Feng Zhe，フォン・ヂョア）は，イタリアで製造技術を学んでいる。帰国後は従業員100人程度の工場を経営し，製品をイタリアに輸出していた。総裁が羨むほどの優れた縫製技術をもち，欧州とも強いパイプがある。そして，3人目のデザイン担当の副総裁，戴増慧（Dai Zenghui，ダイ・ゾンフゥイ）は，中国10大デザイナーの1人に選ばれるほどの逸材だった。

　最初3人は単独で別々の事業を展開していたが，市場環境の変化を機敏に見てとり，手を組んだ。法派服飾企業有限公司の設立に当たり，3人は均等出資している。各人とも機能的に補完関係にあり，高校の同級生という特別な信頼関係が，共同出資による会社の設立やその後の企業経営を容易にした。

　創業以来，同社は本物のイタリアブランドを買えない中国人向けに，手の届く価格帯のイタリア風スーツを提供して成功してきた。そのため，自前のデザイン研究所には，全国の服飾専門学校などから集めた新鋭デザイナー40人を抱える。さらに，著名なイタリア人デザイナーを顧問として招聘するなど，有能な人材のもつノウハウの取り込みにも熱心である。

　他方，イタリアの子会社で生産したベルト，革コート，ネクタイを中国内で販売している。中国人憧れのイタリア製品を国内販売するという斬新な試みが功を奏し，法派ブランドは一躍知名度を高めた。イタリアとの強い紐帯に基づく成果が，同社のブランド価値を高め，高級化しつつある国内市場で受け入れられたのだ。

　さらに，同社は，日本や欧州から輸入した高級生地や高性能の生産設備を用いて，品質向上に努めてきた。日本の商社から受注したOEM（original equipment manufacturing）生産[54]も，利幅は小さいが品質向上に役立っている。高品質のイタリア風スーツを手頃な値段で生産する同社は国際競争力を高めており，売上高の約25%が海外向けである。日本の商社経由で欧州市場にも売られている。

　このように法派集団は，つくれば売れる時代が終焉し，品質やブランドによる

---

[54] OEMとは，この場合，他社ブランドの製品を製造することである。例えば，デジタルカメラやパソコンなどを台湾や韓国のメーカーなどが製造し，それらを日本企業が自社ブランドで販売する場合，OEMに該当する。なお，設計から手がける場合はODM（original design manufacturing）と称される。

差別化競争が始まるなかで，相補的な協業のメリットに気づいた同級生3人が，卒業後疎遠になっていた関係をリワイヤリングによって緊密なものに組み戻すことから生まれた。つまり，第2章でもそのメカニズムに触れたように，彼らは赤の他人ではなく，もともと多感な思春期を同じ高校でともに過ごし，そこで信頼関係を培った仲間だった。その後，彼らは地理的にも専門的にも互いに生活圏の異なる進路に転じ，3人3様の道を歩んだ。こうして「遠い知人」となっていた3人だったが，今度は互いに異なる強みを持ち寄って共同事業を始めるために，「近所づきあい」を再開することになった[55]。

3人の協業によって，それぞれマーケティング，技術，デザインに関して独自に涵養され蓄積していた重複のない能力が輻輳し，相互学習が進んだ。国内外からデザイナーや技術者といった専門人材を社員や顧問として招聘したことも，こうしたリワイヤリング効果を助長した。

つくれば売れる時代に台頭した第1段階の温州企業は，模倣商品だけで十分勝負できたので，中国各地の生情報をもとに模造品を量産し，各地で売りさばくといった古いタイプの温州人ネットワークで十分だった。だが，第2段階の温州企業が生き残っていくためには，経営，技術，マーケティング，デザインなど，多方面で急速に専門知識とノウハウを蓄積する必要があった。そのため，専門情報や原材料，設備，人材等を求めての情報伝達経路の改善と，それによって新たにリンクした個人や組織との冗長性のない関係を構築することが，以前にも増して重要になったのである。

官民協業の企業支援

次に，地元政府の役割を検討しておこう。温州の経済発展が民営企業の自立的発展によるものであったことは間違いないが，少なくとも，1980年代末以降，特に，発展の第2段階（1992〜2000年）では，温州市政府と民営企業の協業が重要な役割を担っている。その典型ともいえるのが，市場から排斥された粗悪な温州製品への対応であり，基礎インフラの整備であった[56]。

温州市政府は1993年に「第2創業」というスローガンを掲げ，民営企業が直

---

[55] このように，人生のより早い時期に培われた特定の個人間における濃密な信頼関係は，「刷り込み」（imprinting）効果があり，後年の互いの協力関係や職業的成功に重要な役割を果たしうることが，体系的な証拠によって実証されている（McEvily et al. 2012）。

[56] 以下の記述は2004年3月27日の温州経済研究所長・李丁富氏へのインタビューと李（1997）に基づく。

面する課題の解決に本格的に取り組み始めた。技術レベルが低く，規模も小さい家内工業と，販売員（行商人）や専門市場による販売形態の限界が露呈する中で，制約条件の緩和に向けて政府自らが積極的に関与し始めたのである。

　粗悪品の代名詞ともなっていた温州製品のイメージを改善すべく，1994年には「温州市品質立市実施弁法」を公布し，「358品質系統工程」キャンペーンをスタートさせた。これは温州製品の品質を3年以内に江蘇省レベル，5年以内に国内レベル，8年以内に国際レベルまで引き上げることを目標に掲げ，粗製濫造を行う企業には，企業ばかりか，郷や鎮といった地元政府や関連部門にも連帯責任を負わせるという厳しいものであった。政府は品質や信用に関する指導や規制の強化により，地元企業の品質改善運動を促進し，温州製品のイメージ一新に貢献した。

　また，労働力や専門人材，原材料などを域外から調達する必要が生じる一方，輸出を含む物流も増え，製販一体のビジネスモデルをとる企業が急増する中で，橋，高速道路，鉄道，駅，空港といった基礎インフラの整備が急務となった。このため，温州市政府は1993年に「828基礎工程プロジェクト」を打ち出し，2000年までの8年間で28のインフラ案件を整備することを表明した。

　その実現に当たっても，人的ネットワークのリワイヤリングが頻繁に起こった。橋，高速道路，鉄道，駅，空港といった公共インフラの多くは，市政府の各関係部署から，市職員全体の約2割を動員して新たに立ち上げられたプロジェクトベースの機能横断型組織である「指揮部」が対応した。同組織は，1987年に設立された「人民路改造指揮部」（後の旧城改造指揮部）が先駆けとなり，2004年までに10を超える指揮部が誕生し，それまで縦割り行政で動きの鈍かった弊害を大幅に改善した。指揮部は，日本の自動車メーカーにおける新車開発のクロス・ファンクショナル・チームと同じように，異なる専門家が縦割り組織の壁を超えてリワイヤリングされ，共時的に問題解決を図る「スモールワールド」組織の一例である（西口 2007, 2009）。

　他方，こうしたインフラ整備には，民間の温州人も積極的に関与した。1990年開港の温州空港の場合，1億3200万元の資金が必要だったが，地元政府の官僚から1〜2カ月分の給料を強制徴収して充当するとともに，一般市民から寄付を募り，国家補助なしで完成させた。また，金華と温州を結ぶ鉄道建設では，宝くじ発行で「集資」するとともに，温州出身で「台湾在住の」著名な国学者，南懐瑾（Nan Huaijin，ナン・ファイジン）氏が，世界中の裕福な弟子たちに呼びかけて巨額の寄付を集めた。一方，重要な物流ルートとなる温州大橋は，官民共同の株式（公司）方式で建設された。

さらに、21世紀初頭までに市の180棟もの高層ビルはすべて民間資本で建てられ、中国初のビジネスジェット機のレンタル会社も民間資本で創設された。また、農民が出資して「農民城」と呼ばれる小都市を建設した例もある。そのうえ、車のナンバープレート交付をオークション制とし、集資された金を公共事業に回したのは市政府だった。こうした一連のインフラ整備は、温州の急速な経済発展にとって不可欠なものであり、中央政府から資金がこないのなら、地元の力だけで官民共同でつくってしまおうという、強いニーズから生まれた。

このように温州市政府は、企業が苦境に陥った1990年代前半から「ビジネス規範を定める」、「公共インフラを整備する」といった基本的な活動に真正面から取り組んだ。その過程で、官民ばかりでなく時には国境を超えて、既存の人間関係の殻をぶち破る脱日常的なリワイヤリングが活性化し、温州地域は多くの制約を次々と克服していった[57]。

■ネットワーク・リワイヤリングの制度化

ここで温州市政府の"企業家精神"を示す、より新しい取り組みとして、2008年に開始された「温州華僑リーダーの年次研修会」について触れておこう[58]。その狙いは、世界50カ国の温州同郷会の会長ないし常務副会長を、年1回、市政府が温州市に招聘し、同じホテルと勉強会場の間を往復するだけの「ブーツキャンプ」に1週間、缶詰状態にして、招聘客同士の緊密な交流を図り、世界規模で温州人企業家ネットワークの活性化と拡充を促すことである。言い換えると、従来、自然な発生と展開に委ねられていた企業家間のリワイヤリングを、より明示的な形で「制度化」し、その便益を確実に担保しようとする試みである。

この研修会で、参加者が実際にクラスで「研修する」内容自体は、特段、変わったものではない。例えば、どうやって進出先国民と上手につきあうか、あるいは、世界進出に伴い、生活マナーも含めて、中国人がさまざまな問題を引き起こしているが、これをいかに解決するか、といったトピックが議論される。また、

---

57 公共事業の意思決定と実施に関して、上海市と温州市を綿密に比較した実証研究としては、許（2005）が詳しい。特に上海市が法定の「プロジェクト法人」によって主要な公共事業を行ったのに対して、中央政府からの支援のない温州市では、全くインフォーマルに「指揮部」を立ち上げ、あっという間に独力でインフラを完備してしまったことが特筆される。

58 本節の叙述は、2016年2月26日に実施した日本浙江総商会の唐升克常務副会長へのインタビュー、ならびに、温州市のサイト http://www.wzwqb.gov.cn/zthd/qlyxb/2015/10/23/82350.html、http://www.wzwqb.gov.cn/zthd/qlyxb/2015/07/25/39226.html、いずれも2016年3月2日アクセスに基づく。

参加者から，帰国子女に対しては，浙江大学のような一流校の入学基準を，もう少し緩めて欲しいといった具体的な要望も出される。

　だが，真の目的は，ふだんこのように集中した形で接することのない世界各地の同郷会の重鎮を，一堂に集め，濃密な1週間をともに過ごすことで，地域や世代を超えた「クラスメート」になってもらい，その後の互恵的なビジネスに役立ててもらうことである。そのため，勉強会に関わる費用は市政府が負担するが，暗黙の了解事項として，招待客がお返しに地元へ投資することが期待されている。

　2013年に第7期生としてこの勉強会に参加した，在日温州人企業家で1982年生まれの唐升克は，2016年2月26日のインタビューに応えて，次のように証言する。

　「私は当時，30代になったばかりでしたが，日本浙江総商会の常務副会長として，温州市政府が主催するこの勉強会に招待されて，行ってきました。50カ国から1国1名強で，60人ほど集まった参加者は40〜60代が多く，私は最年少でした。でも，このときの体験が，その後の私の人生とビジネスのあり方を，決定的に変えました。というのも，毎朝ホテルから会場に向かうバスや，昼食，夕食，そして，毎晩の少人数の飲み会まで，隣の人と頻繁に会話する中で，気の合う5〜6人とは非常に親しくなり，その後，彼らを訪ねると，私を『クラスメート』として，重要人物に紹介してくれたりするんですよ」

　唐の口調には，さらに熱がこもる。

　「まだ私は駆け出しですし，年齢差から，ふだんとても会えないような年輩の企業家も，『唐君，これやってみれば』といった感じで，どんどん仕事先を紹介してくれるので，ビッグチャンスが向こうから飛び込んでくるようになりました。特に引退を意識する50〜60代になると，余裕をもって，巨額な個人資産の投資先を探し始めることもあって，面倒見がいいんです。市主催の勉強会への参加は1人1回に限られているようですが，1度参加すれば，重要企業家として政府認定されますから，省，市，県レベルの政府役人も，すぐ会ってくれるようになります。私がここ1〜2年で，日本から中国の杭州や重慶に逆投資して，起業したり，合弁会社を設立したりできたのも，実はそういった背景があるんですね。もちろん，投資金額もリスクも跳ね上がりましたが，その分，やり甲斐がありますね」

　つまり，遠距離を結ぶリワイヤリングがこのように制度化されることによって，地理的，世代的にかけ離れたハブ企業家同士が，容易に結びつき，互いの協力関係の恒常化を促す賢い仕組みがここにはある。とはいえ，わずか1週間の交流体験だけで，そうした友好関係が継続されるのは，参加者の間で，すでに暗黙裡に，

温州人コミュニティーへの強固な帰属意識が，所与として共有されているからこそといえる。そうした事情を，唐は次のコメントで裏書きする。

「同じような華僑の勉強会は，実は国レベルでも実施されていますが，こちらはほとんど役に立ちません。というのも，参加者の交流はあいさつ程度で終わってしまい，もう2度と会うことがないからです。これとは正反対に，温州人の同郷会長レベルの『クラスメート』同士だと，その後，世界中どこを訪れても，気軽に現地で電話して，あいさつに行きます。そうすると，重要な親戚や友人なども，気軽に紹介してくれたりして，ビジネスに直結するコネクションの輪が，一気に広がるんですよ。これは目に見えないのですが，途方もなく大きな資産です。それに，もともと，同じ温州人同士の間柄だと，信頼関係の深さが全然違いますからね。この点は，温州語がとても特殊な方言であることが関わっているかもしれません」

あたかも1つの国語のように機能する特異な方言と，ハブ企業家間のネットワーキングの制度化に関しては，2016年2月26日にインタビューした日本浙江総商会の金喆事務局長も，次のように論評する。

「確かに，よその人は気にするかもしれない私たち温州人の排外性も，やはり言葉が違うせいかもしれません。例えば，先ほど紹介した，もともとかなり方言の違う青田人の会員も，温州語を話せるだけで，同じ温州人仲間として扱われますからね。また，先生が関心を示される温州人企業家のネットワークも，今まで，強制ではなく，皆，自発的に行動するところから，たまたま生まれてきたんですが，今後は，無意識から意識的に，これを制度化することが必要だと思います。そうやって，恒常的な命を吹き込むことができれば，もっと凄いことになるんじゃないでしょうか。最近の若い人は高学歴だし，将来，そうした意識的な制度改革にも，十分貢献してくれることでしょう」

第2章ですでに触れ，第7章でもさらに詳述するが，金事務局長は，温州人の共同知の創出と，いったん合意した後の集団行動について，こう付言する。

「私たちは，誰かが新しいビジネス情報を外から持ち込むと，まず仲間内で徹底的に議論します。そして，納得いくまで話し合った後，投資案が固まると，今度は全員が協力し合って，Aさんの人脈，Bさんの資金，Cさんの営業といった具合に調整してから，一致団結してプランを実行するんです。これが上手くいくと，本当に強いですよ」

上述の市政府による温州華僑リーダー年次研修会の招聘参加者の要件についても触れておこう。先の唐升克によれば，自らの経験を振り返って，受入国の永住権を有する高学歴（できれば大学院卒）の留学経験者で，その地で3年以上，会社

経営の経験があり，同郷会の副会長以上で，浙江省認定の重要華僑であることが望ましい。とはいえ，これらすべてを満たさなくても，適格者と認められれば招待されるという。

いずれにせよ，この温州華僑研修会の事例は，温州市政府自体の企業家精神と経営手腕を示す，印象深い証拠となっており，ある意味で，1970年代に社内外を結ぶエリート養成機関として「生産調査部」と「自主研究会（自主研）」を発足させた，トヨタ自動車の「リワイヤリング戦略」を彷彿とさせる（西口2007, 第3章）。そうしたトヨタの制度的な新機軸（制度革新）は，その後の，トヨティズムの体系的な理論化と国際的な普及を助け，今日に至る半世紀近くに及ぶトヨタ生産方式とサプライチェーンの繁栄と進化を支えているだけに，今後，より意識的な制度改革に基づく温州人企業家ネットワークの戦略展開に，観察者の耳目が集まる可能性がある。

温州繁栄のメカニズム

最後に，温州地域発展のメカニズムをまとめておこう。

経済発展の初期には，域外に出た離郷人が各地でビジネスチャンスを発見し，家族や親しい友人らを巻き込んで商売に奔走した。その結果，温州地域で小規模な家内工業が急増し，その製品を販売する行商人や専門市場が台頭した。彼らのビジネスや日常生活は，早期には，普段からつきあいのあるごく限られた範囲の人々や集団に依拠しており，この時期に限定すると，伝統的な特定化信頼のみに依存していたようにも映る。だが，本章で素描し，後章でオリジナル・データを用いて詳述するように，急速な成功と資源分配の再編を通して，そうした特定化信頼から，より均質的に交換される「同一尺度の信頼」が分出し，次第にコミュニティー全体に流布するにしたがって，ノード（結節点）間のリワイヤリングによる新たな情報や機会へのアクセスに一定の均等性が担保され，その便益と利得が広く共有されてきたことが，温州経済の集合的な繁栄を助長したと考えられる。

つまり，狭義の特定化信頼のみに基づく生産販売モデルが，早い段階で限界点に達し，経済発展を促進する基礎インフラの整備が急務となったとき，そのような変化に対応すべく，多くの温州人がネットワークに組み込む新しいメンバーを探索し，結節点間の大胆なリワイヤリングを試み始めた。言い換えれば，既存の関係的資源に依存する「現状利用型」から，その拡張を図る「動き回り型」，さらに，一部に「ジャンプ型」を含む複合的で相補的な形態へと，彼らの人的ネットワークの基軸が変化した時期であった。とはいえ，そうしたプロセスでもやは

り「現状利用型」や「動き回り型」が信頼できる相手はせいぜい，温州語という特殊な方言で交流が可能な温州人どまりであり，同郷人か否かで相互信頼の度合いが決定的に制約される傾向があった。他方，「ジャンプ型」の属性を有するプレーヤーは，見知らぬ他者や企業も，自分たちと同じ基本的価値を共有しているという前提に立った「普遍化信頼」に基づいて，外国企業との合弁事業や外国人社長の招聘などに挑戦することができた。

彼らは既存の組織の枠を超え，緩やかなネットワークを活用しながら，時に同郷人コミュニティーの殻を突き破って，不足する専門知識や資金を国内外からかき集め，短期間で多くの課題を解決していった。とはいえ，多くの他地域の出身者とは異なり，温州人の「ジャンプ型」の多くは，同郷人コミュニティーから決定的に離脱することはなく，むしろ，そこに埋め込まれたまま (embedded)，仲間とともに繁栄を享受することを選んだ（この点に関しては，第4～7章で実証的に詳述する）。

20世紀の初めから，少数の温州人は生業を求めて細々と海外に進出していたが，決してクリティカルマスに達することはなかった。だが，改革開放後，先に出国した親戚や知人を頼って海外に出かける温州人が急増し，21世紀初頭には40万人を超える温州人が海外に在住するという，当初予想もしなかった結果を生み出した[59]。わずか30年の間に温州人は，世界規模の同郷人ネットワークを構築したのである。

そして，今日まで，温州製品は破竹の勢いで，世界市場に浸透してきた。その一翼を担ったのが，海外在住の温州人であった。世界各地と温州との間に張り巡らされた無数の同郷人ネットワークを通じて，最新の情報や資金，財，人材が激しく行き交うようになった。

本章で検討したこのような歴史的推移を考慮して，要点をまとめると，過去30年にわたる温州の持続的で飛躍的な発展は，特定少数の個人間だけに通用する原初的な「特定化信頼」から，排外的とはいえ，同じコミュニティーの内部では全体にほどよく行き渡る「同一尺度の信頼」が分出し，これを介在項として，「ジャンプ型」の「普遍化信頼」に基づくリワイヤリングによって外部から導入された新たな諸資源と既存の濃密な内部資源が合目的に結合されることによって，その構造的な効能が十全に発揮されたと考えられる。そして，同じコミュニティーに帰属する同郷人である限り，面識のあるなしにかかわらず同一尺度の信頼で

---

[59] 広東省や福建省と比較すると，温州市からは新参の移民が多い。2004年時点における海外在住「離郷人」約40万人のうち，85%は1980年代から1990年代にかけて出国した人々である（2004年8月23日，温州市僑務弁公室周三栄副主任へのインタビュー）。

裏打ちされた盤石の社会基盤のうえで結びつき，「無利子・無担保・無証文」による事業資金の融通や取引先の紹介，若輩者に対するメンター機能など，社会福祉の面も含めて，「内部者」にとっては著しく有用で凝集性の高いコミュニティー・キャピタルを発達させていったと想定される。なかでも，そうした特質がいかんなく発揮されたのが海外在住の同郷人コミュニティーであり，故郷の仲間たちとの間に張り巡らされたダイナミックなネットワーク社会であった。

　次の第4章から第9章まで，本書の分析の眼は，そうした海外に向けられる。

第**4**章

海外温州人コミュニティーと現地社会

　中国人社会は一般に，「コネ」，「人脈」重視の社会とされるが，なかでも温州人は，中国語で特定の人間同士の濃密な関係を意味する「グアンシー」(*guanxi*, 関係) を，彼ら内部で「同一尺度の信頼」に昇華させる形で活用し，異郷でたくましく生き抜いてきた。彼ら1人1人には，共産党幹部や名門大学出身者のような華麗な経歴やコネは乏しい。また，彼らの多くはマーケティングの専門家でもなければ，語学に堪能なわけでもない。むしろ『温州市志（上）』(1998, p.407) によると，海外へ向かった温州人の学歴はおおむね中卒程度であり，同時代の中国平均と比較しても，決して高水準ではなかった。ただし，彼らには地元の制約を乗り越え，機会を求めて海外に出かけていく勇気と，その活動を後押しする血縁と同郷縁のネットワーク，そして，豊かなコミュニティー・キャピタルがあった。ダイナミックでエネルギッシュな温州人は，海外でも，自らの才覚と相互扶助によって，短期間に財を成し，故国との間に活発な人と物財の環流をもたらした。

　本章では，温州人がなぜ海外に進出し，いかにして特定の地域に集住して，企業家に転じ，事業を軌道に乗せたのか，進出先の現地社会といかなる関係を築いたのか，といった問いを検討していく。

在欧温州人のルーツ

　浙江省南部で，いち早く海外に向かったのは，温州市の中心部からさらに内陸へ50キロメートルほど行ったところにある青田県[1]の人々である。青田人の海外

1　なお，青田県は現在，温州市ではなく麗水市に属しているが（中国では県は市よりも下の行政単位），歴史的には，青田県全体が温州市と同じ行政区に属していた時期があり，青田県と温州市の境界線もしばしば変更されてきた。青田県は，中華人民共和国成立直前の1948年に第五行政督察区（現温州市）に組み込まれ，1963年5月に麗水専区（現麗水市）の一部になるまで，温州として扱われてきた。

　また，青田県で第2規模の温渓鎮は，1948年に永嘉県（現温州市の一部）から青田県に編入さ

移民は 300 年の歴史があるとされる[2]。17 世紀末から 18 世紀初頭にかけて，欧州に出かけた青田人がいた。そして，19 世紀以降，よりシステマティックな海外移住が始まった。他の多くの中国人と同じく，その主な理由は，貧困からの脱出であった。

初期の青田移民の主要ルートの 1 つは，20 世紀初頭，英国やオランダの船舶会社が大量召募した中国船員としてである。船舶会社は，英国人やオランダ人よりも低コストの中国人を積極的に雇用した。1914 年当時，英国の船舶会社では，雇用船員（水夫）26 万人中，約 8000 人が中国人だった[3]。

もう 1 つのルートは，地元特産の青田石を使った彫刻加工品の販売である。意匠と品質に優れた青田石の彫刻品は，欧州の国際展覧会への出展などを通じて，欧州人に知られ，評価されるようになった。青田人は，青田石を携え，シベリア経由や海上ルートで欧州に向かった。

青田が，他の貧困地域と決定的に異なっていたのは，この青田石の存在である。色が美しく軟らかい材質であったため，青田石は宝石，印鑑，置物などの彫刻加工に適しており，19 世紀末には，上海，武漢，北京，南京などの主要都市で，青田人が彫刻店を構えていた。

青田人が国内市場から海外市場に目を転じたことを示す象徴的なエピソードがある[4]。青田石の細工職人である陳元豊（Chen Yuanfeng，チェン・ユァンホン）が 1884 年，浙江省の観光地，舟山[5]で，彫刻品を販売していたところ，たまたま立ち寄った欧州人が，小さな猿の彫刻を高値で購入した。これを機に，陳は，外国人好みの彫刻品を観光地で販売し，成功した。同じ村の細工職人も，彼をまねた。そして，1893 年，陳は同じ村の細工職人らと連れ立って出国，ベトナムから海路で，フランスのマルセーユに向かった。彼らは，青田石の彫刻品が，欧州で高

れた。温渓鎮の人々は今も温州語を話し，温州人とほぼ同じ生活習慣を維持している。浙江省麗水市帰国華僑聯合会の葉鮮亜副主席（青田県帰国華僑聯合会の主席でもある）によると，「心理的に自分は温州人だと感じている青田人は少なくない」という。他方，1946 年には，瑞安，泰順（いずれも現温州市の一部），青田の 3 県に隣接する地域が新たに文成県（現温州市の一部）として誕生した。こうした歴史的な事情から，青田と温州を一刀両断的に区分することは難しく，広義には，慣行上，青田人も温州人に含めることが多い。そのため，本書も，原則として青田人をそのように扱う。

2 青田移民の歴史は，『青田華僑史』（編集中）の主編集者，陳孟林への 2009 年 3 月 16 日のインタビューと，潘（1998），Pan（1999），Thunø（1999），李（2002），Christiansen（2003），徐（2009）を参考にした。

3 李（2002），p. 90。

4 同エピソードは，Thunø（1999）に詳しい。

5 上海の南に位置し，中国四大仏教名山の 1 つ，普陀山がある。

表 4-1 青田人の出国年代別人数，1797～1949 年

年代	出国人数	年平均人数
1797～1899	2180	21.1
1900～1909	1700	170.0
1910～1919	4772	477.2
1920～1929	5298	529.8
1930～1939	2462	246.2
1940～1949	304	30.4

出所：青田石彫博物館内展示資料に追記，2009 年。

値取引されることを確信し，青田石をもって現地に乗り込んだのである[6]。

　さらに，青田人が欧州に大挙して渡るきっかけがあった。第1次世界大戦である。英仏両政府が，塹壕掘りや傷病兵の運搬要員を大量に募集した。15万人の中国人が応じ，そのうち 2000 人が青田人だった。1912 年の洪水による大災害で地元青田の生活が困窮を極めたことも，欧州に向かわせる動きに拍車をかけた。

　第1次世界大戦後，英仏政府が，希望者に国籍を与え，生活支援を行う政策を打ち出した。石彫刻の販売などで，在欧の同郷人が一定数いたこともあり，約1000 人の青田人がそのまま欧州にとどまった。

　このように，20 世紀前半，青田人は，船員，行商人，契約労働者といった身分で渡欧し，アムステルダム，パリ，ミラノなどに「唐人街」を形成した。当初は，先述のように，極貧からの脱出が最大の動機であった。

　表 4-1 は，中華人民共和国成立以前の青田人の出国人数を，年代別にまとめたものである。1910 年代から 20 年代にかけて，一大出国ブームがあったことがわかる。毎年 500 人のペースで青田人が渡欧した。1920 年代以降になると，彼らの欧州進出は，以前より容易になった。欧州に定住した「先遣隊」は，同郷の後続者に，住居や職，資金などを支援し，それが，移民のリスクやコストを下げ，

---

[6] ハンガリー温州商会の王少眉（Wang Shaomei, ワン・シャオメイ）副会長が，私たちに語った話も，陳元豊のストーリーと符合する部分が多い。王によると，もともと青田農民だった彼女の父方の祖父は，その数年前にオランダに移住していた同郷の親戚を頼って，第1次世界大戦後，石の彫刻品を携えてオランダに渡航。その後，ベルギー，ドイツを経てポーランドに入国し，1948 年に帰国するまで，ワルシャワで大きなスーパーマーケットを経営して，財を築いた。その祖父の証言によると，清朝末期に，上海在住の同郷人から「海外銀行の上海進出に伴って，文盲で字が書けず，自署できない中国人利用者の間で，印鑑の需要がある」との情報を得た青田人が，青田石と彫刻刀を持って上海に進出し，印鑑を彫る合間に，猿などの動物を彫刻し店頭に並べたところ，外国人に大人気を博した。青田石の彫刻が「外国人に売れる」ことを学んだ青田人は，当時の主な顧客がオランダ人とフランス人だったことから，この2国を目指すことになったという（西口・辻田 2008）。

青田から欧州への流れを促進したからである。また，温州や上海では，旅館や民間金融機関が，旅券の手配など一連の出国手続きを請け負った。

当初，船員，石彫刻の行商人，契約労働者として欧州に渡った青田人も，その後は，料理店，皮革，服飾，食料品店などの商売に従事した。1930 年代には約 3 万人の青田人が欧州に滞在していたといわれ，第 2 次世界大戦期に，大半の青田人は帰郷したが，それでも 3000～4000 人の青田人が欧州に残った。

『温州華僑史』によると，青田県に隣接する温州市文成県でも 1920 年代半ば以降，欧州に向かう動きが広がり，1927～1936 年の 10 年間で 306 人が渡欧し，フランス，イタリア，オランダに集住した（温州華僑華人研究所編 1999）。

改革開放後の第 2 次出国ブーム

1949 年の中華人民共和国成立後は，政府の政策変更により，出国者数は激減した。国交が正常化されていない国が多く，合法的な出国が難しい時期でもあった。温州人（青田人を含む）が再び海外に向かうのは，改革開放後のことである[7]。温州市では，1984～1994 年の 11 年間で，7 万 1048 人の出国申請を受理している（温州華僑華人研究所編 1999）。特に 1990 年代前半には，毎年 7000 人以上もの温州人が正式ルートで出国した。

表 4-2 は，1979 年から 1995 年までに出国した 4 万 605 人の青田人の出国理由をまとめたものである。海外在住の親戚を訪問する「探親」ビザでの出国が，全体の 59.5％ を占める。次いで，海外にいる両親や妻子，夫らと一緒に暮らす「定居」が多く，ほぼ同率の「就業」では，海外の親戚や友人に，彼らが経営する中華料理店等の労務アルバイトとして身元保証をしてもらい，出国に至るケースがほとんどである。これらのトップ 3 で実に 85.4％ を占める。

つまり，先に出国した温州人が，親戚や知人の出国を後押しする構図が顕著に窺える。中華人民共和国成立以前に，海外へ飛び出し，定住した温州人が起点と

---

[7] もっとも，商売のために温州を離れる温州人の行き先は，国外だけではない。むしろ，温州人全体の離郷動向を見ると，圧倒的多数は中国各地へ進出している。中国内の在外温州人の状況を，温州市政府の「在外温州人」調査や温州人の同郷組織「温州商会」の資料をもとに整理した丁（2011）によると，温州以外の中国国内で経済活動に従事する温州人は，1980 年代には 10 万人しかいなかったが，2003 年には 175 万人にまで増えた。彼らが産出する「温州域外」の GDP は 828 億元（2003 年の年間平均換算率 1 元＝14.0 円換算で 1 兆 1592 億円）に達し，それは温州市プロパーの GDP の 68％ にも相当するという。また，温州人が中国各地に開設した商品取引市場は 240 を数える。このように，温州人は中国各地に出かけて行き，温州人ネットワークを拡大してきたが，海外への進出もそうした流れの一環と捉えられる。

表4-2 1979〜1995年の青田人の出国理由と人数

理由	人数（人）	比率（％）
探親	24161	59.5
定居	5292	13.0
就業	5233	12.9
旅行	4028	9.9
友人訪問	736	1.8
自費留学	234	0.6
財産継承	39	0.1
婚姻	6	0.0
その他	876	2.2
合計	40605	100.0

出所：青田石彫博物館内展示資料に追記，2009年。

なり，海外渡航が容易になった1980年代以降は，その同郷人ネットワークを活用して，毎年1万人単位の温州人が海外に向かった。まさに，イモヅル方式の「連鎖移住」である。ただし，海外に，親戚も知人もいない場合は，「蛇頭」（スネークヘッド）と呼ばれる密航斡旋組織頼みとなり，リスクが高く，費用もかさんだ[8]。

温州人の欧州移住に関していえば，発端の移民行為そのものによって社会的文脈が変化し，次の新しい移民の流れの誘因となる現象が示唆される[9]。また，基本的には，海外に住む家族や親戚，友人を頼りとする「相互扶助型」であるが，そ

---

[8] 莫（1994）は，「蛇頭」を介して密入国した長楽人（福建省）や青田人らへのインタビューをベースに，斡旋業者に頼る密航者の実態を生々しく描き出している。

[9] 人の国際移動は近年，高い関心を集めており，さまざまな学問領域で研究が進んでいる。移民がなぜ発生するのか。移民はどこに向かうのか。移民の流れはいかに拡散し継続するのか。こうした疑問に対する理論的枠組みには，新古典派経済学（Borjas 1989, 1990），移民の新経済学（new economics of migration, Taylor 1987, 1999, Stark 1991），労働市場分断論（Piore 1979, Böhning 1984），世界システム論（Amin 1974, Wallerstein 1984），移住システム論（Massey et al. 1998, 樋口 2002, Castles and Miller 2009）などがある。

なかでも，移住システム論は，経路依存性と歴史的偶発性を正面から見据え，移住に伴うコストとリスク削減のための諸資源の調達と，そうした活動を促進する媒体としての，社会関係資本やネットワークに注目する点で，本書のアプローチと呼応する点が多い。そして，累積的因果関係（cumulative causation）の概念を用いて，次のように説明する。

最初の移住者は高いコストやリスクを払うが，後に続く家族や親戚，友人のそれらは激減する。特に当事者たちの血縁・同郷縁に基づくコミュニティーの結束が固く，その便益が皆に行き渡り，共有されていれば，早期にコストは回収され，移民活動も継続される。そして，このようなコミュニティーから新たに国際移住を目論む者は，さらなるコストとリスクの軽減のために，利用可能な社会ネットワークを最重視し，その保全と拡張にいっそう努めるという構図ができあがるのである。

うした伝手に頼れない場合は，密航仲介業者に多額の費用を支払う「市場媒介型」となっている。

欧州社会に根付く温州人コミュニティー

　移民の歴史が長い青田人の進出先は2008年現在，世界120カ国以上にわたり，海外在住の青田人は約23万人（青田県人口42万人の約55%）にも達する[10]。また，行政区域の異なる青田人を除き，改革開放後に海外進出が本格化した温州人全体で見ると，131カ国に約43万人（温州市人口787万人の約5%）が居住している[11]。
　国外への移動には，グローバルな政治経済状況，受入国の移民政策などのマクロ構造と，個人の移住や定住を助ける身近なネットワークのようなミクロ構造が複雑に関与しており，温州人の移住仕向地は時代とともに変遷しているが，改革開放以降，欧州は終始一貫して人気が高い。

現地政府の「恩赦」で合法身分に
　20世紀初頭，青田人を含む温州人が向かった主な欧州国は，イタリア，フランス，オランダであったが，改革開放後は，イタリアとスペインの人気が高い。両国とも不法移民に寛容なお国柄が，温州人を魅了してきた。不法移民を合法化する頻繁な恩赦によって，EU（欧州連合）圏の正規滞在者に転じ，晴れて起業家としての"現地デビュー"が可能になるからである。
　そうした事情によって，特にイタリアは，欧州最大の温州人集住地となった。絶対数では，アフリカ諸国やアルバニア，ウクライナといった欧州諸国からの移民が圧倒的に多いが，正規の中国人滞在者数も1992年の1万5776人が，2008年には13万7912人に増えた（Istat 2008）。一時的な滞在者も含めれば，2008年12月31日現在，在イタリアの外国人389万人の中で，中国人は17万人を数える（Caritas 2009）。
　中国人が同国を強く志向する契機となったのは，イタリア政府が，ヤミ労働の撲滅と移民の地位改善を目標に1986年に制定した，初の移民法「域外移民労働

---

[10] 青田県政府のサイト「華僑之郷」（http://www.qingtian.gov.cn/ztzj/tszj/200811/t20081118_8926.htm，2016年1月3日アクセス）。また，青田県帰国華僑聯合会によると，世界124カ国に22万9653人の青田人がおり，うち20万235人（全体の86.7%）が欧州諸国（35カ国）に集中している（http://www.qtxql.com/common/Model/ShowArticle.aspx?WHICHID=3373，2016年1月3日アクセス）。

[11] 温州市政府のサイト『温州年鑑2011』による（http://www.wenzhou.gov.cn/col/col11961/index.html，2016年1月3日アクセス）。

者の職業紹介と待遇ならびに不法移民の抑制に関する規定」である[12]。同法の制定以降，1986 年，1990 年，1995 年，1998 年，2002 年，2006 年と，数年置きに不法滞在者に居住許可を与える「合法化」を実施してきた[13]。1986 年の恩赦で 11 万人，1990 年，1995 年，1998 年の恩赦では，それぞれ 15 万〜20 万人強の居住が合法化された。2002 年はさらに増え，60 万人強が正規移民に転じた。イタリアの恩赦の規模は突出しており，1970 年代から 2000 年までの EU 諸国の恩赦対象者総数 180 万人のうち，75 万人がイタリア政府によるものである。同国の居住許可取得者の 3 分の 2 が恩赦によるといわれている（Ceccagno 2003, Ceccagno et al. 2010）。

　実際，在イタリアの中国人を見ると，定住目的の正式ビザ（労働ビザ，家族ビザ，留学ビザ等）をイタリア政府に申請して入国した者は，全体の一部にすぎない。定住を真の「隠れた」目的としながらも，当初，偽造旅券と査証で不法入国し，あるいは，正規の観光ビザで入国後，滞在期限が切れて「不法規滞在者」となった者が少なくない[14]。彼らは，正規の滞在許可証をもつ温州人企業家のもとで働

12　移民法は，その後，数回改正されている。イタリアを含む欧州の移民政策については，Menz （2009）が詳しい。

13　通常，最初から正規の滞在許可証を得て合法移民として欧州諸国に入国できた温州人（ならびに，他の地域出身の中国人）は，当該国で(1)すでに合法的に居住している親や配偶者等との同居が認められた者，(2)一定規模以上の投資を行う企業家（投資移民），(3)成功裡に事業を行っている中国系企業等から労働者として正規招聘された者，などに限られる。第 5 章，p. 132 でも言及するように，労働者として正規招聘してもらう場合は，招聘先の企業に，当該国の給与水準に準じた謝礼（日本円換算で 150 万〜450 万円程度）を支払えば事足りる。

　他方，こうした手段を使えない温州人（ならびに，他の中国人）が，改革開放後の移民史における比較的早期により多くとった代替策は，(4)まず短期の観光ビザで合法的に入国し，ビザの期限が切れてもそのまま不法に滞在する，(5)「蛇頭」等に，日本円換算で数百万円という高額の幹旋料を支払って，偽造旅券とビザ，交通手段をアレンジしてもらい，初めから不法入国する，といった経路だった。こうして非合法移民となった彼らは，たまさかの「恩赦」を最大限に活用し，本人ならびに雇用者が，不法就労期間に応じたペナルティー（penalties）や労働税を支払い，「1 年もしくは 2 年だけ有効な」正規の EU 圏滞在許可証を入手する。

　「不法滞在者」の追認措置である「合法化」は，雇用主からの書類提出によって手続きが開始される。ローマ在住の貿易業者やパレルモ在住の卸業者によると，「1 人の不法移民を恩赦で合法化するには，総額で 5000 ユーロ［2006 年の平均換算率 1 ユーロ 146.0 円換算で約 73 万円］以上の費用がかかる」。その主な内訳は，不法就労者本人と不法就労者の雇用主それぞれに科せられる罰金である。不法就労者本人への罰金額は，イタリアでの不法滞在期間によって規定される。正規の滞在許可書を得た温州人はその後，より良い機会を求めて合法的に EU 内を移動し，試行錯誤しながら，いずれは適合性のある国・都市にたどり着いて，起業する。多額の税金を支払う合法市民に転じ（また，少数は「帰化」し）た後は，次々と血縁者を呼び寄せ，一大家族と親戚群からなる在欧の"sociocentric"な（囲い込み社会型の）「血縁王国」を樹立するに至る。

　なお，恩赦はイタリア政府にとって収入増のメリットもある。仮に 10 万人を恩赦にすれば，約 5 億ユーロ（2006 年の平均換算率で約 730 億円）が同国政府の臨時収入となるのである。

14　必ずしも，すべての不法入国者や不法滞在者が利用するわけではないが，「蛇頭」の「移民ビジ

いて資金を蓄え，数年を耐え忍べば，イタリア政府の「恩赦」で「正規滞在者」になれるというカラクリに通じていた。中国人，特に温州人は，少なくとも歴史的には，こうした情報をいち早く入手し，こぞってイタリアに押し寄せたのである。2000 年代に入ってから，イタリア在住中国人の約 8 割が青田を含む温州出身者と見られている[15]。

イタリアに次いで，多くの温州人が集住するスペインでは，中国人の約半数が青田人といわれる。青田人は改革開放直後からスペインに向かい，それに続いたのが温州人である。イタリア同様，観光ビザで入って，その後不法滞在となり，恩赦を受けて正規の居住権を入手というパターンが目立つ。スペインも，1985～2005 年の間に，不法滞在者に恩赦を与え，正式な滞在ビザを発給する恩赦を，計 6 回も実施したからである。特に 21 世紀に入ってからの恩赦は大規模化しており，2000 年に 16 万 4000 人，2001 年に 23 万 5000 人，さらに 2005 年には 69 万 5000 人がその対象となった（International Organization for Migration 2008）。

いち早くそうした恩赦情報をつかむと，欧州在住の温州人は，速やかに電話やメールを駆使して，親戚や友人にそのクリティカルな情報を伝播する。その結果，フランスやオランダ，ドイツなど同じ EU 圏から，正規の EU 滞在ビザを取得するため，不法滞在の温州人が一時的にイタリアやスペインに殺到する「民族移動」さえ発生するのである。

在欧温州人の主なビジネスと進出戦略

在欧の華僑ビジネスは時代とともに，大きく変遷した。当初は，青田石彫刻などの小物を販売する行商人であったが，第 2 次世界大戦後，彼らは家庭を築くと，安定した生活を確保するため，財布，ベルト，カバンなどの皮革加工業に乗り出した。自分で製造し販売する者もあれば，他の企業の下請作業に徹する者もあった。その後，中華料理店が急増した。1990 年代以降は，服飾加工業と中国製品を扱う卸・小売業（貿易業含）が温州人の代表的な現地ビジネスとなった。

ネス」に頼る場合，入国に当たっては，在中国と在イタリアの「蛇頭」が連携し，前者は，イタリア行きを希望する中国人を 1 人当たり 10 万～15 万元（2009 年の年間平均換算率 1 元＝13.7 円換算で約 137 万～約 205 万 5000 円）で募集する。他方，在イタリアの「蛇頭」は，イタリア政府関係者に賄賂を払ってビザを発行してもらう。とりあえず入国させることが目的のため，交付されるビザは，取得が容易な短期観光ビザで十分なのである。

[15] 近年は，中東やアフリカ諸国から EU 圏を目指す移民のイタリア流入が顕著だが，中国人移民のプレゼンスは依然として高い。2013 年 1 月 1 日現在のイタリア在住外国人の数を国別に見ると，中国人は 22 万 3367 人で，ルーマニア人 93 万 3354 人，アルバニア人 46 万 4962 人，モロッコ人 42 万 6791 人に続く第 4 位である。イタリアの移民統計（Immigrants. Stat）による（http://stra-dati.istat.it/Index.aspx，2015 年 8 月 8 日アクセス）。

服飾加工業の集積地では，イタリアのプラート（Prato）やフィレンツェなどが名高い。取引先は，欧州のアパレルメーカーや商業チェーンなどで，中国人労働者が，24時間体制で顧客からの多様な要求に対応している。こうした中国人労働者の多くは単独で，あるいは，家族とともに工場に住み込みで働いている。彼らの居住空間は，事後的に無許可で工場内にベニヤ板等で仕切られただけの簡素なものが多く，しばしば現地当局の取り締まりの対象となる。詳細は後述するが，イタリアの元請にとって，在伊の中国企業は，生産コストが削減でき，納期面でも無理のきく貴重な存在となっている。

服飾品，靴，玩具，雑貨などの中国製品を，欧州およびその周辺諸国に販売する卸・小売業者は，ほぼすべての欧州諸国で活躍している[16]。なかでも最大多数を誇るのがイタリアで，温州人は，同国のほぼ全土に進出し店舗を構えて商売を営んでいるが，特にローマ，ミラノ，ナポリなどへの集積は顕著で，ローマだけでテルミニ駅のすぐ南の地区を中心に約500軒を数える。彼らは，中国からの製品輸入をメインとしており，この地区を訪れるだけでありとあらゆる安価な服飾品・雑貨・日用品などが揃う。欧州中からバイヤーが集まるため，毎月の売上高が100万〜200万ユーロ（2009年の年間平均換算率1ユーロ＝130.2円換算で約1億3020万〜2億6040万円）にのぼる業者も例外ではないという[17]。

---

[16] 欧州在住の中国系卸・小売業者には，主に4つのグループに分類される。
　第1は，市場に直接販売せず，欧州の大規模な商業チェーンなどに直販する貿易業者で，数は多くない。主として，在中国の中国系製造企業と在欧の欧州系大手小売企業を仲介している。
　第2は，輸入卸業者（1次卸）で，ローマやモスクワ，ドバイといった主要都市に拠点を置く業者の多数がこれに属する。彼らは輸入品を販売する自前の店舗を有し，当該国内および周辺諸国に拠点を構える各地元密着型の卸売業者を得意先としている。
　第3は，地元密着型の2次卸売業者で，貿易業に直接参入するだけの資本やノウハウ，ネットワークがないため，主要都市にある中国系輸入卸業者（1次卸）から商品を仕入れている。より厳密にいえば，地元密着型の卸売業者はさらに階層化し，輸入卸業者から直接仕入れる2次卸と，そうした2次卸から仕入れる3次卸の小規模業者がある。なお，地元密着型の卸売業者は，小売業者を兼ねることもあり，地方中小都市にも散在している。
　第4は末端の小売業者で，欧州の地方小都市を含めて広く散在し，仕入先はさまざまである。輸入卸業者（1次卸）や卸売業者（2次卸，3次卸）から仕入れるケースが多いが，イタリアやフランス，スペインなどの主に中国系アパレル業者や皮革業者から，現地生産品を小口で仕入れて販売することもある。

[17] 2006年9月2日のローマにある意大利羅馬華僑華人貿易総会（Associazione Commercianti Cinese di Roma）へのインタビューによる。温州人企業家の多いイタリアでは，ローマの輸入卸業者（1次卸）を頂点に，2次卸，3次卸，小売業者と，地理的にほぼ同心円状に広がるピラミッド型構造の販売システムが構築され，温州製品を含む中国製品がイタリア全土に行き渡る販売体勢が整えられている。事実，最南端のシチリア島にまで多くの中国人が進出しており，中心港湾都市パレルモに2次卸が，さらに，同島の南，古代ギリシャ遺跡の観光地アグリジェントなどの小都市には3次卸が店舗を構え，後者では，一部，周辺住民や観光客への個人売りもしながら，最果ての地

温州人が最大規模で集住するイタリアを例に挙げれば，表4-3が示すように，服飾加工品を中心とする製造業と卸・小売業が2大ビジネスである。イタリアへの移民全体では，ルーマニア人，アルバニア人，モロッコ人が圧倒的に多く，これら3国民の総和は中国人の8倍を超えるが，その多くは，建設現場の作業員やベビーシッターといった季節ないしカジュアル労働者の役務にとどまる傾向が強い。対照的に，温州人は，蓄財した定住移民が，順繰りに新参の移民を支援する社会構造を練り上げる一方で，イタリアの主要産業を「補完する」形で，現地のニッチ市場を開拓し，きちんと納税し，盛んに輸出を行うことによって，現地経済の発展にも顕著な貢献をしている[18]。

例えば，イタリア中部トスカーナ地方のプラート市は中世以降，毛織物産業で栄えたが，1990年代から温州人企業が多数集積するようになり，現地人業者が伝統的に取り仕切る毛織物には一切手を出さない代わりに，もっぱらそれを補完する化学繊維や綿の衣服，服飾品，アクセサリー類を提供することによって急成長した。その結果，イタリアからEU圏への輸出にも大いに貢献したばかりでなく，相当額の税金を現地に落としており，そうした現地の産業界や政府との共存共栄を図る進出戦略は，プラート市政府などの地方自治体によっても，高く評価されている[19]。

で零細小売業等を営む貧しいアフリカ系移民などを相手に，小口の卸商売をする様態が観察された（2006年8月30日〜31日のパレルモ，アグリジェントでの現地調査とインタビューによる）。

18 ここにも，国内外を問わず，また，地元温州であろうと外出先であろうと，一貫して温州人企業家が採り続ける成長戦略が垣間見える。すなわち，彼らはどこへ進出しても，現地における既存の基幹産業と正面切った戦いを挑むことは，慎重に回避する。仮に，短期的には最大級の儲け口が目の前に転がっていたとしても，それだけでは決して手を出そうとはしない。むしろ彼らは，温州や中国国内の外出先で親戚や同郷人，あるいは，進出先の人々との間で通常そうしてきたように，たとえ同じ業種に携わっていても，材質や機能，専門性，価格帯などが，わずかに異なる商品やサービスを提供することによって，相手先との相補的なウィン・ウィン・ゲームが展開できるビジネス運営を好む。そうした特質は，例えば，在欧温州人企業家が多く集積するイタリア，フランス，スペイン，オランダなどにおいて，稀な例外を除き，現地人との間に目立った軋轢や排外運動がほとんど見られないという事実と決して無縁ではない。

19 2012年7月14日にNHK BS-1で放送されたテレビ番組「ドキュメンタリーWAVE」の「"イタリアブランド"を創りだせ――ファッションの都に生きる中国人」によると，近年，プラートからEU圏への総輸出額は約1100億円相当に達し，正確な割合は不明とはいえ，そのうち相当分をこうした中国系企業が担っており，応分の税額も支払われているとされる。

　ただし，その一方で，資金送金に関するダークサイドも報じられている。ロイター通信によると，2015年6月20日，フィレンツェの検察は，中国銀行ミラノ支店と現地在住の中国人など297人に対し，資金洗浄などの容疑で起訴する方針を正式に伝えた。検察の起訴状によると，(1)容疑者の大半はイタリア在住の中国人で，中国の犯罪グループの影響力が拡大しているトスカーナ地方で，資金洗浄や脱税など複数の犯罪に関与した疑いがある。(2) 2006年から2010年の間に，イタリアの複数都市からMoney2Money（M2M）送金サービスの代理店を通じて中国に流れた45億ユーロ超

表 4-3 在イタリアの中国企業の内訳，2005 年

業種	企業数
農業	27
製造業	9669
食品・飲料	(320)
繊維（テキスタイル，縫製）	(6783)
皮革，皮革製品	(2268)
家具	(167)
その他	(131)
建設	153
卸・小売	10114
ホテル・レストラン	1290
交通・倉庫・通信	145
不動産・コンピューター	188
健康・その他の社会個人サービス	51
その他	106
合計	21743

出所：Ceccagno et al. 2010, p. 107 の表を一部改変。

とはいえ，労働市場分断論が主張するように，先進国経済の二重構造によって，欧州では，現地社会から分断されて集住する移民の集団「エスニック・エンクレイブ」(ethnic enclave) が特定地域に異種文化圏として形成され，拡大しているが，中国人移民は，他国からの移民と比べても，空間的集住と現地社会からの隔離傾向が強いとされる[20]。

[同期間の平均換算率1ユーロ141.3円換算で約6358億円超] のうち，22億ユーロ超［同約3108億円超］が中国銀行ミラノ支店を通じて送金され，同行はその手数料として75万8000ユーロ超［同約1億710万円超］を受け取ったとされる。(3)資金は主にトスカーナ地方のフィレンツェとプラートに住む中国人が，偽名を使うなどして身元を明かすことなく，また，不正発覚を避けるため，少額ずつ分割して送金され，中国でだれが資金を受け取ったかは不明という（朝日新聞デジタル 2015 年 6 月 22 日，http://www.asahi.com/international/reuters/CRWKBN0P2036.html，2015 年 11 月 7 日アクセス）。

直接言及されていないが，報道された「中国人」の大多数が「温州人」であることは想像に難くない。

[20] 労働市場分断論は，先進国経済の二重構造に着目し，次のように分析する（Portes and Bach 1985，Waldinger et al. 1990）。先進国の労働者は通常，収入増大に伴う社会階層における上昇を望むため，社会の最下層に位置する非熟練の低賃金労働を忌避する。好対照に，労働移民は自国よりもはるかに多額の賃金を稼ぎ，故郷に送金することで，出身コミュニティーにおけるステータスが向上するため，たとえ故国で経験することのない差別や艱難を耐え忍んでまでも，移住先での最下層労働を厭わず，むしろ率先して引き受ける。その結果，受入国内に「民族的飛び地」として孤立する労働市場としての「エスニック・エンクレイブ」と，現地企業が見向きもしないニッチ市場に参入する移民企業家が生じる。

Cologna (2005) は，ミラノ在住の中国人企業家へのインタビュー調査をもとに，そうしたエン

温州人街を形成——相互扶助の精神

　欧州の現地社会と中国人、特に温州人移民との関係を考えるには、イタリアのフィレンツェ郊外の小都市、プラートが最適であろう。今や中国人は欧州各地に居住しているが、プラートは、現地人に対する中国人比率が最も高い地域だからである[21]。

　1990年当時、プラート市の人口16万6688人に対し、居住を許可された外国人は1314人にすぎず、その比率はわずか0.79％だった。だが、2011年現在、同市の人口は18万8579人に増え、外国人は3万186人で、その比率は実に16.0％にまで激増した[22]。外国人急増の一翼を担うのが中国人で、同年1万3056人に達し、プラート在住外国人の43.3％、総人口の6.9％を占める。

　もっとも、この数字には、一時滞在者や不法滞在者が含まれないため、実際には4万人を超える中国人がプラートに滞在していると見られる[23]。しかも、在プラート中国人の実に95％が温州出身者であるため、このトスカーナ地方の小都市では、今や住民の5～6人に1人が中国人、つまり、温州人となった。

　1990年代から2000年代にかけてプラート産業連盟（Unione Industriale Pratese, UIP）に勤務していたイタリア人職員、アンドレア・バレストリ（Andrea Balestri）は、2006年3月7日夜の私たちのインタビューに応えて、この小都市に中国人が集住するようになった経緯を、次のように振り返る。

　「1960年代には、プラートに中国人はほとんどいませんでした。せいぜい、フィレンツェに中華料理店が数軒あった程度です。1970年代に入って、ごく少数の中国人が、フィレンツェ郊外のサンドニーノ［San Donnino］と呼ばれる場所で、イタリア企業の下請として皮革加工業を始めました[24]。そこにはもともと、イタリア人の小規模な皮革業者の作業場が密集していて、そうした作業場を中国人が借りてビジネスを立ち上げたんです。その後、中国人はじわじ

　　クレイブ経済の特徴を分析している。その一方で、Mingione（2013）は、中国人移民のイタリア語能力は低く、現地イタリア人社会との関係が弱いにもかかわらず、事業の発展やイタリア人からの企業や工場等の購入といったビジネス面では「最も成功している」という認識を示しており、大変興味深い。

21　プラートの中国人に関しては、イタリアと中国の研究者、実務家の論考をまとめたJohanson et al. eds.（2009）*Living Outside the Walls* が、中国人コミュニティー、地域経済、社会的統合、プラートと中国・温州の社会経済的つながりといった諸テーマで、多面的な議論を展開しており、大いに参考になる。

22　2011年12月31日現在。プラート市のサイトによる（http://allegatistatistica.comune.prato.it/dl/20120102152435537/cinesi_dicembre2011.pdf、2012年7月20日アクセス）。

23　2012年7月14日 NHK BS-1放送のテレビ番組「ドキュメンタリーWAVE」「"イタリアブランド"を創りだせ——ファッションの都に生きる中国人」による。

24　サンドニーノへの中国人の集住については、White（2000）でも紹介されている。

わとプラートに移動してきました。そして，ふと，気づいてみると，今日のようにプラート周辺の工業団地では，入居企業のほぼ100％が中国系となり，中国語の看板が溢れるようになったんです」

さらに，彼は温州人の旺盛な企業家精神とネットワーク利用について，以下のように証言する。

「イタリアに来たばかりの中国人は，言葉の問題もあって，労働環境が劣っても，イタリア企業ではなく，中国企業で働くことを選びます。工場の中で食べ，睡眠をとるという，とてもハードな状況でもおかまいなしです。でも，勤勉な労働者が，あっという間にはしっこいマネージャーに豹変してしまうことには，驚かされます。あの人たちは，経営者になりたい，自分の会社をもちたいという成功意欲がとても強いんです。そうした成功への階段を一気に駆け上がっていくために，身近な人脈や，その先の大きなネットワークを，思いっきり利用しているようですね」

では，今日，温州人はプラートでいかなる活動をし，何を営んでいるのだろうか。

2009年9月末段階で，プラート県（プラート市を含む7つの基礎自治体，コムーネで構成）全体では外国人経営企業が6897あり，このうち4366（63.3％）が中国人，つまり，ほぼ温州人が経営する企業である。業種では，縫製・衣料業が最も多い。2008年末の数字では，中国企業3971に対し，衣料品・皮革・毛皮製造が2804で，全体の70.6％を占めた（Caserta and Marsden 2010）。

イタリアのファッション産業を支える温州人らは，郊外の工業団地に生産拠点を構えるとともに，古い街並みが残る中心部の一角にチャイナタウンを形成している。そこに行けば，中華料理店，銀行，不動産業，旅行代理店，理髪店，中華食材スーパーなどが揃い，中国さながらの生活を享受できる。1997年春には，プラート在住中国人のための互助組織「イタリア・プラート華人華僑聯誼会」（意大利普拉托華人華僑聯誼会）も結成された。

同会のオフィスは，チャイナタウンの中心街にある。そこでは，ほぼ無料で受講できる語学教室が開かれており，プラート在住の中国人子弟が中国語を，現地に到着したばかりの中国人がイタリア語を学んでいる。1998年には，同会主導で中文学校も設立された。2014年現在，生徒数は約1000名で，うち温州人が80％を占め，欧州最大の中文学校に成長した[25]。

イタリア・プラート華人華僑連誼会の存在意義を，蔡長春（Cai Changchun，ツ

---

25 2014年8月8日のプラート華人華僑聯誼会中文学校へのインタビューによる。

ァイ・チャンチュン）会長は，こう説明する。

「この会は，人々の生活を支援する"互助会"的なものです。中国人同士でトラブルが発生した場合には調整役を務め，裁判所を紹介することもあります」

同会は，私たちが調査で2回目にプラートを訪れた2006年現在で，約200人のメンバーを抱えるが，実質的には，会長や副会長の肩書きをもつ20数人の幹部が仕切っている。彼らは現地で成功した経営者で，同会の事業費も彼らがほぼ負担する。

蔡会長は続ける。

「中国政府の要人や官僚，温州市政府の指導者らが，多いときには毎週，平均でも月1回はプラートに視察に来ますよ。このプラートという街はそれほど，中国人にとって重要になっています。彼らを接待するのも，この会の重要な仕事ですね。幹部全員が勢揃いしますよ。要人と情報交換できる絶好の機会ですからね」

海外に居ながらにして，刻一刻と変化する中国本土の貴重な政府系の生情報は，かように頻繁に効率よく収集され，現地の温州人社会に一気に伝播する。

日常生活を見る限り，プラートには，仲間同士や中国本土とは緊密につながっているが，現地のイタリア人社会からは隔離された「エスニック・エンクレイブ」に集住する温州人移民の一大集団が形成されている。さらに，スペインやフランスなど他の欧州諸国でもほぼ例外なく，温州人は特定地域に集住し，「同郷会」や「華商会」といった名称の強固な同郷人の互助組織を結成し，そこを基軸に，仲間以外の部外者に対しては閉鎖的なコミュニティーを形成している[26]。

現地社会への貢献

ではなぜ，温州人が集住する欧州各地で，表面だった大規模な排斥運動が起きないのだろうか。その秘密の一端は，すでに触れたように，彼らの地元経済への多大な貢献にある。温州人は総じて，新市場の開拓に熱心であり，進出先の地元

---

[26] 第3章，注36で触れ，後章で詳しく比較検討するように，一見，同じような名称の在外同郷会組織は，福建省，広東省など，他の地域出身者の間でも見られるが，一部の例外を除くと，その結束力は総じて弱く，インフォーマルな親睦会の域を出ないことが多い。対照的に，温州人の運営する同郷会は，巧みに管理・統制され，実効性が高く，先のプラート中文学校の成長例や，ローマの温州人同郷会である意大利羅馬華僑華人貿易総会が，イタリアから中国への投資を斡旋し推進する共同事業（第7章，注10参照）のように，その派生物やプロダクト自体が，あたかもビジネス機関のように独自の生命力を得て，ダイナミックに発展していくケースがしばしば見られる。

企業と直接競合しない産業と市場に参入する傾向が強い。しかも，経済的に低迷する地域に入ってそこを復興させ，地域経済の新たな担い手として活躍するケースが目立つ。そのため，個別には，快く思わないケースや嫉視などの感情表出があったとしても，地域社会としては，彼らの存在を認めざるをえないのである。

売れる中国製品と商売上手な温州商人

　欧州の主要都市の商業区域では，温州人企業家の入居後，わずか数年で繁栄し始める傾向が少なからず観察される。例えば，温州人が集住するパリ郊外のオーベルビリエ（Aubervilliers）には，欧州最大規模の卸売市場がある[27]。服や靴，アクセサリーなどのファッション製品を扱う約700の卸売業者のうち，2006年現在で90％以上が温州商人である。かつて同地では，フランス商人がスペイン製の靴を卸し，ユダヤ商人が時計などの貴金属を販売していたが，中国製品の国際競争力が高まるにつれ，温州商人が台頭し，フランス人やユダヤ人は不動産業などに転じた。より商売上手な温州人は，オーナーのフランス人やユダヤ人にテナント料を払い，自らの新規ビジネスで稼いでいる。寂れていた卸売市場は，温州人の参入で活気を取り戻し，商売替えしたフランス人やユダヤ人も，温州商人からのテナント料で安定した生活を送っている。

　スペイン，マドリードの郊外都市フエンラブラダ（Fuenlabrada）に出現した中国人倉庫街の事情もよく似ている[28]。同倉庫街は2000年代前半に開発され，当初はスペイン企業が入居していたが，中国製のアパレルや靴，雑貨などを輸入販売する温州商人が次々と進出し，2015年3月現在，中国人経営の企業が1000社を超える。同地に立地していたスペイン企業は移転や廃業で減少したが，彼らの多くはオーナーとして，倉庫を温州人に貸し出している。

　企業家精神に富む温州人は，スペイン人から借り受けた倉庫を，建屋当たり日本円にして数億円単位の投資額を惜しみなく投入して大規模改修し，細かく仕切られ，洒落た商店街のように連なるモダンな店舗スペースを，中国人卸売業者に又貸しして"利鞘"を稼ぐ新ビジネスまで生み出した。入居者の大多数が温州人商人であるため，彼らが故郷で培った特徴ある「相補的差別化」戦略をそのまま持ち込み，好循環のウィン・ウィン・ゲームを展開して，この新天地における

---

[27] パリの温州人に関する研究としては，王（2000）が有名である。また，フランスの中国人移民に関しては，Yu Sion（1998），Ma Mung（2005）などが参考になる。なお，いったん廃れかけた商業区や倉庫区が，温州人企業家の新たな入居によって「魔法のように蘇る」逸話は，下記のマドリードやバルセロナ郊外の同様の施設におけるフィールド調査でも，頻繁に収集された。

[28] 2015年3月25〜27日の欧州温州華人華僑聯合会主席の傅松望（Fu Songwang, フ・ソンワン）へのインタビューと現地視察による。

写真　マドリード郊外のフエンラブラダ倉庫街

ビフォー 　　アフター

注：2015年3月26日、辻田素子撮影。

「卸シッピング街」でも大繁盛している。つまり，各店舗ともガチンコ勝負を避け，例えば，同じ服を扱う場合でも，ハイエンドからローエンド，フォーマルからインフォーマル，ブランド物から安価品といった「価格と品質」の縦軸に対して，紳士服や婦人服から子供服・幼児服，さらに，作業着や制服からパジャマといった「種類」の横軸が交差するあらゆる領域で，各卸店が微妙に異なる専門領域に特化し，品揃えとサービスで勝負するため，無益な共喰い・共倒れがほとんど発生しない。そして，この卸売集積地を訪れさえすれば，想像しうるあらゆる商品がたちどころに揃うという評判が立ち，近年，スペインの各地だけでなく，欧州各国からのバイヤーも増加しているという。

諸資源の制約から，温州商人の進出以前の画像資料は入手できなかったが，写真は，このフエンラブラダ倉庫街の「ビフォー・アンド・アフター」像を，代理的に示している。

写真が撮られた2015年3月26日現在で，右の「アフター」は，この倉庫区「中心街」の典型的な姿である。魅力的な店舗が並び，「買い物客」が引きも切らずにクルマで来訪するその風景は，倉庫区というより，どこか都会の洗練されたショッピング街を思い起こさせる。この写真にはないが，立派な交通信号を備えた十字路もあった。好対照に，左の「ビフォー」は，同じ倉庫区内の末端の一角で，訪問時点で，しばらく使われておらず，また，温州人の再開発もここまで及んでいないため，その進出以前の「廃れかけた時期」を彷彿とさせる。

いずれにせよ，温州商人が集積するこうした欧州の倉庫・卸売区域では，入居希望の温州人をはじめとする中国人企業家の増大で，倉庫や店舗の賃料が跳ね上がっており，進出側の大半を占める温州商人と受入側の現地人オーナーは，そうした直接的なビジネスベースで共存共栄の関係にあるため，少なくとも，彼ら同

士の間では，特に軋轢を感じることもないという[29]。

現地経済を支える温州企業の「相補的」進出戦略

イタリアのファッション産地では，1980年代以降，発展途上国からの低価格品に押され，国際競争力を失ったイタリア企業は，製品の高付加価値化，人件費の安い同国南部や途上国への外注，グループ化などで生き残りを模索した[30]。

そのような時期に，イタリア企業は，この国で創業したばかりの中国系中小企業を，低コストで柔軟な労働力として認識し活用し始めたのである。中国企業は，アパレル，ニット，革製品などを企画・生産・販売するイタリア企業から仕事を請け負い，急成長を遂げた。こうして，イタリアのファッション産業の観点から見れば，在イタリアの中国企業を下請として最大限に活用することで，比較的手頃な価格の「Made in Italy」製品を市場動向に合わせて，市場に送り込む体制づくりへの転換にかなり成功したといえる。

プラートでは，こうした動きが先鋭的に展開され，伝統的な毛織物産地から，アパレルやニットも扱う総合繊維産地へと変貌を遂げた。先述のプラート産業連

---

[29] 2006年8月28日に実施した，パリ郊外のオーベルビリエで靴卸売業を営む温州人の女性経営者へのインタビューによる。

[30] プラートは中世以来の毛織物産地で，19世紀後半以降は，回収した古着やボロ布を原料に，毛布やショールを生産する再生毛織物の生産で発展した。1970年以降は，小規模企業間の分業と協業による「伸縮性のある専業化」によって，多品種少量生産を低コストで実現する「第3イタリア」（Third Italy）の典型的な成功モデルとして，高く評価されてきた（Piore and Sabel 1984，岡本 1994）。先に本文で引用したアンドレア・バレストリが，プラート産業連盟に在職中だった1990年4月30日に，筆頭筆者が初めて現地を訪れ，彼にインタビューした際には，このスコットランドの大学卒の男性職員は，流暢な英語で，第3イタリア・モデルの国際競争力に対する，強い確信を表明していた。

だが，そのわずか10数年後，事態は一変していた。2006年3月7日昼に，私たちがインタビューしたプラート産業連盟の役員や職員らは，地元の中小企業が伝統的に培ってきた「伸縮性のある専業化」だけでは，高い国際競争力の維持が難しくなり，合併・買収による企業規模の拡大，さらに，染色・デザイン・品質の高度化といった戦略転換が，不可欠だと指摘した。確かに，プラートの地元イタリア人経営の中小企業は，躍進する中国系企業とは対照的な苦境に直面している。例えば，プラート伝統品の紡毛（表面がふわふわして毛羽立った太い糸と短い繊維を紡いで糸にする）産業では，1996年に400社あった企業が10年間で半減し，2006年現在で，190社にまで淘汰されたという。

翌3月8日に現地で訪問したイタリア系の地元の紡績メーカー5社は，いずれも高学歴の技術者と熟練技能者を集中的に雇用し，撚糸（twisting）から，染色（dyeing），プリント（printing），仕上げ（finishing）までの，複雑な内製工程の多くを，最新鋭の機械で高度に自動化することにより，差別化を図っていた。その生産品目の，ラファエロ絵画のような芸術的色合いと肌触り，高級感などは，確かに，安価な中国製品の比ではなかった。だが，そうした地元中小企業の一部に見られるハイエンド・マーケット志向の再編が，どの程度，かつてのような地元経済の中心的活力の再興に寄与しうるのかについては，中長期にわたる慎重な観測が必要であろう。

表 4-4 プラートの繊維産業, 2005 年

業種	企業数
紡績工場・準備工場	710
整経工場・織物工場	1300
染色・仕上げ工場	240
ウール工場：アパレル用生地	650
ウール工場：ニット用毛糸	400
毛皮，ハイテク・コーティング織物工場	150
その他の織物工場	850
ニット工場	700
アパレル工場	2300

出所：Unione Industriale Pratese (UIP) 提供，2005 年。業種の分類は原資料のまま。

盟（UIP）によると[31]，プラートでは，2005 年現在，労働人口の 28% を占める 4 万人が繊維産業に従事しており，繊維企業数は 7300 にのぼる。表 4-4 が示すように，企業の内訳を見ると，アパレルが 2300 業者で最も多く，ニットも 700 業者ある。さらに，アパレル用生地やニット用毛糸を生産している業者が合わせて 1000 を超えている。つまり，既述のさまざまなデータも含めて総合的に鑑みると，「新興の」アパレルやニットによって，プラートの繊維産業が再活性化されたことが，容易に推定できる。しかも，ニット 700 社の 80% 以上，アパレル 2300 社の 50% 以上が「中国系」であり，彼らの巧妙で「相補的な進出戦略」を強く窺わせるシェアとなっている。

プラートでは，力量のあるイタリア企業の一部が，創造力と技術力を武器に，カシミアなどの高級素材を使ったハイエンド市場で生き残りを図り，中国企業は「Pronto Moda」（プロント・モーダ）と呼ばれる流行服で躍進した。プロント・モーダとは，デザイナーブランドによるコレクション発表後に，類似品を生産・販売する方法で，間髪入れずに最新トレンドを後追いし，低価品をマス市場に大量供給するため，儲けの規模が大きい。

「手頃でファッショナブル」なアパレルの新ジャンルを開拓した，スペインのザラ（Zara，スペイン語では「サラ」と発音）やスウェーデンの H&M（ヘネス・アンド・マウリッツ）は，プロント・モーダの仕組みを巧みに利用したもので，市場の欲しがるファッション製品を，直ちに生産し，店頭に並べるスタイルが功を奏している。そして，このシステムを底で支えるのが在イタリアの中国企業であり，そこで働く中国人労働者なのである。

---

31 2006 年 3 月 8 日のプラート産業連盟へのインタビュー。

アパレル産業は，デザインから裁断，縫製，販売までを手がけるメーカーとその下請の縫製業者というヒエラルキー構造に特色がある。プラートに関していえば，中国系縫製業者の生産品質は数年間で格段に向上した。追随性と柔軟さを併せもつ彼らがプラートに多数集積したことで，周辺ばかりでなく，域外各地からも，多数のイタリア系メーカーや商業チェーンが，買い付けに訪れるようになった。プラートに行きさえすれば，かなり無理な注文でも，迅速かつ柔軟に請け負わせることのできる状況が生まれた。しかも，プロント・モーダで使われる生地の約50％はプラート製だという。かくして，進出した中国企業が受入国企業に低コストの伸縮自在な能力を提供し，後者の「緩衝材」として機能するばかりでなく，原素材の多くを現地調達することによって，経済のグローバル化がもたらすイタリアおよびプラート経済への打撃を緩和するという，絶妙で相補的な分業体制が成立したのである。さらに，多数の中国人がプラートに集積し始めた1990年前半にEUが成立し，関税のかからない巨大市場が誕生したことが追い風となって，プラートの繊維産地は劇的な変化を遂げ，EU圏への年間輸出額は，既述のように，日本円相当で1100億円にものぼっている[32]。

要するに，プラートは，温州人企業家を迎え入れることで，経済活動領域が広がり，欧州各地から，従来見られなかったジャンルを含む，多様な顧客が集まるようになった。その過程で，伝統的な織物業者も，急成長中のプロント・モーダを意識した生産・営業体制に転換していった。こうして温州人企業家を中心とする新興のアパレル産業が，衰退しつつあったかつての主力産業の復興にも一役買い，プラートを新しいファッションセンターとして再生することに貢献したのである（Ceccagno 2007, 2009）。

私たちが2006年春にインタビューしたプラート産業連盟（UIP）のジョバンニ・モスキーニ（Givanni Moschini）副会長は，中国企業の台頭を次のように分析する。

「地元企業に比べると，中国系の企業は高い成長率を誇っています。というのも，彼らは，市場ニーズに対して，実に敏感に素早く対応するからです。一昔前まで，中国系企業はイタリア企業の単なる下請でしたが，今や，独立した立派な企業になっています。彼らは，新しい独自ブランドの製品を，欧州市場に向けて積極的に展開しています。ブランド名はイタリア語っぽいんですが，その実体は，中国人の経営によるものなんですね」

---

32 2012年7月14日に放映されたNHK BS-1のTV番組「"イタリアブランド"を創りだせ──ファッションの都に生きる中国人」による。

プラートの中国人は、生産面だけでなく、納税や消費面でも、現地経済に貢献している。稼ぎが良いので、税金も高額なのだ。彼らは、良い住宅に住み、プラダやグッチ、ロレックスといった高級ブランド品を身につけ、欧州製ハイエンドの乗用車やSUV（sports utility vehicle、スポーツ用多目的車）、さらに、イタリア製スポーツカーなどを次々と購入するため、一家の駐車場に数台、現地人も羨む高級車がひしめき合うことも、よくある風景である。地元レストランにとっても、彼らは店一番の上得意である。中国人経営者たちは連日、行きつけの地元レストランに集まり、情報交換を兼ねた晩餐会を催す。第3章で詳述したインフォーマルな民間金融、「会」（ホィ、hui）も、しばしばそうした場で運営される。特に大人数が集まる祝賀の席などでは、1本数万円のワインが束ねて空けられ、1回の食事代の合計が、日本円にして100万円を超えることも稀ではない。

彼らはまた、自分たちがよく利用する公的サービス機関に、多額の寄付をする努力を惜しまない。私たちの2006年春の調査時には、先述のイタリア・プラート華人華僑聯誼会が中心となり、中国系企業や個人から集めた資金を、プラート市の病院に寄付する話が進行中であった。

そうした諸状況を考慮すると、「経済的には大歓迎」というのが、中国系移民に対する現地人の評価であろうと推察される。プラート産業連盟のイタリア人女性職員はこう語る。「中国人は、私たちに新しいパースペクティブを提供してくれました。彼らは才気があって、聡明です。学習も速い。また、その旺盛な消費力によって、私たちのイタリア経済の価値を高めてくれています[33]」。このような側面に加えて、「中国移民は非常にありがたい存在である。アフリカ諸国からの移民に比べて、社会的緊張や人種的緊張も少ない」（Luigi 1999）というのが、少なくとも、2008年秋のリーマン・ショック以前の、イタリア地元民の意見をほぼ代表していると考えられる[34]。

中国人移民を安く使う温州企業

もっとも、在欧州の温州人企業、とりわけ製造企業の高い競争力は、安全や環

---

[33] 2006年3月7日のプラート産業連盟でのインタビュー。
[34] リーマン・ショック後に関しても、フィレンツェ大学経済管理学部教授のDei Ottati（2015）は、プラートで急増した中国系移民企業家の地域経済への貢献を評価する。というのも、彼らが牽引するアパレル産業の発展に伴い、例えば、中国製生地の輸入やイタリア製品の輸出などが増えるとともに、貿易に携わる中国企業も増加しており、在プラートの中国企業は、地元イタリア企業との取引を通じて、ハイエンド商品へのシフトをいっそう進め、後者もまた、前者とのビジネスを介して、国際化のチャンスをつかんでいるからである。つまり、中国系、イタリア系企業の双方、ならびに、地域経済にとって、相互補完的な好循環の経済体制が続いていると指摘されている。

境などに関する現地法規制の回避や違反に強く依拠しており，ほぼ例外なく，その労働環境は過酷である。中国人経営者は，現地企業なら断る厳しい納期や低価格の仕事を率先して請け負い，そのもとで中国人労働者は，1日に16〜18時間も働くことが，日常的な姿である。

　この点で，プラートの中国系企業も，ニューヨークのチャイナタウン（Kwong 1987）さながらに，高度な技能をもたず，教育水準も低い中国人移民を大量に吸収して発展してきており，その多くは最底辺の下請稼業に甘んじ，安全や環境に関する規制には，無頓着な場合が多い。必ずしも，すべての職場がそうではないが，工員が工場内で寝起きし，機械の脇に，ベッドや炊事場があることは日常茶飯事である。

　私たちが，2012年3月に訪れたプラートの東南約20キロメートル，フィレンツェ近郊の温州人経営の縫製工場では，2階建ての簡素な建屋内に入ると，1区画当たり約30平方メートルから50平方メートル程度に，雑然と仕切られた小規模の生産現場ユニットがずらりと並び，各仕切り内で学童年齢と思しき子供たちが，両親と一緒にミシンを踏み続けていた。それぞれの生産区画が，事実上，現地サプライチェーンのヒエラルキー構造の最下層に位置する最小単位を構成しており，各家族は，工場の所有者からレンタルした手狭な作業空間で，縫製作業を請け負うと同時に，その同じ区画内で調理し，食事し，就寝していた。つまり，作業台，工具類，生活用品，食器類，洗濯物，簡易ベッドの入り乱れた1区画は，完全に一家族全員の居住スペースと一致しており，ほぼ外出することはない。なぜなら，大多数が不法入国者かビザの切れた不法滞在者のため，工場外に出るとすぐ捕まる可能性があるからだ。そのため，焦げた調理油とミシン油の交雑した臭気の立ち込める狭いスペースで，食事と就寝を除く，ほぼすべての時間が，出来高制の賃労働に充てられ，それでも日本円換算で，月2万円程度の低収入を得るのがやっとということだった。こうした慣行が，中国系企業の「低コストで短納期」のからくりの一端を担っている[35]。

---

[35] 逸話的とはいえ，他にも関連する証拠があるので紹介しておこう。先述の2012年7月14日放映のNHK BS-1のTV番組「"イタリアブランド"を創りだせ——ファッションの都に生きる中国人」で取り上げられた，プラートの中国系カバン製造工場では，30人の中国人労働者全員が不法滞在者で，その月給も日本円換算で，わずか2万円にすぎなかった。イタリア財務警察に検挙された別の中国系縫製工場では，中国人労働者20人の大半が，パスポートさえもたない不法滞在者で，工場内の1区画にまとまった形で，違法に改造され，ベニヤ板で仕切られた寝室に寝起きしていた。1年間，工場から1歩も外に出たことがない労働者もいたという。

　私たちがミラノで会った温州人企業家も，イタリア入国後，最初の4年間は，家族3人分の密入国費用33万元（彼が入国した2008年の年間平均換算率1元＝14.9円換算で約491万7000円）の借金を支払うため，親戚が経営する工場で，1日16〜18時間，働き続けた。まさに「働く」，「食

とはいえ，現地に進出した中国系工場のすべてが，このようなスウェットショップ（sweatshop）状態にあるわけではない。例えば，私たちが2006年3月に訪問したプラトの，別の若い女性向けのカジュアル服工場の工員の月給は，その温州人経営者によると，1300〜1500ユーロ（同年の年間平均換算率1ユーロ146.0円換算で約18万9800〜21万9000円）と，現地の物価水準を勘案すると決して高くはないとはいえ，比較的恵まれた水準にあるようだった。さらに，2012年3月に私たちが現地で会った，当時フィレンツェ大学を訪問中の，温州大学城市学院の研究者，周歓懐（Zhou Huanhuai，ヂョウ・ファンフアイ）によると，彼女のフィレンツェに住む知り合いの温州人で，カバンを縫製する個人請負業者の月収は約1300ユーロ（同年の年間平均換算率1ユーロ102.6円換算で約13万3380円）であり，これは当時のイタリア人同業者の賃金の半分以下で，毎日16時間働きづめという過酷な労働条件ではあったが，少なくとも，先の「工場内囲い込み」労働者よりは，相当ましな収入レベルには違いなかった[36]。

とはいえ，そうした一見過酷な状況であっても，温州人のように，労働者として働きながら技術やノウハウを身につけ，創業資金を蓄え，数年後に独立という成功モデルを共有する同郷コミュニティーでは，インフォーマルとはいえ，雇用主と労働者の利害が一致する，それなりに優れたインキュベーション・システムとしても機能している事実を見逃してはならない。

つまり，進出先の言葉や慣習に不慣れで，学歴にも乏しい温州人は，異境の地で仕事や住居を確保し，生き抜いていくために，同じ言語（方言）を話し，信頼できる同胞を頼ってきた。特定地域に集住し，同じ職種に従事する彼らは，互いに同じ境遇にあって利害を共有し，当たり前のように，一致団結してさまざまな難題に対処する。日々の活動を通じて，生活や儲け話の詳細情報が交換され，信

べる」，「寝る」だけの生活だったその4年間，ほとんど太陽を見たことがなかったという。労働力の利用に関する見方はいくつかあろうが，少なくとも，中国人企業が強みとする低コストと伸縮自在性は，こうした不法滞在者を"有効利用"することで，成り立っている部分が少なくない。

さらに，Ceccagno et al.（2010）が指摘するように，基本的に弱い立場の不法移民や，周辺の人脈が脆弱な労働者は，雇用主から不当な扱いを受けやすく，搾取・従属関係が表面化するだけでなく，「中国人女性の中絶が目立つ」，「子供が両親の工場を手伝うので，中学校や高校の中退率が高い」といった，深刻な現実問題も無視できない点を付け加えておこう。なお，プラトにおける中国人密航者と中国人企業の実態については，Kynge（2006）が詳しい。

36 一般に，私たちが現地でインタビューした中国人経営者の大多数は温州人で，基本的に会社の売上高や工員の給与に関する質問を避けたがる傾向があった。また，稀にこれらに言及した際でも，売上高に関しては，実際の金額よりも少なく，工員や従業員の給与については，多く挙げる傾向が認められた。イタリアの財務警察や税務職員の権限をもたない私たちは，それ以上の質問は手控え，回答された数字をそのまま記録する他に方途はなかった。本文中で引用した工員の給与に関するデータは，そうやって入手した数少ない実例であり，注意深く扱う必要があろう。

頼関係も強化されていく。中国人の特定個人間で見られる「関係」(guanxi, グアンシー) から, 温州人が特に同郷人同士に広く行き渡る形で, 排外的に発展させてきた「同一尺度の信頼」は, 事業を始める際にも極めて重要で, 同一コミュニティーへの帰属意識を通じて, 有用なヒト, モノ, カネ, 情報が効率よく採集され, また, 同胞間に瞬時に伝播する。つまり, 彼らは, 伝統的に培われた高結束型のコミュニティー・キャピタル, および, そのもとに張り巡らされた社会ネットワークを現地進出先のエスニック・エンクレイブに持ち込むことによって, より早く成功した移民企業家が, 故郷からの同胞の呼び寄せや新移民への職や住居の斡旋と提供, さらには, その独立創業を支援する役割などを, あたかも集団全体に課せられたルーティン・ワークのように分担し, 協力し合うことによって, 移民同胞の循環的な起業と成長の環を, つくり続けてきたのである[37]。

現地人や他の移民との軋轢

先に指摘したように, ニッチ市場を巧みに見出して急成長し, 現地の地域経済の活性化に寄与する温州人は, 多くの欧州受入国にとって経済的な「存立要因を満たす」存在であるため, そのプレゼンスの高さにもかかわらず, 一部の例外を除くと, 表立った排斥活動がほとんど見られないことが特筆される。

だが, 近年, 2008年秋のリーマン・ショック後の世界同時不況に続いて, 2009年秋に表面化したギリシャの国家財政悪化に端を発する欧州債務危機により, 欧州全体を不安が覆い, そのあおりで在欧温州人ばかりでなく, 移民一般のビジネス環境の悪化するなか, "成金" の中国人を狙う犯罪も目立つようになっ

---

[37] 移民事情に詳しい情報通なら, このような特徴は, 何も温州人だけでなく, 移民一般に広く見られる現象だと主張し, その是非を問うであろう。それに対する答えは, 「イエス」アンド「ノー」である。すなわち, 一般傾向として, そうした主張は正しいかもしれない (つまり, イエスだ) が, その「程度」は, 各エスニックグループによって, 無視できないほどの開きがあり, 仮に発端では, 微妙で目立たない程度の差異であっても, 歳月を経ると, しばしば途方もなく異なった帰結を生み出すことがある (つまり, ノーなのだ)。本書では, そうした経年変化による差異のメカニズムを, 豊富な証拠によって, 実証的に比較検証していく。

なお, これに関連して, ロンドン, パリ, ニューヨークといった7つのグローバル都市を取り上げ, アパレル産業に従事する移民企業家の実態を国際比較した実証研究でも, それぞれのもつ社会ネットワークの強さや有用性の違いが, 知識の獲得, 情報の普及, 労働力と資金の収集, 顧客やサプライヤーとの関係構築に役立ち, あるいは, 阻害していること, さらに, 韓国系やアフリカ系などのコミュニティーごとに, その凝集性は異なり, 移民企業家らのパフォーマンスに認知しうる差異が生じていることが判明している (Rath ed. 2002)。近年, 移民の起業ビジネスに関しては, Waldinger et al. (1990) をはじめ多数の研究が蓄積されてきており, なかでも, イタリアの温州人企業家については, Panayiotopoulos (2006) と Dei Ottati (2015) が参考になる。

た。低所得層の現地人，温州人成功の陰で漂流する他地域出身の中国人，さらに，北アフリカ，東欧，中東など，中国以外からの移民貧困層が，現地で懐く不満や，成功者への嫉視の矛先は，直接，受入国民に向けられるというよりも，むしろ，最初同じような底辺からの叩き上げだったにもかかわらず，比較的短期間に著しい集団的成功をつかみ，進出する先々で，一大エスニック・グループを形成するに至った温州系移民に向けられるのは，人間性の一面を顕すのかもしれない（Tocqueville 1961［1835, 1840］）。

現地人による排斥活動

在欧州の温州人移民に対する表立った排斥はあまり多くなく，仮に発生したとしても，偶発的，散発的で，大きな運動には結びついていない。一例として，スペイン・エルチェ（Elche）の温州人靴卸店の倉庫襲撃事件が挙げられる[38]。

エルチェは，スペイン南東部バレンシア州アリカンテ県にある人口約23万人の小都市で，欧州で最大規模の靴製造・卸業の集積地があり，「卸業」の分野では，高品質・高価格のスペイン製靴を扱うスペイン人業者と，安価な中国製靴を輸入販売する主に温州人からなる中国人企業家が併存している。後者は1990年代半ばから増え始め，私たちが訪問した2007年には，約80の靴卸業者が，1区域に集積して店舗を構えていた。

現在では取扱商品の価格帯が異なるため，在エルチェの現地人卸業者と中国人卸業者が直接，市場で競合することはない。また，後者の主な顧客は，スペイン人の小売業者や2次卸業者であり，言葉のハンディを補うため，販売員に現地人を雇用する中国人業者も多い。一見，スペイン人と中国人はこのように補完関係を維持しながら，同地における靴産業の卸売機能を強化しているように見える。中国人の進出で，エルチェの知名度は向上し，ここを訪れる仕入業者は確実に増加した。ビジネスの拡大に伴い，物流をはじめとする関連産業も成長し，エルチェ在住の中国人卸業者の納税額も増大したため，彼らは，地元政府にとって歓迎すべき存在となった。

だが，話はそれほど単純ではない。なぜなら，靴「製造業」の分野で，エルチェは，伝統的に中低級品の靴メーカーの産地として発展してきた歴史があるからである。中国人の卸売業者のエルチェ進出で，安価な中国製品が大量にスペイン

---

[38] 本節における，エルチェ靴産業の概説と，エルチェ温州人靴卸店の倉庫襲撃事件の叙述は，私たちが2007年1月7～9日に実施した現地視察，資料収集とインタビューに基づく。なお，本書ほど詳しくはないが，同じエルチェの襲撃事件に関しては，郭・張（2012, pp. 33-35）にも短い記述がある。

国内に流れ込み，最も打撃を受けたのは，そうした地元の靴メーカーであった。2002年に1230あった地元靴メーカーは，2007年に769にまで減少し，雇用者数も1万1138人から5761人にほぼ半減した[39]。

ちょうど衰退し始めた地元靴メーカーとの軋轢が懸念されていた2004年9月，温州人の靴卸業者の倉庫が，地元スペイン人の若者たちによって焼き討ちされる事件が発生した。当事者の温州人はもちろん，それまで産業協力によって良好な関係維持に努めてきた中国，スペイン両政府を慌てさせた。中国製の安価な靴に市場を奪われ，職を失ったと考える地元スペイン人青年の一部が，デモ行進中に暴徒化し，道路脇の中国人卸業者の建屋を襲い，放火したからである。

デモ隊の大半は，18歳以下の無職または失業中の若年層だった。彼らは，「中国人はエルチェの靴産業を脅かしている」，「中国人は出て行け」などと叫びながら行進するうちに，激昂した一部が暴徒化し，中国人卸業者のコンテナを倒し，トラックや店に火をつけ始め，収拾がつかなくなった。警察隊と消防隊が出動する大騒動となったこのデモ活動は，携帯電話などへの呼びかけに応じて，地元の若者たちが集まった自然発生的なものだったと見られ，現地に派遣された中国領事館の書記官らとスペイン政府側の迅速な対応も手伝って，ほどなく収束し，再燃することはなかった。

だが，そうして収拾された結果も，事態の拡大を望まない両国の当事者が，事後的に継続した努力と協業の所産だった。

事件後，温州市政府は，スペインの靴製造協会の関係者と中央政府・地方政府の幹部らを中国に招き，中国靴産業の実態をつぶさに紹介した。この招聘視察を契機に，スペインの関連業界と政府の招待客たちは，自国の大手企業自身が中国の靴メーカーに発注し相互依存している現状や，後者の高い競争力の源泉などを直接見聞し，エルチェの中国人卸業者のビジネスにも，より深い理解を示すようになった。

一方，温州人を中心とする中国人卸業者らは事件後，エルチェ在住の中国人と地域社会との共存共栄を目標に掲げる業界団体「スペイン華人鞋業協会」を結成し，その事業を円滑に遂行するために，現地事情に精通しスペイン語も堪能な「上海」出身のベテラン中国人を，専従の事務局長として採用し，鋭意，その任務に当たらせた。このような要職に非同郷人を雇用することは，温州人中心の団体では極めて稀な決断だった。さらに，現地人とのコミュニケーション力を高め

---

[39] Concejalía de Fomento de Ayuntamiento de Elche（Elche Development Council，エルチェ開発評議会）の *La Empresa en Elche*（『エルチェ経済白書』）2005年版と2008年版による（http://economiaelche.com/hemeroteca/，2010年10月10日アクセス）。

るため、華僑・華人のためのスペイン語教室も開設した。

ビジネス面でも、現地の靴メーカーと温州人企業の共同出資で卸売会社を設立する動きも進んでいる。こうして温州人靴卸店の倉庫襲撃事件は、一時センセーショナルなニュースとして、世界に流れたが、その後、エルチェで同種の事件は発生していない[40]。

他地域出身中国人の嫉視

ファースト・ムーバーの利点（first mover's advantage）を最大限に活かし、労働者としてスタートしながら、その多くが企業家に転じることができた温州人と、絶対数はそれほど多くないとはいえ、黒竜江省や吉林省、遼寧省などから遅れてやってきた東北人や福建人らとの間にも、軋轢はある。後発で、しかも、同郷人による相互扶助のネットワークが比較的弱い彼らにとって、企業家に転じるチャンスは、温州人ほど高くないからだ。

職や宿探しの段階から、温州人と他の地域から来た中国人では、仲間内の社会的支援に明らかな差が認められる。温州人は、進出先に同郷の企業家が多数いるため、同郷人ネットワークを介して比較的容易に職や住居を見つけられるが、頼るべき同郷人の乏しい東北人や福建人らは、さんざん探し回っても、結局、欧州各地でプレゼンスの高い温州人経営の工場や中華レストランなどで働くことになる。そのうえ、他地域出身の中国人にとって、創業資金などをサポートしてくれる"エンジェル"を見出す可能性は、皆無に等しい。そのため、彼らは長期間、温州人企業の労働者として働き続けざるをえない。

このように、現地の中国人社会の中で階層が生じ、ある程度、出身地によって固定化される傾向があるため、学歴も教養も決して高くない温州人が支配する現地の同国人社会に対して、先に触れ、後章で詳述するように、羨望と嫉妬の入り交じった複雑な感情を抱く中国の他地域出身者も少なくない。

そうした事象は、ある意味で、数の関数であるともいえる。36歳の福建人の次のコメントは象徴的である。

「私はプラートに来たばかりで、友人数人と一緒に住んでいます。私はすぐにでも、そこを出ていきたいので、どんな仕事でもするつもりです。ベストを

---

[40] とはいえ、受入先社会との小競り合いはスペイン以外でも時折、発生している。例えば、イタリア・ミラノのチャイナタウンでは、2007年4月12日、中国人による暴動事件があった。違法駐車で摘発された中国人女性が、イタリア人警官に抵抗したことをきっかけに、中国人数百人とイタリア人警官隊が激しくもみ合い、双方に怪我人が出た。中国人業者の違法駐車や、休日・深夜等の違法営業に対する警察当局の取り締まり強化と、そうした動きに対する中国人側の反発が原因とされる。ミラノの中国人暴動事件については、Tarantino and Tosoni（2009）が詳しい。

尽くせば，すぐに仕事は見つかると楽観的に考えていますが，私は，プラートの最大勢力である，温州人ではありません。中国人は，出身地や方言によって，かなりはっきりと分かれます。私は同郷人にしか助けを求めることができませんが，プラートには福建人があまりいません。これは私にとって困ったことなのです」(Fladrich 2009, p. 113)

裕福な中国人を狙う犯罪と取り締まり強化

　2008年秋のリーマン・ショック以降，温州人が集住するイタリアのプラートやローマ，スペインのマドリードでは，中国人に対する強盗・恐喝・詐欺事件が多発し，地元警察も，中国人に防犯意識を高めるよう呼びかけるほど，事態が悪化した。

　例えば，2011年9月に，プラートの中国人経営の食品スーパーマーケットに，数人の強盗が拳銃をもって押し入り，店内にあった現金を奪った後，店に放火して逃走した[41]。被害者の女性経営者は意識不明の重体で病院に運ばれた。また，2012年3月には，同じプラートで，わずか2日間に，3件の中国人に対する強盗事件が発生した。3名の各被害者は全員，路上で襲われ，激しい暴行を受けた末，財布やカバンを奪われた[42]。多額の現金を持ち歩く習慣のある"裕福な"温州人を狙って，しばしばその地域から"出稼ぎ"に来る，非中国系移民の貧困層による犯行と見られる。

　一方，2012年1月4日夜には，ローマの街頭で，中国人家族に対する殺人事件が発生した。仕事帰りの温州人夫婦と生後9カ月の幼児が，オートバイに乗った2人組のモロッコ出身の若者に襲われ，夫と幼児が射殺された[43]。この事件は，華僑・華人を狙い撃ちした凶悪犯罪として，イタリアの主要なマスコミが取り上げ，同国全土に広く報道された。その結果，政府に有効な対策を迫る，現地人と在ローマ中国人の共闘デモが，ローマの街頭を行進した。

　リーマン・ショック以降，経済低迷の長引くスペインでも，高級車に乗り，豪邸に住む裕福な温州人は，特に官憲の目を引く。2012年10月には，マドリード郊外の倉庫街に警察の捜査が入り，貿易業などで成功した青田出身の事業家，高平（Gao Ping，ガオ・ピン）をはじめとする数10名が，マネーロンダリングなど

---

[41] スペインの中国語メディア媒体，欧浪網の2011年9月20日報道による（http://www.eulam.com/html/201109/20/329194.html，2012年6月30日アクセス）。

[42] 欧浪網の2012年3月13日報道による（http://www.eulam.com/html/201203/13/356780.html，2012年6月30日アクセス）。

[43] 欧浪網の2012年1月6日報道による（http://www.eulam.com/html/201201/6/347043.html，2012年6月30日アクセス）。

の犯罪に関与したとして逮捕された[44]。私たちが2015年3月に同地を訪問した際にも，緊迫感は続いており，2007年の最初の訪問時に懇意に迎えてくれたある経営者は，スペイン当局に追われているとして，神経質そうな表情で一瞬，姿を見せただけで，消えた。

このように，移民社会と現地社会，さらに，出身の異なる移民コミュニティー同士の間で，さまざまな軋轢があり，景気後退と相俟って複雑な様相を呈してはいる。だが，少なくとも，在欧の中国人移民の中では，温州人が総体として，相対的に安定したビジネス基盤を手広く展開し，集団的な繁栄を手にしていることに違いはなかろう。

現地社会との，より調和的な共存に向けて

温州人同士の強固なコミュニティー・キャピタルは，彼らの異郷での成功にとって極めて重要な要素である一方，受入側にとっては，その閉鎖性がやはり脅威と映り，現地社会を苛立たせてもいる。

だが，相互不信の解消を目指す新たな動きも芽生えている。先に紹介した，スペインのエルチェにおける，温州人靴卸店の倉庫襲撃事件後，現地の中国人と地元民の双方に生じた相互理解を深めようとする共通の努力が，その一例である。

商売上のつながりも深まってきた。イタリアのプラートでは，現地人経営の織物業者から生地を購入する温州人経営のアパレル業者が増えた。プラート在住の温州人企業家が仲介役となって，イタリア職人がこだわり抜いた高感度で高品質の"正真正銘"のイタリア製品を，急成長する中国市場で販売するプロジェクトも進行中である[45]。「如才ない中国人」と「創造的なイタリア人」の商売上の融合に期待がかかる。

---

[44] スペイン・マドリード発刊の『エル・パイス』(El País) 2012年10月21日の記事 "Gao Ping: The Emperor and His Clothes"，ならびに，『南方周末』2012年11月22日の記事「西班牙華商：危険的財富」による（http://elpais.com/elpais/2012/10/21/inenglish/1350821764_413124.html, http://www.infzm.com/content/83079，いずれも2015年8月9日アクセス）。

[45] NHKのテレビ番組「ドキュメンタリーWAVE」の2012年7月14日BS-1放送分"「イタリアブランド」を創りだせ──ファッションの都に生きる中国人"による。同番組では，大連の企業が推進する，中国の富裕層に欧州のファッションブランドを売り込む一大プロジェクトに，プラートのイタリア企業を連携させようと奔走する，プラート在住の温州人企業家が紹介されていた。大連の企業は，新築の7階建てファッションビルに欧州ブランドを集める計画で，急成長する中国市場に，ホンモノの"Made in Italy"製品を売り込むことができれば，イタリア企業には200億元（2012年の年間平均換算率1元＝12.6円換算で約2520億円）の売り上げが見込めるという。このように，プラートの温州人企業家が，地元イタリア企業の中国市場進出をサポートするという，新たな関係が模索されている。

第 2 世代の成長も，中国人移民と現地社会との関係改善に大きく寄与することになろう。例えば，プラート市政府のデータによると，2005 年当時，プラートに在住する中国人のうちイタリア生まれは 13.0% にすぎなかったが，2014 年には 24.1% にまで上昇し，4 人に 1 人がイタリア生まれであった[46]。イタリア社会で生まれ育った中国人が増えることで，現地における両国民の交流も，彼らの親世代には見られなかったやり方で進むことが期待されている。

　もっとも，現地社会と良好な関係が築けるかどうかは，受入国と地域の移民政策，歴史と文化，ソーシャル・キャピタルの程度によって，少なからぬ影響を受ける。温州人は総じて，中国系移民に比較的寛容な政策をとるイタリアやスペインなどで顕著な活躍をしてきた。これらの国々では，文化の違いや言語の壁にもかかわらず，勤勉で仕事熱心な中国人が，経済活動を通じて現地の人々と次第に信頼関係を築き，そうでなければ互いに得られなかったような情報，スキル，ノウハウなどの相互学習も浸透し，進出先地域と参入者の双方が潤う協業の様式が穏やかに整ってきている。

2 つ以上の故郷

　近年，諸国間の人の移動は，経済のグローバル化と移動・通信手段の発達に伴い，多様な展開を見せている。そうしたなか，新たな移民スタイルとして脚光を浴び，一般化しつつあるのが「トランスナショナルな移住」である。この新種の移民形態では，人は移住先にいながら，母国の家族や友人と頻繁に連絡を取り合って，複数の場所と，共時的，越境的につながることが常態となり，将来，また，どこか別の国や地域に移り住むかもしれないという伸縮自在な移動可能性を，常に抱えて生活することも，例外ではなくなる。そして，この新しい移民を介して，彼らの本国と受入国，さらに，複数の受入国との間で，人的，物的，金銭的，情報的な諸資源が，従来になかった頻度と強さで，盛んに行き交うのである (Portes et al. 1999, Portes 2003, 2010)。

　在欧の温州人企業家も，近年益々トランスナショナルな移民に転じ，あるいは，置き換わりつつある。中国語，および，中国人としての知識と教養を習得させる

---

[46] プラート市政府によると，2005 年時点における在プラートの中国人は 8636 人で，うち同市生まれは 1123 人だったが，2014 年時点では両者とも増加，なかでもプラート生まれの伸びが大きく，プラート在住中国人 1 万 5957 人のうち 3839 人が同市生まれとなった（http://www.comune.prato.it/immigra/cinesi/anagrafe/annuali/htm/canzim.htm，http://statistica.comune.prato.it/?act=f&fid=6370，いずれも 2016 年 1 月 3 日アクセス）。

ために，子供だけを中国に残し，あるいは逆に，現地に呼び寄せてインターナショナル・スクールに通わせて，英語や現地語を学ばせ，さらに，高等教育を受けさせるために，英米の大学に留学させる一方で，第1世代移民として苦労を重ねてきた高齢の両親は，余生を過ごすために中国の故郷に戻り，あるいはまた，その兄弟姉妹が第3国に移住したりと，彼ら一族は目まぐるしく国際移動を重ねながら，空間的には離れているが，精神的，経済的につながる家族形態を維持している。温州人企業家自身も，その本拠地がどこであろうと，通常のビジネス活動の一環として，あるいは，資産形成を目的とする投資や投機のために，進出先の海外の居住地や，中国もしくは第3国の間を，夥しい頻度で弛まず往来し続けている。

そうした事情は，かつて広東人や福建人などがいったん出国後は，ほぼ本国との連絡を絶たれ，移住先国の最底辺で地理的，階層的移動の望みもほとんどもちえないまま，そこで一生を終えるか，あるいは，多くは失敗者として本国に帰還するようなパターンが繰り返されてきた歴史とは異なる，新たな21世紀型ビジネス移民の誕生を物語っている[47]。

---

[47] なお，限られた資料とはいえ，こうした新たなジャンルを構成する「豊かな温州人移民」が，他省出身の華僑華人に比べて，どの程度「2つ以上の故郷」を有するかについて，一定の傾向を示すデータがあるので，簡単に触れておこう。

　順序は相前後するが，第6章でクラスター分析を行う欧州在住の温州人企業家133人を対象に，居住国以外の「中国」および「第3国」にいかなる頻度で出掛け，また，どれくらいの期間滞在しているかに関するデータを分析したところ，39.1％は中国にビジネス拠点があるか，あるいは，家族の一部が居住しており，「1年のうち数カ月以上を中国で過ごす」者も9.0％いた。さらに，前者39.1％中，15.4％（8人）は，第3国にもビジネス拠点や家族をもっており，居住国，中国，第3国の間を，頻繁に行き来するトランスナショナルな移民だった。

　もともと本研究の質問項目には，そうした行動パターンに関する問いが含まれていなかったので，上記の数値は，インタビュイーの方から申し出たケースのみを拾い出して，集計した結果である。そのため，特にそうした言及がなかった残りの60.9％の中にも，実際には，2つ，あるいは，3つ以上の故郷を有し，中国だけでなく，第3国とも緊密な関係を保ちながら，頻繁に往来する在欧企業家が，先の数値をかなり上回るレベルで，含まれていると想定しても不自然ではなかろう。

　加えて，温州人と非温州人企業家の間で，そうしたトランスナショナル性にいかなる違いがあるのかを検証するため，第6章で析出される温州人の「ジャンプ型」（25人）と「現状利用型AおよびB」（79人），さらに，第8章で導出される「非」温州人の「ジャンプ型」（15人）と「現状利用型」（28人）同士を，類型別に比較した。その結果，大変興味深い傾向が浮き彫りとなった。

　温州人も非温州人も，「ジャンプ型」が「2つの故郷」をもつ割合は，ともに40％台で拮抗していたが，「3つ以上の故郷」を有する企業家は，温州人の32.0％に対して，非温州人はわずか6.7％にとどまった。他方，「現状利用型」（温州人の場合，「現状利用型A」と「現状利用型B」の合算）では，「2つの故郷」をもつ企業家の割合は，温州人の43.0％に対して，非温州人は21.4％とほぼ半分だった。個人的能力に優れたジャンプ型において，そのダイナミックなリワイヤリング能力を代弁する3つ以上の故郷の指標で，5倍近くもの差が検出されたことは驚きであり，また，どちらかといえば，個人的能力の面で，決して大胆な国際移動に向くとは思われない現状利用型でさえ，

これに伴い、今世紀に入ると、欧州在住の温州人コミュニティーに、2つの顕著な変化が現れた。第1は、1980年から1990年代にかけて盛んだった、温州から欧州に向かう「連鎖移民」の流れが先細りとなり、代わってその一部が、中国ですでに事業を成功裡に立ち上げ、新市場開拓を目的に、自力で一定の規模以上の海外投資をする「投資移民」に置換されつつあることである。つまり、貧しさからの脱却が主目的だった旧来の移民企業家の枠組みから脱し、中小企業の海外展開や国際化の範疇で議論すべき新たなグループの出現である。第2は、欧州における蓄財を抱えて、中国に戻る温州人が目立ち始めたことである。温州を含む中国の飛躍的な経済発展によって、先進国との賃金や生活レベルの格差が是正される一方で、経済が低迷する欧州よりも、中国において、より多くの、そして、より大きなビジネスチャンスが次々と生じてきているからである[48]。

　中国・温州の奇跡的な経済発展のメカニズムを、第3章で概観したが、温州人の真に脅威的なパワーの源泉の1つは、国境を越えて広がる世界規模の温州人コミュニティーにある。温州人企業家個々の経済活動と、彼らを構成メンバーとする温州人コミュニティー全体の経済的繁栄は、広範な海外をも包摂する、圧倒的なリワイヤリングによる"諜報能力"と、彼らの血縁と同郷縁をベースとする、強い結束型のコミュニティー・キャピタルを抜きにしては語れない。次章からは、その興味深い実態を、より詳細に検証していくことにしよう。

　「2つの故郷」をもつ指標で、温州人が2倍ものプレゼンスを示したことは、注目される。
　限られたサンプル数とはいえ、これらの検証結果から、類型ごとに若干の違いは見られるものの、とどのつまり、企業家の類型にかかわらず、押し並べて「非」温州人よりも温州人のほうが、より新しいトランスナショナルな移民の行動パターンを示すことが看取できた。そうした知見は、特に長く中国系移民を受け入れてきた欧米をはじめとする諸国民の間に見られる、ある種の固定観念の根本的な是正を促す。

48　Istat（2014）によると、イタリアへの中国人移民の数は毎年増え続けていたが、2010年の2万2535人をピークに減少傾向に転じ、2013年は1万7592人にとどまった。他方、イタリアを離れる中国人は近年、急増しており、リーマン・ショック以前の2007年には、年間580人にすぎなかったが、2010年に1303人、2013年には1943人にまで増加した。2008年時点で約17万人だった在イタリア中国人の総数（Caritas 2009）に対しては、まだ少数とはいえ、時の趨勢は明らかである。

第5章

在欧の温州人企業家のネットワークとコミュニティー・キャピタル

　ネットワークに関する関心は，社会学，経済学から数学，物理学と多様な学問領域に広がり，さまざまなアプローチによる研究が蓄積されている。本章および第6章，第7章は，そうした先人の「知」を踏まえ，示唆に富む温州人社会の事象を解析し，個人や組織が生き残るためのネットワーク戦略と，それを支える強い結束型コミュニティー・キャピタルのあり方を提示するのが目的である。第3章では，改革開放後の中国・温州の経済発展メカニズムを概観し，第4章では，同時代に離郷し，海外で成功した在外温州人企業家の一般動向を叙述したが，本章から第7章にかけては，特にフィールド調査から直接導出された彼らの属性，行動パターン，つながり構造を独自の定量的・定性的データに基づいて詳細に分析し，その企業活動の全体像を示す。

　本書の考察に直接役立つ資料を提供してくれた温州人企業の総数は264社（別途，温州市服装商会に委託した質問票調査企業14社を除く）であり，そのうち中国「国外」に主要な経営基盤を置く在外企業は189社であった。私たちはこれら在外企業189社のうち，（経営者以外の経営幹部にインタビューした）5社を除く184社で直接，経営者自身に聞き取りを行う機会を得た。また，184社のうち日本にある4社を除く180社すべてが欧州に立地している。したがって，本章では，総数264社の概要を説明した後，これら180社を経営する在欧温州人企業家の属性を項目別に整理し，その傾向を浮き彫りにする。

　一般に，現実社会において複雑に絡み合い，輻輳するネットワークの構造，信頼のタイプ，コミュニティー・キャピタルの度合いなどを，全く議論の余地のない形で厳密に計測するのは著しく困難である。とはいえ，上述の180社中，少なくともリーズナブルに比較検証可能なひと揃いのデータを提供してくれた133人の在欧温州人企業家へのインタビュー結果を体系的に数値化し，クラスター分析によって比較考量することは決して不可能ではなく，次の第6章でその結果を示す。さらに第7章では，第6章で析出した個人のネットワーク戦略の類型に沿いながら，フィールド調査で得た詳細な定性データを用いて，個別具体的に在欧温

州人企業家の実態を描出する。

　そうした多面的な分析を通じて，本章から第 7 章にかけて，下記の 4 点に関する議論を深めていく。

(1) 在外の温州人社会は，コミュニティー・キャピタルが豊かである。彼らの海外での活躍は，同郷人であればほぼ無条件に信頼し助け合う「準紐帯」の取り持つ強力なコミュニティー・キャピタルに依拠しており，大多数の者が血縁・同郷縁をベースとするネットワークを介して緊密に結びついている。彼らは，同郷仲間だけで通用する「同一尺度の信頼」によって事業を展開しており，同じ中国人の中でも突出した凝集性を示し，基本的に共同体としての結束が固く，外部に対して閉鎖的な「高・結束型＋低・橋渡し型」の類型的社会を形成している[1]。

(2) 温州人企業家の多くは，同郷人コミュニティーに強く依存した「現状利用型」および「動き回り型」であるが，異質な人々とつながり，より普遍的，より合目的な信頼関係を構築する「ジャンプ型」が一定程度存在しており，コミュニティーの内外を，冗長性のない情報で結ぶ大切な橋渡し役を演じている。なお，近年，ごく少数の「自立型」（多くは投資移民）の存在も認められる。

(3) 単独の企業家として比較した場合は，異質な人々とも結びつくことができる「ジャンプ型」のほうが，「現状利用型」および「動き回り型」よりも，おおむね経済的に繁栄している。

(4) 数学的な証明は困難とはいえ，少なくとも，フィールド調査の豊かな観察記録と後述するクラスター分析などの知見から，次の帰結が導かれる。すなわち，上記(1)の基本形は変わらずとも，その一方で，少数の「ジャンプ型」が存在し，かつ，彼らが同郷人コミュニティーから離反せず，「現状利用型」および「動き回り型」と緊密な関係を維持し，互いに「近隣効果」で結ばれているために，温州人を取り巻くネットワークは，全体として，内的凝集性と外部探索性を併せもち，情報伝達特性に優れたスモールワールド・ネットワークに接近する属性を兼備している。そのため「高・結束型＋低・橋渡し型」に固着化されず，彼らのコミュニティーの生き生きとしたダイナミズムの維持に役立っていると推測される。

---

[1] この点については，第 8〜9 章で，際立って対照的な属性と行動パターンを示す福建人と，詳細に比較検証することによって，いっそうの確証が得られよう。

インタビュー相手の属性と調査方法

　私たちがインタビューし，かつ，本書の考察に直接役立つ資料を提供した温州人企業[2]（青田人企業を含む[3]）の内訳は，表5-1の通りである。2004年3月から2016年2月に至る12年の間に，中国，日本，イタリア，フランス，英国，ドイツ，スペイン，ポルトガル，オランダ，オーストリア，ロシア，ウクライナ，ハンガリー，チェコ，スロバキア，ポーランド，トルコ，アラブ首長国連邦（UAE），米国の計19カ国で，インタビューした温州人企業は264社に達した。
　このうち，先述したように，本章で重点的に分析する中国「国外」に主要な経営基盤を置く温州人企業は189社で，全体の7割強を占めた[4]。離郷して事業を展

---

[2] ほとんどの場合，企業経営者への直接インタビューであったが，一部，それに準ずる役員や経営幹部へのインタビューも含む。

　　また，資料的制約等の事由により，本書に直接反映できた部分は多くなかったとはいえ，英国とドイツで事業経営する温州人企業家各1人をそれぞれウィーンとローマでインタビュー調査した結果，これら2カ国分を加え，総計19カ国で活動する264の温州人企業（温州人以外の中国企業を含めると計359社）を実地調査した。また，企業以外にも，各地で温州人同郷会や温州商会など総計21の同郷団体（温州人以外の中国や華僑華人聯合会などを含めると計56団体）でも聞き取り調査を行った。さらに，福建省（厦門，泉州，福州，福清，長楽），広東省（広州，江門，中山市），成都，西安，青島，イタリアのプラート等，地方政府レベルの華僑華人弁公室，地方開発局等，計32の政府関連機関，6の業界団体，17の大学をはじめとする研究機関，6の報道機関，20のその他（例えば，寺院，各種学校等）の組織を，訪問し，実地調査した（第1章，表1-2，図1-1参照）。調査対象先の詳細なリスト，および，調査に用いた質問項目は，巻末にそれぞれインタビュー・リスト，付録Aとして収録してあるので参照されたい。

　　なお，実際の聞き取り調査では，インタビュイーのうち相当数が，過去に不法入国，不法滞在などの経験があり，彼らの警戒感に伴う心理的負担を軽減するためにも，少数の例外を除くと，質問票を直接提示せず，ほぼすべての質疑応答を口頭で行い，後に定性的，定量的データに分類し集計して，本研究に活用した。また，この種の聞き取り調査の通例として，被験者にとってセンシティブな情報ほど入手困難であり，項目別の集計数に多少のばらつきが生じることは避け難かった。本章（以降）の表と図に添えられたサンプル数は，そうした現実の事情を反映している。

[3] 第4章，注1で詳述した通り，青田県は現在，温州市ではなく麗水市に属しているが，歴史的に見ると，青田県と温州市が同じ行政区に属していた時期があり，青田人と温州人を厳格に区別することは難しい。本書は，青田人を温州人に含む広義で解釈する。

[4] 一般に同国人の研究者でも難しいとされる現地調査にもかかわらず，比較的多数の温州人企業にインタビューができたのは，温州人コミュニティーの強い凝集性，組織力，結束力のおかげである。中国国内および国外の温州人企業調査にあたっては，温州市政府，温州商会（同郷会），温州大学の研究者等に協力を仰いだ。特に，中国国外の温州人企業家調査については，温州市政府僑務弁公室や各国・地域の温州同郷会の支援が不可欠であった。僑務弁公室とは，華僑・華人関連の業務を担当する部門で，海外在住の中国人動向に詳しい。同郷会とは，出身が同じ人々の集まりである。彼らは，私たちの滞在日数に合わせて，少なくとも2～3人，多いときには10人を超える同郷人企業家を紹介してくれた。

表 5-1　温州人企業の立地場所と業種

立地場所	計	業種					
		製造	卸・小売	飲食	ホテル,不動産,市場	その他	不明
温州	67　(25.4)	63	0	0	1	3	0
温州以外の中国国内	8　(3.0)	5	2	0	1	0	0
国外	189　(71.6)	10	112	35	11	16	5
合計	264（100.0)	78	114	35	13	19	5

注1：「温州」に立地する製造業の63社には，補論Aで論じるアパレル関連企業48社のうち，直接インタビューした34社のみを含み，業界団体経由で質問票に回答を寄せた14社は除いている。
　2：表5-1～表5-15および図5-1～図5-3はすべて，筆者らがインタビューした温州人企業および企業家に関するデータである。また，表5-1以外はすべて，在欧の温州人企業および企業家が対象である。
　3：表5-1の集計データのもととなったフィールド・インタビューにおける質問項目は，付録Aの「1．個人属性」欄に記載されている。爾後，煩瑣になるので逐一言及しないが，本書所収の他の図表でも同様に，関連する質問項目が付録Aに記載されている場合があるので，適宜，参照されたい。

開する温州人企業を，ネットワークとコミュニティー・キャピタルの観点から，これだけ丹念に実地調査し，そのインタビュー結果を定性的・定量的にまとめた研究は，世界的に稀と考えられる。

　本研究でインタビューした温州人企業を業種的に見ると，製造，卸・小売，飲食業が中心である。また，中国「国外」の温州人企業で印象的なのは，離郷した卸・小売業者らに店舗貸しをする市場運営会社や物流を担う運送会社，携帯電話サービス会社といった関連支援業種も多岐にわたっていたことである。その一方で，現地政府の環境関連プロジェクトを請け負った実績を有するプラント会社もあった。なお，在温州の企業で製造業が多いのは，温州を代表する洋服や靴，ライターなどのメーカーが多数含まれているためである。

　規模的には，個人事業主や家族経営の中小企業が大半であったが，在温州企業では従業員数千人規模の自社ブランドをもつメーカーや複数の事業を多角経営する大企業も，一定数含まれている。

　温州人企業のインタビューでは，(1)企業家個人の私的なネットワークと，(2)企業のビジネス上のネットワークが主なテーマであった。とはいえ，補論Aで論じるアパレル関連企業を含め，一般に在温州企業の場合は，企業規模が大きくなるほど，企業家個人ではなく，経営幹部へのインタビューが相対的に増した。予測されたことだが，組織化された大企業は，個人事業主や中小企業ほどには，企業家個人のネットワークと企業のビジネス上のネットワークが重複していない。結果的に，温州で経営幹部にインタビューした大企業では，企業のビジネス上のネットワークを中心とする把握様式が多くなった。他方，在欧温州企業の場合，

第5章 在欧の温州人企業家のネットワークとコミュニティー・キャピタル　129

国際的に活躍し一定規模以上になった企業においても，一般に企業家個人のコントロールが顕著だったため，インタビュー相手の大多数を彼ら本人が占める結果となった。

いずれにせよ，企業家を取り巻くネットワーク構造や企業家自身のネットワーク戦略が，個人や企業の盛衰を左右する可能性は高い。特に，内部資源に限りがある個人事業主や中小企業ほど，ネットワークを利用した外部資源の活用が決定的に重要となる。仮に調査時にはすでに相当な規模の企業となっていても，創業時はいうまでもなく，成長過程において典型的な中小企業であった頃はそうだったはずである。

そうした事情に十分留意したうえで，本章では，「在欧」温州企業家個人のさまざまなネットワークに焦点を当て，その構造と戦略について叙述する。

なお，繰り返すと，本章の企業家個人に焦点を当てたネットワーク分析は，在欧の温州人企業家から得られたデータに全面的に依拠している。在温州のアパレル関連企業については補論Aで取り上げ，中国国内に立地する温州人企業に関しては，サンプル数が少ないことから，第6章の注**9**で手短に論じる。それでは，国境や業種を軽やかに超えて飛翔する温州人企業家のネットワークの実態を見ていこう。

「商機探索型」の企業家予備軍から「事業拡大型」の企業家へ

私たちが直接インタビューした在欧温州人企業家180人の現在居住する国は表5-2の通りである[5]。イタリア（58人，32.2％）とスペイン（37人，20.6％）の両国で全体の5割強を占めた（温州人企業家の進出先の特徴について詳細は†を参照）。

さらに，図5-1は，私たちがインタビューし，本章で扱う温州人企業家の中国出国時期を調査時現在の居住国別にまとめたものである。通説の通り，オランダとイタリアは改革開放直後の1979年から1984年にかけて，比較的早い時期からの居住者が多い。他方，東欧諸国は市場開放後の1990年代以降が目立ち，ロシア，トルコ，アラブ首長国連邦は2000年以降に集中している。また，地域別の分布を示した図5-2と図5-3から，イタリアに関してはベネト州（ベニス，バドバ含む），ミラノならびにローマ，スペインに関してはマドリードに，早期移住者が多いことが分かる。ビジネスチャンスの多い都市圏が真っ先に志向されている。

---

[5]　既述のように，在欧の温州人企業総数185社に対して，温州人企業家が180人（男性137人，女性43人）と5人少ないのは，代替的に実施した経営幹部へのインタビューが総数に含まれているからである。

† 温州人企業家の進出先の特徴

温州人企業家の各進出先の特徴については，私たちのフィールド調査における直接観察に基づいた限定的なものではあるが，その主な業種や受入国側の移民政策，投資関連政策等を，以下に簡潔に記述しておく。なお，必要に応じて，現下の行政区に基づく温州人と青田人を区別して説明する。

温州人および青田人の「外出（離郷）先」には，特徴的な傾向がある。中国人全体の外出先としてはアジアが多いが，温州人や青田人の大半は，欧米に向かった。温州市政府僑務弁公室の周三栄（Zhou Sanrong，チョウ・サンロン）副主任によると，2000年代初頭における海外在住の温州人40数万人のうち，米国に10数万人，フランス，イタリアにそれぞれ10万人，スペイン，オランダ，シンガポールにそれぞれ2万人ほど在住しているという。また，これらの統計とは別に，2000年代半ばの青田人の滞在国も，スペイン4万5000人，イタリア4万2000人，フランス1万3000人，ドイツ，オーストリア，オランダ各1万2000人程度と，欧州に集中している。

次に各国別の特徴を素描するが，特記しない限り，おおむね2000年代半ばから後半にかけての現地調査で得られた証拠に基づいている。

業種では，かつて華僑といえば三刃（サンパ）といわれ，包丁（中華料理），ハサミ（服の仕立て業），カミソリ（理髪店）が多かったが，温州人の場合は，特に貿易従事者が目立っている。

フランスでは，1980年代前半に温州人が急増した。移民に対して寛容な社会党が政権を握ったためである。パリの中華レストランの7〜8割が温州人経営といわれるが，中華レストランは数が多くて競争が激しいうえ，健康志向の高まりとともに油っこい中華料理の人気が落ちた。そのため，近年は，看板の掛け替えが続出している。私たちがインタビューした温州人経営者の1人は日本料理店に転向し，もう1人は，20年続けた中華レストランをたたんで，おしゃれなタイ料理店をオープンさせていた。パリ郊外の中華レストラン経営者も，「レストラン業の将来性は高くない。いずれ貿易業を手がけたい」との感想を漏らした。フランスでは，革靴や皮革カバンなどの製造や貿易に従事する温州人も多い。

イタリア在住の中国人は約20万人で，うち70〜80％（14万〜16万人）が温州人か青田人である。イタリアでは中小都市にも中華レストランがあり，イタリア全土の約1000の中華レストランのほとんどが温州人か青田人の経営とされる。ただし，1990年代以降，アパレル企業が増え，プラート，フィレンツェやボローニャなどに，温州人の縫製工場が集積している。さらに，2008年のリーマン・ショック後の世界的大不況まで勢いがあったのが貿易業者で，ローマやミラノなどに集中立地し，中国製品を輸入して，イタリアで販売するのみならず，温州人による現地生産・加工分も含めて他の欧州市場に輸出し，受入国の経済にも貢献していた。

スペイン在住の中国人は10万人強で，80％が浙江省出身者である。なかでも青田人が突出して多く，在スペイン中国人の約半数が青田人ともいわれる。青田人は改革開放直後から，スペインに流入するようになり，マドリードやバルセロナを含む各地で，主に中華レストランを経営した。その後に続いたのが温州人である。温州人の多くは，1992年のバルセロナ・オリンピックの時期にやってきた。スペイン経済が活況で，しかも，スペイン政府の移民政策が緩やかだったためである。観光ビザで入って，その後不法滞在となり，恩赦を受けて正規の居住権を入手するというパターンが目立っている。

なお，温州人や青田人が早くから進出し，コミュニティーの規模も大きなフランスやイタリアなどでは，高等教育を受けた2世，3世が，弁護士や医者などの職業に就き始めており，現地の主流社会に入り込みつつある。オランダでは，現地の大学を出た3世が立ち上げた，携帯電話を販売する小売チェーン店が急成長を続けていた。

他方，こうした国で正規ビザを取得できず，企業家として成功しなかった人々の一部が，周辺国に流れる動きも見られる。例えば，ポルトガルには，1995年当時，中国人は約1000人しかいなかったが，2000年代半ばには2万人を超えた。青田人と温州人を合わせると，全体の70％以上を占

第5章　在欧の温州人企業家のネットワークとコミュニティー・キャピタル　131

める。リスボンを中心に集住し，ローマなどの中国人貿易業者から仕入れた中国製品を販売する卸売業者が多い。ドイツのケルンやデュッセルドルフにも，イタリアやフランスなどから流れ込んだ温州人や青田人が集住し，日本食レストランや卸売業を営んでいる。

　オーストリアはかつて，ロシアや東欧から西欧へ流入する中国人の中継地点として機能した。最も賑わったのが，1989年から1991年にかけてで，3万人を超える中国人が押し寄せ，うち90％は，温州人もしくは青田人だったという。中国の天安門事件や冷戦後の東欧諸国の激動で，オーストリアが入国手続きを簡素化したのが一因である。その後，中国人の流入を制限したが，他方で，チェコやポーランドなどが開放されたため，多くの中国人が東欧に向かった。

　オーストリア在住の中国人約3万人のうち，3分の1が青田人，10％が温州人とされる。主にウィーンや各地方都市に集住し，レストランの経営者が圧倒的に多い。この国全体で中国人経営のレストランは約1000軒あるとされ，中華料理だけでなく，韓国料理や日本料理も手掛ける。同国の日本食レストランの90％以上が温州人か青田人の経営で，オーストリアに日本料理を持ち込んだのは韓国人だが，普及させたのは中国人といわれるゆえんである。他方，日本人が経営する正統派の日本レストランは，高級ホテル内など一部に限られ，数も少なく高値のため，現地社会では別カテゴリーと捉えられている。

　東欧ではチェコも青田人の比率が高い。首都プラハの中国人3000人強の70％が浙江省人で，うち95％の約2000人が青田人である。オーストリア同様に，レストラン経営が多く，回転寿司店も展開する。もっとも，チェコの場合は，貿易業者も一定数存在しており，ベトナム人が経営する卸売市場「ベトナム商城」などに入居している。

　ハンガリーは，同じ共産圏だったため，1990年代初頭のビザ不要期に来た中国人が多い。在ハンガリーの中国人は約2万人で，温州人は福建人とともに一大勢力を築いており，温州人は主に首都ブダペストに集住している。ブダペストには，温州人が経営する卸売市場「中国商城」があり，貿易業が盛んである。

　一方，ポーランド在住の温州人はわずか300～400人にすぎず，首都ワルシャワに「中国商城」はあるが，2008年現在で約1000店の入居者中，中国人は18％にとどまり，温州人の店舗は160店ほどである。最大勢力はベトナム人で，入居者全体の半数を超えている。貿易業者にとって，ポーランドは，法律や政策の面で，チェコやハンガリーなどに比べて，必ずしも商売がやりやすい国ではないようである。

　ロシアやウクライナではその傾向がさらに強い。ロシアでは2003年に，すでに5万～6万人の温州人が在住していたという首都モスクワで，ロシア連邦中国浙江同郷会が結成された。この首都には，欧州随一の大規模な卸売市場があり，入居企業の約半数が中国人企業である。その数は，2万5000とも3万ともいわれ，温州人と中国・東北人が2大勢力である。ただし，ロシア政府の締め付けが厳しく，賄賂も日常的に要求される。輸入したコンテナが行方不明になったり，あるいは，コンテナごと中身が没収されたかと思うと，数カ月後にはその没収された商品が，荷主に戻るどころか，闇ルートを通じて，モスクワの公園で安く転売されていたりすることも頻発するという。

　ウクライナのビジネス環境はさらに厳しい。2008年秋の国際的な経済不況以降，ウクライナから撤退する中国人が増えている。ウクライナ南部の港湾都市オデッサの中国人は，2009年現在，5000～6000人で，うち青田人が1000人強，温州人が100～200人である。当初は，ビジネスビザで入国できたが，政府の方針変更で，2008年頃からビザ取得が難しくなった。オデッサの卸売市場には約1万のブースがあるが，中国人業者は300～400にとどまっている。ここでも賄賂の要求が横行している。

　ウクライナやロシアでは，政府の強硬な締め付け政策により，他国ではその勤勉さと税の支払い実績でむしろ歓迎される温州人企業家でさえ排除される傾向にあるが，先に紹介した欧州の複数の国では，企業が一定額の税金さえ払っていれば，海外からの労働者呼び寄せを正規に認めている国が少なくない。また，そうした申請業務を扱う同郷の仲介業者も存在する。そのため，同郷人ネッ

トワークが活かせる構図となっている。
　ある事情通の温州人は，各国別の実態をこう語る。
　「チェコで働きたい中国人は，手数料として10万元［2008年の年間平均換算率1元14.9円換算で約149万円］をポンとホスト役の店のオーナーに渡せば，入国手続きをしてもらえます。どの国にも，外国人の労働に関する規制があるんですが，普通の中華レストランの規模なら，例えば，5～10人まで本国から呼び寄せることができると判定されるので，それにしたがって手続きをしてもらえればいいんです。手数料の相場ですが，ウィーンで働きたいなら20万～30万元，スペインなら17万元，フランスやオランダなら20万～30万元，イタリアだと15万～16万元といったところです。値段が違うのは，国によって給料水準が異なるからです」
　このようにロシアやウクライナは厳しい状態であるが，温州人や青田人にとって，近年，西欧諸国よりもさらに魅力的なのが，アラブ首長国連邦（UAE）である。首都ドバイに温州人が向かい始めたのは21世紀に入ってからであるが，わずか10年ほどの間に，現地在住の温州人はすでに1万人を超えた。他にもドバイには，福建省，広東省，東北地域などからも多数流入しており，建設現場で働く出稼ぎ労働者を含めた中国人は12万人にのぼる。
　ちなみに，ドバイの温州人は，貿易，不動産を中心に製造業以外の儲かる業種であれば，ほとんど何にでも従事している。UAEは外国企業の誘致に熱心であり，投資に対して税金がかからないうえ，外貨の持ち出しや持ち込みも無制限である。ドバイには卸売業者が集まった「中国商城」もある。2004年にはアラブ首長国連邦温州商会が設立されており，会員数は約6000人を超える大所帯となっている。

　次に，出国理由を示す表5-3を見ると，総じて最も多いのは，ビジネスでの成功を夢見た「商機探索」（82人，55.0％）であり，特に出国者の多い1980年代（46人，30.9％）と1990年代（70人，47.0％）では約6割を占めた[6]。もっとも，2000年代以降は「商機探索」が激減し，代わりに，中国で商売をしている企業家が「事業拡大」のために出国するケースが目立っている。温州人企業家の出国理由や居住地選択などに関する個別の詳細な分析は第7章に譲るが，他の仕向国に比べて，近年増加したロシアとアラブ首長国連邦（ドバイ）の温州人企業家は，急成長市場を当て込んだ「事業拡大」のために出国する「投資移民」が多くなっている。さらに，トルコでは，比較的規模の大きな企業の駐在員による独立創業のケースが目立った。総じて，1980年代から90年代初頭にかけては，企業家予備軍がす

---

6 中国出国時の職業的身分が判明した105人に関していえば，経営者（個人事業者含む）が39人（37.1％）で最も多く，企業勤務者（28人，26.7％），学生（18人，17.1％）が続いた。少数だが，安定した職種の教員（9人，8.6％）や公務員（6人，5.8％）も含まれている。他方，農民はわずか2人（1.9％）だった。日々の生活にも事欠く貧困ゆえというよりも，より大きな成功を求めた出国が目立つ。
　また，出国時に正規ビザを取得したと述べた73人にその種類を確認したところ，観光ビザが25人（34.2％）で全体の3分の1を占めた。彼らの多くは，ビザの期限が切れてもそのまま不法滞在を続け，恩赦等を利用して合法的な身分に転じたと見られる。合法的な長期滞在が許されるビザのうち，「家族」は20人（27.4％），「就労」16人（21.9％），「投資」9人（12.3％）で，「留学」はわずか3人（4.1％）だった。

第5章 在欧の温州人企業家のネットワークとコミュニティー・キャピタル　133

表5-2　在欧の温州人企業家の調査時点における居住国

現在の居住国	人数
イタリア	58
（ベニス）	(4)
（パドバ）	(3)
（ボローニャ）	(1)
（ミラノ）	(9)
（フィレンツェ）	(6)
（プラート）	(6)
（ローマ）	(21)
（ナポリ）	(3)
（パレルモ）	(3)
（アグリジェント）	(2)
フランス	8
英国	1
ドイツ	1
スペイン	37
（マドリード）	(17)
（バルセロナ）	(7)
（エルチェ）	(9)
（マラガ）	(2)
（マヨルカ）	(1)
（グラナダ）	(1)
ポルトガル	11
オランダ	7
オーストリア	10
ロシア	7
ウクライナ	2
ハンガリー	9
チェコ	10
スロバキア	1
ポーランド	2
トルコ	8
アラブ首長国連邦	8
計	180

注1：（　）内の数値は内訳のため，計には含まれない。なお，調査時の居住国への入国時期が判明した温州人企業家の数は136にとどまり，中国出国時期（図5-1参照）に比べて，入国時期に関する回答率は低かった。

2：トルコならびにアラブ首長国連邦は，政治的にも経済的にも欧州と密接につながっており，本研究の関心領域の趣旨に鑑み，本書では「在欧」カテゴリーに属するものとして扱う。

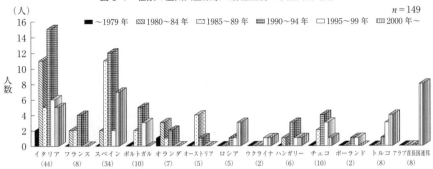

図 5-1 在欧の温州人企業家の居住国別の中国出国時期

注：( ) 内は出国時期が判明した各国の企業家数である。該当する企業家 180 人に対し，実数が 149 人 ($n=149$) と少ないのは，出国時期に関して 31 人から未回答だったためである。

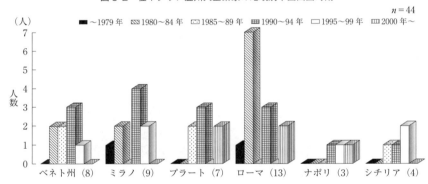

図 5-2 在イタリア温州人企業家の地域別中国出国時期

注：( ) 内は出国時期が判明した企業家の数である。該当する企業家 58 人に対し，出国時期が判明したのは 44 人 ($n=44$) である。なお，プラートには，約 20 km しか離れていないフィレンツェ在住者 1 人を含んでいる。

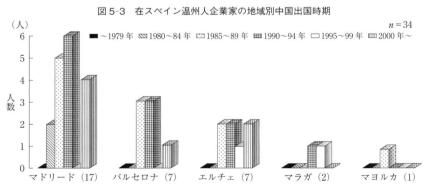

図 5-3 在スペイン温州人企業家の地域別中国出国時期

注：( ) 内は出国時期が判明した企業家の数である。該当する企業家 37 人に対し，出国時期が判明したのは 34 人 ($n=34$) である。

表 5-3　在欧の温州人企業家の出国理由

$n=149$

時期	人数	(1)事業拡大	(内訳)(既存事業拡大)	(内訳)(新事業展開)	(2)商機探索	(3)親族の商売支援	(4)家族と同居（結婚含む）	(5)その他	(6)不明
1970年代	3	0	(0)	(0)	1	0	2	0	0
1980年代	46	2	(1)	(1)	26	2	10	2	4
1990年代	70	7	(2)	(5)	43	5	8	6	1
2000年代	30	13	(5)	(8)	12	1	1	1	2
計	149	22	(8)	(14)	82	8	21	9	7

注：出国時期が特定できた149人（$n=149$）が対象である。

でに在欧の家族や親戚を頼って欧州に向かったのに対し，1990年代半ば以降は，中国で事業を展開している企業家が，新市場の開拓や新事業立ち上げのために，経済新興国に向かうという流れに変化している。

在欧の温州人企業家の分析結果

さまざまなネットワーク──血縁，同郷縁，地縁，学縁，業縁

　信頼に基づくネットワークを支える条件としては，血縁，同郷縁，地縁，学縁，業縁（仕事縁）などが想定されるが，本書では，同郷縁と地縁を区別して考える。というのも，世界各地を移動しながら各進出先で活躍してきた温州人を調査する過程で，同じ「出身地」であることを契機とする縁故関係（例えば，同郷会）に対して，現在もしくは過去の「居住地」に基づく知り合い関係（例えば，町内自治会や単なる近所づきあい）を区別する必要が生じたからである。そのため，本書では，温州人であるがゆえの縁故関係を「同郷縁」，現在もしくは過去の居住地に基づく知り合い関係を「地縁」と呼ぶ。

　同じように，同郷縁を大切にしているといっても，同郷人しか信頼できない者と，「非」同郷人をも信頼できる者との間には，ビジネスの仕方とネットワーク形成のあり方に雲泥の差があった。

　温州人しか信頼できない者は，同郷人コミュニティーの中でのみ学び，働き，生活する傾向が際立って強かった。中国からの出国に当たっては，すでに海外に出ている同郷の親族や友人を頼り，レストランや縫製工場といったアルバイト先の経営者もまた同郷人で，独立する際の創業資金も同郷の親族や知人から「無利子・無担保・無証文」で調達していた。仕入先まですべて温州人企業というケースさえ珍しくなかった。他方，温州人かどうかにかかわらず，他人を信頼できる

者は，時と状況により，温州人があまりいない地域にも進出もしくは居住し，同郷人以外と共同経営したり，非温州系企業が主な取引先であるケースもしばしば見受けられた。

　端的にいえば，前者は，赤の他人を無条件に信頼するのはリスクが高いとして，「近所づきあい」に終始する「特定化信頼」に依拠する人々であり，後者は，自らと異なる人々をも信頼する「普遍化信頼」をベースに，見知らぬ人とも積極的に結びつき「遠距離交際」ができる人々である。ただし，後にデータが示すように，こうした差違にもかかわらず，これら2つのタイプの温州人はともに，究極的には，同一コミュニティーのメンバーに限って深く信頼し合いクリティカルな情報を共有する「同一尺度の信頼」によって強固に結びつけられており，在欧温州人の結婚相手のうち圧倒的大多数が，同郷人のみによって占められているという事実からも，そうした傾向が窺える。

　このような前提のもとで，私たちは，温州人企業家のネットワークのあり方を探究するに当たり，(1)血縁，(2)同郷縁，(3)地縁，(4)学縁，(5)業縁の各指標によって，関係性を仔細に検討していく。

　血縁とは，出生と姻戚に基づく縁故関係で，その活用例としては，「ローマに来たのは，ここで商売をしているおじに呼ばれたから」，「商売を始めるに当たっておばから資金を借りた」，「2人の兄と一緒にこの会社を立ち上げた」などが挙げられる。

　次に，中国人，なかでも特に温州人に強固に作用していると見られるのが同郷縁であり，これは同じ出身地に基づく縁故関係を意味する。「温州同郷会で知り合った温州人と資金を出し合って，上海の不動産を購入した」，「温州人としか商売をしたくない。温州人なら騙される心配がないし，万が一相手が逃亡しても，温州人のネットワークを使って必ず見つけ出せるから」といった実際の発言はその典型である。

　一方，現在あるいは過去の居住地に基づく知り合い関係は，地縁である。「かつて近所に住んでいた知人を頼ってマドリードに移住した」，「親しくなったオランダ人の隣人と，中華レストランを共同経営している」などが地縁の実例である。ちなみに，近年日本で話題の高齢者行方不明問題[7]は，こうした血縁や地縁の脆

7　2010年7月，東京都足立区の民家で戸籍上は111歳とされる男性が白骨遺体で発見され，司法解剖の結果30年以上前に死亡していたことが明らかになった。その後，多数の高齢者が公的記録上は存在しているが，実際には生死の確認が取れない状況にあることが相次いで表面化し，「消えた高齢者問題」として世間を騒がせた。子供や配偶者がいない単身高齢者を，地域コミュニティーなどがいかに支えるかは以前からの課題であったが，たとえ家族がいても，親や兄弟姉妹の所在を知らないといった疎遠な家族関係が浮き彫りとなった（『読売新聞』2010年8月5日夕刊13面，8

弱化に関係していよう。

　学縁は，小中学校や高校，専門学校，大学などの学びの場が取り持つ縁である。温州人企業家では，「中学校のクラスメートと結婚した」，「共同経営者は高校時代の同級生である」といったケースが多かった。もっとも，温州人に限らず，学縁は結婚やビジネスに直結しやすい。第42代アメリカ大統領のビル・クリントンは，イェール大学ロー・スクールで妻ヒラリーと出会い，世界的大企業ヒューレット・パッカードは，スタンフォード大学でのウィリアム・ヒューレットとデイビッド・パッカードの邂逅から生まれた。

　業縁とは，仕事を通じた縁で，同じ会社や同じ業界に属していたことなどがきっかけとなる。「職場の同僚と一緒に起業した」，「かつての職場の上司が，仕事先を紹介してくれた」などが，業縁に基づく関係である。業縁も学縁同様，結婚やビジネスに直結する傾向がある。第44代アメリカ大統領のバラク・オバマが，妻ミシェルと知り合ったのはシカゴの弁護士事務所である。IBMのパソコン事業を買収して世界的企業となったレノボグループは，中国科学院計算技術研究所の技術者集団が立ち上げた。

　次に，在欧の温州人企業家に関わるこれらの5つの縁について，その強さ，空間的広がり，多様性を検討しよう。

コミュニティー・キャピタルに関する指標

　第1～2章で論じたように，ソーシャル・キャピタル（social capital）やコミュニティー・キャピタル（community capital）といった関係的資源論は，そこに関わる個人の能力や属性が仮に同じであっても，当人がいかなる社会やコミュニティーに埋め込まれ，ポジショニングされているかによって，その発展可能性やパフォーマンスが異なる点に注目したものの見方である。

　繰り返すと，パットナム（Putnam 1993）は，「人々の協調行動を活発にすることによって，社会の効率性を高めることのできる『信頼』『規範』『ネットワーク』といった社会的仕組みの特徴」を，ソーシャル・キャピタルと呼んだ。彼は，イタリアの州政府の効率性の違いがソーシャル・キャピタルに起因するという議論を展開するに当たり，(1)新聞購読率，(2)市民活動団体（スポーツクラブ，文化・余暇団体，社会活動団体，教育・青少年組織）への参加率，(3)国民投票への参加率，(4)国民選挙における優先投票比率（特定のコネに頼る傾向が強い地域では優先投票の比率が高くなる）の各指標をソーシャル・キャピタルの代理変数として利用した。

月16日朝刊1面と3面）。

表 5-4 在欧の温州人企業家の結婚相手

$n=158$

結婚相手	人数（人）	構成比（％）
温州人	152	96.2
それ以外の中国人	5	3.2
外国人	1	0.6

わが国の内閣府（2003）などが実施したソーシャル・キャピタルに関する調査では，(1)近所づきあいの程度，(2)つきあっている人の数，(3)友人・知人との職場外でのつきあいの程度，(4)親戚とのつきあいの程度，(5)スポーツ・趣味・娯楽活動への参加状況，(6)たいていの人は信頼できると思うか，(7)近所の人々への信頼度，(8)友人・知人への信頼度，(9)親戚への信頼度，(10)地縁活動への参加状況，(11)ボランティア・NPO・市民活動への参加状況，(12)寄付の状況，を具体的な指標とし，つきあい・交流，信頼，社会参加の程度を調べている。

そうした汎社会的なアプローチは，ある国家全体，もしくは，イタリアの北部・中部・南部の間といった，マクロレベルの地域格差を捉えるのには適している。しかし，国籍や立地条件が同じケースでも観察される，トヨタ自動車と競合他社の各グループ間のパフォーマンスの違いや，温州人企業家同士の連携のように，特異な言語（方言）・風習・アイデンティティーなどによって，ウチとソトの間に歴然とした境界線が引かれる凝集性の高いコミュニティーと，そうでない他の同国人企業家たちのより緩やかなコミュニティーの差違に由来する経済的帰結を比較しようとする場合は，分析の単位として目が粗すぎるため，ほとんど役に立たない。逆に，各個人の属性であるヒューマン・キャピタルの諸要素を機械的に足し合わせて，集団の間で比較考量しても，意味のある知見は得られない。つまり，大きな社会全体に行き渡るのでも，小さな個人の属性のみにとどまるのでもない，第3の中間領域，しかも，その境界内の成員である限りは，直接の面識があるなしにかかわらず，「同一尺度の信頼」によって堅固に結びつき，適時適所で気前よく助け合う慣行を遵守するようなコミュニティーを分析単位とした，新たな研究アプローチが喫緊の要件となるのである。

こうした独自のアプローチに依拠しながら，本章は，既存の発想による方法論・接近法・指標では，十分にその本質を捉えることができなかった温州人の顕著な特性に鑑み，以下ではまず，彼らのコミュニティー・キャピタルを測定する有力な指標と見なしうるさまざまな側面（例えば，結婚相手，親戚や友人・知人，同郷人らとのつきあいや信頼の程度，また，資金調達先・販売先・仕入先としての活用度など）の分布の度合いを，詳細に追い，考察を進める。さらに，第6章では，企業家のタイプ別の行動様式とつながり構造を，クラスター分析によって掘り下げていく。

さて，先に示した5つの縁のうち同郷縁は，個人の選択において最も重要なも

表 5-5　在欧の温州人企業家の最終学歴と出身校の立地場所

$n=70$

学歴＼出身校の立地場所	温州	温州以外の中国国内	国外	人数合計
大卒以上	0　(0.0)	5　(55.6)	3　(37.5)	8　(11.4)
専門学校	6　(11.3)	2　(22.2)	0　(0.0)	8　(11.4)
高卒	30　(56.6)	2　(22.2)	4　(50.0)	36　(51.4)
中卒	13　(24.5)	0　(0.0)	1　(12.5)	14　(20.0)
小卒以下	4　(7.5)	0　(0.0)	0　(0.0)	4　(5.7)
計	53　(100.0)	9　(100.0)	8　(100.0)	70　(100.0)

注：（　）内は％。四捨五入により，計は必ずしも100.0％にならない場合もある。

のの1つである配偶者の選択とどの程度重なり合うのだろうか。サンプル数が限られているとはいえ，私たちがインタビューした在欧温州人企業家180人のうち結婚相手の出身地が明らかになった158人中，実に96％超が同じ温州人を結婚相手に選んでいた（表5-4）。温州人同士の結婚が圧倒的大多数を占めていることを示すこの数字は，データが限られているとはいえ，非温州人における同郷人結婚率の46.6％と好対照である（第8章参照）。

　また，最終学歴が明らかになった在欧温州人企業家70人のうち，高卒以下は54人で全体の77.1％を占めた（表5-5）。ちなみに国外の学校を卒業した8人はそのほとんどが，親に連れられて海外に渡り，現地の中学，高校や大学で学んだ若い企業家である。また，私たちの調査では，学歴の低い企業家ほどインタビューを断ったり，学歴に言及しなかったりする傾向が顕著に認められた[8]。そうした事情を勘案すると，中国で育ち現在海外に居住する温州人企業家に関しては，実態として表5-5が示す以上に，中卒以下の比率がさらに高まると考えられる[9]。

8　学歴とほぼ符合する入職年齢についても判明したのは71人にとどまり，「16歳以上18歳以下」が37人（52.1％）と半数強を占め，「13歳以上15歳以下」（14人，19.7％）が続いた。「12歳以下」は4人（5.6％）だった。他方，「19歳以上21歳以下」と「22歳以上」はそれぞれ8人（11.3％）であった。

9　詳細なデータを比較した論考は第8章に譲るが，最終学歴においても，「非」温州人企業家の半数以上が，大卒（36.2％）もしくは専門学校卒（10.3％）であり，個人レベルのヒューマン・キャピタルでは格段に優位であるにもかかわらず，彼らのいずれもが，温州人企業家に匹敵するクリティカル・マスを，1980年代以降に出現した新華僑・華人圏のいずれにも築けていないことを考慮すると，ここでもやはり温州人社会の堅固なコミュニティー・キャピタルの威力が推察される。
　　また，次のように解釈することもできる。第5〜7章を含む本書の多くの部分においては，直接の調査対象が「企業家」であり，他の一般的な「労働者」や「雇用者」を含まないことから，同郷人の助けに頼らず独力で企業家となる傾向の強い「非」温州人の場合，個人的に，それ相応の知識，教養，語学力，つまり，代理変数としての「学歴」が必要だが，助け合いと起業家精神に富んだ同郷人のサポートを，所与のものとして期待できる温州人では，特に高度で専門知識を要する業務に

表 5-6 在欧の温州人企業家が出国時に頼りにした相手

n = 138

頼った相手	配偶者	両親・子供	兄弟姉妹	義理の兄弟姉妹	おじ・おば・おい・めい	いとこ	その他の親戚	温州人の友人・知人	温州人以外の友人・知人	その他	いずれもなし
人数（人）	8	19	12	8	11	8	28	21	0	7	16
構成比（％）	5.8	13.8	8.7	5.8	8.0	5.8	20.3	15.2	0	5.1	11.6

注：四捨五入により，％の計は必ずしも100.0％にならない。

　いずれにせよ，上述の諸状況によって，温州人企業家にとっての同郷縁は，血縁や学縁をも内包する密度の高いネットワークになっていることが容易に推察できる。互いに知り合いである確率が高く，ミルグラムの手紙実験をすれば5人もの仲介者を必要とせず，直ちに，あるいは，わずか1～2人の仲介でターゲットパーソンに手紙が届いてしまう世界である可能性がある。

　では，こうした濃密な縁は，いかなる場面で機能するのだろうか。通常であれば，人生における重要な局面として「結婚」，「就職」，「起業」，「借金」などが想定されよう。異国の地に飛び出す温州人にとっては，どのような縁がセーフティーネットとして機能しているかを観察するのが妥当であろう。

　表5-6は，温州人企業家が出国時に頼りにした相手，つまり，外出先で身元を引き受け面倒を見てくれた人の分布をまとめたものである。配偶者や血縁者頼みが全体の約7割を占めた。「配偶者」や「両親・子供」，「兄弟姉妹」という身近な肉親に加え，「義理の兄弟姉妹」，「おじ・おば・おい・めい」，「いとこ」ばかりか，その他のより遠い親戚（20.3％）でさえ，徹底的に頼られている。他方，血縁以外の恐らく地縁や学縁，業縁などをベースにしたと想定される「温州人の友人・知人」は全体の1割強にとどまっており，親戚が頼れない場合の次善の策として活用されているようである（ちなみに「温州人以外の友人・知人」はゼロ）。なお，先に述べたように，2000年以降の出国者が多いロシアやドバイでは，受入先の政府そのものがいわば身元を引き受ける「投資移民」，さらに，トルコでは，勤務先企業の駐在員派遣による出国が比較的多く，1980年代からの伝統的な外出先であるイタリアやフランス，オランダなどの西欧に限れば，「親戚」に

携わらない限り，学歴はそれほど重要でなく，外地でも仲間内の相互扶助だけで十分に企業家として生きてゆける。逆に，海外で「企業家」になれず，あるいは，それを目指さず，ずっと「労働者」や「被雇用者」の立場にとどまる「非」温州人の学歴は，総じてかなり低いことが推測される。この点に関して，まとまった統計データは得られなかったものの，逸話的証拠は十分にそうした傾向を示唆していた。

第5章　在欧の温州人企業家のネットワークとコミュニティー・キャピタル　141

依存した外出パターンがより顕著な傾向として認められる。

出国後の異郷で、真っ先に必要なのは、安全な住まいであり、安定的に稼げる職である。なかでも職の確保は決定的に重要である。働き口が見つからなければ、当面の生活費に事欠くだけでなく、起業に向けたノウハウや技術が学べず、事業資金も貯められない。

表5-7は、国外での「商機探索」期において、温州人企業家が入国先で従事したアルバイト先をまとめたものである。レストラン、縫製工場、皮革工場と、欧州の温州人企業の主要業種が並んでいる。また、小売・卸業も一定数存在する。さらに表5-8は、欧州でレストランおよび縫製工場を経営する温州人企業家に、従業員に占める同郷人の比率をたずねた結果の集計である。「全従業員の75％以上が同郷人」という企業が、全体の半数弱を占めた。このことはつまり、現地でやはり同郷人を優先的に雇い入れるばかりでなく、故郷から呼び寄せるにせよ、周辺国を含めて現地調達するにせよ、それだけ温州人がマスとして存在していることを示唆する。

チャンスを求めて異郷に飛び出した温州人が、親戚や友人が経営する、あるいは、彼らから紹介された温州人企業で、アルバイトをしながら資金を貯め、いったん経営者に転じると、今度はかつての自分と同じように企業家を目指す同郷人をアルバイトで雇用する。そんな循環構図が浮かび上がってくる。血縁や学縁だけでなく、業縁までも、同郷縁で包括されてしまう世界である。

表5-9が示すように、資金面でも、同郷人のネットワークはパワフルである。「両親・子供」、「兄弟姉妹」という身近な肉親だけでなく、「親戚」や「同郷の友

表5-7　在欧の温州人企業家の商機探索期におけるアルバイト先

n = 78

業種	アルバイト者数（人）	回答者に占める比率（％）
レストラン	46	59.0
縫製工場	13	16.7
皮革工場	7	9.0
小売・卸	10	12.8
詳細不明	9	11.5

注：アルバイト者総数が85となるのは、1人で2種類以上のアルバイトに従事した者が6人おり、その重複分を含むためである。なお、この複数回答を含むため、％の計は100.0％を超える。

表5-8　在欧の温州人企業の従業員に占める同郷人の割合

n = 24

従業員中の同郷人の割合	レストラン	縫製工場	合計	構成比（％）
75％以上	7	4	11	45.8
50％以上75％未満	2	2	4	16.7
25％以上50％未満	1	2	3	12.5
25％未満	6	0	6	25.0
計	16	8	24	100.0

表 5-9　在欧の温州人企業家の創業期の資金調達手段

n = 55

資金調達手段	回答数	回答者に占める比率（％）
自己資金	21	38.2
両親・子供	11	20.0
兄弟姉妹	9	16.4
親戚	19	34.5
同郷の友人・知人	21	38.2
中国人の友人・知人	1	1.8
外国人の友人・知人	1	1.8
銀行等	1	1.8

注：複数回答あり。なお，複数回答を含むため，％の計は100.0％を超える。

人・知人」が創業期の主なスポンサー（複数回答による重複があるとはいえ，後2者だけで7割強）になっている。日本の読者にはにわかに想像し難いかもしれないが，親戚や友人・知人レベルの関係であっても，日本円換算で，数百万円から数千万円単位の創業資金がこうやって「無利子・無担保・無証文」で融通される。他方，銀行等からの借り入れはわずか1.8％にすぎない。

　第3章で詳述したように，改革開放以降，相当期間にわたり公的金融機関からの資金調達が困難だった温州人企業家は，地元温州で，「会」（ホィ，hui）に象徴される民間金融を高度に発達させてきた。彼らはそうした資金調達手段を，進出先にも持ち込んでいる。異国の地に出かけて行った温州人は，現地でのアルバイトで自らの蓄えを増やすとともに，親戚・友人等からの直接貸借や「会」からの調達によって，事業資金を容易に確保できる環境下にあった。この同郷人コミュニティーを基盤とするインフォーマルな資金支援制度によって，温州人は，異郷の地にあってなお，比較的短期間に自前のビジネスを立ち上げることができた。[10]

　海外在住温州人の実態に詳しい温州市政府僑務弁公室副主任の周三栄（Zhou Sanrong，チョウ・サンロン）も，2005年3月28日に実施した私たちのインタビューで，こう指摘した。

　「多くの温州人が海外に向かったのは，経営者になるためです。裕福な親戚や知人がいなくても，多数の親戚や友人，知人を会員とする『会』をつくって資金を集めることができます。こうやって，温州人は，公式ルートでの資金調達が難しい異国においても，比較的短い間に，自分の商売を始められるのです」

　このように，温州人同士の結束は堅く，企業家を輩出する独特の社会的メカニ

---

[10] 第3章，注41でも指摘したように，"rotating credit association"（RCA）として知られるこうした同族や同郷間の私的な金融は，一般に海外進出先における移民コミュニティーでは頻繁に見られ，温州人に固有の現象でないことは論を俟たない。とはいえ，私たちの広範なフィールド調査から得られた証言から，国の内外を問わず，同郷人コミュニティーにおける「会」の普及度は，概して，非温州人におけるよりも，温州人の間でのほうがはるかに高いことが容易に推察された。

ズムをつくり上げている。しかも，それは外地に移植されても，温州人コミュニティーの内部だけで自己完結したものであり，他の地域出身の同国人を含めて，部外者の入り込む余地はほとんどない。無一文の温州人が，現地の言葉や商習慣が全くわからない異郷に飛び出しても，そこに同郷人コミュニティーさえあれば，伝手をたどっていくと早晩何らかのサポートが得られ，企業家として独り立ちすることは困難ではなくなる。こうして温州人のコミュニティーには，そこで育ち，共有され，再生産されては引き継がれていく信頼性の高い，一部に福利厚生の機能をも含む，サポートシステムが確立されている。この社会的支援システムは，誰が"ins"（内部受益者）で他の誰が"outs"（外部非受益者）であるかについて，その規準と境界線（バウンダリー）が明快で，同郷人メンバーのみを対象としており，排外的で揺るぎのない「同一尺度の信頼」に依拠している。そこから，個人に属するヒューマン・キャピタルでも，汎社会的で境界が曖昧なソーシャル・キャピタルでもなく，その中間領域において，そして，その範囲内のみで十全に機能しうるコミュニティー・キャピタルを生み出し，その継続性を担保している。ここに強い結束型社会の存続を促す，働きのよい社会的メカニズムの本質が見てとれよう。

同郷縁の空間的広がり

　親戚や学生時代の同級生，かつての仕事仲間といったあなたの知り合いは今，どこに住んでいるだろうか。米国や中国に住む知り合いの顔は，割と簡単に思い浮かぶかもしれないが，例えば，ポルトガルやチェコとなると，かなりその数は減るかもしれない。だが，温州人は違う。海外に居住するのは，決して特別な人たちではない。むしろ出身区域によっては，「中学時代のクラスメートは90％が海外に在住，だから同窓会はいつも外国で開かれる[11]」というほど，異境は身近な存在なのである。しかも，ポルトガル，チェコ，ハンガリーといった比較的小さな国にも，ひしめきあって居住していることも珍しくない。

　第3章で述べたように，温州市は，人口787万人に対し，175万人が中国国内の他地域に，43万人が海外に出ており，その「外出先」も93カ国・地域にのぼる。温州ではむしろ，海外に住む親族も友人・知人もいない温州人を探すほうが，至難の業なのかもしれない。

　さて，外出した温州人の中に，頻繁に移動する一群があることが注目される。

---

[11] 2008年3月25日および26日のプラハ在住，孫悦心・ハンガリー青田同郷会秘書長へのインタビュー。

表 5-10 在欧の温州人企業家の中国出国後の滞在国数

n=147

滞在国数	1(現在の居住国のみ)	2	3	4	5
人数	102 (69.4)	31 (21.2)	10 (6.8)	3 (2.0)	1 (0.7)
出国時期 1970年代	2 (66.7)	1 (33.3)	0 (0.0)	0 (0.0)	0 (0.0)
出国時期 1980年代	28 (62.2)	12 (26.7)	4 (8.9)	0 (0.0)	1 (2.2)
出国時期 1990年代	48 (68.6)	16 (22.9)	3 (4.3)	3 (4.0)	0 (0.0)
出国時期 2000年代	24 (82.8)	2 (6.9)	3 (10.3)	0 (0.0)	0 (0.0)

注:( )内は%. 四捨五入により, %の計は必ずしも100.0%にならない場合もある。

中国出国後の滞在国数を集計した表5-10を見ると,約3割の人々が複数の国に居住した経験をもつ。軽々と国境を越えていることが窺える。いや,彼らにとって国境を物理的にまたぐことはさしたる問題ではなく,むしろ同郷人コミュニティーから逸脱することのほうが,異常であり恐怖なのかもしれない。

スペイン在住の縫製業者は言う。

「最初の渡航先はブラジルでした。でも,2カ月しかいなかったんです。そこで知り合った温州人の友達がスペインに移り住み,『スペインに来たほうがいい』と連絡をくれたからです。スペインでは6年間,各地を転々としました。バルセロナに落ち着いたのは,ビジネスチャンスがあると判断したからです[12]」

オランダ・アムステルダムで土産物店を経営する夫婦はかつて,スペインのマドリードで中華料理店を経営していた。スペインに行ったきっかけは,不法移民に正規の滞在許可を与えるというスペイン政府の恩赦があったからである。

「最初にいたのはオランダで,夫の兄の中華料理店で働きました。もちろん不法滞在です。そんなとき,温州人の友達が『スペインで恩赦がある』と知らせてくれたんです。すぐマドリードに向かいましたよ。同じEUの正式な滞在ビザをもらって,そのままそこで中華料理店を経営していたんですが,同業者が増えて儲からなくなったので,また古巣のオランダに戻ってきたというわけです[13]」

正規の滞在許可証の取得と金儲けの可能性が,温州人の移動要因となっており,そうしたクリティカルな情報が,同郷人から速やかにもたらされている。世界各地の温州人の間で,ビザやビジネスに関するさまざまな現場情報が夥しい頻度で

---

12 2007年1月7日のバルセロナ在住,葉進雲(Ye Jinyun, イェ・ジンユン)へのインタビュー。
13 2007年8月26日のアムステルダム在住,林小玲(Lin Xiaoling, リン・シャオリン,妻)へのインタビュー。

第5章 在欧の温州人企業家のネットワークとコミュニティー・キャピタル　145

やりとりされており，そうしたリアルタイムの活きた情報交換が，温州人の活発な空間移動を促進している。

　つまり，温州人の行動パターンを観察すると，彼らは「等質性の高い信頼」を共有することによって，情報伝播のスピードと質が担保される高い凝集性のコミュニティーを形成する一方で，世界各地の同郷人からその時々にもたらされる最新の的確な情報をもとに，あたかもランダム・ウォークのように飄々と国境を越える動きが頻繁に観察される。こうした現象は，同じコミュニティー内では多くの者が緊密に知り合っている一方で，一部のメンバーが頻繁にランダムなリワイヤリングの動きを繰り返すという点で，現実世界においては，最もスモールワールド・ネットワークの理念型に接近する（approximate）パターンを具現化していると想定される。なぜなら，そこには，高い凝集性と適度のリワイヤリングがもたらす短い経路長の両方が併存しているからである。

　このように臨機応変かつ「身軽に」世界各地を渡り歩く温州人の行動様式はまた，出身地と仕向地（例えば，広東人の多い北米や，福建人の多いマレーシア，シンガポールなど）との間の伝統的な「I字型」往復パターンとは一線を画しており，1978年の改革開放以降，大挙して「外出」し始めた温州新華僑による，独特な「ジグザグ型」経路によるネットワーク・トポロジーの構築に貢献している。しかも，そうしたジグザグ型の探索経路は，改革開放以前から，温州離郷人による中国内の移動パターンにその原形を見出せるとの証言が頻繁に得られた。

　2004年3月27日の私たちのインタビューに対して，温州経済研究所所長の李丁富も次のように分析する。

　「中国語で『走南闖北』という言葉があります。各地を遍歴するという意味です。貧しい温州人が豊かになれた理由の1つがここにあります。昔は国内移動だけでした。改革開放以降，100万人をはるかに超える温州人が国内外に出かけて行き，ラオパン［経営者］になりました。温州人は，他の地域出身の中国人とは違って，世界のどこであろうと，市場さえあれば果敢に出かけていって，商売を始めるのです」

　在欧の温州人は，中国や温州との関係も総じて緊密である。彼らの多くは，(1)親戚や友人との親交，(2)不動産等への投資，(3)仕入れ・販売，(4)別会社の経営といった，さまざまな理由で中国に頻繁に戻る。「妻子が上海にいる」（在ポーランド，市場経営），「中国では靴の工場を経営している」（在スペイン，靴卸）などの理由で，1年の半分を中国で過ごす分散居住型はまだ少数だが，「年に数回，延べ日数で1カ月程度は中国にいる」という企業家は少なくない。

　幼少期に欧州に渡り，欧州で教育を受けた若い世代でも，中国への関心は高い。

「これからのチャンスはむしろ中国にあります。上海，深圳，香港，成都などに友達がいるので，毎年多くの時間を中国で過ごします」（オランダ，携帯電話サービス会社経営，1975年生まれ），「欧州のファッションセンスや先進的なマネジメントのノウハウを中国に持ち帰って，数年後には上海あたりでビジネスを始めたいと思います」（イタリア，アクセサリー卸業者，1987年生まれ）といった証言が聞かれた。2010年にGDPで日本を追い越して世界第2位となり，その5年後には早くも日本の2倍にも膨れ上がった中国の高度な経済発展が，一時は国外に向かった温州人の帰郷を促し始めている様相が見てとれる。

2007年1月5日に私たちがインタビューしたバルセロナの雑貨卸兼貿易業者は，在欧の温州人企業家の声を代弁する。

「中国に目を向ければ，金儲けの機会はふんだんにあります。いかに早く発見して利用するかがカギなのです。温州人は儲けるために，臨機応変に商売をします。だから特定地域へのこだわりは強くありません。必要と判断すれば，すぐに他の地域に移るんですよ」

彼はその後，江蘇省と浙江省で不動産開発を手がけ始めた。

同郷縁以外のつながりを含むネットワーク

このように，温州人企業家は，空間的にはグローバルだが，実質的には強靱な同郷縁に裏打ちされた「同一尺度の信頼」を基盤とするネットワークに埋め込まれたまま，これを1つの武器として，海外に飛び出し，金儲けにいそしんでいる。だが，彼らにとって利用可能なネットワークは，単純にこれだけなのだろうか。もし異なる種類の複数のネットワークを上手く活用することができれば，その分だけ，さらにビジネスチャンスも広がるのではないか。温州人企業家が形成するネットワークは，そのような多様性の面からも分析する必要があろう。

血縁については，先に見た通りである（表5-4）。温州人同士の結婚が慣習化しているとはいえ，温州人以外の中国人を結婚相手に選ぶ者も4％弱を占めていた。全体の0.6％とはいえ，外国人と結婚した者も1人だけいた。中国出国の際も，約7割が配偶者と血縁者を頼って出国していた（表5-6）。

学縁は，血縁よりも広がりが見える。先に表5-5で指摘したように，高卒以下が全体の約4分の3を占めたが，他方で，温州以外の中国国内もしくは国外の学校に通った者が合わせて4分の1弱を占めた。つまり，表5-5は，学縁ネットワークを通じて，温州人以外の世界とつながっている者が相当数存在していることも示唆している。

業縁の多様性に関しては，「経営者がこれまでに経験した職種・事業の数」，

「取引先の同郷人企業比率」，「デザイナーと専門販売員の外国人（現地人）活用例」，「共同経営相手」などを集計し，検討した。

「経営者がこれまでに経験した職種・事業の数」を調べたのは，転職や新事業の立ち上げのたびに，仕事を通じた新しい縁が生まれると想定されるからである。表5-11の数値は，在欧の温州人企業家が，過去に携わった経験があるとインタビュー中に言及した職種もしくは事業の数を合計したものである。必ずしも本人がこれまでに経験したすべての職種や事業を網羅しているわけではないが，それでも「経験した職種・事業の数」が3回以上という者が約半数を占めている。転職や事業転換に抵抗感が少なく，複数の業界を渡り歩く温州人の実態が窺える。

表5-11　在欧の温州人企業家が経験した職種・事業の数

$n = 157$

経験した職種・事業の数	人数（人）	構成比（％）
1	22	14.0
2	57	36.3
3	38	24.2
4	25	15.9
5	7	4.5
6以上	8	5.1
計	157	100.0

異なる業界に次々に参入していく典型的なパターンは，例えば，企業や政府などに勤めていた人が，何らかの事情で渡航し，アルバイト先で得たノウハウや技術をベースに中華料理店や縫製工場を立ち上げ，その後，中国製品を輸入販売する卸売業（貿易業）も手がけるといったものである。無一文に近い状態で海外に飛び出した温州人企業家にとって，初期投資額が大きい貿易業でいきなり創業するケースは皆無に近い。とはいえ，注目すべきは，経験した職種や事業の数が，必ずしもストレートに企業家としての成功に直結していないことである。事業を多角化した成功組が存在する一方，思うように儲けられないために，中華料理店から縫製工場，さらに小売業と行き当たりばったりに事業転換を繰り返す者も少なからず見受けられた。だが，いずれにせよ，多くの温州人が，飲食，卸売，製造を中心に，複数の業界に通じていることは確かである。

取引相手はどうだろうか。インタビューした海外在住の温州人企業家のうち，まず卸売業者の販売先を分類したのが，表5-12である。

靴と服の卸売業者はそのうちの6〜7割が外国企業をメイン（販売総額の半分以上，以下同じ）に販売しているが，雑貨では，外国企業の比率が下がり，温州人以外の経営による中国企業メインの業者が2割を超えた。現地で商売をする2次卸，3次卸の中国人が彼らの得意先である。

他方，表5-13が示すように，卸売業者の仕入先は業種にかかわらず，少なくともデータが得られた全業者において，温州人企業を含む中国企業をメイン（仕

表 5-12　在欧の温州人卸売業者の販売先

n = 80

業種 販売先	靴		服		雑貨等	
	企業数	構成比(%)	企業数	構成比(%)	企業数	構成比(%)
外国企業メイン（販売額の半分以上，以下同じ）	20	66.7	19	70.4	11	47.8
温州人以外の中国企業メイン	5	16.7	2	7.4	5	21.7
温州人企業メイン	0	0.0	4	14.8	1	4.3
不明	5	16.7	2	7.4	6	26.1
計	30	100.0	27	100.0	23	100.0

注：雑貨等にはアクセサリー，メガネ，時計，カバンを含む。四捨五入により，％の計は必ずしも100.0％にならない場合もある。

入総額の半分以上）としており，外国企業メインの業者は皆無だった[14]。ただし，業種によって仕入ルートが少し異なる。靴は，自社工場（親戚経営の工場を含む，以下同じ）からの仕入れが4割を超え，同郷の温州人企業からの仕入れを含めると7割に達した。第3章で述べたように，靴は温州の主要な輸出品目であり，同郷縁に強く依存したビジネス構造が浮き彫りとなった。他方，服では，自社工場からの仕入れが減り，4割強の業者が温州人企業からの仕入れをメインとしている。さらに，温州人以外の中国企業からの仕入れも4分の1強あり，具体的には，広東省の広州，福建省の泉州といった，伝統的に服産業の強い地域との取引が目立った。多種多様な製品を扱う雑貨では，さらに温州人の比率が減り，温州人以外の中国企業からの仕入れをメインとする企業が全体の半数近くあった。雑貨の

14　ただし，この限られた知見の一般化には注意を要する。というのも，表5-13は，本書が直接の研究対象とした国外の立地企業を経営する温州人企業家180人のうち，最大数を誇る卸売業者のみを分析したもので，42人と比較的少数のレストラン業者に関する仕入先情報が捕捉されておらず，そのため偏りが生じている可能性も否定できないからである。非温州企業家のネットワークを扱う第8章の分析で一部，捕捉するように，中華，非中華を問わず，一般にレストラン業者においては，その性質上，肉や野菜，乳製品といった生鮮食材に関しては，ローカルな仕入先，つまり，温州人でも中国人でもない現地人の業者から直接購入する分が，仕入総額（もしくは，仕入先数）の相当部分を占めることが通常である。

　例えば，スペインのマドリード郊外の倉庫区で現地人をメイン顧客とする温州人経営の食べ放題レストランは，仕入先50社のうち約半数がスペイン業者で，彼らから肉や魚介類，野菜といった生鮮食材を仕入れていた。同じ倉庫区にある温州人経営の中華レストランも，味の決め手となる調味料や長期保存できる食材は中国人の貿易会社から調達していたが，食材肉と魚介類の仕入先は，地元のスペイン業者だった。さらに，非温州人経営のレストランに関しても，マラガで台湾人が経営する日本食レストランは，地元のスペイン人業者，ならびに，マドリードにある日本人経営の食材卸から仕入れており，バルセロナで青島人が経営するカフェ・バーでは，仕入先の4社すべてが地元のスペイン業者であった。このように，経営者や提供する料理の属性にかかわらず，レストラン業では，生鮮食材を中心に地元業者から調達するのが通例となっている。

表 5-13　在欧の温州人卸売業者の仕入先

$n=80$

業種 仕入先	靴		服		雑貨等	
	企業数	構成比(%)	企業数	構成比(%)	企業数	構成比(%)
外国企業メイン（仕入額の半分以上，以下同じ）	0	0.0	0	0.0	0	0.0
温州人以外の中国企業メイン	7	23.3	7	25.9	11	47.8
温州人企業メイン	8	26.7	12	44.4	3	13.0
自社工場メイン	13	43.3	5	18.5	4	17.4
不明	2	6.7	3	11.1	5	21.7
計	30	100.0	27	100.0	23	100.0

注：雑貨等にはアクセサリー，メガネ，時計，カバンを含む。四捨五入により，%の計は必ずしも100.0%にならない場合もある。

仕入先としては，世界最大規模の日用品卸売市場で知られる，浙江省義烏を挙げる業者が多かった[15]。

このように，販売先は同郷縁をはるかに超えた広がりを見せているが，仕入先については多様であり，業種によって，品目や供給地の性質上，かなりの差異が認められる。

さて，レストランと縫製工場が同郷人の従業員を多数雇用していることは，先に観察した通りであるが（表5-8），他方，デザイナー，営業担当者，経営幹部のような，より高度な知識と技能を要する人的資源の活用状況についても，ここで見ておこう。

縫製工場や卸売業者では，現地市場を開拓するために，外国人（現地人）のデザイナーや専門販売員（営業代理人）と契約するケースも存在した。表5-14は，インタビューした在欧の温州人企業家が経営する靴卸，服卸，縫製業者のそうした契約状況をまとめたものである。靴と服の卸売業者の一部，ならびに，縫製業者の相当数が，外国人の専門デザイナーや専門販売員（営業代理人）を活用して，低級品市場から中級品市場へのシフトを図っていることが窺える。こうした点は，同郷人や中国人を超える新たなネットワーク構築の動きの一環と捉えられよう。

---

[15] 第3章，注**37**で触れた義烏は，浙江省金華市にある県級レベルの市で，今日，日本の100円ショップや世界の安売り店で売られている中国製品の大半が，義烏経由と目される。義烏市政府の積極的な政策に後押しされて，それまで目立たない地方都市の1つにすぎなかった同市が，短期間のうちに一躍世界有数の巨大な日用品卸売市場にまで成長した事実は，世界の注目の的である。私たちも2007年3月26〜27日に義烏を訪れ，同市政府および世界中の業者が買い付けに集まる膨大な市場での聞き取り調査を通して，その隆盛ぶりに強い印象を懐いた。なお，義烏市場については，丁（2007，2011）が詳しい。

表 5-14　在欧の温州人企業におけるデザイナーと専門販売員（営業代理人）の外国人（現地人）活用状況

$n=66$

業種 被契約者	靴卸 ($n=30$)		服卸 ($n=27$)		縫製会社 ($n=9$)	
	企業数	回答者に占める比率（％）	企業数	回答者に占める比率（％）	企業数	回答者に占める比率（％）
外国人デザイナー	5	16.7	2	7.4	3	33.3
外国人専門販売員（営業代理人）	2	6.7	0	0.0	2	22.2

注：外部契約を含む。

表 5-15　在欧の温州人企業家の共同経営相手

$n=50$

共同経営相手	人数（人）	回答者に占める比率（％）
配偶者	43	86.0
両親・子供	6	12.0
兄弟姉妹（姻戚含む）	4	8.0
親戚	8	16.0
同郷の友人・知人	18	36.0
同郷以外の中国人の友人・知人	4	8.0
外国人	7	14.0

注：複数回答あり。なお、複数回答を含むため、％の計は100.0％を超える。

　表5-15は，共同経営相手を示す。異国でビジネスをしている180人の温州人企業家のうち，少なくとも50人に共同経営者がいた。その内訳は，配偶者が43人（86.0％）で圧倒的に多い。両親・子供，兄弟姉妹（姻戚を含む）と親戚を合わせたグループと，同郷の友人・知人が，それぞれ18人でいずれも3分の1を超える（複数回答含む）。一再ならず，血縁と同郷縁を介した温州人コミュニティーの凝集性が，在欧の温州人企業の共同経営者関係においても，極めて根強いことが窺える。

　だが，その一方で，注目すべきは，外国人と共同経営をしている企業家も7人に達し，共同経営者がいる企業家全体の14.0％（複数回答含む），私たちがインタビューした欧州在住の温州人経営者全体から見ても3.9％となっている点である。彼らのほとんどは，当該地域の事情に明るい現地人と組んでおり，「近所に住んでいる」，「お客さんだった」といった，地縁や業縁がきっかけとなっている。

　温州人にとって，既存の同郷ネットワークだけで特に不自由のない海外生活を

送ることは可能である。しかし，そうした世界に飽き足らず，地縁，学縁，業縁などを利用して新たなネットワークを模索し，実際に構築している「ジャンプ型」の企業家が，一定数存在している実情が見てとれる。温州人企業家の大多数は，同郷人のみが対象の「同一尺度の信頼」をベースとする強い結束型社会の中で生きているが，その一方で，「普遍化信頼」をも併せ持ち，未知の世界に飛び込むことができる企業家，つまり「遠距離交際」が可能なばかりでなく，それを得意とする企業家も少数ながら存在していることが確認された。温州人企業家は「現状利用型」と「動き回り型」が多数派であるが，こうした一部の「ジャンプ型」の存在が，温州人社会と，異質な人々が集う別種のコミュニティーとの間における橋渡し役として機能していると推察される。さらに，次の第6章のクラスター分析によって析出されるように，そうした緊密性の高い温州人企業家コミュニティーにおいてさえ，これら3つの基本型のいずれにも属さない，ごく少数の「自立型」が存在していることは興味深い。

第6章

在欧の温州人企業家のクラスター分析

ネットワーク戦略の4類型

　先行研究ならびに独自のフィールド調査の知見をもとに，個人や組織が生き残るためのネットワーク戦略として，先に「現状利用型[1]」(passive recipient)，「動き回り型」(active mover)，「ジャンプ型」(jumper)，「自立型」(independent) の4類型を抽出したが，本章では，インタビューした在欧温州人企業家のクラスター分析の結果を論じる。

　ここで再度この4類型をおさらいしておこう。「現状利用型」は受動的な「近所づきあい」が中心で，交友範囲はあまり広くない。就職先や取引先から結婚相手に至るまで，人生のほとんどを身近な人間関係の中で過ごす。他方，「動き回り型」は，必要に迫られ，あるいは，その性向や気まぐれから，しばしばランダムなリワイヤリング（情報伝達経路のつなぎ直し）を行い，身近な人間関係から飛び出すことがある。ただし，個人的な能力の限界から，単独ではそうしたポテンシャルを活かしきれず，真の「遠距離交際」に至ることは少ない。対照的に「ジャンプ型」は，個人的能力に恵まれ，新規の人間関係を構築することに熱心で，それも，独力で新たな世界を切り開いていく。出自のコミュニティーにほどよく埋め込まれている場合，「ジャンプ型」はリーダーシップを発揮し，好影響を及ぼすことが多い。最後に「自立型」は上記のいずれにも属さず，また，できるだけ他者の支援なしに，自力で機会を開拓していこうとするタイプである。サンプル数が少ないため，確定的なことはいえないが，近年，新たに「投資移民」として海外進出し始めた人々に，このタイプが比較的よく見受けられた。

　なお，クラスター分析は，対象とする個データの間で，その類似度を距離として計算し，最も類似する，つまり，最も距離が近い個同士を集めてクラスターを

---

[1] 本章で後述するように，クラスター分析の結果，現状利用型はさらにAとBグループに細分されたが，両者は基本特性を共有していることから，本書では，同一類型であると見なし，このAとBのサブカテゴリーをタイプ別に考慮する場合も，一貫して4類型5タイプとして扱う。

つくり，対象を分類する手法である．分析にあたっては，Ward 法による階層的クラスター分析を用い，統計ソフト SPSS を利用した．

リワイヤリング能力を示す指標

私たちは，インタビュー相手の温州人企業家を上記の 4 類型に準じて分析するにあたり，最新のネットワーク理論の考え方に依拠し，各位の多様なリワイヤリング能力に注目して，その代理変数として，次の 10 項目を具体的な指標として用いた．すなわち，(1)結婚相手の非同郷度，(2)出国時の親族や友人への非依存度，(3)滞在国数，(4)経験した職種・業種の数，(5)国内外の商売拠点数，(6)従業員の多様性，(7)顧客（販売先）の多様性，(8)仕入先の多様性，(9)同郷人とのビジネス上のつきあいの程度（強弱），(10)非同郷人（同郷人以外の中国人および外国人）とのビジネス上のつきあいの程度（強弱）である．

これらの 10 項目の指標化に当たり，各項目とも 5 段階で計測した（フィールド調査で用いた質問票は付録 A 参照）．以下，手短に説明しておく．

(1) 結婚相手の非同郷度

結婚相手が「同郷（市レベル）の中国人」であれば 0，「同省出身の中国人」は 25，「その他の中国人」は 50，「（中国人以外の）アジア人」は 75，「アジア人以外」は 100 と数値化した．

(2) 出国時の親族や友人への非依存度

「両親・子供」，「配偶者」，「兄弟姉妹」（姻戚を含む）までの親戚への依存は 0，「それ以外の親戚」は 25，「温州人の友人・知人」は 50，「温州人以外の友人・知人」は 75，「知人以外」は 100 とした[2]．

---

[2] なお，中国内の勤務先からの海外拠点への出向や在外研究等，組織人の業務の一環としての出国は，すでに受入先が確定しており，査証関連や職の確保に対する困難も少ないため，プライベートな出国手続きに関する一等親等による強い援助と機能的に等価であるという想定のもと，0 とした．

ちなみに，第 4 章，注 **13** で触れたように，温州人ばかりでなく，改革開放以降，相当期間にわたって，海外に渡航した中国人の多くは，「蛇頭」等に代表される密航業者に高額の手数料を支払い，偽造旅券と査証を手に不法入国し，違法滞在者として海外生活を開始するというルートを選択せざるをえなかった．そのため，そうした初期の渡航事情に関しては，特に違法な側面を含む場合，被験者本人にとって最も触れられたくない側面であり，十分な情報提供を望むことは最初から望み薄，もしくは，不可能であった．

とはいえ，本書の眼目は，違法，合法を問わず，血縁者，同郷者から知人以外に至る関係性の濃さのスペクトラムの上で，「どのカテゴリー」の者が当人の最初の出国を助けたのかという事実のみであり，分析上それで十分であったため，集計の際，さしたる困難に直面することもなかった．なお，そうした初期の，そして「非」温州人移民の場合はしばしば今日に至るまでの，不法移民に関する逸話的証拠については，第 7 章の「タイプ別のケース分析」，ならびに，非温州人の行動を

(3) 滞在国数

現在（被験者の聞き取り調査時点，以下同じ）までに滞在した国の数（短期間の純然たる観光や乗換え経由地を除く）をカウントし，滞在した国の数が，「1カ国」は0，「2カ国」は25，「3カ国」では50，「4カ国」では75，「5カ国以上」は100とした。

(4) 経験した職種・業種の数

現在までに経験した職種と展開した事業の業種に着目し，その数をカウントした。これまでに経験した職種と事業が「1種類（現在の事業のみ）」は0，「2種類」では25，「3種類」では50，「4種類」では75，「5種類以上」では100とした。ここでは職能階層というよりも，関わった職種や業種の多様性を見ており，例えば，「中華料理店のアルバイトから中華料理店の経営者に転じ（これは同一業種のため1種類），その後，金属製ライターの中国からの輸入販売を手がけた。現在，ゲームセンターも経営している」といったキャリアであれば，3種類で50とした。

(5) 国内外の商売拠点数

現時点での商売上の拠点数を滞在国内・国外でカウントした。複数の拠点があっても，「同一国内」の場合は1として数え，「1カ国（現在の居住国）」は0，「2カ国」は25，「3カ国」では50，「4カ国」では75，「5カ国以上」は100とした。

(6) 従業員の多様性

従業員に占める「同郷人（温州人）比率が75％以上」なら0，「同郷人比率が50％以上75％未満」であれば25，「同郷人比率が50％未満で，かつ，同郷人を含む中国人比率が50％以上」であれば50，「同郷人を含む中国人比率が25％以上50％未満」であれば75，「同郷人を含む中国人比率が25％未満」なら100とした。

(7) 顧客（販売先）の多様性

顧客総数に占める「同郷人（温州人）企業の比率が75％以上」なら0，「同郷人企業の比率が50％以上75％未満」であれば25，「同郷人比率が50％未満で，かつ，同郷人を含む中国人企業の比率が50％以上」であれば50，「同郷人を含む中国人企業の比率が25％以上50％未満」であれば75，「同郷人を含む中国人企業の比率が25％未満（外国企業がメイン）」なら100とした。

(8) 仕入先の多様性

仕入先総数に占める「同郷人（温州人）企業の比率が75％以上」なら0，「同郷人企業の比率が50％以上75％未満」であれば25，「同郷人比率が50％未満で，

比較検証した第8章と，福建人の行動様式を扱う第9章を参照されたい。

かつ，同郷人を含む中国人企業の比率が50％以上」であれば50，「同郷人を含む中国人企業の比率が25％以上50％未満」であれば75，「同郷人を含む中国人企業の比率が25％未満（外国企業がメイン）」なら100とした。

(9) 同郷人とのビジネス上のつきあいの程度（強弱）

同郷人（温州人）とのつきあいに関して，「下記4項目に該当せず，また，各項目と同等かそれ以上のつきあいの程度の強さが認められないもの」を0，「ビジネス情報の交換」があれば25，「住まいや職の斡旋・提供」があれば50，「資金の貸し借り」があれば75，さらに，「事業の共同経営」がある場合を100とした。

(10) 非同郷人（同郷人以外の中国人および外国人）とのビジネス上のつきあいの程度（強弱）

非同郷人とのつきあいに関して，「下記4項目に該当せず，また，各項目と同等かそれ以上のつきあいの程度の強さが認められないもの」を0，「ビジネス情報の交換」があれば25，「住まいや職の斡旋・提供」があれば50，「資金の貸し借り」があれば75，さらに，「事業の共同経営」がある場合を100とした。

そして，これらの10項目の指標をベースに，一定のデータが確保できた欧州在住の温州人企業家133人（男性103人，女性30人）のリワイヤリング能力を分類した。分類にあたっては，似通った変数をグループ化する手法であるクラスター分析を活用し，クラスターの結合方法にはWard法を用いた。Ward法は，新たに結合されるクラスター内の平方和が最も小さくなるように，2つのクラスターを1つにまとめる手法で，クラスター内のばらつきを抑えながらクラスターを結合していくため，他の手法に比べて分類感度が高いとされる（村瀬・髙田・廣瀬共編 2007）。また，上述の10項目（変数）は平均や分散にばらつきがあるため，すべての変数を平均値0，標準偏差1の分布に変換する標準化の手続きを行った。標準化は，学歴と年収といった，平均や分散が異なる変数群の値を比較するために通常用いられる手続きである。

階層クラスター分析による分類

在欧の温州人企業家133人のリワイヤリング能力に関するデータを，上述のWard法を用いたクラスター分析によって解析した結果，得られたデンドログラム（dendrogram，樹形図）が，図6-1である。今回の分析は，私たちがインタビューした温州人企業家の特徴を類型化するのが目的であり，デンドログラムと各クラスターのプロフィール，ヒアリング調査時の定性データ等から総合判断してクラスター数を5とした。そのうえで，5つのクラスターごとに，10項目（変数）

第6章 在欧の温州人企業家のクラスター分析 157

図6-1 在欧の温州人企業家のWard法によるデンドログラム

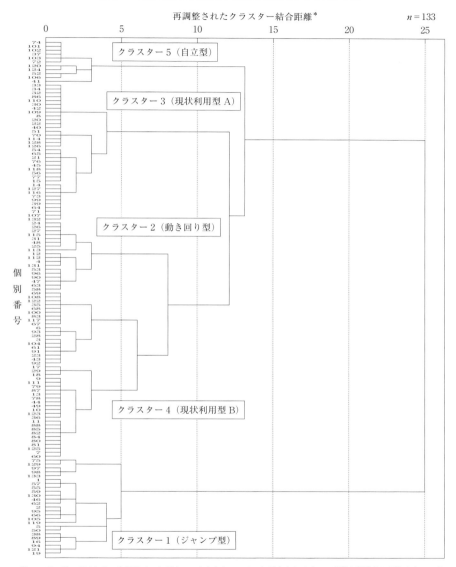

注：＊デンドログラムは，全個体データが1つの大きなクラスターに結合されるまでの分析を段階的に示したものであり，本デンドログラムの結合距離は，このクラスター凝集経過過程で出てくる「近さ」（距離）を表す係数を最小1，最大25となるように変換した数字を示している。

図6-2 在欧の温州人企業家の4類型5タイプ（ジャンプ型，動き回り型，現状利用型A，現状利用型B，自立型）

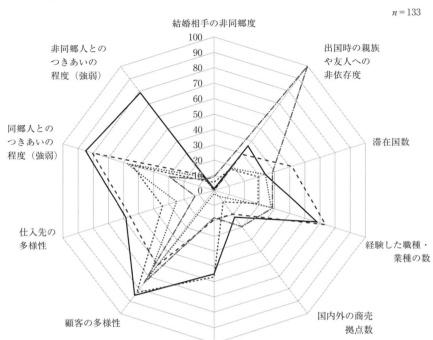

―― ジャンプ型（クラスター1, $n=25$）　－－ 動き回り型（クラスター2, $n=18$）　‥‥ 現状利用型A（クラスター3, $n=36$）
‥‥‥ 現状利用型B（クラスター4, $n=43$）　―・― 自立型（クラスター5, $n=11$）

の数値を図示化して比較した。それが，図6-2である[3]。

次いで，この5グループ間で，先に挙げた10項目の特徴における統計有意差を特定するため分散分析を行った。各グループの平均値に差があるかどうかを項目ごとに分析したのが表6-1である。その結果，「(1)結婚相手の非同郷度」と「(7)顧客の多様性」を除く8項目において，0.1％水準で有意な差が認められた。また，この2項目のうち，「(7)顧客の多様性」は5％水準で有意であった。

最後に，グループ間ですべての対比較を同時に検定するためによく利用されるTukey HSD (honestly significant difference) を用いた多重比較によって，項目ごとにどのグループ間で有意な差があるかを検討した。その結果をまとめたものが

---

[3] なお，析出された5つのクラスターのうち，クラスター3（現状利用型A）とクラスター4（現状利用型B）の基本特性は著しく似通っているため，本章の冒頭に示したネットワーク戦略の4類型5タイプの分類法は，一貫して維持される。

表6-1 在欧の温州人企業家の分散分析表（10項目に関する各クラスターの平均値の差の検定）

		平方和	自由度	平均平方	F値	有意水準
(1) 結婚相手の非同郷度	グループ間 グループ内 合計	1237.503 18581.199 19818.702	4 128 132	309.376 145.166	2.131	.081
(2) 出国時の親族や友人への非依存度	グループ間 グループ内 合計	66544.352 70664.951 137209.302	4 128 132	16636.088 552.070	30.134	.000***
(3) 滞在国数	グループ間 グループ内 合計	6253.311 35048.772 41302.083	4 128 132	1563.328 273.819	5.709	.000***
(4) 経験した職種・業種の数	グループ間 グループ内 合計	39583.661 72703.271 112286.932	4 128 132	9895.915 567.994	17.423	.000***
(5) 国内外の商売拠点数	グループ間 グループ内 合計	8727.029 39412.068 48139.098	4 128 132	2181.757 307.907	7.086	.000***
(6) 従業員の多様性	グループ間 グループ内 合計	78181.265 58839.412 137020.677	4 128 132	19545.316 459.683	42.519	.000***
(7) 顧客の多様性	グループ間 グループ内 合計	9525.086 94845.069 104370.155	4 128 132	2381.272 740.977	3.214	.015*
(8) 仕入先の多様性	グループ間 グループ内 合計	30746.984 60452.793 91199.777	4 128 132	7686.746 472.287	16.276	.000***
(9) 同郷人とのつきあいの程度（強弱）	グループ間 グループ内 合計	34019.299 58010.776 92030.075	4 128 132	8504.825 453.209	18.766	.000***
(10) 非同郷人とのつきあいの程度（強弱）	グループ間 グループ内 合計	97150.769 47905.622 145056.391	4 128 132	24287.692 374.263	64.895	.000***

注：$^{*}p<0.05$；$^{**}p<0.01$；$^{***}p<0.001$

表6-2である。

クラスター1（ジャンプ型）は，「(2)出国時の親族や友人への非依存度」，「(4)経験した職種・業種の数」，「(8)仕入先の多様性」，「(9)同郷人とのつきあいの程度（強弱）」，の4項目において，クラスター3（現状利用型A），クラスター4（現状利用型B）およびクラスター5（自立型）と有意な差が認められる。「(10)非同郷人とのつきあいの程度（強弱）」に関しては，他の4者すべてと決定的な差があった。「(6)従業員の多様性」では，クラスター3（現状利用型A）をのぞく他の3者

表 6-2　在欧の温州人企業家の 10 項目に関するクラスター間の比較

従属変数	(1) 4 類型	(2) 4 類型	平均値の差 (I−J)	標準誤差	有意確率
(1) 結婚相手の非同郷度	ジャンプ型	動き回り型	1.19847	3.72443	.998
		現状利用型 A	−4.35708	3.13672	.636
		現状利用型 B	1.19847	3.03028	.995
		自立型	−7.89244	4.35930	.372
	動き回り型	ジャンプ型	−1.19847	3.72443	.998
		現状利用型 A	−5.55556	3.47809	.502
		現状利用型 B	0.00000	3.38241	1.000
		自立型	−9.09091	4.61103	.286
	現状利用型 A	ジャンプ型	4.35708	3.13672	.636
		動き回り型	5.55556	3.47809	.502
		現状利用型 B	5.55556	2.72182	.253
		自立型	−3.53535	4.15081	.914
	現状利用型 B	ジャンプ型	−1.19847	3.03028	.995
		動き回り型	0.00000	3.38241	1.000
		現状利用型 A	−5.55556	2.72182	.253
		自立型	−9.09091	4.07097	.174
	自立型	ジャンプ型	7.89244	4.35930	.372
		動き回り型	9.09091	4.61103	.286
		現状利用型 A	3.53535	4.15081	.914
		現状利用型 B	9.09091	4.07097	.174
(2) 出国時の親族や友人への非依存度	ジャンプ型	動き回り型	6.76098	7.26315	.884
		現状利用型 A	18.82494*	6.11703	.021
		現状利用型 B	17.94646*	5.90945	.024
		自立型	−63.81395*	8.50123	.000
	動き回り型	ジャンプ型	−6.76098	7.26315	.884
		現状利用型 A	12.06395	6.78276	.391
		現状利用型 B	11.18548	6.59616	.440
		自立型	−70.57494*	8.99215	.000
	現状利用型 A	ジャンプ型	−18.82494*	6.11703	.021
		動き回り型	−12.06395	6.78276	.391
		現状利用型 B	−.87848	5.30793	1.000
		自立型	−82.63889*	8.09466	.000
	現状利用型 B	ジャンプ型	−17.94646*	5.90945	.024
		動き回り型	−11.18548	6.59616	.440
		現状利用型 A	.87848	5.30793	1.000
		自立型	−81.76041*	7.93896	.000
	自立型	ジャンプ型	63.81395*	8.50123	.000
		動き回り型	70.57494*	8.99215	.000
		現状利用型 A	82.63889*	8.09466	.000
		現状利用型 B	81.76041*	7.93896	.000

表6-2つづき

(3) 滞在国数	ジャンプ型	動き回り型	−17.38889*	5.11516	.008
		現状利用型A	4.83333	4.30799	.795
		現状利用型B	.03682	4.16180	1.000
		自立型	−4.63636	5.98710	.938
	動き回り型	ジャンプ型	17.38889*	5.11516	.008
		現状利用型A	22.22222*	4.77684	.000
		現状利用型B	17.42571*	4.64543	.002
		自立型	12.75253	6.33283	.265
	現状利用型A	ジャンプ型	−4.83333	4.30799	.795
		動き回り型	−22.22222*	4.77684	.000
		現状利用型B	−4.79651	3.73817	.702
		自立型	−9.46970	5.70076	.462
	現状利用型B	ジャンプ型	−.03682	4.16180	1.000
		動き回り型	−17.42571*	4.64543	.002
		現状利用型A	4.79651	3.73817	.702
		自立型	−4.67319	5.59111	.919
	自立型	ジャンプ型	4.63636	5.98710	.938
		動き回り型	−12.75253	6.33283	.265
		現状利用型A	9.46970	5.70076	.462
		現状利用型B	4.67319	5.59111	.919
(4) 経験した職種・業種の数	ジャンプ型	動き回り型	−5.61111	7.36716	.941
		現状利用型A	38.83333*	6.20463	.000
		現状利用型B	30.30180*	5.99408	.000
		自立型	29.36364*	8.62297	.008
	動き回り型	ジャンプ型	5.61111	7.36716	.941
		現状利用型A	44.44444*	6.87989	.000
		現状利用型B	35.91291*	6.69062	.000
		自立型	34.97475*	9.12091	.002
	現状利用型A	ジャンプ型	−38.83333*	6.20463	.000
		動き回り型	−44.44444*	6.87989	.000
		現状利用型B	−8.53154	5.38394	.510
		自立型	−9.46970	8.21057	.778
	現状利用型B	ジャンプ型	−30.30180*	5.99408	.000
		動き回り型	−35.91291*	6.69062	.000
		現状利用型A	8.53154	5.38394	.510
		自立型	−.93816	8.05264	1.000
	自立型	ジャンプ型	−29.36364*	8.62297	.008
		動き回り型	−34.97475*	9.12091	.002
		現状利用型A	9.46970	8.21057	.778
		現状利用型B	.93816	8.05264	1.000
(5) 国内外の商売拠点数	ジャンプ型	動き回り型	2.55556	5.42422	.990
		現状利用型A	12.27778	4.56829	.061

表 6-2 つづき

		現状利用型 B	16.76744*	4.41326	.002
		自立型	−7.54545	6.34884	.758
	動き回り型	ジャンプ型	−2.55556	5.42422	.990
		現状利用型 A	9.72222	5.06546	.312
		現状利用型 B	14.21189*	4.92611	.036
		自立型	−10.10101	6.71546	.562
	現状利用型 A	ジャンプ型	−12.27778	4.56829	.061
		動き回り型	−9.72222	5.06546	.312
		現状利用型 B	4.48966	3.96404	.789
		自立型	−19.82323*	6.04520	.012
	現状利用型 B	ジャンプ型	−16.76744*	4.41326	.002
		動き回り型	−14.21189*	4.92611	.036
		現状利用型 A	−4.48966	3.96404	.789
		自立型	−24.31290*	5.92892	.001
	自立型	ジャンプ型	7.54545	6.34884	.758
		動き回り型	10.10101	6.71546	.562
		現状利用型 A	19.82323*	6.04520	.012
		現状利用型 B	24.31290*	5.92892	.001
(6) 従業員の多様性	ジャンプ型	動き回り型	35.55556*	6.62761	.000
		現状利用型 A	−1.94444	5.58178	.997
		現状利用型 B	52.67442*	5.39237	.000
		自立型	36.81818*	7.75736	.000
	動き回り型	ジャンプ型	−35.55556*	6.62761	.000
		現状利用型 A	−37.50000*	6.18926	.000
		現状利用型 B	17.11886*	6.01899	.041
		自立型	1.26263	8.20532	1.000
	現状利用型 A	ジャンプ型	1.94444	5.58178	.997
		動き回り型	37.50000*	6.18926	.000
		現状利用型 B	54.61886*	4.84348	.000
		自立型	38.76263*	7.38636	.000
	現状利用型 B	ジャンプ型	−52.67442*	5.39237	.000
		動き回り型	−17.11886*	6.01899	.041
		現状利用型 A	−54.61886*	4.84348	.000
		自立型	−15.85624	7.24428	.191
	自立型	ジャンプ型	−36.81818*	7.75736	.000
		動き回り型	−1.26263	8.20532	1.000
		現状利用型 A	−38.76263*	7.38636	.000
		現状利用型 B	15.85624	7.24428	.191
(7) 顧客の多様性	ジャンプ型	動き回り型	23.88889*	8.41454	.041
		現状利用型 A	2.35034	7.08673	.997
		現状利用型 B	15.80945	6.84625	.149
		自立型	9.98238	9.84889	.849

第6章　在欧の温州人企業家のクラスター分析　163

表6-2 つづき

		動き回り型	ジャンプ型	－23.88889*	8.41454	.041
			現状利用型A	－21.53854	7.85800	.054
			現状利用型B	－8.07944	7.64182	.828
			自立型	－13.90651	10.41763	.670
		現状利用型A	ジャンプ型	－2.35034	7.08673	.997
			動き回り型	21.53854	7.85800	.054
			現状利用型B	13.45910	6.14937	.191
			自立型	7.63204	9.37786	.926
		現状利用型B	ジャンプ型	－15.80945	6.84625	.149
			動き回り型	8.07944	7.64182	.828
			現状利用型A	－13.45910	6.14937	.191
			自立型	－5.82706	9.19748	.969
		自立型	ジャンプ型	－9.98238	9.84889	.849
			動き回り型	13.90651	10.41763	.670
			現状利用型A	－7.63204	9.37786	.926
			現状利用型B	5.82706	9.19748	.969
(8)	仕入先の多様性	ジャンプ型	動き回り型	2.7569	6.7179	.994
			現状利用型A	24.0677*	5.6578	.000
			現状利用型B	33.4059*	5.4658	.000
			自立型	45.8734*	7.8630	.000
		動き回り型	ジャンプ型	－2.7569	6.7179	.994
			現状利用型A	21.3108*	6.2735	.008
			現状利用型B	30.6490*	6.1010	.000
			自立型	43.1164*	8.3171	.000
		現状利用型A	ジャンプ型	－24.0677*	5.6578	.000
			動き回り型	－21.3108*	6.2735	.008
			現状利用型B	9.3382	4.9094	.322
			自立型	21.8057*	7.4869	.034
		現状利用型B	ジャンプ型	－33.4059*	5.4658	.000
			動き回り型	－30.6490*	6.1010	.000
			現状利用型A	－9.3382	4.9094	.322
			自立型	12.4674	7.3429	.439
		自立型	ジャンプ型	－45.8734*	7.8630	.000
			動き回り型	－43.1164*	8.3171	.000
			現状利用型A	－21.8057*	7.4869	.034
			現状利用型B	－12.4674	7.3429	.439
(9)	同郷人とのつきあいの程度（強弱）	ジャンプ型	動き回り型	4.44444	6.58078	.961
			現状利用型A	30.83333*	5.54234	.000
			現状利用型B	27.44186*	5.35426	.000
			自立型	55.45455*	7.70255	.000
		動き回り型	ジャンプ型	－4.44444	6.58078	.961
			現状利用型A	26.38889*	6.14552	.000

表6-2 つづき

		現状利用型B	22.99742*	5.97646	.002
		自立型	51.01010*	8.14734	.000
	現状利用型A	ジャンプ型	−30.83333*	5.54234	.000
		動き回り型	−26.38889*	6.14552	.000
		現状利用型B	−3.39147	4.80925	.955
		自立型	24.62121*	7.33417	.009
	現状利用型B	ジャンプ型	−27.44186*	5.35426	.000
		動き回り型	−22.99742*	5.97646	.002
		現状利用型A	3.39147	4.80925	.955
		自立型	28.01268*	7.19309	.001
	自立型	ジャンプ型	−55.45455*	7.70255	.000
		動き回り型	−51.01010*	8.14734	.000
		現状利用型A	−24.62121*	7.33417	.009
		現状利用型B	−28.01268*	7.19309	.001
(10) 非同郷人とのつきあいの程度（強弱）	ジャンプ型	動き回り型	66.50000*	5.98021	.000
		現状利用型A	71.36111*	5.03654	.000
		現状利用型B	67.95349*	4.86562	.000
		自立型	69.90909*	6.99960	.000
	動き回り型	ジャンプ型	−66.50000*	5.98021	.000
		現状利用型A	4.86111	5.58467	.907
		現状利用型B	1.45349	5.43104	.999
		自立型	3.40909	7.40380	.991
	現状利用型A	ジャンプ型	−71.36111*	5.03654	.000
		動き回り型	−4.86111	5.58467	.907
		現状利用型B	−3.40762	4.37035	.936
		自立型	−1.45202	6.66484	.999
	現状利用型B	ジャンプ型	−67.95349*	4.86562	.000
		動き回り型	−1.45349	5.43104	.999
		現状利用型A	3.40762	4.37035	.936
		自立型	1.95560	6.53664	.998
	自立型	ジャンプ型	−69.90909*	6.99960	.000
		動き回り型	−3.40909	7.40380	.991
		現状利用型A	1.45202	6.66484	.999
		現状利用型B	−1.95560	6.53664	.998

注：＊平均値の差は5％水準で有意。

との間で，有意な差がある。

　クラスター1（ジャンプ型）は，キャリアの幅が広く仕入先も多様であるうえ，同郷人だけでなく非同郷人とのつきあいも盛んで，資金の貸し借りや共同経営などの踏み込んだ性質のものになる傾向が認められる。また，このタイプは，拠点や人の面で国際化が進んでいるように見える。

クラスター2（動き回り型）は，クラスター3（現状利用型A）およびクラスター4（現状利用型B）に比べて，「(3)滞在国数」，「(4)経験した職種・業種の数」，「(8)仕入先の多様性」，「(9)同郷人とのつきあいの程度（強弱）」の4項目で，有意に高いレベルにある。「(3)滞在国数」に関しては，クラスター1（ジャンプ型）とも有意差が認められることから，このタイプの人々は，いくつもの国や職を転々としていることが確認されよう。とはいえ，「(10)非同郷人とのつきあいの程度（強弱）」は，クラスター3（現状利用型A）およびクラスター4（現状利用型B）に匹敵する低水準にあり，つきあいは同郷人に終始する傾向が強い。

　クラスター3（現状利用型A）は，おおむねクラスター4（現状利用型B）と同一の傾向を示すが，「(6)従業員の多様性」が有意に高く，クラスター1（ジャンプ型）とほぼ同じパフォーマンスを示しており，クラスター2（動き回り型），クラスター4（現状利用型B）およびクラスター5（自立型）との有意差が認められる。このタイプの企業家は，顧客の中心が現地人であるために，現地の言葉や事情に詳しい外国人材を登用する構図になっていると推察される。

　他方，クラスター4（現状利用型B）はほとんどのすべての項目で，低いレベルにあるが，特に顕著なのが，「(6)従業員の多様性」と「(8)仕入先の多様性」である。従業員はほぼ同郷人のみであり，クラスター5（自立型）を除く他の3者と有意な差が認められる。仕入先も同郷人に強く依存しており，同郷人以外からも調達しているクラスター1（ジャンプ型）およびクラスター2（動き回り型）との間に，有意な差がある。

　クラスター5（自立型）は，「(2)出国時の親族や友人への非依存度」が，他の4者に比べて突出して高い。「(9)同郷人とのつきあいの程度（強弱）」を見ても，他の4者に比べて有意に数値が低い。「(10)非同郷人とのつきあいの程度（強弱）」も極めて低いことから，このタイプは，日常の商取引を除けば，非同郷人はもちろんのこと同郷人との人間関係さえ，希薄であることが窺える。

　以上を整理すると，5つのクラスターには，次のような特徴が観察される。

　「ジャンプ型」に分類された企業家は25人（全体の18.8％，図6-1のボトム，個別番号75〜19）で，同グループは共同経営や資金の貸借などを通じて，単なるあいさつ程度の情報交換といったレベルを超えて，温州人以外の中国人や外国人ともプロフェッショナルな関係を維持する傾向が強く，そうした同郷縁を超えた「遠距離交際」によって，冗長性のない有用な情報を外部から持ち込んでいることが窺える[4]。実際，このグループでは，顧客，仕入先とも同郷人や中国人にとどまら

4　なお，「ジャンプ型」のプレゼンスが，温州人コミュニティー全体の平均的な配分に対してやや高

ず，現地企業とも積極的に取引している。国内外の商売拠点数も比較的多く，従業員の国籍も多様である。企業の国際化が相対的に進んでおり，他の3グループに比べて，多彩な情報が容易に入手できる環境下にあることが容易に推察される。また，ビジネスの規模や範囲において最も広がりが見られ，繁栄の程度も高度であることが示唆されよう。

一方，「動き回り型」には，18人（同13.5%，図6-1のミドル，個別番号24～58）の企業家が分類された。このグループは，現在までに滞在した国の数や経験した職種と業種の多さが特徴的で，その限りではジャンプ型と比べても遜色ない。文字通り，彼らは国境を軽々と越えて動き回っており，移動の際には，比較的疎遠な「遠い知人」をフル活用している。とはいえ，同郷人とのつきあいは後生大事にするが，非同郷人とのつきあいは皆無に近い[5]。

め（全体の18.8%）に出ている可能性も否定できないが，仮にそうだとすると，主に下記の2つの理由によると考えられる。

第1に，本クラスター分析のために10項目のデータがひと揃いになっている必要があったが，そうした研究調査の要件をよく理解し，協力を惜しまず，私たちの質問に回答してくれたのは，対象となった在欧温州人企業家のなかでも，比較的個人の能力が高く，ふだんから外部者とのつきあいに慣れている者が，相対的に多めにサンプルとして集計された可能性があること。第2に，もともと被験者へのアクセスの過程で，最初のコンタクト・ポイントとなった温州市政府や各国各地の同郷会の幹部が，まず，そうした能力の高い現地在住者を紹介し，後者もまた自らに似た属性をもつ同郷者のリストのなかから，適宜，被験者をピックアップして調査者に紹介した可能性が否めないことなどである。

こうしたサンプリング上のバイアスを最小化するため，私たちのフィールド調査の全プロセスにおいて，可能な限り，より平均的な，もしくは，底辺層の在欧温州人企業家に対する聞き取り調査も幅広く併行して実施したため，少なくとも，そうした考慮なしに依頼先からの紹介先を無批判的に受容し聞き取りを実施しただけの場合に比べて，相当程度バランスのよいサンプル配分が担保されたと想定できる。とはいえ，実際のインタビューに応じた企業家自身の言語的，知的，文化的な制約等により，やはり後者のグループでコミュニケーション自体に問題が生じ，十分な情報が得られず，10項目のデータがひと揃いにならないケースも散見された。そのため，そうした後者のデータのうち相当数が当該クラスター分析から漏れ，結果的に特に「動き回り型」と「現状利用型A・B」のプレゼンスが，現実の配分比よりも低めに表現されてしまった可能性は否定できない。

だが，そうした制約条件を考慮してもなお，本節の分析結果は，既存の研究にほとんど見られなかった貴重なハードエビデンスを提供していると想定される。

5　ただし，こうした類型はあくまで1つの理念モデルであり，第7章で個別の実例を通して詳述するように，現実には決して固定的でも不変でもなく，いずれか1つのタイプに特化する者もいれば，時間とともにその類型が変遷する者もいることに留意すべきである。特に，中間タイプと目される「動き回り型」は，同郷縁のみでは本来つながりえない人々との「遠距離交際」を果敢に試みて，新市場を開拓し，新事業に取り組むことによって「ジャンプ型」の範疇に一時的に接近し，あるいは恒久的に転じるかとも思えば，その一方で，やはり故郷の近親者関係を海外にもそっくり再現することに固執して奔走するといった具合に，行きつ戻りつの柔軟性，より正確には，行き当たりばったりの跛行性と守旧的な性向をしばしば顕わにすることを，多年の現場観察から窺い知ることができた。

次に「現状利用型A」には36人(同27.1%，図6-1のトップ下，個別番号33~132)の企業家が分類されたが，このグループは，ある意味で，後述の，よりハードコアで受動的な「現状利用型B」の変型バージョンともいえる。つまり，現状利用型Bと同様に，中国を離郷後，現在地に直行してきた者が多く，これまでに経験した職種や業種も限定的である。非同郷人との交流は皆無に近く，同郷人とのつきあいもほどほどにすぎず，仕入先の多様性も，国内外の商売拠点数も，非常に乏しい。ただし，現状利用型Bとの際立つ唯一の違いは，商売柄あるいは立地上，顧客が多様で，その接客サービス向上などのために現地人に頼らざるをえず，積極的に雇用している点である(従業員の多様性)。この顧客と従業員の多様性という指標に限れば，ジャンプ型にも匹敵する。そのため，一見すると，動き回り型よりも多彩な情報に触れる機会が多いようにも見えるが，個別のケースを仔細に確認すると，彼らの多くは，立地上，現地人が多く訪れるバーやファストフード店，小売業店，あるいは，同業者が集積する中華街や市場で商売する小ぶりの貿易業者や卸売業者などで構成されている。つまり，自ら主体的に顧客を開拓しているというよりも，安価な中国製品やサービスが現地の低所得層や華人・華僑に支持され，しかも，同業の中国人コミュニティー内にいるからこそ，商売が成立しているともいえるのである。商売以外のつきあいは同郷人に限られ，リワイヤリング能力もかなり低いと想定されることから，現状利用型Aと現状利用型Bは，そうした本質面でほぼ同一と捉えられえよう。

さて「現状利用型B」は，ほぼすべての項目で，前3者に比べて数値が低かった。5グループの中で最大の43人(同32.3%，図6-1のボトムの上，個別番号69~60)がここに属している。このグループは，自ら果敢に外へ飛び出していくというよりも，同郷人コミュニティーの底部にひっそりと構え，周囲から流れ漏れてくる情報を受動的に待ち構え，自らに可能な範囲で適宜，情報を活用して機会をつかみ，生き延びていくタイプである。つきあいは完全に同郷人との間のみであり，しかも，滞在先や商売拠点の地理的な広がりも，仕入先や従業員，また職種・業種の多様性も著しく乏しい。リワイヤリングをしようにもその基本的能力に欠ける。「外出」した中国人のうち，このグループに属する個人が，単に海外で生き延びるだけでもいかに困難かは想像に難くないが，そのうえ独力で起業し，成功裡にビジネス運営を続けられること自体，奇跡に近いと目される。実際，1人1人の属性を個別に検証すると，自力で，しかも，海外で企業を経営して成功する蓋然性が最も低いにもかかわらず，このタイプの温州人企業家が，現地で淘汰されるどころか，むしろ被験者の約3分の1を占める最大のマスとして存続していること自体が，ある意味，驚きである。現地社会からの排斥運動の誘因とな

る凶悪犯罪者をほとんど出さずに，このようなことを可能にしている社会経済的なメカニズムが必ずあるはずである[6]。

最後に「自立型」はサンプル数が少なく，ここに分類された企業家は 11 人（同 8.3%，図 6-1 のトップ，個別番号 74〜41）である。このグループは，親族や友人を頼ることなくほぼ単独で，海外に飛び出し，現地定住後も同郷人とあまり親しくつきあわず，しかも，非同郷人との交流も皆無に近い。現状利用型 A や現状利用型 B と比べても交友関係は狭い。こうした傾向は，個々の詳細を確認すると，次のような事実を反映していることがわかる。つまり，彼らの多くは，中国ですでに事業を成功裡に立ち上げた企業家であり，近年増加している，新市場開拓を目的に，独力で海外投資する新しいタイプに該当し，一定以上の投資規模をもつ場合は「投資移民」と呼ばれる。つまり，貧しさからの脱却を目指していた旧来の移民企業家という枠組みではなく，中小企業の海外展開や国際化の範疇で議論すべきグループであるといえよう。

コミュニティー・キャピタルを支える強靱な凝集性

このように，析出された 5 グループ，より正確にいうと 4 類型 5 タイプは，かなり異なる行動様式を示しているが，非常に興味深い 2 つの共通点が指摘できる。

第 1 は，ジャンプ型，動き回り型，現状利用型 A および B，自立型とも，「結婚相手」に有意な差はなく，「ほぼ全員が同郷人」（133 人から独身者および不明者を除いた既婚者 127 人中，121 人が同郷人と結婚，95.3%）であり，各タイプ別に多彩

---

[6] 第 9 章で詳述するが，一般的な傾向として，個々人がばらばらで仲間内で助け合わず，偽造旅券の偽造査証が切れると，究極的には追い詰められて凶悪犯罪に手を染めることの多い近年の在日福建人移民とは対照的に，温州人移民はどこへ「外出」しても，同郷人コミュニティーが供与するインフォーマルな「福利厚生」機能に頼って生き延びることが可能なため，状況的に陥りがちな不法移民というステータスを除き，犯罪行為に及ぶことがほとんどない。なぜなら，その「必要がない」からである。

また，欧州で数年おきに実施されることの多い滞在国政府による恩赦の際，不法移民本人も，その人を雇った（多くの場合，温州人の）雇用者も，積極的にペナルティーを支払って 1〜2 年間の EU 滞在許可証を入手し，その後も鋭意，税金を納める努力を怠らないため，現地市民との軋轢も比較的少なく，仮に発生しても大問題とならないことが多い（第 4 章のスペイン・エルチェにおける温州人靴卸店倉庫襲撃事件を参照）。それどころか，イタリアのプラート周辺における温州人企業集積地がそうであるように，他の EU 諸国への輸出に大いに貢献するケースも珍しくないため，少なくとも，経済貢献の面では，地元の政府にとって大いに歓迎といった傾向さえ見られるのである（第 4 章に既述）。

いずれにせよ，同じ中国人とはいえ，不法移民という似通ったスタートから，端的にいうと，片や犯罪者集団，片や成功した企業家集団といった，極端に異なる帰結が生じていることは否定し難く，本書では，その社会経済的な要因を，コミュニティー・キャピタルという鍵概念を通して探っていく。

なビジネスの営みと個人能力の差があるにもかかわらず，この行動パターンに限っては，ほぼ収斂していることである[7]。つまり，温州人コミュニティー内に広く行き渡る「それ以外に選択肢なし」といった所与の慣行が，やはりその強靱な凝集性を支える状況を浮き彫りにしており，注目に値する。

実際，2006年8月の最初の出会い以来，3度目となるインタビューを2015年3月22日に行った，パリの高級住宅街で中華レストランを営む，ある知的な温州人女性の経営者は，次のように証言して私たちを驚かせた。

「ここは子供を育てるには最高の環境です。今，1人娘を地元の優良私立中学に通わせていて，バイオリンも学ばせています。将来はフランスの大学を卒業してから，できればアメリカの一流ビジネススクールかロースクールにでも留学させて，とにかく国際人としてベストの人生を送ってもらいたい！ それが親としての，私の強い願いなんです」

「でも，結婚となると話は別ですよ。どんなことがあっても，絶対に，温州人以外とは一緒になんかなって欲しくありません。えっ，何ですって？ 育った環境からすると，外国人と結婚する可能性のほうが，高いんじゃないかですって？ うーん，確かにそうかもしれませんね……でも，どうしても仕方ないっていう場合だって，百歩譲っても，絶対に中国人とだけは結婚して欲しいですね。それ以外，想像もできません」

それ以上，特に詳しい説明がなされたわけではなかった。だが，コメントの合間に，本能から発せられる強い思いが感じられ，そのメッセージの鮮烈さは，私たちの脳裡に深く記銘された。

配偶者が同郷人でなければならない理由は，思わぬ方角から，しかも，そうしたプレッシャーのもとで，本人自身が同郷人と結婚して間もない，若き在日温州人企業家の証言によってもたらされた。中国の大学を卒業して来日，名古屋大学で修士号を取得後，名古屋でソフトウェア開発会社を創業した1982年生まれの唐升克については，温州市政府主催の温州華僑リーダー年次研修会の参加者として第3章で紹介済みだが，2016年2月26日のインタビューに応えて，流暢な日本語でこう説明する。

「私の母は，私が同郷人と結婚することを強く望みました。というのも，結

---

[7] 温州人との結婚率を各類型別に見ても，「ジャンプ型」は95.5％（独身者2人・不明者1人を除く既婚者22人中21人），「動き回り型」は100.0％（既婚者18人中18人），「現状利用型A」は88.2％（独身者1人・不明者1人を除く既婚者34人中30人），「現状利用型B」は100.0％（独身者1人を除く既婚者42中42人），「自立型」は90.9％（既婚者11人中10人）で，類型別による顕著な違いは認められない。普遍化信頼によって積極的に外部とつながる「ジャンプ型」においてさえ，結婚相手はほぼ温州人であることが，一再ならず確認される。

婚すると，親戚づきあいや，生活のしきたりなどの面で，習慣が違うからです。例えば，温州人は，父母系，兄弟系を全部ひっくるめて，大体50～60人を1つの単位とする大家族主義で皆，行動します」

「また，温州人なら，いわなくてもわきまえている，決まり事が多いんですよ。例えば，誰かがマンションを買ったときには，お祝いをしなければいけないといったようなことです。こういったしきたりがよくわからない他郷の人だと，やっぱり苦労しますよね。だから私も，中国に戻ったとき，政府主催の留学生パーティーで，日本に留学経験のある温州市出身の女性を友人に紹介されて，去年結婚しました」

こうした証言の背後には，近親者のつながり構造に深く埋め込まれているがゆえに，その成員としての叡智は，個人的な趣向を優先させることではなく，属する集団の規範を守り抜くことにあるという，確固たる実利的判断の凄味が感得される。

検討した4類型5タイプ間における第2の共通点は，各タイプの個人的な能力差にもかかわらず，「顧客の多様性」については，動き回り型を除く他の4タイプとも有意差はなく，「高止まりで収斂」していたことである。この販売先の多様さに関するタイプ別を超えた一律性は，ある意味，驚嘆に値する。というのも，端的にいえば，語学に堪能で国際ビジネスの独力展開も難なくできるジャンプ型も，その多くは低学歴で外国語はおろか北京語（中国の標準語）さえ怪しい現状利用型のAとBも，同郷人以外の中国人や外国人を含む多様な顧客を，一様に確保しているからである。同郷人コミュニティーのメンバーから，顧客の紹介をはじめとする何らかの支援を受けている蓋然性が高い。そのような周囲からの助けがなければ，一体全体，約6割を占める現状利用型AとBがいかにして，かように幅広い販路を獲得できるだろうか。

他方，共同経営や資金の融通，さらに，住まいや職の斡旋・提供といった面で，決して同郷人と緊密につきあっているわけではない自立型でさえ，多様な顧客を相手にしているという点で収斂していることも見逃がせない。つまり，ここでは「準紐帯」（Frank 2009）の概念が実体を伴って機能しており，同一コミュニティーに属するという強固なアイデンティティーが成員間で共有されている限り，情報発信者との直接の面識の有無にかかわらず，有用な情報が成員間に広く迅速に伝わり有効利用されていることが推察される[8]。そのことはまた，近接立地を通し

---

[8] 事実，自立型の多くが，例えば，ロシア在住の温州人企業家がそうであるように，やはり同郷人同業者の集積する卸売市場など，地理的に同一もしくは隣接地で商売することを好む傾向が，頻繁に観察された。

た同郷人同業者による集積メリットとも重なり合い，外部と明快な境界で仕切られたその内部において「同一尺度の信頼」が交わされ，安心安全な紐帯関係に「埋め込まれた」形で経済行為が運営されていることを示唆する[9]。

このように，他地域出身の華僑に比べて，在外の温州人企業家はとりわけ高い凝集性をもって集住する傾向が強いが，その一方で，彼らの同郷人コミュニティーは世界規模で広がっており，各コミュニティー間における顕著な人の移動や情報伝播の迅速さも注目される。つまり，一方で，ローカルには高いクラスター係数が，他方で，グローバルには短縮され効率のよい情報伝達経路が認められ，両者が併存しているのである。私たちのフィールド調査でも，夥しい頻度でそうした実例に遭遇した。例えば，オランダ，ウクライナ，南米といった地理的に拡散した拠点に点在する温州人同士であっても，実質的に，ジャンプ型や一部の動き回り型が遠方からもたらす情報の網によって，また，携帯電話に象徴される簡便な情報通信手段によって，ほぼ同一のグローバルな同郷人コミュニティーでつながっているため，よりよい機会を求めて，これらの遠く離れた地域間を軽々と移動する温州人を見出すことは，さほど困難ではなかった。「不法移民に正規の滞在許可を与える」といった各国政府の恩赦情報や「貿易業からサービス業に転じ

---

[9] なお，限られたデータとはいえ，本章で述べた知見の多くが，在欧の温州人企業家だけでなく，中国在住の温州人企業家にも，ほぼ呼応する形で，当てはまることが示唆される。後者の計27人への現地インタビューのうち，比較可能な詳細データが揃ったのはわずか7人というサンプル数の僅少さのため，確定的なことはいえないが，少なくとも，海外在住者同様，各個人のリワイヤリング能力に着目したクラスター分析の結果，次の知見が得られたことは興味深い。（なお，ここで代理変数の項目は，基本的に海外在住の温州人企業家とほぼ同じものを用いたが，(2)出国時の親族や友人への非依存度と(3)滞在国数のみ，それぞれ，(2)国内「外出」時の親族や友人への非依存度，(3)国内「外出」都市といった具合に，国内在住者の実情に合わせた微調整を行った。）
結果的に，中国在住の温州人企業家は4つのクラスターに分類され，各変数の平均値を図示して比較したところ，在欧企業家を示した図6-2の4類型5タイプと，似通ったパターンが観察された。つまり，同郷人・非同郷人ともに積極的につきあい，資金の貸し借りや共同経営などにも踏み込み，経験した職種・業種数も国内外の商売拠点数も高レベルの「ジャンプ型」，国内における「外出」経験の豊富な「動き回り型」，他方，国内外の商売拠点数も仕入先の多様性も極端に少ない「現状利用型」，さらに，同郷人・非同郷人とのつきあいも認められるものの，他の変数では一様に低レベルの「疑似自立型」の4類型が析出された。
さて，興味深い知見の1つは，彼らの共通点であり，全員の「結婚相手」が同郷人だったことである。海外在住者でも顕著だったが，同郷人との結婚は，温州人コミュニティーの不文律とさえ見なすことができ，国内外を問わず，その強靭な社会的凝集性を下支えしている状況が窺える。また，「顧客の多様性」でも，在欧者ほどの高レベルではなかったとはいえ，やはり4グループ間で一定の収斂傾向が観察された。さらに，国内外を問わず「ジャンプ型」が，同郷人コミュニティーから離脱せず，むしろ，そこに「埋め込まれた」状態を一貫してキープする行動パターンも確認された。つまり，温州人企業家である限り，彼らは，国内外のどこで活動し，いかなるネットワーク戦略を採ろうとも，同郷者という共通基盤のうえで「同一尺度の信頼」でつながり，扶助し合うという特性がここでも示唆された。

た温州人がどこそこでよく稼いでいる」といったビジネス情報は，同郷人コミュニティーを通じて，瞬く間に世界中の温州人に知れ渡る。

このように，温州人の行動パターンを観察すると，彼らはマスとして，同郷人への信頼に基づく強固な凝集性をもつコミュニティーを形成する一方で，世界各地の同郷人から適時にもたらされる的確な最新情報をもとに，より大きな繁栄への道を探索し続けている。つまり，海外在住の温州人のビジネス活動は，物的にも精神的にも，同郷人コミュニティーに「埋め込まれて」いるだけで，新規顧客の紹介やオイシイ儲け話など，有益な外部情報が自然にこぼれ落ちるかのようにもたらされ，仲間うちで交換・共有され，その恩恵に与ることが日常的に起こる。繰り返すが，さもなければ，現地語や英語はおろか，北京語さえ話せず，小・中学校すら満足に終えていない者の少なくない2タイプの現状利用型や一部の動き回り型が，いかにして外国で販路を獲得し，子供達を現地のインターナショナルスクールに通わせ，現地人も羨む高級欧州車を乗り回すことが可能であろうか。

本格的な定量分析のためには，より大規模なデータベースが望ましいとはいえ，少なくとも，上述のクラスター分析結果は，本書のために実施した広範なフィールド調査に基づく観察結果と定性的な証拠を裏づけ，その知見を増強するものであった。特に，事後的とはいえ，Ward法を用いたクラスター分析によって，私たちがフィールド調査中から直観的に懐いていた3つの基本的な類型，つまり，ジャンプ型，動き回り型，現状利用型の企業家行動のパターンを中心に，「現状利用型」がさらに2つのタイプに細分化される一方で，新たな類型の「自立型」がそこに加わり，結果的にリーズナブルな4類型5タイプに分化される結果となったことは，研究上，有用であった。

第7章

在欧の温州人企業家のタイプ別ケース分析

　本章では，欧州で活躍する温州人企業家の個別ケースを取り上げながら，第6章で析出したネットワーク戦略の4類型5タイプの実態と，温州人のコミュニティー・キャピタルのあり方を，フィールド調査で得られた定性的証拠に基づいて詳述する。タイプ別に，個別のケースを丹念に検討することによって，定量的な分析結果に血と肉を与え，相補的に質的な把握と理解を深める。

■ 企業家ネットワーク戦略の4類型5タイプ

　それでは，「ジャンプ型」，「動き回り型」，「現状利用型A」，「現状利用型B」，「自立型」に分類された典型的な在欧温州人企業家について，それぞれの特徴を浮き彫りにしながら，順番に見ていくことにしよう。なお，表7-1から表7-5までの計5表はそれぞれ，4類型5タイプに分類された典型的な在欧温州人企業家のリワイヤリング能力を表す指標を項目ごとに示したものである。

ジャンプ型

　ジャンプ型企業家に共通するのは，他の温州人に先駆けて，独自に新しい市場を開拓し，新事業に取り組むことによって，中長期的につながりの多様性を育んできている点である（表7-1）。第6章で示したように，「ジャンプ型」企業家は，温州人以外の中国人や外国人とも共同経営や資金の貸借などを通じてプロフェッショナルな関係を構築する傾向が強い。顧客や仕入先の顔ぶれを見ても，たいていの場合，現地人をはじめとする外国人が含まれている。また，経験した職種・業種の数も多く，従業員も多国籍化している。「ジャンプ型」は，同郷縁を超えた「遠距離交際」によって多彩な情報を入手するチャンスを手にしている。

　もし温州にいた頃そうでなかったとしても，渡欧後の早い段階から「普遍化信頼」を習得しそれに準じて行動するようになった彼らは，そのような挑戦を続ける中で，本来同郷縁だけではつながりえない人々と盛んに「遠距離交際」を行い，

表 7-1 「ジャンプ型」温州人企業家のリワイヤリング指標

現在の居住国・都市	イタリア ベニス	イタリア プラート	スペイン マドリード	オランダ アムステルダム
氏名	睨中波	陳龍(仮名)	王紹基	徐卓亜
誕生時期	1970年代	1960年	N.A.	1950年代
インタビュー時の業種	靴卸	アパレル	プラント	飲食，貿易，遊戯場
海外進出年	1993	1988	1985	1981
現在地到着年	1993	1988	1985	1981
出国理由	商機	商機	商機	結婚
(1) 結婚相手の非同郷度	0	0	0	0
(2) 出国時の親族や友人への非依存度	25	50	50	0
(3) 滞在国数	25	25	25	25
(4) 経験した職種・業種の数	100	100	100	100
(5) 国内外の商売拠点数	0	25	100	25
(6) 従業員の多様性	100	0	100	50
(7) 顧客の多様性	100	100	100	100
(8) 仕入先の多様性	50	0	100	100
(9) 同郷人とのつきあいの程度（強弱）	75	75	100	100
(10) 非同郷人とのつきあいの程度（強弱）	100	100	100	100

注1：N.A. (not available，不明)。
 2：表7-1～7-5の計5表における現在の居住国・都市名の表記は，巻末のインタビュー・リストの順番に準ずる。また，(1)～(10)の各項目と指標の算出方式については，第6章のリワイヤリング能力を示す指標の節を参照せよ。

人脈を拡張し，成長志向のビジネスを展開してきた。とはいえ，中国の他の地域出身者との際立った違いは，個人的にビジネスで大成功し，もはや出自を問われない立場になったとしても，同郷人のコミュニティーから離脱せず，それどころか同郷会の実質的な重責を担い，インフォーマルにも同郷人の面倒を見続けるといった，「近所づきあい」にも等しく尽力し続けていることであった。

 特に「ジャンプ度」の高い2人

 この小節では，同じジャンプ型の中でも特に「ジャンプ度」が高く，表7-1の(1)から(10)までの10項目で，半数以上の指標100を示した企業家2人のケースを見てみよう。
 まず，私たちが出会った数多くの温州人企業家の中でも最も洗練された印象を受けたのが，オランダ中国商会（Dutch Chinese Chamber of Commerce）の副会長で，オランダ温州同郷会（Association of Whenzhou Chinese in the Netherlands）の名誉会長でもある，徐卓亜（Xu Zhuoya，シ・ツオヤ）である。パリッとしたスーツを着こなし，車はメルセデス・ベンツのSクラス。ちょうど中国で過ごした成長期に文化大革命が重なり，ほとんど正規教育を受けていないにもかかわらず，

英語だけでなくオランダ語も堪能で，洗練された物腰にも，ビジネスエリートの風格が漂っていた。とはいえ，彼は温州人としてのアイデンティティーにもこだわり続け，同郷人の利益を代表して，オランダの地方政府との交渉事に鋭意従事することも厭わなかった。

　徐は，数10年にわたってオランダのアムステルダムで，レストラン業，貿易業，娯楽業と手広く事業を展開してきたが，そうした事業の拡大，多角化に寄与しているのがオランダ人との緊密な関係である。同郷人との結婚を機に1981年にオランダに移住した彼は，妻の父が経営するレストランでアルバイトをしながら，資金を貯め，オランダ人の友人と共同で中華料理店を立ち上げた。その後始めた貿易業務は，温州人の友人を通じて知り合ったオランダ人から，「中国製ライターが欲しい，一緒に商売しよう」と誘われたのがきっかけとなった。さらに，経営する中華料理店の常連客だった別のオランダ人と共同で，ゲームセンターも設立した。地元空港に隣接する，元管制塔のビルを購入してからは，徹底的に改修されたビル内の洒落たレストランや貸し会議室を利用してくれるアムステルダム市長らとも知り合いになった。

　このように，「遠距離交際」に熱心な徐卓亜ではあるが，同郷人との「近所づきあい」にも余念がない。時には得意の「遠距離交際」力を駆使して，同郷人を手厚くサポートする。2003年頃，彼は，オランダ・ロッテルダムへの進出を希望する中国在住の温州人企業家のために，オランダ政府やロッテルダム市政府と交渉し，商業投資家向けの新たなビザ発給の整備を後押しした。その結果，アパレルや皮革，アクセサリーなどの卸売業者を中心に，40人を超える温州人企業家がロッテルダムに進出したという。

　近年，徐が強い関心を寄せているのは，社会貢献活動である。世界最大の自然環境保護団体である「世界自然保護基金」（World Wide Fund for Nature, WWF）などの活動を通じて，オランダの王室とも直接のつながりが生まれた。彼は，自分にとって身近なオランダ人から始めて，受入国民との新しい関係を次々と築いていき，政府要人や王室にまでたどり着いた。このように現地社会で最も高い階層を含む非同郷人との交流は，ジャンプ型としての徐卓亜の特質を際立たせており，その多種多彩で典雅なビジネス展開のやり方にも，そうした傾向が見てとれる。

　その意味では，スペインに長く暮らす，貴公子然とした風貌の王紹基（Wang Shaoji, ワン・シャオジ）も人後に落ちず，「ジャンプ度」の高いジャンプ型企業家の典型である。自宅は首都マドリードの超高級住宅街にあり，隣家の元スペイン首相をはじめ，近隣には，スペイン政財界のトップが住まう。敷地面積4000平方メートル，床面積900平方メートルの大邸宅はかつて，コダックや3Mのスペ

イン法人社長宅として使われていたものを王が買い取り，大改修して居住していた。広大な貴族邸風の庭園には，華麗な花々が咲き乱れ，数面のテニスコートも整備されていた。100人規模の典雅なパーティーが開ける大ホールには，スペイン国王，首相，中国国家主席，国際オリンピック委員会総裁らと並んだ写真や，そうした著名人からの手紙，高価な贈り物などがところ狭しと飾られている。地下には，王自身かつて音楽家志望だったこともあって，プロ仕様の音響施設が整い，小規模の音楽会が開催できる小ホールも完備。また，階上のキッチンには専属の料理人が控えていた。このようにスペインの現地上流社会にすっかり溶け込んでいた王紹基だが，彼の人生はジェットコースターのように激しい浮き沈みの連続だった[1]。とはいえ，その人生行路からは，個人的資質や傾向を反映して，明らかに同郷人コミュニティーの枠から「ジャンプ・アウト」し，他のタイプばかりか同じジャンプ型の同郷人と比べても，表7-1の項目(4)から(10)までの全指標が彼のみ100であることからも明らかなように，その人脈において圧倒的な多様性，外向性を示していることが特筆される。

　裕福な家庭に生まれた王紹基は，幼少期から音楽をたしなみ，地元温州で中学の音楽教師になった。合唱団の指揮者も務め，音楽界では少しばかり知られた存在だったが，クラシック音楽の本場，欧州に対する強い憧れから1985年，同郷人の友人を頼ってマドリードにやってきた。最初は教会の入り口や街頭で，楽器を弾き，身銭を稼いだ。しかし，ほどなくして自らの才能と，中国人が本場欧州で西洋音楽で身を立てることに限界を感じ，音楽家としての道を断念。一転して，温州人の本懐である，企業家を目指し始めた。王は，他の多くの温州人と同じように，中華料理店の洗い場のアルバイトからスタートし，わずかなチャンスを求めて，スペイン各地を転々としたという。

　そうしたアルバイト人生から抜け出すきっかけは，台湾商人との出会いだった。王は，電気製品や時計をスペイン市場に売り込みたいというその商人と意気投合した。台湾商人からスペイン拠点の責任者を任され，1年後には，販売先であったスペインのガス設備会社に転職して，アジア地域の事業統括責任者となった。

1　私たちが王紹基に出会ったのは2007年のことである。当時，羽振りのよかった彼は，自ら運転するシルバーのドイツ製高級車に私たちを乗せて，その豪邸に招待した。だが，2015年3月に私たちがマドリードを再訪した際，現地在住の他の温州人企業家から，2008年のリーマン・ショック不況のあおりを受けて，王が事業に行き詰まり，豪邸を手放すとともに，大幅な経営縮小と業務転換を余儀なくされたとの噂を聞いた。諸資源の制約により，私たちはそうした事情の真偽を確かめ，追調査するには至らなかったが，このエピソードは，たとえ最良の部分を一時期観察できたとしても，すべての温州人企業家が常に成功し続けるわけではなく，やはり諸状況の変化による浮沈に見舞われ，時にその猛威から免れえないことを如実に物語っている。

王紹基はその後，ガス設備会社を辞め，今度は一転して，企業の贈答品（ノベルティー，novelties）を扱うビジネスを立ち上げた。顧客はスペインの大企業で，彼らが希望する品物を，中国で生産し納入する仕事内容だった。この事業をベースに多角化に成功した彼は，やがて下水処理施設や風力発電設備などのプラント会社「3E国際集団」の総裁となった。同社はスペイン政府の国家プロジェクトへの参加実績があり，国内外に10数社の子会社をもつ。全世界の従業員は700人を超えるに至った。スペイン拠点の従業員約80人の大半は現地人で，中国人は10数人にすぎない。しかもインテリ揃いで，王総裁の中国人秘書は，スペインの大学で博士号を取得した才媛である。40人の株主も多国籍化している。

王紹基のキャリアも，3E国際集団も，一見すると，典型的な温州人企業家の叩き上げの出世スタイルとは，隔絶しているように見えるかもしれない。彼は体験上，凝集性の強すぎる閉鎖的なコミュニティーの逆作用も強く意識しており，それは次のような，他の温州人企業家からはほとんど聞かれたことのない，冷徹なコメントからも感得された。

「企業の成長段階では，温州人の温情主義や，親戚や知人との親密な関係がうまく機能するかもしれません。でも，企業がもっと高度に発展するには，そういった縛りのある人間関係が，かえって障害になる場合もあるんです。要はバランスですよ。私はこちらへ来てからさまざまな体験をし，失敗と成功を繰り返して，ようやくそのことを学びました」

このように，王は，同郷人と一定の距離感をもってつきあう重要性を強調し，そのことは確かに，温州人企業家全体のさらなる進化可能性へ向けて脱却の道を示唆するものかもしれない。とはいえ，現実の彼自身はやはり，同郷人によって救われた経験をもつとともに，「遠距離交際」によって得られた利得の一部を他の同郷人に分け与えてきた実績もあり，ここにもジャンプ型の温州人企業家の特徴的な共通属性が，一貫して観察できることは興味深い。

王紹基はかつて，全財産をつぎ込んで仕入れた水産物が売れず，腐らせそうになったことがあったが，窮状を見かねた見ず知らずの温州人レストラン経営者が，全量を買いとってくれたという。また，企業の贈答品の仕事を始めたときの創業資金の多くは，温州人の友人から「無利子・無担保・無証文・無期限」で，難なく借り受けることができた。

その一方で，王は，非同郷人との自由闊達な交流から得られた，ビジネス上のクリティカルな技術情報を，成功を伝え聞いて押し寄せた温州人に気前よく分け与え，その「準紐帯」的なつながりを通して，本来なら独占可能な利益の集団的享受を許している面も少なくない。例えば，彼は，スペインのお祭りで使われる

飾り用電球の商売をしていた頃，現地で通常よりも寿命が少し長い電球の特殊技術情報を入手し，その製造を中国・温州の工場に委託した。王がこの商売で大儲けしたことを伝え聞くやいなや，温州在住の温州人企業家はこぞって彼を訪ね，その"コツ"の伝授を求めた。その要求に王は気前よく応じ，技術情報を開示したため，同業者らも同様に儲けにありつくことができたのだった。

このように，「ジャンプ型」の王紹基は自身が成功しても，温州人コミュニティーから離脱することなく，そこに埋め込まれた状態のまま，手広く同郷人と接し，双方向で支援と助け合いの手を差し伸べ続けるため，そこに盤石のウィン・ウィン・ゲームが現出している。第8章以降で詳述するように，同じ「ジャンプ型」であっても，温州人と非温州人では，この点で正反対の行動パターンを示すことが多いため，その集団的パフォーマンスにおいて，しばしば雲泥の差が観察されることは論を俟たない。

次の小節では，表7-1の(1)から(10)までの10項目で，100の指標は3〜4項目だったとはいえ，その活動内容においては，勝らずとも劣らない2名の温州人企業家の事例を取り上げよう。

通常の「ジャンプ度」を示す2人

「遠距離交際」と「近所づきあい」を相補的に巧みに使い分けているジャンプ型の企業家は，アムステルダムの徐やマドリードの王だけではない。イタリア・トスカーナ地方のフィレンツェ郊外にあるプラート（Prato）でアパレル企業を経営する，陳龍（Chen Long, チェン・ロン，仮名）もその1人で，彼がプラートにやってきたのは1988年夏，28歳のときである。当時のプラートには，中国人がわずか30人ほどしかいなかったという。

温州で陶器やプラスチック製品を生産する小さな工場の経営者だった陳は，新たなチャンスを求めて同郷人の妻とともに渡航した。陳夫妻は当初，同郷人の友人を介して温州で知り合ったミラノ在住の温州人宅を拠点に情報収集に奔走していたが，そこで新たに知り合った温州人から情報を得て，プラートに移動し，やはり温州人が経営する縫製工場で働き始めた。

約半年後，陳夫妻は独立し，小さな縫製工場を立ち上げた。イタリアで本格的なビジネスをするには，イタリア語も不可欠である。夫は故郷から中国人向けのイタリア語教材を取り寄せ，独学した。その間，妻はひたすらミシンを踏み，縫製技術を磨いた。夫妻の工場は最初はイタリア企業の下請だったが，1997年からは，デザインや裁断も自ら手がけるようになり，若い女性向けカジュアル服を生産する自立したアパレル企業に転身した。

陳夫妻は，プラートの中国人社会では知られた存在である。陳夫妻の企業があるイオロ（Iolo）地区には 300 を超えるアパレル企業があり，その 95％ 以上が中国系企業，より正確にいえば温州系企業である。その中で，陳夫妻の「意大利時装有限公司」（仮称）は，年間 2500 万ユーロ（2004 年の年間平均換算率 1 ユーロ 134.4 円換算で約 33 億 6000 万円）の売上規模を誇る有力企業である。

彼らの成功は，いち早く着手したというファースト・ムーバーズ・アドバンテージ（先行者利益）だけではない。既存のネットワークを巧みに活用しつつ，必要に応じて新たなネットワークを構築するという戦略にも長けていたことによる。生産工程では，現地における既存の温州人ネットワークを，企画・デザインや販売面では，新規に開拓したイタリア人ネットワークをフルに活用してきた。

表 7-1 で，項目の「(6)従業員の多様性」と「(8)仕入先の多様性」の指標で，陳龍のみ "0" となっているのは，意大利時装有限公司が，現地在住の同郷人をフル活用していることによる。同社の従業員は 10 数人で，遼寧省出身の 1 人を除けば，全員が温州人である。彼らは，親戚や友人，あるいは友人の友人などの伝手でやってきた。同社はまた，生産工程の大半を近隣に集積する温州人の縫製加工業者に専属委託している。縫製加工業者は 11 あり，その従業員総数は約 200 人で，大半が温州人という。専属としているのは，デザインの流出を防ぐためである。

地元イタリア人の縫製加工業者が売り込みに来たこともあるが，陳夫妻は，温州人以外の業者を下請として利用する気はまったくない。妻は言う。

「1000 着のブラウスを頼むとするでしょ。温州人の業者なら，温州人の工員が徹夜して仕上げ，翌朝納品してから寝るんです。でも，イタリア人は 8 時間しか働きません。イタリア人の工場に発注していたら，仕事にならないんですよ」

このように，生産に関しては，すべて同郷人に依存する一方で，企画・デザインと販売では全面的にイタリア人頼みである。提案してもらったデザインの製品がよく売れれば，次も頼むといったやり方で，イタリア人のデザイナー数人と安定した関係を築き上げた。周辺の中国企業の約 7 割が，イタリアのファッションを後追い的にコピーするだけの中国人デザイナーを雇っているのに対して，イタリア人デザイナーが考案する垢抜けた意匠は，高いデザイン料を払っても，十分ペイするだけでなく，競争力を保てるという。販売は，営業代理人契約を結んだイタリア人 10 数人が担い，彼らが歩合制でイタリアの卸売業者に意大利時装有限公司の製品を売り込んでいる。もっとも，同社の顧客はイタリア人だけではない。同社は 2006 年現在，売上高の 30％ を輸出で稼いでいる。輸出先は，フラン

ス，スペイン，英国，ドイツ，ポルトガル，米国などの欧米が中心で，香港や日本などのアジアも含む。実に多彩だが，同社が手広く営業活動を行ったわけではない。数千ものアパレル企業が集まるプラートは欧州最大規模のアパレル産地として知られ，この集積の"評判効果"によって，イタリア国外から多数の卸売業者が買い付けに来ているのである。

こうしてみると，陳夫妻は，表7-1に示した4人の中で，同郷人コミュニティーとの相互依存関係が最も強いビジネスを展開している。分厚い同郷人コミュニティーの存在が，ものづくり現場の働き手の確保につながっている。とはいえ，後述する「動き回り型」や「現状利用型」と異なり，陳夫妻はまったく新規にイタリア人のデザイナーや営業代理人との人間関係を構築し，欧州の最新ファッション製品を国内外の市場に送り込んでいった。その間，イタリア語も堪能となった彼らは，非同郷人との新たな関係を構築することで，プラートのアパレル産業における成功モデルを自らつくり出したといえよう。

イタリア各地を転々とした後，インタビュー時にはベニスの西方，約30キロメートルに位置するパドバに定住して靴卸業を営んでいた若い睨中波（Ni Zhongbo, ニイ・チョンボ）も，「近所づきあい」と「遠距離交際」を上手に使い分けるジャンプ型の典型である。彼は1993年，おじがいるローマに来てから，お決まりのパターンを歩む。中華料理店でアルバイトをしながら，イタリア語を学び，ミラノ，ローマ，フィレンツェ，ナポリ，ベニス，シチリア，サルディニアと，最初の4年間でイタリア国内を激しく移動し，見聞を広めた。1997年にようやくパドバで洋服の卸売業者として独立し，次いで小売業に乗り出した。いずれもローマのチャイナタウンで温州商人から仕入れた商品を売る仕事である。

大きな飛躍は革靴の卸売・貿易会社をパドバに設立した2007年に起こった。その頃までに独学でイタリア語を習得していたこともあり，従業員4人は全員イタリア人で，外部のイタリア人デザイナーとも契約して，自社ブランドを立ち上げたのである。生産は，品質が高くデザイン性にも優れた広州の革靴業者に委託している。中国から輸入した靴の販売は，8人の現地人が担う。彼らとは専門販売員（営業代理人）の契約を結んでおり，イタリアに4人，英国，フランス，オランダ，ドイツに各1人という陣容である。靴は1足の小売店頭価格150ユーロ（2009年の年間平均換算率1ユーロ130.2円換算で約1万9530円）以上の準高級品で，ヨーロッパのアッパーミドル市場がターゲットである。先に見たように，温州製の安価な靴をヨーロッパの中低級品市場に売り込むのが，温州企業のありきたりのパターンだが，睨中波はより高級品志向の市場を狙っている。

こうしたジャンプ型は，現地語の習得に膨大なエネルギーを投じ[2]，相当なリスクを冒して異郷で挑戦し続けるが，その一方で中国への関心も高い。プラートの陳龍は月1回の頻度で中国に戻っている。イタリアで成功した後，温州でアパレル企業を2社立ち上げ，上海で不動産事業も展開しているからである。アムステルダムの徐卓亜も年に3回程度，延べ日数で40日は中国に滞在する。中国では，開発プロジェクトの視察など，現地政府関係者との面談が多いという。パドバの睨中波は，靴産業におけるイタリアと中国のいっそうの連携を企図しており，その一環として，イタリアの靴ブランドメーカーやデザイナーを中国企業に紹介し，彼らの技術，設備とノウハウを中国に移植する計画を練っていた。

このようにジャンプ型は，並外れて精力的なネットワーカーであるとの印象を受けるが，「遠距離交際」の結果，ロングレンジのパスを何本ももち，多彩なネットワーク間の「構造的な溝」を埋める"ハブ"として機能するようになると，自ら積極的に動かなくても，さまざまな意図をもった人々が向こうからリワイヤリングを仕掛けてくるようになる。

例えば，プラート県（プラート市を含む7つの基礎自治体，コムーネで構成）では，1990年代からアパレル企業が増え続け，2010年には4029社となった。同地域の経済を牽引してきたテキスタイル（2448社）をはるかに凌ぐ規模である。この成長著しいアパレル産業の主な担い手が中国系企業で，同地のアパレル企業の83.5％，数にして実に3364社にも達している[3]。

---

2 学歴，英語能力，現地語能力の3項目について，第6章で分析した4類型5タイプ間で平均値を比較したところ，学歴に有意な差は認められなかったが，言語能力に関しては，英語が5.0％水準で，現地語は1.0％水準で有意差があり，ジャンプ型のレベルが最も高かった。

なお，学歴に有意差が認められなかった理由としては，先の在オランダの徐卓亜がその典型であるように，世代的に1966〜1976年の文化大革命時に成長期が重なり，その個人的な資質にもかかわらず，事実上，正規の学校教育，とりわけ，高等教育がほとんど受けられず，そのため「学歴」として他者に示すことのできる客観的指標を欠く相当数の企業家サンプルがデータに紛れ込み，文化大革命以降における真の低学歴者と混在していることも一因として考えられる。

他方，第8章で分析する「非」温州人企業家グループ3類型（ジャンプ型，現状利用型，自立型）で，学歴，英語能力，現地語能力の3項目について比較したところ，学歴に関してのみ1.0％水準で，ジャンプ型のレベルが有意に高かった。非温州人企業家の場合は，留学後そのまま現地で起業し成功した一群がジャンプ型に分類される傾向が強かったため，学歴で有意差が析出されたと推察される。それに対して，英語や現地語の能力で有意差が認められなかったのは，同郷人ネットワークによる手厚いサポートが期待できない非温州人が「企業家」として異国で生き延びるためには，類型のいかんにかかわらず，外国語で日常会話がこなせるという最低限の言語能力が不可欠なことを示唆している。

3 プラート県の商工会議所に登録された中国系企業は，1992年にはわずか212社だったが，2000年に1288社，2004年に2013社，2006年には3011社と急増し，2010年には4840社にのぼった。（企業数に関するデータは，Dei Ottati [2015], Caserta and Marsden [2007, 2012] とプラート市のサイト http://statistica.comune.prato.it/annuario/，2015年11月23日アクセス，による。）

これらのアパレル企業は，デザインから裁断，縫製，販売までを手がけるメーカーとその下請の縫製業者というヒエラルキー構造を構成している。そのため，今や現地アパレル産業集積の上層に位置する陳龍の企業を，イタリア人の専門販売員（営業代理人）も，欧米各国の卸売業者も，温州人の下請縫製業者もこぞって訪ねてくるのである。相手からの熱心な接触によって新たなつながりが生まれ，それがさらなるビジネスの拡大をもたらす。つまり，ある閾値を超えると，評判効果によって「被リワイヤリング能力」が増すと考えられる。

　一方，徐卓亜の知人には，オランダ人の中小企業家も多い。副会長を務めるオランダ中国商会や現地人の友人が，中国に関心をもつ地元民の中小企業を次々と彼に引き合わせるからである。そのため徐には，オランダの中小企業の中国投資を支援するという新たな業務が生まれている。

　このように，必ずしも自ら外部にリワイヤリングを仕掛けなくても，相手からの接触によって，逆方向に情報伝達経路がリワイヤリングされて，よい情報が集まり，時に意想外の好機会や利得が得られる現象は，ネットワークのハブとなるジャンプ型企業家に共通して見られる特徴である。本書では，こうした一見受動的だが，インバウンドのリワイヤリングが適宜発生し，その恩恵が享受できる能力を，意図的にアウトバウンドのリワイヤリングを仕掛けるものと区別して，「被リワイヤリング能力」と呼ぶ（西口 2011）。被リワイヤリング能力の高いプレーヤーは，「果報は寝て待て」式に成功することが多い。他方，この能力に欠ける者は，自ら積極的にリワイヤリングを仕掛ける割には，あまり効果が挙がらないかもしれない[4]。

　ちなみに，欧州連合（EU）欧州委員会は，「従業員数250人未満，年間売上額5000万ユーロ以下または年次バランスシート（総資産額）4300万ユーロ以下」の基準を満たす独立した企業を中小企業と定義し，従業員数を基準に中規模企業（50～299人），小規模企業（10～49人），マイクロ企業（10人未満）の3種類に分類している。イタリアの産業構造は日本と似通ったところがあり，中小企業，とりわけマイクロ企業の比率が高い。約440万の中小企業のうち，マイクロ企業の比率が94.7％を占めている（イタリアの国立統計研究所 Istat のサイト，http://www.istat.it/en/archive/business-size-and-competitivenes，2012年7月20日アクセス）。地域に根ざした小規模な家族経営が大きな特徴で，事業の拡大よりも，利益の獲得や事業の継続を重視している。また，必ずしも規模の経済が適用されない，繊維・衣服，靴・皮革といったファッション関連産業で高い競争力を誇っている。そうしたイタリアの事情に合わせて，柔軟で小規模な家族経営による温州人企業は，現地の関連企業があまり手を出さない素材や価格帯の製品を補完的に供給する戦略を採用し，現地に根付いている。

4　そのような現象が，マートン（Merton 1968b）の「マタイ効果」や，バラバシ（Barabási 2002）の「優先的選択」によって「金持ちは，より豊かになる」事象として，古くから認識されていることについては，第2章の「玉ねぎ構造と集団的影響」の節で指摘した。
　ただし，本書の論点は，次の2点で既存の議論とは異なり，その意義を拡張するものである。
　第1は，通説が，あくまで，すでにリンク数の多いハブに対して，新たなつながりを求めるノー

表7-2 「動き回り型」温州人企業家のリワイヤリング指標

現在の居住国・都市	イタリア ミラノ	チェコ プラハ	チェコ プラハ
氏名	蔡志揩	梅建敏（仮名）	鄭朝偉
誕生時期	1970年代	1970年代	N.A.
インタビュー時の業種	服卸	飲食	飲食
海外進出年	1990	1997	1987
現在地到着年	1990	1997	1991
出国理由	商機	商機	商機
(1) 結婚相手の非同郷度	0	0	0
(2) 出国時の親族や友人への非依存度	50	25	100
(3) 滞在国数	50	75	100
(4) 経験した職種・業種の数	75	75	75
(5) 国内外の商売拠点数	25	0	0
(6) 従業員の多様性	0	25	0
(7) 顧客の多様性	100	100	50
(8) 仕入先の多様性	50	50	50
(9) 同郷人とのつきあいの程度（強弱）	75	75	100
(10) 非同郷人とのつきあいの程度（強弱）	0	0	0

注：N.A. (not available, 不明)。

動き回り型

　温州人企業家で興味深いのが「動き回り型」である（表7-2）。このタイプは，相当な頻度でランダムなリワイヤリングを行い，身近な人間関係から飛び出そうとするが，基本的に既存の同郷ネットワークをベースにし，そこから逸脱しえな

ドが次々と出現する現象の，ある意味で，器物的な側面に注目しているのに対して，本書が提示する「被リワイヤリング能力」は，例えば，フランスの著名なクチュリエール，ココ・シャネルが実践した人脈戦略のように（西口 2011），単なる「評判効果」を超えて，他者からのインバウンドなつながり探究の動きの1つ1つを選り分け，その「利用可能性」を明敏に察知したうえで，目的論的には，あたかも自らがアウトバウンドの探索リワイヤリングを仕掛けたかのように，居ながらにして「新規リンク」を担保できるという「戦略的な開拓効果」，形容矛盾を顧みずにいえば，ある意味，「積極的な開拓能力」を強調する点である。つまり，インバウンド探索の圧倒的な多さによって選択肢が広がるため，限られたアウトバウンドの探索以上に，任意にリンク先を絞り込むことが可能で，仮に失敗してもオールターナティブの選択が容易なため，戦略的効果が挙がる確率も高いと推定される。

　第2は，被リワイヤリング能力が，既存の捉え方のように，個人に限られるのではなく，結束の強いコミュニティーでは，階層間をつなぐ幾つかのノードを通じて，有用な外部情報が，容易に「弱い」ノードにも拡散伝播し，より多くのコミュニティー・メンバーが潤う助けとなる点である。この視点は，マートンの「マタイ効果」，バートの「構造的な溝」，バラバシの「優先的選択」のいずれにも欠如しており，「集団的な」被リワイヤリング能力のポテンシャルが，ネットワークの近隣効果によって発現し，コミュニティー全体を成長させるメカニズムを説明する。

いことが多い。

　動き回り型では、直近の「商機探索」を目的とするリワイヤリングが顕著で、企業家予備軍や経営不振の企業家が、場所を点々とし、商売替えをする（表7-2の項目(3)および(4)参照）。一見「ジャンプ型」と似ているが、「ジャンプ型」が軽々と同郷縁を飛び越えるリワイヤリングを行うのに対して、「動き回り型」は、「非」同郷人との共同経営や資金を融通し合える関係に発展することはまずなく（表7-2の項目(10)参照）、あくまで温州人ネットワークの内側でのリワイヤリングにとどまる傾向が強い。そのため、入手できる情報は重複しがちである。しかも、ジャンプ型が示す戦略性と如才なさに比べて、動き回り型の動きはどちらかというと行き当たりばったりで、「頭のない鶏」のようだと皮肉を込めて評されることもある。

　商機を求めて中国国内や欧州各地を転々としたのち、チェコの首都プラハで大々的に立ち上げた回転寿司店が大当たりした若い経営者、梅建敏（Mei Jianmin, メイ・ジアンミエン, 仮名）は、「動き回り型」の典型である。梅の回転寿司店は、東欧諸国にも広がりつつあった和食人気にいち早く目をつけたもので、一等地の大型ショッピングモール内にあり、週末には長い列ができる人気のレストランだ。

　梅建敏へのインタビューで、印象的だったのは、本人自身の図抜けた才覚というよりも、激しく動き回り続けたそのこと自体の所産ともいえる、彼を取り巻く人間関係の豊かさ、さらに、その活用の巧みさである。通訳を介しての計5時間余りのインタビューで、彼は飽くことなく、自分を現在の立ち位置に導いた、連綿と続く親戚や友人、知人の名前を挙げていった。そのジグザグとした行程は、聞いただけ目が回りそうだった。

　まず、早くは、おじがいる中国の武漢で店舗を借り、温州の工場から仕入れた靴の小売をしたが失敗。次に、おばのいるハルピンで、ケーキ屋の手伝いをしていたときに、チェコのプラハとオーストリアのウィーンでレストランを経営している別のおじから誘われて、プラハにやってきた。その後、ウィーンに移り、そこのレストランで3年ほどアルバイトをしながら、飲食業の経営手法を学び、同地で知り合った同郷人の女性と結婚した。彼女がプラハに住んでいたこともあって、2001年にプラハに戻り新妻の両親が所有していた中華料理店を承継し、そこで稼いだ資金を元手に、2007年秋、回転寿司店をオープンさせた。約50万ユーロ（2007年の年間平均換算率1ユーロ161.2円換算でなんと約8060万円！）という驚くほど高額の開業資金の一部は、おじや妹、幼なじみなどから借りた。温州人同士の慣行通り、無利子・無担保・無証文だった。従業員は同郷人がメインで、23人のうち約7割を占める。

ちなみに，梅建敏をインタビューした 2008 年 3 月現在で，欧州に彼の親戚は 40～50 人おり，知人を含めれば「扶助し合う同郷人」の数はさらに増えるという。この欧州現地で「扶助し合う同郷人」が 40～50 人超というレンジは，梅建敏のような「動き回り型」でよく聞かれた人数であり，対照的に「ジャンプ型」では 100 人超，また「現状利用型 A・B」では，後述のように，せいぜい 20 人か，それ以下といったケースが大半を占めた。

　梅建敏は，激しいジグザグ行路の途上で涵養されたこうした手持ちの人間関係のなかから，ビジネスで成功する可能性の高そうな場所をピンポイントで選び出し，かなり大胆な「リワイヤリング」を繰り返してきた。その時々にどこでどのような事業をやれば儲かりそうかという問題意識で，果敢に情報伝達経路のかけ直しを行い，常によりよい情報を探し求めてきたのである。その梅建敏がたどり着いた結論が，当時すでにウィーンで人気の出ていた回転寿司店を，自分の手でプラハに初めて展開することだった。

　クラスター分析で同じ「動き回り型」に分類され，同じくプラハで中華料理店を経営する鄭朝偉（Zheng Chaowei，チョン・チャオウェイ）は，フランス，イタリアを転戦した。もともと温州市の北に隣接する青田県の公務員だったが，その安定した職を捨てて渡欧し，パリの青田人が経営するレストランでアルバイトをしながら資金を貯め，イタリアのプラートで服の縫製業を始めた。だが，思ったほど順調にはいかなかった。その後，チェコの訪問経験を語った青田人の友人から「プラハには中華料理店が 1 軒しかない」と聞き，それならとチェコで中華料理店を開いた。店は結構繁盛しており，梅建敏ほどの派手さはないが，中の上程度の成功者といえる。

　イタリア・ミラノの服卸（貿易）業の蔡志揩（Cai Zhikai，ツァイ・ズィーカイ）が，最初の渡航先フランスからイタリアに移住したのも「イタリアのほうが商売に適している」と温州人に教えられたからだった。ミラノの友人宅に数日間居候した後，プラートで縫製工場を立ち上げた。しかし，競争が激しいことから，ミラノに戻り，服の卸売業者となって，今日のリーズナブルな成功を築いた。

　このように，頻繁に拠点を移動し，商売替えをする温州人企業家は一般によく見受けられるが，動き回り型はその典型である。日本では，たった 1 度の事業の失敗で，再起不能に陥る人が少なくないが，温州人企業家は，成功するまで「リワイヤリング」を続ける頻度が高い。というのも，そうしたジグザグ型の探索を支える同郷人のネットワークがあちこちに張り巡らされ，「敗者復活の社会装置」として有用かつ高度に機能しているからである。ジャンプ型で紹介した陳夫婦はプラートで成功したが，プラハの鄭朝偉やミラノの蔡志揩は，プラートからの退

出を余儀なくされていた。だが，そんな彼らも，広大なグローバル空間において，同一尺度の信頼によって結びつけられた汎同郷人型のネットワーク機構を徹底的に活用し，「リワイヤリング」し続けることによって，やがて好機をつかみ，身の丈に合った居場所を見つけることができた。プラハの鄭朝偉はその後，チェコの青田同郷会会長，ミラノの蔡志揩は，ミラノ華僑華人商業総会副会長として活躍している。こうして，空間的な広がりを突き抜けるかのように，結束力の強いコミュニティー・キャピタルを維持する同郷人社会の仕組みが，個々人の属性や時々の制約条件をはるかに超える，七転び八起きの人生を可能にしているのである。

現状利用型 A

とはいえ，すべての温州人が「ジャンプ」し「動き回って」活躍する秀でた「ネットワーカー」になるわけではない。人によって，また，同じ人でも，いかなる環境で，何を目指しているのかによって，さまざまな段階がある。誰でも最初は，既存の人間関係を必要に応じて利用するところから始める。それだけでも，条件さえ整えば，それなりの繁栄を手にすることは可能だろう。ただし，多くの者はずっとそこにとどまる。

表7-3の「現状利用型 A」も，次の表7-4の，より筋金入りに低位の「現状利用型 B」も，中国製品の製造・輸入販売や中華レストランといった母国・中国の強みを活かした，シンプルで狭い範疇の1つのビジネスのみを長く続ける傾向が強く，ジャンプ型や動き回り型のように数々の職種や業種を渡り歩き，国境を越えて移動する頻度も少ない。また，仮に商売の規模が大きくなっても，国内外の拠点数はあまり増やさず，仕入先が多様化することもなく，あくまで身近な同郷人ネットワークにのみ強く依存して生き続ける点でも共通している。A, B両者の顕著な違いは，「現状利用型 A」はそれでも，完全には同郷人の中に埋没しきってはおらず，現地人をはじめとする外国人を相手に商売をするという都合上，少なくとも，現地の顧客相手に難なく応対できる現地人を多く雇用し，役務に当たらせているという点である（表7-3の特に項目(6)と(7)参照）。

スペイン南東部にある靴の産地，エルチェ（Elche）では，安価な中国製靴を扱う温州人の卸売業者が一大集積地を形成している。中国有数の靴産地である温州から，温州製の靴を欧州市場に売り込む同郷人企業家が多数集まっており，黄淑堅（Huang Shujian, ファゥン・シュジィエン）もその1人である。彼は1985年にスペインに移住し，同郷の友人がいるバレンシアで10年以上レストランを経営していたが，より大きな儲けが期待できると聞き，別の同郷の友人がいるエルチェ

表7-3 「現状利用型A」温州人企業家のリワイヤリング指標

現在の居住国・都市	スペイン エルチェ	スペイン マラガ	チェコ プラハ	トルコ イスタンブール
氏名	黄淑堅	何佐斌	孫悦心	陳歩俊
誕生時期	1960年代	1957年	1970年代	1975年
インタビュー時の業種	靴卸	靴卸	飲食	旅行
海外進出年	1985	1996	1996	1999
現在地到着年	2000	2004	1996	1999
出国理由	商機	商機	結婚	商機
(1) 結婚相手の非同郷度	0	0	0	未婚
(2) 出国時の親族や友人への非依存度	50	0	0	25
(3) 滞在国数	25	50	25	25
(4) 経験した職種・業種の数	50	50	50	75
(5) 国内外の商売拠点数	25	0	0	0
(6) 従業員の多様性	100	50	75	100
(7) 顧客の多様性	100	100	50	100
(8) 仕入先の多様性	0	0	50	N.A.
(9) 同郷人とのつきあいの程度（強弱）	50	75	50	25
(10) 非同郷人とのつきあいの程度（強弱）	25	0	0	25

注：N.A.（not available，不明）。

に移動して，靴の貿易業に転じた。

　黄淑堅は当初，同郷の友人の店の一角を借り，彼の紹介で中国から靴を輸入するビジネスを始めた。売上の増加に伴い，温州に従業員400人規模の自社工場を設立。私たちが訪れた2007年時点で，黄の扱う商品は全量，中国の自社工場製であった。約500社ある顧客の70％以上がスペイン人業者で，その大半が，エルチェに買い付けに来ているという。そのため，黄の卸売店舗では，スペイン人の従業員が，買い付けに来店する現地人業者の応対をしている。

　とはいえ，黄自身が日常的につきあうのは，基本的に同じエルチェで靴卸業をしている温州人企業家たちのみであり，なかでもスペイン政府や中国政府との交渉窓口として，靴の同業・同郷らによって設立された，スペイン華人靴業協会の会長や副会長らとは昵懇の仲である。スペインの現地市場参入に当たって現地人を積極的に活用している点を除けば，黄はこのように温州人コミュニティーにどっぷり浸りきっており，現状利用型Aの典型といえる。

　同じスペインのマラガにある倉庫区で，靴の2次卸業を営む何佐斌（He Zuobin，フェァ・ズゥォビン）は，こうしたエルチェやアリカンテなどに集積する温州人の卸業者から商品を仕入れている。1957年に温州市の瑞安に生まれた何は，小学校に1年しか通っておらず，イタリアで5年，スペインで14年商売をしてきたが，英語もイタリア語もスペイン語も全くできない。北京語は簡単な意思疎通が

やっとであり，温州語でさえ日常会話がこなせるレベルだ。つまり，彼は，文字の読み書きが全くできない経営者である。そんな何でも，1996年，39歳のときにイタリアに入国し，2001年に44歳でマラガに到着して以来，大きなトラブルにも遭わず，安心して商品を仕入れられるのは，温州語が通じる同郷の靴の1次卸業者が同じスペイン国内で商売しており，必要なときに，彼を助けてくれるからである。感慨深げに，何は述懐する。

「無学な私が，これまでなんとかやってこられたのは，同郷人のお陰です。温州人同士なら，見知らぬ人でも私たちは助け合います。親戚だけじゃありません。今まで大変な苦労をしましたけど，困ったときはいつも助けてもらったし，こっちも同郷人を助けました。親戚が多いですが，それだけじゃなくて，本当に信用できる20人くらいの温州人とは，よく会って，コーヒーを飲んだり，おしゃべりして過ごします。でも，商売以外で温州人でない人とつきあうのは，滅多にないです。信用できないしね」

何のこうした証言は，同一尺度の信頼に裏打ちされたコミュニティーに帰属するという共通意識の織りなす「準紐帯」(Frank 2009) の強みを思い起こさせる。

とはいえ，何の卸売業の顧客は，自ら買い付けに来るマラガ周辺のスペイン人小売業者が大多数のため，従業員にスペイン人を雇用している。温州人以外の中国人やスペイン人らとのコミュニケーションでは，中国から家族ビザで呼び寄せた2人の娘が"通訳"を担う。

1個人としては，同郷人としかコミュニケーションができない何佐斌は，その弱みを強みに転換する必要もあって，マラガで，温州市の瑞安出身者が設立した瑞安同郷会の会長を，また，彼の姉の息子は同副会長を務めている。こうして近親者とともにフォーマルにも現地の同郷人社会にしっかりと埋め込まれ，しかも，そのリーダーとして確固たる地位を確立している。そのような立場を通して，現地政府の職員と容易に連絡がとれ，，同郷の「ジャンプ型」や「動き回り型」とも分け隔てなく交流することが可能で，彼らが外部から持ち込む有用な情報を積極活用して，自らの商売に役立てるばかりでなく，その中継者，再発信者として，同郷社会に貢献している。役職上，会員企業の人脈や情報が自然に彼のもとに集結するため，そうした無形資産を，合目的に有効活用することはたやすい。つまり，この事例は，通常なら辺境にとどまる可能性の高い「弱いノード」も，スモールワールド・ネットワーク論の系譜を引く，最新の「玉ねぎ構造」と「集団的影響」のネットワーク論が示唆するように，トポロジカルな条件さえ整えば，身の丈に応じた結節点の役割を担うことによって，「拡散伝播の最適な影響者」となり，属するコミュニティーのロバストネス（頑健さ）に寄与しうる可能性を示

している（第2章，「玉ねぎ構造と集団的影響」の節参照）。

　チェコ・プラハのショッピングモールで，アジアン・レストランやファストフード店など，計3店舗を営む孫悦心（Sun Yuexin, スン・ユエシン）も，ほぼ身近な同郷ネットワークのみに頼って生きる1人であるが，現地人の顧客を接客させるため，非中国人を半数以上，従業員として雇っている。3店舗で計24人の従業員のうち，わずか7人の中国人は全員同郷人だが，アジアン・レストランでは「それ風」の特徴を見せる必要から，モンゴル人やベトナム人などを雇用している点は興味深い。

　とはいえ，他のリワイヤリング指数では特に変わった点はなく，標準的な現状利用型Aの属性を示している。孫は，故郷の青田で小学校の先生をしていたが，許嫁の中学時代の同級生を追ってチェコに移住した。高い「外出率」を誇る青田人らしく，ヨーロッパのあちこちに約200人もの親戚がいるという。義兄を真似て靴の卸売業を一時手がけたこともあったが，上手くいかず，その後，先に「動き回り型」の節で紹介した同じプラハで回転寿司店を大ヒットさせた梅建敏の例に倣い，現在はレストラン経営に専念している。

　他方，トルコのイスタンブールにある同国最大の卸売市場の一角で，旅行業を営む陳歩俊（Chen Bujun, チェン・ブージュン）の従業員は，ほぼ全員が現地人である。中国に向かうトルコの貿易業者が主な顧客のため，7人のトルコ人従業員が，航空券やホテルの予約などに当たり，陳と，ただ1人の上海出身の中国人従業員が，中国政府のビザを手配する。

　トルコ在住の従姉を頼って1999年にこの国に入国した陳歩俊は当初，他の温州人をまねて，レストランや貿易会社を経営したが儲からなかったため，旅行業に転じた。彼によると，商売上手の温州人といえども，規制の厳しいトルコで荒稼ぎするのは容易ではなく，数年で中国に舞い戻ってしまう同郷人の企業家が結構いるという。陳は，私たちがインタビューした2007年時点で，トルコ滞在歴が12年を数え，トルコ語も上達していたが，日常的に交流していたのは，同郷人の設立による「トルコ中国工商総会」のメンバーや在中国の同郷人らに限られていた。

　このように，「現状利用型A」は，現地人を主な顧客とする商売上の必要から，現地人等の外国人従業員を優先雇用する傾向が認められたものの，日常生活におけるつきあいの基本は同郷人コミュニティーのみに狭く限定されていることが分かった。

表 7-4 「現状利用型 B」温州人企業家のリワイヤリング指標

現在の居住国・都市	イタリア ミラノ	イタリア ブレシア	フランス パリ
氏名	趙邦林 (仮名)	葉良春 (仮名)	顧剣中 (仮名)
誕生時期	1962 年	N.A.	1950 年代
インタビュー時の業種	服卸	服小売	カバン小売
海外進出年	1998	1984	1980
現在地到着年	1998	1997	1980
出国理由	商機	商機	商機
(1) 結婚相手の非同郷度	0	0	0
(2) 出国時の親族や友人への非依存度	25	25	25
(3) 滞在国数	25	75	25
(4) 経験した職種・業種の数	50	75	50
(5) 国内外の商売拠点数	0	0	0
(6) 従業員の多様性	0	0	0
(7) 顧客の多様性	50	50	50
(8) 仕入先の多様性	0	0	0
(9) 同郷人とのつきあいの程度(強弱)	75	50	25
(10) 非同郷人とのつきあいの程度(強弱)	0	25	0

注:N.A. (not available, 不明)。

現状利用型 B

上述の「現状利用型 A」とは対照的に,「現状利用型 B」は,表 7-4 の指数が示唆するように,商売拠点は 1 カ所だけ,仕入先も従業員も情報の入手先も,ほぼ身近な同郷ネットワークの範囲内だけに限定され,そこでのみ棲息するタイプであり,温州人コミュニティーの中でも底辺に属する多数者から構成されている。そして,恐らくは,仮にその脆弱な個人的属性のままバラバラにされ,世界各地に張り巡らされた分厚い同郷者ネットワークの支援体制から切り離されて,裸一貫で 1 人,他地域出身の中国人や現地人のコミュニティーを含む「真の外地」に放擲された場合,自身の力量だけでは企業家にさえなりえず,一般労働者の群れに埋没してしまう可能性の高い階層であろうと推察される。

イタリアのミラノのチャイナタウンには,靴,おもちゃ,服などの安価な中国製品を,イタリアやその周辺諸国に販売する卸売業者(貿易業者)が数ブロックにわたって集積しており,趙邦林 (Zhao Banglin,ザオ・バオンリン,仮名) が家族経営する「隆順達(ロンションダマオイ)貿易」(仮名) も,そうした卸売業者の 1 つである。故国では野菜の小売で細々と暮らしていた趙は,欧州に行けば「もう少しマシな生活」ができるかもしれないと聞き,1998 年に同郷人の妻とともにイタリアに密入国した。

インタビュー当時，趙邦林は1962年生まれの40歳代。とはいえ，小学校さえ卒業していない。家が極貧だったため，小学3年で通学するのをやめてしまったのだ。そのため，北京語はほとんど理解できない。使えるのは温州語だけで，読み書きも苦手である。趙へのインタビューも，北京語と温州語ができ，さらに，イタリア現地の小・中学校に通ったためイタリア語も堪能な，彼の19歳の息子が通訳することで，ようやく実現したほどだ。要するに，父が温州語で話し，息子が北京語で伝え，私たちに日本から同行した中国人留学生が，日本語に直すという方式である[5]。

ミラノに来たのは，甥（同郷人である妻の姉の息子）がそこでアパレル企業を経営していたからである。趙夫妻は4年間，そのアパレル企業で工員として働いた。毎日の労働時間は16～18時間，太陽を見ることはほとんどなかったという。蛇頭に支払う渡航費用として，親戚から融通してもらった35万元（1998年の年間平均換算率1元＝15.8円換算で約553万円!）という高額の借金を，1日も早く返済したかったからである。

趙夫妻はイタリア語ができず，北京語もおぼつかない。そのため，在伊の温州人ネットワークだけが頼りであり，そこ以外に行き場はない。家族ビザの申請では，知り合いを頼って，書類作成のノウハウに長け，現地事情に詳しく，イタリア政府の担当者にも顔が利く温州人を探し出した。商売で扱う洋服も，仕入先はすべて在伊の温州人企業である。1軒は，夫妻が以前働いていたミラノのアパレル企業，もう1軒は，別の温州人が経営するローマの貿易会社である。このように，小学校にわずか2年ほど通っただけで中退し，温州語しか話せない趙邦林であるが，そのままでもコミュニケーションがとれる現地の同郷人ネットワークにどっぷり浸かりながら，特に不具合を感じることなく，小規模な服卸店を経営して，見事に生き抜いている。

ミラノの東約100キロメートルに位置するブレシア（Brescia）の服小売業者，葉良春（Ye Liangchun，イエ・リアンチュン，仮名）も，家が貧しかったため，父の命令で，なかば強制的に親戚のいるオランダに送り出された。1980年代半ばのことである。オランダでは親戚のレストランで働いたが，不法滞在で強制送還されそうになったことから，フランス，さらにイタリアのベニスへと逃亡し，その後，各地を転々とした。イタリアに向かったのは，オランダで知り合った温州人がベニス在住だったからである。密入国の手段やその後の合法化の手続きについては，温州人の友人らから詳しい手ほどきを受けた。

---

[5] 温州語方言の特殊性については，第1章，注**5**の詳しい説明を参照されたい。

葉良春は1989年のイタリア入国後，同郷人の妻と息子を呼び寄せ，ミラノから電車で約1時間ほど北東のベルガモ（Bergamo）に服の縫製工場を設立した。最初の従業員8人も全員温州から呼び寄せた親戚だった。（先の趙邦林も葉もともに，表7-4の項目(6)「従業員の多様性」が一律"0"であることに注目せよ。）「とにかく人手が必要だったので，彼らを密入国をさせ，恩赦のたびに合法化させました」という。1997年には，同じロンバルディア州の州都，ブレシアで中華料理店の経営に転じた。さらに，2002年にはミラノに移動して，服の卸売業を開始し，私たちがインタビューした2006年時点では，ブレシアで服の小売に従事していた。

　一方，1980年からフランスのパリに住み，中国よりもフランス生活のほうが長くなった顧剣中（Gu Jianzhong，クー・ジェンチョン，仮名）も，全面的に直近の同郷人とのつきあいだけという点で共通している。しかも，その同郷人との交流すら，表7-4の項目(9)の指標が"25"，つまり，ビジネス情報の交換程度であり，上述の2者と比べても，それほど深くはない。顧は，中国では中学校の教師だったが，25歳で渡仏し，叔父の皮革卸業を手伝いながら，関連するノウハウや人脈，事業資金を蓄積し，3年後に現地で革カバンの工場主として独立した。その直後，彼はいったん帰郷し，親戚に紹介された温州人女性との結婚式を挙げた。私たちがインタビューした2006年当時，彼は，革カバンの小売業に転じており，パリ在住の温州人卸業者から仕入れた革カバンを販売していた。私生活でも交流があるのは，かろうじてパリ在住の限られた温州人仲間だけであった。

　とはいえ，その限られたネットワーク上で，顧剣中の最大の強みは，在フランスの華僑華人会リーダー（つまり「ジャンプ型」）を輩出する同郷の名門家族と懇意にしており，フランスの政財界に人脈をもつ彼らを介して，有用あるいは時に有利な情報を入手できる位置どりにあったことだった。その名門家族の夫婦が，現地で私たちを招待した円卓晩餐会にも，顧剣中は妻とともに参列していた。そうした特殊事情が，表7-4における顧の平均的な「成績表」の数値があまり芳しくないにもかかわらず，比較的安定した商売ができている理由の一端であったことは想像に難くない。

　これまで検討した観察結果を総合的に鑑みると，現状利用型のAとBの2タイプにおいては，それぞれが従事する商売の性質に準じて，「従業員の多様性」という1指標においてのみ有意差が認められたが，他の指標や傾向ではほぼ収斂しており，両者ともに同郷者同士のごく狭い「近所づきあい」の範囲だけで生き，交流し合っている状況が定性的にも再確認された。そのため，概念的にはやはりAとBの両タイプとも，本書が第1章で提示した「現状利用型」として，一括りにして取り扱っても差し支えないと想定できる。

第7章　在欧の温州人企業家のタイプ別ケース分析　193

　では，再び問うが，そうした「現状利用型」はなぜ，異国の地で生き延びることができているのだろうか。この問いは，温州人企業家のパターンを見る限り，本人がどのタイプであっても，その親戚，同郷の友人・知人の中やその周辺に，「ジャンプ型」や「動き回り型」が少なからず存在しており，そうした多彩なプレーヤー同士の頻繁なリワイヤリングによって，状況に応じ，異なるタイプ間のいずれの方向にも，適宜，冗長性のない新規情報が自在に飛び交い，有効に活用されうるという，温州人ネットワークの特徴ある構造特性とその運用方法に直接関係している。

　例えば，チェコのプラハでレストランを経営する「現状利用型A」の孫悦心は，同じプラハで回転寿司店を開業して大当たりした「動き回り型」の梅建敏と懇意であり，後者が2001年に新妻の両親から引き継いだレストラン業で稼ぎ始めたのを見て，孫も稼ぎの少ない靴の卸売業からレストラン業に転身した。さらに，梅の回転寿司店の大成功を目の当たりにして，孫自身のレストラン業への専念度がいっそう強まったことは，先に言及した通りである。

　実際，私たちを梅に引き合わせたのは，孫であった。梅自身は，日本に行ったことがなく，彼が「寿司」について学んだのは，回転寿司店のオープンに合わせて，おじのルートでウィーンから引き抜いてきた韓国人の寿司職人からであった。この韓国人は，ウィーンの日本人経営の寿司店で修業しており，腕は確かと思われたが，確証はなかった。そのため，梅は，青田人の孫が紹介した私たち日本人に，インタビューの合間を縫って店の寿司を次々に試食させ，熱心にその感想を求めた。これは，状況次第で「現状利用型」（孫）から「動き回り型」（梅）に仕掛けたリワイヤリングを契機に，通常得難い有用な情報を，後者が入手できたささやかな実例ではある。この意味で，便益は双方向に行き交う[6]。

　このように各タイプ間の互恵的なリワイヤリングを介して，自在に内外の世界とつながりうるため，同郷人コミュニティーに新しい市場，技術，ノウハウ，知識などに関するさまざまな情報が迅速に伝わり，蓄積される。また，警察や入国管理局に関する込み入った案件など，特定のタイプの者にとって自力で解決することが不可能に近い困難な問題に直面した場合でも，他のタイプを含む同郷人に依頼することによって，比較的容易に外部資源を利用し対処してもらうこともできる。こうして，たとえ「現状利用型」であっても，進出地域において孤立する

6　いうまでもなく，こうした「～型」といった類型化は，現場観察とクラスター分析によって，私たち外部の研究者が事後的に析出したものであり，日常生活において，当人たちがそうと明確に意識しているわけではない。むしろ，彼ら同士は自然に友人や知人となったのであり，ほとんど無意識に，そうした交流を楽しみ，活用している。

ことなく，現地人も羨むほどの商売繁盛と豊かな生活を享受できるのは，優れて結束力の高いコミュニティー・キャピタルに埋め込まれ，スモールワールドの理念型に近いネットワーク構造をもつ，温州人コミュニティーの特性によるところが大きいからこそであると推定される。

自立型

第6章でも述べたように，「自立型」は，親族や友人を頼ることなく単独で海外に飛び出し，現地定住後の交友関係も，他の3類型に比べて相対的に狭い（表7-5の項目(2)および項目(9)と(10)参照）。同郷人とあまり親しくつきあわず，非同郷人との交流も皆無に近い。既述のように，彼らの多くは，中国ですでに企業家としての地歩を固めており，事業拡大を目的に海外に投資するタイプである。また，表7-5の「海外進出年」と「現在地到着年」でも示唆されるように，比較的近年，この類型は増加してきており，なかには最初から「投資移民」として海外進出した者も含まれる。在欧の温州人企業家コミュニティーではまだ少数派ではあるが，従来の「貧しさを逃れる」移民パターンとは，明らかに異なる類型を構成しており，注目される。

自立型の典型ともいえるのが，ポーランドの首都，ワルシャワにある卸売市場「中国城」に入居する靴卸業者の劉銀発（Liu Yinfa，リュウ・インファ）である。彼は，温州で開業した靴メーカーの経営者で，1995年に初めて海外に飛び出した。劉には，海外進出に当たって，頼るべき親戚や友人・知人はいなかったが，国内市場で靴が売れなくなったため，海外市場を開拓するしか生き残る道はないと思われた。同じ旧共産圏同士の伝統から，西欧に比べると中国人にとって入国が容易な，最初の進出先であるロシアの首都，モスクワへは，短期の商用ビザで入国し，その後1年間の長期滞在ビザに切り替えた。

2年後，商売が軌道に乗ると，モスクワの商売は，中国本社から送り込んだ中国人従業員と現地採用のロシア人に任せ，劉自身は，アラブ首長国連邦のドバイに向かった。ドバイを拠点にした中近東のビジネスが軌道に乗り始めると，今度は実の弟にそこを任せ，ポーランドのワルシャワに進出，私たちが訪れた2008年現在，ポーランドにある3つの卸店舗は，同郷人の妻が運営している。

海外進出によって，劉銀発の靴ビジネスは急成長を遂げた。ロシア進出当時，温州工場の従業員は800人程度であったが，2008年現在，その数は6000人に膨れ上がっていた。劉は，自社工場がある中国・温州と，卸売店舗を構えるロシア，アラブ首長国連邦，ポーランドを数週間から数カ月単位で移動する生活を続けている。彼の高校生の娘は，母親と同じワルシャワに住んでいる。劉にとっては，

表7-5 「自立型」温州人企業家のリワイヤリング指標

現在の居住国・都市	スペイン マドリード	ロシア モスクワ	ポーランド ワルシャワ
氏名	黄忠義	葉衛洪	劉銀発
誕生時期	1975年	1960年代	1950年代
インタビュー時の業種	物流	服卸	靴卸
海外進出年	2001	2001	1995
現在地到着年	2006	2001	2003
出国理由	事業拡大	事業拡大	事業拡大
(1) 結婚相手の非同郷度	0	0	0
(2) 出国時の親族や友人への非依存度	100	100	100
(3) 滞在国数	75	25	75
(4) 経験した職種・業種の数	50	25	25
(5) 国内外の商売拠点数	50	25	75
(6) 従業員の多様性	50	0	50
(7) 顧客の多様性	0	100	50
(8) 仕入先の多様性	N.A.	50	0
(9) 同郷人とのつきあいの程度（強弱）	25	25	25
(10) 非同郷人とのつきあいの程度（強弱）	0	25	0

注：N.A. (not available，不明)。

中国の温州とポーランドのワルシャワが主な居住地であるが，世界をまたにかけて出張を繰り返す生活が続く限り，同郷人とも非同郷人ともあまり深くつきあわない，あるいは，特にその必要のない状況にある。

劉銀発の最初の進出地だったロシアのモスクワに2001年から卸売店舗を構える葉衛洪（Ye Weihong, イェ・ウェイホン）も，事業拡大のために，全く伝手のないロシアにやってきた。もともと彼女は，北京の卸売市場で両親が経営する洋服の卸売業を手伝っていたが，アパレル企業を北京で経営する同郷人と結婚後，モスクワに販売拠点を設けた。貿易会社経由で，ロシア市場に洋服を輸出していた彼女は，モスクワに卸売市場があることを知り，直接販売に切り替えたのである。

先の劉銀発と同様，葉衛洪のロシア進出も，本国ですでに成功した中国企業の自力による海外展開という範疇に入り，無一文で海外に飛び出し千辛万苦の末にようやく成功を手にした旧来型の多くの温州人企業家とは一線を画している。進出先の市場に魅力がなくなれば直ちに引き払って中国に戻り，あるいは，適宜，状況を見ながら，他国に移動するといった自力の戦略展開ができ，それゆえ，進出先の同郷人や非同郷人のコミュニティーに深く関わる必要もなく，そのつきあいは仮にあっても浅い。

私たちが出会った温州人企業家の中で，こうした新しいタイプの「投資移民」の典型ともいえるのが，スペインのマドリードで取材した物流会社（運送業と倉

庫業）の経営者，黃忠義（Huang Zhongyi，フゥァン・ヂョンイー）である。ちなみに，黃は，「ジャンプ型」として先述した，オランダの政財界に顔が利くオランダ中国商会副会長，徐卓亜が，本国の温州人企業家のために尽力した，ロッテルダムへの投資プロジェクトにも参画した1人である。

温州で義理の両親とアパレル企業を立ち上げ，その後，貿易業にも乗り出していた黃忠義は2003年頃，ロッテルダムに現地法人を設立した。中国製品を欧州市場に売り込むのが目的で，「中国で事業を展開している」，「1000万元以上の資産残高証明書がある」といったオランダ政府の要求条件をクリアーした黃は，徐卓亜らの後方支援もあって，投資ビザを取得し，EU圏内で合法的にビジネスを展開する権利を手に入れた。

黃はその後，より大きなチャンスを求めてイタリア，次いで，スペインにも投資し，ローマとマドリードで物流会社を経営している。顧客は在欧州の温州人企業で，私たちがインタビューした2007年現在，彼は，イタリア，ドイツ，フランス，スペイン間の国境越えの物流を手がけていた。

こうしてオランダ，イタリア，スペイン，中国の4カ国に拠点を構えてビジネス展開する黃忠義も，私たちがワルシャワで会った劉銀発と同様に，数週間から数カ月の単位で各国を移動しており，1年のうち3分の1を中国，残り3分の2を欧州で過ごす。欧州暮らしが長くなったとはいえ，顧客が同郷人という"恵まれた"ビジネスを展開していることもあり，彼は，温州語と北京語しか使えない。イタリア語やスペイン語は一向に上達せず，食事や買い物といった日常生活にも事欠き，現地人とのつきあいは皆無に近い。

以上の観察記録からも明らかなように，「自立型」は，中国在住の企業家が，すでに軌道に乗った事業の拡大を目的に海外に投資する者が多く，その投資先が複数国にわたるケースが少なくないことから，進出先の同郷人や現地社会との緊密な関係を構築するための時間的余裕もインセンティブも生じにくいと推察される。

戦略を使い分ける

ここまで，説明の簡明さの必要から，ジャンプ型，動き回り型，現状利用型A・B，自立型という，4類型5タイプの枠組みで，あたかもそれらが相互に独立した存在であるかのように論じてきた。だが，第6章の注**5**でも指摘したように，これらはあくまで1つの理念モデルにすぎない。現実には，状況や個性に応じて，同じ企業家でも，継時的に，類型間での進展や揺り戻し，あるいはまた，

共時的に，異なる類型の使い分けなどが生じており，多種多様である。

例えば，イタリアのプラートで，若い女性向けのカジュアル服を生産し，欧州市場に販売する陳龍（表7-1）はかつて，温州人コミュニティーを積極利用して商機を探る「動き回り型」だったが，その後「ジャンプ型」に転じた。もともと温州で小さな陶器やプラスチック製品を生産する工場を経営していた彼は，さらなる繁栄を求めて，友人の友人がいるイタリア・ミラノに移り，現地の温州人コミュニティーを通じてビジネスチャンスを探索し，最終的にプラートのアパレル産業にその可能性を見出した。陳龍が移住してきた1980年代末，プラートにはごく少数の温州人しかいなかったが，彼は敢えてそこに進出し，現地の言葉や商習慣などを身につけて，イタリア人と対等に渡り合い，成功を収めた。

ベニスの睨中波（表7-1）も，「動き回り型」から「ジャンプ型」への転換組である。彼はイタリア国内を10年余りめまぐるしく移動し続けた後，革靴の卸売・貿易会社を立ち上げた。同社は，従業員全員がイタリア人で，自社ブランド製品を欧州の準高級品市場に販売している。安価な中国製靴を欧州の低級品市場に売り込む典型的な温州商人とは異なる市場の開拓に力を入れている。

もっとも，類型間で，必ずしも「現状利用型」から「動き回り型」，さらには「ジャンプ型」へという段階的でリニアな「進化性」があるわけではない。「現状利用型」がいきなり「ジャンプ型」に転じることもあれば，「動き回り型」から「現状利用型」への「揺り戻し」が起きる場合もある。

例えば，オランダ中国商会副会長の徐卓亜（表7-1）は，「現状利用型」から一足飛びに「ジャンプ型」へと転身したケースである。徐は，結婚相手の両親がたまたまオランダでレストランを経営していたという偶然から，アムステルダムに移住して以来，一貫してそこに住み続けている。異国暮らしは，義理の両親に支えられた「現状利用型」でスタートしたが，現地語を習得して現地人と積極的に交流し，その中の何人かとは共同でビジネスを立ち上げるまでの深い信頼関係を構築した。

他方，インタビュー時に，ブレシアの服小売業として定着していた葉良春（表7-4）は，最初に入国にしたオランダでは，被雇用者とはいえ，典型的な「現状利用型」予備軍だったと推測される。だが，そこで不法滞在者となり，強制送還を免れるために欧州各地を転々とし，イタリアで合法的な身分を手に入れるまで，少なくとも，その行動パターンでは典型的な「動き回り型」の小経営者と重なり合っていたと目される。ところが，もともと小学校卒の彼は，正式な滞在ビザを取得し，イタリアに定住後は，言語能力を含む属性上の制約から，現地人を含む非温州人とのつながりがつくれず，彼らとのつきあいも脆弱なため，やはり同郷

人だけを雇用するしかない「現状利用型B」に自然に舞い戻っている。

先に見たように，葉はイタリアで合法的な身分を手にすると，直ちに中国から妻と長男を呼び寄せ，小規模な縫製工場を立ち上げた。その後，イタリア政府の恩赦に合わせて，すでに温州から密入国させ従業員として勤務させていた親戚や友人を，次々と合法化し，その数は累計で30人を超える。また，仕入先もすべて現地の同郷人業者のみである。「縫製工場をやめた後，服の卸売をしましたが，その時の仕入先も，温州にいる知り合いでした。その後，いろいろあって，今，服の小売店をやっていますが，やっぱりミラノとプラートの温州人業者から買い付けていますよ。結局，僕はこれまで，温州人以外の業者から買ったことがないんですよ。」イタリアに来訪して20有余年。わずかに人数が増えたとはいえ，温州人の親族，友人，知人のみに囲まれて，こうしてブレシアにひっそりと暮らすのが，葉良春の相も変わらぬ姿なのである。

■「蜂の巣」の情報伝播のように

温州人企業家の各類型はそれぞれ孤立して存在しているのではなく，そうと意識しないでも，相互の交流は盛んで，さまざまな情報が行き交う「相互浸透性」（permeability）が顕著に認められる。

私たちは長期にわたるフィールドワークの現場で，昼夜を問わず，多種多様の温州人企業家が集って「リワイヤリングを行う」円卓の食事会に頻繁に招かれた。クラスター分析の類型を用いれば，多くの場合，その主催者は「ジャンプ型」あるいは「動き回り型」で，彼らと親交のある千変万化の同郷人企業家がこぞってそこに参加していた。

形式上は，ゲストの私たちを歓迎する昼食会や晩餐会であったが，その実態は，海外出張から戻ったばかりの「ジャンプ型」や周辺事情に詳しい「動き回り型」などが，入手したてのホットな情報を雄弁に語り，他の温州人企業家が熱心に耳を傾けるという，濃密な情報交換の場となっていた。話題は，人民元の為替相場の将来動向や，北京や上海の急騰する不動産市況から，韓国のエレクトロニクス産業の国際競争力，中国内陸部での新事業成功の見通し，トヨタとホンダのハイブリッド・エンジン技術競争の行方まで[7]，極めて幅広く，晩餐会の場合は，延々

---

7 これらの話題はすべて，スペインのエルチェで2007年1月7日に私たちが招待された，スペイン華人靴業協会主催の昼食会における実例である。そこには，私たち以外に，温州人の靴卸売業者4人（いずれも同協会の幹部）と上海人の同協会事務員1人が同席。1時間半もの間，とりわけ海外出張から帰ったばかりの1企業家を中心に，次々と血のほとばしるような新鮮な話題が供され，聞

と深夜まで続くのが通例だった。

　それはあたかも，蜂の巣の周辺で甘い蜜のありかを発見したミツバチの偵察隊が，巣に戻るや否や，羽の振動と身体の回転からなるダンスによって，発見したばかりの餌までの正確な方向と距離を仲間に伝達するあのルーティン（儀式的行為）を彷彿とさせるものであった。もっとも，そうした円卓の食事会は，世界の重要な動向に詳しい「ジャンプ型」，ホットな情報収集に余念のない「動き回り型」，彼らに耳を傾ける「現状利用型」が最新のオイシイ情報を交換し共有する場にとどまらない。注意深く彼らの言動を観察していると，互いに持ち寄った最新情報が何を意味するのかを，皆，真剣に議論している。食事会が延々と続くのはそのためだ。各人が思い思いの解釈を提示し意見を交わすことによって，最も妥当と思われる結論（仮説）を探っているのである。彼らは，そうして得た結論（仮説）に基づいて，儲かりそうな新しい市場に挑戦し，将来性に乏しい事業からは撤退していく。そうした意味で，円卓は，集団学習による共同知を創出する場として機能している。

　繰り返すが，他地域出身の中国人企業家とは異なり，温州人企業家の「ジャンプ型」は同郷人コミュニティーにしっかりと埋め込まれ，「動き回り型」や「現状利用型」とも懇意な関係を継続し，また，後２者も常に連携しているがゆえに，こうした"蜂の巣モデル"が機能し，その結果，たとえ「現状利用型」であっても，進出先の現地社会で成功裡にビジネスを営み，欧州製の高級車に乗り，子供に満足な教育を与えて，現地人も羨むほど豊かな生活を享受できるのである。つまり，等質性の高い信頼関係によって支えられた彼らのコミュニティー・キャピタルは，自然状態ではギャップが拡大する傾向の強い，個人間のヒューマン・キャピタル分布の不均衡に由来する諸帰結を是正し，共喰い的な競争を上手く回避することによって，集団としての経済的繁栄を助長するのに役立つ。

　ところで，餌を発見した温州人が，巣に戻ってダンスをするのはなぜか。彼らが無条件に利他的に生まれついているからなのか。それとも，個人の属性や性格の違いを超えて，何らかの社会的装置が働くからなのだろうか。

　そうした問いへの１つのヒントは，人々の初期条件が設定される状況を観察することによって得られよう。温州人に関する既存研究の多くは，異口同音に，彼らが並外れた起業家精神と協力関係の溢れる地域社会に生誕し，血縁・同郷関係を介して，排外的とはいえ，コミュニティー内における強固な凝集性と信頼関係

き手側の解釈も加わって，参加者全員の共通知に転じ，会話が途切れることはなかった（第９章で詳述）。

を「所与として，刷り込まれて」成長することを報告している（李1997）。換言すれば，そうした確固たる初期条件によって，プレーヤー同士を一生結びつけ，効力を発揮し続ける"network imprinting"（ネットワークの刷り込み）作用が担保されているのである（McEvily et al. 2012）。この種の社会的効力は，同一のコミュニティーへの帰属意識が共有されることによって，直接の面識があるなしにかかわらず，汎コミュニティー的な「準紐帯（quasi-tie）」として各メンバー間に行き渡り，彼らの行動を規定する（Frank 2009）。

ジャンプ型の典型ともいえる，オランダ中国商会副会長で，温州同郷会名誉会長の徐卓亜は，餌のありかを同郷の仲間に伝える理由を，次のように説明する。

「私は，他の温州人よりも一歩前に踏み出し，外の新しい世界を見てきました。オランダで，現地人と事業の多角化に挑戦して成功したのも，私が最初だと思います。私は，こうして苦労して得たノウハウと知識と人脈を，ぜひ同郷の仲間にも活用してもらいたいと思っています。そうやって私は，温州人企業家の先頭に立つリーダーになりたいのです」

分類法や用語のニュアンスはやや異なるとはいえ，既存の移民研究の文献では，進出先の"enclave"（少数民族集団）において，個人間で異なるヒューマン・キャピタルに由来する能力別の移民類型が複数，併存する事実は指摘されてきた（Sequeira and Rasheed 2006）。だが，その多くは，単に個人の資質や能力の違いが各人のビジネスの成功率や社会階層の移動，もしくは，現地社会への文化的同化などを個別に説明すると指摘するにとどまり，そうした異なる類型の間で，いかなる相互作用が発生し，結果として，どのような個人的あるいは集団的なパフォーマンスの違いが生み出されるかについては，ほとんど分析の目を向けてこなかった。これは，ある意味，驚くべきことである。私たちの研究はまさに，これまで比較的軽視され，あるいは，システマティックに研究されてこなかったこの重要なスポットに新たな光を当て，移民の各類型間における有用な「相互浸透性」を担保し，サポートするコミュニティー・キャピタルの働きを解明することによって，その重要性を再認識させるものとなっている。

円卓食事会の参加者の多様性

さて，こうした類型間の「相互浸透性」に加えて，さらに注目すべきことは，温州人が催す円卓食事会に参加するメンバーの属性の多様性である。参加者の職業や居住地に，驚くべき広がりがあるため，仮にそうでない場合と比較した場合，異なる類型やタイプ間で「遠距離交際」のリワイヤリングが自然に発生し，より

冗長性の少ない多彩な情報が効率的に行き交い，共有され，利用されやすくなっていることは，想像に難くない。

例えば，私たちが初めて温州市を訪問した2004年3月，昼過ぎの予定だった不動産開発会社社長へのインタビューが，先方の急なスケジュール変更で小刻みに遅延した結果，晩餐会に振り替えとなったことがあった。夜，指定されたレストランの洒落た個室を訪れると，そこにはすでに，当の社長以外に，一束の種々雑多な招待客が円卓に座して会しており，北京発行の『中国企業報』の副主任で，杭州在住の女性ジャーナリストも含まれていた。やや遅れて，温州商業銀行の男性行員も加わった。ホスト役の社長に尋ねると，女性ジャーナリストとは浙江大学の同窓生，男性行員とは小学校時代からの親友だという。つまり，純粋な学縁，もしくは，同郷縁兼学縁であり，彼らを呼び集めた社長にとって，日常的な「近所づきあい」の商売相手ではなく，その時点ではすでに「遠距離交際」の間柄だった。こうした，人生のより早い時期に友情を培った仲間との脱日常的な交流と情報交換が，いかなる潜在力を秘め，時に強大な威力を発揮するかについては，改めて言及するまでもなかろう。

たまたま当日，女性ジャーナリストは取材で温州に来ており，男性行員とはほとんど面識がないようだったが，2時間半ほど続いた晩餐会を皆一様に楽しみ，温州の大手アパレルメーカーの企業戦略から，温州人の貯蓄率，中国IT産業の将来性や資金調達手段まで，各人が得意とする話題が次々と絶え間なく展開し，大いに盛り上がった。晩餐会の開催が急遽決まってからわずか数時間。その間に，これほどバラエティーに富んだ参列者を一堂に集め，濃密な交流を実現させる機動力に，私たちは印象づけられた。その後，私たちの広範なフィールド調査を通して，温州人の場合，この種の場面に遭遇することは例外ではなく，むしろ彼らにとっては規範的なごくありふれた行動様式であることが，一再ならず確認された。

対照的に，非温州人主催の食事会で，これほど多様性に富んだ友人・知人が一堂に会した光景を見た経験はあまりなく，フィールド調査中に招待されたケースの大半は，地元政府か，あるいは，温州人と同じように同郷会主催とはいえ，参列者は，普段からつきあいのある狭い範囲の職場の同僚や同業者が中心で，メンバーの多様性も異質性も乏しいのが通例だった。

例えば，2014年8月，私たちは，ニューヨーク市マンハッタンのチャイナタウンにある米国（美国）福建同郷会が，福建人経営の中華レストランで開催した円卓の晩餐会に招かれた。福建人の参加者は13人と数こそ多かったが，顔ぶれは，会長・副会長以下全員が，ほぼ毎日，顔を合わせる同郷会メンバーのみで，

表 7-6　温州人と非温州人の円卓食事会参加者の多様性比較

$n=50$

		食事会の回数	平均値	標準偏差
(1) 参加人数（実数）	温州人 非温州人	30 20	4.77 6.25	1.924 3.041
(2) 職業数（実数）	温州人 非温州人	30 20	2.60 1.70	1.070 .923
(3) 異職業率（％，(2)/(1)×100）	温州人 非温州人	30 20	56.9 31.5	22.196 17.387
(4) 居住地幅（1～5の5段階）	温州人 非温州人	30 20	1.87 1.10	1.383 .447

しかも，ほぼ全員がレストラン業者。女性は，そのうちの妻1人が居合わせただけ。会席の雰囲気も交わされる会話の内容も，2時間半ほどの開催時間だったとはいえ，先の温州人企業家の例とは，月とスッポンほど異なり，外部世界への無関心と，同じ生活圏内の冗長な情報交換だけが目立った。この同郷会が歓待する遠方からの唯一の公式なゲストは，たまに来訪する福建省政府の役人だけということだった。目先の利害が絡むそうした機会を除くと，単に仲間内のどんちゃん騒ぎに興じることに忙しく，先の温州人のような，新たなビジネス展開や育成に直結する情報交換とは無縁の世界がそこにあった。

とはいえ，こうした逸話的証拠にのみ依拠して，印象論を展開することは，研究上，リスクが伴う。もし，何らかの形で，より客観的な量的証拠を提示できれば，いっそう確かなはずである。

実際，利用可能なサンプル数に限りがあったとはいえ，私たちが招待された円卓食事会における参加者の属性を，定量的に測定して比較検証してみると，主催者が温州人の場合，「非」温州人に比べて，それと認知しうるほど多様なメンバーが揃っている事実が追認され，フィールド調査で得られた定性的な感触を裏付ける結果となった。

表7-6は，私たちが参加した，中国同郷人が3人以上集まる円卓食事会の多様性を比較した結果を示す。比較検証が可能な計50回（中国国内24回，国外26回）のうち，温州人主催分が30回，「非」温州人分が20回であった[8]。

両者を比較すると，(1)「参加人数」の平均は，温州人の円卓が4.77人，非温

---

[8] これらの計50回を主催者の属性で見ると，同郷会等の組織（全体の44.0％，うち59.1％が温州人）が最も多く，次が企業経営者（24.0％，うち91.7％が温州人）だった。

州人が 6.25 人と，後者のほうが，若干多い傾向にあるが，(2)参加者の「職業数」の平均（つまり，職種のバラエティー）を見比べると，1.0% の統計有意水準で，温州人の食事会は 2.60，非温州人は 1.70 と，前者で 1.5 倍ほど，より多くの異なる職業の人々が集まっていることが分かった。

次に(3)職業数を参加人数で除した「異職業率」で比較すると，この傾向はさらに際立っており，温州人の円卓は 56.9% と，非温州人の 31.5% を大きく上回り，平均で約 1.8 倍の高いレベルを示した。単位人数当たりの職種の多様性を表すこの指標は，統計的に 0.1% 水準で有意だった。

締め括りに，会食同席者の中に，たまたま出張等でよそから来訪し参加した人がいるかどうか，もしいるとすればどの程度「遠距離」から来ているかを確かめるために，(4)参加メンバーを居住地別に分類し，食事会の開催地を中心として，5 段階で比較測定した。「居住地幅」の内訳は，1. 同一市内，2. 同一州内，3. 同一国内，4. 同一圏内（例えば，アジア，EU 等），5. 圏外である。その結果算出された 1.10 という低い平均値から，大多数の会食者が同一市内のみから集まっていると推定される非温州人に比べて，平均 1.87 の温州人の円卓では，約 1.7 倍の「居住地幅」から同郷人がはるばるやって来て参加する傾向のあることが，5.0% の統計有意で確認された[9]。

世界各地を股にかけて飛び回る，遠方からの出張者が，頻繁に温州人の円卓に現れては情報交換に勤しむという，先に示した定性的な観察記録を，この定量化された指標は意義深く裏付ける結果となった。

要約すると，限られた平均値と標準偏差のみを示すデータとはいえ，次のことが統計有意で確認された。すなわち，非温州人に比べて，温州人が開催する円卓食事会の会食者は，より職業的バラエティーに富んでおり，単位人数当たりの「異職業率」でも職種の多様性を示し，より広範囲な「居住地幅」からはるばる

---

[9] これに関連して，2013 年 9 月 26 日に温州市で，学者が中心だったとはいえ，やはり参加メンバーの出自の多様性が印象深かった温州大学主催の円卓の晩餐会で，長年，私たちの研究のよき相談役であり，得難い温州人の友人でもある温州大学商学院院長の張一力教授に，私たちのそうした知見を告げたところ，彼は即座に応えた。

　「そうですね。私たち温州人は，このような会合では，意識しなくても，バックグラウンドの違うメンバーを呼び集める習性があるのかもしれませんね。そういわれてみて気づいたんですが，温州人は，ちょっと麻雀をやるときなんかでも，できるだけいつもは会わない人たちを集めて，ワイワイガヤガヤしながら，一緒に過ごすんですよ。第一そのほうが楽しいし，ふだんあまり聞けないような珍しい話が聞けて，後でとっても役に立つことがありますからね」

　郭・張（2012, p.108）も，食事と商売の関係に言及し，「温州人は，他人にごちそうするのが好きである。理由はいくつかあるが，ひとつは人情を大切にするからで，もうひとつは食事の席上ではよい情報が手に入りやすいからである」と述べ，食事を通じて情報をつかむことがビジネスで成功する秘訣の 1 つだと分析している。

やって来る出張者もかなりいて，冗長性の少ない，ビジネスに直結する情報交換を活発に行うということである。

最後に，円卓食事会の話題の拡散範囲とそのスピードにも，私たちは圧倒された。ある円卓晩餐会の翌日，私たちが，そこに不参加だった複数の温州人企業家にインタビューすると，その場に居合わせていなかったにもかかわらず，晩餐会の話題を周知している事態に何度も遭遇した。温州人企業家はまた，複数の携帯電話を持ち歩き，世界中に点在する温州人の親戚や友人・知人と夥しい頻度で会話している。それゆえ，世界各地で毎日のように開催されている円卓食事会で交換された重要な最新情報（例えば，近日中にスペイン政府が不法移民を期間限定で合法化する恩赦を実施する等）が，翌朝までに，各地の温州人コミュニティーの隅々にまで行き渡るのである。

1985年以降，30年にわたりマドリードで中華レストランや投資会社を手広く経営してきた傅松望（Fu Songwang，フ・ソンワン）は，欧州温州華人華僑聯合会の主席としても知られ，欧州でも最も成功した温州人経営者の1人である。その彼も，もともとは1985年にパリで不法移民として中国人夫妻のカバン工場で働いていたとき，スペイン政府の恩赦について聞き及び，マドリードに移住して，合法滞在者となった経歴をもつ。傅と最初に出会った2007年1月9日にインタビューした際，彼は2005年にスペインのサパテロ政権が，当時同国に100万人ほどいた主にアフリカと南アメリカ系の不法移民の合法化を念頭に実施した恩赦を振り返り，ユーモアたっぷりに，次のように証言したことは興味深い。

「2005年の恩赦が正式発表される直前には，もうヨーロッパ中の温州人の間でこのニュースが知れ渡っていたんです。そのため，スペイン政府が恩赦の申請を受け付け始めた初日，関係機関の窓口の前では，ヨーロッパ中から押し寄せた中国人が，いや，正確にいうと，温州人が長い列をつくっていましたよ。なぜって，近寄ってみると，聞こえるのは温州方言ばかりで，アフリカ人も南アメリカ人も，ほとんど見当たりませんでしたからね。いったんEUの滞在ビザさえもらえれば，あとはEUのどの国へ行っても商売できますので，温州人にとっては本当にありがたい話なんですよ」

異国で成功した他地域出身の「ジャンプ型」中国人との比較

ここまで読み進めてきた読者は，温州人企業家とそのコミュニティーの特徴が，他の地域出身の華僑・華人にも当てはまるのか，それとも温州人に固有の属性なのか，という疑念をもたれるかもしれない。異国の温州人企業家と他地域出身の

中国人企業家の類似性や相違性については，第8章で定量分析するが，ここでは，ハンガリーで成功した福建人企業家の実像を紹介しながら，少なくとも，本書の関心事である同郷人コミュニティーの強い凝集性は，とりわけ温州人に顕著に見られる現象であることを示唆しておく。

2012年3月29日にインタビューしたハンガリー福建同郷会の名誉会長を務める魏翔（Wei Xiang，ウェイ・シアン）は，ハンガリーの首都ブダペストに本社を置く威克集団（Wink）の董事長でもある。同社は，"Wink"という自社ブランドの中国製靴を東欧諸国に販売しており，このブランドの店舗を，ハンガリーに10数軒，セルビアに30数軒，ボスニア・ヘルツェゴビナに38軒，展開している。こうしたことから，魏翔は，「ジャンプ型」の典型として上述したオランダ中国商会副会長の徐卓亜と共通する面が少なくない。

一例が，現地社会との関係である。ハンガリーとセルビア，ボスニア・ヘルツェゴビナの拠点で働く威克集団の全従業員は210人，うち中国人はたったの6人であり，残りは現地人である。さらに，本社の会議室には，ハンガリー訪問時に歓待した中国の胡錦濤国家主席や，当時その次期後継者と目され，後年，実際にそうなった習近平副主席らとの現地記念写真に加え，公式行事の際，ハンガリーの大統領や国会議長，国際パラリンピック委員会の会長といった要人と談笑する，魏翔の写真が多数飾られている。魏は「1994年のパラリンピックへの寄付をきっかけに，ハンガリーの要人との良好な関係が生まれました」とその背景を説明する。彼は，従業員の現地化を推進し，社会貢献活動にも熱心に取り組みながら，現地社会における確かな地歩を固めてきた。

魏翔は，福建省の福州市と泉州市の中間に位置する莆田市の出身である。中国で油絵画家として独り立ちした後，本場イタリアで絵を学び，腕をいっそう磨くために故郷を去った。だが，意想外にも，経由地のつもりで立ち寄ったハンガリーに，そのまま居ついてしまった。同国の文化に魅せられた面もあるが，入国した1990年当時，中国人は，ビザなしでハンガリーに滞在することができ，身分の不法化の心配がないことも魅力だった。

ブダペストでは最初，画家としての成功を目指したが，生活に困窮したため，1992年末に会社を設立し，自らデザインした靴を"Wink"という自社ブランドで販売し始めた。意匠に関する画家としての素養を活かした，ビジネス界への転進であった。その彼は述懐する。

「福建人に助けられたことは，これまで1度もありません。ハンガリーに，親戚や友人はいませんでしたから，商売を始めた頃の私にとっては，60日もの間，商品を貸してくれた友人が一番助けになりました。その男は，福建省で

働いていたのですが，福建人ではありません。新疆の出身者で，福建師範大学で知り合った同級生です。たまたま，彼は輸出企業に勤めていて，仲介者というか，代理人的な立場だったので，私からの注文に沿って，中国の工場に生産を依託し，完成品をこちらに輸出してくれたのです。すべて契約ベースの関係ですが，この友人に手伝ってもらったことで，互いに利益を手にすることができました」

魏翔は，私たちとのインタビューの間，ビジネスの成功で重要なのは，「信頼です，約束は必ず守らなければなりません」と繰り返し強調した。もっとも，彼のいう「信頼」は，その言動を注意深く分析すると，温州人によく見られる「血縁」や「同郷縁」の絆をよすがとする汎コミュニティー的な「同一尺度の信頼」ではなく，あくまで個人間における，より普遍的で合目的な基準に基づく信頼，つまり「普遍化信頼」であることが容易に察知できた。この点で，温州人以外の中国人や外国人（現地人）との間で普遍化信頼を築き，さまざまなビジネスを展開してきた，オランダ中国商会副会長の徐卓亜に共通する傾向が見て取れた。両者とも，普遍化信頼に基づいて行動できるタイプであったがゆえに，一個人として，比較的容易に現地社会に飛び込むことができたと想定される。

だが，両者には，決定的な相違点があった。それは，同郷人との関係性である。徐卓亜は，オランダ温州同郷会の名誉会長，魏翔は，ハンガリー福建同郷会の名誉会長と，表面的には，同郷会における立場は類似していたが，内実は著しく異なっていた。私たちがオランダ在住の温州人を調査するにあたり，徐卓亜は，業種も年齢もさまざまな温州人企業家を次から次へと3日間にわたって紹介し，その大半の行程に自ら同行する手間さえ惜しまなかった。彼らへのインタビューを通じて，私たちは，在オランダの多くの温州人と徐は頻繁に交流しており，精神的にも深く結びついているという確証を得た。

対照的に，他の多くの進出先でも観察されたことだが，ハンガリーにおいても，福建人は，温州人ほど，仲間内のコミュニケーションが緊密ではないことが容易に察知できた。その点を，福建同郷会名誉会長の魏翔に指摘すると，彼は躊躇なく同意した。

「温州人とは違って，私たち福建人の間では，同郷人とのつきあいは希薄です。ここブダペストでも福建人同士のコミュニケーションはほとんどありません。この福建同郷会は，私の数人の身近な友人とともに，10数年前に設立しましたが，流動性が高くて，面識のない者も多く，メンバーの人数や居所さえ把握できていません。何らかの情報を名誉会長の私がメンバー全員に伝えることなんて不可能ですよ。というのも，ほとんどのメンバーの顔さえ知らないん

ですから。私どもの福建同郷会は，時折，中国政府の要人が来訪したときに，接待する程度の役割しか果たせていないんです[10]」

ところで，魏翔を私たちに引き合わせたのは，ハンガリーでホテルを経営し，ハンガリー温州商会副会長とハンガリー華人婦人聯合会会長を兼務する王少眉（Wang Shaomei, ワン・シャオメイ）であった。温州人の王と懇意な魏は，現地の温州人を身近に見ており，その価値観や行動様式をよく理解している。彼はため息交じりに語る。

「温州人は，相互扶助の歴史が長く，それが慣行化していると感じます。それに対して，福建人は，互助的な慣習がないか，あったとしても，とても脆弱で役に立ちません。福建人には，困ったときに仲間同士で助け合う習慣がないのです」

福建人コミュニティーでは，魏翔のような顕著な「ジャンプ型」の傍らに，仮に温州人に見られるような「動き回り型」や「現状利用型」が福建人の間にも併存していたとしても，相互間の結びつきが著しく脆弱なために，「ジャンプ型」が得た成果や経験，また，ビジネス情報がほとんど他の類型の企業家に波及しない。さらに，他の類型同士もバラバラで助け合うことがほとんどないために，温州人と比べて，成功者と失敗者の幅が広く，恐らくは後者の割合も多く，そのため，もし何らかの同郷人コミュニティーらしきものの存在が認められたとしても，たやすくレッセフェール（なすがまま）状態に陥り，一貫性に欠けるであろうことが，容易に推測できる。

---

[10] これとは好対照に，欧州に進出した温州人も各地で「同郷会」を結成しているが，そこでは，会員間の相互扶助や親睦，中国政府高官の接待などに加え，ビジネスに関する情報交換や共同投資など，金儲けに絡む秩序だった公式の連携も著しく盛んである。例えば，ローマの意大利羅馬華僑華人貿易総会には，中国の不動産や株の購入をサポートする「国内投資」部門がある。1997年に設立された同会の会員数は600人で，全員が浙江省，うち90％強が（青田を含む）温州出身である。「国内投資」部門は，中国投資に対する在伊温州人企業家の強いニーズに即したもので，中国への投資に関心があり，また，実際に投資を行っている会員同士が緊密に連絡を取り合い，必要に応じて，投資の際の保証人にもなっている（2006年9月2日および2012年3月28日の意大利羅馬華僑華人貿易総会でのインタビューによる）。

2000年以降，中国で不動産を買い漁る温州人グループは，中国国内では「温州購房団」（温州炒房団）などと称されてきたが，海外の同郷会も組織的にその一端を担っていたことが知れる。また，2006年に私たちが温州人企業家のインタビューを意大利羅馬華僑華人貿易総会にリクエストすると，一気に9人もの会員が集まった。情報伝達のスピードとその範囲，ならびに，実行力は驚くばかりである。この点で，会員数さえ把握できないというハンガリー福建同郷会とは対極にあるといえる。

高結束型・低橋渡し型コミュニティーとジャンプ型の役割

　第5～7章では，欧州在住の温州人企業180社へのインタビュー調査結果をもとに，温州人が形成するネットワーク構造とそれを支えるコミュニティー・キャピタル，そして，彼らが繁栄のために利用しているネットワーク戦略を俯瞰した。第1～2章で提示したネットワークとコミュニティー・キャピタルに関する理論的枠組みに依拠しながら，主に欧州の温州人企業家に共通する構造特性を抽出し，独自に開発した「リワイヤリング能力」を示す10種類の指標を用いてクラスター分析を行い，定量・定性の両面から，彼らの行動様式を多面的に記述した。同じトピックに関する叙述中心の既存のアプローチを補完する意味で，そうした作業は，在欧温州人企業家の行動様式の特徴を，新たな定量分析によって捉え直し，そのことによって，凝集性の強いコミュニティーにおける異なる類型間のつながりの力学に関する統合的な記述を可能にした。

　私たちはまず，人と人とをつなぐよすがとして，「血縁」，「同郷縁」，「地縁」，「学縁」，「業縁」（仕事縁）といった出自の異なる縁に着目し，その強さと空間的広がり，多様性を検証した。典型的な温州人の若者はこれまで，地元の中学校や高校を卒業すると，家族や親戚，知人らが経営する企業で働き，彼らの支援を得て起業することで経済的に自立し，幼なじみや同級生，あるいは，親戚や友人に紹介された同郷人と結婚した。そして，居住に基づく「地縁」や，仕事を通じた「業縁」によって，人とのつながりの範囲を順次拡大していった。とはいえ，基本的に，圧倒的多数の温州人は，「血縁」と「同郷縁」を最もクリティカルな生活基盤とし，その周辺に「地縁」，「学縁」，「業縁」がグラデーショナルに重なり合う，放射状の円の中枢に住んでいる。

　そのような温州人の若者の多くは改革開放以降，空間的にはグローバルに拡散するが，実質的には同郷縁をベースにした「同一尺度の信頼」に基づく凝集性の高いネットワークを武器に，海外に飛び出し，企業家としての成功を目指してきた。自分の事業を興すことを渇望する彼らは，同郷人が経営する企業で，アルバイトをしながら現地の習慣や言葉，経営手法を覚え，事業資金を貯め，それでも足りない場合は，すでに企業家として成功した親戚や友人，知人が，「無利子・無担保・無証文・無期限」で，数百万円から数千万円単位の創業資金を融通した。無一文の温州人が，現地語や商習慣が全く分からない異郷に飛び出しても，そこに温州人コミュニティーさえあれば，企業家への道は大きく開かれていた。温州人の結束型コミュニティー・キャピタルは，人々の想像をはるかに超える機能と

豊かさで，個人の属性では目立ったところのない彼らのそうした動きを集団として後押しした。

次いで，私たちは，「温州商人」，「中国のユダヤ人」などと一括りにされることが多い温州人企業家"個人"のネットワーク戦略とそのつながり方に注目した。そして，各企業家の多様なリワイヤリング能力の代理変数として，結婚相手，滞在した国・地域の広がり，経験した職種と業種，従業員や取引先の多様性，温州人ならびに他の中国人や外国人とのつきあいの程度などを含む計10項目を指標化し，クラスター分析を行った。その結果，温州人企業家が「ジャンプ型」，「動き回り型」，「現状利用型A・B」，「自立型」の4類型5タイプに分類され，その多くは，同郷人社会で追随的に便益を享受する「現状利用型A・B」であるが，他方で，異質な人々とつながり，より普遍的で合目的な信頼関係を構築する「ジャンプ型」，および，実効性はともかく活発な遍歴を誇る「動き回り型」が一定数存在することが分かった。

そうした知見は，これまで定性的な証拠によって推測されてきたとはいえ，ピンポイントで確証を得ることの難しかった観察結果とも合致し，そのことを定量的に補強し支持する証拠となった。この検証によって，温州人同士の「血縁」と「同郷縁」に基づく閉鎖的な信頼関係が強固である一方で，温州人以外の中国人，さらには外国人とも，いわばボトムラインで合目的に連携し協働する，より普遍的な信頼関係も少数のジャンプ型によって構築され，その便益が「近隣効果」を伴って増幅されて，同郷人コミュニティー内に広く共有されていることが確認された。

そのような普遍的な信頼に基づいて，同郷人コミュニティーを超える「遠くの」世界へ独自にリワイヤリングし，有益な外部情報をもたらす「ジャンプ型」が，少数だが一定の割合で存在し，他の諸類型と同様，出自のコミュニティーに深く「埋め込まれ」たまま，情報を共有し，助け合うがゆえに，タイプの異なる人々との健全な成育性も担保されるメカニズムの存在が確認された。このような仕組みによって動く温州人社会は，次章以降で詳述するように，そうした個人的能力に秀でた少数派が出自のコミュニティーからたやすく「ジャンプ・アウト」してしまう，多くの「非」温州人の社会とは，好対照をなしていた。

こう言い換えることが可能かもしれない。多数を占める追随型の「現状利用型」と「動き回り型」がクリティカル・マスとして育んできた信頼性の高い，分厚い温州人コミュニティーがベースにあるからこそ，「ジャンプ型」もまた大きなリスクをとることができ，「動き回り型」の活躍できるのりしろも，「現状利用型」の棲息する場（培地）も，相互に排除し合うことなく，幅広く確保されてい

るのではないかと。つまり，便益は双方向に担保され，互恵的で，確実なのである。

さらに，各タイプ間の情報の流れは，必ずしも序階的に一方的ではなく，状況とつながり構造に応じて，また，互恵性の原則に準じて，階層間の上下方向に，さらに，縦横斜め方向のあらゆるベクトルで，柔軟に発生していることも確認された。このことは，第2章で論じた，「玉ねぎ構造」ないし「集団的影響」ネットワークの構造的優位性を彷彿とさせる。

究極的には，787万人の温州市人口に対して，中国国内に175万人，海外に43万人いる「離郷人」全員のノード間関係の詳細を（仮に企業家だけに限ったとしても）精確無比に把握し，その完璧なネットワーク情報を得て，分析することは，何人にとっても不可能であろう。そうした意味で，フィールド調査による限られたデータから導出された第5～7章の知見は，ケシ粒のように映るかもしれない。だが，その検証で明確となった企業家の主な諸類型が，強い凝集性と排外性を示す同郷人コミュニティーに効果的に埋め込まれている一方で，少数者のリワイヤリングがもたらす「遠くの」外部情報がコミュニティー内に効率よく伝播し，共有され，便益を与えるメカニズムは全体として，その構造と機能において，情報伝達特性に優れたスモールワールド・ネットワークの属性に接近する性向を示しているのではないかと推定される。少なくとも，第5～7章の知見は，そうした範型の「胚」のようなものの存在を示唆する。

企業家個人のリワイヤリング能力を指標化し，クラスター分析によって，企業家のネットワーク戦略を類型化したこれら3つの章の試みによって，既視感の強い共著者や共同特許出願者データに偏した大規模な定量分析や，逆に，はるかに限定された形で逸話的証拠や印象論のみに基づいて論議され，推測されてきたこれまでの社会ネットワーク研究の潮流に，ささやかでも，新たな方向性の光を指し示すことができたならば幸いである。今後，指標や方法論のさらなる精緻化と考察の深化が期待される。

第8章

在欧の非温州人企業家の
ネットワークとコミュニティー・キャピタル

　第5～7章では，主に欧州圏で起業し成功した在外温州人企業家を中心に，そのネットワークの構造と信頼のタイプ，彼らが埋め込まれているコミュニティー・キャピタルの度合いなどを定量的かつ定性的に分析した。同郷メンバーのみを対象とする「同一尺度の信頼」によって結束する温州人コミュニティーでは，少数派とはいえ「普遍化信頼」に基づくリワイヤリングに長けた「ジャンプ型」が外部から得た貴重な資源を，「現状利用型」や「動き回り型」も一部活用でき，その拡散伝播にも貢献しうる構造になっていることが浮き彫りになった。また，同郷人コミュニティーに帰属する温州人は，「同一尺度の信頼」という盤石の社会基盤によってつながり，無利子・無担保・無証文で事業資金を融通し合い，取引先を紹介し合うなどして，集団として見れば，結果的に，各個人の乏しい属性の限界を超え，その総和をはるかに凌駕する事業展開を行っていることも確かめられた。

　本章では，そうした特徴を有する在欧温州人企業家の比較対象として，同じ地域で事業展開する「非」温州出身の中国人企業家を取り上げる。その際，両者の基本属性の比較のみならず，第6章と同様のクラスター分析により，在欧企業家の類型別の構成比較を行い，特に非温州人企業家のつながり構造と信頼のタイプ，コミュニティー・キャピタルの利用可能性などを精査することによって，温州人企業家との根本的な相違点，ならびに，もしあるとすれば共通点を明らかにしていく。

　結論を先取りして要約すると，在欧の非温州人企業家も，温州人企業家と同じく，同郷人コミュニティーに頼るしかない「現状利用型」，異質な人々とより普遍的・合目的な信頼関係を構築できる「ジャンプ型」，および，それほどの社会性は示さず，より狭い領域でわが道を行くタイプの「自立型」が，一定数存在しているように見える。

　だが，非温州人企業家の「ジャンプ型」は，温州人のそれとは異なり，つきあいの程度は，相手が同郷人・非同郷人を問わず，それほど強くはなく，非同郷人

との結婚率は4割を超える程度で，自立型と同じく，出国時に親族・友人にほとんど依存しない一方で，仕入先・顧客・従業員の多様性では，いずれも温州人の同型を凌駕している。つまり，恐らくその個人的資質により，独立独歩でビジネス展開に成功する一方で，同郷人のコミュニティーとの関係も，そこへの「埋め込み度」も高くない。他方，非温州人企業家の「現状利用型」は，温州人の同型に比べて，顧客の多様性に劣り，特に温州人の「現状利用型A」と比べると，従業員の多様性で後塵を拝し，業種・職種面で制約を強いられていることが窺える。さらに，限られたデータとはいえ，同郷人コミュニティーへの埋め込み度の最も低い「自立型」が，温州人サンプルでは約8％にすぎなかったのに対して，非温州人では約26％をも占めたことが特筆される[1]。

こうした証拠を総合的に鑑みると，温州人に比べて，在欧の非温州人のネットワークは，情報伝達特性に優れず，「近隣効果」も生まれにくい。そのため，例外的に成功した個別の例はさておき，マスとしての非温州人ネットワークの存立は，仮に認められたとしても，相当脆弱なことが推察され，その構造的な「非」優位性（劣性）が示唆される。つまり，よくいえば，個人主義，悪くいうと，離反的な人間関係が垣間見える。対照的に，第5～7章で詳述した，欧州在住の温州人企業家のコミュニティー・キャピタルの傑出した豊かさが，改めて本章で浮き彫りになろう。

在欧の非温州人企業家の属性

私たちが本章で分析する海外在住の非温州人企業家58人の集計結果は，2004年3月以降，2015年8月に至るまで，イタリア，フランス，スペイン，オランダ，オーストリア，ロシア，ウクライナ，ハンガリー，ポーランド，トルコの計10カ国でのインタビューに基づく。なお，以下では，非温州人企業家を温州人企業家と比較しながら議論するため，第6章でクラスター分析の対象とした温州人企業家133人のデータも必要に応じて付記する。

在欧の非温州人企業家58人の出身地は，表8-1の通りである[2]。福建省出身者

---

[1] なお，得られたサンプル自体の性向，ならびに，サンプル数の制約等の事由により，温州人企業家において少数認められた「動き回り型」は，非温州人企業家では析出されず，また，「現状利用型」がさらにA・Bタイプに細分化される現象も見られなかった。そのため，本章で後述するように，非温州人企業家に関しては，「ジャンプ型」，「現状利用型」，「自立型」の3類型でクラスター分析がなされている。

[2] 諸資源等の制約により，温州人データに比べると，非温州人企業家のサンプル数はより少なく，厳格な定量比較検証には十分とはいえないかもしれない。だが，本格的なフィールド調査に基づく

第8章 在欧の非温州人企業家のネットワークとコミュニティー・キャピタル　213

が25.9％と全体の4分の1を占めた。福建省の中では，沿岸部の省都，福州市[3]（特に，その管轄下の行政区域，福清市と長楽市）が全体の12.1％で最も多く，内陸部の三明市が同6.9％で続いている。福建省と並び，華僑が多いことで知られる広東省の出身者は同8.6％である。

表8-2は，温州人と対照させる形で，非温州人企業家の調査時点の居住国を示している。非温州人企業家では，スペイン（36.2％）が全体の約3分の1を占め，ロシア（15.5％），フランス（13.8％）が続く。温州人企業家133人に関しては，スペイン（24.1％）とイタリア（27.8％）で全体の過半を占めたが，非温州人企業家のイタリア在住者は10.3％と比較的少ない。これは一部には，続いて示される一連の証拠も示唆するように，特に1990年代以降のイタリアで，温州人がいち早く持ち込んで急速に発展させたタイトな分業体制を要するアパレル産業の現地ネットワークに，非温州人が後から入り込んで活躍する余地がほとんどなかったという歴史的事実に関係している。

表8-1　在欧の非温州人企業家の出身地
$n = 58$

出身地	人数	構成比（％）
福建省	15	25.9
山東省	6	10.3
広東省	5	8.6
香港	5	8.6
黒竜江省	4	6.9
吉林省	3	5.2
北京	3	5.2
上海	3	5.2
江蘇省	2	3.4
安徽省	2	3.4
内モンゴル自治区	2	3.4
その他	8	13.8
合計	58	100.0

注1：四捨五入により，％の計は必ずしも100.0％にならない。
2：表8-1～8-4および図8-1～8-16はすべて，クラスター分析を行った在欧の非温州人および温州人企業家に関するデータである。なお，表8-1，8-3，8-4および図8-14，8-15は非温州人企業家のみ。

非温州人企業家58人の業種は，図8-1が示す通り，飲食が34.5％で最も多い。温州人企業家133人では，卸売が51.1％と多数を占めたが，非温州人企業家では，この飲食と小売（19.0％）が目立つ。温州人企業家で半数を超えた卸売は25.9％にとどまっている。欧州では，中国製品を輸入販売する貿易業（卸売に含む）で温州人が圧倒的なプレゼンスを誇っており，業種における構成比の違いは，こうした現地の実態をある程度反映したものといえよう。

次に図8-2は，非温州人企業家58人の中国出国時期を示す。非温州人企業家

　定性データを中心に分析を進める本書の方法論を，限定的とはいえ定量データで補完し，非温州人vs. 温州人企業家のつながり構造と信頼の程度を比較考量することは，やはり知見の多角的検証にとって有用であろう。
3　第3章の注**31**でも説明したように，中国の地方行政は4層に分かれている。第1層の省級に属するのが，省，自治区，直轄市，第2層の地級には，地級市，自治州，地区，第3層の県級には，県，県級市，そして，第4層の郷級が，郷や鎮である。一概に，市と称しても，第1層の直轄市，第2層の地級市，第3層の県級市があり，福州市は，第2層の地級市，福州市の管轄下にある福清市と長楽市は，第3層の県級市に相当する。

表 8-2 在欧の非温州人 vs. 温州人企業家の調査時点における居住国

$n = 191$

現在の居住国	非温州人企業家		温州人企業家	
	人数	構成比(%)	人数	構成比(%)
イタリア	6	10.3	37	27.8
（ベネトーベニス，パドバを含む）	(0)	(0.0)	(7)	(5.3)
（ミラノ）	(0)	(0.0)	(8)	(6.0)
（プラート，フィレンツェ，エンポリ）	(3)	(5.2)	(6)	(4.5)
（ローマ）	(2)	(3.4)	(10)	(7.5)
（ナポリ）	(1)	(1.7)	(3)	(2.3)
（パレルモ）	(0)	(0.0)	(3)	(2.3)
フランス	8	13.8	8	6.0
スペイン	21	36.2	32	24.1
（マドリード）	(9)	(15.5)	(16)	(12.0)
（バルセロナ）	(9)	(15.5)	(5)	(3.8)
（エルチェ）	(0)	(0.0)	(8)	(6.0)
（マラガ）	(3)	(5.2)	(2)	(1.5)
（マヨルカ）	(0)	(0.0)	(1)	(0.8)
ポルトガル	0	0.0	11	8.3
オランダ	5	8.6	7	5.3
オーストリア	2	3.4	3	2.3
ロシア	9	15.5	5	3.8
ウクライナ	2	3.4	1	0.8
ハンガリー	3	5.2	4	3.0
チェコ	0	0.0	10	7.5
ポーランド	1	1.7	2	1.5
トルコ	1	1.7	8	6.0
アラブ首長国連邦	0	0.0	5	3.8
計	58	100.0	133	100.0

注1：（　）内の数値は内訳のため，計には含まれない。また，四捨五入により，％の計は必ずしも100.0％にならない。

2：本表8-2の温州人企業家はクラスター分析の対象となった133人分のみを示すため，インタビュー調査した在欧の全温州人企業家180人を網羅した表5-2とは，その内訳が異なる。

も，温州人企業家と同様に，1990年代が最も多く約4割（39.7％）を占めた。とはいえ，改革開放直後の1980年代の出国者を見ると，温州人の30.1％に対して，非温州人は15.5％であり，後者は2000年以降（27.6％）と1979年以前（15.5％）が比較的目立つ。

さらに，出国理由を示す図8-3を見ると，非温州人企業家，温州人企業家ともに最も多いのは，ビジネスでの成功を夢見た「商機探索」である。とはいえ，温州人が53.4％と半数を超えているのに対し，非温州人企業家は37.9％にとどまる。また，中国ですでに事業を成功裡に立ち上げた企業家が，新市場開拓を目的に海外に進出する「事業拡大」を理由に挙げる者の割合も，温州人の15.0％に

第8章 在欧の非温州人企業家のネットワークとコミュニティー・キャピタル 215

図8-1 在欧の非温州人 vs. 温州人企業家の業種

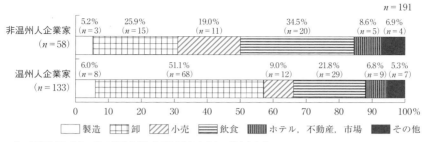

注：四捨五入により，％の計は必ずしも100.0％にならない場合もある。

図8-2 在欧の非温州人 vs. 温州人企業家の中国出国時期

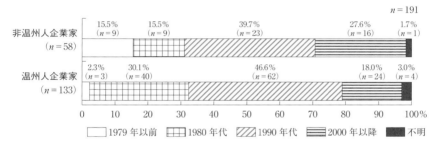

図8-3 在欧の非温州人 vs. 温州人企業家の出国理由

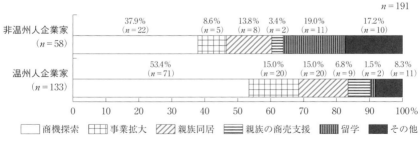

注：四捨五入により，％の計は必ずしも100.0％にならない場合もある。

対し，非温州人は8.6％と少ない。他方，非温州人企業家で顕著なのは，留学（19.0％）である。ロシア，ウクライナ，ポーランドといった旧共産圏在住の非温州人では，留学を契機に中国を離れ，異国での学業修了後，あるいは学業の途中で，起業家に転じるケースが少なからず認められた。

この出国理由とも密接に関係するが，非温州人企業家は，温州人企業家に比べて，かなり高学歴である。クラスター分析の対象となった温州人企業家133人，

図 8-4　在欧の非温州人 vs. 温州人企業家の学歴

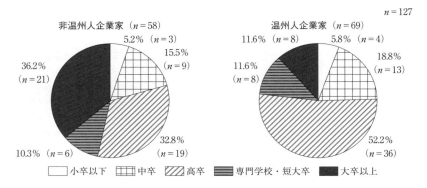

非温州人企業家58人の計191人のうち，学歴が判明したのは温州人69人，非温州人58人の計127人である．図8-4は，この127人を，「小卒以下」，「中卒」，「高卒」，「専門学校・短大卒」，「大卒以上」の5分類で比較している．非温州人企業家の「大卒以上」は36.2％と最大グループを形成する一方，「小卒以下」はわずか5.2％で，「中卒」も15.5％にとどまっている．対照的に，温州人企業家では，「高卒」が52.2％で最も多く，「大卒以上」は，非温州人の3分の1以下の11.6％にすぎない．仮に他の条件を同一とすると，これらの企業家「個人」のヒューマン・キャピタルに関する限り，相当数の非温州人の比較優位が窺える．

在欧の非温州人企業家の分析結果

第5〜7章で分析したように，温州人企業家の場合は，見知らぬ人を懸念し「近所づきあい」に終始する「現状利用型」，既存の人間関係をベースにしながら，適度にランダムなリワイヤリングを行う「動き回り型」，さらに，異質な人々をも信頼し彼らとの「遠距離交際」にも積極的な「ジャンプ型」の3者が相互に結びつく傾向にあった．そして，「自立型」ですら，配偶者にはやはり同郷人を選び，顧客の多様性においても他の3類型4タイプと収斂していることがわかった．その背景に，同郷人でありさえすれば直接の知己でなくても，同一コミュニティーに属する者同士としてほぼ無条件に信頼する「同一尺度の信頼」と，そうした等質性をもつ人間関係に裏打ちされた盤石な社会基盤の存在が示唆された．端的にいえば，同じ出身地に基づく「同郷縁」によって，「現状利用型」の温州人企業家でさえ，異国の地で比較的容易に創業し，ビジネスチャンスをものにできる社会構造になっていた．

第8章　在欧の非温州人企業家のネットワークとコミュニティー・キャピタル　217

図8-5　在欧の非温州人 vs. 温州人企業家の中国出国後の滞在国数

$n=191$

非温州人企業家　74.1%（n=43）　15.5%（n=9）　6.9%（n=4）　3.4%（n=2）
($n=58$)

温州人企業家　67.7%（n=90）　20.3%（n=27）　9.8%（n=13）　2.3%（n=3）
($n=133$)

□ 1カ国（現在国のみ）　⊞ 2カ国　▨ 3カ国　■ 4カ国以上

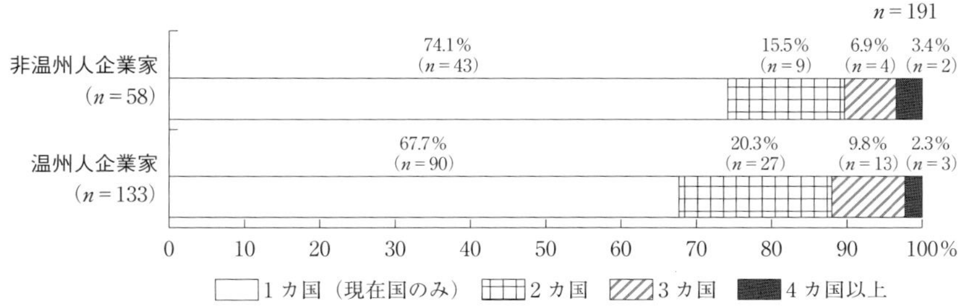

注：四捨五入により，％の計は必ずしも100.0％にならない場合もある。

以下では，こうした温州人企業家と比較しながら，日常生活やビジネス関係における非温州人企業家の行動様式と「同郷縁」の重要度を考察する。

同郷縁の空間的・業種的広がり

第5〜7章で，温州人の中に，場所や仕事を頻繁に変え，事業の多角化や国際化を積極的に推進する一群が存在することを指摘した。では，非温州人はどうだろうか。

中国出国後の滞在国数を集計した図8-5を見ると，現在住んでいる国への直行組，つまり「1カ国（現在国のみ）」の居住経験しかない人の比率は，非温州人企業家が74.1％で，温州人企業家の67.7％よりも若干高い。また，複数国に居住経験をもつ者は，非温州人企業家が25.8％，温州人企業家が32.4％で，温州人のほうが国境越えに対する抵抗が若干小さいようにも見える。とはいえ，非温州人企業家においても，商機を求めて場所を果敢に変える人が一定数存在していることが確認できる。非温州人企業家のうち，中国出国後の滞在国数が3カ国以上の人は10.3％（「3カ国」と「4カ国以上」の合計）で，温州人企業家の12.1％（同）とほぼ同じ比率を示している。

次に，経験職種に関しては，図8-6が示すように，非温州人企業家は，温州人企業家に比べて，現在の職種しか経験したことがない人（「1種類」の17.2％）と5種類以上の経験を有する人（22.4％）の比率がいずれも高い。1つの職にこだわり続ける人が一定数存在する一方で，新しい職に挑戦し続ける人も目立つ[4]。

とはいえ，次節で示すデータからは，温州人で圧倒的な結束力の中枢をなす血

---

4 こうしたデータから，非温州人企業家においても，多彩なネットワークを構築する「ジャンプ型」や，近所づきあいに終始する「現状利用型」などの諸類型が一定数併存していることが窺えるが，この点については，本章の新たなクラスター分析結果を示す節で後述する。

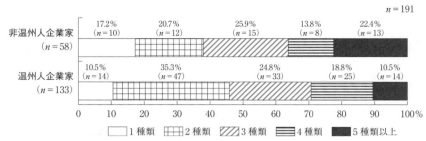

図 8-6 在欧の非温州人 vs. 温州人企業家の経験職種の数

注：四捨五入により，％の計は必ずしも 100.0％ にならない場合もある。

縁・同郷縁が，非温州人では，地縁，学縁，業縁を含む諸々の縁の一部にとどまり，しかも，温州人ほどには活用されていない実態が明らかとなる。

血縁・同郷縁と他の諸縁の関係

個人の選択で最も重視される配偶者の選択については，図 8-7 が示すように，分析対象の非温州人企業家 58 人のうち，同郷人を結婚相手に選んでいたのは，46.6％ であった。他方，同じように異境の地でビジネスを営む中国出身者とはいえ，温州人企業家 133 人のうち，なんと 9 割超もの配偶者が同郷人だった。

この 2 倍もの同郷人結婚率の開きは注目に値する。つまり，このデータは一再ならず，第 6 章で紹介した，パリの高級住宅街で中華レストランを経営する温州人女性が言い切ったように，温州人の場合，その子女を含めて，ほぼ同郷人以外との結婚が「想定できない」ことを裏付けている。対照的に，限られたサンプルとはいえ，要点を繰り返すと，非温州人の半分以上は，温州人ほどには同郷人との結婚にこだわりがなく，実際にそうしている。

既述のように，非温州人企業家は学歴レベルが比較的高く，専門学校や大学への進学段階で地元を離れる傾向にある。そのため，結婚相手も，同郷縁だけでなく，学びの場や居住地が同じ「学縁」，「地縁」や，仕事でつながる「業縁」の中から選択されるケースが増加していると考えられる。第 5～7 章で指摘したように，温州人企業家にとっての血縁・同郷縁は，地縁，学縁，業縁をも包摂する高結束型のネットワークの中核を占めていたが，非温州人にとっての血縁・同郷縁は，人生でさまざまに展開する諸縁のうち，他に手立てがなく，もし使えるなら利用する程度の位置づけにすぎない可能性が示唆される。

では，海外に飛び出した非温州人は，いかなる縁を活用しているのであろうか。図 8-8 は，出国時に誰を頼ったかを整理したものである。驚くべきことに，「知

第 8 章　在欧の非温州人企業家のネットワークとコミュニティー・キャピタル　219

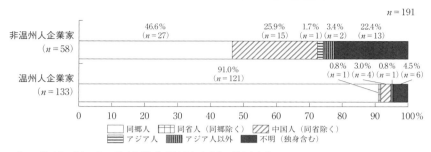

図 8-7　在欧の非温州人 vs. 温州人企業家の結婚相手

注：四捨五入により，％の計は必ずしも 100.0％ にならない場合もある。

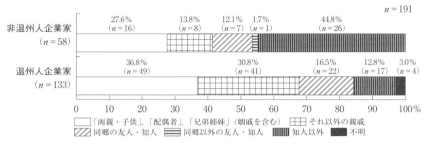

図 8-8　在欧の非温州人 vs. 温州人企業家の出国時に頼りにした相手

注：四捨五入により，％の計は必ずしも 100.0％ にならない場合もある。

人以外」（つまり，「留学」などの正規ルートを除けば，しばしば闇業者等を含む，全き他者への依存）が，温州人企業家ではわずか 12.8％ だったのに対して，非温州人企業家では，44.8％ と最大グループを構成しており，「両親・子供」，「配偶者」，「兄弟姉妹」（姻戚を含む）というごく身近な親戚は 27.6％ にとどまった。温州人企業家では 3 割を超えた「それ以外の親戚」も，非温州人企業家では 13.8％ にすぎない。要するに，出国の際，温州人の 3 分の 2 超は自然に血縁者を頼るのに対して，非温州人の場合は，まず「知人以外」に，次いで血縁ルートに依存するパターンが読み取れる。

　資金面でも，温州人と非温州人のネットワーク活用度には相当な違いが認められる。図 8-9 は，分析対象の在欧 2 集団のうち，創業期の資金調達手段が明らかな非温州人企業家 47 人と温州人企業家 50 人の調達先（自己資金を除く）を比較したものである。両集団ともに，「両親・子供」，「配偶者」，「兄弟姉妹」（姻戚関係を含む）といったごく身近な親族から資金を調達した者は 4 割を超える。もっとも，非温州人企業家はこうした身近な親族だけが頼りで，「それ以外の親戚」や

図 8-9　在欧の非温州人 vs. 温州人企業家の創業期の資金調達先（自己資金は除く）

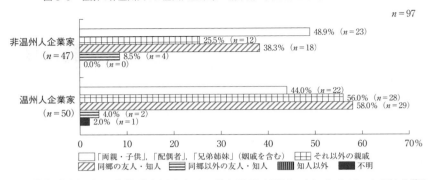

注：複数回答あり。なお，複数回答を含むため，％の計は 100.0％ を超える。また，1〜5 スケールで尋ねた質問項目のうち，「知人以外」の回答が全くなかったため，図には反映されていない。

図 8-10　在欧の非温州人 vs. 温州人企業家の共同経営相手

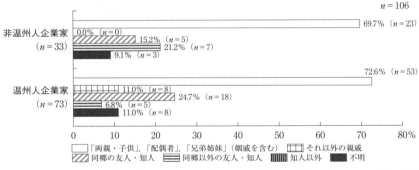

注：複数回答あり。なお，複数回答を含むため，％の計は 100.0％ を超える。また，1〜5 スケールで尋ねた質問項目のうち，「知人以外」の回答が全くなかったため，図には反映されていない。

「同郷の友人・知人」から調達した者の割合は，温州人企業家に比べて激減する。前者に関していえば，温州人企業家の 56.0％ に対して，非温州人企業家はその半分以下の 25.5％，後者も温州人企業家の 58.0％ に対して，38.3％ にとどまる。第 5〜7 章で指摘した，遠い親戚や友人・知人からでも，数百万円から数千万円単位の資金を「無利子・無担保・無証文」で融通し合える温州人のコミュニティーは，やはりこの点でも際立っていることが再認識されよう。

　図 8-10 の共同経営相手に関しても，同様の傾向が見られる。両企業家集団ともに，「両親・子供」，「配偶者」，「兄弟姉妹」（姻戚関係を含む）といったごく身近な親族が約 7 割を占め，最有力の共同経営相手になっている点では共通するが，非温州人企業家は，こうした身近な親族を当てにできない場合，いきなり「同郷

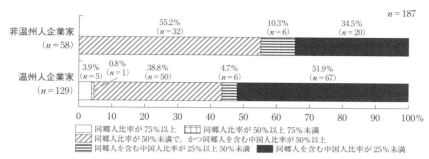

図8-11 在欧の非温州人 vs. 温州人企業家の販売先の多様性

注:四捨五入により,％の計は必ずしも100.0％にならない場合もある。

以外の中国人」(21.2%)と組むケースが目立つ。他方,温州人企業家では「同郷の友人・知人」(24.7%)や「それ以外の親戚」(11.0%)が重要なパートナーとなっている。

最後に,取引先や従業員についても見ておこう。なお,ビジネスに関するこの種のデータは,インタビュー相手が話したがらないケースが多かったため,以下の分析結果は,回答が得られた企業家のみを対象に集計したものである。

図8-11は,販売先の多様性を比較表示している。非温州人企業家では,「同郷人比率が75％以上」も「同郷人比率が50％以上75％未満」も皆無である。それに対して,温州人企業家では,上記の2カテゴリーの合計が4.7％と決して大きくないが,同郷人に強く依存してビジネスを続ける層が少数存在することが分かる。その反面,温州人企業家の販売先では,「同郷人を含む中国人比率が25％未満」が51.9％で,非温州人企業家の34.5％を大きく上回り,そこに「同郷人を含む中国人比率が25％以上50％未満」をそれぞれ加えると,温州人企業家の販売先で56.6％,非温州人企業家では44.8％となり,やはり「脱同郷人・脱中国人依存」を志向する販売先の開拓においては,温州人企業家のほうに軍配が上がることは,大変興味深い。

こうして,より広範な販路をビジネスライクに開拓する一方で,扱う商品の競争力(価格・品質・納期)を左右する仕入先の選択では,図8-12が示すように,温州人企業家の同郷人コミュニティーへの強い依存傾向が見られる。非温州人企業家では,仕入先の「同郷人比率が75％以上」は6.5％で,「同郷人比率が50％以上75％未満」と合算しても8.7％とごくわずかだが,温州人企業家では,前者が29.5％,後者が9.8％で,この両者を合わせた「同郷人比率が50％以上」が約4割(39.3％)にも達する。他方,非温州人企業家では,現地人を含むいわ

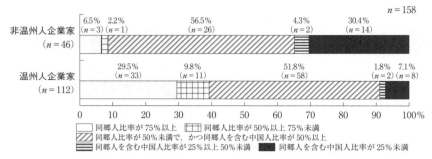

図 8-12　在欧の非温州人 vs. 温州人企業家の仕入先の多様性

注：四捨五入により，％の計は必ずしも 100.0％にならない場合もある。

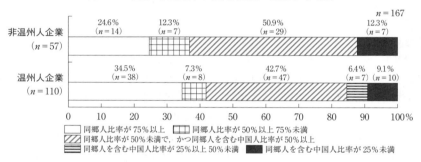

図 8-13　在欧の非温州人 vs. 温州人企業の従業員の多様性

注：四捨五入により，％の計は必ずしも 100.0％にならない場合もある。

ゆる外国人を主な仕入先としているところが目立ち，「同郷人を含む中国人比率が 25％未満」が 30.4％を占めている[5]。

図 8-13 が示す従業員の多様性についても，非温州人企業の「同郷人比率が 75％以上」は 24.6％で全体の約 4 分の 1 であるが，温州人企業家では 34.5％と，さらに約 10 ポイント高く，より強い同郷人の凝集性を示している。

第 5〜7 章で繰り返し指摘したように，空間的にはグローバルだが，実質的に

---

[5] 非温州人企業家のサンプル数が比較的少ないため，このデータ・セットから確定的な検証はできないが，表 8-1 が示したように，本研究で直接把握された在欧の非温州人企業家の出身地のうち，温州市に比肩しうる軽工業製品の供給ベースを有するのは，例えば，広東省の諸地域など，一部に限られる。さらに，歴史的に広東人や福建人移民の集住地区（"enclave" 異種文化圏）が点在する北米や東南アジアとは異なり，英国の香港系移民を除くと，欧州圏では，近年の温州人進出先以外に，他の中国各地域出身者の目立った集住地区があまり見当たらず，クリティカル・マスを構成するだけの同郷人コミュニティーも存在しないため，現地の非温州人企業家は否応なく，同郷人以外の仕入先に頼らざるをえない状況にあることを指摘しておく。

は強固な同郷縁に基づくコミュニティー・キャピタルに支えられて，ビジネスを展開する温州人企業家に対して，非温州人に関する本章のデータは一貫して，非温州人企業家が同郷人コミュニティーにあまり依存せず，どちらかというと単独で商売する傾向にあることを示している。言い換えれば，温州人企業家は，一匹狼型の非温州人企業家に比べて，同郷人をメンバーとする強い結束型社会に深く埋め込まれてビジネスを営み，仲間とともに発展する傾向が強い。

在欧の非温州人企業家のネットワーク戦略3類型

　引き続き本節では，在欧の温州人企業家を対象とした第6章と同じクラスター分析の手法を用いて，在欧の非温州人企業家を類型化する。先般と同様，分析にあたっては，Ward法による階層的クラスター分析を用い，統計ソフトSPSSを利用した。

　非温州人企業家を分類するに当たって用いた具体的指標は，第6章と同じ10項目，すなわち，(1)結婚相手の非同郷度，(2)出国時の親族や友人への非依存度，(3)滞在国数，(4)経験した職種・業種の数，(5)国内外の商売拠点数，(6)従業員の多様性，(7)顧客（販売先）の多様性，(8)仕入先の多様性，(9)同郷人とのビジネス上のつきあいの程度（強弱），(10)非同郷人（同郷人以外の中国人および外国人）とのビジネス上のつきあいの程度（強弱）である。

　念のため要点を繰り返すと，これら10項目の指標において，各項目とも1～5スケール（5段階）で計測しており，数値が大きいほど非同郷人（項目(9)のみ同郷人）とのつきあいの広がりを示す[6]。つまり，10項目の各値が大きいほど，リワイヤリング能力が高いと推察される。

　以下では，これら10項目の指標をベースに，一定のデータが確保できた欧州在住の非温州人企業家58人が，リワイヤリング能力によってどのように分類されたかを詳述する。

　図8-14は，非温州人企業家58人を対象にしたクラスター分析のデンドログラム（dendrogram, 樹形図）である。この樹形図と各クラスターのプロフィール，ヒアリング調査時の定性データ等から総合判断して，クラスター数を3とした。そのうえで，3つのクラスターごとに，10項目（変数）の数値をグラフ化して比較したのが，図8-15である。

---

[6] 紙幅の都合上，ここでは省くが，10項目の1～5スケールによる数値化とクラスター分析の専門手法については，同一の方法で温州人企業家を分析した第6章を参照されたい。

図 8-14　在欧の非温州人企業家の Ward 法によるデンドログラム

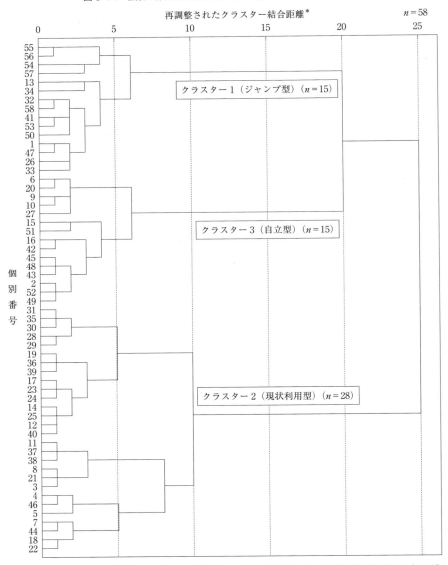

注：*デンドログラムは，全個体データが1つの大きなクラスターに結合されるまでの分析を段階的に示したものであり，本デンドログラムの結合距離は，このクラスター凝集経過過程で出てくる「近さ」（距離）を表す係数を最小1，最大25となるように変換した数字を示している。

図 8-15 在欧の非温州人企業家の3類型（ジャンプ型，現状利用型，自立型）

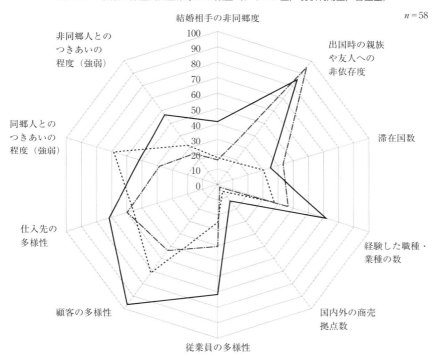

第6章で欧州在住の温州人企業家133人は，「ジャンプ型」，「動き回り型」，「現状利用型 A」，「現状利用型 B」，「自立型」の4類型5タイプに分類されたが，非温州人企業家58人に対する本章のクラスター分析の結果は，「ジャンプ型」，「現状利用型」，「自立型」の3類型となった[7]。少数とはいえ，温州人企業家で1

---

7 なお，10項目に関して，欧州在住の温州人企業家グループ（133人）と非温州人企業家グループ（58人）の平均値を比較したところ，6項目で統計有意差があった。「(1)結婚相手の非同郷度」，「(2)出国時の親族や友人への非依存度」，「(8)仕入先の多様性」は，0.1％水準で，非温州人企業家グループが温州人企業家グループよりも優位に数値が高かった。他方，「(9)同郷人とのつきあいの程度（強弱）」は温州人企業家グループが，「(10)非同郷人とのつきあいの程度（強弱）」は非温州人グループがそれぞれ高い値を示し，1.0％水準で有意差があった。さらに，「(5)国内外の商売拠点数」に関しては，5.0％水準で温州人企業家グループの数値が高かった。
　つまり，非温州人企業家グループは，温州人企業家グループよりも，非同郷人を結婚相手に選び，海外に飛び出す際，同郷の親族や友人に依存せず，仕入先，取引情報の交換，共同経営といったビジネス面でも同郷人とつながりが希薄であるうえ，商売の規模と範囲も狭いことが分かる。言い換えれば，温州人企業家は，非温州人企業家に比べて，同郷人を結婚相手に選び，出国時に同郷の親

表8-3 在欧の非温州人企業家の分散分析表（10項目に関する各クラスターの平均値の差の検定）

			平方和	自由度	平均平方	F値	有意水準
(1)	結婚相手の非同郷度	グループ間 グループ内 合計	6716.808 33785.909 40502.717	2 55 57	3358.404 614.289	5.467	.007**
(2)	出国時の親族や友人への非依存度	グループ間 グループ内 合計	76126.847 31071.429 107198.276	2 55 57	38063.424 564.935	67.377	.000***
(3)	滞在国数	グループ間 グループ内 合計	1644.807 19529.762 21174.569	2 55 57	822.404 355.087	2.316	.108
(4)	経験した職種・業種の数	グループ間 グループ内 合計	11486.351 51541.667 63028.017	2 55 57	5743.175 937.121	6.129	.004**
(5)	国内外の商売拠点数	グループ間 グループ内 合計	1026.332 12131.562 13157.895	2 55 57	513.166 220.574	2.327	.107
(6)	従業員の多様性	グループ間 グループ内 合計	21278.486 33007.228 54285.714	2 55 57	10639.243 600.131	17.728	.000***
(7)	顧客の多様性	グループ間 グループ内 合計	14268.062 11809.524 26077.586	2 55 57	7134.031 214.719	33.225	.000***
(8)	仕入先の多様性	グループ間 グループ内 合計	2500.931 34703.615 37204.545	2 55 57	1250.465 630.975	1.982	.148
(9)	同郷人とのつきあいの程度（強弱）	グループ間 グループ内 合計	9502.514 54947.917 64450.431	2 55 57	4751.257 999.053	4.756	.012*
(10)	非同郷人とのつきあいの程度（強弱）	グループ間 グループ内 合計	8614.635 65404.762 74019.397	2 55 57	4307.317 1189.177	3.622	.033*

*$p<0.05$；**$p<0.01$；***$p<0.001$

類型として認知された「動き回り型」は，非温州人企業家グループでは析出されなかった。また，「現状利用型」も，温州人企業家では，従業員の多様性の差異によって「現状利用型A」と「現状利用型B」に分かれたが，非温州人企業家では，この点で顕著な違いは検出されなかった。相対的に少ない非温州人企業家の

族や友人を頼りにし，仕入先をはじめとするビジネス面でも，同郷人とのつながりが強く，しかも，非温州人よりも手広く商売をしていることが確認されよう。

サンプル数が影響している可能性は否定できない。とはいえ，非温州人企業家においても，明確な類型として「ジャンプ型」と「自立型」が析出されたことは注目に値する。ただし，非温州人企業家の「ジャンプ型」には，温州人企業家の同類型と顕著に異なる側面がある。それは，相手が同郷人，非同郷人を問わず，総じてつきあいが強くないことである。

では，この3類型のクラスター分析結果を手短に精査しよう。

3つのクラスター間で，先述の10項目について分散分析を行い，統計有意差を検討した。その結果は表8-3の通りである。「(2)出国時の親族や友人への非依存度」と「(6)従業員の多様性」，「(7)顧客の多様性」が0.1％水準で，「(1)結婚相手の非同郷度」と「(4)経験した職種・業種の数」が1.0％水準で有意だった。また，5.0％水準とはいえ，「(9)同郷人とのつきあいの程度（強弱）」と「(10)非同郷人とのつきあいの程度（強弱）」にも有意差が認められた。統計有意でなかったのは，「(3)滞在国数」，「(5)国内外の商売拠点数」，「(8)仕入先の多様性」の3項目のみである。

さらにTukey HSD（honestly significant difference）を用いた多重比較によって，項目ごとにどのグループ間で有意差があるかを検討した。

表8-4が示すように，クラスター1（ジャンプ型）は，「(1)結婚相手の非同郷度」，「(6)従業員の多様性」，「(7)顧客の多様性」の3項目で，クラスター2（現状利用型）およびクラスター3（自立型）に比べて，有意に数値が高かった。また，「(2)出国時の親族や友人への非依存度」と「(4)経験した職種・業種の数」では，クラスター2（現状利用型）との間で，「(10)非同郷人とのつきあいの程度（強弱）」では，クラスター3（自立型）との間で有意差が認められた。

他方，クラスター2（現状利用型）は，ほぼすべての項目で，クラスター1（ジャンプ型）よりも数値が低かったが，「(9)同郷人とのつきあいの程度（強弱）」の項目で唯一最高値を示し，最低値のクラスター3（自立型）と有意な差があった。

さらに，クラスター3（自立型）は，「(2)出国時の親族や友人への非依存度」では，クラスター1（ジャンプ型）をも上回る高い数値となったが，他の9項目では総じて低レベルにとどまった。

さて，非温州人のこの3類型を温州人の場合と比較すると，いっそう興味深い傾向が浮き彫りになる。非温州人では「ジャンプ型」ですら，温州人に比べると，同郷人，非同郷人とのつきあいがともに，それほど強くないレベルにあり，ある意味で「孤立度が高い」といっても過言ではない。また，「現状利用型」では，同郷人とのつきあいが一定程度認められるが，温州人の「現状利用型A」と比べると，顧客の多様性に劣り，従業員の多様性では著しく後塵を拝している。

表 8-4　在欧の非温州人企業家の 10 項目に関するクラスター間の比較

従属変数		(1) 3類型	(2) 3類型	平均値の差 (I-J)	標準誤差	有意確率
(1)	結婚相手の非同郷度	ジャンプ型	現状利用型	23.9920*	7.930	.010
			自立型	25.5435*	9.050	.018
		現状利用型	ジャンプ型	−23.9920*	7.930	.010
			自立型	1.552	7.930	.979
		自立型	ジャンプ型	−25.5435*	9.050	.018
			現状利用型	−1.552	7.930	.979
(2)	出国時の親族や友人への非依存度	ジャンプ型	現状利用型	67.143*	7.605	.000
			自立型	−10.000	8.679	.487
		現状利用型	ジャンプ型	−67.143*	7.605	.000
			自立型	−77.143*	7.605	.000
		自立型	ジャンプ型	10.000	8.679	.487
			現状利用型	77.143*	7.605	.000
(3)	滞在国数	ジャンプ型	現状利用型	4.643	6.029	.723
			自立型	−8.333	6.881	.452
		現状利用型	ジャンプ型	−4.643	6.029	.723
			自立型	−12.976	6.029	.089
		自立型	ジャンプ型	8.333	6.881	.452
			現状利用型	12.976	6.029	.089
(4)	経験した職種・業種の数	ジャンプ型	現状利用型	34.167*	9.795	.003
			自立型	25.000	11.178	.074
		現状利用型	ジャンプ型	−34.167*	9.795	.003
			自立型	−9.167	9.795	.620
		自立型	ジャンプ型	−25.000	11.178	.074
			現状利用型	9.167	9.795	.620
(5)	国内外の商売拠点数	ジャンプ型	現状利用型	7.976	4.752	.223
			自立型	11.228	5.423	.105
		現状利用型	ジャンプ型	−7.976	4.752	.223
			自立型	3.252	4.752	.774
		自立型	ジャンプ型	−11.228	5.423	.105
			現状利用型	−3.252	4.752	.774
(6)	従業員の多様性	ジャンプ型	現状利用型	46.667*	7.838	.000
			自立型	31.190*	8.945	.003
		現状利用型	ジャンプ型	−46.667*	7.838	.000
			自立型	−15.476	7.838	.128
		自立型	ジャンプ型	−31.190*	8.945	.003
			現状利用型	15.476	7.838	.128
(7)	顧客の多様性	ジャンプ型	現状利用型	25.238*	4.689	.000
			自立型	43.333*	5.351	.000
		現状利用型	ジャンプ型	−25.238*	4.689	.000
			自立型	18.095*	4.689	.001
		自立型	ジャンプ型	−43.333*	5.351	.000
			現状利用型	−18.095*	4.689	.001
(8)	仕入先の多様性	ジャンプ型	現状利用型	15.920	8.037	.127
			自立型	11.879	9.172	.404
		現状利用型	ジャンプ型	−15.920	8.037	.127
			自立型	−4.041	8.037	.870
		自立型	ジャンプ型	−11.879	9.172	.404
			現状利用型	4.041	8.037	.870
(9)	同郷人とのつきあいの程度（強弱）	ジャンプ型	現状利用型	−17.083	10.114	.218
			自立型	13.333	11.542	.485
		現状利用型	ジャンプ型	17.083	10.114	.218
			自立型	30.417*	10.114	.011
		自立型	ジャンプ型	−13.333	11.542	.485
			現状利用型	−30.417*	10.114	.011
(10)	非同郷人とのつきあいの程度（強弱）	ジャンプ型	現状利用型	24.524	11.034	.076
			自立型	31.667*	12.592	.039
		現状利用型	ジャンプ型	−24.524	11.034	.076
			自立型	7.143	11.034	.795
		自立型	ジャンプ型	−31.667*	12.592	.039
			現状利用型	−7.143	11.034	.795

注：＊平均値の差は 5％ 水準で有意。

要するに，比較のため，ここに析出された各クラスターに「ジャンプ型」，「現状利用型」，「自立型」という先般と同じ呼称（ラベル）を便宜上，用いてはいるものの，温州人と非温州人の企業家ネットワークを相互に照らし合わせると，各類型間ばかりでなく，各人の個人的なつながりとその緊密度においても，相当な開きがあり，このことは，図6-2と図8-15における両者の「蜘蛛の巣図」の形状を見比べることで，明瞭に感知できる。つまり，端的にいえば，温州人企業家のデータでは，5つの類型が一様に，「結婚相手の非同郷度」と「顧客の多様性」で著しい収斂傾向を示したばかりでなく，他にも，複数の類型が重なり合う箇所が多く見られたが，非温州人では，わずか3類型が析出されただけにもかかわらず，10の指標のうちの1つとして，3類型ともに収斂することがなかったうえ，2類型の重複さえほとんど見られず，ある意味，各類型がバラバラに離散している状況が，図の透け透け感にも，見て取れるのである。
　こうした知見が予兆する帰結を先取りして指摘しておくと，後に，各コミュニティー内の「紐帯」の広がりと強さを比較検証する図8-16が明示するように，非温州人企業家においては，実に「孤立型」が46.6％もの高率（温州人ではわずか7.5％）で認知されたという事実によっても，印象深く記銘される。

非温州人企業家のネットワーク戦略3類型のケース分析
　上述の定量データの分析結果を踏まえて，以下，本節では，具体例をもとに，各クラスターの特徴を描出していこう。

ジャンプ型
　クラスター1の「ジャンプ型」は，「(1)結婚相手の非同郷度」，「(2)出国時の親族や友人への非依存度」，「(4)経験した職種・業種の数」，「(6)従業員の多様性」，「(7)顧客の多様性」，「(10)非同郷人とのつきあいの程度（強弱）」といった半数を超える項目で高い値を示していることからも，ジャンプ型と称して異論はないだろう。この「ジャンプ型」に分類された企業家は15人（全体の25.9％，図8-14のトップ，個別番号55～33番）である。
　ここに入るのは，ハンガリーの首都ブダペストに拠点を置く靴製造販売会社の威克集団"Wink"の魏翔（Wei Xiang．ウェイ・シアン）や，同じハンガリーで男性用ファッションブランド"Goldenland"を展開するFly Horse社の張文国（Zhang Wenguo．ツアン・ウェングオ）と于晶（Yu Jing．ユウ・ジン）の夫婦，さらに，ロシア・サンクトペテルブルクで，飲食業や貿易業，人材派遣業といった事業を手広く伸展させるIBT集団の陳志剛（Chen Zhigang．チェン・チーガン）らで

ある。

　福建省出身の魏と，黒竜江省出身の張・于は，ともに大卒で，知人の全くいないハンガリーに1990年頃，移り住んだ。第7章で詳述したように，ハンガリー福建同郷会の名誉会長も務める魏は，私たちが会った2012年に，自社ブランドの中国製靴を扱う販売店を数10軒，ハンガリーだけでなく，セルビア，ボスニア・ヘルツェゴビナといった近隣国にも国際展開していた。一方，張・于夫妻がハンガリーで販売する男性用スーツは，同国首相も愛用するブランド品として知られる。

　張文国は，新疆ウイグルの大学で製薬を学んだ後，国有農薬会社に就職。于晶は，師範大学を卒業後，公務員となった。そして，2人は，中国の地元で開講されていた日本語コースで知り合い，結婚した。

　張・于夫妻は，1991年に観光でハンガリーを訪れ，気に入ってそのまま住み着いた。中国で恵まれた生活をしていた彼らにはまとまった貯金があり，それを元手に，ハンガリーでビジネスを始めた。まずは，得意の英語を活かした不動産の代理業（仲介業），その後は，在ハンガリーの中国人から仕入れた洋服を販売する小売業に転進。現在の商売につながる貿易業は1994年にスタートさせている。カバン，スポーツ用品，おもちゃ，下着，女性服，男性服，子供服など，手広くさまざまな商品を扱ったが，1995年，男性服の将来性に着目して"Goldenland"という自社ブランドを立ち上げた。生産は，中国の福建省や浙江省，山東省などの各工場に委託した。

　張・于夫妻は，ブランド力を高めるために，1997年から3人のハンガリー人をデザイナーとして雇う一方，広告宣伝にも多額を投じた。特に力を入れたのが，高級ホテルでのファッションショー付きパーティーである。政治家や高級官僚ら数百人に招待状を送り，自社ブランドをアピールした。

　初めて同国の首相と会話を交わしたのも，このパーティー会場であった。当時を振り返る妻の于晶の証言には，自分たちの努力と才覚で，全く寄る辺のなかった異境の地で，ゼロからビジネスをスタートさせ，現地の社会階層を上り詰めた成功者のみが知る自負心がみなぎっていた。

　「首相は，自分の着ているスーツが，私たち中国人企業の製品とはご存じありませんでした。パーティーの席で，首相に『そのスーツは，私たちがデザインしたものです』と申し上げると，たいそう驚いておられました。ハンガリーの民族系ブランドだと信じ込んでおられたそうです。無理もないですよね。こちらでゼロから起業して，最初からハンガリー人相手の商売をしてきたのですから」

第8章　在欧の非温州人企業家のネットワークとコミュニティー・キャピタル　231

　第7章で紹介した福建省出身の魏は、ハンガリー福建同郷会の名誉会長であるにもかかわらず、同郷会のほとんどのメンバーと面識がなく、人数さえ把握できていないことはすでに述べた。また、黒竜江省出身の張・于夫妻にとっては、そもそも同郷会が現地に存在しない。既述のように、彼ら3人を私たちに紹介してくれたのは、ハンガリー温州商会副会長の王少眉（Wang Shaomei、ワン・シャオメイ）であり、魏も張・于夫妻も、出自の同郷人コミュニティーの脆弱さや欠如を補うかのように、進出先で強い存在感を示す温州同郷会の幹部と懇意にし、その優れた諜報力と機動力に便乗（piggyback）することによって、他では得難いビジネス情報の入手をはじめとする、さまざまな恩恵を享受しているように見えた。
　一方、内モンゴル出身の陳志剛は、1993年に中国政府の派遣で、サンクトペテルブルクの国立農業大学に留学して経済学博士を取得後、同地で起業した。陳は19世紀にドストエフスキーらが活躍したセンナヤ広場近くに本社を構えるIBT集団の総裁である。貿易業でスタートした陳はその後、中華レストラン業、旅行業、中国人労働者をロシア企業などに送り込む人材派遣業、建設業と多角化を進め、従業員数1300人を超える一大集団を築き上げた。私たちが彼に会った2008年当時は、中国・上海の投資会社と組んで、サンクトペテルブルクで大規模な住宅開発プロジェクトを進行中であった。多彩な事業を展開する陳は、ロシア・サンクトペテルブルク華人華僑聯合会の主席を務め、中国政府の高官やロシアの地元政府の要人とも懇意である。また、現地育ちの当時9歳の令嬢は、サンクトペテルブルクで開催された子供のためのピアノ・コンクールで1位になった経験があるという。
　このように、個人的資質と高学歴に恵まれ、高いヒューマン・キャピタルのポテンシャルを縦横無尽に活かして、ビジネスを戦略展開する第1級の成功者が、この類型に多く含まれる。

現状利用型

　クラスター2の「現状利用型」には28人（全体の48.3％、図8-14のボトム、個別番号31～22番）の企業家が分類された。この類型は、多くの項目で低目の数値を示すが、唯一、「同郷人とのつきあい」のみ、同郷人の3グループの中では、最も濃密である。温州人ほどではないにせよ、結婚相手は同郷人が多く、また、出国にあたっても親族や同郷の友人・知人を頼りにし、従業員も同郷人の比率が高い傾向を示す。ビジネス情報の交換や資金の貸し借り、共同経営などの相手も、ほぼ同郷人止まりである。
　「顧客」の多様性では、温州人の「現状利用型B」に近い低レベルである。個

別のケースを確認すると，スペインのマドリードやバルセロナ，マラガ，オランダのアムステルダムなどで，現地人や華人・華僑，観光客らを相手とするレストラン業者や，土産物，食品，服飾品などを扱う小売業者が目立つ。レストラン業では提供する商品の性質上，現地人業者から，また，小売業では，現地でプレゼンスの高い「非」同郷の温州人が経営する貿易会社や卸業者から調達する傾向が強く，この点で，温州人の「現状利用型A・B」に比べると，「仕入先」の多様性は見かけ上，比較的高い。ただし，非同郷人とのつきあいは日常的なビジネス取引に限られており，資金の貸し借りや共同経営といった踏み込んだつきあいは認められない。

このタイプに共通する特徴は，次の数例から把握できよう。

例えば，スペイン南部のリゾート地，コスタ・デル・ソルの中心都市マラガで，日本レストラン"Kyoto"を経営する陳斌（Chen Bin，チェン・ビン）は，福建省の省都，福州市内の出身である。中学卒業後は，茶や果物などを生産する農民として生計を立て，1986年に同郷人と結婚した。より大きなチャンスを求めて，同郷の親戚や友人がいるスペインに向かったのは2004年のことである。レストランなどでアルバイトをしながら資金を貯め，2007年の中華料理店をオープン（その後，売却），2011年には現在の日本レストランを立ち上げた。開業費用の一部は，中国にいる両親や兄弟姉妹，同郷の友人などからの送金で賄った。4人の従業員全員が福州人で，同郷人コミュニティーとのつながりは強い。ただし，日本料理店という商売柄，中国人だけでなく，スペイン人や日本人，韓国人といった顧客も多い。仕入先7社は，スペイン在住の日本人が経営する食品卸業者と，現地のスペイン業者からなり，中国系は皆無である。前者から日本の調味料などを，後者からは肉や魚，野菜などの生鮮食材を買い付けている。

同じ福州市の長楽で生まれ育った若い男性，陳皓天（Chen Haotian，チェン・ハオティァン）は，マドリードで化粧品の卸小売を営む。2007年，10歳の頃，両親の住むスペイン・マドリードに家族ビザで入国した。調査時の2015年に営んでいた商売を始めるに当たっては，両親や親戚，同郷の友人らから資金面でバックアップしてもらった。従業員20人は全員中国人で，うち半数が同郷の長楽出身者である。主な顧客はスペイン人と「非」同郷の中国人で，商品は，「非」同郷の中国人から仕入れている。マドリード在住華僑の多数派である温州人はもちろん，現地の中学校に通ったので，スペイン人の友人も少なくはないが，ビジネス情報の交換や資金の貸し借りといったプロフェッショナルなつきあいは，同郷人に限られる。

以上は，比較的学歴の低い現状利用型の例だったが，他方，例外的に高学歴の

者もここに含まれることは興味深い。例えば，スペイン・バルセロナの凱旋門近くで，観光客向けの土産物店を父と共同経営する遼寧省丹東出身の若い女性，張馨方（Zhang Xinfang, チャン・シンファン）は，2007年，21歳で，父が居住するスペインに留学生として渡った。2015年のインタビュー当時，29歳の彼女は，中国とスペインの大学を卒業しており，北京語はもちろんのこと，英語，スペイン語も達者な，長身でモデル風のルックスの才媛だった。この高いヒューマン・キャピタルの権化のような若い才媛が，なぜ，閑散とした手狭な土産物屋の入り口脇に，ポツンと1人だけ，あたかも置き去りにされたかのように腰掛け，店番をしているのか，最初はよく飲み込めず，違和感さえあった。

彼女は大学卒業後の2010年，父と現在の場所で土産物店を始めたという。凱旋門のはす向かいに位置する間口2メートル，奥行き5メートルほどのこぢんまりとした店内には，明らかに一見さん向けの，スペインの観光スポットが印刷されたTシャツやカップ，マグネットなど安価な小物が所せましと並べられている。その多くが中国製で，地元バルセロナの温州人経営の貿易会社3社から仕入れているという。従業員はおらず，張馨方は父と2人3脚で店を切り盛りしている。といっても，私たちがインタビュー調査の事前交渉も含めてこの店に滞在した半時間余りの間に，入店客は冷やかしの黒人女性客1人だけ。彼女に張が流暢な英語で話しかけても，反応がないため，すぐ淀みのないスペイン語に切り替える。すると，客はスペイン語で2言3言交わした後，何も買わずに立ち去った。抜けるように青いスペインの空が街全体をおおう土曜の午後遅く。観光客と地元民でごった返す街頭の喧噪から，1歩店内に入ったとたんに感じられる，しんとした佇まいが印象に残った。

この若い中国人女性店主の高学歴も，数カ国語に長けた語学力も，通りすがりの一見さん相手の土産物屋には，明白にオーバースペックである。彼女自身の資質・学歴・語学力から見て，順当に行けば，ジャンプ型であって当然と目されるが，現実は真逆で，彼女が日常的につきあう相手に，スペイン人や「非」同郷の中国人は全く含まれておらず，彼らとのビジネス情報の交換や取引先の紹介，資金の貸し借りなども一切ない。同郷人との接触も，共同経営者の父以外にほとんどなく，せいぜい月に数回ほど，同郷の友人・知人と会うことくらいという。

同じ現状利用型に分類されたとはいえ，この事例を，第7章で紹介したスペイン・マラガの倉庫区で靴の2次卸業を営む何佐斌（He Zuobin, フェァ・ズゥオビン，「現状利用型A」に分類）と対比させて検証すると，「ヒューマン vs. コミュニティー」キャピタルの優劣論争に，一定の筋道を照らすであろうことが予測される。

小学校に1年しか通学しなかった「文盲」の何は，58歳の2015年現在でも，

ようやく北京語で意思疎通できる程度で，欧州系の言語は一切できない。それにもかかわらず，20年近く家族や同郷人と協力し合いながら，イタリア，続いてスペインで商売を成功させており，インタビュー時には，マラガで温州市・瑞安同郷会の会長を務めていた。実際，彼の靴倉庫兼卸店で取材した小1時間ほどの間に，現地人の小売業者がひっきりなしに来店し，その商売繁盛ぶりは明白だった。しかも，足かけ12年に及ぶ私たちの温州人企業家の広範なフィールド調査で，何佐斌のようなケースは決して稀ではなく，むしろ，ありふれているとさえいえる。

このような対照的な事例は，個々人のヒューマン・キャピタルのいかんにかかわらず，分厚いコミュニティー・キャピタルに擁護された企業家の成育性が，年月を経てどれほどの威力を発揮するかについて，繰り返し再認識させてくれる。

自立型

クラスター3の「自立型」は，15人（全体の25.9%，図8-14のトップの下，個別番号6〜49番）である。この類型の企業家は，唯一，クラスター1の「ジャンプ型」と同様，親族や友人にほとんど頼らず，独力で出国しているが，残りの面では，相対的に，従業員・顧客・仕入先の多様性は乏しく，また，同郷人ならびに非同郷人とのつきあいが，3グループの中で，最も弱い。日常の商取引を除けば，非同郷人はもちろんのこと同郷人との人間関係さえ，希薄であることが窺える。自立型は，親族や友人を頼ることなくほぼ単独で，海外に飛び出し，現地定住後も，同郷人や非同郷人との交流は仮にあっても表面的で，ビジネス上の突っ込んだプロフェッショナルなつきあいは皆無に近い。以下，手短に，広東人，山東人，福建人の3名の典型例を見てみよう。

まず，スペインのマドリード郊外にある商業倉庫団地で，中華レストランを経営する初老の鄭一寧（Zheng Yining，チョン・イーニン）は，広東省佛山市出身で，スペインには2011年に来訪した。江西省の音楽大学を卒業したこともあり，若い頃は軍楽隊に属していたが1979年から実業に転じ，一時期，南米で中華レストランを経営したこともあった。これまでビジネスのために居住したスペイン，ボリビア，ブラジルの3国においていずれも，知人や友人は一切おらず，入国の手配はすべて専門業者に委託した。同郷・非同郷を問わず，親族や友人・知人から事業資金を借り，また，共同事業をした経験は1度もない。同郷の友人とは月に1度，かろうじて顔を合わす程度で，同郷会にも入っていない。身近な家族以外とはほとんどつきあいがない典型的な「孤立者」（loner）である。

次に，山東省青島市出身の郭樹（Guo Shu，グゥオ・シュ）は，スペインのバル

セロナで西欧風バールを経営している。高校卒業後，国営の観光案内会社に約30年間勤務したが，無類のサッカー好きが嵩じて，2004年にサッカーの名門チーム「FCバルセロナ」がある同地に移り住んだ。スペインに親戚も友人もいなかったが，国営企業勤務の"特権"を活かして商務ビザを取得し，合法的にスペインに入国したという。その後，約7年間，スペイン人経営の皮革工場や温州人経営の縫製工場などでアルバイトを続け，2011年に開業資金が少なくてすむ小さなバールを立ち上げた。従業員は，同じ山東省の煙台出身者1人のみである。顧客は，「非」同郷の中国人が90％を占め，食材はすべて現地のスペイン人業者から仕入れている。資金の貸し借りや共同経営といったビジネス上のつきあいは，非同郷人，同郷人ともに希薄で，唯一の支援は，開業資金の一部を，中国在住の両親から借り受けたことだった。郭は，同郷会にも参加しておらず，日常的に会う相手は，バルセロナで一緒に暮らす同郷人の妻子と，バールの顧客のみの生活を続けている。日々を気楽に過ごせればよく，店の発展などは特に考えていない。

最後に，イタリア・ナポリで中国製靴の貿易業を営む闕培中（Que Peizhong，チュエ・ペイチョン）もこのグループに分類される。福建省三明市出身で国有の製薬会社に勤めていた闕は1991年に出国，ハンガリーのブダペスト，チェコのプラハを経て，2001年，イタリアのナポリに拠点を構えた。わずかな手元資金で開業できる小売から始めて自己資金を貯め，卸売（貿易）業に転じた。扱う靴は，福建省や山東省，広東省などの靴メーカーから仕入れており，主な顧客は，欧州各地から買い付けに来る温州人の2次卸業者である。

闕は，結婚相手も従業員3人もすべて福建人ではあるが，同郷人コミュニティーにどっぷりと埋め込まれているわけではなく，むしろ，淡白さが際立つ。「私は，お金を借りるのも貸すのも，好きではありません。友達から借金したことは1度もないし，彼らに貸したこともありません。自分の力だけでやってきました」。

彼はまた，温州人と福建人のビジネスのやり方を比較し，後者は，家族からも故郷からも独立する傾向にあると指摘し，その離反性を示す言葉は衝撃的でさえあった。

「温州人には，家族関係が必ずしも上手くいっていない場合でも，誰かが困ったらお金を貸したりして助ける風潮があります。逆に，福建人の多くは，違った原則で行動します。基本的に，家族とは一緒に商売しません。私の妹は以前，私の会社で働いていましたが，今はローマで別の仕事をしています。一般に福建人は，親や兄弟姉妹とは違う仕事をしたがるんです。同じ仕事をすると，面子が保てないからです。もし私の妹が金銭的に困ったら，どうするかですっ

て？　私は福建人なので，やっぱりお金は貸さないかもしれません」

言い換えると，温州人は，個人的な好悪を超えて相互扶助する習慣を有する一方で，福建人は，共同事業や借金回収の失敗によって，個人的に恥をかきたくないという感情が先立ち，たとえ共同で入手しうる大きなビジネスチャンスを犠牲にしてでも，そうした個人的なリスク回避願望を優先して守りたがる傾向があることを，この証言は示唆している。もちろん，個人差はあろう。だが，広範なフィールド調査の観察結果は，おおむね闕の証言と矛盾しないものであった。

このように，クラスター3の「自立型」企業家は，非同郷人はもちろん同郷人や家族とも，ビジネス上の深い結合を好まない傾向が顕著に確認された。なお，第6章で析出した温州人企業家の「自立型」では，中国で事業を成功裡に立ち上げた企業家が，新市場開拓を目的に，独力で海外投資する「投資移民」が近年増加する傾向が認められたが，私たちのフィールド・データに関する限り，非温州人の「自立型」において，投資移民型はごくわずかだった。

こうした諸状況を考慮すると，非温州人のいわゆる「自立型」に分類された一集団は，実際には，異国の空間に1人1人ばらけて漂う「孤立型」と呼ぶほうがふさわしいのかもしれない。

いずれにせよ，在欧の「非」温州人企業家に関するデータは，1つの確固たる一般的傾向を示す。つまり，3類型のいずれであろうが，次節の図8-16の円グラフが記録するように，全体の実に46.6％が，いわば同郷人コミュニティーから離脱し，かろうじて「非」同郷人との微弱なつきあいが認められるだけの「孤立型」として析出されたことである[8]。

---

8 この違いは何に由来するのだろうか。断定は難しいとはいえ，ここまでの豊富な証拠に基づき，次のように推定することは可能である。温州人企業家の場合，大多数の温州人が同郷人仲間の間で同一尺度の信頼によって結びつき，同郷人コミュニティーに埋め込まれているがゆえに，異なるタイプの人々の間でさえ，多様な経営資源が行き交い，資金調達や新たな顧客の開拓に際しても，さまざまな手助けが期待できる。そのため，仮にヒューマン・キャピタルに乏しい受動的な企業家であっても，ある程度の繁栄を手にすることを可能とする構造的恩恵を享受することが可能だ。
　対照的に，非温州人企業家の世界では，総じてコミュニティー・キャピタルが脆弱で，各個人が「離れ小島」としてバラバラに併存しており，仮にリワイヤリングによってジャンプ型がある資源を個人的に入手しても，それを囲い込んで1人占めするため，他のコミュニティーの成員には行き渡りにくく，結果的に，有能で幸運な幾人かの企業家が個別には成功しても，その出自コミュニティー自体は分断され，貧しいままに放置される。つまり，海外在住の非温州人企業家は，同郷人コミュニティーに十分「埋め込まれて」いない，否，より正確には，そうしたコミュニティーの存在すら不確定で危うい存在であるために，新市場をはじめとする有益な外部情報が，仲間内で交換・共有されるどころか，生活のよすがにさえならず，温州人ならごく自然に享受している同郷人コミュニティーの恩恵が得難い状況に置かれていることが強く推察される。

在欧の温州人 vs. 非温州人企業家の交流タイプ比較

　本章最後の本節では，同郷人および非同郷人とのつきあいの程度に着目して，欧州圏在住の133人の温州人企業家と58人の非温州人企業家，計191人のつながり構造を比較検証する。

　分析に際して，これらの企業家のつながり構造を表す変数として，次の4項目の程度の違いを1〜5スケールで測定した。すなわち，(1)同郷人とのビジネス上のフォーマルなつきあいの程度（強弱），(2)同郷人とのインフォーマルなつきあいの程度（強弱），(3)非同郷人（同郷人以外の中国人および外国人）とのビジネス上のフォーマルなつきあいの程度（強弱），(4)非同郷人（同）とのインフォーマルなつきあいの程度（強弱），である。なお，ここでいうビジネス上のフォーマルなつきあいとは，共同経営や事業資金の貸し借りなどを含む，事業運営に直結する関係，他方，インフォーマルなつきあいとは，それ以外の近所づきあいやボランティア組織への参加など，日常的な交流関係を指す。計量分析には，各項目とも，下記に示す5段階で計測したデータを用いた。

(1)　同郷人とのビジネス上のフォーマルなつきあいの程度（強弱）

　事業の共同経営や資金の貸し借り等を行うビジネス上重要な相手に，同郷人が含まれない場合は0，「両親・子供」，「配偶者」，「兄弟姉妹」（姻戚を含む）までの親戚の場合は25，「それ以外の親戚」は50，「同郷人の友人」は75，「同郷人の知人」は100とした。

(2)　同郷人とのインフォーマルなつきあいの程度（強弱）

　日常的につきあう相手（近所づきあいやボランティア組織への参加など）が，「両親・子供」，「配偶者」，「兄弟姉妹」（姻戚を含む）までの近親者にとどまっている場合は0，「それ以外の親戚」にも広がっている場合は25，「同郷人の友人」は50，「同郷人の知人」は75，さらに，同郷人ボランティア組織などへの参加が確認できる場合は100とした。

(3)　非同郷人（同郷人以外の中国人および外国人）とのビジネス上のフォーマルなつきあいの程度（強弱）

　事業の共同経営や資金の貸し借り等を行うビジネス上重要な相手に，同郷人しか含まれない場合は0，「同省出身の中国人」は25，「同郷・同省以外の中国人」は50，「アジア人（台湾人含む）」は75，「アジア人以外」は100とした。

(4) 非同郷人（同郷人以外の中国人および外国人）とのインフォーマルなつきあいの程度（強弱）

日常的につきあう相手（近所づきあいやボランティア組織への参加など）に，同郷人しか含まれない場合は0,「同省出身の中国人」は25,「同郷・同省以外の中国人」は50,「アジア人（台湾人含む）」は75,「アジア人以外」は100とした。

これらの4項目の指標をベースに，在欧温州人企業家133人と非温州人企業家58人を合わせた191人を対象に，第6章および本章の前半で用いた手順に準じてクラスター分析を実施したところ，下記の5つのグループが析出された。

① 「同郷・非同郷人との幅広い交流型」(30人，全体の15.7%)

同郷人，非同郷人ともに分け隔てなく，しかも，ビジネス上のフォーマルなつきあいからインフォーマルなつきあいまで幅広くこなす。先に見た「ジャンプ型」にほぼ重なるグループである。

② 「同郷人とは幅広く非同郷人とは限定的な交流型」(47人，同24.6%)

同郷人とはビジネス上のフォーマルなつきあいからインフォーマルなつきあいまで幅広くこなすが，非同郷人とは，インフォーマルなつきあいをほどほどにするのみである。

③ 「同郷・非同郷人との限定的な交流型」(30人，同15.7%)

同郷人だけでなく非同郷人とも広くつきあっているが，ともにビジネス上のフォーマルなつきあいには踏み込まず，インフォーマルなつきあいにとどまっている。

④ 「同郷人との限定的な交流型」(47人，同24.6%)

同郷人とはつきあうが，非同郷人とはほとんどつきあいがない。同郷人ともインフォーマルなつきあいがメインである。

⑤ 「孤立型」(37人，同19.4%)

非同郷人と，ほどほどにインフォーマルなつきあいをしているだけで，同郷人とはほとんどつきあいがない。同郷人コミュニティーから離脱しており，本当に困ったときに，助けになるのは，せいぜい自分と家族だけである。

図8-16は，温州人と非温州人に分けて，この5グループに属する企業家の構成比を比較したものである。同郷人，非同郷人ともにビジネス上のフォーマルなつきあいからインフォーマルなつきあいまで幅広くこなす「同郷・非同郷人との幅広い交流型」の割合は，温州人(15.0%)と非温州人(17.2%)の間で大差ない。また，同郷人，非同郷人ともにつきあうがインフォーマルな関係にとどまる「同郷・非同郷人との限定的な交流型」も同様の傾向を示す一方で，「同郷人とは幅広く非同郷人とは限定的な交流型」では温州人のプレゼンスが相当高い。

第8章　在欧の非温州人企業家のネットワークとコミュニティー・キャピタル　239

図8-16　在欧の温州人企業家 vs. 非温州人企業家の交流タイプ比較

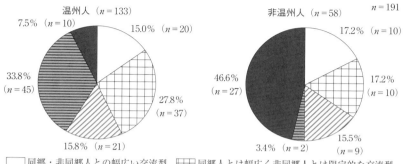

凡例：
- □　同郷・非同郷人との幅広い交流型
- ▦　同郷人とは幅広く非同郷人とは限定的な交流型
- ▨　同郷・非同郷人との限定的な交流型
- ▩　同郷人との限定的な交流型
- ■　孤立型

注：四捨五入により，％の計は必ずしも100.0％にならない場合もある。

　他方，同郷人とのインフォーマルなつきあいがメインという「同郷人との限定的な交流型」では，温州人が33.8％を占めるが，非温州人はたったの3.4％である。さらに，同郷人コミュニティーから離れ，非同郷人とのインフォーマルなつながりの中だけで生きている「孤立型」が，非温州人では実に46.6％にも達するのに対して，温州人ではわずか7.5％にすぎない。

　こうした分析結果を整理すると，温州人の堅固な同郷人コミュニティーに対して，福建人や東北人，広東人らの同郷人コミュニティーでは，人々の関係が個人主義的でアトミスティックであり，個人的に成功したジャンプ型企業家は一定数存在するが，彼らと同郷の現状利用型など他の類型との結束力は脆弱で，ジャンプ型がもたらす新規情報の恩恵，いわばおこぼれを，コミュニティーの各メンバーが享受できる構造になっていない。つまり，非温州人の場合，同郷人同士であっても，互いに同一のコミュニティーへの帰属意識が希薄で，アイデンティティーの共有も少なく，そのため同郷の情報発信者との面識の有無にかかわらず，有用な情報が彼らの間に広く迅速に伝わり，有効利用される可能性は低いと推察される。言い換えれば，「準紐帯」どころか，直接の紐帯すら乏しい。

　本章では，在欧の非温州人企業家に焦点を当て，そのネットワーク戦略や他者とのつながり構造を定量的に分析した。限られたサンプル数ではあったが，温州人以外の中国人企業家と温州人企業家を比較することで，同じ海外に在住する中国人でも，同郷人や非同郷人とのつきあいの程度に大きな差異が存在していることが，繰り返し確認できた。

　在欧の温州人企業家は，つきあいの幅と深さは異なるものの，ほぼ例外なく同郷人とつきあっており，同郷人社会の中に埋め込まれて生きているが，非温州人

企業家は同郷人コミュニティーとの関わりが希薄であった。強靱な同郷縁でつながるコミュニティー・キャピタルの豊かさは，温州人の際立った特質といって差し支えないであろう。非同郷人との比較によって，温州人の同郷縁をベースとする結束型のコミュニティー・キャピタルと，そこを培地に「ジャンプ型」企業家を中心として駆動される遠距離交際のネットワーク力の効能，つまり「内的凝集性」と「外部探索性」が拮抗せず，むしろ助け合って機能するバランスの良さがくっきりと浮かび上がった。

　他方，海外在住の非温州人の場合，温州人ほどには集住しておらず，身近に同郷人が少ないことも「孤立化」する一因かもしれない。だが，逆に，彼らはもともと同郷人の助けに対する期待値が低く，集住する必然性も感じないから，各自がバラバラに行動しているとも想定できる。いずれにせよ，彼らの同郷人とのつきあいは著しく脆弱であった。そのため，積極的な業務拡張を狙う一部の非温州人は，必要に駆られて，同郷人以外とのつきあいを深めていることも確認できた。その多くは，一緒に食事をするといった程度のインフォーマルなつきあいにとどまるが，仮にそうであっても，有用な新しい情報が入手できる可能性は高まる。相手となる同郷人以外の者が温州人である場合は，特にそうした効能が顕著で，そのコンタクト先を通して，温州人ネットワークの中を行き交う，他では得難い新規情報に接する機会に恵まれることになる。

　本章では，定量分析の都合上，温州人以外の中国人を「非温州人」として一括りにしてきたが，次章では，非温州人のうち，温州人と同様に，近年，世界各地に進出している福建人に的を絞り，そのネットワーク構造とコミュニティー・キャピタルの程度を考察する。

第9章

福建人との比較研究

そのネットワークとコミュニティー・キャピタル

　中国人移民の歴史は長く，世界各地に3900万人を超える華僑・華人が居住している。また，近年は欧州や南米などへの移住が増加しているものの，華僑・華人の圧倒的多数は，東南アジアに集中している（第1章の注11, Ma 2003）。さらに，1990年代に入ると，不法入国・滞在者の増大，劣悪な環境下における中国人移民労働者の人権問題，凶悪な犯罪組織の台頭といった新たな問題が世界的に深刻化した。

　先にも指摘したが，中国人といっても，上海，福建，広東などの出身地域によって多様な個性があるとされ，その移住先，移住目的，現地での同郷人や現地人との関わり方などにも相当な違いが見られる。

　第8章では，温州出身者以外の華僑・華人を「非温州人」として一括りにして分析したが，本章では，非温州人のなかでも，早くから多数の華僑・華人を輩出してきた福建人を中心に取り上げ，比較の視座を得ることによって，温州人との差違とそれぞれの特性をより鮮明にしていく。その際，福建省のなかでも温州同様に，改革開放後に海外への外出者が急増した沿岸部の省都，福州市（特に，その管轄下の行政区域，福清市と長楽市），ならびに，内陸部の三明市に焦点を当て，彼らの形成するネットワーク構造と機能，そして，その基盤となるコミュニティー・キャピタルのあり方などが，温州人のそれらといかに違うのかについて，日本と欧米における中国移民の歴史的推移も交え，比較考察することによって，新たな眺望を得る。

■ 福建の華僑・華人

密航の郷

　1990年代以降の中国人移民に関するニュースは悲惨なものが少なくない。なかでも，世界を震撼させたのは，英国に入国しようとした中国人密航者の大量死亡事件であろう。2000年6月，英国南東部のドーバー港にフェリーで上陸した

冷凍トラックの中から，58人もの窒息死体が見つかった。密航者は福建省の出身で，「蛇頭」（スネークヘッド）と呼ばれる密航斡旋組織に1人当たり2万ポンド（2000年の年間平均換算率1ポンド＝163.3円換算で326万6000円）を支払っていた[1]。

さらに，4年後の2004年2月，今度は，急激な満潮で知られる英国北西部のモアカム湾で，トリ貝漁をしていた中国人23人が，満ち潮で足場が不安定となり潮に流されて水死した。全員が不法就労者で，その大半が福建省の福清出身者だった[2]。

米国では，ゴールデン・ベンチャー号事件が有名である。ニューヨークのロッカウェー海岸で1993年6月，ゴールデン・ベンチャー号と呼ばれるホンジュラス船籍の貨物船が座礁した。同船には，296人もの中国人密航者が乗っており，泳いで上陸しようとした8人が溺死した。この密航を仕切ったとされるのが，ニューヨークで暗躍する福建省出身の中国人マフィア組織「福青幇」である。密航船は，タイ，シンガポール，ケニア，コートジボワールなどを経てニューヨークにたどりついたが，上陸に失敗したことから，大規模な密航が発覚したのである[3]。

詳細は後述するが，日本でも，1990年代以降，福建人の密航が相次ぎ，凶悪犯罪が多発した。もちろん，法を犯す外国人はさまざまであるが，福建人，なかでも，福州市管轄下の沿岸部行政地区の出身者が少なくなかった。

このように，福建省は，1978年の改革開放後，非合法を含む労働者を海外に多数送り出して世界の耳目を集めたが，特に際立ったのが，福州市南部の福清市，長楽市，連江県であった。「イギリス人は連江を恐れ，日本人は福清を恐れ，アメリカ人は長楽を恐れ，全世界が福建を恐れる」といわれるほど，同地域の人々は大規模な密航を繰り返した。

こうした大規模な密航もあって，福建省の華僑・華人の絶対数は大幅に増え続けた。1996年以降の10年間だけで230万人も増加し，2007年初めまでに，福建省の華僑・華人は1264万人に達した[4]。

---

1 『朝日新聞』2001年3月17日朝刊，2面。
2 BBCニュースの2004年6月22日の記事（http://news.bbc.co.uk/2/hi/uk_news/england/lancashire/3827623.stm）と2005年10月21日の記事（http://news.bbc.co.uk/2/hi/uk_news/england/lancashire/4364586.stm）による（2010年12月1日アクセス）。
3 莫（1994）。
4 「福建海外華僑華人十年増加230万」福建省帰国華僑聯合会のサイト『福建僑聯』の2007年2月2日の記事による（http://www.fjql.org/fjrzhw/a689.htm，2012年7月20日アクセス）。福建省の華僑・華人は，1996年からの10年間で230万人増えていることから，毎年ほぼ同じペースで増加

ちなみに、福州市は面積1万1968平方キロメートルで、2008年の戸籍人口[5]は636万人である[6]。同市出身で146の国・地域に居住する華僑・華人は300万人に達し、さらに海外からの帰国者（帰国華僑）と海外に家族や親戚がいる者（僑眷、キョウケン）を合わせると200万人を数える[7]。なお、帰国華僑を組織する帰国華僑聯合会は、中国全体で約1万2000あり、そのうち約3300が福建省、615が福州市内にある。福建省内に帰国華僑聯合会が集中しているのは、帰国華僑の絶対数が多く、村レベルでも組織されているためである[8]。華僑・華人が多い福州では、経済も華僑・華人に強く依存しており、福州市の華僑・華人企業は2000を超え、同市への外国投資総額の約70％を華僑華人投資が占めている。

この福州市の管轄下にある県級レベルの市、福清市と長楽市に関していえば、福清市は戸籍人口126万人に対し、華僑・華人が85万人、長楽市は戸籍人口68万人に対し、華僑・華人が40数万人である[9]。つまり、福清市、長楽市のいずれ

していると仮定すると、1988年から2007年初頭にかけての19年間で400万人前後増加したと推定される。また、表9-3によると、福建省の華僑・華人は1988年時点で734万4000人となっている。2007年初めの1264万人と比べると、19年間で約530万人増えた計算になる。2つの数字にバラツキはあるが、福建省出身の華僑・華人が、1980年後半から2000年代後半にかけての約20年間で、400万～500万人増加したことはほぼ間違いない事実であろう。

[5] 中国の人口統計資料では、「総人口」と「戸籍人口」が混在し、同じ意味で使われている場合が多数あるため、本書では、「戸籍人口」で統一し、便宜上、「総人口」と同一の意味で用いる。

[6] 福州市では、依然として自然増による人口増加が目立つ。2008年の出生人数は10万7751人、出生率は17.10％、死亡人数は3万7353人、死亡率は5.93％である。同年の純増加人数は7万398人で、自然増長率は11.17％であった。福州市統計局・国家統計局福州調査隊編（2009）による。

[7] 福州年鑑編纂委員会編（2008）および2010年2月22日の福州市帰国華僑聯合会でのインタビューによる。

[8] 2005年3月30日の福建省帰国華僑聯合会でのインタビューによる。

[9] 福清市帰国華僑聯合会の林敏輝副主席（2010年2月24日）および長楽市帰国華僑聯合会の張振燦主席（2010年2月23日）へのインタビューによる。

福清市、長楽市でも、自然増による人口増が続いている。福清市の2008年の出生人数は2万7178人、出生率は22.07％、死亡人数は8444人、死亡率は6.86％で、同年の純増加人数は1万8734人、自然増長率は15.21％となっている。他方、長楽市の2008年の出生人数は8833人、出生率は13.28％、死亡人数は3484人、死亡率は5.24％で、同年の純増加人数は5349人、自然増長率は8.04％であった。いずれも、福州市統計局・国家統計局福州調査隊編（2009）による。

また、表9-3によると、福清市および長楽市の華僑・華人は1988年時点でそれぞれ40万4000人、5万3500人となっている。本章の注4で記述したように、福建省出身の華僑・華人は、1980年後半から2000年代後半にかけて、400万～500万人増加したと推察され、また、同時期の出国者は、福清、長楽、連江、三明などに集中していたことから、2010年時点の福清市の華僑・華人が1988年に比べて約45万人多い85万人、長楽市のそれが約40万人多い40数万人というのはほぼ妥当な数字であると推察される。データは少し古くなるが、『福州年鑑2008』では、福清市の戸籍人口が123万人、華僑・華人が78万人と記載されている。

なお、引き続き、本文では、華僑・華人の諸統計を引用するが、必ずしも、すべての数値が互いに整合性をもたない場合がある。とはいえ、可能な限り信頼性の高いデータを選択し、出所を明記

も，それぞれの出身者総計のうち，おおよそ5人に2人が海外在住者ということになる。華僑・華人は，福清出身者が116の国・地域に，長楽出身者は74の国・地域に分散している。福清はインドネシア在住，長楽は米国在住が最大勢力である。

交易から苦力，不法移民へ

福建省はかつて「閩」（びん）と呼ばれていた地域で，総面積は約12万平方キロメートル，戸籍人口は3693万人（2010年）を数える[10]。山裾が海に迫り，耕地は少ない。他方，海岸線が3300キロメートルにも及び，海上交通や漁業が盛んで，中国沿海地域の中でも早くから，諸外国との往来が活発な地域であった。

北宋時代に貿易官庁である市舶司が設置された泉州は，その後急速に発展し，南宋から元の時代にかけては，「海のシルクロード」の拠点としてアラブ人やインド人などが行き交う国際都市であった。マルコ・ポーロは『東方見聞録』で，「ザイトゥン」（「刺桐」の福建音）の名前で泉州を紹介し，世界最大2大海港の1つであると言明している。

明代になると，福州に市舶司が置かれ，福州が福建の中心となった。福州は，永楽帝の命で鄭和が指揮した大航海（1405年から1433年までの計7回）の出航地でもある。そのうち最も規模が大きかったと見られる第1回目の航海は1405年に出航した。南京を出発した総勢2万7800人余り，62隻からなる大艦隊は，揚子江を下り，東シナ海に出て南下後，福州の南に位置する閩江河口の長楽県太平港（馬尾港）に停泊した。ちなみに，1492年にコロンブスを乗せた船団の総勢は90人，3隻，1497年のバスコ・ダ・ガマの艦隊は160人余り，4隻，1519年のマゼランのそれは265人，5隻であった[11]。これらと比べると，鄭和の艦隊がいかに大規模であったかが分かる。

長楽県太平港は，春秋時代（紀元前770-前476）に，呉王の夫差が造船所を建設したといわれる港である。鄭和の大艦隊は，この太平港で，船員の補充や船舶の最終調整などをしながら，南シナ海に出帆するのに最適な北東季節風を待った。ちなみに，鄭和が指揮した船団の最大規模の船は「宝船」（ほうせん）と呼ばれ，全長120メートルを超えた。永楽帝の時代に，福建や浙江，広東などの各地の造

のうえ提示しており，一般傾向を把握するには，支障は少ないと考えられる。
10 福建省統計局編（2011）による。
11 2010年2月23日に視察した長楽市内にある鄭和航海館の展示パネルによる。なお，宮崎（1997）によれば，コロンブスを乗せた船団の乗組員は120人，バスコ・ダ・ガマの艦隊は170人となっている。

表9-1 1841〜1949年の福建華僑の出国人数の推移

期間	1841〜1875	1876〜1885	1886〜1895	1896〜1905	1906〜1915	1916〜1925	1926〜1935	1936〜1949	合計
出国者数（人）	525300	331212	614424	812714	909078	856709	1112911	630853	5793201

出所：福建省地方志編纂委員会編（1992）p.19より作成。

船所で，建造や改造を命じられた艦船は2700隻を超えていたとされる[12]。

ところが，鄭和の死後の明朝および清朝は，民間人の海外渡航や外洋船の建造を禁止する「海禁政策」をとったため，交易による経済的繁栄を謳歌していた福建は深刻な影響を被った。琉球王国の交易指定港となった福州に琉球館が置かれるなど，朝貢貿易は細々と続いたが，耕地の少ない福建の経済は著しく衰退し，大艦隊の乗組員等の中には，より豊かな生活を求めて，南海に乗り出すものが少なくなかったという。

中国から海外への人口移動は，アヘン戦争後に本格化した。南京条約で，寧波，上海とともに広州，福州，厦門（Shamen シアメン，別名アモイ）が対外開港されたこともあり，19世紀半ばから20世紀初頭にかけて，多数の広東人や福建人が海外を目指した。海外列強の侵略，抗日戦争などで中国国内が混乱していたうえ，東南アジアはスズ鉱山やゴム農園の開発，北米はアメリカ横断鉄道の建設などで，大量の労働力を必要としていた。特に北米は，黒人奴隷に代わる安価な労働力として，中国人移民を積極的に受け入れた。安定した生活を求める広東人や福建人は当初「苦力」（クーリー）として外国人ブローカーに売買され，その後は契約移民，さらに，自由移民として出国した。

表9-1は，1841年から1949年にかけての福建省人の出国者数をまとめたものである。100年余りで約580万人が海外に渡っている。

福建省の中でも特に華僑が多いとされる泉州では，アヘン戦争から辛亥革命までの70年間に70万8645人が出国した[13]。1911年時点で海外に居住する泉州出身の華僑の総数は80万人を超え，1939年には140万人に達した。

このように，移民に対する規制や管理が緩やかで，域外からの流入や域内での移動が相対的に自由であった時代に，多くの中国人労働者が東南アジアや北米に渡り，中国人移民社会を形成した。老華僑の多くは，この時期に海を渡った福建人や広東人やその子孫である。ちなみに，「老華僑」とは1978年の改革開放以前

---

[12] Levathes (1994)，宮崎 (1997) による。
[13] 泉州市華僑志編纂委員会編・卓正明主編 (1996) による。

表 9-2 主な沿海地域の出国者，1982，1990，1995，2000 年

	1982		1990		1995		2000	
	人数(人)	比率(%)	人数(人)	比率(%)	人数(人)	比率(%)	人数(人)	比率(%)
全国	56930	100.0	237024	100.0	236000	100.0	546747	100.0
北京市	12565	22.1	48956	20.7	21700	9.2	39468	7.2
遼寧省	2099	3.7	7261	3.1	5700	2.4	38908	7.1
上海市	5457	9.6	66336	28.0	36000	15.3	42801	7.8
江蘇省	2750	4.8	12165	5.1	15000	6.4	33288	6.1
浙江省	822	1.4	4349	1.8	10000	4.2	54786	10.0
福建省	997	1.8	29580	12.5	66200	28.1	133373	24.4
広東省	2950	5.2	18688	7.9	7200	3.1	25508	4.7

出所：林（2006）p.113 より作成。

に海を渡った華僑・華人を指し，1978 年以降の華僑・華人を「新華僑」と呼んで区別することが多い。国境越えが当たり前であった移民送り出し地域の伝統は，改革開放後の労働力の国際的移動にも少なからぬ影響を与えている。

　1979 年の改革開放後，出国規制が緩和され，多くの中国人が海外に移住した。1949 年から 1978 年の 30 年間の合法出国者は 21 万人にすぎなかったが，1979 年から 1985 年には 35 万人，1986 年から 1996 年には 566 万人が出国し，2000 年には 1000 万人に達した。もっとも，彼らが目指したのは，血縁ネットワークが強固な東南アジアではなく，北米や欧州，日本などの先進諸国であった（林 2006）。

　表 9-2 は，合法ルートによる省別の出国者数を示している。改革開放後間もない 1982 年の福建省からの出国者はわずか 997 人にすぎなかったが，1995 年には 6 万 6200 人で全国トップに躍り出た。2000 年も 13 万 3373 人で，出国者の 4 人に 1 人は福建人であった。非合法ルートも含めれば，福建人の出国者数はさらに増えると推察される。

　福建省は広東省とともにいち早く開放されたうえ[14]，伝統的な移民送り出し地域に共通する血縁ネットワークがあり，福建人の海外進出のチャンスは他地域の人々に比べて大きかった。また，中国政府は改革開放以降，海外に契約労働者を派遣しており，福建省でもそうした合法的な労働移民で，出国する一群があった。

　福建省帰国華僑聯合会の江宏真（Jiang Hongzhen，ジアン・ホンチェン）副主席によれば，1979 年から 1997 年にかけて，福建省から約 50 万人が合法的に海外に移住した。合法的な移住ルートはさまざまで，(1)親族訪問，(2)遺産継承，(3)留

---

14 改革開放後，まず広東省の深圳，珠海，汕頭，福建省の厦門，海南省の 5 カ所に経済特区が設置され，さらに 1984 年には，大連，秦皇島，天津，煙台，青島，連雲港，南通，上海，寧波，温州，福州，広州，湛江，北海の 14 沿海都市が開放された。

表9-3 福建省における主な「華僑の郷」，1988年

行政区域	戸籍人口（万人）	華僑・華人		帰国華僑		僑眷	
		人数（万人）	戸籍人口に対する比率（％）	人数（万人）	戸籍人口に占める比率（％）	人数（万人）	戸籍人口に占める比率（％）
福建省	2805.98	734.40	26.17	22.16	0.79	419.40	14.95
泉州市	533.23	463.82	86.98	11.54	2.16	257.79	48.34
厦門市	106.10	34.84	32.84	1.39	1.31	18.30	17.25
福州市	509.01	72.10	14.16	3.28	0.64	39.65	7.79
福清市	101.09	40.40	39.96	1.33	1.32	20.00	19.78
長楽市	61.14	5.35	8.75	0.31	0.51	5.22	8.54
連江県	56.78	1.84	3.24	0.12	0.21	0.14	0.25

注1：泉州市，厦門市，福州市（省都）は，福建省内にある市で，福清市，長楽市，連江県は，福州市における下位の行政区域である。
　2：僑眷（キョウケン）は，海外在住の親戚がいる中国国内居住者を指し，戸籍人口に含まれる。
出所：福建省地方志編纂委員会編（1992）pp.184-187より作成。

学，(4)投資移民，(5)技術移民，(6)労働移民（労務輸出）などが挙げられる。観光ビザで出かけ，そのまま戻らないケースは，合法的な出国であるが，ビザが切れた後は不法滞在者に転じ，息を潜めて生きることになる。上述の江副主席は証言する。

「1997年段階までの約50万人の居住先は，米国，カナダ，オーストラリア，インドネシア，フィリピン，マレーシア，シンガポールなどでした。シンガポールは労働移民の仕向け地で，2～3年の契約期間終了後も，『技術がある』，『勤勉である』などの理由でそのままビザを延長できる人が多いのです。改革開放後の特徴として，経済的に豊かな国・地域と老華僑が多数住んでいる国・地域が志向されています」

華僑の出国の動機はさまざまであるが，当初の主流は，血縁をベースとした家族や親族の呼び寄せという合法移民であった。その後，血縁ネットワークをもたない人々の間で，「蛇頭」を介した非合法な海外出稼ぎの潮流が広がり，多くはこの形式で福建人の海外進出が常態化していった。

ただし，改革開放後の海外移住に関していえば，福建省内でも地域によって大きなバラツキがある。表9-3は，福建省で華僑・華人を多数輩出している地域の1988年時点の華僑・華人の実態を比較したものである。泉州市は400万人を超える華僑・華人を有し，戸籍人口の9割近くにも達する。厦門市や福清市も多数の華僑・華人を輩出しているが，長楽市や連江県を出身地とする華僑・華人は福建省の平均よりも少ない。1990年代に「密航の郷」として世界に名をとどろかせた福清市，長楽市，連江県（いずれも，福州市に含まれる下位の行政区域）であるが，移民ネットワークが脆弱な長楽や連江はとりわけ，「蛇頭」を介した非合法

老華僑と故郷への投資

ところで，福建省は広東省に次ぐ"華僑の郷"であり，その移民の数も歴史も，温州とは比較にならないほどの厚みがある。当然，成功者ならびに失敗者の絶対数は多く，歴史的に手に入れた経済的繁栄と蹉跌の記録も際立っている。本節では，そのうち，顕著な成功例を手短に概観するとともに，また，同じ福建省でも認められる地域差についても触れておこう。その際，集団でジグザグ型のランダムな探索行程をたどる温州の新華僑に対して，老華僑の頃から脈々と続く，特定の移住先と故郷の間を「Ｉリターン」型で往来する福建移民の探索経路の違い，ならびに，後者の「個人主義的」な傾向も感得されよう。

福建省帰国華僑聯合会の江宏真副主席によれば，2005年時点で，福建省出身の華僑・華人は1000万人を超え，香港，マカオ，台湾にも100万人以上の福建省出身が在住する。さらに，海外から戻ってきた帰国華僑とその家族が600万人に達しているという。福建省人に関していえば，シンガポール，インドネシア，フィリピン，マレーシアなどに渡った老華僑で，現地社会に根ざし，経済的に大成功した人が少なくない。

インドネシアの経済発展を支えてきた華人企業家の代表として，サリムグループの創始者である林紹良（Lin Shaoliang，リン・シャオリャン）は特に著名である[15]。彼は1917年に福清県海口鎮（当時）に生まれたが，家が貧しかったために1937年，親戚を頼って中部ジャワに渡った。日用品の行商から身を起こし，同国独立戦争時に，後に大統領になるスハルトの信頼を得て，1950年代以降，貿易，銀行，製造業，不動産などさまざまな分野を手がけ，サリムグループをインドネシア最大の財閥に育て上げた。いわゆる立志伝中の人物で，彼が95歳で亡くなったとき，追悼記事を掲載した『ウォール・ストリート・ジャーナル』（2012年6月11日）は，林一族の資産を，少なくとも，36億ドル（2012年の年間平均換算率1ドル＝79.8円換算で2872.8億円）としており，一代でアジア有数の大富豪となったことに間違いない。

---

[15] 華人億万長者のランキングを発表している中国版『Forbes——資本家』誌の1994年6月号は，1億ドル（1994年の年間平均換算率1ドル＝102.2円換算で102億2000万円）以上の個人資産をもつ華人大富豪は309人で，うち30億ドル（3066億円）以上の個人資産をもつ億万長者が20人としている。後者の出身地を見ると，福建6人，広東および潮州がそれぞれ4人で，福建が1番多い。サリムグループの林紹良は第4位で，個人資産は60億ドル（6132億円）である（朱1995）。

サリムグループは，中国とインドネシアの国交が正式に回復した1990年以降，中国へも積極的に投資しており，北京や天津での即席麺の生産，上海でのパームオイルの精製などのほか，故郷の福清市でも「融僑経済技術開発区」の整備に尽力した。さらに，創始者の出身地である村は，林紹良からの巨額の寄付によって，道路や橋，学校などの公共インフラを整備し，大変貌を遂げた。

先述の福建省帰国華僑聯合会の江宏真副主席は言う。

「香港の雑誌が，世界の華僑・華人の大富豪ランキングを毎年掲載しています。個人の資産総額1億ドル以上の人が対象で，1995〜1996年時点でいえば，該当する富豪280人強［香港を含み台湾を除く］のうち，福建省出身者が40％強を占めました。福建省出身で成功した企業家は3000人以上にのぼり，その資産総額は3000億ドル［1995年の年間平均換算率1ドル=94.1円換算で28兆2300億円］に達するといわれています。福建省人は広東省人と並んで，他の地域の中国人に先駆けて，改革開放以前から多数の華僑・華人を輩出してきたので，老華僑に関していえば，福建省人のほうが，温州人よりも成功していると思います」

実際，こうした老華僑による故郷への投資や寄付が，改革開放後の福建省経済の発展を牽引してきた。移住先で成功し，経済的かつ社会的な地位を手にした老華僑は，林紹良のように，生まれ故郷に錦を飾りたいと切に願う。また，地元政府は，税金面などの優遇策を講じて，華人企業からの投資を奨励してきた。泉州や厦門はその典型であろう。

福建省泉州市科学技術局の呉中培（Wu Zhongpei，ウ・ゾンペイ）局長は，同じ福建人でも，泉州人の行動様式や価値観が，福清人や長楽人と大きく異なる理由を，老華僑の時代から蓄積されてきた華僑・華人の人脈の厚みに求め，次のように説明する。

「泉州人は密航の必要がありません。東南アジアに，華僑の分厚い人脈があるからです。泉州出身の華僑は大富豪となり，社会的な影響力もあります。改革開放後に，親戚を頼って一時的に国外に出た泉州人も，出稼ぎが目的ではありません。シンガポールなどで市民権を獲得し，泉州に直接投資をするためです。そうすれば，『外資系』企業による投資になるので，中国企業では手にできないさまざまな優遇策が享受できたからです。泉州の地元政府の反応も素早かったですよ。政府の関係者自身が多数の華僑を親戚にもっているので，改革開放政策が打ち出されるや，華僑からの投資環境を整備しました。福建省の中でも，泉州の経済が発展したのは，1980年代初頭から華僑がインバウンドで故郷に投資し，先進的な技術やノウハウを持ち込んだからです。その結果が

2005年の今日の繁栄にもつながっています」

「福清や長楽と違って，近頃の泉州の若者は，海外に行きたがりません。経済力のある東南アジア在住の親戚が招いてくれてもです。地元の泉州で起業したほうが，成功できる可能性が大きいと判断しているようです。蛇頭に大金を払って，日本や米国に行くなんて，泉州人には考えられませんね。福清は，長楽と違い，老華僑はいますが，泉州ほどの厚みも人脈もありません」

実際，福清は歴史的に，同じ福建省の厦門や泉州に比べて，華僑投資が極端に少なかった。1980年代後半になってようやく開発区が整備され，国内外からの投資が行われるようになった。1990年代半ばまでには，外国投資によって経済が発展し始めたが，改革開放直後の10数年間に，海外で手っ取り早く身銭を稼ぐという新たな流行が生まれ，福建の新華僑に特徴的な，刹那的な目的を追求する海外移民志向が決定づけられた（Pieke et al. 2004）。

つまり，改革開放後の福建省は，同じ沿海部にありながら，急激な経済発展を遂げた広東省や上海ほどの繁栄を手にできず，さらに，同じ福建省の中でも，福清や長楽は，泉州のように華僑を歴史的に輩出し，かつ地元政府がそうした華僑による「インバウンド投資」を熱心に促進した地域に比べて，改革開放後の経済発展の果実を十分に享受できない状況にあった。そのため，次節以降で詳述するように，あたかもそういったギャップを無理にでも埋めるかのように，福清人に代表される新興の「外出者」の多くは，どちらかというと近視眼的で短絡的な行動様式に陥り，また，進出先で仲間が困っても，同郷人同士で助け合う習慣の欠如や希薄さから，仲間割れをし，犯罪に走るケースが多発した。この点で，まず中国各地に外出し，靴やアパレル，低電圧機器といった新市場をいち早く開拓して成功し，さらに，欧州など遠い外地に進出しても，自助努力のみならず仲間内の相互扶助によってともに築いた繁栄を謳歌した温州人とは決定的に異なっている。

端的にいえば，改革開放直後の新華僑の多くは，「蛇頭」に大金をはたいて先進国に渡り，不法移民として似通ったスタートを切った。この点で，福建人も温州人も大差ない。だが，数10年後，前者では，諸状況に追い詰められ，やむなく犯罪に手を染める者が少なくなかったが，後者の多くは，単なる僥倖や個人資質を超えた集団特性によって，成功した企業家となった。その社会構造的な要因は何なのか。この点をさらに探っていこう。

日本と福建，温州

日本における福清人と温州人

　渡航資金を調達できないほど貧しくはないが，満足できる豊かさもない福清や長楽の人々は，一攫千金を夢見て，欧州や北米，日本などに向かった。福建省で密航者が多い理由を調べた，中国人ジャーナリストの田（2003）によると，福建省で大規模な密航が始まったのは1989年初頭である。当初は身近な台湾に密入国していたが，次第に欧米や日本に広がった。最大時には約10万人もの福清人が日本で稼ぎ，わずか1年間で数十億元相当が故郷に送金され，それを原資に新築された「密航御殿」を見て，地元の人々の海外への思いは一段と高まったという。

　福清市を訪れると，のどかで古風な中国の田園風景のただ中に，まるで異物のように，テーマパーク風の真新しい3～4階建ての洋館が点在，もしくは，林立する区画が現れ，その異様さに驚かされる。一見，西欧の貴族の館に似せたそうした「密航の館」だが，その堂々たる印象的な外観とは裏腹に，「地下銀行」を通した海外からの送金額に応じて，「内部仕上げ」とその完成度は異なる。多くの場合，少なくとも，1階部分は，内装が施され，水道・電気等も引かれ，海外出稼ぎ者の両親を含む直近の家族が住めるようになっている。とはいえ，海外の不況などで思うように稼げず，予算に限りがある場合は，それ以上，施工されず，2階以上のコンクリート壁はむきだしのまま，内装も水道・電気もなく，放置される。ある程度予算に余裕がある場合は，2階も居住可能な程度に整備され，祖父母などを含む大家族で1～2階に分かれて住むこともある。ともあれ，生活上はそこまでで十分なため，3階以上をきちんと整備するのは，予算が潤沢に使える幸運な少数者か，よほどの贅沢者である。つまり，堂々たる外観と3～4階建ての高さは，別目的のためにある。ヴェブレン（Veblen 1899）の有名な概念を使えば，それは「顕示的消費」（conspicuous consumption）であり，海外出稼ぎ者とその一族の経済的繁栄と成功を，村落社会に見せびらかすためなのである。現代の多くの先進諸国民には理解し難いかもしれないが，密航者を送り出す福清や長楽では，村民らがそうした「密航の館」の建設ラッシュで「顕示的消費」を競い合う中で，手段を選ばず，時に悪いことをしてさえ「手っ取り早く富を得るには，海外に出るべきだ」といった価値観が共有されていったのである[16]。

---

16 顕示的消費は，商品自体の本質的な有用性というよりも，その商品を買って所有する行為が，他

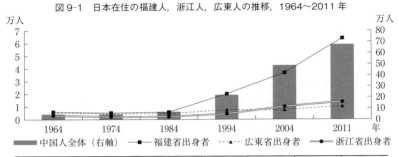

図 9-1　日本在住の福建人，浙江人，広東人の推移，1964〜2011 年

	1964	1974	1984	1994	2004	2011
中国人全体	48003	46944	67895	218585	487570	674879
福建省出身者	5966	5178	5725	20059	36826	64028
比率（%）	12.4	11.0	8.4	9.2	7.6	9.5
広東省出身者	5274	4520	4582	7371	7590	10393
比率（%）	11.0	9.6	6.7	3.4	1.6	1.5
浙江省出身者	3019	2110	2170	4330	10087	13753
比率（%）	6.3	4.5	3.2	2.0	2.1	2.0

注 1：1964 年と 1974 年は 4 月 1 日現在，それ以外は 12 月 31 日現在の数字である。1984 年以降の当該年の数字は，翌年度版に掲載されているため，図と出所の年号にずれが生じている。
　　2：法務省入国管理局は 2012 年以降，中国人の出身地別データを収集していない。
出所：法務省入国管理局編『在留外国人統計』昭和 39 [1964] 年版，昭和 49 [1974] 年版，昭和 60 [1985] 年版，平成 7 [1995] 年版，平成 17 [2005] 年版，平成 24 [2012] 年版より作成。

　日本には，福建人，なかでも福清人が多数居住しており，福清人だけで 10 万人程度と推定される。この数値は，2010 年 2 月，福清市帰国華僑聯合会の林敏輝（Lin Minhui，リン・ミンフイ）副主席への聞き取り調査から得られたもので，日本政府の入国者統計には決して出てこない不法滞在者をも含んだ，実態に近い数字であると考えられる[17]。

　の観察者にどう映り，いかに認識されるかに依存する消費様式であり，自由に使える経済力を公然と見せびらかすことによって，買手の社会経済的なステータスと威信を，実質上，あるいは，知覚上，より高く誇示する目的をもつ。なお，近年，そうした顕示的消費が，新興経済圏にも共通して見られることが認識されてきており，そこでは低所得者層でさえ，自分の家族や友人，近隣住民らに，自らをよりよく印象づけようとする究極の目標を掲げて，収入の相当部分を軽薄な贅沢品に消費する傾向が，しばしば自己陶酔や行動中毒を伴って見られることがある。

17　データの制約のため厳密な比較は困難とはいえ，各出身地域の人口に占める，特定の外地への移民の割合を比べると，ヨーロッパ在住の温州人は 43 万人で，温州市の人口 787 万の 5.5% に当たり，これに対して，（不法滞在者を含む）日本在住の福清人は 10 万人で，2000 年代後半の福清市の人口 126 万の 7.9% に相当する。また，両市から大量の新移民が出現した時期も，1980〜1990 年代であり，ほぼ重なり合う。こうした背景から，少なくとも，この 2 つの移民グループを比較検討することはリーズナブルと見なしてよいと考えられる。
　ちなみに，2000 年代前半の日本で，一般家庭の玄関の鍵を細い金属棒などで解錠する「ピッキ

ところで、図9-1が示すように、2011年に日本で外国人登録をしている中国人は67万4879人で、そのうち9.5%に当たる6万4028人が福建人であり、1980年代半ば以降、右肩上がりに伸びている。かつて、横浜や神戸のチャイナタウンに居住する中国人といえば、台湾人、福建人か広東人であったが、今や世代交代により、中国人の大半は、こうした旧華僑ではなく、新たに来日した、いわゆる新華僑である。北米志向の強い広東人は、近年ますます日本を進出先として選ばない傾向があるため、彼らの在日プレゼンスが急低下する中で、福建省出身者は、遼寧省（10万5127人）、黒竜江省（7万7753人）に続く第3位を維持している。ちなみに、温州人が属する浙江省は1万3753人にとどまっている。

 歴史的には、福清人と温州人のいずれも、日本とのつながりは深い。江戸時代には約1万人の中国人が長崎に暮らしていたといわれ、福清出身の貿易商もその中に含まれていた[18]。日本における煎茶道の開祖とされる隠元和尚も、福清の出身者である。

 福清人は、明治時代になると、船員として来日し、布地や呉服を背負って、農村を行商しながら日本社会に入り込んだ。1878年の長崎華僑居住地番別名簿表によると、長崎在住華僑478人のうち、福建省の福清出身者が107人で全体の22.4%を占めている。

 第2次世界大戦後は土地所有が可能になったことから、福清華僑も店を構え、貿易、金融、不動産、飲食、医療といったさまざまな分野に進出した。日本で最

ング犯罪」が急増した。この新手の犯罪者の群れには、偽造パスポートとビザが切れ、莫大な借金を返済するために、それまで安アパートをシェアしていた同郷人にも行き先を告げずに失踪し、「蛇頭」などの組織犯罪の手下となって、凶悪犯罪に手を染める福建人も多数含まれていた。状況的に追い込まれた彼らは、ことの軽重を判断する余裕もなくなり、空き巣や強盗、時に殺人まで犯し、盗んだお金で借金を返済するとともに、地下銀行から送金して、真新しい「大邸宅」を故郷に建てることによって、別名「ピッキング村」の創設にも寄与した。そうした現地調査を含め、福清を含む福建人による日本での犯罪に関して、精力的なルポルタージュを発表しているのが森田（1992, 2007）である。
 そうした福建人の行動様式を温州人と比較すると、発端の移民形態は似通っていても、歳月を経ると著しく異なった帰結に導く、それぞれの移民のもつ価値観と、彼らが典型的にたどるコースの違いがいっそう鮮明に把握されよう。すなわち、温州人がほぼ例外なく起業家をめざすのに対して、福建人はどんなことをしてでも、手っ取り早く現金を稼ぎ、純粋に個人的な安寧と見せびらかしのために消費する。温州人の典型は、仮によい金額を稼げるとしても、他人の部下として使われることを嫌い、いち早く起業することであり、福建人では、たとえ詐欺師や泥棒と呼ばれても、荒稼ぎができるのなら、海外のどこへでも直ちに出稼ぎに行くということである。

18 日本在住の福清人に関する記述は、茅原・森栗（1989）、許（1989）、市川（1991）、廖（1997）、徳岡・小木（2003）、張（2006）、小木（2009）を参照した。ニューヨークの福建人については、森田（1991, 1992）、Hood（1997）、欧州の福建人は、Pieke et al.（2004）などが詳しい。また、日本の華僑・華人研究の概要を知るには、飯島渉編（1999）の『華僑・華人史研究の現在』や游仲勲先生古希記念論文集編集委員会編（2003）の『日本における華僑華人研究』が参考になる。

も知られる福清出身の老華僑といえば，神戸華僑総会会長を長く務めた林同春（Lin Tongchun, リン・トンチュン，1925〜2009年）であろう[19]。林は，9歳のときに父を追って来日し，古着の行商からスタートして財を成した。神戸華僑総会会長を長く務め，1995年の阪神・淡路大震災では，華僑向けの神戸中華同文学校を避難所として地域住民に開放した。2007年に神戸で開催された「第9回世界華商大会」の実現にも奔走し，2009年11月の葬儀には，神戸政財界の重鎮らも参列し，日本社会と中国社会を結ぶ架け橋として生きた林同春の生涯を象徴するものとなった。このように，福清人の日本移住の歴史は長く，ビジネスで成功した老華僑は少なくない。

　他方，温州人も，日本をめざした時期がある。温州華僑華人研究所編の『温州華僑史』（1999）によると，温州人が多数来日したのは，日本経済が急速に発展した20世紀初頭で，農民や手工業者らが相次いで移住し，1922年には5000人を超える温州人が，青田石や紙傘，反物などを行商したり，中華料理店で働いたりしていた。もっとも，温州人は，1923年8月の日本政府の排華政策，さらに9月1日の関東大震災を契機に，4400人以上が帰国し，日本との関係は薄れていった[20]。

在日福建人と犯罪

　福清市帰国華僑聯合会によると，既述のように日本在住の福清人は約10万人にのぼるが，日本在住の福清人は，大別して，血縁者の「親族訪問」や高卒以上で「留学」ビザが取得できた合法的な滞在者と，「蛇頭」を介した密入国による不法滞在者に分かれる。留学ビザで合法的に入国しながら，ビザが切れ，不法滞在を続ける者も少なくない。

　海外に合法的な血縁ネットワークをもたず，教育レベルも高くない福清人が「蛇頭」を利用して日本に不法入国し滞在するパターンは，本章の冒頭で紹介した，英国や米国といった先進国への密航と同じ構図である。

　在欧州の温州人の中にも「蛇頭」を利用した密入国者は決して少なくなかった。しかし，先述の「イギリス人は連江を恐れ，日本人は福清を恐れ，アメリカ人は

---

19 林同春の生涯については，『橋渡る人——華僑波瀾万丈私史』（1997）と『二つの故郷——在日華僑を生きて』（2007）の自叙伝が参考になる。

20 福建人や広東人，東北人などに比べ，これまであまり研究されてこなかった在日温州人に着目したのが，鄭楽静（2012）である。温州人の日本移住史を丁寧に掘り起こした鄭によると，第1次世界大戦末期から関東大震災までが在日温州人社会のピークであった。彼らが日本に向かった理由としては，日中両国の経済格差，移民コストの低さと安全性，日本政府の対中国人に対するパスポート不要政策，温州や上海における日本渡航者向け斡旋業者の存在などを指摘している。

長楽を恐れ，全世界が福建を恐れる」といった言い回しが人口に膾炙するほどには，温州人移民の存在が脅威となることはなかった。また，一部の福建人や福清人が，福建マフィア，福清マフィアと呼ばれて恐れられているのに対して，「温州マフィア」という呼称はほとんど聞かない。

　在日中国人の犯罪を調べた張（2003）は，1989 年から 2000 年までの 12 年間に新聞や雑誌に掲載された在日中国人による殺人事件で，出身地が判明している 35 人のうち 54.3％ は福建省出身者であると指摘する。強盗事件では，さらに福建人の比率が高くなり，出身地が判明している加害者 42 人のうち実に 90.5％ を占める。また，段躍中主編の『在日中国人大全』（1998-99 年版）に掲載されている日本で殺害された中国人 11 人（1993 年から 1997 年の累計）を見ると，72.7％ が福建人である。限られたデータとはいえ，在日福建人が，犯罪の加害者にも被害者にもなる確率が，極めて高いことが窺える。確かに，先に見たように，外国人登録している在日中国人全体に占める福建人の比率は，6 万 4028 人で 9.5％ であり，仮に統計に含まれない残りの 3 万数千人分をこれに加えて，不法滞在者を含む福建人の構成比を算出できたとしても，他地域出身者にも不法移民が少なくないため，大差なく，せいぜい 10％ を超える程度と考えられる。そうした点を考慮すると，日本での中国人犯罪に関わる福建人比率の高さは，他地域出身に比べてやはり群を抜いている。

　中国人犯罪者の逮捕や取り調べに立ち会ってきたある通訳捜査官も，中国人犯罪者の多い出身地域を東北地域，北京，上海，福建省，台湾と列挙したうえで，福建人の特徴を次のように述べている（坂東 2008，p.74）。

　　「［福建人は，］人なつっこくて素朴な感じがするが，犯罪は粗暴犯が多く，万引きはもちろん傷害，侵入窃盗，強盗で逮捕される者もいる。一番多いのはなんと言っても密入国者。全体に学歴が低く，小学中退者も多いので，ビザが取得できず，何らかの形での密入国が多い」

　　「［福建人同士の結束は］仲間への思いやりと言うより男らしさを示すためであるとか報復をおそれるなどの外的要因によるところが多く，ちょっとしたことから仲間割れして自滅する」

　それにしても，なぜ，在日中国人のうち，福建人の犯罪がそれほど多いのだろうか。

　その原因を探るためにまず，彼らが生まれ育った故郷の村と，日本に出稼ぎに来ている不法滞在者の実態を知ることが必要だろう。

表 9-4 福清市蒜嶺村の海外在住労働者の出国費用

出国費用	人数（人）	構成比（％）
3 万元以下	88	30.4
3 万〜6 万元	56	19.4
6 万〜9 万元	56	19.4
9 万〜12 万元	42	14.5
12 万〜15 万元	21	7.3
15 万〜18 万元	9	3.1
18 万〜21 万元	10	3.5
21 万〜24 万元	1	0.3
24 万元以上	6	2.1
合計	289	100.0

資料：2003 年 1 月アンケート調査（黄江波統計，林芳絵制）。
出所：郁他（2010）p.167。

海外で稼ぎ，故郷に家を建てる

　僑郷（華僑の郷）として知られる福清市の蒜嶺（Suan Ling, スアンリアン）村のケースを見てみよう[21]。

　蒜嶺村は，2003 年時点で 556 の世帯があるが，うち 9 割は，林，陳，黄のいずれかの姓を名乗っている。また，同じ村民同士の結婚が全体の 3 割を占め，血縁と地縁でがんじがらめの旧い村社会である。村民は，互いの家族構成から所有財産まで詳しく知っており，何か変化があれば，たちまち村中に知れ渡る。

　2003 年の海外在住労働者は 318 人で，村人口の 18.8％ を占めていた[22]。同村の場合は，中国福建国際経済技術合作公司といった正規の労務公司を経て海外に働きに出るケースが全体の 6 割を占め，表 9-4 が示すように，出国費用も 3 万元以下（2002 年の年間平均換算率 1 元＝15.1 円換算で 45 万 3000 円以下）が全体の 3 割となっている。ただし，日本円換算で 135 万円を超える「9 万元以上」も計 3 割に達している。また，出国のために借金をした人は 6 割を超えていた。

　表 9-5 に見られるように，海外在住労働者の収入もバラツキが大きい。2002 年の年収は，「1 万元以下」が計 21.5％ の一方で，「10 万元以上」も 10.8％ に達する。「蛇頭」を利用して英国や米国に首尾よく出稼ぎに行けた者は 10 万元以上を稼げるが，正規の出稼ぎルートでシンガポールに渡ったものは，2 万〜4 万元どまりという構図である。一攫千金を狙うのであれば，欧米や日本といった先進国を目指すのが必然の選択肢となる理由が分かる。

　表 9-6 は，海外在住労働者が稼いだお金の使途をまとめたものである。出国後 3 年間は，「借金返済」が 38.8％ と最も多く，「家の建築」の 24.2％ が続く。出国後 3〜8 年目になると，「家の建築」が 31.5％ で最多となる。さらに，出国後 8 年を過ぎると「家の建築」は 14.3％ に下がり，「生活支出」（37.1％）と「老後の備え」（25.7％），「子女教育」（17.1％）がトップ 3 に浮上する。「3 年程度で渡航費

---

[21] 蒜嶺村の記述は郁他（2010）による。
[22] 海外在住労働者の 318 人と村人口の 18.8％ は 2003 年 6 月時点の数字である（郁他 2010, p.149）。同時点の村人口の絶対数は明記されていないが，計算上 1690 人強と推定される。同じ文献の別の個所（p.150）で，2003 年 12 月時点の村人口が 1685 人と記載されていることから，2003 年の蒜嶺村の人口は 1690 人前後で推移していたと目される。

用にあてた借金を返済し，故郷に家を建て，老後に備えて蓄財する」というのが，出稼ぎ者の典型的なパターンとなっている。

　また，注目すべきは，「商売」や「高利貸」といったビジネス目的の，つまり，稼いだ資金を再投資して大きく増やそうとする使途は，出国後8年まではかろうじて1.2～5.6％の範囲で挙げられているものの，8年以降になると，両者ともに完全にゼロになり，忘れ去られてしまっている点である。このことは，これらの海外出稼ぎ者にとって，稼いだお金で故郷に家が建ち，生活費と子女教育費が賄えて，老後の蓄えさえできればそれで十分であり，新たに商売を始めて手元の資金を大きく増やそうという考えも，起業する意欲も，そして，恐らくはそうした意欲を生み出す共通の価値観や文化も，この福清市の村落には微塵もないことを示唆している。

表9-5　福清市蒜嶺村の海外在住労働者の平均年収

平均年収	人数（人）	構成比（％）
4000元以下	20	8.6
4000～1万元	30	12.9
1万～2万元	32	13.8
2万～3万元	29	12.5
3万～4万元	24	10.3
4万～5万元	25	10.8
5万～6万元	15	6.5
6万～7万元	5	2.2
7万～8万元	9	3.9
8万～9万元	6	2.6
9万～10万元	12	5.2
10万元以上	25	10.8
合計	232	100.0

注：四捨五入により，％の計は必ずしも100.0％にならない。
資料：2003年1月アンケート調査（黄江波統計，林芳絵制）。
出所：郁他（2010）p.171。

　事実，同じ福清出身の23歳の在日中国人は，「ある程度資金が貯まったら，温州人のように起業したいですか」という私たちの問いかけに対して，とんでもないといった素振りを見せ，こう断言した。「そんなこと，考えてみたこともありません。自分はその日，その日の生活と，老後さえ心配なく送れれば十分です。起業なんて面倒なこと，失敗したら嫌だし，恥ずかしいし，絶対やりたくありません。こうした考え方は，うちの親や親戚も，日本で知り合ったほとんどの福清人も同じだと思いますよ。僕の故郷では誰も起業なんて考えないのが普通なんです[23]」。

　サンプル数は計6人と決して多くなかったとはいえ，私たちの在日福清人に対する聞き取り調査で，このように生活目的が最優先で，起業のリスクを忌み嫌う価値観は，一貫して彼らの間に認められた。もう1人の在日福清人はこう証言する。

　「確かに，中国では，商売上手の温州人のものすごい発展ぶりは有名ですね。羨ましいとも思います。できれば，学びたいです。でも，私の出身地の福清では，稼いだお金を商売に投資したり，起業したりして，もっと増やすという考

---

[23] 2010年6月21日の横浜中華街におけるインタビュー。

表9-6 福清市蒜嶺村の海外在住労働者の主な出費使途

項目	出国後3年まで		出国後3〜8年		出国後8年以降	
	人数(人)	構成比(%)	人数(人)	構成比(%)	人数(人)	構成比(%)
家の建築	40	24.2	28	31.5	5	14.3
商売	5	3.0	5	5.6	0	0.0
生活支出	34	20.6	24	27.0	13	37.1
借給他人	0	0.0	2	2.2	0	0.0
老後の備え	12	7.3	14	15.7	9	25.7
高利貸	2	1.2	2	2.2	0	0.0
子女教育	6	3.6	9	10.1	6	17.1
借金返済	64	38.8	4	4.5	0	0.0
その他	2	1.2	1	1.1	2	5.7
合計	165	100.0	89	100.0	35	100.0

注：四捨五入により，%の計は必ずしも100.0%にならない場合もある。
資料：2003年1月アンケート調査（黄江波統計，林芳絵制）。
出所：郁他（2010）p.172, p.173, p.175の各表から作成。

え方がないんです。そういったビジネスをめざす文化そのものがほとんどないんです。ある意味，悲しいのですが，これが現実です[24]」

さて，先の福清市蒜嶺村の調査に話を戻そう。象徴的なのは，村民の関心事に関する回答である。表9-7は，2003年12月に村民395人に対して行われた調査結果であるが，彼らの最大の関心事は，「収入増」（38.0％）で，「子女教育」（21.0％）と「介護・老後」（19.2％）が続き，「家族や自分の海外出稼ぎ」が10.6％を占めた。他方，「社会的地位の向上」はわずか1.5％にとどまった。さらに，表にはないが，同じ調査での，子供の将来に対する質問には，「出国」希望（29.6％）との回答が最も多かった。

要するに，「海外に出て，手っ取り早く現金を稼ぎ，故郷に家を建て，子女教育と老後のための資金を貯める」というのが，一再ならず，村民に共通する強い規範となっており，そうやってほどほどの生活さえできれば，社会的地位の向上にはあまり関心がなく，ましてや，高利貸や商売に投資して資本を増やそうとする野心などさらさらないことが，こうしたデータからも示唆される。

在日福州人の脆弱なコミュニティー・キャピタル

不法滞在者の実態については，2005年に在日の福建省出身者56人にインタビューを実施した林力（2006）の調査結果が参考になる。調査対象者数は決して多

---

24 2010年6月20日の船橋におけるインタビュー。

表 9-7　福清市蒜嶺村の村民の関心事

項目	人数(人)	構成比(%)
収入増	150	38.0
子女教育	83	21.0
介護・老後	76	19.2
家族や自分の海外出稼ぎ	42	10.6
社会的地位の向上	6	1.5
その他	36	9.1
無効	2	0.5
合計	395	100.0

注：四捨五入により，%の計は必ずしも100.0%にならない。
資料：2003年12月アンケート調査。
出所：郁他（2010）p.225の表を一部改変。

くないとはいえ，25人が福清市，16人が長楽市，12人が連江県の出身で，この3地域で94.6%を占める。そのため，近年，日本に不法滞在していたこれら2市，1県を含む福州人の実態を探るには最適なデータを提供している。調査対象者56人の年齢は，20歳代が58.9%で最も多い。また，入国時期は「1990～1995年」が46.4%，「1995～2000年」が28.6%で，滞在期間が長期化していることが窺える。

日本への入国手段としては，斡旋業者利用が53.6%，親戚・友人紹介が46.4%である。血縁者の介助も一定程度存在するが，やはり斡旋業者のプレゼンスが高い。図9-2が示すように，学歴は，「中卒（中学校修了者）」が42.9%で最も多く，「中卒未満」の7.1%と合わせると，半数が中卒以下である。

中国での前職を示す図9-3では，農林水産業が57.1%，さらに，無職が17.9%と，この両者だけで75%と大多数を占めていることから，学歴の低い農民層や本国での未就労者の多くが，「蛇頭」に頼って出稼ぎに来ている実態が容易に推定される。

ところで，図にはないが，日本での主な仕事は，工場労働（37.5%），サービス労働（26.8%），建築現場（21.4%）である。特別な技能がなく，しかも，不法滞在であるため，職種は著しく限定され，中小企業の工場やレストラン，スナック，運送会社等の下層現業者として働いている。こうして在日中国人社会と日本人下層社会の狭間で，「蛇頭」等からあてがわれた偽造パスポートとビザの発覚を極度に恐れながら，ひっそりと身を隠して行動する様子が手に取るように推測される。なお，現在の職場に関していえば，80.3%は，親戚や友人など同郷人の紹介によるものであるが，お金を払って仕事を斡旋してもらった者も少なからず存在

図 9-2 在日不法滞在福州人の学歴

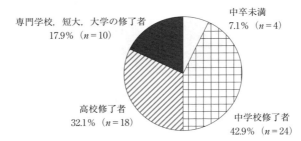

資料：2005 年 1〜3 月実施の面接調査。
出所：林（2006）p.54 の本文の記述に基づき筆者作成。

図 9-3 在日不法滞在福州人の中国での前職

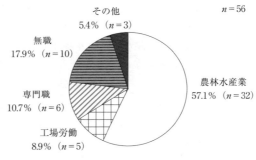

資料：2005 年 1〜3 月実施の面接調査。
出所：林（2006）p.108 の図の一部を改変。

図 9-4 在日不法滞在福州人の将来展望

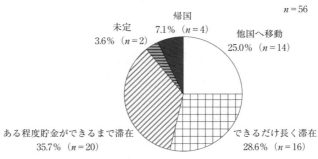

資料：2005 年 1〜3 月実施の面接調査。
出所：林（2006）p.108 の図の一部を改変。

していた。

　将来展望としては，図9-4に見られるように，「ある程度貯金ができるまで滞在」が35.7％，「できるだけ長く滞在」が28.6％と，この両者（64.3％）で約3分の2を占めており，その成否のいかんにかかわらず，日本での出稼ぎに固執する者が比較的多いことが分かった。

　日本に不法滞在している福州人は，第5～7章で登場した欧州の温州人とは明らかに異なる戦略を採用している。在欧の温州人は，正規の滞在許可証をもつ温州人企業家のもとで働いて資金を蓄え，恩赦を機に合法滞在者に転じ，自ら起業するのが理想的なモデルであったが，在日福州人は，手っ取り早くまとまった現金を稼いで，地下銀行経由の送金で親元に立派に見える「密航御殿」を建て，故郷に錦を飾るのが目標である。つまり，もとより，企業家としてだけでなく，一従業員としてさえ，滞在先での発展可能性は念頭にない。

　こうした戦略の違いは，同郷人との関わり方にも歴然とした影響を与えている。欧州在住の温州人は，職住・公私ともに深い関わりがあり，企業家，取引相手，同僚，労働者のいかんにかかわらず，そうした関わり方に起因する汎コミュニティー的な紐帯が，相互利益に直結する社会構造を構成し，維持することに貢献している。つまり，異国で事業家として成功し，豊かな生活を実現することが目標の温州人にとって，同郷人同士の相互扶助は不可欠であり，大多数の者が自然に，そうした社会規範に則った行動をする。その結果，彼らの同郷人コミュニティーはすこぶる健全・堅固で，成員間に広く行き渡り，ヒューマン・キャピタルの決定的に乏しい小学校中退者でさえも，そこに共存し，皆と同じように振る舞うことにより，企業家としてほどほど以上の成功と集団的繁栄を享受することを可能にしている。

　他方，日本在住の福州人の間では，その機能と広がりにおいて，これに比肩しうる同郷人コミュニティーは形成されていない。短期間にできるだけ多額の身銭を「個人的に」稼ぐことだけが目的の福州人にとって，異国で同郷人と助け合うインセンティブは総じて低い。安アパートで共同生活をするのも，生活費を節約し，少しでも多くの自己資金を蓄えるためであり，困っている同郷人を助ける風習は，仮にあったとしても，温州人と比べると，著しく希薄に見える。こうした親族や友人との紐帯の脆さに加えて，大半が賃労働者にとどまることも，仲間うちのセーフティーネットが十分に機能しないもう1つの要因と考えられる。かような諸状況を総合的に判断すると，在日福建人のコミュニティー・キャピタルが仮に存在していたとしても，在欧温州人に比べると，互いの成功や発展のためには，ほとんど役に立たないと推察できる。

在日温州人の豊かなコミュニティー・キャピタルと起業家精神

先に述べたように，温州人は20世紀初頭に比較的多く来日し，労働者や行商人として苦労を重ねた。だが，改革開放以降の在日温州人の傾向は，戦前の温州人とも，現代の福州人ともずいぶん様相が異なっている。

第1に，在日温州人の数は少なく，大まかに把握できる範囲で2000～3000人程度と見られる。第2に，単純労働者というよりも，教育レベルの高い留学生やIT技術者，経営者が多い。年代別の傾向を追うと，1970年代から1980年代前半にかけては，家族の呼び寄せ，1990年代前半は留学生，さらに，2000年代前半には，特殊な技術や技能をもつIT技術者や中国政府認定の調理師の来日が目立ったという。

これらの知見は，2010年から2011年にかけて在日温州人52人に丹念なインタビューを行った鄭楽静（2012）の研究に基づく[25]。鄭は，日本温州同郷会[26]や日

---

[25] 在日温州人の属性の時代的変遷については，2013年3月13日の陳今勝・日本温州同郷会長（当時すでに在日約30年の日本国籍取得者）への電話インタビューでも，ほぼ同様の傾向が確認された。さらに，参入障壁の低い日用品の輸入・加工・販売業者が大半を占める「在欧」温州人に比べて，「在日」温州人企業家の取扱品目は，より高度な技術と専門的知識を要する工業・化学関連の原料・素材・加工品から，ソフトウェア開発を含むIT関連やエンジニアリング，さらに，不動産開発からプロジェクトマネジメントまで，知識集約志向が強いとの証言も得られた。

　在日の温州人企業家を主要メンバーとする日本温州総商会でも，そうした傾向は顕著である。会長の林立は，温州人が得意とする，靴やカバンの企画・製造・輸入・販売を手がけているが，中国製の安価な量産品を輸入販売するというビジネスモデルではなく，デザインや機能へのこだわりが強い。例えば，藍染めのような伝統工芸技術を靴やカバンに応用した高額商品を，一流百貨店で販売する。若い世代の温州人企業家に比べると決して学歴は高くないが，それでも日本の専門学校を卒業している。

　第3章で温州市政府主催による温州華僑リーダーの年次研修会について，また，第6章で自ら同郷人と結婚した理由を語る証言を引用した，常務副会長の唐升克は1982年生まれの30代で，中国の大学を卒業後，日本にある中国人経営のソフトウェア会社に就職した。その日本での業務のため，就労ビザで来日し，仕事をしながらYWCAで日本語を学び，名古屋大学の大学院に進学。修士課程修了後は，日本のテレビ局などから内定を得たものの，中国在住の家族や親戚から日本での起業を強く"要請"され，東京で兄がソフトウェア開発の仕事をしていたこともあり，名古屋でソフトウェア開発会社を創立した。さらに，近年，浙江省杭州市に実質的には兄と共同で新会社を，また，重慶市に合弁会社を設立し，日本が得意とする汚水や生ゴミ処理といった先進的な環境関連技術を中国に売り込むビジネスに力を注いでいる。

　温州人企業家が中心になって2013年に設立した，一般社団法人日本浙江総商会のメンバーも，高度な特殊技術や技能をもつ高学歴の留学生出身者が少なくない。同総商会常務理事の張科明は，寧波の高校卒業直後の1998年に来日し，日本語学校に1年半通った後，高崎経済大学で学士号を取得し，京都大学経済学研究科に進学した。修士課程を終え，NTT系列会社に勤務し，ITビジネスに従事しながら，マーケティングや経営企画のノウハウを磨いた。中国語，日本語，英語を流暢に操る彼は，インタビューした2016年2月現在，中国製太陽光パネルの日本への売り込みやプライベートジェット機の仲介ビジネスなどを幅広く行っている。

[26] 日本温州同郷会は1970年代から1980年代にかけて来日した温州人が中心となり，1985年4月

本温州総商会[27]主催の新年会に参加した温州人をインタビュー相手に選定しており，日本で成功裡に暮らす正規滞在者を調査対象者としている。そのため，福州人の不法滞在者を追跡した林（2006）との単純比較は難しいかもしれないが，在日温州人の特徴の一端を示す貴重な最新データを提供しているので，手短に紹介しておこう。

調査対象となった在日温州人52人の年齢は，「40歳代」が30.8％で最も多く，「30歳代」が25.0％，「20歳代」が19.2％と続く。彼らのほとんどは，「1990年以降」の来日者であり，「1978年以前」はわずか3.8％にとどまる。いわゆる新華僑が大半である。

日本への入国に当たっては，日本に「家族や親戚がいた者」が75.0％と圧倒的多数を占め，来日後の住居でも「家族や親戚との同居」が40.4％を占めた。職探しにおいても「家族や親戚の紹介」が28.8％と最も多く，やはり血縁がとても重要な役割を果たしていることが浮き彫りになった。

また，中国出国時の学歴は，「高卒」が42.3％と最多で，「大卒」（25.0％），「短大・専門学校卒」（3.8％），「大学院卒（修士）」（1.9％）が続く[28]。分類法が必ずしも一致しないため，厳密な比較はできないが，少なくとも，先章の図8-4で見た在欧温州人の「大卒以上」（11.6％）と比べると，出発点から，在日温州人のヒューマン・キャピタルのレベルは，歴然と高いことが知れる。中国での前職は，「学生」（40.4％）が最多で，「会社員」（25.0％）が続く。もっとも，現在の職業では，「自営業者」の比率が51.9％と半数を超す。この点では，在日温州人においても，中国や欧州の温州人同様に，起業意欲が高いことが示唆される。

さらに，滞在期間が11年を超える長期滞在者が59.6％と約6割を占め，交友関係でも，日常的につきあいが最も多い相手として，「同郷人」（40.4％）に次いで，「日本人の友達」（25.0％）が挙がっており，日本社会に定着しつつあること

17日に横浜で設立された。20年余りにわたって，潘宝吉会長（1985年～2004年在職）が居住する静岡を中心に活動を展開していたが，2004年に陳今勝が会長に就任して以降，東京が主な活動舞台となっている。

[27] 日本温州総商会は2000年5月7日に設立された。友誼や親睦を旨とする日本温州同郷会に対して，総商会は，近年ますます経済活動の交流拠点としての活動を強化し，温州市政府から「在日温州招商引資連絡処」，「在日温州投資促進連絡処」として任命されており，在日温州人向けの不動産投資セミナーなどの開催にも熱心である。会員は約200人，主要メンバーの理事は40人いる（2016年2月26日の金喆事務局長へのインタビューによる）。

[28] 鄭（2012, p.59）のこれらの数値の母集団には「無回答」（7.7％）が含まれているため，仮に有回答者のみを対象に，その比率を再計算すると，「高卒」45.8％，「短大・専門学校卒」4.2％，「大卒」27.1％，「大学院卒（修士）」2.1％で，適宜，合算すると，「短大・専門学校卒以上」は33.3％（該当する3ゾーンの人数を合算し，その比率を算出したもの。四捨五入により，各層の％を単純集計すると33.4％），大学院卒を含む「大卒以上」は29.2％となる。

を窺わせる。一方，既婚者38人のうち60.5%に当たる23人は同郷人と結婚しており，結婚相手としてはやはり同郷人が好まれることが確認された。とはいえ，この点では，先章の図8-7で見た在欧温州人企業家の91.0%には相当及ばず，かといって，在欧の非温州人企業家の46.6%ほどには低くないことが興味深い。

鄭（2012）と林（2006）の調査対象の属性の違いから，厳格な比較検証は難しいとはいえ，少なくとも，在日の温州人と福建人に関して，次のような一般的傾向は見て取れる。すなわち，温州人の場合は，厳しい移民政策を採る日本政府の承認を得るだけの高いヒューマン・キャピタルを有する者，例えば，留学生，技術者，有資格調理師などが主に来日し，当たり前のように当地の同郷人コミュニティーを活用しつつ，適宜，日本語学校を経て，大学や大学院などで学び，日本企業に就職，あるいは，その取引相手としての経験を積み，やがて独立し，起業する。対照的に，福建人の場合は，教育レベルが概して低く，ヒューマン・キャピタルで圧倒的に劣る農民層や無職層が大半のため，最初から「蛇頭」等に手段的に依存して密入国せざるをえない。入国後も，周辺の同郷人コミュニティーが著しく脆弱なため，相互扶助が機能せず，受入国の最下層にバラバラに分断された形で追いやられ，孤立化する。「失敗者」としての本国への帰郷は，本人の面子ばかりでなく，村社会において時に末裔にまで及んで，家族や親族一同の評判を汚すため，むしろ彼らは入国先にとどまったまま，非人間的なまでの屈従を忍び，無理を重ね，しばしば犯罪を犯してまで，多額の借金の返済と，故郷に錦を飾るための荒稼ぎに奔走する。そして，このように望みのない道程が，あたかもルーティン化されたかのように繰り返されるのである。

犯罪の誘因となる村社会の規範

それでは，在日の福建人，なかでも，下記のいくつかの事例や証言が示唆するように，福清人による犯罪が多発する事由を，さらに掘り下げて整理しておこう。

第1は，先に見た「海外に出て，手っ取り早く現金を稼ぎ，故郷に豪華な家を建て，老後資金を貯める」という，特に福清人の間に深く根付いた規範にある。温州人が好んで居住するイタリアやスペインと違い，日本では，不法滞在者を合法化するような恩赦はなく，稀な例外を除くと，ヒューマン・キャピタルに乏しい個人が定住して豊かになるという夢を外国人に与えない。そのため，福建人は，在日中，見つかれば強制送還されるという恐怖を抱きながら，わずかでも多くの身銭を稼ぎだそうと，日雇い的な労働口で，寸暇を惜しんで働くのみである。

「故郷に大金を持ち帰る」という目標があるものの，1990年代以降の長期不況

の中で，低賃金の定職すら見つからず，辛酸を嘗めてきた不法滞在者にとって，なんらかのトラブルに巻き込まれて，その夢がかなわないとなれば，犯罪も厭わないほど，生まれ育った村社会の規範は重い足かせとなっているのである。

1990年代半ば，3人の福清人が同郷人2人を殺害する事件が発生した[29]。彼らは全員密航者だった。3人が6畳のアパートで共同生活をしていたところ，故郷でチンピラとして知られる不届き者が来日し，アパートに転がり込んできた。その不届き者は自らも不法滞在者でありながら，「不法滞在をタレ込んでやる」といって同郷人の仲間を脅し，現金を巻き上げ始めた。「日本で大金を稼ぎ，故郷の家族に仕送りをして，家を建てる」という夢が崩れそうになったため，恐喝された3人は結託し，不届き者とその弟を殺害した。

3人が危険を冒して密航し，貧しい生活に耐えて必死に働いたのは，「密航御殿」のためであった。そして，相手が不届き者で，切羽詰まった状況だったとはいえ，殺人を犯してしまったのも，やはり「密航御殿」のためだった。このように，受入国の常人には計り知れないほど，「密航御殿」の夢は，彼らの人生を縛っているのである。

第2に，密入国後，偽造パスポートの偽造ビザさえ失効した不法滞在者は，故郷に錦を飾る夢が遠のくなか，想像を絶するほどの緊張感と恐怖感に脅えながら暮らしている。入国管理法に違反しているため，見つかれば直ちに強制送還され，「密航御殿」の夢がついえるどころか，「失敗者」，「落伍者」としての烙印は，本人だけでなく，故郷の近親者一同を末永く苛むからである。この点で，張（2003）が指摘するように，不法滞在の福建人は，トラブルに対する忍耐力が低下している可能性が高い。

第3に，不法滞在者は，入国管理法を犯しているという，その同じ理由で，金銭強奪などのトラブルに巻き込まれても，強制送還を恐れて，警察や弁護士などに相談できない。したがって，彼らは，かろうじて同郷人らの仲裁によって解決しようとする。だが，その実際の展開には，温州人と比べると，著しい違いが見られる。

例えば，温州人が集住するイタリアのプラートでは，正規ビザをもつ温州人企業家が中心となって強固な同郷会を結成し，精力的に，温州人同士や現地人社会とのトラブル処理に当たっていた。このトスカーナ地方の小都市では，不法滞在の温州人の圧倒的多数は，そうした有力温州人企業家のもとで働いている。後者は，進出先での長年のプレゼンスと，多額の納税，ならびに，EU圏等への輸

---

29 事件の概要は，李（2005）に基づく。

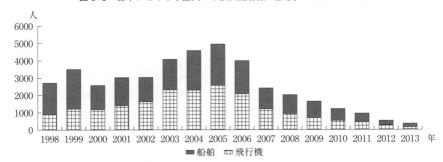

図 9-5　日本における中国人の不法入国者数の推移，1998〜2013 年

出所：法務省入国管理局編『出入国管理』平成 15［2003］年版，平成 18［2006］年版，平成 23［2011］年版，平成 26［2014］年版より作成。

出活動を通じた現地社会への顕著な経済的貢献によって，受入国のオーソリティーにも顔が利き，政治的影響力も発揮できるため，仮にトラブルが発生しても，彼らの仲裁によって，その多くは平和裡に解決されていく。

だが，日本人経営の小規模工場や工事現場で働き，同郷会にも頼れず，6 畳一間の安アパートで共同生活をする不法滞在の福清人に，トラブルの当事者双方を納得させるだけの威信をもった仲裁者を身近に見つけることは，絶望的なほど難しい。未経験で若い彼らは，それでも仲間うちだけで解決しようとするため，傷害や強盗，殺害などの犯罪を引き起こしやすい。また，先の「タレ込み恐喝，殺人事件」のように，不法滞在者の弱みに付け込んだ仲間割れの犯罪も目立つ。

在日中国人の犯罪を調べた張（2003）は，「先祖代々伝わる家の名を上げる」という血縁意識と，「前が進み，後が続く」という荒削りで猪突猛進的な冒険精神が，福建省農民に脈々と受け継がれていると指摘する（張 2003, pp. 301-302）。

「彼らが日本で仕事につけなかったり，あるいはそれほど多くの稼ぎを得られなかった場合，その挫折感は計り知れぬものとなる。一族の名を高らしめんとする夢がついえた時，彼らが受ける精神的圧力の大きさは都市部から来た人々には想像もつかない。その圧力の源は単に両親だけではなく，一族郎党，更には村全体から発せられるものである。そしてその圧力を受けるのも彼ら個人ではなく，彼らの一族であり，頭を上げて表を歩けなくなるのは彼一人ではなく親族全てなのである。このような村落文化の圧力は失敗者を生きるに生きられず死ぬに死ねない状況に追い込む。生きていても金は稼げず借金も返せずメンツを失う，死んだらますます借金は返せずメンツを取り戻す機会すらなくなり，一族は永遠に恥を背負うことになる。行き場のなくなった彼らは無理にも危険を冒し，果ては凶悪犯罪に手を染める」

図9-6 日本における中国人不法残留者数と不法残留者数に占める比率，1995～2014年

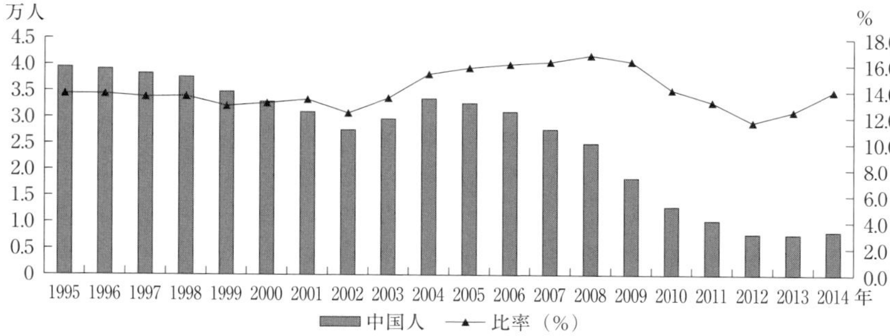

注：1995年から1996年までは5月1日現在，1997年から2012年は1月1日現在の数字である。
出所：法務省入国管理局編『出入国管理』平成23［2011］年版と平成26［2014］年版より作成。

張は，このように伝統的な農村文化の圧力を，高い犯罪率の一因と推察している。

とはいえ，近年，経済が長く低迷し，取り締まりも厳しい日本は，一攫千金を狙う出稼ぎ先としての魅力が低下している。福州市人民政府僑弁公室の郭仲仁（Guo Zhongren，グオ・チョンレン）副調研員は次のように説明する。

「福清人はかつて，非合法ルートで日本に出稼ぎに行っていました。でも，2010年の今日，日本は人気がありません。福清人が今，向かっているのは，米国やオーストラリア，南米です。1980年代や1990年代と違って，福清人も，やっと経済的に余裕ができました。日本に行くと，いつまでもきついアルバイトしかできませんが，南米では，自分の店をもって，経営者になれるんです。最近，海外からの帰国者の間で，商売に投資する動きも少しずつ出てきています。業種的には，不動産，カラオケ，日本料理などです。製造業に投資している人もいます」

福清人の行動様式や価値観も，少しずつ変容しているようである。

図9-5は，日本における中国人の不法入国者数，図9-6は，中国人不法残留者数と不法残留者数に占める中国人の比率の推移を示したものである。近年の高度経済成長で豊かになった中国人にとって，長期間不況が続いた日本に向かうインセンティブは著しく弱くなった。中国からの不法入国者数は2005年の4960人をピークに，2013年には359人にまで激減した。中国人の不法残留者数も2014年1月1日現在には8257人となり，図9-6にはないが，ピークだった1994年（3万9738人）の約20％に減少した。

欧州における福建人と温州人

　ここまで，日本の読者にとって比較的馴染みのある日本在住の福建人，なかでも福清人を中心に取り上げてきたが，日本と欧州では，政府の移民政策も，経済社会環境も大きく異なっており，一般に，外国人に対する日本の政策は厳しいとされる。また，欧州の中でも，比較的厳格な移民政策をとる英国やドイツに比べて，イタリア，フランス，スペインは相対的に緩いため，最初，不法移民として入国することの多い外国人にとっても，労働や営業活動がしやすいとされてきた[30]。そこで，本節以降では，多数の温州人が居住しているのと同じ欧州諸国と地域に視野を拡大し，近年の福建人移民が，その同じ場所でいかにビジネスを営み，どのような状況にあるのか，その実態を手短に検証しておこう。

　既述のように，福建人は，第2次世界大戦以前からアジアを中心とする各地に進出しており，欧州のオランダ，フランス，イタリアなどにも少数ながら居住者がいたが，欧州に向かう動きが本格化したのは，1980年代以降である。ただし，出国ブームといえるほど多くの新移民を送り出した地域は，沿岸部・福州市の福清や長楽，莆田市，内陸部の三明市など，ごく一部に限られる。また，改革開放後に欧州への出国が活発化したとはいえ，温州人のそれには遠く及ばなかった。今日，福建人がまとまって居住する主な国は，英国（1.5万人），イタリア，スペイン，ポルトガル（各1万人前後）などである（李 2002）。以下では，その突出した先駆け的進出により，現地の中国移民中に占める温州人の比率が高いとはいえ，福建人も一定のプレゼンスをもつ，イタリアを取り上げる。

イタリア在住の福建人

　2000年前後の欧州における福建人移民の実態については，Pieke et al. (2004) が詳述している。その研究によると，イタリアには温州人が1世紀以上前から進出していたが，中国人の主な移住先となったのは1980年代からで，21世紀初頭において，イタリア在住の中国人は階層化するに至った。

　その頂点にいるのが，ミラノやプラート，ローマ，ナポリなどで，縫製業や皮革業，飲食業，貿易業などを活発に営む，温州人である。例えば，プラートやフィレンツェに進出した温州人は，まずイタリア人経営者から小規模な縫製工場や皮革工場を買い取り，温州からの安価な移民労働力を活用して急成長を遂げた。

30　欧州の移民政策については，Menz (2009) を参照した。

第5～7章でも既述のように，イタリア在住の，とりわけ羽振りのよい温州人企業家は，当初こそイタリア企業の下請仕事をしていたが，次第に，デザインから裁断，縫製，販売までを一手に手がけるようになった。彼らの多くは，イタリア語ができ，ファッション市場に関する知識や人脈も豊富である。そうした知識・ノウハウ・人脈の涵養には，一定の時間が必要であったため，改革開放後の早い段階で渡伊し，経営者として研鑽を積んだ温州人が，主な成功者となった。

Pieke et al. (2004) はまた，福建人には，イタリアで成功した親戚や友人のネットワークが，大いに不足していることを指摘している。多数の温州人がイタリアに殺到した 1990 年代，すでに同国を含む欧州各地で，成功裡に事業を展開する親戚や友人のネットワークがあり，彼らから事業資金を借り入れることができたのとは対照的に，現地に新たに到達した福建人は，周囲に同郷出身の成功者がほとんどおらず，また，仮にいたとしても，そうした情報が回らず，アクセス不能なため，十分な支援を受けることができなかった。

そのうえ，温州人とのガチンコの競合と軋轢を避けるため，新参の福建人は，現地到着直後，温州人経営の工場やレストランで働いて，当面の身銭を稼ぐと，その後は好んで，周囲に温州人が少なく，稼働コストの安い地域に一時期，寄り集まる傾向が見られたという。その結果，例えば，イタリア中部では，温州人が溢れるフィレンツェやプラートを避けて，その近郊のエンポリ（Empoli）が，南部では，温州人の集住するナポリではなく，その郊外のサンジュゼッペ・ヴェスヴィアーノ（San Giuseppe Vesuviano）やテルズィーノ（Terzigno）などが，少なくとも一定期間，福建人の拠点となっていった。

エンポリ在住のアパレル業者

エンポリはトスカーナ地方の中心都市，フィレンツェから鉄道で西に 30 分ほど行ったところにある，人口約 5 万人の小都市である。ほど遠くない丘の上には，レオナルド・ダ・ヴィンチの生家がある。中国人経営のアパレル企業が集積するトスカーナ地方では，2000 年代前半に，温州人はプラート，福建人はエンポリという棲み分けが自然に行われており，後者には，2003 年頃，約 2000 人の福建人がいたとされるが，2012 年現在，その数は約 500 人にまで減少している[31]。

31　福建省三明市出身の企業家，頼海濤，および，その友人でガイド業者，戈軍への 2012 年 3 月 25 日の現地インタビューによると，エンポリを去った福建人のうち，約 10% は中国に帰国し，残りの 90% はイタリアの他の都市（モデナ，リミニ，パドバなど）に移住し，その大半は，イタリア人が経営する工場で，賃金労働者として働いており，自ら企業家に転じた者はほとんどいないという。

なお，エンポリ在住の福建人に占める経営者の割合は，2012 年 3 月現在，約 500 人中，10～15

福建人がエンポリにそれとわかる形でやってきたのは，1994年頃である。福建省の内陸部にある三明市出身の頼海濤（Salvatore Lai）もその1人だった。三明市は人口約270万人の重工業が盛んな都市である。「もともとエンポリは，現地人による毛皮や革が有名でした。一方，ニットや布地の洋服はプラートが中心で，温州人がすでにその担い手となっていました。だから，彼らと競合しないように，エンポリで，まだ中国人が誰もやっていない毛皮や皮革の新ビジネスを始めたんです」。

　頼海濤は，イタリアの高級ブランド服をサラッと着こなす洒落者で，革製品を中心とするアパレルメーカー，Giuniki社を経営している。

　彼は1991年，25歳のときに，イタリアにやってきた。「天安門事件の後，中国の経済は低迷してしまいました。給与所得で見ると，イタリアと中国は約30倍もの開きがあったんですよ。しかも，当時は，東欧諸国にビザなしで入国できましたから，東欧経由で，イタリアに不法入国したんです」。とはいえ，イタリアには親戚も友人もいなかった。リスク軽減のため，三明の友人仲間6人で連れ立ってきたという。

　頼が，最初に居を構えたのはフィレンツェだった。温州人経営のカバン工場で賃金労働者として働いた。「職探しは意外なほど簡単でした。中華レストランに行き，アルバイトの募集がないかを尋ねたんです。当時はまだ，中国人が少なかったので，フィレンツェに着いたその日に，仕事を見つけることができました。半年間，カバンを縫い続けましたよ。次の半年間は，ローマの温州人経営のレストランで働きました。1カ月の給料は3000元（1991年の年間平均換算率1元＝25.3円換算で7万5900円）でした。カバン工場での給料とほぼ同じでしたが，仕事はずいぶん楽になりましたね。イタリアには温州人のほうがずっと早くから来ていましたから，ビジネスの成功者も温州人がほとんどです。だから，温州人が経営する工場やレストランで働くしかありませんでした」。

　アルバイトで貯めた資金を元手に，1992年，頼は，プラートに移り，床屋を開業した。中国の三明で，国有企業に勤務しながら，合間を縫って，床屋もやっていたため，腕に覚えがあった。

　インタビュー時に居住地だったエンポリに移ったのは，1995年のことである。

%ほど，2003年ピーク時の約2000人中では，20〜30%程度だったと見られる。
　ちなみに，プラート在住の福建人は，2012年3月時点で約3000人であり，ピーク時の2003年頃には約4000人いたという。プラート在住の福建人が，エンポリ在住の福建人ほど激減していないのは，ヨーロッパ最大の繊維産業の集積地であるプラートにおいて，中国人に対する労働需要のポテンシャルが高いことが一因と考えられる。

少数の福建人が，ちょうどエンポリでアパレルのビジネスを始めようとしていた矢先だった。人づてにその話を聞き，頼も，同郷の友人数人と，当時200〜300人の福建人しかいなかったこの小都市に移り住んだ。

頼海濤はエンポリで，イタリア人が経営するアパレルメーカーの下請加工業者としてスタートした。開業資金はわずか5000ユーロ[32]（2012年の年間平均換算率1ユーロ＝102.6円換算で51万3000円），すべて自己資金だった。作業場は，知り合いの工場内にある小さな部屋をレンタルしたもので，ミシンも分割払いで入手した。アルバイトを雇う余裕はなく，仕事はすべて1人でこなした。「幸いなことに，1995年当時は，イタリア経済が好調だったこともあり，お得意さんはすぐに見つかりました」。

その後の飛躍は，第7章で紹介した，プラートでアパレルメーカーを経営する温州人の陳龍（Chen Long，チェン・ロン，仮名）とよく似ている。頼も，1998年には下請から脱し，完成服の生産・販売開始。翌1999年には自社ブランドも立ち上げている。

頼のGiuniki社が得意とするのは，毛皮と織物の組み合わせで，毛皮付きのジャケットやジャンパーが主力製品である。製品は，営業代理人である数人のイタリア人を介して，イタリア市場に売り込んでいる。同社製品の平均的な店頭単価は約200ユーロ（2012年の年間平均換算率1ユーロ＝102.6円換算で2万520円）。「プラートのアパレル製品は，ボリュームゾーンを狙った標準品が多いのですが，私は高級品市場を狙ってきました。デザインはイタリア，生産は中国が基本です」。

中国での生産は，浙江省や広東省，福建省などの工場に委託している。「生産は，台湾人のパートナーに任せています。彼とは1995年頃に，ミラノで開かれた毛皮の国際見本市で知り合いました。双方が，お互いの利益につながるビジネスだと判断して，商売を始めたんです。今では強い信頼関係が生まれています」。このように頼は，渡伊後，比較的早いうちから，取引先の出自にはこだわらず，温州人，福建人，台湾人，イタリア人などを相手に，適宜，持ち前の普遍化信頼に依存した取引関係を推進していくことで，「イタリアでデザインしたものを，中国で生産し，イタリア市場で販売する」という，自らのビジネスモデルを軌道

---

[32] 欧州市場におけるユーロ導入は1999年である。頼海濤は1995年当時，イタリアの通貨「リラ」か中国の通貨「元」で，創業資金を準備したと考えられるが，2012年の私たちへのインタビューに対しては，「ユーロ」で説明した。1995年当時の創業資金を，2012年時点の「ユーロ」換算で回答したと想定されるため，ここでの換算レートには2012年の数値を使った。なお，経年とともに，最初連れ立って出国した6人の三明出身者は次第にばらけ，20年後，欧州で企業家として活躍していたのは，同じエンポリで個人事業者として観光ガイド業を営む彼の親友と，頼自身の2人だけになっていた。

に乗せた。
　だが，彼の一見，普遍化信頼を志向するビジネス運営にも，当然リスクはつきまとう。彼の蹉跌は，皮肉なことに，温州人との共同経営で発生した。
　「私は1995年頃に，プラートで知り合った温州人と，会社を共同経営したことがあります。100万ユーロもの大規模な事業でしたが，1年もたたないうちに，大ゲンカして解散しました。パートナーの温州人が，自分の利益の独占化だけを図っていたことが，後でわかり，信頼関係が壊れたんです。もっとも，温州人，福建人に限らず，中国人同士の場合は，口約束だけで，共同経営を始めることが多いので，こうした揉めごとが起こりやすいと思います。だからもう，共同経営は止めることにしました」
　いずれにせよ，頼は，同郷人へのこだわりが相対的に弱いように見える。Giuniki社の従業員8人は，イタリア人2人，中国人6人で，中国人の出身地域は，雲南省，浙江省などさまざまである。また，自社製品の一部を，エンポリ在住の複数の中国人下請業者に委託しているが，こちらも，福建人に限定されておらず，訪問時，彼の事務所兼工場の一角では，温州人の下請業者が小部屋を借りて，ミシンを踏み続けていた。
　さて，プラートでアパレル企業を経営する温州人，陳龍と同様に，頼も，普遍化信頼による遠距離交際が得意な「ジャンプ型」のパターンを示しているように見えるが，陳とは決定的に異なる点がある。それは，同郷人とのつながり密度である。陳の場合は，従業員も下請先も温州人が大多数を占めていたが，福建省三明出身の頼には，同郷人に強くこだわり優遇する傾向は微塵も認められなかった。また，陳が，プラート在住温州人を中心とする華人華僑聯誼会の主要メンバーであったのに対して，三明人の頼海濤はそうした会にも所属しておらず，関心もない。さらに，結婚相手も，同郷の福建人ではなく，現地で知り合ったという，魅力的な温州人女性である。
　頼海濤は，温州人と福建人の違いを，次のように分析する。
　「イタリアの中国人のなかでは，温州人が1番，成功しやすいと思います。その理由は3つあります。第1に，彼らは，改革開放後，他の地域の中国人よりも一足先にイタリアにやってきており，パイオニアとして，ファースト・ムーバーズ・アドバンテージ［first mover's advantage］があります。第2に，温州人は他の中国人よりも勤勉です。彼らは向上心がとても強くて，素晴らしい仲間が周囲に1人でもいれば，他の温州人もそうなりたいと思って，懸命に頑張ります。しかも，その頑張る過程で，みんな互いに助け合うんですよ。嫉妬したりしません。強い信頼関係で結ばれたこうした助け合いの精神が，成功の

第3の理由ですね。温州人は，仲間が起業するときも，無利子，無期限でお金を貸し合っていますからね」

「その一方で，残念ながら，私たち福建人や，そのなかでも，福清人の評判は，イタリアでも，あまりよくありませんね。彼らは，こういってはなんですが，福建人のなかでも教育レベルが低くて，どうもパッとしない人が多くて，1人だと何もできないんですよ。ここエンポリや隣のプラートで，成功した福清人というのは，あんまり聞いたことがありません。温州人も教育レベルは決して高くありませんが，福建人の私から見ると，温州人というだけで，さっきもいいましたように，集団としてのメリットが大きいので，福清人と違って，みんなまとまって成功できるんだと思いますよ」

頼は，その明らかに優れた個人的資質を駆使して，適宜，見知らぬ他者とも信頼関係を構築し，次々と新しい世界を切り開いてきた。だが，その反面，現地のみならず福建人自身の同郷人コミュニティー全般が脆弱なこともあって，個人的には「広く強い交流」関係をもつ「ジャンプ型」の典型であったにもかかわらず，長年の努力の末，獲得してきた新しい情報，技術，ノウハウなどの一切合財が，「個人的体験」として，自らのビジネスに回帰的に利用されるにとどまり，より社会的な広がりをもって外部に放出・共有され，仲間うちで増幅されることはほとんどなかった[33]。

ナポリとローマ在住の貿易業者

諸資源の制約等により，私たちが直接インタビューすることのできた福建人企業家の数は，在欧者で16人[34]，在中国を含めても計数10人と決して多くなかった。とはいえ，その反面，私たちが直接インタビューし，また，質問票（付録A）の各項目に概ね回答した総勢二百数十人の温州人企業家にはほとんど見られない，ある共通する顕著な特徴が，福建人企業家の間で一貫して観察された。そうした知見は，上述のエンポリのアパレル企業家の行動様式が，例外ではなく，むしろ

---

[33] 参考までに付記すると，第8章で在欧の非温州人企業家58人をクラスター分析した際の個票によると，頼海涛は，「結婚相手の非同郷度」，「出国時の親族や友人への非依存度」，「滞在国数」，「従業員の多様性」など10項目のネットワーク戦略による仕分けで，「ジャンプ型」に分類された。また，同郷人および非同郷人とのつきあいの程度に注目したつながり構造に関する4項目のクラスター分析では，同郷人，非同郷人ともに分け隔てなく，しかも，強いつきあいから弱いつきあいまで幅広くこなす「同郷・非同郷人との幅広い交流型」として析出されている。

[34] なお，第8章でクラスター分析の対象となった計58人の非温州人企業家中，福建人企業家は15人となったが，これは，インタビューした16人のうち，1人から十分な個人情報が得られず，分析から漏れたためである。

「標準的」であることを示すものだった。念のため，要点を言い換えると，福建人の「ジャンプ型」は単独者として，ただでさえ脆い同郷人コミュニティーから離脱する傾向が強いために，彼らが入手した情報や知識，人脈，資本などが，同郷の「現状利用型」や「自立型」に行き渡らず，ほとんど個人の枠を超えて活用されることがないことであった。

第8章で簡単に紹介した，ナポリを拠点に靴の貿易業を営む「自立型」の闕培中（Que Peizhong，チュエ・ペイツォン）も，その行動様式においては，エンポリの頼海濤と比較的よく似ているが，頼海濤よりもその人間関係はいっそう淡泊である[35]。闕も，頼と同じ福建省三明市の出身[36]で，国有の製薬会社に勤務していた。中国出国もほぼ同時期の1991年である。やはり欧州に親戚も知人もいなかった闕培中は，4人の同郷の友人と一緒に出国した。ただし，頼とは異なり，最終目的地であるイタリアに定住するまでに10年もの紆余曲折があった。

闕培中を含む4人が最初に落ち着いたのは，ハンガリーのブダペストだった。先に指摘したように，当時，中国人は，ハンガリーへの入国にあたり，ビザが不要だった[37]。闕は，ハンガリーで最初，同国在住のポーランド人や中国人から商品を仕入れ，小さな小売店を営んだ。その後，2次卸を経て，1次卸（貿易業）に

---

35 以下は，2012年3月26日の闕培中へのインタビューによる。ちなみに，第8章の非温州人企業家のクラスター分析で，闕培中は，「結婚相手の非同郷度」，「出国時の親族や友人への非依存度」，「滞在国数」，「従業員の多様性」など10項目による分類で，「自立型」となった。同郷人・非同郷人とのつきあいに関する4項目のクラスター分析では，非同郷人とほどほどの弱いつきあいをする一方で，同郷人とはほぼつきあいがなく，同郷人コミュニティーから離脱している「孤立型」に分類された。

36 闕によると，イタリア在住の福建人で最も数の多い三明出身者には，次のような特徴がある。1990年代の第1期の移民には，都市部出身の教育レベルの高い者も含まれていたが，2000年代の第2期になると，都市部出身者の成功に惹かれて，農村部からも無学者が押し寄せるようになった。後者は，個人的資質に欠け，在日福清人に似て，かろうじて周辺の同郷人にすがろうとするものの，もともと共同体としての凝集性も結束力も乏しい出自のため，容易に困難から脱却できず，稀に「ジャンプ型」として成功できる逸材を除くと，半恒久的に温州人や他の雇用者のもとで，隷属的な賃労働者の立場に甘んじざるをえないという。

37 中国人のハンガリー入国に際し，1988年10月から1992年4月までは，ビザが要らなかった。この間，約4万5000人の中国人が同国を経由して，他の中欧や南欧，北米などへ移動した。その一方で，西欧在住の中国人移民が，ハンガリーへ流入する動きも一時期目立った。「競争が厳しくない」，「他国では居住許可書が得られず，職がない」などが，その主な理由だった（Nyíri 2007）。
ニイリ（Nyíri 2007）によると，1989年から1990年にかけて，ハンガリー政府に登録された中国人は672人にすぎず，24％が北京，15％が浙江省，11％が上海，7％が広東省，6％が遼寧省，5％が四川省出身者だった。ところが，10年後の1999年末，同国在住の中国人は1万291人にまで急増し，浙江省（19％）と福建省が（18％）が2大勢力となっていた。在ハンガリー中国人のうち，少なくとも80％は，貿易に従事しているとされ，首都ブダペストで著名な卸売市場「四虎市場」に入居する7661事業者のうち，福建省出身者は約3100人，浙江省出身者は約2700人であった。

第 9 章　福建人との比較研究　275

転じ，中国から品物を直接輸入し販売するようになった。

　ハンガリーに誰も知る者がおらず，ハンガリー語も分からない彼は，一般的な中国人コミュニティーを頼った。「まずは，中国人を探し，友達になりました。彼らに，中国人が集まる夜の社交場を教えてもらい，そこに出かけて行くんです。すると，どの地域の家賃が安いとか，電車にはどうやって乗るかとか，どこでアルバイトを募集しているかといった情報が入ってきました。これでずいぶん助かりました」。

　1995 年に，チェコのプラハに移って，貿易業を続けた。ハンガリーに比べて，チェコは「関税が安く」，「売値を高く設定できる」魅力があったという。この国に先住していた同郷人に現地事情を教えてもらいながら，最終的には，自らプラハに出向いて現地調査し決断した。そして，この頃までには，ともに出国した 4 人の仲間もばらけ，それぞれ別の人生行路を歩んでいた。

　イタリアのナポリに初めて来たのは 1999 年である。その後約 2 年かけて，ビジネスの拠点をナポリに移した。もともと温州人の知人のいたローマに関心があったが，最終的にはナポリの気候に魅せられたという。「イタリアでは，広大な全欧州市場を対象に，品種を絞り込んでビジネスができるので，もう数多くの商品を扱う必要がなくなりました。今は，スポーツ靴を専門に卸売をしています」。

　闞によると，郊外も含めてナポリ在住の中国人は，1 万人強と見られ，そのうち，約 90％ が温州人である。一方，福建人はわずか 100〜200 人しかおらず，農村出身者が多いという。「ナポリで福建人が最も多かったのは，1992 年から 1995 年にかけてと思われますが，福建人同士であまりコミュニケーションをしないので，実態はよくわかりません。ヴェスヴィオ火山のふもとにあるサンジュゼッペ・ヴェスヴィアーノやテルズィーノは，洋服卸の集積地で，ひと頃，福建人の小さな工場が多数ありましたが，最近はグッと減っているようです。彼らは需要に合わせて，イタリア国内を移動して回っています。小さな工場だと，簡単にオープンしたり，閉鎖したりできますからね」。

　闞も，同郷人とのつきあいは希薄である。従業員こそ，大半は福建人であるが，生産は，福建省，山東省，江蘇省，広東省などに拡散する協力工場に委託している。事業拡大のための資金も，自前が基本である。

　とはいえ，商売上，温州人とのつきあいは重視している。「欧州には多くの温州人がいます。私のような中国人が，ここで商売を続けていくためには，まず，温州人と仲良くすることが大事ですね。同郷人にこだわっていたら，商売が成り立ちません。実際，今の私のお客さんも，ほとんどが温州人です。とはいうものの，私は以前，温州人にだまされたことがあります。温州人といっても，信頼で

きる人もいれば、そうでない人もいますね。福建人でも同じことがいえますよ。個人差があるので、信頼できる人を見極めて、協力相手を厳選しなければなりません」。

闕の雄弁は続く。「温州人と福建人はビジネスのやり方が違っています。温州人は、家族や親戚と一緒に商売をやる人が多いですね。また、家族同士や友達同士で競争もしますが、それ以外の他人に対しては、徹底して自分の家族や親族、友達の利益を守ります。それに対して、福建人は個人主義が強く、家族や故郷から独立しています」。

この最後の証言は、特に外部からの圧力や対外的な交渉事に際しては、温州人のノード間関係が均一的な結束力を示すのに対して、福建人のそれはばらけており、仮に他の諸要素を同一とすると、集団的なネットワーク力が発揮される領域においては、前者に太刀打ちできないことを示唆する。つまり、集団として捉えた場合、温州人は、個人的好悪を超えて、あくまでコミュニティー・ベースの同一尺度の信頼に基づいて行動するのに対して、福建人は、集団を束ねるディシプリン（規律、統制力）を欠き、極端に特殊化、あるいは、普遍化された個人的な信頼以外に、よすがとなるものはほとんどない。

ところで、福建人にも、ドバイやロシアなどに進出している温州人企業家と同様に、地元の福建省ですでに一定規模の工場を経営している企業家が、市場開拓のために「投資移民」として、欧州に進出しているレアケースがあったので、手短に触れておこう。

ローマのテルミニ駅南の中華街の一角に店舗を構える庄毓偉（Zhuang Yuwei, ツァン・イーウェイ）は、福建省泉州市晋江の出身である[38]。晋江は、カジュアル服やスポーツウェアの一大集積地として知られ、庄の家族は、地元で洋服の生産会社を経営している。「晋江の工場には、1995年から2005年にかけて約2000人の従業員がいましたが、人件費が高騰したので、500人に削減しました。製造業は利益が出にくくなっています。だから、貿易業にシフトしているのです」。

庄毓偉は、家族経営会社の一員として、欧州を拠点とする貿易業務に取り組んできた。彼は、1997～2002年の間、ハンガリーのブダペスト、2002～2007年に

---

38 以下の記述は、2012年3月28日の庄毓偉へのインタビューによる。なお、第8章の非温州人企業家のクラスター分析で、庄毓偉は「自立型」に分類された。ただし、同じ「自立型」でも、投資移民としてのマスが捕捉された温州人企業家に対して、少なくとも、私たちの現地調査では、非温州人企業家における投資移民の存在自体が著しく稀で、庄のようなケースは、他に1例しかなかった。また、同郷人・非同郷人とのつきあいに関する4項目のクラスター分析で、庄は「同郷・非同郷人との限定的な交流型」となった。つまり、同郷人だけでなく非同郷人ともつきあってはいるものの、強いつきあいには踏み込まず、弱いつきあいにとどまる傾向の強いグループの一員である。

はスペインのマドリード，そして，2007年からはイタリアのローマと，数年単位で欧州市場を開拓してきた。「1997年当時，中国市場はあまりよくなかったので，欧州各国に進出しました。最初，入りやすかったポーランドやブルガリア，スロバキアなどの東欧に拠点を設けましたが，2000年以降，西欧にシフトしました。海外の拠点は現在，イタリア，ハンガリー，スペインです。主に中国の自社工場で生産したものを，輸入販売しています」。

庄の証言は続く。「自前で海外に進出する泉州の企業は少ないですね。中国の国内ビジネスだけで十分に儲けることができますから。でも，うちは，海外に需要があったので進出しました。今，全量を海外市場で販売しています。泉州には，うちのような家族経営会社が多いですよ。家族全員で経営に関わり，大きくしていくというパターンです。そうですね。泉州人も，家族と血縁関係をもとに発展していくという点では，ちょっと温州人に似ているかもしれませんね」。

ローマには，福建人の同郷会が複数あるが，そのうちイタリア福建総商会は2000年頃に設立されている。会員数は増え続け，300人を超えるメンバーの70％強が泉州出身者である。洋服や靴の卸売業者が多く，庄は，同会の常務副会長も務めている。会の主な活動は，情報交換，イタリアを訪れる中国官僚の接待，大使館関連活動への参加，金銭的支援などである。これまで観察された福建人の中では，泉州出身の貿易業者，庄が，少なくとも表面的には，比較的温州人に近い性向を示したといえなくもない。

だが，その相互扶助の具体的なあり方では，裸一貫の企業家に，無利子，無期限で創業資金を融通し合う温州人とは，明らかに一線を画していた。「福建人も，友人同士で，カネの貸し借りはします。でも，あくまでも1週間程度の短期が基本です。イタリアにいる福建人は少ないので，助け合う必要がありますからね。ところで，借用書はとりませんよ。福建総商会のメンバーは，中国に工場を所有している人が多いので，信用できるからなんです」。

先に見たように，日本で福建人といえば，近年の経験的証拠により，福清出身者のイメージが強いかもしれないが，同じ福建省でも，このように異なる地域出身者の動向を実地に検証してみると，ある共通した性向が見られる一方で，かなりの多様性もあることが示唆される。いうまでもなく，限られた証拠にのみ基づいて結論を急ぐことは差し控えなければならないが，少なくとも，上述の在伊の福建人企業家の事例からは，そうした福建出身者に共通して見られる個人主義的な傾向に，地域の特殊性が織り合わさって生み出される社会的織物，温州人とは決定的に異なる，一貫した集団的属性が透き通るように観察された。だが，いずれにせよ，温州人ほどの結束力も信頼の深さも，感知しえなかったといえる。

温州人コミュニティーで際立つ結束力

　本章では，中国人移民の歴史的背景のもと，近年の福建人，とりわけ，日本と欧州に居住する福清，三明の出身者を中心に，これまでに観察してきた温州人，さらに，同じ福建人とはいえ，歴史的状況の異なる泉州出身者の動向とも一部，照らし合わせながら，その海外移住のあり方を比較検証してきた。

　歴史的に福清人は，東南アジア地域に先取的なネットワークを構築し，なかにはアジアを代表する大富豪となった華僑も出現している。進出先で成功した福清の老華僑は，故郷を含む中国各地に再投資し，ビジネスのための里帰りを繰り返すジャンプ型の存在が一定数認められる。

　ただし，彼らの動きは故郷と出先地の間を往復する「Ｉリターン」型が主であり，より近年，海外に「外出」した温州人のように，成功するまで適度のランダム性とともに世界各地を駆け巡る「ジグザグ」型とは趣を異にしている。つまり，福清人のネットワークは国境をまたぐとはいえ，比較的定常的な情報環境を往来するのにとどまるのに対して，温州人のそれは，より非定常的にさまざまな情報環境の間を自在に飛び回るパターンを示すことが特徴的である。言い換えれば，前者はより「近所づきあい」に特化した，後者は「近所づきあい」のなかに，ランダムなリワイヤリングによる一定の「遠距離交際」が混在した「外出」パターンであり，そのダイナミズムと環境適応の仕方において，両者の違いは歴然としている。さらに，両者のネットワークを通じた情報収集・伝播能力とコミュニティーの機能においても，相当の差異があると考えられ，この点でも，最新のネットワーク論の枠組みにおいて，興味深い対照を提供していることが窺える。そして，この問題は，凝集性と多様性を，相互に排除し合うトレードオフ，あるいは，補完し合う関係のいずれとして捉えるかという，パースペクティブの違いと，そこに内在する行為者たちのジレンマにも直結している。

　さて，そうした海外進出と繁栄の仕方において，すでに独自の古典的なパターンを示していた福清の老華僑ではあったが，改革開放以降に福建省から叢生した福州（福清および長楽を含む）や三明，泉州の新華僑の行動様式を仔細に検証してみると，温州人との対比で，個人の繁栄戦略とその派生的なネットワーク構造，同郷人社会のコミュニティー・キャピタルの利用などの面で大きな開きがあることが確認された。温州人に比べて，サンプル数は少ないが，福建人にも，普遍化信頼に基づいて遠距離交際に踏み出す「ジャンプ型」が一定数存在することが確かめられた一方，その違いもまた歴然としていた。福建人の「ジャンプ型」は，

成功に至るまでのプロセスでも，成功後の行動パターンでも，一貫して，同郷人をベースにしたコミュニティー・キャピタルにほとんど依拠しえない様相が浮き彫りになった。なぜなら，温州人に比べて，福建人のコミュニティー・キャピタル自体がほぼ存在しないか，仮にあったとしても極端に貧弱であり，そうした傾向は日本だけでなく新興進出先の欧州でも共通して見られたため，新興移民の1人1人がばらばらに孤立した状態で，自助努力に頼らざるをえないという歴史的状況に制約されていたからである。

諸資源の制約により，本研究では，比較的，特定化信頼が弱く普遍化信頼の強い「ジャンプ型」ならびに「自立型」の福建人企業家への聞き取り調査が中心となったため，福建人全般に関わる傾向についての判断は保留せざるをえない。だが，本書でこれまで検討してきたさまざまな証拠を総合的に考慮すると，やはり温州人と比較して，ボトムラインで，福建人社会の凝集性と，コミュニティー・キャピタルの共同利用の可能性は相当に低く，「同一尺度の信頼」も皆無に等しく，そのため，一部の逸材の個人技は散見されても，その営為がリワイヤリングを通じて集団に恩恵をもたらす「近隣効果」が得られず，結果として，集団的パフォーマンスの面で，大いに後塵を拝する事情が容易に理解できる。

20世紀初頭に温州人が進出したのはオランダやフランスであったが，改革開放以後は，不法移民に寛容なイタリア，続いて，スペインが人気を集めた。1985〜2005年の間に，スペインは，不法滞在者に恩赦を与え，正式な滞在ビザを発給する恩赦を，6回実施した。特に21世紀に入ってから大規模化しており，2000年に16万4000人，2001年に23万5000人，さらに2005年には69万5000人がその対象となった（International Organization for Migration 2008）。

恩赦の情報が流れると，欧州在住の温州人は，即座に親戚や友人に電話をかけ合い，メールし合って情報を伝達する。その結果，フランスやイタリア，オランダ，ドイツなど同じEU圏から，正規のEU滞在ビザを取得するため，特定の時期に，不法滞在の温州人がこぞってスペインに「民族移動」した。第7章でも紹介したように，欧州温州華人華僑聯合会主席の傅松望（Fu Songwang，フ・ソンワン）もその1人だった。彼は1983年から2年間，フランス・パリにある中国人経営のカバン工場でアルバイトをしていたが，1985年，同郷人からスペインで恩赦があると聞きつけて，いち早くマドリード郊外に移り住んだ。身分の合法化という，不法滞在の外国人にとって最もクリティカルな情報を速やかに入手して転身した傅は，今日，欧州を代表する温州人華僑となっている。

冷戦後，市場が開放されビジネスチャンスの横溢する東欧やロシア，さらに，経済発展の著しい中東諸国などでも，温州人の集住が目立つ。

こうした新しい市場の開拓においても，国境を越えた情報収集が不可欠である。必ずしもすべての温州人が，そうした能力に長けているわけではないが，自然状態ではなかなか結びつかない国や地域を横串的に貫くリワイヤリング能力に優れた"ハブ"が一定数存在し，仲間を助けている。

　第7章で触れたように，靴の一大集積地として知られるスペイン南東の海外都市エルチェで，私たちが出会ったスペイン華人鞋業協会の陳青化（Chen Qinghua，チェン・チンファ）常務副会長は，まさにそうしたネットワーカーであった。2007年1月，エルチェ郊外の高級レストランに招待され，スペイン華人鞋業協会の他のメンバー5人も交えて昼食をとったときのことである。陳青化が会話をリードする形で，「ハイアールやTCLのような中国製家電製品がスペインに入り始め，温州ブランドのエアコンも売れている」，「吉利の車は，アフリカや中東で人気がある」，「欧州の不動産市場は，この数年で倍以上に高騰した」といった中国製品や欧州市場に関する話から，トヨタ・レクサス車の歴史と技術情報，三菱重工，三菱商事，三菱電機といった三菱グループの内部事情，さらに，任天堂の高収益体制の秘密に至るまで，一介の中国人ビジネスマンがよくぞそこまで収集できたなと驚かされるほど，広範囲で正確な最新のビジネス情報が，詳細に伝達され，聞き手側の解釈も加わり，仲間内の議論を通じて共通知に転換されていた。他の多くの場合と同じく，客人の私たちの存在には，ほとんどお構いなしだった。そして，こうした情報交換はたちどころに同郷人コミュニティーに伝播され，次の一手の布石を探索するプロセスとして集団的に活かされる。

　陳青化のようなリワイヤリング能力に優れた人が存在し，同郷人コミュニティーとも密接な関係を保っていることで，エルチェで近所づきあいに終始する他の「現状利用型」の温州人企業家も，いながらにして，他の国，地域や業界の有用な情報を入手し，商売に活かすことが，容易に可能となる。

　温州人はこうして，血縁・同郷縁によるインフォーマルな，そして，温州商会・同郷会・業界団体などを介したフォーマルなネットワークの双方から，貴重な情報を併行して入手し，共通知に昇華して活用し，集団で新たなビジネスチャンスを次々とものにしていく。

　20世紀初頭，温州人も福清人も，日本に「外出」して来ていたが，改革開放後，福清人が単に地理的に近い先進国であるという理由で日本に殺到したのに対して，多くの温州人は移民政策をはじめとする諸規制の厳しい日本にほとんど興味を示さず，同郷人によるセーフティーネットの存在を頼りに，はるか遠くの，移民規制が緩く恩赦の多い欧州各国にまで出かけていった。温州人はまた，日本のように自国民でさえ"起業環境"に問題が多い国や地域を巧みに回避しながら，

東欧や中東，アフリカなどの未開拓で有望な国や地域へは，他の中国人に先行して果敢に進出していった。

卓越した諜報力と情報伝播力をもつ温州人のネットワーク，最低限の生活保障や起業に必要な経営資源の獲得を容易にする互酬的な慣行，そして，企業家精神を最重要視する社会規範などが，個々人の属性を超えて，同一尺度の信頼を基盤に，互いに切磋琢磨しながら，相補的に機能してきたことが，本章で観察した福建人との，決定的な違いであろう。

先の在スペインの陳青化常務副会長は断言する。

「温州人は，鳳凰の尻尾になるよりも，鶏の頭になるほうが面白いという表現をよく使います。みんなの後ろでウロウロするよりも，先頭に立ったほうがいい。そうした感覚が，温州人のDNAの中に組み込まれていると理解すればいいのです。5000ユーロの給料をもらう従業員よりも，たとえ2000ユーロしか稼げない会社経営者でも，そっちのほうが，よほど高く評価される。温州人がこだわるのはお金ではない。なぜ，彼にできて，私にできないかといった，競争の感覚なのです」

私たちが日本で出会った，1人は温州，もう1人は福清出身の中国人留学生による次の会話は，両地域の社会規範をまさに象徴するものであった。

「温州では，誰かが新しい事業を始めたいといえば，家族や親戚，友人らが，喜んでお金を出してくれますよ」

「福清ではダメですね。起業しようという人にお金を貸す人は，まずいませんよ。でも，海外に行くんなら話は別です。親戚や友人だけでなく，隣近所まで総出で，お金を貸してくれますよ。海外なら，ほとんど間違いなく稼げるので，貸したお金も利子がついて戻ってくると確信できるからなんですね」

福清では，海外で大金を稼ぎ，故郷に立派な家を建てることが，地域の収斂した良識，集団的宿望であり，温州では，成功した経営者になることが，人生最大の目的とされる。巨大な中国の中で，わずか260キロメートルしか離れていない，同じ沿岸部の2つの地域におけるこうした規範の違いが，個人の繁栄戦略と地域全体の人々のつながり構造に，少なからぬ影響を与えている。

第**10**章

結束型コミュニティーの逆作用

　本書で繰り返し述べてきたように，浙江省温州市は，中国の改革開放以降，民営企業による地域経済発展の成功モデルとして高く評価されてきた。また，海外に進出した温州人企業家も，わずか数10年の間に，他の国や地域からの移民をはるかにしのぐ経済的繁栄を享受してきた。そこには，各国・各地域にクリティカル・マスとして居住するようになった温州人同士が，国境を意識することなく，現場の最新情報を交換し，資金を融通し合い，さらに，先に経済的繁栄を手にした温州人が，後続の同郷人に住居や職を提供し，企業家としての成功をサポートする堅固な社会連帯が認められた。改革開放以降2008年頃までの中国や欧州には，温州人が総体としてもつ関係的資源によって，たとえ学歴や能力が不足する個人でも，コミュニティーに深く埋め込まれていれば，ある程度の繁栄を手にすることができる好条件が重なっていたともいえる。

　だが，2008年秋のリーマン・ショック以降，苦境に陥る温州人が少なくない。世界同時不況の中でも，欧州経済は不振を極め，在欧の温州人企業家にも，事業縮小や商売替え，さらに，中国へのUターン組が目立つようになった。また，中国・温州では，2011年春以降，工場の操業停止や倒産，中小企業経営者の失踪事件などが急増した。この時期，同様の事象は，広東省や江蘇省，遼寧省などでもしばしば発生したが[1]，温州はとりわけ深刻であった。その苦境は「温州民間信用危機」として，中国国内はもちろん，海外でも大々的に報じられ，危機の連鎖的な拡散と中国実体経済への波及を恐れた中国政府がその沈静化に奔走したほどである[2]。

　2011年温州民間信用危機は，民営企業の資金繰り悪化が直接の要因と見られ

---

[1] 例えば，「世界の工場」として発展してきた広東省では，繊維や玩具などの中小メーカーで減産や倒産が相次いだ。広州市のデニム製品の産地では，出稼ぎ労働者による暴動が発生した（『朝日新聞』2011年6月18日朝刊，9面）。
[2] 温州民間信用危機に関する中国の中央政府と地方政府の対応については，西口・姜・辻田（2012），姜・西口・辻田（2014）を参照されたい。

るが，その背後には，従来の民間金融から変節した高利貸ビジネスの蔓延があると指摘されている。緊密なネットワークと強い信頼関係，豊かなコミュニティー・キャピタルに特徴づけられる温州人社会で，なぜ，このように深刻な信用危機が発生したのか。むしろ，そうした特性こそが，かような危機を未然に予知し，回避するのに役立つはずではなかったのか。それなのに，なぜ，そうならなかったのか。

　知見を先取りして述べると，温州人の苦境は，その歴史的繁栄をもたらしたとはいえ，1歩踏み誤ると拝金主義に堕す強靱な利潤追求型の価値基準と，凝集性の高い排外的なコミュニティーを支える社会構造そのものに起因している可能性がある。本章では，2011年秋に表面化した温州民間信用危機の実態と要因を追究することによって，その経済的成功と繁栄を生み出した諸特性が，その「はけ口」を見誤ると，逆に同じ属性が自らの進化の可能性を自縛し，最悪の場合，意図せずとも，衰退あるいは自滅への道程を促す可能性について，踏み込んで見ていくことにしよう[3]。

2011年温州民間信用危機

　本節ではまず，温州の民間信用危機の実態を整理する。事例を詳細に分析することによって，「利鞘稼ぎの高利貸」が大半を占める温州民間金融が，もはや健全な事業投資から逸脱し，時に法外な高利潤の追求そのものを自己目的とする「新事業」として，利益率の低い製造業と，投機色が強く先の読みにくい不動産投資に代わって，急速に温州で「基幹産業化」しつつあった実態が透けて見えよう。さらに，今回の信用危機は，温州人独特の「血の濃い」ネットワークが，逆作用として機能しすぎた結果といえなくもない。温州人社会では，親戚や友人同士が，「又貸し」の連鎖や「連帯保証」で深くつながっているため，その中のどこかが，借金返済の「借り換え」拒否などで綻ぶと，「ドミノ倒し」現象が生じ，社会全体を信用不安という大混乱に陥れた。

経営者の逃亡と工場閉鎖

　では，実際のところ，温州の民間信用危機とはいかなるものだったのだろうか。民営中小企業の工場閉鎖や経営者の逃亡は，2011年4月頃に始まり，同年8月

---

[3] 以下，本章の記述は，西口・姜・辻田（2012）をベースに，情報をアップデートし，本書の流れに沿って，大幅に改訂したものである。

表 10-1　2011 年温州民間信用危機——報道事例一覧

月日	企業名	経営者	概要
4月	江南皮革有限公司	黄　鶴	3億元の借入金を返済できず逃亡。
4月	温州波特曼咖啡	厳勤為	370万元の銀行借入金，多額の民間高利貸業者の借入金を返済できず，関連店舗を閉鎖して逃亡。
4月	三旗集団	陳福財	多角化経営の失敗で資金繰りが悪化，連帯保証の問題も併発し，債務問題で逃亡。6月下旬に姿を現し，固定資産の売却で返済。
6月初頭	浙江天石電子公司	葉建楽	7000万元の債務を抱えて逃亡。
6月初頭	温州鉄通電気合金実業有限公司	N.A.	大株主が数千万元の民間金融からの借金を抱えて逃亡。
7月	N.A.（企業4社）	王暁東	10億元の違法集金を返済できず一時逃亡。
7月	恒茂鞋業	虞正林	債務問題で逃亡。
8月1日	温州巨邦鞋業	王和霞	株式参加した担保会社が経営悪化，1億元の負債を抱え逃亡。
8月2日	宝業皮革公司	N.A.	会社を閉鎖して逃亡。
8月7日	浙江豊華木業有限公司	封慶華	7800万元の債務を返済できず逃亡。江蘇省で逮捕。
8月24日	錦潮電器有限公司	戴列竣	株式参加した担保会社の経営が悪化し逃亡。
8月29日	耐当労鞋材有限公司	戴志雄	巨額債務を負って逃亡。
8月31日	部落之神鞋業公司	呉偉華	債務問題で逃亡。
8月31日	唐鷹服飾	胡緒児	2億元の負債を抱え逃亡。
9月1日	蝶夢児鞋廠	黄　傑	債務問題で逃亡。
9月9日	百楽家電	鄭珠菊	商業銀行や個人約300人から約2.9億元を借り入れたまま逃亡。その後，公安当局が逮捕。
9月12日頃	新耐宝鞋業	黄忠勝	董事長が債務問題で逃亡。
9月12日頃	唐風製鞋	黄伯鶴	負債問題で逃亡。
9月12日頃	星際鞋業	金鑫斌	経営者が逃亡。
9月12日頃	欧覇標準件有限公司	劉興弟	債務問題で逃亡。
9月13日	奥米流体設備科技有限公司	孫福財	董事長，総経理などの経営管理者層が集団で逃亡，数千万元の精密加工設備を秘密裡に移転。
9月15日	宝康不銹鋼製品有限公司	呉保忠	2億元の銀行借入，8000万元の民間借入，5000万元の未払い約束手形を負って行方不明。
9月19日	福燕兄弟実業有限公司	賈恩瑞	億単位の高利貸借金を抱えて逃亡。
9月21日	浙江東特不銹鋼製造有限公司	姜国元	債務問題で逃亡，金額不明。
9月21日	浙江信泰集団	胡福林	20億元の債務を負って米国に逃亡。
9月22日	龍湾藍天大薬房	N.A.	経営者が8000万元の負債で逃亡。
9月22日	温州繁蘊印刷有限公司	陳蘇蓉	2億元の負債を負って行方不明。
9月27日	正得利鞋業，青春秀鞋業，左右鞋業ほか	潘奎正	4.3億元の負債を返済できず自殺。

注1：N.A.（not available，不明）。
　2：日付は，事件発生時点を示す．月のみ記載のケースは，発生日を特定できないためである。
出所：翁・楊・袁（2011）『財経』，蚕（2011）『小康財智』，その他各種報道より作成。

から9月にかけて，マスコミや中央政府による注目度がピークに達した。表10-1は，中国のマスコミ報道から収集した経営危機企業の実例をまとめたものである。

温州民間信用危機の幕を開いたのは，温州市龍湾区にある合成皮革メーカー，江南皮革有限公司の董事長，黄鶴（Huang He，ホアン・ホー）の逃亡事件といわれる。黄は，2011年4月，3億元（2011年の年間平均換算率1元＝12.3円換算で36億9000万円）の借入金のうち相当額をカジノでのギャンブルに投入して，返済できなくなり，4万平方メートルの工場と300人余りの従業員を見捨て，逃亡した。同月には，飲食チェーン店，温州波特曼咖啡（ポートマンコーヒー）や低電圧電器メーカー，三旗集団の経営者も，民間高利貸業者などからの借入金を返せなくなり，逃亡している。

5月以降も，民間金融からの借金に絡んだ経営者の逃亡は発生していたが，8月に入るとその数は急増し，従業員の未払い賃金を請求するデモも目立つようになった。8月だけで20人の企業経営者が行方不明になったと見られる[4]。

9月になると，事態はさらに深刻化し，大手を含むさまざまな企業で，工場閉鎖や経営者の失踪が相次いだ。なかでも注目を集めたのが，中国最大のメガネメーカー，浙江信泰集団である。メガネ業界トップ企業の経営者の海外逃亡は衝撃をもって受け止められ，温州企業への不信と疑念，温州経済全般に対する先行き不安などが一気に広がった。

3000人余りの従業員を抱える浙江信泰集団は，サングラスの生産量と輸出量で中国最大規模を誇り，同社の董事長，胡福林（Hu Fulin，フー・フーリン）は立志伝中の人物として知られていた。同社は当時，太陽光発電などの新規事業分野に積極参入するため，大胆な投資を試みていたが，商業銀行からの借入金8億元（98億4000万円），民間金融からの借入金12億元（147億6000万円）の計20億元（246億円）が返済不能となり，胡は米国に逃亡した。毎月の返済額は2500万元（3億750万円）に達し，企業の返済能力をはるかに超える規模になっていたという。

胡の海外逃亡によって，残された1000人以上の従業員と債権者が，給与支払いと債務返済を求めて浙江信泰集団の本社に押しかけ，同社は一時，大混乱に陥った。当事者能力を失った企業に代わって事態を収集させたのは，温州市政府である。警察を出動させ，従業員には2カ月分の給与を支給した[5]。

同月末には，靴メーカー数社のオーナー経営者，潘奎正（Shen Kuizheng，シェ

4　「温州民間借貸危情警示中国企業発展」『雅虎（ヤフー）評論』の2011年9月24日記事による（http://opinion.cn.yahoo.com/ypen/20110924/605984.html，2011年10月25日アクセス）。

5　蘭（2011），p. 29。

ン・コイチャン）が自殺した。彼は，商業銀行と民間金融（高利貸）から合わせて4億3000万元（52億8900万円）の借入金を抱え，返済期限が近づいた借金の「借り換え」を銀行に申し入れたが拒否されていた[6]。

このように，温州では，2011年春以降，企業経営者の逃亡や自殺が相次ぎ，新華社通信によれば，4月から9月末までの半年間に，企業経営者の逃亡や自殺が少なくとも90件以上あった。さらに，別のデータでは，2011年4月から2012年3月までの1年間に，同市で少なくとも10人の民間金融関係者が自殺し，200人の企業経営者が逃亡，284人が「刑事拘留」された[7]。これらの数字は，マスコミに取り上げられた比較的規模の大きな案件を単純集計したものであり，温州企業に詳しい温州中小企業発展促進会会長の周徳文（Zhou Dewen，チョウ・デェウェン）は「今回の民間信用危機で逃亡した企業経営者は1000人に達するだろう」との見解を示している[8]。

では，なぜ，温州企業で，経営者の逃亡や自殺といった現象が，2011年から2012年にかけての時期に，集中的に発生したのだろうか。また，中小零細企業にとどまらず，浙江信泰集団のような大企業にまで，及んだのだろうか。次に，この危機の発生メカニズムとプロセスを具体的な事例を通じて，より詳細に検討しよう。

逃亡・自殺の典型的事件

多数の悲劇の背後には，民間金融，なかでも，先述した「利鞘稼ぎ」の高利貸ビジネスの存在が指摘され，そこには，金融の専門業者だけでなく，一般の経営者や市民も，資金チェーンの流れに深く関わっている実態がある。その代表事例として，印刷会社，温州繁蘊印刷有限公司が絡んだ案件を見てみよう[9]。

2011年9月23日の朝，温州市民の阿慧（A Hui，ア・ホイ）は，27階の自宅マンションから飛び降り自殺した。彼女は，55歳のごく普通の主婦だったが，2000万元（2億4600万円）を貸し付けていた温州繁蘊印刷有限公司の経営者，陳繁蓉（Chen Fanrong，チェン・ファンロン）の逃亡によって，貸付金を回収できな

6　「温州中小企業平均利潤1%〜3%，6成参与民間借貸」『人民網』の2011年10月8日記事による（http://ccnews.people.com.cn/GB/15819713.html，2011年10月25日アクセス）。
7　胡・林（2012），pp.14-15による。中国の「刑事拘留」は，正式に逮捕手続きが履行される前に，強い嫌疑がある被疑者に対して実施されるものを指す。
8　2013年9月28日の周徳文へのインタビュー調査による。
9　中国の大手ビジネス誌『財経』2011年第24期は，温州地域金融危機を「温州銭殤」というテーマで詳しく報道した（翁・楊・袁 2011）。本節における温州繁蘊印刷有限公司に絡んだ関係者の逃亡・自殺事件の叙述は，この長編報道に依拠している。

くなり，自ら命を絶った。

　この貸付金2000万元には，阿が自宅マンションなどの個人資産を担保として，多数の親戚や友人から月1.5％の利息（年利18.0％）で借り入れた資金が充てられていた。彼女は，それを月2.0％の利息（年利24.0％）で陳繁蓉に貸し出した。後者の事業が順調であれば，阿は月0.5％（年6.0％）の利鞘を稼ぐことができた計算である。つまり，彼女は，年間120万元（約1476万円）という，濡れ手で粟の利益を目論んでいた。

　阿は，貸出先の陳と親戚関係にあり，20年以上もの長いつきあいがあった。同じ住宅団地にそれぞれ居を構え，空間的にも近接する，極めて緊密な関係であったといえよう。

　既述のように，民間金融が発達した温州では，親戚や友人，知人と金銭を貸し借りすることが日常生活の一部になっており，改革開放後に急成長を遂げた温州民営企業の多くは，その事業資金をこうした民間金融に依存してきた。民営企業はその存在自体が認知されない時期もあり，資金調達において，国有商業銀行をはじめとするフォーマルな金融機関を利用することが，かなわなかった歴史があるからである[10]。

　ところが，詳細は後述するが，温州における民間金融の役割は時代とともに一大変容を遂げ，近年，高金利の民間金融ビジネス自体がむしろ，著しく魅力的な投資先，いわば，ビジネスの1つとして脚光を浴びてきたのである。民間金融の一翼を担う高利貸業者に，大金を貸し出して多額の利益を稼ぐ温州人が多数出てきており，阿慧もその1人だった。

　2011年9月21日，阿は，貸付先の陳と急に連絡が取れなくなった。陳は，家族とともに，温州から消え去っていた。こうして，ごく普通の主婦である阿は，突如として無一文の巨額負債者に転じたのである。自宅をはじめとする個人資産も担保に取られており，彼女には，親戚や友人からの多額の借金を，自力で返済するだけの能力はなかった。借金地獄のなかを生き抜く意欲も失せていた[11]。

---

10 フォーマル金融機関を通じた資金の供給先には，3つの「偏在」があるとされる。第1に大企業への，第2に都市部企業への，そして，第3は国有企業への偏在である。温州の民営中小企業は，この3種の偏在により，インフォーマル金融に依存せざるをえないという，積年の「日陰者」としての歴史的状況を経験してきた。

11 彼女の遺書には，そうした自殺に至る経緯が詳細に書かれていたが，実際のところ，繁栄を謳歌する温州において，阿慧を自殺に追いやった負債額は大金と見なされず，それゆえ，彼女の自殺自体はあまり注目を集めなかった。とはいえ，彼女の自殺を含む当該事件の詳細報道によって，温州金融危機発生のメカニズムとプロセスの一端が明らかとなったという点で，この事例は貴重な資料的価値を有している。

それにしても，阿から多額の資金を借りた企業経営者の陳は，なぜ，逃亡したのだろうか。彼が経営する温州繁蘊印刷有限公司は，靴箱の印刷加工を主な業務とし，従業員100人余り，年間売上高700万元強（8610万円強），納税額100万元（1230万円）程度の好業績企業であった。しかし，製造加工企業は利幅が小さいため，陳は，同社経営のかたわら，貸金業にも乗り出し，高利貸業者という別の顔を併せもっていた。

彼は，自分の印刷会社を担保として多数の銀行から5000万元（6億1500万円）の融資を受けた。それに加えて，親戚，友人，知人などから月1.0〜2.0％の利息（年利12.0〜24.0％）で資金を集め（阿慧はそのなかの1人だった），さらに高い金利を付けて，それを他の人々に貸し出していた。

事件発生後の警察や銀行，債権者らの証言から，陳が少なくとも2億元（24億6000万円）の負債を背負っていたことが明らかになった。では，この巨額の資金はどこに流れたのか。陳が多額の資金を貸し出していた業者の逃亡説や，陳の資金を代理運用していた彼の姉による不動産投資失敗説などが入り乱れており，その真相は藪の中であるが，いずれにせよ，本業とは別の次元で，多額の借金を「又貸し」して一儲けしようとする，温州人同士の資金チェーンの破綻が原因と見られる。

このような借金連鎖は，参加者が多いほど，つまり，チェーンが長いほど，破綻リスクが高まり，参加者の誰かが返済不能になれば，資金チェーンの参加者全体にその影響が及ぶ。阿慧の場合は，直接の貸し手である陳繁蓉ではなく，その先で何らかのトラブルが発生し，その影響が陳を介して彼女自身にまで及んだことになる。

連帯保証による債務連鎖

温州発の信用危機が中国経済全体に波及することを恐れた中国政府が，2011年10月以降，温家宝首相（当時）らが温州を視察し，融資枠の拡大を含む中小企業向けの支援策を矢継ぎ早に打ち出した結果，温州中小企業の工場閉鎖や倒産，経営者の逃亡や自殺などは表面上，沈静化したかに見えた。だが，2012年春以降，今度は，「互保」および「連保」と称される「連帯保証」を契機とした企業倒産や企業信用不安が増加した[12]。温州で圧倒的な数を占める中小・零細企業は，

---

12 「互保（相互担保）」とは，2社の企業が互いに相手企業の融資の連帯保証人として，相手企業が返済不能になった際に返済の義務を負うことである。「連保（連合担保，連帯保証グループ）」では，3社以上の企業が融資グループを構成し，グループ内の企業が互いに融資を担保する。グループ内の任意の企業が返済不能になると，他の全メンバーに返済義務が発生する。

資金調達の際に十分な信用力をもたず，固定資産などの抵当案件も少ない。そのため，リーマン・ショック以降，銀行などからの資金調達で，業務関係や経営者の個人的関係をベースに数社が相互に保証し合う手法が一般化した。その結果，民間金融との関わりが薄く，経営状況も総じて良好であった多数の企業が，連帯保証による債務の連鎖に巻き込まれた[13]。連帯保証をしていたがゆえに，突如として多額の債務を背負わされ，それが経営を圧迫するようになったのである。

温州企業の連帯保証による経営悪化の事例を，手短に見てみよう。例えば，靴の大手メーカー，奥古斯都鞋業有限公司は2013年3月，温州市の地方裁判所に倒産整理を申し立てた。1億5700万元（2013年の年間平均換算率1元＝15.8円換算で24億8060万円）の負債額のうち，連帯保証による他企業の債務が3800万元（6億40万円）あった。

同社破産の背景としては，「本業の不振」，「副業の不動産投資で計上した巨額の損失」，「膨大な新工場建設費による流動資金の枯渇」などがあるが，破産の直接の引き金となったのは，「連帯保証による債務返済」と「民間金融からの高金利借入金の返済」とされる[14]。

連帯保証は，サプライチェーンでつながった企業や同一産業に属する企業の間で行われることが多いため，1社の債務危機が，同一業界の他企業に連鎖的に波及する。実際，バルブ業界がそうした危機に直面した。

2012年4月，中国最大のバルブ集積地である温州市永嘉県の地元政府は，債務返済が不能となったバルブ大手の上玉閥門集団から緊急支援要請を受けた。上玉閥門集団は，浙江省バルブ協会の副会長企業を務める名門企業だったが，資産総額4億元（2012年の年間平均換算率1元＝12.6円換算で50億4000万円）に対して，3億1000万元（39億600万円）もの債務を背負っていた。そのうち，銀行からの融資総額が2億6000万元（32億7600万円）あり，その大半が同業5社との連帯保証によって調達されていた。同社と連帯保証関係にある5社も，この保証関係を活用して銀行から総額9億元（113億4000万円）以上の融資を受けていた。さらに驚くべきことに，この5社は，他のバルブ企業23社とも連帯保証契約を結んでいた。かくて上玉閥門集団が破綻すると，連帯保証関係にある5社を直撃するだけでなく，その衝撃は，5社と連帯保証関係にある23社にも及ぶことになる。そうなれば，永嘉県の基幹産業であるバルブ産業自体が崩壊し，地域経済全体に

---

[13] 「互保」および「連保」は，実物担保の必要がないため，温州を中心とした浙江省の中小企業は，銀行等から資金調達する一般的な方式として活用してきた。潘（2012）によると，このタイプの融資が，温州地域の銀行貸出総額の60％に達していたと見られる。

[14] 陳（2013），周（2013）による。

多大な影響を与えかねない。事実，事案の進展中には，「連帯保証による債務が原因で，1000社～2000社の温州企業が倒産するだろう」（阮 2012, p.14）とする悲観的な見解さえあった。

このような甚大な連鎖倒産を危惧した永嘉県政府と浙江省バルブ協会は，共同で上玉閥門集団の再建に奔走し，同集団が速やかな資産売却で銀行融資を返済できるよう，売却先の紹介支援を行ったほか，その生産維持の支援金を，温州市政府に申請した。また，同集団の取引銀行に対しても，貸出金の返済期間延長と融資引き上げの停止を，強く働きかけた。その結果，上玉閥門集団の破綻を契機とする連鎖倒産は食い止められたが，連帯保証による融資制度の負の側面が，抜本的に解消されたわけではなかった。こうした事例は，一再ならず，連鎖倒産を誘発する連帯保証制度が，いかに民間信用危機を深刻化させ，県政府と業界団体等の介入がなければ，事態は悪化の一途をたどったであろうことを，人々に再認識させる契機となった（潘 2012）。

温州の民間金融

その仕組みと改革開放後の変遷

中国では，隋や唐の時代から「会」（ホィ，hui，第3章の注41参照）をはじめとするさまざまな形態の民間金融が存在しており，庶民融資の「会」は，清後期および中華民国の時代に隆盛を極めた後，新中国成立とともに休眠期に入り，改革開放後に復興した。この種のインフォーマルな金融形態は本来，親戚や友人などから少額の資金を集めて，必要な人に貸し出す，相互扶助の性格を帯びていたが，周知のように，改革開放後の温州民営企業の発展に多大なる役割を果たした（第3章，注41参照）。というのも，フォーマルな金融機関から資金調達できない民営中小企業が，親戚や友人，知人との直接貸借や「会」などから，比較的容易に事業資金を調達できたからである[15]。こうして温州では，民間金融を積極的に活用する過程で，自己資金の不足分を，民間金融市場から効率よく調達する仕組みが，高度に発展していった[16]。

---

[15] 温州の各種「会」については，袁（1987），陳（2004a/b，2010），史・黄・何・厳（2003），王・蔡・李（2004）を含む，多数の研究者による豊富な研究蓄積があり，そうした先行研究を繙くことによって，「会」の発展史とメカニズムを，興味深く学ぶことができる。

[16] 史・黄・何・厳（2003），pp.57-59。例えば，1993年における温州民営企業の資金構造は，銀行等のフォーマルな金融機関からの調達が20％，自己資金が40％，インフォーマルな民間金融からの借入が40％となっている。民間金融は，銀行融資のような煩雑な審査がないため，たとえ利息が高くても，効率的な調達ルートとして機能する。

ところで，日本の読者なら，インフォーマルな金融（非正規金融）といえば，ヤミ金融を思い浮かべるだろうが，中国では通常，政府が設立し運営する「公的な金融」（正規金融）との対比で語られることが多い[17]。つまり，「民間金融」とは，民間における自発的な金融活動とその仕組み，そして，そこに組み込まれている組織や個人を指す。したがって，民間金融という言葉そのものは，比較的ニュートラルだが，その評価は一様ではない。市場経済の発展に役立つとする肯定的な見方に対して，否定的な見解も根強い。「高金利で」，「詐欺が多く」，「金融秩序を混乱させる」の3点が，その主な論拠である（陳2010）[18]。

図10-1は，温州中小企業の資金調達手段の変遷を示す。民間金融（民間貸借）の比率は，1980年代初期に3分の1を占め，温州民営企業の発展初期段階で，重要な役割を果たしていたことが再確認できる。だが，温州経済の発展に伴い，その比率は低下，代わって自己資金比率が高まり，1990年代以降，後者が全体の6割前後を占め続けている。一方，銀行借入と民間貸借の間には，互いにオールターナティブな関係が読み取れる。すなわち，銀行が中小企業への融資を緩和

---

17 陳（2010），pp. 20-22。
18 事実，詐欺行為は民間金融に必然的に付随し，最初から詐欺目的の違法な「抬会」も出現している。これは，参加者への給付（予定）額が，常にその掛金を上回る設定で運営されるため，会員を増やし続けなければならず，早晩破綻する典型的なネズミ講である。例えば，温州市の楽清では，1985年秋から1986年春にかけて，12組の「抬会」が誕生し，一時は家族ぐるみ，地域ぐるみで参加した20万人もの会員から，2億元（1986年の年間平均換算率1元＝49.3円換算で98億6000万円）の現金を集めたが，わずか5カ月で瓦解した。激怒した会員らは暴動を起こし，混乱の中で，25人が殺害され，20数人が自殺した。
　当時の楽清県の歳入7000万元（34億5100万円）と，同県の各種預金総額2億元（98億6000万円）に対して，「抬会」集資額の膨大さが際立つ。この「抬会」事件により，金融秩序は混乱し，県内の銀行で一時取り付け騒ぎが起こった。その結果，預金額は40％減少，運転資金に窮した企業倒産が増え，民間金融の金利も急騰した（辻1989）。
　その後も，1994年の金融引き締め政策によって，温州市に100以上の地下銀行が誕生し，取り締まりの対象となった10の地下銀行だけで，資金規模は10億元（1994年の年間平均換算率1元＝11.9円換算で119億円）を上回った。さらに，2003年前後に，預金準備率の切り上げ政策によって叢生した大量の「会」のうち，「倒会」も目立ち，例えば，蒼南県矾山鎮の大規模な民間金融「矾山連環標会」が崩壊した際，同鎮住民の90％が大きな損失を蒙った（「月息高出央行20倍——浙江民間融資再度瘋狂」『新華網』の2008年4月12日記事による，http://news.xinhuanet.com/fortune/2008-04/12/content_7964903.htm，2011年10月28日アクセス）。そして，2011年温州金融危機の発生が続いた。
　ちなみに，今日，温州に見られる民間金融の形態としては，政府の許認可を受けて営業するものだけ列挙しても，小額貸款公司（小口融資会社），村鎮銀行（農村銀行），担保公司（担保会社），典当行（質屋），寄售行（品物を販売し，手数料を取る組織），農村信用合作社（農村信用組合），投資咨詢公司（金融サービス・コンサルティング会社），農村合作基金（政府や民間組織がつくった相互救済を目的とする組織）など，多くの種類がある。これら以外にも，許認可を受けていない，民間直接貸借（個人間の直接貸借）や各種の「会」，銭庄（個人貸金業者，温州では「銀背」という），社会集資（住民や会社の従業員から資金を集めること）などが併存している。

図 10-1 温州市中小企業の資金調達構成比，1980 年代～2011 年

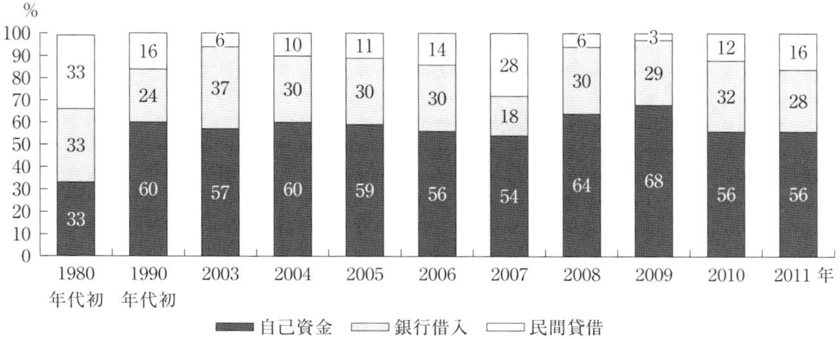

年	自己資金	銀行借入	民間貸借
1980年代初	33	33	33
1990年代初	60	24	16
2003	57	37	6
2004	60	30	10
2005	59	30	11
2006	56	30	14
2007	54	18	28
2008	64	30	6
2009	68	29	3
2010	56	32	12
2011	56	28	16

注：小数点以下が四捨五入されているため，構成比率の合計が 100％ にならない箇所がある（筆者注）。
出所：胡・王（2012）『温州藍皮書――2012 年温州経済社会形勢分析与預測』，p.126 のデータから作成。

すると，民間貸借の割合が低下し，逆に前者の融資がタイトになると，後者が伸長している。

ここで注目すべきは，2000 年代以降の民間貸借の動きである。2003～2007 年の間，その比率が徐々に高まり，28％ にまで達した。だが，2008 年に突如 6％ まで低下。2009 年の 3％ を底に再び増加に転じ，2011 年には 16％ となっている。こうした動きは中国政府の金融政策と強く連動している。2008 年に民間金融（民間貸借）の比率が縮小したのは，リーマン・ショックを背景とした金融緩和政策によってマネーサプライが増加し，銀行から中小企業への融資が拡大されたことが一因と見られる。他方，2010 年以降の民間貸借比の増加は，2010 年 1 月に始まった金融引き締め政策の結果と想定される。2010 年から 2011 年にかけて，温州中小企業の民間金融に対するニーズが高まり，両者の依存関係が再び強まったことが見て取れる[19]。

次に，図10-2 は，温州における民間金融市場の金利と規模の推移を示す[20]。民間金融の平均金利の水準は，銀行貸出基準金利の 2～3 倍と高率であるが，それにもかかわらず，温州での主な資金調達ルートは，改革開放後 16 年以上にわたって，民間金融であった。銀行融資残高が，民間金融の市場規模を上回るようになったのは，1990 年代半ば以降のことである。

---

[19] 胡・王（2012），p.126。
[20] 中国人民銀行の温州市中心支店の民間融資利率を監視する拠点は数が多く，正確度も比較的高いとされる。『新華網』によると，2012 年時点における，温州市の都市と農村をカバーする監視拠点は合わせて 140 ヵ所で，30 の農村信用組合，28 の小口融資会社，30 の担保会社，50 余りの質屋とその他の民間融資仲介機関を含んでいる。2012 年 5 月 16 日記事による（http://203.192.6.79/201205/aaa117140010_1.htm，2012 年 7 月 20 日アクセス）。

図 10-2　温州市民間金融の平均利率と市場規模，1978～2011 年

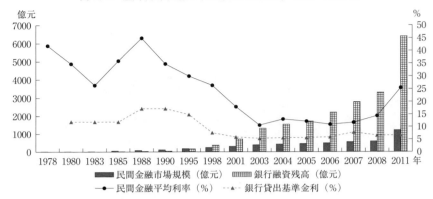

年	1978	1980	1983	1985	1988	1990	1995	1998
民間金融平均利率 a（%）	42.00	34.80	26.40	36.00	45.00	34.80	30.00	26.40
銀行貸出基準金利 b（%）	–	12.00	12.00	12.00	17.28	17.28	14.93	7.56
a/b	–	2.9	2.2	3.0	2.6	1.44	2.0	3.5
民間金融市場規模（億元）	9	10	15	50	85	110	180	240
銀行融資残高（億元）	5.09	7.16	8.65	13.83	32.03	42.25	167.54	369.36

年	2001	2003	2004	2005	2006	2007	2008	2011
民間金融平均利率 a（%）	18.00	10.60	13.04	12.16	10.92	11.70	14.37	25.44
銀行貸出基準金利 b（%）	5.85	5.31	5.58	5.58	5.85	7.73	6.525	6.56
a/b	3.1	2.0	2.3	2.2	1.9	1.5	2.2	3.88
民間金融市場規模（億元）	300	380	420	450	480	550	580	1200
銀行融資残高（億元）	708.11	1312.94	1534.24	1711.09	2205.64	2783.72	3306.13	6395

注：1978～2008 年データは中国人民銀行温州市中心支行の民間金融市場モニタリング・データで，すべて 12 月時点の数字である．また，2011 年のデータは胡・王（2012），p.90 および p.125 から引用し，銀行融資残高のみ 12 月末時点，それ以外は 8 月時点の数字である．なお，全データとも，温州市の経済社会白書『温州藍皮書』による公表数字である．

出所：金・王（2009）『温州藍皮書――2009 年温州経済社会形勢分析与預測』，p.79．胡・王（2012）『温州藍皮書――2012 年温州経済社会形勢分析与預測』，p.90 および p.125 より作成．

　なお，温州の民間金融の金利は高率だったが，温州の中小企業の利潤率も高かったため，効率的な資金供給源として重宝され続けた．例えば，1980 年代前半，民間金融の金利は年 26～36％ にも達したが，温州の中小企業も，80～120％ の資本利益率（投下資本に対する利益の比率）を誇っていたため，民間金融からの高金利の資金調達でも十分な利益を確保することができた[21]．

　1995～2008 年の間，銀行からの融資額が急増する中で，民間金融の市場は年

---

[21] 袁（1987，p.111）が実施した 1984 年調査では，蒼南県にある服装企業の年資本利益率は 80～120％，永嘉県のボタン企業と平陽県の生活雑貨企業では 120％ に達していた．

平均約31億元の増大にとどまっていたが，2008～2011年のわずか3年で620億元（2011年の年間平均換算率1元＝12.3円換算で7626億円）増え，2011年の市場規模は1200億元（1兆4760億円）にも達した。金利も25％を超え，1980～1990年代の高金利時代に戻っており，この3年間で，民間金融市場に大きな変化があったことを窺わせる。

この変化は，2010年初頭の金融引き締め政策が契機になったと推察される。特に2010年9月以降，商業銀行の貸出枠が縮小し，民間金融への需要が拡大したことに伴って，後者の利率が急上昇した。温州市金融弁公室の中小企業105社に対する2011年調査によれば，30.5％の中小企業が，民間金融（民間貸借）市場から「のみ」資金を調達しており，その市場規模も2010年と比べて50％増えた[22]。図10-1のデータと併せて検討すると，2010年以降，温州の中小企業で，民間金融への依存度が高まり，その金利も急騰していたことが示唆される。

理性を失った温州の民間金融

温州の民間金融は，経済の発展に伴い，その目的が「相互扶助」や「事業資金」から，「投資」や「投機」へと徐々に変容している。その驚愕すべき金利の高さと参加者の多さから，温州の「民間金融」は理性を失っていると判断されても仕方ない面がある。

民間金融の貸出先

民間金融の貸出先は，個人から，企業，投機集団まで実に多彩である。

企業に関していえば，3つのタイプがある。第1は，商業銀行から融資が受けられない中小企業，第2は，短期のつなぎ資金が必要な企業，第3は，政府が融資を厳しく制限している不動産関連業界などの企業である[23]。

特に2000年代以降，投機集団の動向が際立つ。温州人は2001年前後から，「温州炒房団」と呼ばれる不動産投機集団を結成して，中国各地で大量の不動産を購入し，転売して利鞘を稼ぎ，不動産価格を急騰させてきた。ほぼ同時期に広がった温州発の「炒股」（株式投機集団），「炒農作物」（農産物投機集団），「炒煤・炒鉱」（石炭など鉱産物投機集団）なども，民間金融から調達した資金によって実施されたとされる。

---

22 胡・王（2012），pp. 126-127。
23 「月息高出央行20倍――浙江民間融資再度瘋狂」『新華網』の2008年4月12日記事による（http://news.xinhuanet.com/fortune/2008-04/12/content_7964903.htm，2011年10月28日アクセス）。

そうした投機集団が象徴するように，温州民間金融の活動実態は，例えば，彼らの経済発展を支えてきた製造業・貿易業などへの再投資を通じた，健全な拡大を目指す方向性から逸脱し，単に金銭欲の自己増殖を助長するだけの投機活動に全精力が注がれるかに見える点で，もはや尋常なレベルにあるとは言い難い。

支払い不能な高金利

温州の民間金融の高金利も，驚愕に値する。なかでも高利貸業者は，月利1.0～2.0％（年利12.0～24.0％）で資金を集め，3.0～4.0％（年利36.0～48.0％）で貸し出すのが，長年の闇相場だったが，2007年頃からは，十分な信用力をもつ常連顧客に対する貸出金利でさえ，1カ月当たり5.0～6.0％（年60.0～72.0％）に，馴染みのない顧客や短期の借り手に対する貸出金利は，同7.0～8.0％（年84.0～96.0％）にまで上昇した[24]。

貸出金利は，2010～2011年にさらに急騰し，なかには，月利10.0～15.0％，つまり，年利120～180％！で貸し出す高利貸業者まで現れた[25]。中国人民銀行の「貸出基準金利[26]」（例えば，2011年5月時点で年6.31％）と比較すると，温州の民間金融業者がいかに高金利を貪っていたかが明瞭であろう。

大多数が参加——過剰な集中と脆さ

一方，民間金融市場への資金供給者も多様化し，農民，都市住民，自営業者（個体戸），企業の経営者や従業員，公務員，金融仲介機関にまで及んだ。中国人民銀行温州市中心支行が独自に実施したアンケート調査結果によれば，温州市では一般家庭の89％，企業の59.67％が民間金融を活用していた。また，「最も儲かる投資方式」に関する質問項目では，「民間借貸」が第1位（全体の24.5％）で，第2位は「不動産投資」（同15.25％）であった[27]。

24　「月息高出央行20倍——浙江民間融資再度瘋狂」『新華網』の2008年4月12日記事による（http://news.xinhuanet.com/fortune/2008-04/12/content_7964903.htm，2011年10月28日アクセス）。

25　周（2011），p. 32。

26　貸出基準金利は，中央銀行が商業銀行の貸出を指導する金利である。中国の商業銀行は，企業に融資する際，この基準金利に基づいて，上下30～50％の変動幅を付けることができる。大企業や国有企業に対しては，基準金利を下回る金利で優遇し，リスクが高い中小零細企業に対しては，それを上回る金利を付けて貸し出すのが一般的である。2011年5月時点の貸出基準金利は，中国人民銀行サイトによるものであるが，2011年7月7日以降，この貸出基準金利は0.25％切り上げられ，6.56％となっている。詳しくは，中国人民銀行ホームページを参照されたい（http://www.pbc.gov.cn/publish/zhengcehuobisi/625/2011/20110706183212152848729/20110706183212152848729.html，2011年10月28日アクセス）。

27　同調査報告は多くの中国メディアで取り上げられている。「温州民間瘋狂借貸面臨崩盤」『聯合早

温州市の経済社会白書『温州藍皮書2012』も，民間金融の主な資金源として，企業（全体の30％），温州市の住民（同20％），その使途が明確には公表されない「又貸し」等の手段を介して民間金融市場に流入した銀行融資（同30％），中国各地や海外に在住する温州人（同20％），を挙げている[28]。

　私たちが欧州で会った温州人企業家にも，本人自ら，あるいは，その家族や友人が，民間金融を利用して，中国の不動産に投資し，あるいは，そうした資金の貸し手となるケースがあった。イタリアのローマにある意大利羅馬華僑華人貿易総会（Associazione Commercianti Cinese di Roma）では，中国不動産の共同購入や信用保証を扱う「国内投資」組織まで形成されていた[29]。

　このように民間金融が，温州人にとって生活の一部ともいえるほど，そのコミュニティーに深く根ざしていることが窺える。と同時に，民間金融がおいしい「投資先」や「投機先」それ自体として，位置づけられていることも繰り返し確認できる。

　それにしてもなぜ，温州の民間金融は，理性を失してここまで膨張してしまったのだろうか。さらに，ある意味で，常軌を逸するほどの民間金融への投資と依存によって行き過ぎた集中の逆作用としての脆さは，どの程度再認識されるのであろうか。

温州民間信用危機の発生要因

　温州民間信用危機と呼ばれる現象は，さまざまな要因が複雑に連鎖した結果であるが，なかでも下記の3点が重要と考えられる。

報網』の2011年9月10日記事（http://www.zaobao.com/special/hotspot/pages1/hotspot110910.shtml，2011年10月25日アクセス），「温州炒楼資金轉戦民間借貸，炒房客抛售潮顕現」『網易房産』の2011年8月18日記事（http://gz.house.163.com/11/0818/09/7BNSP28900873C6D.html，2011年10月25日アクセス），「人行温州市中心支行発布《温州民間借貸市場報告》」『365地産家居網』の2011年8月18日記事（http://news.house365.com/gbk/hzestate/system/2011/08/18/010356501.html，2011年11月20日アクセス），「銭都温州全民炒銭」『第一財経日報』の2011年8月4日記事（http://www.yicai.com/news/2011/08/985637.html，2011年11月20日アクセス）。

[28] 民間金融資金の実に30％を占める，フォーマルな金融機関から「流出」した資金の実態であるが，商業銀行等から簡単に借金できる一部の企業関係者や公務員らが，そこで得た資金を高利貸に投じたばかりでなく，一部の公的金融機関の融資担当者は自ら，水面下で，高利貸業者に資金を供給するという，不正行為に及ぶことさえあったという（胡・王 2012, pp. 127-128）。

[29] 2012年3月28日の意大利羅馬華僑華人貿易総会でのインタビューによる。

マネー・ゲームによる資金繰り悪化

第1に，中国政府の大規模な景気浮揚対策が，不動産バブルと民間金融の活性化につながり，その後の金融引き締め政策への大転換が，温州の民間信用危機の引き金となった。

2008年末，中国政府はリーマン・ショック後の経済低迷を打開するため，4兆元規模（2008年の年間平均換算率1元＝14.9円換算で59兆6000億円）の景気対策を打ち出し，各地域もそれぞれ独自に大規模な景気対策を講じた。さらに，商業銀行は，リスク審査などを緩和して，貸出枠を拡大した。マネーサプライの拡大が，不動産価格の高騰を生み出し，温州企業家に，不動産などへの大規模な資金投入に対するインセンティブを与えた。同時に，浙江信泰集団のように，太陽光発電をはじめとする新規事業分野に参入するため，大胆な投資を行う企業も増えた。こうした資金需要の増加が，温州の民間金融を刺激し，中小企業や個人の一部が，手っ取り早く大金を稼ぐ「マネー・ゲーム」に興じるようになった。高利率にビジネスとしての旨みを見出した経営者や一般市民が，民間金融に多額の資金をつぎ込んだのである。

だが，2010年から一転，中国政府は，不動産バブルとインフレ抑制のため，不動産への投資規制を強化するとともに，金融引き締めの一環として，相次ぐ預金準備率の切り上げや融資枠の縮小などの措置を講じ，不動産価格の上昇と経済過熱に歯止めをかけた[30]。結果として，資金の借り手，つまり，資金チェーンの下流にあたる不動産業や中小企業の資金繰りがまず悪化した。さらに，相互に連帯保証人となって，銀行や民間金融機関から資金調達していた中小企業が1社でも経営に行き詰まると，債務返済の責任が直ちに連帯保証先の他の企業にふりかかった。そうした借り手の動向は，ドミノ倒しのように，資金の貸し手，つまり，資金チェーンの上流にあたる企業や市民にも循環的に悪影響を及ぼした。

金融引き締め政策の影響は大きく，2011年8月時点で，温州中小企業約36万

---

[30] 「央行持続収緊銀根，民間借貸利率飆昇」『毎日経済新聞網』の2011年5月15日記事，（http://old.nbd.com.cn/newshtml/20110515/2011051511174167.html，2011年10月29日アクセス）および『みずほ中国経済情報』2011年6月号，pp.5-6による。
　ちなみに，中国の銀行は，企業に新たな融資をする際，以前の借入金をいったん，一括して返済することを条件にしている。そのため，企業は，銀行からの借入金の返済期限が近づくと，民間金融（主に高利貸業者）から一時的に高金利で借金し，銀行の返済資金に充てていた。銀行から新たな融資を受けた段階で，民間金融からの借入金は返済できるため，返済のループが滞ることはなかった。だが，銀行が貸出枠を縮小した結果，中小企業は，民間の高利貸業者から借りたつなぎ資金で，銀行からの借入金を返済したものの，銀行から新たな融資が受けられず，民間金融への返済ができないという深刻な悪循環に陥ったのである。

社のうち約 30% が，生産の停止や縮小に追い込まれているとされた[31]。温州市経済与信息化委員会が 2011 年 9 月末に実施した年売上 1 億元（2011 年の年間平均換算率 1 元＝12.3 円換算で 12 億 3000 万円）以上の企業 855 社に対する調査でも，4 分の 3 の企業が資金不足の状況にあり，6 割以上の企業が，仕入先から代金の早期支払いや，銀行から融資の切り上げを求められていた。また，3 割の企業で受注額が減少していた。さらに，民間金融からの資金調達も停滞状態にあり，民間信用危機以前なら，電話 1 本で数百万元の資金調達が可能だったが，調査時点では 10 万元（123 万円）程度の借入もできなくなったという[32]。

　温州の民間信用危機が企業間の信用を失墜させ，そのことで危機の深刻さがいっそう深化する実態が浮かび上がってこよう。それゆえ，このような危うい事態を収束するために，温州市，浙江省，さらに，中国中央の各政府が，さまざまな救済政策を打ち出し，事態の鎮静化を急いだのである[33]。

---

31 中国大手経済紙の『21 世紀経済報道』が浙商投資研究会の蔡驊秘書長に対して行った取材による。「浙江民企再現倒閉危機，民間借貸崩盤風険隠現」『21 世紀経済報道』の 2011 年 8 月 17 日記事（http://epaper.21cbh.com/html/2011-08/17/content_5313.htm?div=-1，2011 年 10 月 25 日アクセス）。温州市の中小企業数については原文をそのまま引用したが，実際は約 40 万社存在することが，信憑性の高い統計データで確認されている。詳細は注 **43** を参照されたい。

　また，1 個人の意見ではあるが，温州中小企業発展促進会会長の周徳文は，2011 年末までに政府による何らかの救済措置がなければ，4 割の温州中小企業が生産停止か倒産に陥る恐れがあると指摘した。「温州中小企業平均利潤 1%～3%，6 成参与民間借貸」『人民網』の 2011 年 10 月 8 日記事による（http://ccnews.people.com.cn/GB/15819713.html，2011 年 10 月 25 日アクセス）。

32 胡・王（2012），p. 99，p. 125，pp. 301-302。

33 温州が信用危機の真っ只中にあった 2011 年 10 月 4 日，国務院の温家宝総理が，財政部長（財務大臣），中国人民銀行行長（総裁），中国銀行業監督管理委員会主席らを伴って温州市を視察し，(1) 中小企業融資に対する不良債権比率の容認度を高める，(2) 小企業・零細企業を重点的に支援する，(3) 小企業・零細企業に対する財政支援を強め，税収などで優遇政策の期限を延長する，(4) 金融リスクに対する認識を高め，民間金融の高利貸化傾向を防ぎ，違法な集金行為を取り締まる，という 4 つの方針を打ち出した（翁・楊・袁 2011，p. 78）。

　2012 年 1 月に北京で開催された第 4 次全国金融会議でも，「中小・零細企業の融資難や高融資コストを解決する」，「実体経済への資金投入を確保する」，「投機的なマネー・ゲームの発生を防ぐ」などの方針が確認された。ちなみに，5 年ごとに開催されるこの金融会議は，金融関連の重要な改革や政策を打ち出し，中国金融業界の発展方向と指導方針を決める重要な会議となっている。

　さらに，3 月 28 日の国務院常務会議は，「温州市金融総合改革実験区」の設立を正式に決定し，多元的金融システムの構築，民間資金の実体経済への誘導，個人による海外直接投資の許可，中小零細企業に対する金融サービスの強化，社会信用システムの構築，民間金融市場のモニタリングの強化といった 12 項目に及ぶ具体的措置を発表した。

　これを受けて，温州市政府も，「所轄各県市ごとに農村銀行を設立する」，「小口融資会社を増やす」といった，より細やかな方策を打ち出している。温州市政府ホームページによる（http://www.wenzhou.gov.cn/art/2012/3/30/art_5997_218819.html，http://www.wenzhou.gov.cn/art/2012/5/7/art_5992_217220.html，2012 年 6 月 1 日アクセス）。

本業ビジネスの弱体化

　第2に，温州民営企業の根幹であったものづくりという本業そのものの弱体化が危機を誘発したと見られる点も無視しえない。民間金融の高金利に対して，製造業の低利潤は，実に対照的であり，近年の温州中小企業の平均利益率は1～3％にすぎないと報じられている[34]。一方，中国製造業全体の課題とされる生産コストの上昇が，温州でも発生しており，リーマン・ショック後の世界経済危機，ならびに，人民元為替レートの切り上げと相俟って，温州製品の輸出競争力に悪影響を及ぼし，さらなる業績不振につながっている。外的，内的な要因別に手短に見てみよう。

　外的要因の1つが，2008年後半からの世界的な金融・経済危機による外需の激減である。輸出額の減少と輸出先の契約不履行の増加によって，一部の輸出型中小企業で，倒産や工場閉鎖が相次いだ。2008年9月末に，温州市経済貿易委員会が，温州市内の中小企業1万8775社に対して実施した調査によると，全調査企業の304社（1.6％）が倒産し，1461社（7.8％）が生産の停止や縮小に追い込まれていた[35]。

　2009年もライター，靴といった主要産品の輸出は引き続き不振で，温州市経済貿易委員会が2009年末に，メガネ，文具，ライター，かみそりなどの輸出型企業115社を対象に行った調査結果を見ると，同年の前年比生産高は8.9％減，輸出額は15.3％減，輸出利潤額も2.7％減となり，輸出利潤率はわずか3.4％であった[36]。

　また，もう1つの外的要因である人民元の為替レート切り上げも，利幅の小さい温州中小企業の経営を一層強く圧迫した。2005年の管理変動相場への為替制度改革以来，人民元は一貫して上昇し，2010年の第3四半期だけで人民元の対ドル為替レートは2.12％切り上がった。温州市鞋革行業協会（靴・皮革産業協会）の調査によると，この人民元高によって，輸出型企業から約15％の利潤が奪われた[37]。

　さらに，2008年後半からの原材料価格の激変も，温州の中小企業経営に悪影響を与えた。石油，鉄鋼，プラスチック素材などの原材料価格の急騰は，川下に

34　「温州中小企業平均利潤1％～3％，6成参与民間借貸」『人民網』の2011年10月8日記事による（http://ccnews.people.com.cn/GB/15819713.html，2011年10月25日アクセス）。近年の温州中小企業の平均利潤率の低さは，温州大学商学院の張一力教授に対する，2012年2月29日の国際電話インタビューでも追認された。

35　金・王（2009），pp. 296-297。

36　金・王（2010），p. 336。

37　金・王（2011），pp. 327-328。

ある製造加工企業のコスト上昇を招くが，急落も大量の在庫を抱える企業に膨大な損失を生む。例えば，プラスチック関連企業では，原材料価格の急落で，在庫となっている（原材料の急落前の）購入価格が，（原材料急落後に引き下げられた）完成品の販売価格よりも高くなり，多額の赤字を計上した[38]。多くの温州企業は，「必要なものを，必要なときに，必要な数量だけ」調達し生産するという「ジャスト・イン・タイム」の平準化ができておらず，原材料を買い溜めしすぎ，あるいは，過小購買の結果，機敏な対応ができず，原材料価格の変動の悪影響をもろに被った。

他方，内的要因としては，労働コスト上昇，労働力不足，産業構造転換の遅れ，研究開発（R&D）不足などが，温州企業の経営を直撃している。もっとも，これらは，温州の企業特有の問題ではなく，安価な生産コストを武器に急成長を遂げた多くの中国企業に共通する課題でもある。

労働コストの上昇については，労働契約の実施と履行，労働時間，リストラ時の補償，年金や失業保険などの福利厚生を規定した「労働合同法」（労働法）の2008年施行により，拍車がかかった。

また，リーマン・ショック後の世界金融・経済危機の影響で，温州企業の多くは生産停止や一時休業などの措置を採り，出稼ぎ労働者を多数解雇したが，2009年第2四半期以降，温州企業の受注が徐々に回復すると，今度は労働力不足が顕著化し，新規注文に生産能力が追いつかず，経営が不安定になっていった[39]。

一方，産業高度化の遅れや研究開発能力の不足も，少なからず温州企業の業績に悪影響を及ぼしている。温州の民営企業は，労働集約型産業に集中しているうえ，技術，販売，ブランドなど，あらゆる面で能力不足とされる。2007年の温州市企業の研究開発投入額は，GDPのわずか0.85%にすぎず，浙江省全体の水準1.52%はもちろん，中国全体の1.49%と比べてもはるかに低かった[40]。

世界経済のグローバル化で国際分業が進み，ベトナムやミャンマーなどでは，温州製と類似する製品を生産するライバル企業が台頭しており，温州全体として，産業の高度化と産業構造の転換が喫緊の課題となっている。一部の温州大企業はブランド化に成功したが，大多数の中小企業は，相変わらず似たり寄ったりの同質製品で価格競争を続けている。温州企業の利潤率が低く，製品の開発や高度化への対応力も弱いため，金融・経済危機の発生に伴って，業績不振に陥る企業が急増したことは否めない。大挙して参入した民間金融業がよき代替策，困難から

---

[38] 金・王（2009），p. 299。
[39] 金・王（2010），pp. 247-248。
[40] 金・王（2009），p. 301。

の脱出口にならないことも自明であろう。

企業家精神の変容

　第3に，先の2つの要因とも関連するが，温州における企業家精神の変容が，相次ぐ企業倒産をもたらしたと考えられる。つまり，温州のものづくりが弱体化し儲からなくなったため，あるいは，より大きな利益を追求するために実業を離れ，より手っ取り早く稼げる不動産や鉱山などの投資にシフトした。その行き着いた先が，狂気の沙汰ともいえる「マネー・ゲーム」だった。

　周知のように，中国では，改革開放以来，多くの民営中小企業を急成長させ躍進してきた温州人に対して，「勤勉」，「不屈」，「強いコミットメント」といったイメージが定着していた。彼ら特有の強烈な企業家精神が，中国をリードする温州民営経済の発展を生み出したという，称賛と羨望の入り交じった通念が確立されていたのである[41]。

　だが，2000年代以降，温州人に対するこのイメージは変質し，「投機的」という批判に置き換わった。彼らは実業の成功で蓄積した莫大な資金を元手に，実業以外で，さらなる利益を追求し始めた。民間金融を通じて，しばしば集団で，中国国内や海外の不動産に大規模な投資を繰り返し，不動産価格を高騰させ，国内外から強い反発を招いた。

　利潤の追求は，市場経済体制のもとでは至極当然の選択であり，蓄積した資本をより儲かる分野に投じることは，「計算高い」温州人にとって合理的かつ自然な行動であろう。つまり，靴やアパレルといった実業の収益率が低下するにつれ，蓄積してきた資本を，より高収益が見込める不動産や民間金融に投資した行為は，個々の温州人にとっては，極めて「合理的な選択」であったと解釈しうる。だが，企業家精神の変容によって，富を築いた温州人企業家が，これまで成功裡に経営してきた実業から離れ，なじみの薄いハイリスク・ハイリターンの不動産や高利貸に参入した結果，2008年の世界同時不況，次いで2010年以降の中国不動産投資規制と金融引き締め政策という，大きな外因性ショックを契機に，自ら墓穴を掘る形で，失敗に至ったという経緯は否めない。

　以上3つの要因を整理し，さらに，コミュニティー成員間の「つながり構造」にスポットライトを当てて，要約すれば，温州地域の民間信用危機は，次のように説明可能であろう。

41　なお，現代温州人の強靭な企業家精神と，宋代の温州人思想家らが確立した永嘉学派の実利主義との関係については，第3章の注**6**を再訪されたい。

温州人は，資金調達を含むさまざまな側面で，同郷人コミュニティーに支えられながら，苦労を厭わずに労働集約型事業を拡大し，資本を蓄積してきたが，21世紀に入ってから，当該事業よりもはるかに大きな利潤の期待できる不動産投資や高利貸といった新分野に，一挙に進出した。本業のものづくりへの再投資を怠ったとはいえ，個別的には，そうした新規参入は，経済合理性を有するように見えた。ところが，そうしたハイリスク・ハイリターン分野への進出に当たっても，専ら同郷人の「緊密なつながり構造」をベースとする，身近な民間金融が利用されたため，多くの温州人が，借り手として，あるいは同時に，貸し手として，危険な資金チェーンに組み込まれていった。この「又貸し」連鎖の1カ所でも綻ぶと，その悪影響は否応なく全連鎖メンバーに波及する。そのような危うい「もちつもたれつ」構造の中で，怒濤のように外部から押し寄せた世界同時不況と政府の金融引き締め策がとどめを刺し，発端はわずか数社の倒産でも，まるで相転移が起こったかのように，次々と新たに増殖する企業倒産の負の連鎖が，猛スピードで広がっていったのである。

信用危機と実体経済

　さて，2011年に発する一連の信用破綻現象は，温州の実体経済，ならびに，それを支えてきた民営企業主導の「温州モデル」の真の危機を示すのだろうか[42]。
　温州市共産党委員会書記の陳徳栄（Chen Derong，チェン・トーロン）は2012年2月の「温州市金融工作会議講話」で，温州地域の民間信用危機に触れ，「現在，統計上に現れている困難企業は200社で，これを，温州にある法人企業と個人事業者を合わせた約40万社と比べると，わずかな割合にすぎない。2011年10月の企業登録状況を見ても，新規に登録した企業数1400社に対して，登録を取り消した企業数は300社である。したがって温州経済全体を見ると，問題発生企業はごく一部にすぎない」と言明している[43]。政府・共産党の正式見解だけに，（特

---

[42] 同年，進行中の信用危機を伝えた報道記事は，そのような強い論調のものが多い。例えば，莫邦富「中秋の節句を前に起きた夜逃げ現象に温州モデルの限界を見る」『ダイヤモンドオンライン』2011年9月22日参照（http://diamond.jp/articles/-/14104，2012年3月1日アクセス）。『ウォール・ストリート・ジャーナル』も，2011年11月15日付「Wenzhou's 'Annus Horribilis' Shakes China——Model of Entrepreneurial Zeal Unravels in City of Shoemakers, Nouveaux Riches: Indebted Factory Bosses Flee」で，温州企業の危機的苦境をリアルタイムで報じている（http://online.wsj.com/article/SB10001424052970204505304577001180665360306.html#articleTabs%3Darticle，2012年3月1日アクセス）。

[43] 「陳徳栄同志在全市金融工作会議上的講話」『温州党建』の2012年2月16日記事による（http://www.wzdj.gov.cn/system/2012/02/16/103014734.shtml，2012年3月1日アクセス）。
　なお，これらの約40万社の内訳であるが，『温州統計年鑑2011』によると，私営企業（従業員

図 10-3 改革開放以降の温州市と中国の経済成長率, 1979〜2014 年

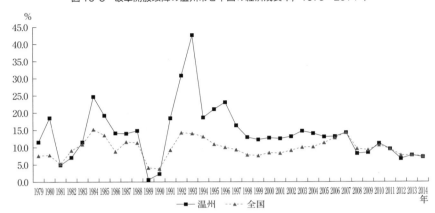

出所：『温州統計年鑑 2011』および『2014 年温州市国民経済和社会発展統計公報』,『中国統計年鑑 2011』,『2014 年国民経済和社会発展統計公報』より作成。

に外国籍の）メディア報道とは異なり，逆に実体が過少評価されている懸念もなくはないが，少なくとも，公式の統計データで追認できる限り，温州の実体経済が真に危機的状況にあったとは言い難い側面がある。

確かに図 10-3 が示すように，リーマン・ショックがあった 2008 年の温州の経済成長率は前年よりも 6.2 ポイント低い 8.2％ にまで落ち込み，全国平均の 9.6％ をも下回った。2009 年も引き続き不調で，全国の 9.2％ に対して，温州は 8.5％ にとどまった。リーマン・ショック後の世界経済不況が温州経済に与えた打撃の大きさが窺える。

だが，2010 年の温州の経済成長率は，全国平均の 10.4％ に対して，11.1％ と復調の兆しを見せ，2011 年も 9.5％ で，全国の 9.2％ を上回った。2012 年以降は全国平均並みか，それをやや下回る傾向に収斂しつつあり，先に指摘した労働コストの上昇や産業構造転換の遅れなどが，ボディーブローのように，温州企業の相対的な競争力を削いできている可能性は否定できない。だが，その反面，直近の公式統計は，温州経済が不可逆的に悪化しているとまでは言い切れないことも示している。

次に，輸出入の金額を見ても，温州経済が急激かつ不可逆的に悪化していると結論づけるのは早計であろう。第 3 章（図 3-1 参照）でも触れたように，リーマ

が 8 人以上の私的所有の企業）7 万 2232 件，個人経営の小規模事業者「個体戸」（従業員 7 人以下）が 32 万 8462 件となっている。

ン・ショック直後の輸出は一時期不振で，2009年の輸出額は109億3600万ドル（2009年の年間平均換算率1ドル＝93.6円換算で1兆236億960万円）と，前年に比べ8.1％減少したが，翌2010年の輸出額は，前年比33.0％増で早くも増加に転じた。温州地域の民間信用危機が取り沙汰された2011年においても，温州の輸出は伸びており，輸出額は前年比24.9％増の181億6600万ドル（2011年の年間平均換算率1ドル＝79.8円換算で1兆4496億4680万円）に達した[44]。

このように，少なくとも，近年の公式マクロ・データで捕捉しうる経済成長率や貿易額を見る限り，「温州の民営中小企業は不可逆的に不振を極め」ており，「温州モデルはすでに終わった」と断言するのは，やや時期尚早かもしれない。

とはいえ，近年の民間信用危機と本業の競争力低下といった混迷の背景には，強い凝集性をもつ温州人コミュニティーの社会構造の逆作用，ならびに，ともすると拝金主義に堕しかねない温州商人の価値観の影が，垣間見えることは打ち消し難い。次節では，そうした側面について，前近代性から離脱しない高結束型コミュニティー，ならびに，内部者間でのみで交換され共有される排外的な信頼関係とコミュニティー・キャピタルの成育限界，といった観点から論じ一定の解釈を示す。

強い結束型コミュニティーの逆作用

なぜ，経営者は逃亡し自殺するのか

これまで観察してきたように，温州の企業経営者の間で，資金繰りが悪化して債務を返済できない場合に，逃亡や自殺を選択する者が一時期集中して出現した。それはなぜか。

企業経営者らが逃亡する理由を，浙江大学法学院の専門家はこう説明する[45]。(1)多くの企業は，脱税などの違法行為をしているため，経営者は破産審査の段階で違法行為の摘発を恐れ，逃亡を選択する，(2)経営者が，無一文になった現実を

---

[44] 2012年の輸出額は前年比2.6％減となったが，これは，ギリシャ財政問題の悪化に端を発した欧州債務危機の影響で，最大輸出先である欧州向けが，前年比8.1％減に落ち込んだためである。その後，欧州向けが持ち直したこともあり，2013年は前年比2.6％増，2014年も同2.2％増の185億5100万ドル（2014年の年間平均換算率1ドル＝105.9円換算で1兆9645億5090万円）と微増に転じている（温州市のホームページ http://www.wenzhou.gov.cn/art/2013/4/8/art_9346_260986.html, http://www.wenzhou.gov.cn/art/2014/3/27/art_13421_302127.html, http://www.wenzhou.gov.cn/art/2015/4/7/art_14761_350271.html, 2015年9月13日アクセス）。

[45] 「跑路還是破産，温州債務危機下企業如何収場？」『中国新聞網』の2011年10月14日記事による（http://www.chinanews.com/fortune/2011/10-14/3389855.shtml, 2011年12月20日アクセス）。

受け入れられないため，全財産をもって逃亡する，(3)企業が「破産法」に従って倒産した場合でも，経営者とその家族は，高利貸業者から何らかの脅迫や攻撃を受けるため，経営者には，自身と家族の安全を守るために，逃亡する選択肢しか残されていない，(4)ごく稀なケースでは，経営者が最初から詐欺行為を計画し，集資して逃亡する，という4通りの理由による。

　2011年の民間信用危機では，少なからぬ自殺者も出た。当然，海外を含む逃亡先があれば，債権者の追及を逃れて，可能な限り遠くへ逃げるだろう。では，「計算高い」とされる温州人が，なぜ自殺を選んだのだろうか。

　その背景として，空間的にグローバルなネットワークをもつ温州人コミュニティーにおいて特徴的な，強い社会凝集性の逆作用が指摘できる。つまり，彼らがいったん仲間の信頼を裏切れば，その情報は瞬く間に，温州人コミュニティーのなかを駆け巡る。そのような場合，よほどの特殊事情でもない限り，逃亡の手引きをしてくれる同郷人の仲間はまず見つからず，汚名は一生，あるいは，末裔に至るまで，返上できない。

　また，中国各地に175万人の"外出"温州人が暮らし，世界各地にも43万人の温州人が分散して居住しているため，仮に新疆ウイグル自治区のような遠隔の地や，人知れぬ国外に逃亡したとしても，国内外に張り巡らされたインフォーマルな同郷人ネットワークによって，いかなる僻地でも，居場所を発見されてしまう可能性が高い。そのネットワークの地理的拡散にもかかわらず，否，むしろ広く行き渡っているがゆえに，国内外のいかなる土地であっても，逃亡者をあぶり出す探知能力は傑出している[46]。

　さらに，多くの人は通常，さまざまな立場で，異なる複数のコミュニティーに属しているため，ある1つのコミュニティーで排除されても，別のコミュニティーで自分の居場所を見つける選択肢があるかもしれない。しかし，ほぼ同郷人コミュニティーのなかだけで生きてきた温州人，つまり，圧倒的多数者の現状利用型や動き回り型タイプの温州人が，同郷人のまるでいない社会で生き延びることのできる選択肢は，想像だにできない。実際，多くの中国同胞のなかでも温州人は，他地域の出身者には一言も理解できない「温州語を話し」，「一族が温州出身である」という共通項をもつ同郷人コミュニティーの凝集性のなかに，よくも悪

---

[46] 実際，私たちの調査に協力したある温州人学生の実兄が，近年の金融危機が起こるはるか以前に，別の特殊事情で行方不明になったとき，新聞の尋ね人欄に広告を出すなどあらゆる手立てを講じても発見できなかったが，その後，自分たちが慣れ親しんだ温州人ネットワークの探索能力に思いが至り，同郷人に頼んで八方手を尽くして探してもらったところ，新疆ウイグル自治区に居るとの確かな情報が寄せられた。そこで，家族総出で現地に向かい，無事本人を連れ戻したとのことだった。この実話を聞かされたときの印象は，今なお鮮烈に，私たちの脳裏に焼きついている。

くも，がんじがらめの状態で棲息しており，しかも，そうした状況の特殊性には無頓着な傾向がある。そのため，平時には相互扶助と互酬性を規範とする温州人だけの居心地のよいコミュニティーにどっぷりと浸かり，その逆作用が起こった場合の陥穽を認識せずに生きる者が少なくない。

例えば，平凡な主婦であった阿慧の場合，その債権者はすべて気心の知れた親戚や友人，知人であった。地元の分厚いコミュニティー・キャピタルゆえに，彼女は，自分を信用するそれらの人々から，巨額の資金を集めることができた。しかし，彼女がその借金を返済できないとなれば，その人生を支えてきた社会ネットワークのすべてが，一瞬にして崩壊してしまう。そうした場合，自身に対する信用の再構築は不可能に近く，彼女はコミュニティーから恒久的に疎外される可能性が極めて高かったであろう。そのため，多くの親戚や友人と同じく，地元の借金連鎖に深く取り込まれすぎていた普通の主婦だった阿には，すぐ逃げ込めるような，同郷人以外からなる別社会の存在など，想像さえできなかったに違いない。

仲間内の信用や面子をとりわけ重視する温州人にとって，債務不履行は，個人の信頼性を著しく殺ぎ，いったんそれを喪失すれば，もう2度とその同じコミュニティーで暮らしていけなくなる。皮肉なことに，他の状況では困窮者を救う同郷人のコミュニティー・キャピタルが，かような危急の際には逆に，彼らを自殺にまで追い込む要因ともなる。

歴史的に「会」のような相互扶助を目指す民間金融によって発展してきた温州では，切っても切れない社会ネットワークが根強く張り巡らされており，それを堅持するための暗黙のルールが存在する。つまり，「相手の信頼に応え」，「面子をつぶさない」という温州人なら誰もが了解する社会規範である。そうした要件に逆らう裏切り行為が1度でも発生すると，許し難いルール違反と見なされ，その深刻さによってはオストラシズム（ostracism, 陶片追放）が発動されて，慣れ親しんできた社会ネットワークから，手加減なく排除されてしまう。同郷人コミュニティーのみに依拠して生きてきた温州人にとって，そこからの放逐は「社会的な死」を意味する。自殺は，この社会的な死を自覚した温州人にとって，ある意味，他に選択の余地のない帰結だった。親戚の債務者，陳繁蓉が失踪してからわずか2日後，高層の自宅マンションから飛び降り自殺した阿慧の行動そのものが，そうしたメカニズムの凄まじさを雄弁に物語っている。

ところで，温州では，民間金融による大事件がこれまでに何度か発生している。1985年秋から1986年春にかけて楽清でおきた「抬会」事件を分析した辻（1989）は，事実上ネズミ講だった抬会の爆発的拡大に果たした「宗族」の役割を強調し

ている。宗族とは，父系の血縁集団（patrilineal descent group）を意味し，同一の祖先をもった姓の集団である。

辻によると，事件終結後に行われた「抬会」の会員 1000 人に対する調査で，抬会への参加理由を，「金儲けのため」と回答したものが 60％，「親戚友人に誘われ，彼らの面子を立ててやるため」と回答したものが 40％ あったという。さらに，「金儲けができると考えた理由」に対しても，実に 80％ が「親戚友人がそう言ったから」と答えていた。

辻は，「宗族の連帯は『抬会』という言わば経済的な利益の追求においても大きな影響力を発揮し，多くの人々にとって宗族は信頼できる情報を伝え，きわめて大胆な行動を決定させうるものであり，面子という心理的強制力も加わり相互に強い信頼・依存関係で結ばれていたと言えよう」(1989, p.41) と分析している。また，「倒会」後の混乱についても触れ，当事者が逃げ出した場合には，その家族や親族が身代わりとされ，3 歳の幼児から高齢の祖父まで容赦なく「拉致」されたことを紹介し，同じ宗族のメンバーは連帯保証の責任を問われる関係であることを指摘した。

2011 年に発生した温州の民間信用危機は，楽清の「抬会」事件から 4 半世紀を経ているが，その常軌を逸した民間金融の暴走の根底には，楽清の抬会事件に共通する「構造」が見て取れよう。このように時を経て繰り返し発生する証拠は，温州人コミュニティーが依然として，血縁と同郷縁をベースにする前近代的な社会の段階に深く埋め込まれ，21 世紀の温州市街を彩るきらびやかな高層建築や，輸入高級車の疾走する勇ましい風景とは裏腹に，あたかも進化の道程から取り残されたかのように，そこにしかととどまっていることが強く推察される。

危機の信頼関係への影響

本書は，温州人コミュニティーでは，特定の個人間の「特定化信頼」から分出し，排外的だが内部者に広く行き渡る「同一尺度の信頼」が高度に発達し，同郷人の間で強い紐帯が形成され，その経済発展に貢献するという，歴史的，現代的な諸状況について，幅広い証拠とともに検討してきた。さらに，そのような「高結束＋低橋渡し」を基本型とする社会に，一握りの「ジャンプ型」が混在することによって，資源の探索とその集団的活用の両方が効率よく行われ，コミュニティー全体の繁栄につながることを示してきた。

だが，2011 年の温州民間信用危機は，その結束力と凝集性の負の側面を浮き彫りにしたばかりでなく，コミュニティーの構造基盤を支える信頼そのもののあり方にも，重大な変化を生じさせうる逆作用の存在を意識させるものとなった。

端的にいえば，それは，盤石に見えた「同一尺度の信頼」に対する揺らぎである。例えば，2012年5月現在，温州の民間金融の規模は，2011年8月当時に比べて約3割縮小し，特に個人間の貸借と個人による企業への貸出は半減した。また，2011年8月以降，温州市では民間金融に関する民事訴訟件数が急増し，温州市地方裁判所が受理した民間金融関連案件は2万2000件，その被害総額は210億元（2011年のレート1元＝12.3円換算で2583億円）にも達した[47]。

　事実，多くの温州人は危機が広がった2011年秋以降，資金の貸出に対して，著しく慎重な姿勢をとるようになり，一親等のような最も親密な間柄か，十分な資産担保をもつ相手でなければ，資金の貸出を渋り，応じない局面も現れ始めた。さらに，従来の慣行にはほとんどなかった「契約書の作成」といった諸手続きも，次第に重視され，実施されるようになってきた。逸話的とはいえ，その傾向をいち早く映し出す証拠を挙げよう。

　温州市中心部に2012年4月に設立された「温州民間貸借登記サービスセンター（温州民間貸借登記服務中心）」（Wenzhou Private Lending Service Center）には，民間金融の仲介業者，人民銀行，金融仲裁院などの政府系機関，保険会社，弁護士，資産評価の専門家（診断士）などが駐在し，民間金融に関する情報の提供，貸借の斡旋，公証，法律相談，資産や信用の評価，保険，貸借成約後の履行監督と返済催促，トラブル発生時の解決アドバイスといった一連のサービスを「ワンストップ」で提供している[48]。同センターは，かつてインフォーマルに行われていた個人間の民間貸借を公に追認し，その活動を可視化するとともに，民間資金を円滑にやりとりするための「市場」機能を担うもので，正式な契約を交わしておけば，返済の催促など面倒な手続きは，センターが代行してくれる。また，センター内の仲介業者を介せば，見知らぬ他人とも容易に資金を貸し借りできるオプションも増え，マッチングの対象を一気に拡大することも可能になった。

　登記サービスセンターの担当者は，次のように説明する。

　「民間信用危機の前まで，親しい者同士の貸し借りでは，相手への信用の証

---

[47] 「温州民間借貸規模縮水3成，毎天有近1億元糾紛産生」『人民網』の2012年5月14日記事による（http://www.022net.com/2012/5-14/43671724267059.html，2012年6月6日アクセス）。

[48] この登記サービスセンターは，温州市政府の主導で設置されたが，実際の出資と運営は，すべて民間企業が担っている。出資者は鹿城区工商聯合会のメンバー22人（企業法人14社，自然人8人）で，出資額は600万元（2012年のレート1元＝12.6円換算で7560万円）である。株主の1人が無償提供した建物に入居し，延床面積は2000平方メートルある。事務や管理を行う従業員は14人で，事業運営の費用は，入居者から徴収する管理費で賄っている。温州では2013年9月現在，鹿城区を含む市内7カ所で，こうした個人利用者向けの登記センターが稼働している（2013年9月26日の同センター視察とインタビュー調査による）。

として，互いの面子を尊重するあまり，どちらからも書面での契約を言い出せないという，不自由さがありました。でも，民間貸借の書面契約を仲介する正規のセンターができたおかげで，友人や知人同士でも，面子を保ちながら，割り切って資金の貸し借りができるようになったのです」

　実際，同センターの登記案件の約3割は，友人や知人同士の民間貸借を「表面化」させたものと見られている。なかには，資金の貸し借りをする「実の姉妹」が連れ立って，同センターを訪れる「斬新なケース」さえあったという。驚いた事務職員が再確認したところ，「仲介機関を利用しておけば，取り立てのような事態になっても，互いの面子を失わずに済むから」との返事だった。

　私たちが，民間信用危機発生後の2012年春，ローマで再会したある温州商人も，故郷の温州における相次ぐ企業の倒産と経営者の逃亡によって，同郷人同士の信頼関係に亀裂が生じ，状況がかなり悪化したことを認めている。彼は，いずれも同郷の友人で，経営が破綻した地下銭庄（個人貸金業者）のAと，不動産への巨額投資で破産寸前のBを例に挙げて，下記のような信頼崩壊のプロセスを証言した。そのことによって彼は，昔ながらの「創業資金」への出資と，純粋に利鞘稼ぎを動機とする新たな「高利貸」や「不動産投資」との，根源的な差異を明らかにしている。

　「温州では，手元に余った資金があれば，投資のために不動産会社や地下銭庄などに貸し出すのが一般的でした。手元に置いておいても，実入りが増えないから，当然です。でも，今は全く状況が違います。他人に貸したら，回収できない恐れがあるからなんです」

　「温州危機は，信頼関係が崩れたことが大きな原因です。負債額が大きすぎるから，温州人同士が助け合えないのではありません。信用できなくなったから，助け合わないのです。人からカネを借りたり貸したりする場合，1番大事なのは信用です。約束した期限に，資金を返せないのなら，借金した人は信用を失い，追加借り入れを期待することはできません。債権者は法的手段などを使って，貸した金を回収しようとするので，債務者は破産してしまいます。いくら助け合いが大事だといっても，容認できる範囲には限界があるんです。その限界を超えると，温州人でも助け合わなくなります」

　「銭庄を経営していた友人のAさんは，20％の年利で資金を集め，それを年利30％で企業に又貸しすることで，10％の利鞘を稼ごうとしました。でも，彼は，貸出先の企業から貸金回収できなくなったため，20％の年利で集めたカネやその利息の返済が滞り，行き詰まってしまいました。年利20％の集資の際，Aさんは貸し手と正式な契約書を交わしていたので，返済を免れるこ

とはできませんでした」

「一方，中国の不動産に巨額の投資をしていたBさんは，今，まさに破産寸前の状態です。中国政府の金融引き締め策によって，不動産が売れなくなり，借金の元本やその利息を返せなくなっているからです。これが，例えば，創業資金だったら，昔通りに，親戚や友人から無金利で借りられるし，返済期限も特に決めない場合が多いんです。でも，不動産投資の場合は，全く事情が違います。カネを貸す側は，利鞘稼ぎだけが目的ですから，借り手は，貸し手が親戚や友人であっても，きちんと利息を払わなければなりません。双方の人間関係や借入期間，投資物件などによって，利息率は変わってきますが，年20～50％が一般的な水準ですね」

「Bさんが破産した場合，もう1度事業をやり直すのは不可能に近いですね。彼は，経済力のある友人らから資金を集めて，不動産に巨額の投資をしました。でも，いったん破産したら最後，もう誰からも新しい資金調達をすることはできないでしょうね。実際，彼とは昔よく会い，連絡を取り合っていましたが，このところ疎遠になっています」

以上，本章は，2011年の温州民間信用危機の要因の1つ，民間金融の問題に焦点を当て，その進展を詳述し，温州人同士のつながり構造を支える信頼とコミュニティー・キャピタルの特性とその変容を考察した。温州経営者の逃亡や自殺といったセンセーショナルな現象の本質は，地域全体の実体経済の不可逆的な悪化というよりも，民間金融のドミノ的な共倒れに端を発した民間信用の蹉跌にあったと主張できよう。

とはいえ，信用危機の誘因となったマネー・ゲームは，労働集約型産業の競争力の低下と収益率悪化に対する地道な努力を忌避し，短絡的な不動産転売や高利金融による目先の投機ビジネスに傾斜しすぎた戦略的な誤りの所産だったとの解釈も可能である。

さらに，温州の経済発展を支えてきた民間金融に内在する構造的問題が浮き彫りになった。地域社会に根づいた民間金融は通常，貸し手と借り手が顔の見える関係にあるため，互いの行状を把握しやすい利点があり，両者間の「情報の非対称性[49]」によるデフォルト（債務不履行）リスクは小さい。温州では長年，この民

---

[49] スティグリッツを代表とする情報経済学者らは，情報の非対称性を中心概念に据えて，銀行と企業の関係を議論してきた。つまり，資金の貸し手と借り手の間に情報の非対称問題が存在するときに，「逆選別効果」によって，金利が上がれば借り入れ応募者の質は劣化するとともに，「逆インセンティブ効果」により，個々の借り手は大きなリスクを背負うことになる。資金市場の均衡は，需要と供給を一致させる貸出金利ではなく，信用の超過需要が生じるより低い金利で達成される。詳しくはStiglitz and Weiss (1981), Stiglitz and Greenwald (2003) を参照されたい。

間金融がフォーマルな金融機関に代わって，企業の創業や事業拡大の資金需要に応えてきた。だが，温州民間信用危機によって，親族や親しい知人を介した，構造的にタイトカプリング型の（tight coupling，緊密に連結する）民間金融のようなビジネス領域においては，小さな一部の亀裂がシステムワイドに甚大な被害を及ぼす構造的弊害が，改めてクローズアップされた。

『ウォール・ストリート・ジャーナル』が「温州の恐ろしい年」（Annus Horribilis）と報じた 2011 年においてさえ，図 10-1 が示したように，温州市の中小企業の資金調達における民間貸借の構成比は 16% にすぎなかったという事実は，再度強調されてしかるべきである。つまり，民間信用危機は，主にこのわずか 16% の領域から発生し，甚大な損害を与えたのである[50]。

---

[50] もう1点，企業の外的発展の展望に関して付記すると，約 40 万社（注 **43** 参照）といわれる温州企業の中で，深圳や上海の証券取引所に上場している企業は，2010 年末時点でわずか7社にすぎず，温州経済の規模と実力に比べて，その上場比率があまりにも小さいことを指摘しておこう（金・王 2011, p.45）。

第 **11** 章

より多くの個人に繁栄をもたらす社会の本質

　私たちは，本書で，12年かけて19カ国で実施した広範なフィールド調査による1次資料と，それを補足する歴史的ならびに現代の2次資料に基づき，中国の温州人企業家の物語を語ってきた。その際，コミュニティー・キャピタルという新たな中範囲の概念を導入するとともに，企業家個人をネットワーク戦略によって類型化し，そのつながり構造を比較検証することによって，温州人企業家の繁栄の秘密を考察した。

　知識や学歴といった個人的資源に恵まれない温州人企業家が，他の中国人を圧倒する繁栄を手にできたのはなぜか。分析の結果，彼らの同郷縁をベースとする結束型コミュニティー・キャピタル（内的凝集性）と，遠距離交際に長けた「ジャンプ型」人材を中心とするネットワーク能力の高さ（外部探索性）が拮抗もしくは離反せず，むしろ助け合って機能するバランスの良さが浮き彫りとなり，同じコミュニティーの成員間に共有される同一尺度の信頼が，その特性を底支えしていることが明らかとなった。だが，近年，温州人に繁栄をもたらした同じ特性が，彼らのさらなる発展を拘束している。

　最終章では，本書の全体を概観し，温州人企業家の物語からいくつかの教訓を導出することによって，より多くの個人が繁栄できる社会とはいかなる社会なのか，特にその基盤を形成するネットワークと信頼のあり方，コミュニティー・キャピタルの機能についての含意をまとめ，今後への展望を示す。

■ 温州人コミュニティー繁栄の秘密

　温州人コミュニティーにおいて，本書が記述してきた成功と繁栄が，それほどシステマティックに，連鎖し続けたのはなぜか。この問いに対する答えを，マクロ的な環境要因との関連も含めて，簡潔に振り返ってみよう。

　1980年代から2008年頃まで，外出先としての欧州や中国各地には，温州人の価値基準や行動規範，社会構造に合致し，その成長を助ける好条件が重なり合っ

ていた。移民が移民を呼び込む累積的進展を可能にした欧州への移住と中国各地への出稼ぎの歴史，資本主義経済の浸透と経済のグローバル化，安価で勤勉な移民を活用する欧州の分断された労働市場，中国の経済的発展と安価な中国製品を求める欧州市場などである。そうした環境下で，温州人企業家が行う適度のランダム性をもった頻繁なリワイヤリングと，その効果を，同郷人コミュニティー内に一気に拡散させる，深い信頼で結ばれたメンバー間の優れた情報伝達特性，さらに，その帰結としてのネットワーク全体の競争優位こそが，持続的な集団的繁栄の好循環を生み出していたのである。温州人コミュニティーは，ワッツらがグラフ理論に依拠し，シミュレーションによって数学的に描出したスモールワールド・トポロジーの理念型に接近する，卓越したネットワーク特性をもっていたと推定できる。

「ジャンプ型」を中心とするリワイヤリング

　温州人の多くは，複数の携帯電話を持ち歩き，地理的な距離に関わりなく，居住地や母国，第3国にいる家族や友人，取引先などと，著しい頻度で連絡を取り合っている。彼らの間で行き交うヒト，モノ，カネ，情報などの諸資源の移動はめまぐるしい。

　欧州在住の温州人企業家も，その多くが世界各地に血縁者と経営基盤を分散してもつ真にトランスナショナルな移民である。祖父母と孫だけが中国に残っていたり，兄弟姉妹が第3国に移住していたりと，彼らは，空間的には離れているが，精神的，経済的には深く結びついた家族形態を採っている。そして，温州人企業家自身も，現在の居住地や中国，第3国の間を，常に周回している。

　在外温州人の特徴的なリワイヤリングは，主に次の2方向に働く。第1は，外地で，国境，特に言語や文化圏を超える，自然状態ではそれほど結びつきが強くない国や地域同士を横串的に貫く。第2は，中国各地への頻繁な商売上の「里帰り」によってもたらされる。

　第1のタイプのリワイヤリングは，国境や文化圏を超えて成功裡に生き延びてきた「ジャンプ型」と一部の「動き回り型」の企業家が主に担う。彼らは，かつて居住した国との絆をビジネスに活かし，あるいは，現在の居住地を拠点に全く新規のビジネスを新たな国や地域でも立ち上げ，同時運営することでいっそう潤う。

　「動き回り型」，「ジャンプ型」を問わず，彼らはいずれも，国境や文化圏を超越して巧みに生き延び，中国や以前に居住したことのある国との絆をビジネスに活かし，家族や友人，知人などのネットワークから得た儲け話をきっかけに，新

第 11 章　より多くの個人に繁栄をもたらす社会の本質　315

たな国や地域で果敢にビジネスを立ち上げた人々の典型である。

　適度のランダム性とともにあちこちを激しく行き来する「動き回り型」のリワイヤリングは，特定の地域や業界の狭い範囲内で「近所づきあい」に終始する「現状利用型」に対して，異なる地域や市場，業界の情報を提示する。とはいえ，彼らのリワイヤリングは，空間的には地球規模であるが，依然として，温州人コミュニティーのなかにとどまっている。対照的に，より普遍的，より合目的的な信頼関係をベースに，同郷人コミュニティーの枠を超えたリワイヤリングを行う「ジャンプ型」は，温州人にとって未知の世界を切り開き，「現状利用型」や「動き回り型」を，新たな高次元の領域へといざなう。そうした点を総合的に鑑みると，彼らの集団的な営為は，階層性と「弱い」ノードを含む集団的影響力の要素を取り入れた，より新しいネットワーク理論のパースペクティブ（主眼点）にも合致する。

　在外温州人企業家の第 2 のタイプのリワイヤリングは，中国各地への頻繁な商売上の「里帰り」によってもたらされる。私たちのフィールド調査で得られた多くの証言から，こちらは，第 1 のタイプよりも数が多く，また，常習性も高いと想定できる。彼らは，故郷の温州ばかりでなく，上海，重慶，河南省など，大儲けできそうなチャンスさえ見出せば，中国のどこにでも戻っていく。

　離郷中の温州人企業家でも，少なくとも，年に数回，中国に里帰りすることにより，刻一刻と変化する中国本土の貴重な生情報，さらに，世界各地から里帰りする同郷人がもたらす生きた国際商売情報などを効率よく吸収し，海外の定住地に戻ると，今度はそうした冗長性のない新鮮な情報が，「蜜蜂の情報伝達」に似たメカニズムによって，現地の同郷人にも一気に伝播するのである。

　こうした 2 系統のリワイヤリングによって，彼らのネットワーク・コミュニティー全体にもたらされる競争と情報の優位性は，2 次データによる既存のあらゆる報告書の知見を超えて，圧倒的な次元に達しており，私たちのフィールド調査で実地に観察し，本書で報告した夥しい証拠は，そうした推測を裏書きしている。

強い凝集性と成功の循環

　その一方で，温州人企業家はほぼ例外なく，「血縁」と「同郷縁」こそがつきあいの根本的な基準であり，温州語での仲間内の会話に参加できることが大前提であった。つまり，温州人の圧倒的多数が依拠しているのは，直接接触による情報と経験に基づき，信頼に足ると判断される直近の個人やグループだけを信じる「特定化信頼」でも，見知らぬ人々も自分と同じ基本的価値を共有しているという前提のうえに立つ一般的な「普遍化信頼」でもなく，「血縁」や「同郷縁」と

いった排外的で限定的な属性をもつ人々やコミュニティー全体に対する「同一尺度の信頼」であり，その依存度も際立っていた。

　そうした社会基盤を有する温州人コミュニティーでは，「経営者として成功する」という同じ目標を共有する人々が，その実現のために必要な情報や知識，資金などを互いに提供し合い，各個人が，同じ夢の実現に向けて邁進している。仲間とのつながりは，情報，資金，資材の調達や，成功モデルの循環学習などの面で，とりわけ重要である。温州地域の経済的繁栄において，また，補論Aでさらに詳述する在温州のアパレル企業の発展においても，その重要性は繰り返し確認された。

　欧州で，温州人企業家が多数誕生し，かつ，経済的に繁栄してきた現象も，進出国の寛容な移民政策だけに起因するものではない。非合法移民に対する恩赦情報のやりとりなども含めて，彼ら同士の手厚い相互扶助の所産でもある。先に移住し，合法滞在者としてレストランや工場を経営する温州人が，一定期間，非合法ステータスの同郷人を労働者として雇用し，安定した職場や居住空間を提供することで，後者は創業のための資金やノウハウを蓄積できる。しかも，恩赦の際，ペナルティーを支払い，規定の納税をすることで，その身分が合法化され，独立して成功すると，今度は他の同郷人に対して，同じように手助けをする。こうして好循環は自己増殖していく。

　だが，温州人の比較優位は，それだけにとどまらない。他地域出身の同国人との決定的な違いは，温州人コミュニティーにおいて，血縁と同郷縁を超えて現地で活躍する「ジャンプ型」の企業家が一定数存在するだけでなく，彼らが外部から得た冗長性のない新奇な情報が，より多数を占める同郷人の他のタイプ，つまり，「動き回り型」や「現状利用型」にも分け隔てなく伝わり，さらには，同郷人とのつきあいが弱い「自立型」にさえ，同郷人の配偶者などを通じてそうした情報が伝わり，有効利用されている点である。温州人の「ジャンプ型」企業家は，円卓の饗宴における情報交換に象徴されるインフォーマルな関係を通じて，さらに，「華人総商会」といった看板を掲げるものの，実質的には同郷者からなるフォーマルな同郷組織を通して，情報の発信者，伝達者として中心的な役割を演じていた。そして，同じ場に居合わせた「動き回り型」や「現状利用型」の企業家も，間髪入れずに，あたかも自分が見聞きし体験してきたかのように，そこで仕入れた情報を，仲間にも伝えていた。つまり，有益な情報を，特定の接触者間の私有財から，一気にコミュニティー・メンバー全体の公共財に転じる，社会的転換のメカニズムが強力に作動していたのである。

生きた情報の共有と解釈による集団学習

　いつ，どこで，どのような事業を起こせば，大儲けできそうか。金儲けに余念がない温州人は，アンテナを高く張り巡らせている。探し求めているのは，インターネットや新聞，テレビなどを介して，誰でも簡単に入手できる情報ではない。そうしたメディアに載るはるか以前の生きた情報なのである。

　かつて貧しかった温州人は生き延びるために，また，豊かになった今の温州人は，企業家としてさらに成功するために，この生きた情報を重視する。温州人同士が出会うと，即座に情報交換が始まるのはそのためだ。そして，生きた情報は，食事会など交流の機会があるたびに交換され，議論され，解釈が加わって，コミュニティーの共有知となる。本書を通じて幾度となく紹介してきたように，そうした場面に私たちは夥しい頻度で遭遇した。

　彼らは，自分たちが見たり，聞いたり，実体験したりしたことをありのままに話しているように見える。だが，同時に，そうした事実が何を意味しているのかを注意深く分析し，自分なりの解釈を加えている。そのため，事実の解釈を巡ってしばしば，熱い議論が繰り広げられる。

　生の情報を介した集団的な学習を通じて，そうした集団内の個人は，いつ，どこで，いかなる事業を立ち上げるべきか，そのために，誰にどのような支援を求めるべきかを判断する。また，集団内の誰が，いかなる野心をもって何をしようとしているのか，あるいは，どのような課題に直面しているのか，などを把握し，仲間の生き残りや事業進出を支援する。つまり，温州人コミュニティーにおいては，成員の各個人が，生の情報を見落とすことなく収集し，それを互いに共有し，そうした情報の背後にある意味を探り，相互に解釈を深め合うことで，集団の，ひいては個人の生き残りと繁栄につなげている。

　そうした生の情報を介した集団学習と相互扶助の習慣は，海外在住の温州人企業家に限ったものではない。むしろ，改革開放以前から，出稼ぎや行商で中国各地に飛び出していた温州人の特性が，改革開放後の成功体験の積み重ねによって強化され，また，空間的に国境を越えて拡散していった。第3章で示したように，1980年代以降の温州の目覚ましい経済発展は，故郷を離れた温州人が，各地で得た生の市場情報をもとに，スーツやボタンといった日用消費財の流通と生産に携わり始めたことが契機となった。彼らは，北京や上海といった沿岸部の大都市から内陸部の農村まで，全国各地を渡り歩く中で，故郷にとどまっていては決して得られなかったであろう最新の情報を得て，その情報のもつ意味を探り，議論し，資金を融通し合い，次々と新たな事業を展開していった。

　生きた情報に対する温州人の感性の良さを，スペイン・バルセロナ華人商貿総

会の威顕進（Wei Xianjin, ウェイ・シアンジン）会長は，的確に解説する。

「金儲けの機会はどこにでもあります。それをいかに発見して利用するかが，カギなんです。温州人は，金儲けの機会を発見するために，一番重要な生きた情報をプールしています。人と会ったときに，必ず情報交換をするのもそのためです。この情報交換に対する貪欲な習癖が，温州人に大きなメリットをもたらしていると思いますよ。私たちはビジネス志向が非常に強いので，商売に活かせる情報かどうかの見極めでは，普通の人以上に，敏感に反応できるんです」

「面白いジョークをお教えしましょう。もし宇宙人が中国にやってきたら，北京人は展覧会を開催し，広州人はどんな食事がおいしいかを紹介し，温州人は宇宙にどんなビジネスチャンスがあるかを尋ねるという話です。温州で生まれ育つと，子供の頃から自然に商売に馴染んでいきます。温州には，そういった社会的雰囲気がつくり上げられているんです」

このように，温州人の繁栄のベースには，リアルタイムの詳細な情報交換があり，そうした同郷人コミュニティーに属して，意味のある形で便益を得るには，次の3つの行動様式が必須である。第1に，情報に敏感なこと，第2に，それを集団で共有すること，第3に，与えられた情報の背後にある意味を見出し，議論し，解釈を加え，その結果を仲間にも伝えること，の3点である。そうした一連の共同作業を経て，個人のもたらすバラバラな情報が，コミュニティーの共通知へと高められていく。

温州人とほぼ同時期に欧州に進出した，福建省や黒竜江省といった他の地域出身の新華僑にも，異国の地で個人的に成功した企業家はいたが，彼らは，成功に至るプロセスにおいて，同郷人のコミュニティーからは独立し，個人の才能や資質，技術や知識などのヒューマン・キャピタル，あるいは，僥倖などの理由によって，自力で成果を挙げ，その後もずっとそうしたやり方を守り抜いていた。

堅固な温州人コミュニティーに対して，福建人や東北人，広東人らの同郷人コミュニティーでは，人々の関係が個人主義的でアトミスティックであり，個人的に成功したジャンプ型企業家は一定数存在するが，彼らと同郷の動き回り型や現状利用型との間の結束力が脆弱で，ジャンプ型の恩恵，いわばおこぼれを，コミュニティーの各メンバーが享受できる構造になっていない。つまり，非温州同郷人の間では，同一のコミュニティーに属するという意識が希薄で，アイデンティティーの共有も少なく，そのため同郷の情報発信者との面識の有無にかかわらず，有用な情報が彼らの間に広く迅速に伝わり，有効利用されることもほとんどない。

そうした非温州人との比較によって，温州人の同郷縁をベースとする結束型の

第11章　より多くの個人に繁栄をもたらす社会の本質　319

コミュニティー・キャピタルと，そこを培地に「ジャンプ型」企業家を中心として駆動される遠距離交際のネットワーク能力，つまり「内的凝集性」と「外部探索性」が拮抗せず，むしろ助け合って機能するバランスの良さが，より際立って確認された。

　以上から，主な含意を要約すると，下記の通りである。

　第1に，温州市人口の約2割を占める近年の「離郷人」が，適度にランダムな動きをしながら，国内外にある「遠く」のオイシイ情報を，適時にコミュニティー仲間にもたらし，双方で緊密に連携しながら，他に先んじて新市場を開拓し，コミュニティー全体に繁栄をもたらしていることである。なかでも，環境変化に合わせ，大胆で柔軟なリワイヤリングをすることによって人々のつながり構造を変え，効率よく情報を収集し伝播する「ジャンプ型」の行動様式が決定的に重要であった。温州人は，他の中国地域出身者とは異なり，このジャンプ型が孤立せず，同郷人コミュニティーに深く埋め込まれ，仲間の多数を占める「動き回り型」および「現状利用型」にも，遠方からの冗長性のない有益情報を伝えて共有し，相補的に繁栄する，特徴あるネットワーク構造を築いていた。最新のネットワーク論の用語で言い換えれば，高いクラスター係数とショート・パス・レングスを兼ね備えたスモールワールド的な特徴が，階層性を貫き，集団的影響力を伴って，観察される（Watts and Strogatz 1998, Watts 1999a/b, 2003, Herrmann et al. 2011, Wu and Holme 2011, Tanizawa et al. 2012, Morone and Makse 2015）。

　第2は，そうした構造優位を支える，血縁・同郷という確固たる同一尺度に基づく強靱な信頼関係が醸成されていることである。温州語という特殊な方言をもつ彼らは，「同一尺度の信頼」によって深く結びつき，そのことが異郷においても最低限の生活を保障するセーフティーネットとして，さらに，起業に必要な経営資源を獲得するためのインフォーマルだが有用な社会基盤として機能していた。強固で排外的な社会凝集性，結束型のコミュニティー・キャピタルが，温州人の繁栄を支えていた。

　傑出したヒューマン・キャピタルを有しているわけではない温州人は，一方では堅固な凝集性を保ちながら，他方では遠くへのランダムな情報探索能力も兼ね備えた特徴的なネットワークの運営によって，市場情報や新しいビジネスの芽をいち早くキャッチし，個人的属性の総和とは別次元の集団レベルで，優れた総合力を発揮して，高度な知識や技術，ノウハウがそれほど必要とされない労働集約型産業で，世界が目を見張る成功を収めてきた。

前近代的な排外的コミュニティーを超えて

　ところが，第10章で論じたように，2000年代後半以降，商売に行き詰まる温州人企業家が目立つようになった。中国経済全体の課題ともいえる生産コストの上昇が温州企業の経営を圧迫するとともに，リーマン・ショック後の世界経済危機と人民元為替レートの切り上げが，温州企業の製品輸出に悪影響を及ぼし，その業績不振につながっている。改革開放以降，驚異的な発展を遂げてきた温州の経済成長率も，2008年以降は，全国平均並みかそれをやや下回る傾向にある。

　2011年の温州発の民間信用危機は，こうした労働集約型産業の競争力低下や収益率悪化に対する地道な努力を忌避し，短絡的に不動産や金融による投機ビジネスに傾斜しすぎたことに起因する側面が小さくない。一方，もともと強かった製造業で，より付加価値の高い商品やサービスの開発に取り組む選択肢が，温州人にはあまりなかった。というのも，ヒューマン・キャピタルが脆弱で，かつ，仲間内の結束性が強く，同郷人以外を信頼することが困難な温州人にとって，自力のみで得られる成果には限りがあったからである。近年，一部の大手企業において，多彩な技術やノウハウ，アイデアをもった異質な人々とのより踏み込んだ連携が試みられなかったわけではなかったが，約40万社の温州企業のうち8割強が従業員7人以下の零細企業であるというマクロ構造のなかでは，仮に個別の成果が散見されたとしても，その波及効果には限界があった。

　そのため，手っ取り早いハイリスク・ハイリターン分野へと進出したものの，ほぼ身近な民間金融のみに頼りきったため，結果的に多くの温州人が，一方では借り手でありながら，他方では貸し手として，目先の利鞘稼ぎを追求する危険な又貸しの連鎖に組み込まれていった。

　つまり，温州人に繁栄をもたらした結束型コミュニティー・キャピタルが，企業の質の転換や産業構造の高度化を要する新たな局面に対しては，逆に拘束性を発揮し，2011年の温州民間信用危機では連鎖倒産という負のスパイラルを誘発した。中国における民間金融や自己破産に関する法の欠如が，燃えさかる火に油を注いだ（姜・西口・辻田 2014）。

　温州人コミュニティーは，赤の他人を信頼する「普遍化信頼」が十分に醸成されておらず，温州人の経済的繁栄を支えてきた同一尺度の信頼とコミュニティー・キャピタルは，その顕著な貢献にもかかわらず，成育性に限りのある血縁や同郷縁をベースとする点において，カール・ポラニー（Karl Polanyi 1944）が非市場社会の特徴として挙げた，前近代的な「経済の社会的埋め込み」の域を脱して

いない。つまり，そこでは同じ社会内で，文化，経済，政治などの副次的システムが，混然一体のまま，併存している。そのため，個人的なつきあいも，商売上の取引関係も，対外的な集団プレゼンスの表明も，同じ集団行為として，同じ次元で，同じ参加者らによって営まれる。

温州人社会がさらなる発展を目指すのであれば，経済発展の原動力として，ヒューマン・キャピタルの増強はもちろんのこと，異質な人々との交流による新しい価値の創造が急がれる。そのためには，温州人以外の一般的な他者に対する「普遍化信頼」を育み，彼らとの普遍的な互酬性を可能とする方向へ，彼ら自身のコミュニティーを創り替えていく必要があろう。

一部の大手温州企業の中には，すでにそうした方向への転換を図り，合弁や業務提携によって，外国人や非同郷人を直接取り込んだ経営を模索する動きがあることは，第3章で指摘した通りである。だが，そうした動きは，中国沿海部の他の地域と比較すると，必ずしも先進的とは言い難い。いずれにせよ，そのような場合，価値観や行動様式などが異なる異質な人々とのつながりに抵抗感の少ないジャンプ型人材は，温州人コミュニティーと，非温州人からなる多彩なコミュニティーとの「橋渡し役」として，活躍が期待される。ジャンプ型人材を中心とした新たな信頼への規範的な移行は，過去30年に及ぶ繁栄をもたらし，羨望の的ともなった「温州モデル」の自生的な涵養とは異次元の，価値観や協力関係の創出と普及を要するであろう。

一般的な含意

最後に，より一般的な含意について，手短に触れておこう。本書は，繁栄を謳歌してきた温州経済人を対象に，特に傑出しておらず，同じような能力や意欲をもった個人でも，わずかばかりの工夫で，人と人のつながり構造を変え，その潜在可能性を十分に開花させて，繁栄に至る社会を構築するためのヒントを探ってきた。

もとより，血縁・同郷縁に基づく排外的な信頼をベースとする，前近代的な社会に埋め込まれた温州人企業家の成功の論理を，欧米諸国やわが国のように高度に成熟した産業社会へ適用するに当たっては，十分な慎重さが必要であろう。だが，少なくとも，社会ネットワークの機能面では，次のことが示唆される。すなわち，諸々の問題解決のために，あるコミュニティーの全メンバーが「ジャンプ型」に転じる必要はない。というのも，遠距離交際と近所づきあいのバランスのとれたネットワーク構造を導出するためには，少数の「ジャンプ型」が出自コミ

ュニティーから離脱せずに活躍できる環境を整え，ネットワーク全体のスモールワールド化や，ヒエラルキーを備えた「玉ねぎ構造化」が促進されれば，大多数を占める「現状利用型」や「動き回り型」の成員も，近隣効果のもたらす集団的な「被」リワイヤリング能力によって，波及的に恩恵を蒙り，ともに便益を享受できるからである。

　だが，そうした好循環を生み出すには，本書で観察したように，ジャンプ型，動き回り型，現状利用型のそれぞれが，離れ小島として分断されることなく，特に各階層間をつなぐ複数のノード同士が強い信頼関係で結びついている必要がある。つまり，彼らの間に，一定のコミュニティー・キャピタルが現出，維持され，強化されることが必須であり，この条件が満たされて初めて，内的凝集性と外部探索性が相反せず，相補的に機能するバランスの良さが実現しうる。とはいえ，強い結束力と排他性は紙一重であり，何らかのきっかけでいったんトラブルが発生すると，その悪影響がメンバーの大多数に，極めて短期間に拡散するリスクを内包している。そのため，この種の逆作用の発現を未然に防ぎ，リスクを最小化するための，制度的な工夫が必要であろう。

　これらの知見は，最新のネットワーク論の枠組みを，温州人企業家に限定して適用した本書の実証研究結果に基づいているが，その原理的部分は，より普遍的に応用可能と考えられる。というのも，ある意味で，本書の知見は，1960～1990年代の日本経済，なかでも，栄華を誇った幾多の企業ネットワークの盛衰史を彷彿とさせるからである（西口 2007）。その意味でも，本書の提示したアプローチは，より幅広い応用範囲をもつと考えられ，異なる研究対象を扱う比較検証のさらなる蓄積が期待される。

補論 A

温州アパレル企業ネットワークの変遷

　本書は，欧州で事業展開する温州人企業家を中心に，非温州人企業家と比較しながら，その集団的繁栄の秘密を明らかにしてきた。では，中国内の温州市プロパーに視線を転じた場合，いかなる一般傾向が観察されるのであろうか。諸資源の制約により，本研究はこの点で，フルスケールの比較検証を実施するには至らなかった。また，海外コミュニティーにおける人々の「つながり指標」では，その性質上，例えば，「同郷人＞非同郷の中国人＞他の外国人（現地人）」といったグラデーションを伴う対象者別の交際の程度や，「出国時」の親族や友人への依存度，また「滞在国数」といった指標が根幹をなすのに対して，調査対象が「温州在住」の企業家の場合は，必ずしもそのような「在外者の」指標の一部が適さないという方法論上の問題もあった。そのため，この補論 A では，限定的とはいえ利用可能となったオリジナルデータをもとに，これまでに得られた在外者ネットワークに関する知見を参照しつつ，在温州の企業間関係について，知りえた動向を要約し，検討するにとどめる。（なお，各章に1から始まる番号が付くのと同じ趣旨で，補論とそこに収録された表，および，次の付録には，A の記号が付されている。このことは特に補論の各表に A という番地が明記されることによって，各章の表との峻別に役立つ。）

　第3章で概観したように，温州では1978年の改革開放後，靴，アパレル（服飾・衣料，中国語で「服装」），ライター，メガネ，低電圧機器といった労働集約型産業が発展したが，この補論 A では，アパレル産業という，温州を繁栄に導いた代表的な分野の1つに着目し，同一産業内における，企業家の創業活動と企業間関係を分析する。

　手短に振り返っておくと，かつて貧しい農村地域であった温州は，改革開放以降，企業家精神に富んだ民営企業家を多数輩出し，市場原理に基づく経済活動をダイナミックに展開することによって，全国平均をはるかに上回る経済成長を遂げた。1978年から2005年にかけて，温州市の GDP の年平均成長率は15% を超えた。大成功を収めた温州地域は，農村の経済発展モデル，「温州模式」として

国内外から注目され，さまざまな研究が蓄積されてきた[1]。経済成長の初期条件，経営者の特性，経営組織などに関する経済学的，経営学的な分析がなされている。

　本論ではそうした先行研究や本書の知見を踏まえつつ，独自の質問票および現地聞き取り調査に基づいて，次の5つの主な問いを検討する。すなわち，温州の主力産業において，(1)創業者の離郷経験と広域的なリワイヤリングは，いかなる作用を与えたのか，(2)創業時に，企業家は，どのような人的つながりを活用したのか，(3)その後の取引関係と企業成長の過程で，企業家は，そうしたつながりをいかに改変し，利用してきたのか，(4)その結果，今日，どのような諸類型の企業が出現し，全体として，いかなるネットワーク構造を構成するに至ったのか，(5)中国特有の官民のネットワークは，どのような作用をどの程度及ぼしているのか，という問いである。

　血縁・同郷縁をとりわけ重視する傾向の強い温州人企業家が，創業時やその後の発展プロセスにおいて，温州域内でも，依然としてそうした伝統的なネットワークに頼っているのだろうか。それとも，新しいタイプのネットワークを開拓し，後者に依存する部分が大きくなり始めているのだろうか。換言すれば，温州を拠点とするアパレル産業でも，企業家たちは共通の帰属意識に由来する行動様式によって取引関係を維持しているのだろうか。それとも，より標準的な市場原理に則った行動パターンを示し始めているのだろうか。

　諸資源の制約により，本研究では，上記の問いに対して包括的な答えを得ることはできなかったが，少なくとも，企業単位で分析して得られた知見を，先取的に次のように要約することができる。すなわち，研究対象となった大多数のアパレル企業は，概ね創業者の離郷経験が豊かで，広域的な同郷人ネットワークを上手く活用しており，創業時には，典型的な血縁・同郷者の範囲から諸資源を調達していたが，その後，企業の発展段階と製品の種類に応じてアウトソーシング戦略を適宜，使い分けるようになった。その結果，企業規模の急拡大とともに，自社ブランド商品を開発し，より業縁に基づく取引関係に移行した「自社ブランド型企業」と，中間系の「域外開拓型サプライヤー」，ならびに，伝統的な「地元密着型下請」に分化し，それぞれ異なるレベルで，旧来の取引関係と市場取引の混合体制を維持しながら，今日の業界ネットワーク構造を現出するに至ったことが窺える。また，企業が一定規模以上になると，政治経済的な理由から，社内に共産党組織を設置し，政府や共産党組織の幹部らを招聘して，その書記長に就任

---

[1] 張・李 (1990)，厳 (1994, 2003)，李 (1997)，丸川 (2001, 2004)，渡辺 (2001, 2002, 2004)，加藤 (2003)，史・金・趙・羅 (2004) はその一例である。

してもらう「天下り」の慣行も頻繁に観察された。

とはいえ，長年にわたる幅広いフィールド調査の観察記録と定量分析に基づいて抽出された，本書の大部分を占める在外温州人企業家の研究成果に比べると，本論の考察は，より少ないサンプル対象への，定点観測的なデータに依存せざるをえなかったため，そこから導出される知見も，より限定的であることを事前にお断りしておく。

中国有数のアパレル産業の集積

温州には，「中国皮都」，「中国男装名城」，「中国眼鏡生産基地」などと称される中国有数の産業集積が数多く形成されているが，本論は，なかでも，靴と並ぶ温州の代表的産業の1つ，アパレル産業を詳しく検討する。業界団体の温州市服装商会（日本の「協会」に相当）によると，温州には約2500社のアパレル企業があり，主に男性用スーツを生産している[2]。全国的に著名なブランド企業も多く，45企業が「国家最高級水準」に達し，「庄吉」，「報喜鳥」，「法派」を含む6社が「中国著名商標[3]」と認定された。また，「全国"服装"トップ企業100社」には10社が入っている。2006年の生産高は前年比9％増の402億元（2006年の年間平均換算率1元＝14.6円換算で約5869億2000万円），輸出額は同30.9％増の12億ドルであり，2004年時点の生産高である360億元，輸出は7億300万ドルを顕著に上回った。1990年代は男性用スーツメーカーが好調だったが，需要も一巡し，近年は，カジュアル服メーカーが急成長している。このように，温州のアパレル産業には，自社ブランドを有する大手企業が多数存在するが，温州市内外の企業に外注するファブレス（fabrication-less，つまり，自社製造しないという意味の和製英語）経営で発展した企業もあれば，品質維持のために内製化を推進してきた企業もあり，その戦略展開や企業発展の経路は一様ではない。

この補論Aで，アパレル産業を対象とした第1の理由は，成熟した産業で，多彩なネットワークの存在が期待されるためである。ちなみに，メガネやライターは，アパレルに比べて企業数が少なく，歴史も浅い。いずれも海外向けOEM生産が主流で，生産・販売等のネットワーク構造もシンプルであるとされる。第

---

[2] 温州市服装商会のサイト（http://www.wzfashion.org/2016年5月1日アクセス）および2006年1月10日の鄭旭峰・温州市服装商会副秘書長へのインタビューによる。

[3] 中国著名商標（中国馳名商標）は，2003年に公布された「著名商標の認定及び保護に関する規定」に基づいて，国家工商行政管理総局商標局が認定する商標で，中国において知名度が高く，公によく知られたブランドを指す。

2の理由は，私たちが2004年以降，欧州や中近東で，服の貿易および製造に従事する温州人企業への調査を継続して実施してきており，そこから得られた知見と突き合わせて分析を進めることによって，温州地域のアパレル業界に関して，多面的な理解が可能であると想定されたことである。

質問票調査の方法と対象企業

質問票調査（同調査票は付録Aに記載）は，2006年に，業界団体である温州市服装商会の協力を得て，同会のメンバー企業を対象に実施した。調査対象企業の抽出は，温州市服装商会の幹部と相談のうえ，調査時点で132社あった同商会の全理事企業が対象になっている[4]。そのうち，最終的に分析可能な質問票用紙を回収できた調査企業数は48社であった[5]。

なお，これらの48社中，最初に訪れた4社については，私たち日本人研究者2名，ならびに，調査に通訳として日本から同行した中国人研究支援者（国費留学生）の立ち会いのもと，質問票の全項目について，企業の回答担当者（多くの場合，董事長，すなわち，社長本人か，その側近）と回答方法や不明な点などについて，その場で直接，念入りに質疑応答を重ね，すべてクリアにしたうえで，回答は差し控えたいとされた項目を除き，細大漏らさず記入してもらった。さらに，残りの44社のうち，14社は，2006年1～2月に，業界団体の温州市服装商会に全面委託し，他の30社については，前述と同じ中国人研究支援者が2006年8月13～18日に，現地で各社の責任者と直接会ってインタビュー形式の質問票記入調査を実施した。一般に中国において，公表，あるいは，研究目的のために収集されたデータ等の信頼性については，他の先進諸国にはあまり見られない種々の問題が付随することが多いが，時間と諸資源がかかったとはいえ，このように確実な調査票への記入と回収方法によって，リーズナブルな信頼性を担保することができたといえよう[6]。

---

4 温州市服装商会のメンバー企業は，温州のアパレル企業のサンプルとして，次の特徴を備えている。温州市服装商会は1994年3月に設立された民間組織で，温州のアパレル企業約2500社のうち，1100社がメンバーである。温州のアパレル企業の約44％をカバーしてはいるが，メンバー企業の規模を見ると，中規模以上の企業が大半である。温州のアパレル企業で，年間生産高500万元以上の企業の約80％はメンバーであるが，それ以下の中小・零細企業はほとんど入会していない。このような属性も，本書で分析した「在外」温州人経営の比較的小規模ないし中規模の企業の平均像とは異なるため，創業期に関する一部のデータを除くと，同じレベルでの比較は困難である。

5 本論の分析は，これらの48社分の調査回答結果に基づくが，項目によって若干の欠損があるため，分析結果において必ずしもn数が48になるとは限らない。

6 なお，一般に中国政府等が公表する統計データの信頼性を疑問視する声は少なくない。2000年代

補論 A　温州アパレル企業ネットワークの変遷　327

前半以降，GDP（国内総生産）統計の信頼性を巡る激しい論争が，国内外の専門家によって繰り広げられてきた。例えば，Rawski（2001）は，中国政府が公表するGDP成長率がエネルギーの消費量や工業生産の伸びなどに比べて異常に高いことを指摘し，小島（2003）は，GDP成長率の中央と地方との乖離などを疑問視した。中国では，先進諸国に比べて，調査の方法や捕捉範囲などが十分に整備されていないという課題に加えて，政治的バイアスも決して小さくない。経済成長こそが優先的な政治課題でもあり，経済成長の実績が役人の出世に大きく響くことから，県級，市級，省級の各レベルで，地方政府による統計数字の水増しが常態化していることも指摘される。

例えば，中国の統計データの信頼性を多面的に分析した田中（2001）も，鉄鋼増産目標を実現するために，農機具や医療器具まで粗悪な鉄に化けさせた「大躍進」の悲劇を引き合いに出しながら，高い数値さえ報告すれば模範地区や模範幹部として顕彰される中国の長年の風潮が，過大報告や虚偽報告を常態化させていると批判する。田中はまた，中央政府が発表するGDP成長率に対しても，3つの側面から疑問を呈している。第1は，当該年の経済活動がまだ終了していない12月段階で，GDP成長率の速報値が発表されること，第2に，その速報値と翌年の2月から3月にかけて発表される確報値とが常に一致していること，第3に，いったん確定されたはずのGDP成長率が，『統計年鑑』に収録される時点で再び，こっそりと改訂されていることである。田中は，中国の統計数値は，突然，過去に遡って改訂されたり，あるいはまた，忽然と，集計方法が変更されたりするため，その連続性がしばしば問題視されるとも指摘している。

さらに，企業の売上高や犯罪数などのデータでも「歪み」は多く，2008年だけで，全国で取り調べ・処罰された統計違法事件は1万7300件に達し，中央政府は統計データの信頼性を高めるため，2009年6月，中華人民共和国統計法を改正した。統計資料を偽造し改ざんした個人や組織には厳罰で対処するとしている（「改正『中華人民共和国統計法』」中国通信社の2009年6月27日記事による。http://www.china-news.co.jp/node/46859，2012年7月20日アクセス）。

一方，研究者が独自に質問票調査を実施する場合も，データの信頼性を担保することは容易ではない。先進諸国では選択肢の1つである「郵送調査法」（調査票を対象者に郵送して記入後，返送してもらう）や「留め置き調査法」（対象者に調査票を配布し，調査員が後日，直接回収する）も，中国ではまず使えない。2006年3月に私たちが出会ったイタリア中部の大学に勤めるイタリア人研究者は，中国の業界団体に依頼して広東省の中国企業を対象にした質問票調査を実施したが，返送されてきた調査票を見ると，その半数近くが同じかすれ具合のボールペンを使い，同一筆跡で，全く同じ数値が記入されていたため，同一人物がまとめて回答したとしか考えられず，愕然としたという。しかも，その調査票の配布と回収は，中国側の地元政府と地元大学，および，イタリア側のカウンターパートとの間で合意された，正式な共同研究プロジェクトの一環として実施されたものであった。

外国人研究者だけでなく，中国人研究者にとってもハードルは高く，中国最高峰の高等教育機関である北京大学の研究室でさえ，信頼できるデータの入手は困難を極めている。例えば，同大学の経済地理学教室の王緝慈教授は，「1998年に，温州市で企業への質問票記入調査を実施したが，50社の目標に対して10社足らずしか集められず，回収した調査票の信頼性も低かった」と証言する。大学院生らが，結構な手土産持参で企業を直接訪問し，インタビューしながら調査票を埋めていく「訪問面接法」を試みたが，別途，金を要求されることもあり，費用と時間を要する割には，まともなデータが得られず，結局，途中で断念せざるをえなかったという。

政府提供のデータであっても，それらがせいぜい実態を把握しているのは一部の"スター企業"に限られるため，そこに含まれるその他の企業に関しては，作為データである懸念が払拭しきれない。中国において，比較的信頼性の高い質問票調査を行いたい中国人研究者に残されたほぼ唯一の方法は，地元政府や共産党の全面支援を得たうえで，共産党管轄下の「党校」が実施する形式の調査に参加させてもらうことだという。なぜなら，そこには強制力が加わるからである。とはいえ，そうした場合，研究者としての独立性が失われるばかりでなく，やはり，回答もしくは回収する側において，上述のような，同一人物による作為データが相当数紛れ込む可能性を排除することは難

表 A-1　調査対象企業の主な生産品目

n = 43

業種	企業数(社)	構成比(%)
男性用スーツ	13	30.2
男性用カジュアル服	10	23.3
男性用・女性用カジュアル服	7	16.3
男性用スーツと男性用カジュアル服	5	11.6
女性用カジュアル服	2	4.7
女性用流行服	2	4.7
メリヤス下着	1	2.3
その他	3	7.0

注：四捨五入により，%の計は必ずしも100.0%にならない。

表 A-2　調査対象企業の従業員数分布

n = 46

従業員数(2005年時点)	企業数(社)	構成比(%)
9人以下	0	0.0
10〜49人	3	6.5
50〜99人	2	4.3
100〜199人	4	8.7
200〜299人	13	28.3
300〜499人	16	34.8
500〜799人	2	4.3
800〜1199人	1	2.2
1200〜1999人	3	6.5
2000人以上	2	4.3

注：四捨五入により，%の計は必ずしも100.0%にならない。

　では，質問票調査の対象企業の属性を具体的に示そう[7]。表 A-1 は，調査対象企業の主な生産品目を示す。男性用スーツをメインとする企業が30.2%と最も多く，次いで男性用カジュアル服の23.3%が続く。さらに，男性用と女性用のカジュアル服の生産者が16.3%，男性用のスーツとカジュアル服の生産者が11.6%である。温州のアパレル業界は，男性用スーツとカジュアル服が2大勢力とされるが，本調査企業でもその傾向が認められる。

　　しいという（2005年11月4日の北京大学での王絹慈教授およびその指導のもとで実際に質問票記入調査を実施した大学院生へのインタビューによる）。

[7]　中国・温州のアパレル企業への質問票調査の詳細（単純集計）は，辻田・西口（2008）を参照されたい。

表 A-3 調査対象企業の設立時期

$n = 46$

設立時期	企業数（社）	構成比（％）
1980 年以前	1	2.2
1981～1985 年	1	2.2
1986～1990 年	3	6.5
1991～1995 年	18	39.1
1996～2000 年	20	43.5
2001 年以降	3	6.5

　次に企業規模を示す表 A-2 によると，従業員数「300～499 人」が 34.8％，次いで「200～299 人」が 28.3％ となっている。つまり，従業員数で「200 人以上 500 人未満」の企業が全体の 63.1％ を占める。また，従業員数が「500 人以上」の企業が計 17.3％ あり，そのうち 4.3％ を占める 2 社は 2000 人以上である。他方，従業員数「100 人未満」は計 5 社で全体の 10.8％ にすぎない。

　また，表 A-3 は，調査対象企業の設立時期を示す。1991 年から 2000 年にかけて設立された企業が，回答企業の 82.6％ に達する。温州の民営中小企業が急成長を遂げたこの時期に，今回の調査企業の大多数が誕生していたことが分かる。

　ただし，この設立時期については少し注意を要する。温州のアパレル業界では，1990 年代に存続発展のための合併が相次いだ。例えば，温州最大手のアパレル企業である「報喜鳥」や「庄吉」はともに 1996 年に，独立企業数社による集団化によって誕生した。本論の調査対象企業にも，1990 年代に，合併や買収等によって新たに誕生した企業が少なからず含まれている。例えば，女性カジュアル服の温州市迪奈爾（ディナイアル）服飾有限公司は，2000 年に 2 社の合併により誕生した[8]。また，下着の温州市北極新秀（ベイジシンシュウ）服飾有限公司は，（インタビュー時における）現総経理が，経営不振の既存企業を同郷の友人から買収して 1998 年に設立された[9]。そうした事情により，表 A-3 は，調査対象企業が，こうした集団化，合併，買収等によって出現した場合は，各々の前身の「創業」時期ではなく，合体した企業の「設立」時期を示しており，通常の意味での創業時期と必ずしも一致しているわけではない。とはいえ，いずれにせよ 1990 年代に合併等によって出現した今日の大手アパレル企業の前身は，まだ中国の民間アパレルマーケット自体が小規模だったこともあって，その影響力はそれほど大き

---

[8] 2006 年 1 月 11 日の温州市迪奈爾服飾有限公司でのインタビューによる。
[9] 2006 年 1 月 11 日の温州市北極新秀服飾有限公司でのインタビューによる。

表 A-4　創業者の数

$n = 46$

創業者の数	企業数(社)	構成比(%)
1人	9	19.6
2人	28	60.9
3人	7	15.2
4人	1	2.2
5人	1	2.2

注：四捨五入により，%の計は必ずしも100.0%にならない。

くなかったと推測される。

 以上をまとめると，今回の調査対象企業は，そのほとんどが1990年代に設立されており，地元では従業員規模，販売額規模ともに相対的に大きな企業で，かつ，その業種は男性用スーツおよびカジュアル服が中心である。

創業者の属性

創業形態

 次に，誰がどのよう形で創業したかを見ておこう。

 表 A-4 から，単独ではなく，複数の者による創業が圧倒的多数を占めていることが分かる。なかでも，創業者2名のケースが最も多く，全体の 60.9% を占めている。

 さらに，その創業仲間の関係を見ると，家族・親戚が目立つ。表 A-5 は，最年長の創業者と他の創業者との関係をまとめたものである。例えば，長男が最年長で，次男および長女の夫と 3 人で創業した企業の場合は，「夫婦・父母・兄弟姉妹・子女」に 1，「親戚（兄弟姉妹の配偶者を含む）」に 1 をカウントした。表 A-5 では，「夫婦・父母・兄弟姉妹・子女」が 44.4% で最も多く，「親戚」の 33.3% が続く。同郷のよしみ関連も計 19.5% ある。他方，家族・親族でも，同郷でもない創業相手は，わずか 1 件，2.8% しかない。

 温州人なら必ず経営者を目指すといわれるほど，彼らの起業家精神は旺盛だが，温州のアパレル企業では，血縁や同郷縁を頼る仲間が協力し合って創業する傾向が著しく強いことが分かる。日本でよく見られる，勤務先の同僚や上司，あるいは，取引先関係者といった同業者との創業はほとんどなかった。こうした事実は，後述するように，回答者の過半数が，もともと行商のような生業的な個人事業主であったことと，密接に関係していると推察される。

表 A-5　創業者同士の関係

n = 30

最年長の創業者から見た他の創業者との関係	件数	構成比（%）
夫婦・父母・兄弟姉妹・子女	16	44.4
親戚（兄弟姉妹の配偶者を含む）	12	33.3
同郷で同窓／同郷で同業	2	5.6
単なる同郷	5	13.9
同郷以外の知人・友人	1	2.8

注：創業者2名以上の企業37社のうち30社が回答。「関係」件数には重複含む。

表 A-6　創業者の2006年現在の年齢分布

n = 45

年齢（複数いる場合は最年長者の）	人数（人）	構成比（%）
15〜20歳	0	0.0
21〜30歳	0	0.0
31〜40歳	17	37.8
41〜50歳	17	37.8
51歳以上	11	24.4

創業者の年齢と職業経験

創業者の2006年調査時の年齢分布は，表A-6の通りである。創業者が複数の企業では，最年長者の年齢を用いた。「31〜40歳」および「41〜50歳」がそれぞれ37.8%で最も多い。先に見たように，調査対象企業の大半が1991〜2000年の間に誕生しているので，設立時の年齢は，調査時よりも10歳前後若く，20〜30歳代と考えられる。

また，表A-7で，創業以前の職業を見ると，「個人事業主」が54.8%で，過半数を占めた。この事実は，温州企業の多くが，個人経営の製品販売業者などからスタートしているという先行研究や，私たちの聞き取り調査結果とも符合している。例えば，下着の温州市北極新秀服飾有限公司の創業者は，1988〜1996年の間，ミシン販売に従事していた。また，男性用スーツの喬頓（チャオダン）服飾企業有限公司の創業者4人は，いずれも楽清県の貧しい農村地域の出身で，北京を拠点に，生地や洋服等の卸売と小売で生計を立てていた。

他方，「軍人」が7.1%，「国営企業勤務」が19.0%を占める。中国では一般に，軍や国営企業の経験者が，その人脈を活用してビジネスを展開する事例が見られるが，限られたデータとはいえ，温州の民営企業でも，両者を加算すると26.1%になり，そうしたケースが少なくないことが示された。

表 A-7　創業者の創業以前の職業

$n = 42$

職業 (複数いる場合は最年長者の)	人数 (人)	構成比 (%)
農民	2	4.8
公務員	1	2.4
軍人	3	7.1
国営企業勤務	8	19.0
民営企業勤務	4	9.5
個人事業主	23	54.8
その他	1	2.4

表 A-8　創業者の離郷経験

$n = 42$

離郷経験	人数 (人)	構成比 (%)
あり	33	78.6
なし	9	21.4

創業者の離郷（外出）経験

　さらに，創業者の流動性を把握するため，1カ月以上連続してビジネスのために故郷を離れた経験があるかどうかを尋ねた。その結果は表 A-8 の通りである。回答した創業者のうち，78.6% には，1カ月以上にわたる「離郷（外出）経験」があった。時期について特定しなかったため，創業の前か後かは不明であるが，限定的な証拠とはいえ，しばしば言及される温州人の高い流動性を裏付ける結果となった。

　さらに，そうした「離郷経験」が，自らのビジネス活動にどのような影響を与えているかを問い，表 A-9 の結果を得た。熱心にも，「離郷経験あり」の 33 人 (33 社) すべてが回答を寄せた。しかも，「非常に役立っている」が 87.9% と圧倒的多数を占め，「少し役立っている」9.1% を合わせると，ほぼ全員（全社）が「役立っている」という高い評価を下した。

　では，「離郷経験」はどのような形で，ビジネス活動に貢献しているのだろうか。この点については「市場情報」，「経営ノウハウや技術の蓄積」，「創業機会の発見」，「販売面」，「創業資金の蓄積」，「原材料・商品の調達面」，「その他」に分類して訊いた。表 A-10 が示す通り，「市場情報」に関して有用とする企業は 64.5% で最も多く，「経営ノウハウや技術の蓄積」58.1%，「創業機会の発見」51.6% が続いた。

　こうした結果から，「離郷」（外出）が「市場情報」収集の有力なルートになっ

表 A-9　離郷経験のビジネスへの貢献度

$n = 33$

貢献度	人数（人）	構成比（％）
非常に役立っている	29	87.9
少し役立っている	3	9.1
どちらともいえない	1	3.0
あまり役立っていない	0	0.0
全く役立っていない	0	0.0

表 A-10　離郷経験が役立った側面

$n = 31$

役立った側面	企業数（社）	回答企業に占める比率（％）
市場情報	20	64.5
経営ノウハウや技術の蓄積	18	58.1
創業機会の発見	16	51.6
販売面	15	48.4
創業資金の蓄積	11	35.5
原材料・商品の調達面	6	19.4
その他	2	6.5

注：役立っていると回答した企業 32 社のうち 31 社が回答（複数回答）。

ていることが知れる。また，「離郷」は，「経営ノウハウや技術」，「創業資金」といった経営資源の蓄積面や「創業機会の発見」といった探索の側面も併せもっている。本書では，「アルバイトをしながら，企業家として独立するための資金やノウハウを蓄えつつ，ビジネスチャンスを探していた」という温州人企業家のライフヒストリーを繰り返し紹介してきたが，表 A-10 は，在温州のアパレル企業のトップにおいても，まさにそうした傾向を支持する結果となった。

先の創業形態を扱った節（表 A-4 と表 A-5）で，典型的には 2 名程度の血縁者かせいぜい同郷者が，そして，ほぼそうした近しい関係者のみ（計 97.2％）で創業する実態が明らかになったが，このような温州人コミュニティーの強い凝集性が確認される一方で，回答した企業家たちの約 8 割が離郷経験者でもあり，そのうち約 9 割は「離郷経験が自分のビジネスに非常に役立っている」と回答している事実から，次のような構図が浮かび上がってくる。

つまり，彼らの地元社会が，基本的には「高・結束型」で外部に対して閉鎖的であるにもかかわらず，離郷という果敢なリワイヤリング行為によって，地元に

とどまっていたのでは決して知りえなかったであろう市場・経営・技術・創業機会・販売・創業資金などについて冗長性のない情報を獲得し，自らの創業を果たしているという構図である。そのため，彼らのコミュニティーでは，高いクラスター係数とネットワーク全体の短い経路（ショート・パス・レングス）が併存しており，著しく情報伝達特性が良いため，そうした遠くの情報を素早く有効に活かすネットワーク・トポロジー（つながり構造）が，ごく自然な形で整備されているであろうことが，こうしたデータから推定される。そして，そのような属性のネットワークに人々が埋め込まれているという事実は，恐らくそれだけで，勤勉さや教育レベルといった構成員個人に属するヒューマン・キャピタルの総和といった次元を超えて，コミュニティー全体の振る舞いや，経済的パフォーマンスのレベルを歴然と向上させ，そうした属性を欠く別のコミュニティーと比較して，競争優位に立たせているであろうことは想像に難くない。

　ただし，「離郷経験者」という括りには留意すべき点がある。先の海外在住の温州人企業家の分析から明らかなように，一言で離郷経験者といっても，その内実はさまざまであった。知人が1人もいない地域や都市に勇敢に飛び出していった者もいれば，先に離郷した家族や親戚，知人を頼って故郷を離れた者もいた。そして，各人の個人的資質，つまり，保有するヒューマン・キャピタルの程度に応じて，見かけ上，似通った「離郷」体験から得られる利得も，千差万別であった。つまり，故郷を離れるというリワイヤリング行為によって得られる情報の量と質，さらに，その累積的な学習効果と応用可能性は，各タイプの間で相当異なると想定できる。それにもかかわらず，少なくとも統計上は，比較的「血縁」や「同郷縁」に頼らない離郷者と，これらの「縁」に強く依存して故郷を後にする者が，一様に「離郷経験者」に含まれうるのであり，便宜上そうならざるをえない[10]。

　では，在温州アパレル企業家の間で，どのような形で離郷経験が活かされているのかを，聞き取り調査をもとに具体的に紹介しよう。例えば，女性用ファッション服の温州市迪奈爾（ディナイアル）服飾有限公司の創業者の1人は，1962年生まれの女性で，フランスとイタリアでデザインを学んだ[11]。彼女は，中学卒業後，温州でオーダーメードの洋服店をオープンしたが，1991～1996年の間，渡欧し，デザイン力を磨いている。同社は，調査時点で，自社ブランド製品のみを

---

[10] 本論の注22のクラスター分析による類型化で説明するように，在温州アパレル企業の各創業者の「離郷経験」において，「自社ブランド型企業」も，「地元密着型下請」も，集計上，同程度に高いレスポンスを示していることが注目される。

[11] 2006年1月11日の温州市迪奈爾服飾有限公司でのインタビューによる。

生産・販売しており，相手先ブランドによる OEM 生産はない。2000～2005 年の間に，従業員数は約 100 人から約 400 人に，年間販売高も，本研究で用いた質問票の分類によると「500 万～1000 万元未満」から「8000 万～1 億 2000 万元未満」に急増した[12]。業績は順調に伸びており，離郷し欧州で得た「経営ノウハウや技術の蓄積」が活かされたケースといえよう。

また，先に紹介した男性用スーツの喬頓服飾企業有限公司の創業者 4 人は，創業前，北京を拠点に，生地や洋服等の卸売と小売で生計を立てていたが，「温州から離れていた 10 年間で，資金，経験，情報の蓄積をした」という[13]。1996 年の創業当初は，貸し工場で従業員も 100 人足らずだったが，1997 年に本社工場を建設した。従業員数は調査時の 2006 年で 1300 人を超えている。生産高も創業時は 500 万元以下だったが，2003 年に 2.2 億元，2004 年に 4.8 億元，2005 年に 6.7 億元と急成長を続けている。同社の場合は，創業者が生地の販売経験をもっていることから，子会社で生地の開発，販売も手がけている。

このように，在温州アパレル企業家の離郷経験は，創業時において，さらに，その後の企業経営において，極めて重要な役割を果たしていることが一再ならず確認された。もっとも，離郷経験が，創業や企業発展にとって必須というわけではない。紳士服の浙江奥奔妮（アオベンニイ）服飾有限公司の創業者は，創業直前まで，温州市第二烟糖零售公司という国営企業の副経理だった[14]。下着の温州市北極新秀（ベイジシンシュウ）服飾有限公司は，温州市甌海区衛生局の元役人が，経営不振の企業を，友人から買収して設立した[15]。先にも触れたが，国営企業や公務員などの経験者が，その人脈を活用してビジネスを展開する事例も少なくない。つまり，こうした「経歴上の」リワイヤリングもまた，創業に活かされるのである。

企業の他組織との関係性

次に，温州アパレル企業の生産・販売体制における他組織との関係を検討しよ

---

[12] いうまでもなく，多くの企業にとって，販売額等に関する質問は最もデリケートなものであるため，私たちの質問票記入方式によるフィールド調査でも，こうした「一定枠の選択」という，無難で確立された設問方式に従った。ただし，本書の他の箇所でも見られるように，回答者がピンポイントで絶対額を回答したケースや，公表データから正確な数値を引用する場合などは，この限りではない。
[13] 2006 年 1 月 10 日の喬頓服飾企業有限公司でのインタビューによる。
[14] 温州市服装商会発行の雑誌『温州服装』2005 年第 3 期 pp.114-115 による。
[15] 2006 年 1 月 11 日の温州市北極新秀服飾有限公司でのインタビューによる。

表 A-11　販売形態

$n=36$

販売形態	企業数(社)	構成比(％)
OEM のみ	4	11.1
OEM と特約販売店の併用	26	72.2
特約販売店のみ	6	16.7

う。生産・販売体制に関する質問は，本論の質問票調査で，最も回答を得にくかった[16]。実態をどの程度捕捉できているかについては課題を残すが，温州市服装商会やアパレル企業へのヒアリングデータで補強しながら分析を加える。

販売形態
「OEM 方式」と「特約販売店方式」の併用
　まず，各企業がいかなる販売形態をとっているかを，相手先ブランドで生産する「OEM 方式」と，自社ブランドを特約販売店経由で販売する「特約販売店方式」に大別して調べた。その結果は表 A-11 の通りである。OEM 方式のみの企業は 11.1％，自社ブランド製品を扱う特約販売業者経由のみの企業は 16.7％ にとどまり，OEM 方式と特約販売店方式の併用が 72.2％ と圧倒的に多かった。
　温州市服装商会によると，メンバー企業のうち，OEM を含む下請加工に従事する企業は全体の 60〜70％ を占める。これは，温州のアパレル企業の大半が自社ブランドをもつが，現実問題として，自社ブランドの生産・販売だけで存続できる企業は少なく，他企業のために下請加工もしているという意味である。このため，「下請加工企業」か「自社ブランド企業」かという一刀両断な分類は難しいという。男性用スーツの「報喜鳥」は，中国でも有数のブランド企業だが，OEM の顧客を 16 社以上抱えている。また，男性用スーツの「夏夢」は当初，自社ブランドの生産・販売だけだったが，イタリアの有力生地メーカーのゼニアとの合弁後，国際的に著名なブランドスーツを OEM 生産するようになった。実際，私たちの質問票調査でも，男性用スーツ企業 13 社のうち 11 社が，OEM 生産方式と特約販売店方式を併用しており，こうした聞き取り調査の結果と符合す

16　その理由としては，多くの対象企業で，自社ブランド製品を販売しながら，国内外の大手アパレルメーカーや流通販売業者のために OEM 生産を手がけたり，男性用スーツだけでなく，カジュアル服にも乗り出したりと，事業内容が多岐にわたっているため，回答者が，自社の多彩な生産・販売体制を包括的に正確に記載することが困難だったことや，企業戦略とも絡むため，データの公表に消極的であったことなどが考えられる。

表 A-12　OEM 顧客数の分布
n = 41

顧客数	企業数（社）	構成比（%）
なし	6	14.6
1～3 社	8	19.5
4～6 社	3	7.3
7～9 社	2	4.9
10～12 社	6	14.6
13～15 社	5	12.2
16 社以上	11	26.8

注：四捨五入により，% の計は必ずしも 100.0% にならない。

表 A-13　特約販売店数の分布
n = 41

特約販売店数	企業数（社）	構成比（%）
なし	4	9.8
1～5	12	29.3
6～10	4	9.8
11～50	6	14.6
51～100	3	7.3
101～300	3	7.3
301 以上	9	22.0

注：四捨五入により，% の計は必ずしも 100.0% にならない。

る。

顧客数

表 A-12 と表 A-13 に，OEM 顧客数および特約販売店数をまとめた。OEM 顧客の数は，2 極分化が見られ，「10 社以上」が 53.6% と過半数に達する一方で，「なし」が 14.6%，「1～3 社」は 19.5% である。また，特約販売店数も，「301 店以上」抱える企業が 22.0% に達する一方で，「なし」が 9.8%，「1～5 店」は 29.3% だった。ちなみに，特約販売店を「301 店以上」もつ企業 9 社のうち 4 社は，OEM の顧客数も「10 社以上」有する。両方式のいずれも大規模に展開している大企業が，一定数存在していることが分かる。

長期安定的な取引関係

また，取引額の多い上位 3 顧客に限定して，取引開始時期を尋ねた。表 A-14 はその結果をまとめたもので，「2000～2001 年」に取引が始まった顧客数が 34 で最も多く，次いで「2002～2003 年」の 27，「1995～1999 年」の 22 だった。「2004 年以降」という顧客数はわずか 13 しかなかった。比較的長期にわたるつきあいが基本にあり，特に，取引金額の多い顧客ほど，その傾向が強いことが判明した。

とはいえ，主要顧客の顔ぶれは必ずしも固定的ではない。最も取引額の多い第 1 顧客では，「2001 年以前」から取引しているところが第 1 顧客全体の 78.4% を占めたが，取引額で 3 位の第 3 顧客ともなると「2002 年以降」に取引を開始した顧客数計 18 が，「2001 年以前」から取引している顧客数計 16 を上回っている。

表 A-14　主要 3 顧客との取引開始時期

$n = 37$

取引開始時	第 1 顧客	第 2 顧客	第 3 顧客	計
1994 年以前	6	1	2	9
1995～1999 年	9	9	4	22
2000～2001 年	14	10	10	34
2002～2003 年	4	10	13	27
2004 年以降	4	4	5	13

注：表 A-14～表 A-17 および表 A-19～表 A-23 の回答の一部に欠損があるため，総計は必ずしも n 数の 3 倍とは一致しない。

表 A-15　主要 3 顧客との経営者もしくは創業者の相互関係

$n = 38$

関係性	件数	構成比（％）
父母・兄弟姉妹・子女	4	3.7
親戚（兄弟姉妹の配偶者を含む）	10	9.3
同郷の友人・知人	27	25.0
同郷以外の友人・知人	34	31.5
その他（ビジネス上のつきあい等）	33	30.6

注：四捨五入により，％の計は必ずしも 100.0％ にならない。

血縁から同郷縁，そして，業縁へ

　次に，表 A-15 で，各企業と主要顧客 3 社の経営者もしくは創業者の血縁・同郷縁関係を見てみよう。多いのは，「同郷以外の友人・知人」（31.5％），「その他」（30.6％），「同郷の友人・知人」（25.0％）の順である。「その他」には，純粋なビジネス上のつきあいが含まれる。創業期においては，家族や親戚は，共同創業者としては重要な役割を担っていたが，もはや従業員数「200 人以上 500 人未満」の企業が 63.1％，「500 人以上」が計 17.3％，後者のうち 4.3％ を占める 2 社は「2000 人以上」となり（表 A-2），すでに主要顧客の相手先として，血縁者に依存する体制から概ね脱却していることが窺える。

　とはいえ，より詳細に検討すると，企業規模によって，主要顧客の傾向が若干異なることが分かる。表 A-16 は，売上高 3000 万元（2006 年の年間平均換算率 1 元＝14.6 円換算で約 4 億 3800 万円）を境にして，主要顧客先との関係を分類したものである。予測されることだが，「売上高 3000 万元以上」の大企業では，家族や親戚を取引相手とするケースはわずか 2 件，3.4％ しかなく，「同郷以外の友人・知人」（40.7％）および「その他（ビジネス上のつきあい等）」（32.2％）の割合が高くなっている。逆に，「売上高 3000 万元未満」になると，「父母・兄弟姉妹・子女」，

表 A-16　企業規模別に見た主要3顧客との経営者もしくは創業者の相互関係

$n = 37$

関係性	売上高3000万元未満 (19社)		売上高3000万元以上 (18社)	
	件数	構成比 (%)	件数	構成比 (%)
父母・兄弟姉妹・子女	4	8.7	0	0.0
親戚（兄弟姉妹の配偶者を含む）	8	17.4	2	3.4
同郷の友人・知人	13	28.3	14	23.7
同郷以外の友人・知人	10	21.7	24	40.7
その他（ビジネス上のつきあい等）	11	23.9	19	32.2

注：回答企業数が37に減少しているのは、表A-15の回答企業のうち売上高未記入企業が1社あるため。

「親戚（兄弟姉妹の配偶者を含む）」といった血縁者（26.1%），ならびに，「同郷の友人・知人」（28.3%）の比重が増える。

　すなわち，一再ならず，企業規模が小さいときは，血縁と同郷縁に依存する傾向が認められるが，発展するにつれて，そうした縁故を超えた市場経済型の取引関係段階に達することが浮き彫りになる。

　とはいえ，表A-16が示すように，「売上高3000万元未満」の企業19社のうち，設立時期が明らかな18社を調べると，「1991～1995年」の早い時期に誕生した企業が8社（有効回答数の44.4%）あった。限られたサンプル数のため，一般的な帰結の導出は慎まなければならないが，少なくとも，このデータを見る限り，血縁や同郷縁に依存しすぎる在温州アパレル企業は，その後の発展（規模的拡大）が期待されにくい傾向が見て取れよう。

温州域外の顧客重視

　表A-17の主要3顧客の立地場所を見ると，「浙江省外の中国国内」が65.2%と約3分の2を占めている。今回の調査対象企業が，中小・零細企業が圧倒的に多い温州市の平均的な姿と比べると，相対的に大規模な企業となっており，その多様な商品ポートフォリオと全国的，国際的なマーケティング戦略を全うするため，購買能力の限られた市内企業よりも，域外企業からの仕事を受注する傾向が強いと考えられる[17]。

---

17 主要3顧客の約3分の2が「浙江省外の中国国内」に立地していることもあり，全般的な傾向として，顧客との接触頻度はあまり高くない。36社から108の顧客に関する回答を得たが，「年4回～月1回未満」の頻度でしか連絡を取り合わない顧客が36.1%（108社中39社）で最も多く，「年1回～年4回未満」の34.3%（同37社）が続く。「週2回以上」と頻繁に接触している顧客はわず

表 A-17 主要 3 顧客の立地場所

$n = 38$

立地場所	件数	構成比（%）
温州市	15	13.4
温州市外の浙江省内	14	12.5
浙江省外の中国国内	73	65.2
マカオ・香港・台湾	0	0.0
米国・カナダ	0	0.0
欧州	7	6.3
ロシア・ウクライナ	2	1.8
中東	1	0.9

注：四捨五入により，％の計は必ずしも100.0％にならない。

「欧州」，「ロシア・ウクライナ」，「中東」といった海外からの受注も計9.0％確認された。回答企業38社のうち，4社が海外に主要顧客をもち，そのうち，3社は，主要3顧客すべてが海外であった。この3社の業種，規模，販売形態を見ると，全社ともカジュアル服で，2社が従業員数300～499人規模，うち1社はOEM生産のみ（相手先数4～6社を選択），もう1社は特約販売店のみ（同1～5社を選択）の形態で，海外市場に参入していた。残り1社は従業員数100～199人規模で，OEM（同「1～3社」を選択）と特約販売店（同1～5社を選択）の併用型であった。

ちなみに，海外に立地する10顧客のうち，経営者同士の関係が明らかな8例については，「同郷の友人・知人」が5，「親戚（兄弟姉妹の配偶者を含む）」が1であった。ということは，限られたデータとはいえ，海外に立地する顧客の大半は，離郷した温州人企業であると考えられ，こうした「輸出ビジネス」では，血縁や同郷縁を頼みの綱とする傾向が窺い知れる。つまり，本書でこれまで指摘してきた通り，空間的にはグローバルであるが，現実には，血縁と同郷縁に依拠した結束型ネットワークが展開されている一面が捕捉された。

生産形態

サプライヤー数と購買外注比率

次に，生産体制における企業間関係を検討しておこう。初期の探索的な聞き取

か8.3％（同9社）にすぎず，それに準じる「月1回～週2回未満」も15.7％（同17社）にとどまっている。地理的離散が接触頻度を減らす誘因となり，より抽象度の高い市場取引への傾斜を促す傾向が看取される。

表 A-18 サプライヤー数の分布

$n = 39$

サプライヤーの数	企業数（社）	構成比（％）
1～5	5	12.8
6～10	10	25.6
11～20	6	15.4
21～40	6	15.4
41～70	5	12.8
71～100	2	5.1
101 以上	5	12.8

注：四捨五入により，％の計は必ずしも100.0％にならない。

り調査を通して，購買と外注の区分について各社の理解や分類法に相当な開きがあり，比較検証可能なデータが得られにくいとの判断から，両者を合わせたサプライヤーの実態を調査した。表 A-18 はその結果を示す。サプライヤー数では，「1～10 社」が有効回答企業の 38.4％ ある一方で，「41 社以上」も同 30.7％ あり，かなり分散していることが確かめられた[18]。

「服装完成品」を外部調達

また，調達金額が大きい主要サプライヤーの上位 3 社から，何を調達しているかを訊いた。表 A-19 を見ると，予測通り，「生地」が 47.4％ で半数近くを占めた。次いで，「服装（衣服）完成品」（22.1％），ネクタイや靴，ベルトなどを含む「付属品・飾り品等」（12.6％）が続いた。

ちなみに，買い手側の企業数でカウントすると，回答企業 36 社のうち，サプライヤー上位 3 社からの供給品として，衣服完成品を挙げた企業は 11 社，30.6％ あり，それらのサプライヤー上位 3 社を見ると，すべてが衣服完成品の調達先とする企業は 5 社，さらに，業種が明らかな 4 社では，そのすべてがカジュアル服（男性カジュアル専業 1，男女カジュアル 3 社）だった。限られたデータではあるが，温州のカジュアル服メーカーでは，衣服完成品を外注する顕著な傾向の一端が認められた。

---

[18] 売上高に占める外注総額（原材料，委託加工，付属品等の総額）の割合については，23 社から回答が寄せられた。最も多かったのは「20～30％ 未満」（回答企業全体の 26.1％）で，「30～40％ 未満」と「40～50％ 未満」（いずれも同 21.7％）が続いた。さらに，「70～80％ 未満」，「80～90％ 未満」，「90～100％」を合わせた「70％ 以上」が同 17.4％ ある一方で，「10～20％ 未満」が同 8.7％，「60～70％ 未満」は同 4.3％ あり，この「外注率」でもバラツキが大きいことが知れた。なお，「0～10％ 未満」と「50～60％ 未満」はエントリーがなかった。

表 A-19　サプライヤー上位3社からの調達品

$n=36$

購買・外注内容	件数	構成比 (%)
生地	45	47.4
服装（衣服）完成品	21	22.1
付属品・飾り品等	12	12.6
縫製・裁断	7	7.4
その他（ファスナー・ボタン等）	10	10.5

表 A-20　サプライヤー上位3社との取引開始時期

$n=34$

購買・外注企業上位3社との取引開始時	第1顧客	第2顧客	第3顧客	計
1994年以前	3	1	2	6
1995〜1999年	15	9	7	31
2000〜2001年	10	9	8	27
2002〜2003年	4	7	5	16
2004年以降	2	1	4	7

表 A-21　サプライヤー上位3社との経営者もしくは創業者の相互関係

$n=34$

関係性	件数	構成比 (%)
父母・兄弟姉妹・子女	2	2.4
親戚（兄弟姉妹の配偶者を含む）	9	11.0
同郷の友人・知人	20	24.4
同郷以外の友人・知人	24	29.3
その他	27	32.9

業縁ベースの長期安定的な取引関係

　一方，顧客同様，サプライヤーとも長期安定的な関係にある。表 A-20 は，サプライヤーの上位3社との取引開始時期を示す。「1995〜1999年」に取引が始まったサプライヤーが最も多く 31，次いで，「2000〜2001年」の 27 となっている。

　さらに，表 A-21 が示す，各買い手側企業とサプライヤー上位3社の，創業者もしくは経営者同士の関係では，「その他」(32.9%)，「同郷以外の友人・知人」(29.3%)，「同郷の友人・知人」(24.4%) の順となっている。表 A-5 で観察した買い手側企業内の創業者同士の関係に比べると，サプライヤーの創業者や経営者との関係が，「業縁」中心となることは大方予想通りであり，この活動領域においては「非」血縁・同郷縁のビジネスライクな取引が 62.2% を占めることは，後

表 A-22　サプライヤー上位 3 社の立地場所

n = 34

立地場所	件数	構成比（％）
同一郷鎮	3	3.1
郷鎮の異なる同一県区	8	8.2
県区の異なる温州市内	32	33.0
温州市以外の浙江省	19	19.6
浙江省以外の中国	32	33.0
海外	3	3.1

述するサプライヤー上位 3 社の立地場所の半数以上が，温州市以外であること（表 A-22）と合わせて考察すると，驚くには値しない。

域内で完結しないサプライチェーン

次に，主要サプライヤーの立地場所を表 A-22 に示す。「温州市内」に立地するサプライヤーは全体の 44.3％ を占め，地元企業との緊密なつきあいが窺える一方，「温州市以外の浙江省」(19.6％) と「浙江省以外の中国」(33.0％) を合わせると 52.6％ で過半数となり，広範囲にわたるサプライチェーンの存在が浮き彫りになった[19]。

さらに，サプライヤーの立地場所と調達品目との関係をまとめたのが表 A-23 である。このなかで際立つのが，「服装（衣服）完成品」の外注先であるサプライヤーの立地場所である。温州市内に多くのアパレル企業が集積しているにもかかわらず，今回の調査対象のうち衣服完成品を外注する企業の 7 割強は，浙江省以外の中国もしくは海外に立地する企業に発注していた。限定的な証拠とはいえ，先の知見，ならびに，インタビュー時の証言と併せて考慮すると，カジュアル服の完成品外注に関する限り，浙江省以外の諸資源の利用可能性が強く意識されていることが示唆される。

これまでの集計結果から，温州のアパレル企業の取引形態は一様ではなくかなり複雑であると推察されるが，その実態はどうなっているのだろうか。いくつかの具体的事例で検証しておこう。

---

[19] サプライヤーの立地場所と呼応するかのように，接触頻度もバラツキが大きい。33 社が回答した 81 のサプライヤーに関していえば，「月 1 回～週 2 回未満」(32.1％，81 社中 26 社) が全体の約 3 分の 1 を占め，これに「週 2 回以上」(18.5％，同 15 社) を加算すると，「月 1 回以上」が過半数を占めた。他方，年に数回しか連絡を取らない「年 1 回～年 4 回未満」(23.5％，同 19 社) も 4 分の 1 近くに達している。

表 A-23　調達品目とサプライヤー立地場所の関係（件数）

$n = 34$

購買・外注内容	温州市内	温州市以外の浙江省内	浙江省以外の中国	海外	計
生地	22	14	9	0	45
縫製・裁断	2	1	4	0	7
服装（衣服）完成品	6	1	11	3	21
付属品・飾り品等	5	3	4	0	12
その他（ファスナー・ボタン等）	6	0	4	0	10

　男性用スーツの喬頓服飾企業有限公司は1996年創業の比較的若い企業であるが，売上高「5億〜10億元未満」の大企業に属する。従業員は1300人で，男性用スーツやカジュアル服を「Jodoll」ブランドで統一展開している。スーツは1着2000〜3000元（2006年の年間平均換算率1元＝14.6円換算で約29200〜43800円）の中級レベルで，顧客は，Jodollブランドを扱う約400の特約販売店と，英国やフランス，日本などのOEM委託企業である。

　スーツは内製が基本である。外注するのは，カジュアル服のみで，7〜8社のサプライヤーは，いずれも温州市以外の浙江省や福建省に立地している。相手から売り込みがあり，技術力や経営管理能力などを総合的に判断して，取引を開始した。このほか，革靴やポーチ，ネクタイなどの小物も外注している。いずれも生地とデザインを指定しての完成品外注で，委託先は10数社にのぼる。

　「Fapai」ブランドで知られる男性用スーツ大手の法派集団も，スーツは一切外注せず，カジュアル服や小物だけを，温州市内や広東省の深圳市，中山市などの企業に完成品外注している。

　他方，温州市服装商会によれば，自社ブランド品を販売するメーカーで，自前の生産拠点を一切もたない「虚擬経営」（ファブレス）企業が，温州に100社以上存在する。「虚擬経営」企業とは，他人の経営資源を活用して自社のブランド製品を販売する企業を指し，よく知られているのは，カジュアル服大手の森馬（センマ）や美特斯邦威（メイタシバンウェイ）である。

　そうした「虚擬経営」企業の加工外注先の多くは，広東省中山市などにある。中山市は，カジュアル素材の一大産地で，カジュアル服の加工企業も多数集積している。温州市内にも，スーツ加工企業が1100社程度あるが，スーツとカジュアル服では，生産関連の設備や工程，技術などが大きく違い，転用が難しいため，カジュアル服の多くは域外外注となっている。

　「森馬」等が誕生した1990年代半ば，中国のスーツ市場は活況を呈し，温州のスーツ加工企業は新たな設備を導入して，カジュアル服に転じる必要はなかった。

そのため,「森馬」や「美特斯邦威」は,広東省中山市などの企業に,カジュアル服の完成品を外注することになったという。そうした経緯により,温州市服装商会は,加工費として毎年約10億元が,温州市以外の浙江省や広東省などに流れていると推定している。

こうして見てくると,男性用スーツは,少なくとも大手メーカーでは内製が基本となっており,他方,カジュアル服は,広東省や福建省などにあるカジュアル服の一大産地が利用されていることが知れる。

政府および党組織との関係

最後に,中国企業には欠かせない,政府や共産党との関係を調べた。歴史的に温州経済は,旺盛な民間活力のみによって急成長を遂げてきたが,そうした民営企業は近年,政府や共産党といかなる関係を構築しているのだろうか。表A-24は,社内に共産党組織が設置されているかどうかを示したものである。回答企業37社のうち約半数の18社が党組織を1995年以降に設立していた[20]。党組織の設置は企業規模が大きくなるほど増加し,「従業員500人以上」の企業では,8社すべてが社内党組織を保有していた。限られたデータとはいえ,中国においては,民間セクターの自立志向が著しい温州でさえ,一定規模以上の成長を希求する場合,こうした共産党組織の取り込みが避けて通れない問題となることが示唆される(詳細は安室2003を参照)。

次に,そうした「取り込み」(もしくは,「従属」)情況を人脈的に捕捉するため,社内共産党組織の書記長の出自を表A-25にまとめた。「元政府官僚」と「元政府職員」を合わせて全体の38.9%を占め,元国有企業や元事業単位の共産党組織幹部の合算も22.3%あった。つまり,計61.2%を占めるこれらの政府や共産党組織幹部らによる民営企業への「天下り」は,政府や共産党が,一定規模以上の民営企業と緊密な関係にあることを強く示唆している。

他方,全体の33.3%を占める「企業内生え抜き」の,特に対外折衝力に関する詳細は不明だが,2007年秋の中国共産党第17回大会では,民営企業経営者が党員代表として多数登場して話題を集めたことは注目されよう。経営者でかつ共

---

20 社内に党組織「あり」と回答した企業18社に,その設立時期を尋ねたところ,「1995～1999年」(回答企業の33.3%),「2000～2001年」(同27.8%),「2002～2003年」(同27.8%),「2004年以降」(同11.1%)となった。温州人の政治に対する関心はすこぶる高い。彼らは,ビジネスの発展に当たり,政治動向を的確につかむことの重要性を熟知しているようである。温州の地元紙がかつて温州企業を対象に実施した調査で,経営者の90%以上が政治に関心をもち,60%は政策に合わせてなんらかのビジネスを開始,もしくは,撤退した経験があるとする興味深い結果が出た(郭・張2012, p.133)。

表 A-24　社内共産党組織の有無

$n = 37$

社内共産党組織	企業数 (社)	構成比 (％)
あり	18	48.6
なし	19	51.4

表 A-25　社内共産党書記長の出自

$n = 18$

出身母体	企業数 (社)	構成比 (％)
元政府官僚	6	33.3
元政府職員	1	5.6
元国有企業共産党組織幹部	1	5.6
元事業単位共産党組織幹部	3	16.7
企業内生え抜き	6	33.3
その他	1	5.6

注：四捨五入により，％の計は必ずしも 100.0％ にならない。

産党幹部という動きは確実に広がっており，「企業内生え抜き」には，そうしたケースも含まれると想定される。

　温州の民営企業と共産党の関係を，ある男性用スーツ大手企業の党組織書記は，次のように説明する。「温州の民営企業の多くが，共産党組織を社内に設立し，温州市や共産党組織の幹部を招聘しているのは，彼らとよい関係を築きたいからなんです。温州の企業経営者は，どうやって役に立つ政策情報を得て，いかに活用するかを常に考えます。市政府は，われわれよりも，中央政府の政策動向について情報を得やすい立場なので，特に招聘幹部が社内にいる場合，適時によいアドバイスをくれます。それで利益をあげた企業は，市政府にたっぷり税金を払って恩返しをするんです」。

　中国共産党中央組織部の統計データによると，2007 年 6 月末現在，全国の非公有制企業の共産党員は 318 万 4000 人で，全党員数 (7336 万 3000 人) の 4.3％ を占めている[21]。非公有制企業の共産党員は，2002 年から 5 年間で 169 万人も増加しており，その急増ぶりが際立つ。民営企業にとっては，企業内に党組織や党員を内包することで，中国共産党との太いパイプが生まれ，人材，物資，原資，情報などを引き出すことが容易になるからであろう。

21　『人民網』の 2007 年 10 月 9 日記事「中国共産党員数が 7336 万 3 千人に──2007 年 6 月」による (http://j.people.com.cn/2007/10/09/jp20071009_77752.html，2007 年 12 月 3 日アクセス)。

結局，規模拡大を志向する温州人企業もこうやって，政府や党ともちつもたれつの関係性の中で，ビジネスを展開してきたといえよう。

 以上，限られたサンプル数とはいえ，集計における信頼性と一貫性を的確に担保したうえで，温州市服装商会のすべての理事企業を対象に実施した独自の質問票調査によって，温州アパレル産業の実像の一端が捕捉された。その結果，温州のアパレル企業では，歴史的には，製品販売業者（行商）などを通じて，経営ノウハウや創業資金といった経営資源を蓄積し，創業機会を見出した企業家が，家族や親戚と創業するケースが顕著に見受けられた。また，多くの企業が，相手先ブランドで生産する「OEM方式」と，自社ブランドを特約販売店経由で販売する「特約販売店」方式を併用し，企業規模が小さいうちは，販売先，サプライヤーともに，同郷縁に依存する傾向が認められたが，企業の発展とともに，非温州人から受注し，また，非温州人に発注する，業縁ベースの市場取引を展開していた。さらに，商品によってビジネスモデルが異なり，男性用スーツの大手は内製を基本とする一方，カジュアル服の大手はファブレスが多く，広東省や福建省などにあるカジュアル服の一大産地を活用していることが確認された[22]。

---

[22] 第6章のクラスター分析で，在外の温州人企業家は，「ジャンプ型」，「動き回り型」，「現状利用型A・B」，「自立型」の4類型5タイプに分類されたが，在温州のアパレル企業にも，同様の手順で，ただし，中国国内の地元企業という属性に沿った指標項目により，類型化を試みた。分析にあたっては，次の11項目を具体的な指標として用い，各項目を5段階で計測した。(1)創業仲間の非同郷度，(2)離郷経験，（ここまでは「過去の」，次からは「現在の」指標である）(3)顧客（OEM）の数，(4)顧客（特約販売店）の数，(5)顧客（OEMもしくは特約販売店）との非血縁・地縁的距離，(6)顧客（同）との物理的距離（立地場所），(7)顧客（同）との非接触頻度，(8)サプライヤーの数，(9)サプライヤーとの非血縁・地縁的距離，(10)サプライヤーとの物理的距離（立地場所），(11)サプライヤーとの非接触頻度，である。

　これらの指標をベースに，一定のデータが確保できた在温州のアパレル企業37社を対象に，クラスター分析を行ったところ，「自社ブランド型企業」，「域外開拓型サプライヤー」，「地元密着型下請」の3類型が析出された。

　「自社ブランド型企業」（全体の24.3%）は，創業者が離郷経験を有するだけでなく，現在のビジネスでも，多数の顧客（主に特約販売店）とサプライヤーを抱え，そうした顧客やサプライヤーの多くは，血縁，同郷縁を超えた業縁による取引関係にある。

　他方，「地元密着型下請」（同37.8%）は，創業者が離郷経験を有する点は同じだが，現在置かれたビジネス環境は正反対である。顧客（特約販売店，OEM），サプライヤーともに数は少なく，取引相手もほぼ同郷人にとどまっており，地理的な広がりに乏しい。つまり，温州在住の同郷人とのつきあいが大半を占め，非同郷人との接触は相対的に弱い。自社ブランド製品の開拓にはほど遠く，あくまで地元密着型ビジネスの枠から抜け出しえない。ここには，温州商人（行商）や卸（小売）市場が好んで取り扱う安価な商品を生産する企業が含まれると推察される。

　そうしたなかで，「域外開拓型サプライヤー」（同37.8%）の最大の特徴は，他の2タイプと異なり，離郷経験がないか，あっても離郷がビジネスに有効だったと認識していない点である。また，統計有意ではないが，創業仲間が身近な家族や親戚中心であることが示唆され，そうした「過去の」属性では「地元密着型」に近い。とはいえ，「現在の」ビジネス関係を仔細に検証すると，特

アパレル産業のネットワーク

　以上の調査結果に基づき，温州アパレル企業のネットワークの特徴とその機能を，下記の5点に絞って簡潔にまとめる．すなわち，(1)創業者の離郷経験と広域的なリワイヤリング，(2)創業時の血縁・同郷者ネットワークの機能，(3)企業の発展段階と製品の種類に応じたアウトソーシング，(4)今日見られる企業の諸類型，(5)官民のネットワークである．

創業者の離郷経験と広域リワイヤリング

　データが限られているため，確定的な議論は難しいとはいえ，温州市のアパレル企業でも，創業期には，本書で詳細に検討してきた在欧の温州人企業家とよく似たパターンが観察された．

　第1に，故郷を比較的長期間離れるという企業家の離郷経験が，市場情報の収集や，経営ノウハウと技術，販路，創業資金といった経営資源の蓄積，さらに，創業機会の発見といった側面で，著しく大事な役割を果たしていることが確認された．温州市服装商会に加入している業界トップ層のアパレル企業では，創業者の多くが，北京や大連といった他地域に居住する同郷の親戚や友人を頼って行動し，そうした伝手がない場合でも，自ら行商等によって，中国各地で商機を"探索"して回った．彼らは，慣れ親しんできた日常的な生活圏から飛び出し，はるか遠方に自らの探索の触手をリワイヤリングすることによって，それまで手が届

定の顧客やサプライヤーに偏した頻繁な接触は少なく，温州人以外の取引先経営者ともつかず離れずの関係を維持している．
　このように，温州のアパレル業界では，独自展開を見せる「自社ブランド型」は，市場経済志向であり，顧客やサプライヤーの数が圧倒的に多く，温州人以外の取引先と積極的にビジネスを展開していることから，域外取引も盛んであると推察される．対照的に，顧客，サプライヤーともに血縁・地縁に依存する「地元密着型」は，ローカルな取引関係に傾斜しているが，相手先OEMブランドでの生産方式をメインとする「域外開拓型」は，過去の属性では「地元密着型」に近く，現在の取引関係では「自社ブランド型」により接近する傾向を見せる．
　海外の温州人企業家の実証研究に比べて，この調査が，より早い一時期に探索的な試みの一環として実施されたこと，ならびに，諸資源の制約，特に海外調査並みの豊富な観察記録と定性データの不足により，確定的な評価を下すには至らないが，少なくとも，調査対象となった企業に関する限り，「地元密着型」が，直接「自社ブランド型」や「域外開拓型」の下請になっているわけではなさそうなことが，推測できた．
　ちなみに，上述の3類型を説明変数，従業員数および売上高を従属変数として，分散分析を実施したところ，創業直後から「自社ブランド型」の業績が一貫して，他の2者を統計有意で凌いでいた．つまり，単体として見た場合，温州のアパレル企業においても，在外温州人企業家で析出されたジャンプ型に共通する属性をもつ類型が，最も繁栄する可能性を示唆している．

かず想像さえしなかった「遠く」の市場が顕在化し，新たな経営資源を獲得する好機にも恵まれるようになった。「外出」先がたとえ中国内であっても，離郷がもたらす，創業や事業拡大の促進効果は絶大であった。

第2に，実際の創業時には，在欧の同郷企業家同様，ごく身近な親族が，資金やノウハウなどを持ち寄る傾向が顕著だった。温州のアパレル企業でも，夫婦や親子，兄弟姉妹といった家族が結束して，ファミリービジネスをスタートさせていた。そうした創業直後の段階では，血縁・同郷縁者の支援が販路開拓の面で決定的に重要だった。本書で詳述してきたように，温州人企業家は世界各地に点在しており，血縁・同郷縁という，一見，限定的なネットワークに依存していても，その広域性という点では，例えば，日本の平均的な中小企業とは格段の差がある。なぜなら，温州企業のそうしたネットワークの及ぶ地理的範囲は，浙江省内はもちろん中国全土，さらに，海外広域にまで広がっているため，仮にそれだけが頼りでも，多彩な"生きた"情報，"鮮度の高い"儲け話への諜報力と，諸資源を獲得する集団的能力の面で比較優位を与え，世界各地の市場への迅速な参入を促進するからである。このように，地元温州のアパレル企業においても，そうしたネットワークが，創業予備軍の果敢なリワイヤリングや，創業，そして，創業直後の企業発展の促進剤となっていると推察される。

第3に，企業規模の拡大と発展に応じて，ローカルな同郷縁ベースの取引から，域外を含む業縁ベースの市場取引への移行が観察された。とはいえ，製品の種類によって内製・外注の戦略が異なり，例えば，男性用スーツは内製，カジュアル服はファブレスで，域外他省の産地にアウトソーシングする傾向も確認された。

第4に，クラスター分析によって，「自社ブランド型企業」，「域外開拓型サプライヤー」，「地元密着型下請」の3類型が析出され，順に，市場取引，中間型，人脈取引のグラデーショナル（序階的）な差違を表出していることが推察された。

第5に，温州の民営企業は，共産党組織や地元政府とのリンクを意識的に構築していることが明らかになった。国有企業に比べて長く冷遇されてきた民営企業であるが，一定の企業規模以上になると，多くの場合，共産党組織を社内に設け，共産党員や元政府官僚らを企業内部に抱えることで，その出身元とのパイプを強め，既存の血縁・同郷縁，あるいは，商取引のネットワークだけでは捕捉しきれないヒト，モノ，カネ，情報の獲得を容易にしようとする意図が窺える。つまり，従来乏しかったコミュニケーション・チャンネルへのリワイヤリングを積極的に行い，そこで得られる新たなコネを通じて外部の諸資源を，手っ取り早く社内に取り込んで活用し，盤石の体制を固めようとする戦略が認められる。

いずれにせよ，どのノード（結節点）同士を結びつけるネットワーク様態が最

適であるかは，時代，市場，企業によって変化する。域外取引で発展してきた大手アパレルメーカーの多くも，創業期には近親者に頼って初期的な困難を乗り切ってきた。他方，遠隔地へのアウトソーシングを進めてきた大手メーカーの中には，近年，物流コスト等の負担増に頭を悩ませ，地元企業との再リンク強化を検討する企業もある。恐らく他の産業でも似通った，あるいは，異なった経緯や戦略展開が見られたであろう。そうした事情が示唆するように，ある産業ネットワークにおけるノード間の最適な紐帯の形は，時代，市場，企業によって順次，変遷してきたと考えられる。温州のアパレル産業の企業家は，自らの置かれた状況やその目的に応じて，地元依存と域外アウトソーシング，伝統的な取引関係と市場取引のバランスを変化させ，柔軟に環境適応しながら，認知と資源の限界を超える活動の成果を目指して，多くの場合，達成してきた。そうした歴史的プロセスで，彼らの行動様式は「温州模式」として注目されるに至った集団的能力形成の一端を担い，貢献してきたといえよう。

351

付　録　A

在外企業家および在温州アパレル企業の各調査で用いた質問項目（抜粋）

　2004〜2016年に実施したフィールドワークでは，基本的に半構造的（semi-structured）方式で，念入りな対面インタビューを実施した。その際，政府関係者，企業家，研究者といった属性の異なる相手に応じて，部分的に自由形式で，多岐にわたる質問と対話を行ったが，多くの時間は一貫して，本研究の重要な質問項目について，事前に準備された同一形式による質疑応答に費やされた。その知見が本書の根幹をなしている。以下では，調査で用いた質問項目のうち，海外在住の企業家，および，温州市内のアパレル企業に対して，一問一答形式で実施し，かつ，本書で直接取り上げ，分析したものを掲載する。

　質問項目ごとに括弧入りで記載した図表（一部脚注）番号は，その質問に対する回答とその分析を，本書中に示した章と図表（脚注）に呼応している。例えば，質問番号1の直後に，（表5-1〜2，図8-1，表8-1）と記載されていれば，その質問の回答，集計，分析結果などが，第5章の表5-1，表5-2，ならびに，第8章の図8-1，表8-1に示されていることを表す。また，図A-3，表A-1とあれば，補論Aのそれらを示す。企業家のリワイヤリング能力の分析指標として用いた項目については，クラスター分析結果を示す図表（図6-1〜2，表6-1〜2，表7-1〜5，図8-14〜16，表8-3〜4）も記載している。

　なお，質問項目（の番号）は，基本的に，本書に出てくる図表の順番に従っているが，関連した質問項目をまとめた結果，一部に例外がある。

在外企業家への質問

▨ フィールド・インタビュー

　以下の各質問項目にご回答ください。
 1. **個人属性**（表5-1〜2，図8-1，表8-1）
　　氏名，性別，生年，滞在国・都市
　　出身　1. 温州（　　）　2. 青田（　　）　3. 福建（a. 福清　b. 長楽　c. その他）
　　　　　4. 広東（　　）　5. その他（　　）
　　所属　企業（団体），役職

　　　　業種　1. 製造（　　）　　2. 卸・小売（　　）　　3. 飲食（　　）
　　　　　　　4. ホテル，不動産，市場　　5. その他（同郷会等　　）

2. **入職年齢**（学校卒業後，初就職年齢）（第5章，注**9**）　____歳

3. **出国前の職業**（複数回答可）（第5章，注**7**）
   1. 農民　　2. 公務員　　3. 教員　　4. 軍人　　5. 国営企業勤務
   6. 民営企業勤務　　7. 個人事業主（株式会社経営者含）　　8. アルバイト
   9. 学生　　10. その他（　　）

4. **中国出国時期**（図5-1〜3，図8-2）　詳細　　　年
   1. 〜1979　　2. 1980〜1984　　3. 1985〜1989　　4. 1990〜1994
   5. 1995〜1999　　6. 2000〜2004　　7. 2005〜2009　　8. 2010〜

5. **出国理由**（表5-3，図8-3）
   1. 事業拡大（a. 既存事業拡大　b. 新事業展開）　　2. 商機探索
   3. 親族の商売支援　　4. 家族との同居（結婚含）　　5. （個人的）出稼ぎ
   6. その他（　　）

6. **出国時のビザの種類**（第5章，注**7**）
   1. 家（親）族　　2. 就労　　3. 投資　　4. 留学　　5. 観光
   6. その他（　　）

7. **結婚相手**（表5-4，図6-1〜2，表6-1〜2，表7-1〜5，図8-7，図8-14〜15，表8-3〜4）
   1. 同郷（市レベル）の中国人　　2. 同省出身の中国人
   3. 同省「以外」の中国人　　4. アジア人　　5. アジア人以外

8. **最終学歴と**（下記カッコ内に）**立地場所**（表5-5，図8-4）
   1. 小卒以下　　2. 中卒　　3. 高卒　　4. 専門学校・短大卒［校名　　　　］
   5. 大卒以上［校名　　　］（立地場所　　　）

9. 出国時の親族や友人への依存内容（表5-6, 図6-1～2, 表6-1～2, 表7-1～5, 図8-8, 図8-14～15, 表8-3～4）

	出国先にいたか	出国先への入国を支援したか
1. 配偶者		
2. 両親・子供		
3. 兄弟姉妹		
4. 義理の兄弟姉妹		
5. おじ・おば・おい・めい		
6. いとこ		
7. その他の親戚（　　　）		
8. 同郷人の友人・知人		
9. 同郷人「以外」の友人・知人		
10. その他（蛇頭, 留学, 会社駐在員　　）		

10. 従業員の多様性（表5-8, 図6-1～2, 表6-1～2, 表7-1～5, 図8-13～15, 表8-3～4）
1. 同郷人（市レベル）比率が75%以上　　2. 同郷人比率が50%以上75%未満
3. 同郷人を含む中国人比率が50%以上
4. 同郷人を含む中国人比率が25%以上50%未満
5. 同郷人を含む中国人比率が25%未満

　　①従業員　　　　　　人
　　　うち②同郷人従業員　　　　人
　　　　③中国人従業員　　　　人
　　　　④中国（籍）人以外の現地国人従業員　　　　人
　　　　⑤中国人以外の「非」現地国人従業員　　　　人

11. 創業時の資金調達手段（複数回答可）（表5-9, 図8-9）
1. 自己資金　2. 両親・子供　3. 兄弟姉妹　4. その他の親戚
5. 同郷の友人・知人　6. 中国人の友人・知人　7. 会（クィ）
8. 外国人の友人・知人　9. 銀行等　10. その他

12. 中国出国後の滞在国数（表5-10, 図6-1～2, 表6-1～2, 表7-1～5, 図8-5, 図8-14～15, 表8-3～4）
1. 1カ国（現在の居住国のみ）　2. 2カ国　3. 3カ国　4. 4カ国
5. 5カ国以上

13. **経験した職種・業種の数**（表 5-11，図 6-1～2，表 6-1～2，表 7-1～5，図 8-6，図 8-14～15，表 8-3～4）

	職種・業種	
	出国前	出国後
1. 1つ（現在の職種・業種のみ）		
2. 2つ		
3. 3つ		
4. 4つ		
5. 5つ		
6. 6つ以上		

14. 問 13 で「アルバイト」経験のある回答者のアルバイト業種（カッコ内に経営者の出身国・都市名を記載）（複数回答可）（表 5-7）
    1. レストラン（　　　）　2. 縫製工場（　　　）　3. 皮革工場（　　　）
    4. 小売・卸（　　　）　5. その他（ホテル等）（　　　）

15. **顧客（販売先）の多様性**（表 5-12，図 6-1～2，表 6-1～2，表 7-1～5，図 8-11，図 8-14～15，表 8-3～4）

    総顧客数＿＿＿＿＿＿

	滞在国内	その他外国	中国
小計			
1. 両親・子供，配偶者，兄弟姉妹（姻戚含）			
2. それ以外の親族			
3. 同郷人（親族除く）			
4. 中国人（同郷人除く）			
5. その他			

付録A　在外企業家および在温州アパレル企業の各調査で用いた質問項目　355

16. **仕入先の多様性**（表5-13，図6-1〜2，表6-1〜2，表7-1〜5，図8-12，図8-14〜15，表8-3〜4）

　総仕入先数

	滞在国内	その他外国	中国
小計			
1. 両親・子供，配偶者，兄弟姉妹（姻戚含）			
2. それ以外の親族			
3. 同郷人（親族除く）			
4. 中国人（同郷人除く）			
5. その他			

17. **共同経営相手**（複数回答可）（表5-15，図8-10）
　1. 単独　　2. 両親・子供・配偶者　　3. 兄弟姉妹　　4. その他の親戚
　5. 同郷の友人・知人　　6. 中国人の友人・知人　　7. 外国人の友人・知人
　8. その他

18. **国内外の販売・生産拠点数**（図6-1〜2，表6-1〜2，表7-1〜5，図8-14〜15，表8-3〜4）

	販売	生産
1. 1カ国（現在の居住国のみ）		
2. 2カ国		
3. 3カ国		
4. 4カ国		
5. 5カ国以上		

19. **同郷人とのビジネス上のフォーマルなつきあいの程度（強弱）**（図6-1〜2，表6-1〜2，表7-1〜5，図8-14〜16，表8-3〜4）
　1. ビジネス情報の交換
　　　無・有（誰と？　①両親・子供，配偶者，兄弟姉妹（姻戚含）　②他の親戚　③同郷の友人　④同郷の知人）
　2. 取引先の紹介
　　　無・有（誰と？　①両親・子供，配偶者，兄弟姉妹（姻戚含）　②他の親戚　③同郷の友人　④同郷の知人）
　3. 住まいや職の斡旋・提供
　　　無・有（誰と？　①両親・子供，配偶者，兄弟姉妹（姻戚含）　②他の親戚　③同郷の友人　④同郷の知人）
　4. 資金の貸し借り
　　　無・有（誰と？　①両親・子供，配偶者，兄弟姉妹（姻戚含）　②他の親戚　③同郷の友人　④同郷の知人）
　5. 事業の共同経営
　　　無・有（誰と？　①両親・子供，配偶者，兄弟姉妹（姻戚含）　②他の親戚　③同郷の友人　④同郷の知人）
　6. その他（　　　）

無・有（誰と？ ①両親・子供，配偶者，兄弟姉妹（姻戚含） ②他の親戚 ③同郷の友人 ④同郷の知人）
詳細_____

20. 「非」同郷人とのビジネス上のフォーマルなつきあいの程度（強弱）（図6-1～2，表6-1～2，表7-1～5，図8-14～16，表8-3～4）
    1. ビジネス情報の交換
       無・有（誰と？ ①同郷人のみ（この場合，指標0） ②同省の中国人 ③同郷・同省以外の中国人 ④アジア人（台湾人含） ⑤アジア人以外）
    2. 取引先の紹介
       無・有（誰と？ ①同郷人のみ（この場合，指標0） ②同省の中国人 ③同郷・同省以外の中国人 ④アジア人（台湾人含） ⑤アジア人以外）
    3. 住まいや職の斡旋・提供
       無・有（誰と？ ①同郷人のみ（この場合，指標0） ②同省の中国人 ③同郷・同省以外の中国人 ④アジア人（台湾人含） ⑤アジア人以外）
    4. 資金の貸し借り
       無・有（誰と？ ①同郷人のみ（この場合，指標0） ②同省の中国人 ③同郷・同省以外の中国人 ④アジア人（台湾人含） ⑤アジア人以外）
    5. 事業の共同経営
       無・有（誰と？ ①同郷人のみ（この場合，指標0） ②同省の中国人 ③同郷・同省以外の中国人 ④アジア人（台湾人含） ⑤アジア人以外）
    6. その他（　　）
       無・有（誰と？ ①同郷人のみ（この場合，指標0） ②同省の中国人 ③同郷・同省以外の中国人 ④アジア人（台湾人含） ⑤アジア人以外）
    詳細_____

21. 同郷人とのインフォーマルなつきあいの程度（強弱）（図8-16）
    日常的に接する相手（近所づきあいやボランティア組織活動等）

	週3日以上（月13～30日）	月1回以上（月1～12回）	2ヵ月に1回以上（年6～11回）	年1回以上（年1～5回）	年1回未満
1. 両親・子供，配偶者，兄弟姉妹（姻戚含）					
2. それ以外の親族					
3. 同郷人の知人・友人					
4. 同郷会メンバー					
5. 同郷会メンバー以外					

    詳細_____

22. 「非」同郷人とのインフォーマルなつきあいの程度（強弱）（図8-16）
    日常的に接する相手（近所づきあいやボランティア組織活動等）

	週3日以上（月13～30日）	月1回以上（月1～12回）	2カ月に1回以上（年6～11回）	年1回以上（年1～5回）	年1回未満
1. 同郷人のみ（この場合，指標0）					
2. 同省の中国人					
3. 同郷・同省以外の中国人					
4. アジア人（台湾人含）					
5. アジア人以外					

詳細＿＿＿＿＿

23. 語学能力（第7章，注2）

	北京語	地方方言	現地語（　　）	英語
1. 全くできない				
2. 初歩的な意思疎通				
3. 日常生活・商売上十分				
4. 書面契約十分				
5. ほぼ完璧				

在温州アパレル企業への質問（日本語訳）

■ フィールド・インタビューおよび温州市服装商会への質問票

以下の各質問項目にご回答ください。
1. 売上高に占める比率が最大の商品について（表A-1）
    1. 男性用スーツ　2. 女性用スーツ　3. 男性用カジュアル服
    4. 女性用カジュアル服　5. 子供服　6. その他（　　）

2. 従業員数（表 A-2）

(1)，(2)，(3) ともそれぞれ該当する空欄に○

	9人以下	10〜49人	50〜99人	100〜199人	200〜299人	300〜499人	500〜799人	800〜999人	1000〜1999人	2000人以上
(1) 創業時										
(2) 2000年*										
(3) 2005年										

＊もし創業が2000年以降であれば，2000年の欄は空欄にしておいてください。

3. アパレル事業（衣服と付属品，アクセサリー）の年間売上高の推移（表 A-16）

(1)，(2)，(3) ともそれぞれ該当する空欄に○

	500万元未満	500万〜1000万元未満	1000万〜3000万元未満	3000万〜5000万元未満	5000万〜8000万元未満	8000万〜1億2000万元未満	1億2000万〜3億元未満	3億〜5億元未満	5億〜10億元未満	10億元以上
(1) 創業時										
(2) 2000年*										
(3) 2005年										

＊もし創業が2000年以降であれば，2000年の欄は空欄にしておいてください。

4. 創業年（表 A-3）　　　　　　年

5. 創業者の数（表 A-4）　　　　　　人

6. 創業者同士の関係（表 A-5）

創業者が複数いる場合は，最年長の創業者から見た他の創業者の関係（該当する空欄に○）

	夫婦，父母，兄弟姉妹，子女	親戚（兄弟姉妹の配偶者含む）	同郷（出身地が同じ）で同窓，同郷で同業	単なる同郷	同郷以外の友人・知人
最年長の創業者と他の創業者Aとの関係					
最年長の創業者と他の創業者Bとの関係					

7. 創業者の年齢（表 A-6）

創業者が複数いる場合は最年長者　　　　　　歳

1. 15歳〜20歳　　2. 21歳〜30歳　　3. 31歳〜40歳　　4. 41歳〜50歳
5. 51歳以上

8. **創業者の創業以前の職業**（表 A-7）
   創業者が複数いる場合は最年長者
   1. 農民　　2. 公務員　　3. 軍人　　4. 国営企業勤務　　5. 民営企業勤務
   6. 個人事業主　　7. その他（　　）

9. **創業者の外出経験**（表 A-8）
   創業者は1カ月以上連続して，ビジネスのために故郷を離れた経験がありますか。
   1. ある　　2. ない

10. **外出経験のビジネスへの貢献度**（表 A-9）
    問9で「ある」と答えた人のみ。その経験は今のビジネスに役立っていますか。
    1. 役立っている　　2. 少し役立っている　　3. 分からない
    4. あまり役立っていない　　5. 役立っていない

11. **外出経験が有用な理由**（複数回答可）（表 A-10）
    1. 創業資金の蓄積　　2. 経営管理ノウハウや技術の蓄積　　3. 創業機会の発見
    4. 販売経路　　5. 原材料・部材，部品等の調達　　6. 市場情報
    7. その他（　　）

12. **昨年の OEM 顧客**（御社が相手先ブランドで生産加工している）**の数**（表 A-11〜12）
    1. 0社　　2. 1〜3社　　3. 4〜6社　　4. 7〜9社　　5. 10〜12社
    6. 13〜15社　　7. 16社以上

13. **自社ブランド製品を販売する特約販売業者（店）の数**（表 A-11，表 A-13）
    1. 0社　　2. 1〜5社　　3. 6〜10社　　4. 11〜50社　　5. 51〜100社
    6. 101〜300社　　7. 301社以上

14. **顧客上位3社との取引開始時期**（該当する空欄に○）（表 A-14）

	2004年以降	2002〜2003年	2000〜2001年	1995〜1999年	1994年以前
売上高第1位顧客					
売上高第2位顧客					
売上高第3位顧客					

15. 顧客上位3社の董事長あるいは総経理と，御社の創業者の関係（該当する空欄に○）（表 A-15〜16）

	父母，兄弟姉妹，子女	親戚（兄弟姉妹の配偶者含む）	同郷の友人・知人	同郷以外の友人・知人	その他
売上高第1位顧客					
売上高第2位顧客					
売上高第3位顧客					

16. 顧客上位3社の立地場所（該当する空欄に○）（表 A-17）

	温州市	温州市以外の浙江省	浙江省以外の中国	香港，マカオ，台湾	米国，カナダ	欧州	ロシア・ウクライナ	中東	その他
売上高第1位顧客									
売上高第2位顧客									
売上高第3位顧客									

17. 顧客上位3社の董事長あるいは総経理と，御社の創業者の接触頻度（該当する空欄に○）（補論 A，注 **17**）

	週2回以上	月1回〜週2回未満	年4回〜月1回未満	年1回〜年4回未満	年1回未満
売上高第1位顧客					
売上高第2位顧客					
売上高第3位顧客					

18. 昨年の御社の供給業者の数：供給業者とは，原材料等の調達先や委託加工等の協力企業を指し，特約販売店は含まない。（表 A-18）
  1. 1〜5社   2. 6〜10社   3. 11〜20社   4. 21〜40社   5. 41〜70社
  6. 71〜100社   7. 101社以上 ＿＿＿社

19. 昨年の御社の売上高に占める外注総額（原材料，委託加工，付属品等の総額）の比率（該当する空欄に○）（補論 A，注 **18**）

0%〜10%未満	10%〜20%未満	20%〜30%未満	30%〜40%未満	40%〜50%未満	50%〜60%未満	60%〜70%未満	70%〜80%未満	80%〜90%未満	90%〜100%

付録A　在外企業家および在温州アパレル企業の各調査で用いた質問項目　361

20. 昨年，購入金額が多かった供給業者上位3社からの調達品（当てはまるもの1つに○。同じ供給業者から異なる複数のものを購入している場合は，金額が最大のものを選んで下さい。）（表A-19）

	生地	縫製・裁断	服完成品	付属品，飾り品等*	その他**
購入額第1位の供給業者					
購入額第2位の供給業者					
購入額第3位の供給業者					

*ネクタイ，靴，ベルト，飾り品，付属品等の完成品。**ファスナー，ボタン，糸等。

21. 昨年，購入金額が多かった供給業者上位3社との取引開始時期（該当する空欄に○）（表A-20）

	2004年以降	2002～2003年	2000～2001年	1995～1999年	1994年以前
購入額第1位の供給業者					
購入額第2位の供給業者					
購入額第3位の供給業者					

22. 昨年，購入金額が多かった供給業者上位3社の董事長あるいは総経理と，御社の創業者の関係（該当する空欄に○）（表A-21）

	父母，兄弟姉妹，子女	親戚（兄弟姉妹の配偶者含む）	同郷の友人・知人	同郷以外の友人・知人	その他
購入額第1位の供給業者					
購入額第2位の供給業者					
購入額第3位の供給業者					

23. 昨年，購入金額が多かった供給業者上位3社の立地場所（該当する空欄に○）（表A-22）

	同じ郷鎮	郷鎮の異なる同じ県区	県区の異なる温州市	温州市以外の浙江省	浙江省以外の中国	海外
購入額第1位の供給業者						
購入額第2位の供給業者						
購入額第3位の供給業者						

24. 昨年，購入金額が多かった供給業者上位3社の董事長あるいは総経理と，御社の創業者の接触頻度（該当する空欄に○）（補論A，注 **19**）

	週2回以上	月1回〜 週2回未満	年4回〜 月1回未満	年1回〜 年4回未満	年1回未満
購入額第1位の供給業者					
購入額第2位の供給業者					
購入額第3位の供給業者					

25. 社内共産党組織の有無（表A-24）
    1. ある　　2. ない

26. 社内共産党組織の発足時期（補論A，注 **20**）
    1. 2004年以降　　2. 2002〜2003年　　3. 2000〜2001年　　4. 1995〜1999年
    5. 1994年以前

27. 社内共産党組織の現書記の出自（表A-25）
    1. 元政府官僚　　2. 元政府職員（責任ある立場にはなかった）
    3. 元国有企業の共産党組織幹部　　4. 元事業単位の共産党組織幹部
    5. 国有企業あるいは事業単位以外の企業の元共産党組織幹部
    6. 企業内の生え抜き　　7. その他（　　　）

インタビュー・リスト

　第1章の表1-2で要約したように，本書は，2004～2016年の間，496団体，707人対して実施した計1700時間4分に及ぶフィールド・インタビューから得られた，膨大な1次情報が議論のベースとなっている。収集したすべての情報を利用することはできなかったが，多くの時間を割いてご協力頂いたインタビューイーへの謝意とともに，ここに一覧表をまとめた。組織名，役職は，インタビュー実施当時のもので，敬称は省略させて頂いた。

インタビュー・リスト，2004～2016年

カテゴリー	組織数	インタビューイー数	所要時間
1. 政府	32	52	131時間22分
2. 企業	359	432	842時間23分
（中国国内）	(114)	(162)	(233時間51分)
（中国国外）	(245)	(270)	(608時間32分)
3. 業界団体	6	14	36時間29分
4. 同郷組織（帰国華僑関連組織含む）	56	134	481時間23分
5. 研究機関	17	47	136時間23分
6. 報道機関	6	7	17時間40分
7. その他	20	21	54時間24分
計	496	707	1700時間4分

　注1：所要時間は，個々のインタビューイーに要した延べ時間である。グループ・インタビュー等による重複分の調整はしていない。また，言うまでもないが，カテゴリー「2. 企業」のうち，中国国内と中国国外の内訳を示した括弧内の数値は，計に含まれていない。
　　2：補論Aで分析した在温州のアパレル企業48社（質問票調査回答企業）のうち，4社に関しては，筆者ら自身が，2004年1月上旬に現地でインタビューを行った企業であるため，以下の詳細なリストに掲載した正確な人数や時間に基づき，上記のインタビュー・リストにそれらの数値を加算してある。また，30社については，上述の通り，当時研究支援者だった中国人留学生が，2006年8月に単独で実施した現地のインタビュー形式による質問票調査に基づく。この30社に関してはインタビューイー数と所要時間を，1社当たり1名，平均30分として算出し，上記集計リストの「企業」欄には加えてある。なお，残る14社については，2006年1～2月に，業界団体の温州市服装商会に全面委託したものであり，上記の集計にも，次頁以降の詳細なリストにも含まれていない。

凡　例

1. インタビューイーの所属組織名，氏名，役職は可能な限り名刺から転記した。なお，名刺等の欠如により，正確な名称等が不明な場合，(1)組織名については，卸，中華レストラン等，(2)氏名については，国籍，男性，女性等，そして，(3)役職については，経営者，従業員等の一般名詞でそれぞれ代用した。また，本人や周辺の信頼に足る人材等の証言によって，インタビューイーが温州人であるとの確証が得られた場合のみ，氏名の右肩に★を記した。
2. インタビューイーの所属組織の所在地と，インタビュー場所が同一でない場合は，便

宜上，前者で分類し，氏名の後にインタビュー場所を括弧入りで記載した。
3．所要時間は，インタビュイー1名当たりに費やした時間の総計であり，グループ・インタビュー等における，時間の重複などは未調整である。
4．所属組織は下記の7つに分類した。
   1．政府，2．企業，3．業界団体，4．同郷組織（帰国華僑関連組織含む），5．研究機関，6．報道機関，7．その他
   なお，インタビュイーが，例えば，企業経営者で，同時に業界団体や同郷組織の要職にも就いている場合，インタビューでは，当該企業の経営と，業界団体・同郷組織の活動実態の双方に関する，多彩な情報を提供頂いた。そのため，この種のインタビュイーに関しては，重複する形になるが，所属するカテゴリーのいずれにも記載した。
5．面談者欄の●は西口，■は辻田を示す。また，△は，両者ともに現地訪問できない場合に，代替的に，訓練のうえ，調査委託した中国人留学生等の研究支援者を表す。
   なお，西口および辻田が共同もしくは単独でインタビューした場合も，インタビュー相手が中国語しか話せない場合が大多数を占めたため，例外なく，通訳として中国人留学生等を同行したが，下記のリストでは，彼らの氏名等は省いてある。

インタビュー調査における筆者らの個別のカバレージ率は，次の要領でインタビュー件数をもとに算出した。インタビュー件数は，同じ相手でも，インタビューの日が異なれば別件としてカウントし，また，企業経営者が業界団体や同郷組織の役職を兼ねるなど，所属カテゴリーの異なる場合も別件とした。その結果，インタビュー総件数は816件となった。このうち786件は，次頁以降の詳細なリストに記載されている。なお，同リストに記載のない残る30件については，当時研究支援者であった中国人留学生（一橋大学商学研究科博士課程）が，2006年8月13～18日の間，単独で現地に赴き，各社の責任者に会い，インタビュー形式で質問票調査を実施している。

そうしたインタビュー総件数816件に占める，各面談者のカバー率は下記の通りである。
   1．西口　　　　　　　　　　　　90.8%（741件）
   2．辻田　　　　　　　　　　　　89.8%（733件）
   3．中国人留学生等の研究支援者　6.9%（56件，うち30件は下記のリスト未記載分）

なお，筆者らの少なくとも1人が参加したインタビュー件数は760件で，カバー率は93.1%となった。

インタビュー・リスト一覧

国・地域	所属組織	組織名	氏名	役職	訪問日・時	所要時間(分)	面談者
中国国内							
北京	1	温州市政府駐北京連絡処弁公室	林錫陸★	主任	2005.11.1	14:20～16:02	●■
					2006.1.6	18:00～22:06	246	●■
	2	中国浙江華栄柜架有限公司北京弁事処	李生強★	総経理	2005.11.1	10:26～12:36	130	●■
			包晶晶★	総経理の妻	2005.11.1	10:26～12:36	130	●■
	2	北京世紀天鼎商品交易市場	林余存★	董事長（北京世紀天鼎投資有限公司董事長，北京章光101集団副董事長）	2005.11.1	14:20～16:02	102	●■
					2006.1.6	18:00～22:06	246	●■
	2	世紀京州家具有限公司	陳湘育★	経理	2005.11.1	16:48～18:19	91	●■
	2	北京用友軟件股份有限公司	呉健	副総裁	2005.11.2	13:56～16:59	183	●■
			何志貴	生産供応部門経理	2005.11.2	16:30～16:59	29	●■
			劉慶収	生産責任者	2005.11.2	16:30～16:59	29	●■
	2	泰豪集団	鄒衛明	北京本部副総裁	2005.11.2	17:38～18:41	63	●■
	2	北京大江投資有限公司	李風	総裁	2005.11.3	9:55～12:44	169	●■
	2	慧聡国際資訊有限公司	呉纓	首席運営官（CEO）	2005.11.3	14:14～16:58	164	●■
	5	清華科技園発展中心	陳鴻波	副主任（啓迪控股股份有限公司副総裁）	2006.1.6	10:00～12:47	167	●■
	5	清華科技園科技投資中心	雷霖	総経理	2006.1.6	13:22～15:02	100	●■
			王涌	副総経理	2006.1.6	11:40～13:20 14:20～16:48	248	●■
	5	清華科技園啓迪創業孵化器有限公司	王文梅	副総経理	2006.1.6	15:15～16:46	91	●■
	5	清華科技園啓迪控股股份有限公司	苑瑾	総裁弁公室副主任	2006.1.6	15:15～16:46	91	●■
	5	北京大学	王緝慈	城市与環境区域規劃系経済地理教授	2005.11.4	9:06～11:51	165	●■
			梅麗霞	城市与環境区域規劃系博士研究生	2005.11.4	9:06～11:51	165	●■
			任宝	城市与環境区域規劃系修士研究生	2005.11.4	9:06～11:51	165	●■
陝西省 西安	3	西安市工商業聯合会	魯駿柱	会長（陝西省商会副会長）	2006.1.9	9:22～11:58	156	●■
			邱斎鳴	副会長（西安商会副会長）	2006.1.9	9:22～11:58	156	●■
			張保昌	経済連絡処処長	2006.1.9	9:22～11:58	156	●■
			倪氳亮	経済連絡処	2006.1.9	9:22～11:58	156	●■
	5	西安交通大学経済・金融学院	李宵有（温州でインタビュー）	教授	2013.9.26	18:35～20:53	138	●■
					2013.9.27	13:35～14:02	27	●■

四川省 成都	1	四川省招商引資局	易軍	副局長	2007.3.29	10:11～10:17	6	●■
			張瑛	処長	2007.3.29	10:07～14:03	236	●■
			王嘉	国際合作二処　副処長	2007.3.29	10:07～14:03	236	●■
			唐亜林	国際合作一処　調研員	2007.3.29	10:11～14:03	232	●■
	1	温州市人民政府駐成都弁事処	李国昕★	主任	2007.3.30	12:20～13:33	73	●■
			（女性）	主任秘書	2007.3.29	19:35～21:56	141	●■
	2	成都市蓉鹿机器有限公司	（男性）★	董事長秘書	2007.3.29	15:33～17:20	107	●■
			（男性）	生産部長	2007.3.29	15:33～17:20	107	●■
	2	鈞泰実業有限公司	趙宇椿★	董事長	2007.3.29	15:33～17:20 18:20～21:56	323	●■
	2	香港金鯊魚国際集団	胡忠良★	総経理	2007.3.29	17:27～18:12	45	●■
			馮蘭妹★	董事長	2007.3.29	17:27～18:12	45	●■
	2	成都虹蜻蜓貿易公司	徐海挺★	銷售管理中心経理	2007.3.30	9:22～10:39	77	●■
			（男性）	銷售管理中心担当者	2007.3.30	9:22～10:39	77	●■
			（男性）	銷售管理中心担当者	2007.3.30	9:22～10:39	77	●■
			（女性）	銷售管理中心担当者	2007.3.30	9:22～10:39	77	●■
	2	恵特靴業有限公司販売代理店	張相武★	経理	2007.3.30	11:02～11:52	50	●■
	2	四川一汽豊田汽車有限公司（日系）	星野晴秋	董事総経理	2007.3.30	15:26～18:05	159	●■
			藤野晴也	采購・業務部部長	2007.3.30	16:02～17:55	113	●■
			竹岡康治	技術部技術開発課特装主査	2007.3.30	16:30～17:12	42	●■
			阪本敦	管理部副部長	2007.3.30	17:47～17:54	7	●■
	4	四川省温州商会	（男性）★	事務職員	2007.3.29	15:33～17:20	107	●■
浙江省 桐郷	1	桐郷市	帳文華	常務副市長	2004.3.21	17:55～19:42	107	●■
	1	桐郷市僑務弁公室	居奇雄	主任	2004.3.21	17:55～19:42	107	●■
	2	上海花神国際貿易有限公司	宣聖華	総経理	2004.3.21	13:17～14:04 17:55～19:42	154	●■
	2	浙江桐郷花神生絲有限公司	陳慧娟	業務部経理	2004.3.21	13:17～14:04 14:35～15:57	129	●■
	2	桐郷市崇徳絲業有限公司	馮海榮	総経理	2004.3.21	14:35～15:57	82	●■
	2	嘉興華夏絲綢有限公司	宋慎洲	総経理	2004.3.21	16:30～17:24	54	●■
杭州	1	浙江省僑務弁公室	戴小迅	連絡処処長	2004.3.23	11:30～14:00	90	●■
			方士栄	副主任（浙江省海外交流協会副会長）	2004.3.23	11:30～14:00	90	●■
			李中韜	経科処・正処調（浙江省海外交流協会外聯部副部長，浙江省企業聯合会理事，浙江省発展華僑事業基金会理事）	2004.3.23	11:30～14:00	90	●■
			李義海	経済科技処	2004.3.23	11:30～14:00	90	●■

インタビュー・リスト

	1	浙江省経済貿易委員会	蘭健平	技術装備処副処長（基地建設弁副主任）	2004.3.22	17:45～21:25	220	●■
	1	浙江省縉雲県壺鎮鎮人民政府	王巍	鎮長（台縉高速道路縉雲段建設指揮部副総指揮）	2004.3.22	21:25～22:45	80	●■
	2	杭州都錦生實業有限公司	周雅衛	総経理助理，弁公室主任	2004.3.23	9:10～11:00	110	●■
	2	万事利集団	陳国驊	総裁助理	2004.3.23	14:35～16:30	115	●■
	2	杭州万事利絲綢科技有限公司	孫有毅	董事長	2004.3.23	14:35～16:30	115	●■
	2	浙江浙水房地産開発有限公司	孫正	副総経理	2004.3.22	21:25～22:45	80	●■
	7	浙江星韵律師事務所	王海平	弁護士	2004.3.23	11:30～14:00	150	●■
	5	浙江大学	呉暁波	管理科学与工程系主任，教授	2004.3.22	17:45～21:25	220	●■
			金祥栄	経済学院党委書記兼副院長，教授	2007.3.25	17:40～19:05	85	●■
			朱希偉	経済学院講師	2007.3.25	17:40～19:05	85	●■
義烏	1	義烏市	傅慧敏	委市府決諮弁主任	2007.3.26	9:07～10:20 11:30～12:36	136	●■
			男性	委市府決諮弁主任助手	2007.3.26	17:00～18:44	104	●■
			男性	義烏中国小商品城の担当者	2007.3.26	9:07～10:20	73	●■
	1	蘭渓市駐義烏来料加工連絡処	李美艶	主任	2007.3.26	14:10～15:16	66	●■
	1	金華市婺城区政府駐義烏来料加工連絡処	方芳	担当者	2007.3.26	15:24～16:13	49	●■
	1	義烏市赤岸鎮政府	劉新方	副鎮長	2007.3.27	11:45～13:18	93	●■
			男性	区域主任	2007.3.27	11:45～13:18	93	●■
	2	水晶卸「河馬精品」	女性	従業員	2007.3.26	9:40～9:50	10	●■
	2	マフラー卸「思雅囲巾商行」	女性	従業員	2007.3.26	10:45～11:09	24	●■
	2	義烏市特爾日用家紡廠	朱国慶	総経理	2007.3.27	10:13～11:34	81	●■
	2	浙江夢娜針織袜業有限公司	張新玉	副総経理	2007.3.27	14:10～14:50	40	●■
			女性	従業員	2007.3.27	15:08～15:30	22	●■
温州（青田を含む）	1	温州市体制改革委員会	陳徳文	企業所長	2004.3.26	9:53～11:48	115	●■
	1	温州市城市建設檔案管理所処	項陸海★	副処長（建設檔案館副館長）	2004.3.27	12:20～12:50	30	●■
					2004.8.23	18:10～21:10	180	●■
	1	温州市行政審批管理弁公室	戸斌★	業務処処長	2004.3.27	10:08～12:50	162	●■
					2004.8.23	18:30～20:00	90	●■
	1	温州市僑務弁公室	周三栄★	副主任	2004.8.23	9:13～10:43	90	●■
					2005.3.28	9:36～14:33	297	●■
			鄭選★	工会副主席	2005.3.27	16:25～17:05	40	●■
	1	温州市建設局	陸光中★	局長	2004.8.24	8:49～10:09	80	●■

	会社名	氏名	役職	日付	時間		
		湯偉民★	科技勘察設計処処長	2004.8.24	8:49～12:20	211	●■
		李祥川★	房地産開発処副処長	2004.8.24	8:49～12:20	211	●■
1	温州市建築設計研究院	金国平★	院長（党委書記，教授級高級工程師）	2004.8.24	14:03～15:55	112	●■
		王克斌★	弁公室主任	2004.8.24	14:03～15:55	112	●■
1	温州市規劃局	肖健雄★	局長	2004.8.27	9:00～ 9:10 10:27～11:23	66	●■
		鄭暁東★	総工	2004.8.27	9:00～10:30 10:34～11:12	90	●■
2	中国法派集団	呉仁水★	書記	2004.3.25	9:53～12:17	144	●■
2	康奈集団	周津森★	副経理	2004.3.25	15:56～17:14	78	●■
		陳増猷★	副総経理兼企業文化中心主任	2004.8.23	11:13～12:29	76	●■
2	温州東南房産開発有限公司	徐礼潤★	董事長	2004.3.25	18:40～21:20	160	●■
2	温州商業銀行	（男性）★	行員	2004.3.25	18:40～21:20	160	●■
2	温州尼博烟具製造有限公司	潘晨楓★	総経理	2004.3.26	15:24～17:16	112	●■
2	温州数碼城信息産業集団有限公司	戸偉★	客戸経理	2004.3.27	11:10～12:50	100	●■
2	浙江菲斯特成衣有限公司	蔡懽天★	董事長	2004.8.23	14:35～15:42	67	●■
		黄国平★	総経理	2004.8.23	14:35～14:45	10	●■
2	浙江福特黛夢妮服飾有限公司	程文明★	董事長	2004.8.23	16:02～16:59	57	●■
		（女性）★	董事長の娘	2004.8.23	15:57～16:02	5	●■
		（女性）★	秘書	2004.8.23	15:57～16:02 16:50～17:20	35	●■
2	徳力西集団	李孔宗★	主任	2004.8.23	18:30～20:21	111	●■
2	温州維多利亜酒店	陳建平★ （在オランダ）	オーナー	2004.8.24	21:34～22:45	71	●■
2	温州迪菲服飾有限公司	王克宇★	董事長兼総経理	2004.8.25	9:16～10:26	70	●■
2	温州市依芙莎隆服飾有限公司	刘劭★	董事長兼総経理	2004.8.25	9:16～10:26	70	●■
2	報喜鳥集団有限公司	林雪平★	接待秘書	2004.8.25	10:50～12:53	123	●■
2	温州市安吉利鞋業有限公司	蘇文夏★	総経理	2004.8.25	14:28～16:15	107	●■
2	温州吉爾達鞋業有限公司	潘敏★	書記	2004.8.26	9:49～11:36	107	●■
		馬善東★	社内報「爾達報」主編	2004.8.26	9:49～11:36	107	●■
2	正泰集団公司	林可夫★	宣伝部長	2004.8.26	12:05～13:40 17:50～21:21	306	●■
		蒋義造★	接待処処長	2004.8.26	12:05～15:18	193	●■
		張興華★	弁公室副主任	2004.8.26	12:05～15:18	193	●■
2	庄吉集団有限公司	陳敏★	董事長	2004.8.26	19:37～22:50	193	●■

インタビュー・リスト

				2006.1.10	13:10〜13:42	32	●■
2	夏夢服飾有限公司 Sharmoon. EZ Garments Co., Ltd.	Giuseppe Tosco	Chief Executive Officer	2004.8.26	17:07〜18:50	103	●■
		李江★	CEO 通訳	2004.8.27	12:15〜14:00	105	●■
		李延輝★	顧問（浙江省服装協会元会長）	2004.8.27	17:07〜18:45	98	●■
2	中国・紅黄藍集団有限公司	董淮瑜★	行政部経理	2004.8.27	14:30〜15:00	30	●■
		徐良玉★	人力資源部経理	2004.8.27	14:30〜15:00	30	●■
2	東方打火機	李中堅★	総経理	2005.3.29	10:22〜10:25	3	●■
		劉秋霞★	副総経理	2005.3.29	10:05〜12:29	144	●■
2	浙江泰恒光学有限公司	王煒★	文明辦副主任，企劃科科長，「泰恒報」主編	2005.3.29	13:16〜14:56	100	●■
2	浙江大虎打火機有限公司	呉獅★	副総経理	2005.3.29	15:02〜16:01	59	●■
2	中国喬頓服飾企業有限公司	華世煒★	行政副総経理	2006.1.10	13:50〜15:15	85	●■
		(4人)	裁断工場長ほか	2006.1.10	15:15〜17:14	119	●■
2	浙江奥奔妮服飾（集団）有限公司	鄭晨愛★	董事長（中国服装協会常務理事，浙江省服装協会副会長，温州甌海服装協会会長）	2006.1.11	11:04〜12:23	79	●■
2	温州市迪奈爾服飾有限公司	木錦国★	弁公室主任	2006.1.11	13:10〜14:55	105	●■
2	温州市北極新秀服飾有限公司	王多斌★	弁公室副主任	2006.1.11	15:16〜15:35 16:40〜16:45	24	●■
		鄭其江★	総経理助理	2006.1.11	15:16〜16:45	89	●■
2	中国・意爾康鞋業集団	単志敏★	総裁	2009.3.16	16:34〜19:42 19:58〜21:12	262	●■
2	青田金福達服補飾品有限公司	(男性)★	経営者の父	2009.3.17	9:19〜10:28	69	●■
		(男性)★	従業員	2009.3.17	9:19〜10:28	69	●■
2	温州長城拉鏈集団有限公司	葉克遼★	董事長（中国拉鏈協会秘書長，温州市拉鏈商会秘書長，永嘉県拉鏈商会会長）	2009.3.17	11:00〜12:06	66	●■
		(女性)★	従業員	2009.3.17	12:20〜13:46	86	●■
		(女性)★	従業員	2009.3.17	12:20〜13:46	86	●■
2	温州易通機電有限公司	李向華★	董事長	2013.8.28	14:45〜16:45	120	■
2	温州市壹貳壹電子商務有限公司	夏美帖★	総経理	2013.8.28	17:00〜18:15	75	■
2	中国・耀華電器集団	田艶英★	販売経理	2013.8.29	9:48〜12:00	132	■
2	電光防爆科技股份有限公司	施隆★	董事／経理	2013.8.29	15:12〜17:30	138	■
2	徳力西集団有限公司母線橋架公司	胡少克★	経営者	2013.8.29	18:00〜20:00	120	■
2	華通機電股份有限公司	張龍松★	副董事長	2013.8.30	10:22〜12:07	105	■
2	中国浙江省楽清市通達温控器有限公司	黄国鋒★	総経理	2013.8.30	13:40〜15:30	110	■

		鄭志亮★	副総経理	2013.8.30	13:40〜15:30	110	■
2	温州市億兆小額貸款股份有限公司	庄中華★	総経理	2013.9.26	15:51〜18:10 18:35〜20:53	277	●■
3	温州市服装商会	陳敏★	会長（庄吉集団有限公司董事長）	2004.8.26	19:37〜22:50	193	●■
				2006.1.10	13:10〜13:42	32	●■
		汪加福★	秘書長，書記	2006.1.10	10:55〜12:38	103	●■
				2006.1.11	9:30〜10:39	69	●■
				2006.1.12	9:00〜10:58	118	●■
		鄭旭峰★	副秘書長	2006.1.10	10:55〜12:38	103	●■
		林章君★	編集部副主任	2006.1.10	11:30〜12:38	68	●■
3	温州市小額貸款公司協会	魏元喜★	秘書長	2013.9.26	14:24〜15:40 18:35〜20:53	214	●■
4	青田県帰国華僑聯合会	林愛琴★	僑聯常委接待科長	2009.3.16	8:53〜9:35 9:57〜14:01	286	●■
		徐微★	副主席	2009.3.16	12:35〜16:03	208	●■
				2009.3.16	14:01〜16:03	122	●■
		陳孟林★	『青田華僑史』主編集者	2009.3.16	10:14〜12:19	125	●■
4	麗水市帰国華僑聯合会	葉鮮亜★	副主席（浙江省青田県帰国華僑聯合会主席）	2009.3.16	9:26〜10:11	45	●■
		陳耀東★	副主席（浙江省麗水市人代常委員会委員，青田県海外聯誼会副会長，青田県関心下一代工作委員会副主任，青田県華僑中学董事会董事長）	2009.3.16	11:03〜11:15	12	●■
5	中国管理科学院	李丁富★	教授（温州経済研究所所長）	2004.3.27	8:36〜10:50	134	●■
				2004.8.23	18:10〜21:10	180	●■
5	温州大学	張一力★	経済学院副院長，博士	2004.8.26	19:37〜22:50	193	●■
				2005.3.28	17:00〜22:50	350	●■
				2006.1.11	18:30〜21:17	167	●■
				2009.3.16	19:58〜21:12	74	●■
				2009.3.17	12:20〜13:46 14:35〜17:04	235	●■
		（電話インタビュー）	商学院院長	2012.2.29	16:00〜17:00	60	△
				2013.8.28	9:00〜11:25	145	■
				2013.9.26	18:35〜20:53	138	●■
				2013.9.28	12:50〜13:30	40	●■
		馬津龍★	経済学院教授（中共温州市委政策研究室，温州市経済学会会長，正泰集団・奥康集団等の高級顧問）	2005.3.28	18:50〜21:12	142	●■

			戴静★	外事処処長，副教授	2005.3.28	18:50～21:05	135	●■
			丁波★	成人教育学院国際学院弁公室主任	2005.3.28	18:50～21:05	135	●■
			田景	商学院教授	2009.3.17	15:27～17:05	98	●■
			林盛光	商学院・弁公室主任	2009.3.17	14:35～14:40	5	●■
			余向前	管理学院副教授，中日文化交流中心主任	2009.3.17	14:35～14:40 15:27～17:05	103	●■
			胡振華	教授	2009.3.17	15:27～17:05	98	●■
			周建華	教員	2009.3.17	15:27～17:05	98	●■
			葉茜茜	准教授（城市学院金融分院金融係副主任）	2013.8.28	9:00～11:25	145	■
			繆心毫	教授（法政学院，国際経済法学博士）	2013.8.28	9:00～11:25	145	■
			周歓懐★（フィレンツェでインタビュー）	電子信息分院電子商務専業負責人，国際電子商務認証講師	2012.3.24	10:25～14:38	253	●■
	6	中国企業報	徐廠清★	副主任	2004.3.25	18:40～21:20	160	●■
	7	温州民間貸借服務中心	邵微★	事務	2013.9.26	9:14～11:14	120	●■
	7	温州中小企業発展促進会	周徳文	会長	2013.9.28	9:30～10:57	87	●■
	7	葉適記念館・葉適祠堂	葉偉東	副館長	2013.9.28	15:00～17:20	140	●■
福建省 福州 （福清， 長楽を 含む）	1	福建省僑務弁公室	江作棟	経済科技処副処長	2005.3.30	10:45～11:40	55	●■
			陳暁	経済科技処職員	2005.3.30	10:45～11:40	55	●■
	1	福州市晋安区科学技術局	周志堅	局長，高級工程師	2005.3.30	15:35～18:30	175	●■
	1	福清市政治協商会議	（男性）	主席	2010.2.24	12:26～13:47	81	●■
	1	福清市全人代	（男性）	主任	2010.2.24	12:26～13:47	81	●■
	2	福州和声鋼琴有限公司（香港系）	馬蘇東	副総経理	2005.3.30	8:42～10:13	91	●■
			黄臨健	銷售部経理	2005.3.30	8:42～10:13	91	●■
	2	福州鉅全汽車配件有限公司（台湾系）	薛玉田	総経理	2005.3.30	16:48～16:53	5	●■
			薛瑛哲	副総経理	2005.3.30	15:35～18:30	175	●■
			趙伸	副総経理	2005.3.30	15:35～18:30	175	●■
			張恵康	常務副総経理，教授級高級工程師	2005.3.30	15:35～18:30	175	●■
			黄臨健	銷售部経理	2005.3.30	8:42～10:13	91	●■
	2	福州閩南本田発電機組有限公司（日系）	林田	董事長，高級工程師	2005.3.31	10:52～13:52	180	●■
			渡辺隆興	董事，総経理	2005.3.31	11:48～13:52	124	●■
			黄徳欽	総務部人事労工科長	2005.3.31	10:52～12:58	126	●■
			陳樹淦	総務・管理部副部長，工程師	2005.3.31	10:52～11:42	50	●■

		王晨龍	製造技術部製造科科長，工程師	2005.3.31	13:23～13:52	29	●■
		新本宏之	董事，副総経理	2005.3.31	13:23～13:52	29	●■
2	福州成和光学有限公司（日系）	陳国強	副総経理	2005.3.31	9:18～10:47	89	●■
		菅原新治	顧問	2005.3.31	9:18～10:47	89	●■
2	南方鋁業（中国）有限公司	黄當煌	副総経理，高級工程師	2010.2.24	9:35～11:07	92	●■
4	福建省帰国華僑聯合会	江宏真	副主席	2005.3.30	13:40～15:27	107	●■
		黄玉瓊	文化連絡部副処調研員	2005.3.30	13:40～15:27	107	●■
		許榕青	文化連絡部職員	2005.3.30	13:40～15:27	107	●■
		陳鋒	網站管理員	2005.3.30	13:40～15:27	107	●■
			文化連絡部副部長	2010.2.22	8:44～11:43	179	●■
		李欲晞	主席（十一届全国人大代表僑委委員，中国僑聯副主席）	2010.2.22	8:44～ 9:00	16	●■
		謝小建	副主席	2010.2.22	9:02～ 9:07	5	●■
				2010.2.24	14:21～15:40	79	●■
		林俊德	経済科技部副部長	2010.2.22	8:44～11:43	179	●■
4	福州市帰国華僑聯合会	余岸明	副主席兼秘書長	2010.2.22	8:44～11:43 15:07～15:50 16:00～17:40 17:45～20:00	457	●■
				2010.2.23	9:30～15:50	380	●■
				2010.2.24	14:21～15:40	79	●■
		高慧	職員	2010.2.23	9:30～15:50	380	●■
4	長楽市帰国華僑聯合会	張振燦	主席（福建省長楽市政協常委）	2010.2.23	10:33～11:22 13:12～14:04	101	●■
		潘鳳英	副主席（福建省帰国華僑聯合会常委）	2010.2.23	10:33～11:22 13:12～14:50	147	●■
4	福清市帰国華僑聯合会	林敏輝	副主席兼副秘書長	2010.2.24	11:25～12:17 12:26～13:47 14:21～15:40	212	●■
		劉淑英	主席（福建省帰国華僑聯合会常委）	2010.2.24	11:25～12:17 12:26～13:47 14:21～15:40	212	●■
		藍桂蘭	党組書記，主席	2010.2.24	11:25～12:17 12:26～13:47 14:21～15:40	212	●■
5	福建社会科学院	黄英湖	華僑華人研究所研究員	2005.3.30	13:40～15:27	107	●■
		林在明	華僑華人研究所助理研究員	2005.3.30	13:40～15:27	107	●■
			華僑華人研究所副研究員	2010.2.22	8:44～11:43	179	●■
		林勇	華僑華人研究所副所長	2010.2.22	8:44～11:43	179	●■

インタビュー・リスト　373

			黄英湖	華人華僑研究所研究員（中国漢民族学会常務理事, 福建省華僑歴史学会常務理事, 福建省東南亜学会常務理事・副秘書長, 福建省五縁文化研究会常務理事, 福建省歴史学会理事）	2010.2.22	8:44～11:43	179	●■
			張進華	華人華僑研究所副研究員	2010.2.22	8:44～11:43	179	●■
	5	福州大学	朱祖平	物流研究院副院長, 教授	2005.3.30	18:30～20:38	128	●■
			陳国宏	管理学院院長, 教授	2005.3.30	19:00～20:38	98	●■
			林迎星	工商管理系副主任, 教授	2005.3.30	19:00～20:38	98	●■
			林乃森	講師	2005.3.30	19:00～20:38	98	●■
			郁貝紅	至誠学院外語系教授	2010.2.22	8:44～11:43	179	●■
	5	福州市華僑歴史学会	郭仲仁	副会長（福州市人民政府僑弁公室副調研員）	2010.2.22	16:00～17:40	100	●■
			粛忠生	学会員	2010.2.22	16:00～17:40	100	●■
			環恩燕	学会員	2010.2.22	16:00～17:40	100	●■
			王宜椿	学会員	2010.2.22	16:00～17:40	100	●■
			林利本	学会員	2010.2.22	16:00～17:40	100	●■
	7	黄檗山万福寺	（男性）	住持（福建省仏教教会副秘書長, 福州市仏教教会常務理事, 福清市政協委員, 福清市仏教教会会長, 福清市西山文武学校客座教授）	2010.2.24	14:21～15:40	79	●■
厦門	1	厦門市僑務弁公室	胡家榕	副主任（厦門市海外交流協会副会長）	2005.4.1	9:10～ 9:30　11:00～13:00	140	●■
			李湘瓊	人秘処処長	2005.4.1	9:10～13:00	230	●■
	1	厦門市僑資企業連絡中心	紀寿月	主任	2005.4.1	9:10～13:00	230	●■
	1	厦門市集美区外事僑務弁公室	黄耀輝	主任	2005.4.1	9:10～13:00	230	●■
					2005.4.2	12:05～14:19	134	●■
	1	厦門市集美区海外聯誼会	王意達	秘書長, 中共産厦門市集美区委統戦部主任科員	2005.4.2	12:05～14:19	134	●■
	1	厦門市集美区統戦部	李志平	副主任	2005.4.2	11:08～14:19	191	●■
	2	厦門福盛紡織有限公司（香港系）	李元昌	副総経理	2005.4.2	9:15～10:32	77	●■
	2	厦門市利安茶業有限公司	高清奇	総経理, 高級経済師（中国民主建国会福建省委（委員）, 厦門市委（常委）, 政協厦門市委員（区人大代表）, 厦門集美区商会（副会長）, 福建省茶葉協会（常委）, 厦門市茶葉協会（副理事長）, 厦門市海外聯誼会（常委））	2005.4.2	10:35～11:57	82	●■

	2	廈門欣椿食品有限公司（台湾系）	簡進士	董事長	2005.4.2	14:42～14:52 15:20～15:22	12	●■
			林復繁	副総経理	2005.4.2	14:42～18:00	198	●■
	2	廈門群翔物流有限公司	林宗躍	経理	2005.4.2	14:19～18:47	268	●■
	5	廈門大学	陳雯	経済学研究所博士	2005.4.1	18:00～20:00	120	●■
			邵宣航	経済学系副主任	2005.3.31	21:00～23:58	178	●■
					2005.4.2	18:30～21:00	150	●■
泉州	1	泉州市科学技術局	呉中培	局長	2005.4.6	9:19～10:37 18:10～20:20	208	●■
			劉芸華	副局長	2005.4.4	8:16～ 8:40 18:00～20:16	160	●■
					2005.4.5	12:30～14:00	90	●■
					2005.4.6	9:19～10:37 18:10～20:31	219	●■
			何立光	生産力促進中心・泉州市高新技術創業服務中心弁公室主任	2005.4.4	8:16～ 8:40	24	●■
	2	泉州市智達軟件開発有限公司	温朝燁	経理	2005.4.4	8:42～ 9:33	51	●■
			張詩榜	軟件工程師（プログラミング・エンジニア）	2005.4.4	8:42～ 9:33	51	●■
	2	泉州市信通微波電子有限公司	呉恵彬	総経理	2005.4.4	9:33～10:24	51	●■
			葉競達	経理	2005.4.4	10:03～10:24	21	●■
	2	泉州索愛膜科技開発有限公司	呉特殊	総経理	2005.4.4	10:26～11:06	40	●■
	2	泉州創億科技有限公司	欧陽鐘輝	主席技師官，代総経理（泉州師範学院陳守仁工商信息学院院長）	2005.4.4	11:13～12:14	61	●■
	2	文創科技電子有限公司	陳文良	総経理	2005.4.4	14:54～16:10	76	●■
			石新改	教授・博士，中華人民共和国国防152所博士生導師・院士	2005.4.4	14:54～15:04	10	●■
	2	泉州市鉄通電子設備有限公司	洪泉益	董事長兼総経理	2005.4.4	16:35～17:53	78	●■
			（女性）	秘書	2005.4.4	15:24～16:29	65	●■
			（男性）	従業員	2005.4.4	14:54～16:29	95	●■
	2	南安協進建材有限公司（香港系）	楊宝貴	副総経理兼工程師	2005.4.5	8:43～11:13	150	●■
			宋華	総経弁主任	2005.4.5	8:43～11:13 12:30～14:00	240	●■
	2	福建省南安市敏捷機械有限公司	蔡聰敏	董事長	2005.4.5	11:15～12:17	62	●■
	2	泉州法狐服飾有限公司（フィリピン系）	張志剛	総経理	2005.4.5	14:53～16:31	98	●■
	2	晋江市大発化繊織造有限公司（香港系）	丘順墥	副総経理	2005.4.5	16:52～17:59	67	●■

インタビュー・リスト 375

地域		#	機関	氏名	役職	日付	時間		
広東省 広州		1	広東省華僑弁公室	梁輝栄	広東省華僑弁公室	2010.2.25	20:22〜21:33	71	●■
中山市		1	中山市外事僑務局	鄭偉枢	調研員	2010.2.26	10:14〜11:26 12:45〜14:36 18:35〜20:29	297	●■
				陳俊杉	職員	2010.2.26	10:14〜11:26 12:45〜14:36 18:35〜20:29	297	●■
		2	通偉服装有限公司（マカオ系）	廓活源	董事長（中国工業協会針織Ｔ恤衫［Ｔシャツ］分会副主任，中国（澳門）民族服飾協会副主席兼秘書長，広東省服装服飾行業協会Ｔ恤衫［Ｔシャツ］専業委員会副主任，澳門時装設計師協会常務副会長，中山市紡織服装行業協会秘書長兼副会長，中山市僑資企業商会副会長，中山市工商業聯合会執行委会）	2010.2.26	14:43〜15:10	27	●■
				劉晩雄	董事総経理	2010.2.26	15:06〜16:51	105	●■
		2	五洲実業有限公司（香港系）	関国強	董事総経理	2010.2.26	17:04〜18:22	78	●■
		2	香港萬力有限公司（香港系）	李浩波	総経理（中山波信太陽能科技有限公司総経理，中山市沙溪鋼球廠総経理）	2010.2.26	18:35〜20:29	114	●■
		4	中山市僑資企業商会	劉志航	総幹事	2010.2.26	10:14〜11:26	72	●■
		4	広東省僑商投資企業協会	趙昇才	秘書長	2010.2.26	10:14〜11:26 12:45〜14:36 18:35〜20:29	297	●■
				范裕平	職員	2010.2.26	10:14〜11:26 12:45〜14:36 18:35〜20:29	297	●■
		7	中港英文学校	劉朝栄	校長	2010.2.26	11:35〜12:40 12:45〜14:36	176	●■
				Christine Strick-land	副校長	2010.2.26	11:35〜12:40	65	●■
		7	中日文化培訓中心	朱碧珊	代表（大阪朱友外語学院代表）	2010.2.26	18:35〜20:29	114	●■
江門		4	江門市帰国華僑聯合会	余澤権	副主任	2010.2.25	9:00〜10:58	118	●■
				王春桃	職員	2010.2.25	9:00〜10:58	118	●■
				林春暉	専属副主席（政協江門市港澳台僑外事委員会副主任，江門市僑界青年聯合会理事長）	2010.2.25	12:55〜14:18	83	●■
		5	五邑大学	賈金柱	副教授（書家）	2010.2.25	9:00〜15:45	405	●■

			鄭長春	外事所所長	2010.2.25	14:27～15:29	62	●■
	6	江門日報	董平	記者	2010.2.25	9:12～10:58	106	●■
			楊兆宇	記者	2010.2.25	9:12～10:58	106	●■
中国国外								
日　本								
東京	1	法務省入国管理局	千葉明	登録管理官（インタビュー時，外務省から出向中）	2010.6.21	13:05～15:19	134	●■
	2	朝日貿易㈱	陳今勝★	代表取締役	2004.7.22	19:08～22:25	197	●■
					2008.8.6	16:00～18:00 18:30～20:30	240	●■
					2009.10.23	18:30～21:30	180	●■
			（電話インタビュー）		2013.3.13	12:37～13:36	59	●
	2	㈱マイジェット	張科明	営業顧問	2016.2.26	13:22～14:54	92	●■
	2	㈱龍城	留春平★	代表取締役	2016.2.26	14:54～16:43	109	●■
	4	日本温州同郷会	陳今勝★	会長（朝日貿易㈱代表取締役）	2004.7.22	19:08～22:25	197	●■
					2008.8.6	16:00～18:00 18:30～20:30	240	●■
					2009.10.23	18:30～21:30	180	●■
			（電話インタビュー）		2013.3.13	12:37～13:36	59	●
			李騰雁★	副会長（日本技術開発㈱勤務）	2004.7.22	19:08～22:25	197	●■
			余飛船★	事務局長（㈱シーヌビー取締役）	2004.7.22	19:08～22:25	197	●■
	4	日本温州総商会	林立★	会長（日本一信房産投資管理有限公司董事長）	2011.3.5	18:30～20:30	120	●■
			金喆★	事務局長（日本一信房産投資管理有限公司董事）	2011.3.5	18:30～20:30	120	●■
				事務局長（㈱ワントラスト取締役）	2016.2.26	13:05～13:45 17:00～17:43 22:00～22:57	140	●■
			王平★	秘書長（日本一信房産投資管理有限公司執行董事）	2011.3.5	18:30～20:30	120	●■
			藤本修作★	不動産事業顧問（㈱ワントラスト社長）	2011.3.5	18:30～20:30	120	●■
			唐升克★（出張中の東京でインタビュー）	常務副会長（㈱タンスク代表取締役）	2016.2.26	16:43～22:57	374	●■

インタビュー・リスト

	4	一般社団法人日本浙江総商会	金喆★	事務局長・秘書長	2016.2.26	13:05～13:45 17:00～17:43 22:00～22:57	140	●■
			張科明	理事（㈱マイジェット営業顧問）	2016.2.26	13:22～14:54	92	●■
			留春平★	常務副会長（㈱龍城代表取締役）	2016.2.26	14:54～16:43	109	●■
			唐升克★（出張中の東京でインタビュー）	常務副会長（㈱タンスク代表取締役）	2016.2.26	16:43～22:57	374	●■
船橋	7	留学生	王連峰	一橋大学経済学研究院生	2010.6.20	17:30～22:00	270	●■
					2010.6.21	18:35～20:45	130	●■
	7	会社員	王連芳	旅行会社勤務	2010.6.20	17:30～22:00	270	●■
	7	留学生	呉敏	専門学校生	2010.6.20	17:30～22:00	270	●■
	7	留学生	張瑞玲	大学生	2010.6.20	17:30～19:10	100	●■
横浜	7	留学生	江砠	専門学校生	2010.6.21	18:35～20:45	130	●■
	7	アルバイト	林芳	アルバイト（中華料理店）	2010.6.21	18:35～20:45	130	●■
静岡	2	日本富士宝貿易株式会社	潘宝吉（出張中の温州でインタビュー）	経営者（日本温州同郷会前会長）	2005.3.28	21:50～23:07	77	●■
名古屋	2	㈱タンスク	唐升克★（出張中の東京でインタビュー）	代表取締役（社団法人日本浙江総商会常務副会長，日本温州総商会常務副会長）	2016.2.26	16:43～22:57	374	●■
京都	4	京都福建同郷会	任書楷	会長	2013.9.26	13:30～15:30	120	■
			張敬博	副会長	2014.6.20	13:30～15:30	120	■
			陳正雄	幹事	2013.9.26	13:30～15:30	120	■
大阪	4	大阪福建同郷会	劉中耀	会長	2014.7.2	18:00～21:00	180	■
神戸	4	神戸福建同郷会	林文明	会長	2014.7.15	14:30～16:30	120	■
			王鋭輝	役員	2014.7.15	14:30～16:30	120	■
			陳挺	役員	2014.7.15	14:30～16:30	120	■
福岡	4	福岡華僑総会	張光陽	会長	2015.10.2	15:00～17:00	120	■
イタリア								
ベニス	2	Bar Trattoria「Vittoria」	徐異★	経営者	2007.9.1	16:38～18:46	126	●■
	2	Bar	陳雅標	経営者（意大利青田同郷総会常務副会長，葡萄牙国際龍商協会副主席）	2007.8.31	20:50～24:48	238	●■
					2007.9.3	10:05～10:43	38	●■

	2	威尼斯和平大酒店	邱慧華★	董事長（威尼斯華美服裝有限公司董事長，欧華聯合時報常務副社長，江蘇威爾斯服飾有限公司董事長，揚州意麗斯服飾有限公司董事長）	2007.8.31	20:50～23:17	147	●■
					2007.9.3	11:17～13:07	110	●■
	2	意大利威尼斯杭州飯店	梅克俊★	董事長（意大利威尼斯大興龍飯店董事長，意大利環球服飾有限公司董事長）	2007.9.1	13:38～15:44	126	●■
	4	意大利威尼斯華僑華人聯合総会	邱慧華★	会長（威尼斯和平大酒店董事長）	2007.8.31	20:50～23:17	147	●■
					2007.9.3	11:17～13:07	110	●■
			陳雅標★	秘書長（意大利青田同郷総会常務副会長，葡萄牙国際龍商協会副主席）	2007.8.31	20:50～24:48	238	●■
					2007.9.3	10:05～10:43	38	●■
			梅克俊★	常務副会長（意大利威尼斯杭州飯店董事長，意大利威尼斯中意文化交流中心主席）	2007.9.1	13:38～15:44	126	●■
パドバ	2	Top Shoes s.r.l.	倪仲波★	経営者	2007.8.31	20:50～23:17	147	●■
					2007.9.2	12:50～14:34	104	●■
	2	意達大酒店	寗銀香★	経営者	2007.8.31	23:23～24:21	58	●■
	2	意大利長城商場	寗銀友★	総経理（「欧華聯合時報」威尼托分社名誉社長）	2007.8.31	21:35～23:17	102	●■
	4	意大利威尼斯華僑華人聯合総会	邱慧華★	会長（威尼斯和平大酒店董事長）	2007.8.31	20:50～23:17	147	●■
					2007.9.3	11:17～13:07	110	●■
			寗銀友★	理事長（意大利長城商場総経理）	2007.8.31	21:35～23:17	102	●■
ボローニャ	2	意大利東方有限公司	丘剣中★	董事長	2007.8.31	19:25～23:26	241	●■
					2007.9.2	16:13～18:06	113	●■
	4	意大利威尼斯華僑華人聯合総会	丘剣中★	執行会長（意大利東方有限公司董事長，中国上海海外聯誼会理事，中国深圳海外交流協会理事，中国青田海外聯誼会海外会長）	2007.8.31	19:25～23:26	241	●■
					2007.9.2	16:13～18:06	113	●■
ミラノ	2	宏大貿易公司	趙洪勇	経営者	2004.8.31	10:00～10:40	40	●■
	2	隆達貿易公司	（男性）★	従業員	2004.8.31	11:00～11:10	10	●■
	2	王朝集団公司	王敏平★	董事長	2004.9.1	10:00～10:30	30	●■
	2	今日貿易公司	蔡志揩★	経営者	2004.8.31	14:10～15:00	50	●■
	2	長順百貨批發中心	陳思栄★	経営者	2006.8.29	11:17～12:43	86	●■
	2	（小売洋服店）	林安林★	経営者	2006.8.29	10:30～11:17 13:30～15:20 17:54～19:23	246	●■
	2	隆順達貿易公司（仮名）	趙邦林★（仮名）	経営者	2006.8.29	20:00～22:04	124	●■

			（男性）★	経営者の息子	2006.8.29	20:00〜22:04	124	●■
	2	意美佳百貨公司★	付偉偉★	経営者	2006.8.30	9:38〜11:33	115	●■
	2	（新ビジネス探索中）	董邦隆★	元経営者	2004.8.31	10:00〜10:40	40	●■
	4	ミラノ華僑華人商業総会	蔡志搭★	副会長（今日貿易公司の経営者）	2004.8.31	14:10〜15:00	50	●■
フィレンツェ	2	D.L.L.Import Export s.r.l.	劉建申★	経営者	2012.3.24	12:20〜15:47	207	●■
	2	婦人バッグ卸	（女性）★	経営者	2012.3.24	13:25〜13:30	5	●■
	2	婦人靴卸	（男性）★	経営者	2012.3.24	13:31〜13:40	9	●■
	2	旅行カバン卸	（女性）★	経営者	2012.3.24	13:40〜13:49	9	●■
	2	婦人靴卸	（女性）★	経営者	2012.3.24	13:49〜13:59	10	●■
	7	意大利佛羅倫薩王氏華文学堂	王文艶★	校長	2014.8.8	9:33〜14:28	295	●
プラート	2	意大利時装（仮名）	陳　龍　★（仮名）	経営者	2004.8.30	9:20〜12:20	180	●■
			（女性）★	経営者の妻	2006.3.6	11:25〜14:18	173	●■
	2	Feeling Collection	Andrea Zheng　★（鄭）	経営者	2006.3.6	13:06〜15:03	117	●■
					2006.3.7	15:38〜16:43	65	●■
	2	Filatura A Pettine Bamby s.n.c.	Riccardo Pucci	経営者	2006.3.8	9:35〜10:45	70	●■
	2	Manifattura Lane di Pucci Riccardo & C. s.a.s.	Riccardo Pucci	経営者の叔父	2006.3.8	10:53〜11:51	58	●■
	2	Filatura di Spicciano s.a.s.	Guido Pagliai	経営者	2006.3.8	12:14〜13:08	54	●■
	2	Jersey Moda s.p.a.	Daniele Rossi	CED, Logistic Manager	2006.3.8	15:35〜17:00	85	●■
	2	Giupel s.p.a.	（イタリア人，男性）	同社のビジネスコンサルタント	2006.3.8	17:16〜18:28	72	●■
			（女性）★	経営者の妻	2006.3.8	18:28〜18:40	12	●■
	2	上海大酒楼	蔡長春★	経営者	2004.8.30	14:40〜15:20	40	●■
					2006.3.6	15:05〜16:10	65	●■
	2	亜州海鮮食品店	鄭克和★	経営者	2004.8.30	14:40〜15:20	40	●■
	2	開太2時装（C & H Pront Moda）	（男性）★	経営者	2012.3.24	16:46〜17:11	25	●■
	2	個人タクシー運転手	（男性）★	個人事業者	2012.3.24	14:27〜17:44	197	●■
	2	意大利全球福迪卡 Mondo Moda 公司	陳福強★	経営者	2014.8.8	13:50〜15:12	82	●
	3	Unione Industriale Pratese	Givanni Moschini	UIP Vice Direttore	2006.3.7	10:36〜11:19	43	●■

				Barbara Bigagli	職員	2006.3.7	10:00～13:10 17:12～18:18	256	●■
				Enrico Mongatti	職員	2006.3.7	17:12～18:18	66	●■
		3	Associazione Industriale Massa Carrara	Andrea Balestri	元 UIP 職員．Direttore	2006.3.7	19:45～22:58	193	●
		4	意大利普拉托華人華僑聯誼会	蔡長春★	副会長（上海大酒楼の経営者）	2004.8.30	14:40～15:20	40	●■
						2006.3.6	15:05～16:10	65	●■
				鄭克和★	第一会長（亜州海鮮食品店の経営者）	2004.8.30	14:40～15:20	40	●■
		7	意大利普拉托華人華僑聯誼会中文学校	呉静雲	執行校長	2014.8.8	15:07～16:41	94	●
エンポリ		2	Giuniki s.r.l.	頼海濤	董事長（廈門甘帝貿易有限公司董事長）	2012.3.25	11:47～16:37	290	●■
		2	旅行ガイド	戈軍	個人事業者	2012.3.25	12:15～17:02	287	●■
ローマ		2	欧亜貿易公司（寝具）	夏崔傑★	経営者	2006.3.10	12:38～15:15	157	●■
						2006.9.2	13:25～15:15	110	●■
		2	日本レストラン「Sakura Sushi」	夏崔傑★	経営者	2012.3.28	17:01～18:47	106	●■
		2	貿易業（食品）	葉賽民★	経営者	2006.3.10	12:38～15:15	157	●■
		2	貿易業（運動靴）	王砕雄★	経営者	2006.3.10	12:38～15:15	157	●■
		2	意大利王朝集団公司	（女性）★	経営者の妻	2006.9.2	13:25～15:15	157	●■
		2	卸売業「真 Zhen」	張俐敏★	経営者のガールフレンド	2006.9.2	11:42～13:25 19:37～23:42	348	●■
		2	花園酒店	潘仲騫★	董事長（新羅馬大酒店董事長）	2006.3.9	16:07～18:51	164	●■
		2	意大利王朝集団公司	王家厚★	董事長	2006.3.10	12:38～15:15	157	●■
				（女性）★	経営者の妻	2006.9.2	13:25～15:15	110	●■
		2	羅馬神龍国際貿易公司	董義深★	総経理	2006.9.2	15:34～18:42	188	●■
					董事長	2012.3.28	14:02～16:36	154	●■
		2	羅馬斯岱発諾貿易公司	黄海寧★	董事長	2006.9.2	15:34～17:40	126	●■
					経営者	2012.3.28	13:41～15:20	99	●■
		2	羅馬誠信貿易	余輝★	経営者	2006.9.2	15:34～17:40	126	●■
		2	意大利羅馬中欧貿易公司	留葉毅★	経営者	2012.3.28	13:57～16:36	159	●■
		2	意大利羅馬中信貿易公司	朱道信★	経営者	2012.3.28	13:52～15:20	88	●■
		2	意大利百合貿易公司	載小璋★	経営者	2012.3.28	14:15～16:15	120	●■
		2	安特拉国際貿易有限公司	載小璋	董事長	2014.8.9	8:57～16:40	463	●
		2	意大利羅馬利達貿易公司	潘淑敏★	経営者	2012.3.28	13:42～15:20	98	●■
		2	意大利羅馬意華貿易公司	王進強★	経営者	2012.3.28	13:42～15:20	98	●■
		2	意大利旺多特貿易公司	項勒持★	経営者	2012.3.28	13:42～15:20	98	●■

インタビュー・リスト 381

2	意太利羅馬永盛貿易	張志虎★	経営者	2012.3.28	15:36〜16:36	60	●■
2	陳海東新東方貿易世紀公司 Dong Fang Shiji Trading	陳海東★	経営者	2012.3.27	20:53〜23:53	180	●■
2	上海法詩図酒業発展有限公司 Shanghai Fasto Wine Industry & Development Co., Ltd.	庄毓偉	董事長	2012.3.28	10:49〜11:55	66	●■
2	下着卸	留指標	経営者	2012.3.28	11:25〜11:55	30	●■
2	泉州鵬翔興業輸出入有限公司	李毓貞	イタリア支社長	2014.8.7	11:50〜13:36	106	●
2	繁盛貿易	陳正渓★	経営者	2014.8.9	15:09〜16:32	83	●
4	意大利羅馬華僑華人聯合総会	潘仲騫★	名誉会長（花園酒店董事長）	2006.3.9	16:07〜18:51	164	●■
4	意大利羅馬華僑華人貿易総会	王家厚	名誉会長（羅馬華僑華人聯合総会副会長，意大利王朝集団公司董事長）	2006.3.10	12:38〜15:15	157	●■
		林鋒★	弁公室主任，意大利羅馬貿易信息編輯	2006.9.2	15:26〜18:42	196	●■
		董義深★	副会長（意大利羅馬神龍国際貿易公司総経理）	2006.9.2	15:34〜18:42	188	●■
			常務副会長兼副秘書長（意大利神龍国際貿易有限公司董事長）	2012.3.28	14:02〜16:36	154	●■
		黄海寧★	常務副会長（意大利斯岱貿易有限公司董事長）	2006.9.2	15:34〜17:40	126	●■
			第1常務副会長（意大利羅馬斯岱発諾貿易公司経営者）	2012.3.28	13:41〜15:20	99	●■
		余輝★	副会長（羅馬誠信貿易経営者）	2006.9.2	15:34〜17:40	126	●■
		留葉毅★	執行会長（意大利羅馬中欧貿易公司経営者）	2012.3.28	13:57〜16:36	159	●■
		朱道信★	総監（意大利羅馬中信貿易公司経営者）	2012.3.28	13:52〜15:20	88	●■
		載小璋★	常務副会長（意大利百合貿易公司経営者）	2012.3.28	14:15〜16:15	120	●■
			常務副会長（安特拉国際貿易有限公司経営者）	2014.8.9	8:57〜16:40	463	●
		潘淑敏★	常務副会長（意大利羅馬利達貿易公司経営者）	2012.3.28	13:42〜15:20	98	●■
		王進強★	副会長（意大利羅馬意華貿易公司経営者）	2012.3.28	13:42〜15:20	98	●■
		項勒持★	副会長（意大利旺多特貿易公司経営者）	2012.3.28	13:42〜15:20	98	●■

			張志虎★	常務副会長（意大利羅馬永盛貿易経営者）	2012.3.28	15:36～16:36	60	●■
			（女性）★	事務職員	2012.3.28	13:41～16:36	175	●■
			陳正渓★	会長（繁盛貿易経営者）	2014.8.9	15:09～16:32	83	●
	4	欧州中華聯合商会	徐存松★（出張中の北京でインタビュー）	会長	2006.1.6	21:05～22:06	61	●■
	4	意大利福建総商会	庄毓偉	常務副会長（上海法詩図酒業発展有限公司董事長）	2012.3.28	10:49～11:55	66	●■
			留指標	常務副会長（下着卸経営者）	2012.3.28	11:25～11:55	30	●■
	4	意大利福建華僑華人聯誼総会	楊迪熙	副会長（弁護士見習い）	2014.8.7	9:42～12:08 12:50～12:53 13:13～13:20 13:35～15:30 16:42～16:46 18:20～20:40	415	●
	7	弁護士事務所	楊迪熙	見習い（意大利福建華僑華人聯誼総会副会長）	2014.8.7	9:42～12:08 12:50～12:53 13:13～13:20 13:35～15:30 16:42～16:46 18:20～20:40	415	●
	7	羅馬華人基督教会	小燕	事務職員	2014.8.7	15:30～16:36	66	●
ナポリ	2	婦人靴卸	劉宏偉★	経営者	2012.3.26	19:59～22:44	165	●■
	2	婦人靴卸	張暁鋒★	経営者	2012.3.26	19:59～22:33	154	●■
	2	利百加百貨（Rebecca Ingrosso）	姜暁斌★	経営者	2012.3.26	20:07～22:35	148	●■
	2	Tibi Imp -Exp s.r.l.	闕培中	経営者	2012.3.26	16:18～18:48	150	●■
パレルモ	2	大世界貿易公司	虞佐平★	経営者の兄	2006.8.30	19:00～19:50	50	●■
			（女性）★	経営者の妻	2006.8.30	19:00～19:50	50	●■
	2	龍騰貿易有限公司	金菊★	経営者	2006.8.31	10:26～11:22	56	●■
	2	京華貿易公司	徐春海★	経営者	2006.8.31	11:31～12:11	40	●■
アグリジェント	2	金利貿易有限公司	（女性）★	経営者	2006.8.31	19:10～19:22 19:27～19:30	15	●■
	2	周栄海時装	（女性）★	経営者の妻の妹	2006.8.31	19:50～20:00	10	●■
フランス								
パリ	2	中華レストラン「新興酒楼」	顧暁虹★	経営者	2006.8.26	21:25～23:48	143	●■
					2006.8.27	14:30～15:20	50	●■
					2007.8.25	23:06～23:51	45	●■
					2015.3.22	21:12～22:59	107	●■

インタビュー・リスト　383

					2015.3.30	9:50〜11:29	99	●■
	2	日本レストラン「Nomiya」	程莉々★	経営者	2006.8.26	21:25〜23:48	143	●■
	2	春城酒楼	鄭雪華★	経営者（妻）	2006.8.27	10:06〜12:36	150	●■
			彭鋼	経営者（夫）	2006.8.27	10:06〜10:16 10:30〜12:36	136	●■
	2	結婚式用礼服店「Roxane Creation」	董麗鈗★	経営者	2006.8.27	16:35〜16:37 16:53〜18:08	77	●■
	2	皮革カバン小売	顧剣中★（仮名）	経営者	2006.8.27	19:38〜22:11	153	●■
			王美珠★（仮名）	経営者の妻	2006.8.27	19:38〜22:11	153	●■
	2	楽都大酒楼	池愛芬★	経営者	2006.8.27	19:38〜22:11	153	●■
	2	皮革カバン卸	池万義★	経営者	2006.8.27	19:38〜22:11	153	●■
			李海燕	経営者の妻	2006.8.27	19:38〜22:11	153	●■
	2	靴卸「Sarl Raxmax」	Michel Wang★	経営者	2006.8.28	10:02〜12:16	134	●■
	2	衣料品・雑貨販売「Shanghai」	洪経綸	経営者	2015.8.8	14:20〜14:50	30	△
	2	中華レストラン「華園酒家」	徐炳城	経営者	2015.8.8	15:15〜15:45	30	△
	2	盧氏地産公司	盧漢魂	経営者	2015.8.8	16:32〜17:40	68	△
	2	益生堂出入口公司	陳雄	経営者	2015.8.9	11:01〜11:20	19	△
	2	中華レストラン「一面之縁料理」	林健栄	経営者	2015.8.14	16:05〜16:30	25	△
	2	Hotel Nepture	李楊	オーナーの娘	2015.8.14	17:36〜18:15	39	△
	2	紅珊瑚公司	傅遠	経営者	2015.8.15	12:00〜12:40	40	△
	5	リール科学工科大学	邵建富	教授	2006.8.26	21:25〜23:48	143	●■
英　国								
ロンドン	2	貿易業	Wang Yong Qing★（出張中のウィーンでインタビュー）	経営者	2007.8.28	20:55〜22:50	115	●■
ド　イ　ツ								
ケルン	2	卸業（服）	黄書達★（昔在住していたローマ出張中にインタビュー）	経営者	2006.9.2	18:15〜18:40	25	●■

スペイン								
マドリード	2	中華レストラン	傅松望★	経営者	2007.1.9	18:02〜18:29 21:28〜24:28	207	●■
	2	投資会社	傅松望★	経営者	2015.3.25	11:03〜17:58 20:30〜25:42	607	●■
					2015.3.26	9:50〜22:05	735	●■
					2015.3.27	10:35〜16:42 20:00〜22:58	545	●■
	2	不動産会社	(男性)★	経営者	2007.1.9	18:02〜18:29 21:28〜24:28	207	●■
	2	西班牙博爾瑪（Bolma）集団	劉光新★	董事長	2007.1.10	10:33〜12:53	140	●■
			(男性)★	経営者の弟	2007.1.10	14:35〜17:00	145	●■
	2	西班牙国貿城集団 International Trade City. S. L.	羅理	経営幹部	2007.1.10	13:00〜14:23	83	●■
	2	信蘭輸出入有限公司	胡小平★	経営者の母	2007.1.10	19:07〜20:03	56	●■
	2	3E 集団	王紹基★	総裁（欧華報社董事長）	2007.1.11	10:42〜15:33	291	●■
	2	西班牙天鷲貿易公司	劉松林★	董事長（西班牙鼎盛靴業公司董事長）	2007.1.11	16:00〜17:04	64	●■
	2	安達物流公司	黄忠義★	経営者	2007.1.11	17:11〜18:14	63	●■
	2	西班牙鴻業食品有限公司（中華スーパー）	陳暁紅★	経営者	2015.3.25	12:17〜13:41	84	●■
	2	スペイン料理店「La Dehesa」グループ	王献民★	経営者	2015.3.25	21:12〜24:28	196	●■
	2	中華レストラン	施進学★	経営者	2015.3.26	11:00〜11:55	55	●■
	2	鞄服卸	胡小雷★	経営者	2015.3.26	11:55〜13:20	85	●■
	2	歌斯達大酒店	周海権	経営者	2015.3.26	15:05〜15:53	48	●■
	2	温州商城	胡秀蘭★	経営者	2015.3.26	15:55〜17:38	103	●■
	2	スポーツ用品卸売，投資関係会社	史孫麗君	経営者	2015.3.27	13:11〜14:14	63	●■
	2	中華レストラン	鄭一寧	経営者	2015.3.27	15:14〜15:55	41	●■
	2	蘭妮美髪美甲產品批発	陳皓天	経営者	2015.8.10	10:20〜10:35	15	△
	2	禾之恵化粧品	蔣穂	経営者	2015.8.10	10:45〜11:05	20	△
	2	生活雑貨「Bisuteria Lili Complemento」	方芳	経営者	2015.8.10	11:15〜11:45	30	△
	2	食品小売「Frutos Secos Y Bebidas」	(女性)	経営者	2015.8.10	15:15〜15:40	25	△
	2	華興隆商場	(男性)★	経営者	2015.8.10	15:55〜16:20	25	△
	2	億発美髪美甲用品	劉文碩	経営者	2015.8.10	16:15〜16:35	20	△
	2	下着販売「依之尼」	尹歓楽★	経営者	2015.8.10	18:15〜18:40	25	△
	2	健康食品販売「福栄堂」	鄂宇鵬	経営者	2015.8.10	18:55〜19:27	32	△

	2	食品小売「Limentacion Bazar」	金群康★	経営者	2015.8.11	9:55〜10:15	20	△
	2	アパレル販売「誘貨」	(女性)	経営者	2015.8.11	11:05〜11:30	25	△
	2	食品小売「蘇杭商店」	倪永国★	経営者	2015.8.11	12:25〜12:50	25	△
	4	欧州温州華人華僑聯合会	傅松望★	主席（中国僑聯海外顧問、浙江省温州市政協海外委員、中華レストラン経営）	2007.1.9	18:02〜18:29 21:28〜24:28	207	●■
					2015.3.25	11:03〜17:58 20:30〜25:42	607	●■
					2015.3.26	9:50〜22:05	735	●■
					2015.3.27	10:35〜16:42 20:00〜22:58	545	●■
			(男性)★	副会長（不動産会社経営）	2007.1.9	18:02〜18:29 21:28〜24:28	207	●■
	4	西班牙華人企業聯合会	劉光新★	主席団主席（西班牙華僑華人協会副主席、西班牙華僑工商会副会長、西班牙国際商貿聯合会副会長、伊比利亜中西文化交流基金会名誉主席、西班牙博爾瑪集団董事長）	2007.1.10	10:33〜12:53	140	●■
			劉松林★	主席団主席（西班牙温州同郷会常務副会長、西班牙天鵞貿易公司董事長）	2007.1.11	16:00〜17:04	64	●■
	4	西班牙中国商会	王紹基★	執行主席（全国政協海外特邀列席代表、3E集団総裁）	2007.1.11	10:42〜15:33	291	●■
	4	西班牙温州人同郷会	胡秀蘭★	副会長（温州商城経営者）	2015.3.26	15:55〜17:38	103	●■
	4	西班牙北京同郷会	史孫麗君	経営者（スポーツ用品卸売、投資関係会社経営者）	2015.3.27	13:11〜14:14	63	●■
バルセロナ	2	西班牙双麗集団	戚顕進	顧問	2007.1.5	20:45〜22:00	75	●■
					2007.1.6	11:05〜15:31	266	●■
			戚麗丹★	経営者	2007.1.7	11:20〜12:50	90	●■
	2	靴卸「Dulce Canunar S.L.」	戚勝利	経営者	2007.1.6	15:31〜17:19	108	●■
	2	縫製工場	葉進雲★	経営者	2007.1.7	16:30〜17:43	73	●■
	2	縫製工場	陳建和★	経営者	2007.1.7	16:30〜16:40 17:45〜18:15	40	●■
	2	100円ショップ「Bazar Gaudi」	(男性)★	経営者	2007.1.7	18:25〜18:44	19	●■
	2	100円ショップ「Bazar Primavere」	(男性)★	経営者	2007.1.7	18:25〜18:44	19	●■
	2	中華レストラン	杜崇愛	従業員（元経営者）	2015.3.28	10:35〜11:21	46	●■
	2	土産物店	張馨方	経営者	2015.3.28	15:57〜16:14	17	●■
	2	バー	賈慶	経営者	2015.3.28	16:25〜17:31	66	●■

	2	バー	郭樹	経営者	2015.3.28	17:52〜18:34	42	●■
	2	バー「山東小喫」	劉利	経営者	2015.8.12	10:35〜10:55	20	△
	2	鴨緑江韓国焼烤	李昌玉	経営者	2015.8.12	11:03〜11:40	37	△
	2	生活雑貨店「Bazar Companys」	郭植奇★	経営者	2015.8.13	12:00〜12:40	40	△
	2	パン屋「Forn de Pa」	馮富星	経営者	2015.8.13	12:45〜13:15	30	△
	2	食品小売「Coaliment Supermercats」	孫彩霞	経営者	2015.8.13	13:25〜13:45	20	△
	2	日本レストラン「Company Sushi Bar」	(男性)	経営者	2015.8.13	19:25〜20:12	47	△
	4	西班牙バルセロナ華人商貿総会	戚顕進★	会長（西班牙中華総商会名誉会長，西班牙温州同郷会顧問，西班牙双麗集団顧問）	2007.1.5	20:45〜22:00	75	●■
					2007.1.6	11:05〜15:31	266	●■
	4	加泰羅尼亜華人工商業協会	葉進雲★	会長（縫製工場経営者）	2007.1.7	16:30〜17:43	73	●■
			陳建和★	副会長（縫製工場経営者）	2007.1.7	16:30〜16:40 17:45〜18:15	40	●■
	7	法律事務所	戚麗丹★	弁護士・経営者	2015.3.28	12:04〜12:53	49	●■
エルチェ	2	西班牙仕雅徳貿易有限公司 Calzados Siader, S. L.	黄淑堅★	経営者	2007.1.8	10:35〜12:03 14:23〜16:09	194	●■
	2	西班牙環球靴業公司 Calzado Giramundo, S. L.	陳青化★	董事長	2007.1.8	14:23〜16:09 21:15〜23:24	235	●■
					2007.1.9	10:10〜12:15	125	●■
	2	Goor Shoes（西班牙環球靴業公司の店舗）	(女性)★	従業員	2007.1.8	13:34〜13:35	1	●■
	2	Calzados Paloma Calzados Europa Asia, S. L.（西班牙環球靴業公司の店舗）	(女性)★	従業員	2007.1.8	13:53〜14:04	11	●■
	2	西班牙欧亜鞋業貿易公司	雷錦淼★	董事長/総裁	2007.1.8	9:32〜10:24 14:23〜16:09 21:15〜23:24	287	●■
	2	西班牙欧利莱鞋業貿易公司	蒋華琳★	董事長/総裁	2007.1.8	9:48〜10:24	36	●■
	2	集美　JIMEI	金毅★	経営者	2007.1.8	10:10〜10:24 14:23〜16:09 19:54〜21:00 21:15〜23:24	315	●■
	2	Mordiz Import Export S. L.	(女性)★	経営者の妻	2007.1.8	12:10〜13:31	81	●■
	2	吉爾達鞋業集団 Jierda Shoes	王長川★	従業員	2007.1.8	13:36〜13:48	12	●■
	2	9 Dragiones, S. L.	(女性)★	経営者の妻	2007.1.8	17:50〜18:15	25	●■
	2	澳立靴業有限公司 Calzados. Oili, S. L.	(男性)★	経営者の弟	2007.1.8	18:17〜18:54	37	●■

	2	西班牙威克貿易有限公司 Calzados Wolki, S. L.	（女性）★	従業員	2007.1.8	19:10〜19:30	20	●■
	2	金馬靴業	（男性）★	経営者	2007.1.8	19:34〜19:50	16	●■
	4	西班牙華人靴業協会	金毅★	常務会長（集美経営者）	2007.1.8	10:10〜10:24 14:23〜16:09 19:54〜21:00 21:15〜23:24	315	●■
			陳青化★	常務副会長（西班牙環球靴業公司董事長）	2007.1.8	14:23〜16:09 21:15〜23:24	235	●■
					2007.1.9	10:10〜12:15	125	●■
			雷錦淼★	常務副会長（西班牙欧亜鞋業貿易公司董事長/総裁）	2007.1.8	9:32〜10:24 14:23〜16:09 21:15〜23:24	287	●■
			蔣華琳★	常務副会長（西班牙欧利莱鞋業貿易公司董事長/総裁）	2007.1.8	9:48〜10:24	36	●■
マラガ	2	日本レストラン「Arigato」,投資会社	陳蘭芬	経営者	2015.3.23	17:06〜23:12	366	●■
					2015.3.24	9:18〜15:54	396	●■
	2	華人バー（レストラン）	季軍勇★	経営者	2015.3.24	9:48〜10:32	44	●■
	2	新典鞋業	何佐斌★	経営者	2015.3.24	10:47〜11:31	44	●■
	2	日本レストラン「Kyoto」	陳斌	経営者	2015.3.24	16:44〜17:53	69	●■
	4	西班牙南部華商会	陳蘭芬	会長（日本レストラン・投資会社経営者）	2015.3.23	17:06〜23:12	366	●■
					2015.3.24	9:18〜15:54	396	●■
マヨルカ	2	不動産業	郁良 （マラガから電話インタビュー）	経営者	2015.3.23	19:47〜20:29	42	●■
	2	大中国飯店	葉群★ （マドリードでインタビュー）	経営者	2015.3.25	17:22〜18:47	85	●■
グラナダ	2	Royal China 2 Importacion-Exportacion Venta al Mayor	周茂博★ （出張中のローマでインタビュー）	経営者	2012.3.27	20:53〜23:53	180	●■
ポルトガル								
リスボン	2	服装卸	（男性）★	経営者	2007.1.12	11:08〜11:51	43	●■
	2	服装卸	（男性）★	経営者	2007.1.12	11:54〜12:15	21	●■
	2	本屋・雑貨卸	（男性）★	経営者	2007.1.12	12:15〜13:12	57	●■
	2	時計卸	（男性）★	経営者	2007.1.12	14:44〜15:05	21	●■
	2	服装卸	（男性）★	経営者	2007.1.12	15:05〜15:22	17	●■
	2	服装卸	（男性）★	従業員	2007.1.12	15:25〜15:40	15	●■

	2	サングラス卸	（男性）★	経営者	2007.1.12	15:42〜16:03	21	●■
	2	雑貨卸	（女性）★	経営者	2007.1.12	16:03〜16:23	20	●■
	2	雑貨卸・小売	（女性）★	経営者	2007.1.13	10:34〜10:48	14	●■
	2	靴卸・小売	（女性）★	経営者の妻	2007.1.13	10:55〜11:25	30	●■
	2	靴卸・小売	（女性）★	経営者の妻	2007.1.13	11:48〜12:15	27	●■
オランダ								
アムステルダム	2	レストラン，貿易会社等	徐卓亜★	経営者（荷蘭中国商会副会長，温州同郷会名誉会長）	2007.8.26	10:48〜12:40	112	●■
					2007.8.27	14:40〜16:00 21:30〜24:44	274	●■
					2007.8.28	13:20〜15:05	105	●■
	2	土産物店「Zhen Pan B. V. Import & Export」	蕪任網★	経営者	2007.8.26	18:18〜21:58	220	●■
			林小玲★	経営者の妻	2007.8.26	18:18〜21:58	220	●■
	2	荷蘭信貿国際	張龍★	総経理（荷蘭樹袋熊服装貿易公司総経理）	2007.8.26	18:18〜24:28	370	●■
	2	Hotel CC	楊斌	営業マネージャー	2014.8.11	18:19〜19:36	77	●
			鄭舒寧	フロントデスク	2014.8.12	15:00〜15:48	48	●
			劉世正★	フロントデスク	2014.8.12	24:01〜25:07	66	●
	2	保利（旅行業者），投資会社	馮鋭彬	経営者	2014.8.12	10:15〜13:08 14:01〜14:05 14:50〜14:56 16:16〜16:25	192	●
	2	栄記飯店	頼啓元	経営者	2014.8.12	13:51〜14:52	61	●
	2	恒達保険理財顧問公司	黄進財	代理人	2014.8.12	16:20〜18:17	117	●
	2	中華レストラン（李家厨房）	潘偉国	経営者	2015.8.7	20:12〜20:40	28	△
	4	荷蘭中国商会	徐卓亜★	副会長（オランダ温州同郷会名誉会長）	2007.8.26	10:48〜12:40	112	●■
					2007.8.27	14:40〜16:00 21:30〜24:44	274	●■
					2007.8.28	13:20〜15:05	105	●■
	4	旅荷福建同郷聯合会	陳仕錦	創立者・名誉会長	2014.8.11	11:48〜14:21	153	●
			陳旭	会長	2014.8.11	14:06〜16:28	142	●
	4	アムステルダム華商会	馮鋭彬	会長（保利［旅行業者］・投資会社経営者）	2014.8.12	10:15〜13:08 14:01〜14:05 14:50〜14:56 16:16〜16:25	192	●
デン・ハーグ	2	Hotel Sebel b.o.	張冬旭★	董事長	2007.8.27	12:16〜14:16	120	●■
	2	モバイル小売チェーン「GSM-Shop A Unicom Company」	周蔚宗★	経営者（中荷商報「創辦人」経営者）	2007.8.27	16:53〜19:07	134	●■

インタビュー・リスト　389

ユトレヒト	2	欧州中華医薬研究開発中心	林斌★	教授	2007.8.26	13:39〜15:26	107	●■
	3	全欧州中医薬専家聯合会	林斌★	副主席（荷蘭中国医学専家協会会長）	2007.8.26	13:39〜15:26	107	●■
	4	欧盟浙江聯誼総会	林斌★	副主席（政協杭州市委員会委員，杭州市帰僑聯合会顧問，杭州海外交流協会常務理事，杭州市海外聯誼会常務理事，欧州杭州聯誼会会長，世界華人企業家協会副主席）	2007.8.26	13:39〜15:26	107	●■
オーストリア								
ウィーン	2	源氏有限公司	潘建偉★	総経理（林氏有限公司総経理，上海中海経済発展総公司董事，上海中海経済発展総公司董事）	2007.8.28	19:48〜22:50	182	●■
					2007.8.31	12:30〜15:25	175	●■
	2	奥地利甌江国際貿易有限公司	張維慶★	董事長	2007.8.28	20:10〜22:50	160	●■
					2007.8.29	10:08〜10:55 12:38〜14:27	156	●■
	2	昆侖公司	何定超★	董事長	2007.8.28	20:10〜22:50	160	●■
	2	中華レストラン	陳玉明★	経営者	2007.8.28	21:30〜22:50	80	●■
	2	Mei & Co Internationale	汪舟抒★	General Manager	2007.8.28	20:06〜22:50	164	●■
	2	奥地利豊盛大酒楼	潘益柱★	総経理（斯洛伐克佳佳貿易総経理）	2007.8.28	20:16〜22:50	154	●■
	2	製造業	（男性）	オーナーの１人	2007.8.28	19:50〜22:50	180	●■
	2	業種不明	黄時俊	経営者	2007.8.28	19:50〜22:50	180	●■
	2	日本レストラン「Okiru」，回転寿司「Okiru」，カラオケバー「Maikai」	陳一平	経営者	2007.8.28	19:50〜22:50	180	●■
					2007.8.29	19:05〜19:40 20:15〜23:10	210	●■
			李潔★	経営者の妻	2007.8.29	19:05〜20:20	75	●■
	2	中和咨詢服務公司	施志華★	資深顧問（奥地利中華工商会副会長，秘書長）	2007.8.29	19:05〜20:20	75	●■
	4	奥地利華人商会	潘建偉★	常務副会長（源氏有限公司総経理）	2007.8.28	19:48〜22:50	182	●■
					2007.8.31	12:30〜15:25	175	●■
			黄時俊	秘書長（徳国温州同郷会常務副会長）	2007.8.28	19:50〜22:50	180	●■
	4	奥中友協華人委員会	張維慶★	主席（奥地利浙江華僑華人聯誼会顧問，北京市海外聯誼会海外理事，広東省海外交流協会海外理事，湖南省封丘友好協会名誉理事，世界温州人聯誼総会海外理事，常州市海外交流協会海外理事，欧州温州人華僑華人聯合副主席）	2007.8.28	20:10〜22:50	160	●■
					2007.8.29	10:08〜10:55 12:38〜14:27	156	●■

			何定超★	名誉主席（昆侖公司董事長）	2007.8.28	20:10～22:50	160	●■
	4	奥地利中華工商業聯合会	陳玉明★	副主席（中国江蘇省餐飲行業協会海外名誉会長，奥地利奥中友協華人委員会副主席，奥地利華人商会副会長，奥地利華人餐飲業聯合会副会長，浙江省温州市餐飲業協会海外理事，奥地利維也納温州美食城董事長）	2007.8.28	21:30～22:50	80	●■
	6	欧州聯合周報	王敢	社長/総編	2008.3.30	9:35～12:05	150	●■
ロ シ ア								
モスクワ	2	貿易業	劉新	経営者	2008.8.31	21:00～22:40	100	●■
					2008.9.2	20:20～22:10	110	●■
	2	金華索菲亜服飾有限公司	林少微★	董事長	2008.9.1	10:29～11:37 12:43～14:34	179	●■
	2	靴下卸	唐増汝★	経営者	2008.9.1	11:37～11:54	17	●■
	2	靴卸	蔡金釵	経営者	2008.9.1	11:56～12:36	40	●■
	2	運送業	（男性）	経営者	2008.9.1	12:43～14:34	51	●■
	2	生地卸	朱勝★	経営者	2008.9.1	14:47～15:48	61	●■
	2	ジーンズ卸	葉衛洪★	経営者	2008.9.2	14:27～15:20	53	●■
	2	卸売市場	王恒順★	経営者	2008.9.2	12:40～12:56	16	●■
	2	婦人服卸	余協咏★	経営者	2008.9.2	12:56～14:16	80	●■
	4	モスクワ華人婦女聯合会	胡麗芬	副主席（モスクワタ刊社編集長）	2008.8.31	21:00～22:40	100	●■
					2008.9.2	20:20～22:10	110	●■
	4	ロシア連邦中国浙江同郷会	林少微★	執行会長（ロシア高新科技実業集団副主席，ロシア連邦中国浙江同郷会婦女委員会主席，金華索菲亜服飾有限公司董事長）	2008.9.1	10:29～11:37 12:43～14:34	179	●■
			唐増汝★	副会長（靴下卸経営者）	2008.9.1	11:37～11:54	17	●■
	4	ロシア楽清モスクワ中華総商会	王恒順★	会長（浙江聯合会常務副会長，南方商会副会長，浙江省僑聯青年総会常務理事，卸売市場経営者）	2008.9.2	12:40～12:56	16	●■
			余協咏	秘書長	2008.9.2	12:56～14:16	80	●■
	6	モスクワタ刊社	胡麗芬	編集長	2008.8.31	21:00～22:40	100	●■
					2008.9.2	20:20～22:10	110	●■
サンクトペテルブルク	2	ロシア・サンクトペテルブルクIBT集団	陳志剛	総裁	2008.9.4	10:53～13:10 14:15～14:58	180	●■
			樫杉	従業員	2008.9.4	13:10～14:15	65	●■

	2	サンクトペテルブルク魚泉有限公司	陳超	経理	2008.9.5	10:57〜12:10	73	●■
	2	サンクトペテルブルク紅太陽飯店	蔡麗	経理	2008.9.5	13:05〜14:11	66	●■
	2	化粧品販売代理業	宋桂華	代表	2008.9.5	14:43〜15:43	60	●■
	2	ロシア・サンクトペテルブルク朗民有限公司	于赫揚	経営者	2008.9.5	16:33〜16:56	23	●■
	4	ロシア・サンクトペテルブルク華人華僑聯合会	陳志剛	主席（ロシア・サンクトペテルブルクIBT集団総裁）	2008.9.4	10:53〜13:10 14:15〜14:58	180	●■
			石崙	前主席（ロシア国立レーピン美術学院教授）	2008.9.5	17:28〜20:15	167	●■
			維拉尼卡梁	副主席（ロシア・ペテルブルク中国文化センター主任，ロシア国立ゲルツェン師範大学教授）	2008.9.5	17:28〜20:15	167	●■
	5	ロシア国立レーピン美術学院	石崙	教授	2008.9.5	17:28〜20:15	167	●■
	5	ロシア国立ゲルツェン師範大学	維拉尼卡梁	教授	2008.9.5	17:28〜20:15	167	●■
	7	留学生	（男性）	留学生	2008.9.5	10:25〜10:57	32	●■
ウクライナ								
キエフ	6	ウクライナ華商報社	李相	社長（ウクライナJIM実業会社総経理）	2009.3.21	23:16〜24:05	49	●■
オデッサ	2	捷歩鞋業貿易公司	林堅★	経営者	2009.3.19	14:00〜15:30 18:00〜22:02	332	●■
	2	新世紀国際貿易実業盼有限（集団）公司	彭壮	董事長	2009.3.19	18:00〜22:02	242	●■
	2	業種不明	張柄林★	経営者	2009.3.19	18:00〜22:02	242	●■
	2	浙江省海懋有限公司	鄭元芬	社長（COIN Ltd. Export-Import General Manager）	2009.3.19	18:00〜22:02	242	●■
	4	オデッサ華人華僑聯合会	彭壮	主席（中国人民政治協商会議黒竜江省委員会委員，ウクライナ・オデッサ州外事＆民族事務委員会委員，ウクライナ華声報事董事局主席，ウクライナ中華総商会常務副会長，新世紀国際貿易実業盼有限（集団）公司董事長）	2009.3.19	18:00〜22:02	242	●■
			張柄林★	副主席・秘書長	2009.3.19	18:00〜22:02	242	●■
	4	オデッサ浙江同郷会	鄭元芬	副会長（浙江省海懋有限公司社長）	2009.3.19	18:00〜22:02	242	●■

ハンガリー								
ブダペスト	2	ハンガリー温州商城	胡鵬飛★	董事長（河南奥利特置業有限公司総裁，ハンガリーH&U房地産有限公司董事長）	2008.3.27	18:40〜21:40	180	●■
					2008.3.28	11:48〜12:24 14:08〜15:45 18:19〜20:37	271	●■
			（女性）★	従業員	2008.3.28	12:38〜14:08	90	●■
			Viktoria Petrovska	従業員	2008.3.28	12:38〜14:08	90	●■
	2	ハンガリー東方賓館有限公司	王少眉★	総経理	2008.3.27	19:12〜21:40	148	●■
					2008.3.28	9:28〜11:35 11:48〜12:24 14:08〜15:45 18:19〜20:37	398	●■
					2008.3.29	11:09〜14:51	222	●■
					2012.3.29	15:20〜17:27 17:54〜19:58	251	●■
					2012.3.30	11:38〜12:37	59	●■
	2	ファストフード店	（男性）★	経営者	2008.3.27	19:12〜21:40	148	●■
	2	匈牙利卓隆貿易公司	李光林★	董事長	2008.3.27	18:40〜21:40	180	●■
					2008.3.28	15:45〜16:34 18:19〜20:37	187	●■
			陳麗麗★	総経理	2008.3.28	15:45〜16:34 18:19〜20:37	187	●■
	2	Budapest-Mix Kft. Ruhazat Nagykereskedes	葉雪萍★	Manager	2008.3.28	9:56〜11:35 18:19〜20:52	252	●■
	2	威克集団 Wink	魏翔	董事長	2012.3.29	15:20〜17:27	127	●■
	2	天壇飯店	程小芳★	元経営者（現在は中国在住で不動産業）	2012.3.29	17:54〜19:58	124	●■
	2	九龍飯店	周麗姫★	経営者の妻	2012.3.29	17:54〜19:58	124	●■
	2	自豊公司	謝豊収★	経営者	2012.3.29	17:54〜19:58	124	●■
	2	Fly Horse Co., Ltd.	于晶	Director	2012.3.29	17:54〜19:58	124	●■
					2012.3.30	11:38〜12:37	59	●■
			張文国	経営者	2012.3.30	11:38〜12:37	59	●■
	4	ハンガリー温州商会	胡鵬飛★	会長（ハンガリー温州商城董事長）	2008.3.27	18:40〜21:40	180	●■
					2008.3.28	11:48〜12:24 14:08〜15:45 18:19〜20:37	271	●■

インタビュー・リスト　393

					日付	時間	分	
			王少眉★	副会長（ハンガリー華人婦人聯合会会長，ハンガリー東方賓館有限公司総経理）	2008.3.27	19:12〜21:40	148	●■
					2008.3.28	9:28〜11:35 11:48〜12:24 14:08〜15:45 18:19〜20:37	398	●■
					2008.3.29	11:09〜14:51	222	●■
					2012.3.29	15:20〜17:27 17:54〜19:58	251	●■
					2012.3.30	11:38〜12:37	59	●■
			（男性）★	秘書長	2008.3.27	18:40〜21:40	180	●■
	4	ハンガリー華人婦人聯合会	王少眉★	副会長（ハンガリー温州商会副会長，ハンガリー東方賓館有限公司総経理）	2008.3.27	19:12〜21:40	148	●■
					2008.3.28	9:28〜11:35 11:48〜12:24 14:08〜15:45 18:19〜20:37	398	●■
					2008.3.29	11:09〜14:51	222	●■
					2012.3.29	15:20〜17:27 17:54〜19:58	251	●■
					2012.3.30	11:38〜12:37	59	●■
			程小芳★	副会長（天壇飯店元経営者）	2012.3.29	17:54〜19:58	124	●■
			周麗姫	名誉会長（九龍飯店経営者の妻）	2012.3.29	17:54〜19:58	124	●■
			謝豊収★	副会長（自豊公司経営者）	2012.3.29	17:54〜19:58	124	●■
			于品	常務会長（Fly Horse Co., Ltd. Dirctor）	2012.3.29	17:54〜19:58	124	●■
					2012.3.30	11:38〜12:37	59	●■
	4	ハンガリー福建同郷会	魏翔	名誉会長（威克集団董事長）	2012.3.29	15:20〜17:27	127	●■
チェコ								
プラハ	2	捷克明珠餐飲業連鎖集団	孫悦心★	董事長	2008.3.25	21:08〜24:20	192	●■
					2008.3.26	17:20〜18:25 18:30〜22:07	282	●■
					2008.3.27	14:49〜15:34	45	●■
	2	中華レストラン	林国平★	経営者	2008.3.25	21:08〜24:20	192	●■
					2008.3.26	18:44〜22:07	203	●■
	2	中華レストラン「杭州飯店」	陳国平★	経営者	2008.3.25	22:46〜24:20	94	●■
	2	中華レストラン，回転寿司店	梅建敏★ (仮名)	経営者	2008.3.26	14:48〜16:40 18:44〜22:07	315	●■
	2	中華レストラン	鄭朝偉★	経営者	2008.3.26	19:44〜21:17	93	●■
	2	中華レストラン	黄頓★	経営者	2008.3.26	18:44〜22:07	203	●■
					2008.3.27	13:32〜14:48	76	●■

	2	靴卸	陳景偉★	経営者	2008.3.26	18:00〜22:07	247	●■
	2	中国食材卸「万好食品商行」	葉華★	経営者	2008.3.27	10:30〜11:36	66	●■
	2	捷克納可貿易有限公司	裴永亮★	経営者	2008.3.27	11:43〜12:28	45	●■
	2	靴卸「Import & Velkoobchod-Obuv & Odevy」	張香娟★	経営者	2008.3.27	12:41〜13:03	22	●■
	4	旅捷青田同郷会	孫悦心★	秘書長(浙江省僑聯青年総会理事, 捷克明珠餐飲業連鎖集団董事長)	2008.3.25	21:08〜24:20	192	●■
					2008.3.26	17:20〜18:25 18:30〜22:07	282	●■
					2008.3.27	14:49〜15:34	45	●■
			鄭朝偉★	会長(中華レストラン経営)	2008.3.26	19:44〜21:17	93	●■
	6	欧州聯合周報	黄頓★	記者(中華レストラン経営)	2008.3.26	18:44〜22:07	203	●■
					2008.3.27	13:32〜14:48	76	●■
スロバキア								
ブラチスラバ	2	業種不明	(男性)★	経営者	2007.8.30	9:35〜11:16	101	●■
ポーランド								
ワルシャワ	2	ポーランド・ワルシャワ中国城	金建敏★	董事長	2008.3.25	11:27〜13:44	137	●■
			韓宝華	総経理	2008.3.25	14:51〜15:54	63	●■
			絨友達	ポーランド・ワルシャワ中国城の親会社(在香港)の出資者	2008.3.25	10:56〜11:26	30	●■
	2	靴卸「Polaka Warszawa Mauros」	劉銀発★	経営者(温州雅歌進出口貿易有限公司経営者)	2008.3.25	13:43〜14:43	60	●■
トルコ								
イスタンブール	2	中凱進出口貿易有限公司	楊啓票	総経理	2011.3.22	10:38〜12:43	125	●■
	2	繊維資材卸「Cansen」	鄭壮★	総経理	2011.3.22	13:13〜14:45	92	●■
	2	旅行会社「Touroyal」	陳歩俊	総経理	2011.3.22	15:26〜17:02	96	●■
	2	中遠国土耳其公司(Cosco Denizcilik ve dis Ticaret A.S.)	王書毅	総経理	2011.3.23	15:10〜16:24	74	●■
	2	香港大酒楼	尤忠義	総経理	2011.3.24	11:24〜13:08	104	●■
	2	雑貨卸「Melek Hediyelik Esya」	葉壘	経営者	2011.3.24	16:18〜17:30	72	●■
	2	大東方餐飲貿易有限公司	葉連明★	董事	2011.3.25	10:37〜12:39	122	●■
			周銭衆★	董事	2011.3.25	13:45〜14:30	45	●■

	2	土耳其 Muli 鉱業国際進出口貿易公司	李啓友★	董事長（土耳其 Jin Xin 鉱業工業国際貿易有限公司総裁，土耳其 Fa You 鉱業工業国際貿易有限公司総裁，浙江省温州市鑫宝進出口有限公司董事長）	2011.3.26	12:23～13:21	58	●■
	2	中国人餐飲集団貿易有限公司	程建兵	董事長	2011.3.26	14:28～16:40	132	●■
	4	土耳其中国工商総会	程建兵★	副会長（浙江省僑联青年総会理事，温州市鹿城僑联顧問）	2011.3.23	10:40～11:57	77	●■
					2011.3.26	14:28～16:40	132	●■
			李啓友	副会長	2011.3.26	12:23～13:21	58	●■
			尤忠義	副秘書長（浙江省僑联青年総会理事）	2011.3.24	11:24～13:08	104	●■
			張瑜★	秘書	2011.3.23	10:40～11:57	77	●■
	7	ジェトロ・イスタンブール事務所	石原圭昭	所長	2011.3.23	13:03～14:25	82	●■
アラブ首長国連邦（UAE）								
ドバイ	2	靴卸	黄隆勛★	経営者	2008.3.21	6:57～ 8:10	73	●■
					2008.3.22	13:40～15:28 16:34～17:54	188	●■
	2	靴卸	謝蓮蓮★	経営者	2008.3.22	11:05～13:40	155	●■
	2	Yang Xianzhen Trading Est.	楊顕珍	董事長（Lian Zhong Great Wall Electrics L.L.C. 董事長，Yangs Health & Beauty Instruments 董事長）	2008.3.22	11:20～15:28	248	●■
	2	中国鮮又多超市	応国棟★	董事長	2008.3.22	11:05～15:28	263	●■
	2	阿联酋迪拝中国商品城（鞋城）	陳和勝★	副総経理	2008.3.22	13:56～15:28 16:49～17:54	157	●■
	2	寝具卸	葉鑫★	経営者	2008.3.21	6:57～ 8:10	73	●■
					2008.3.22	13:40～16:34	174	●■
	2	吉星房地産公司	張少壮★	董事	2008.3.22	12:32～15:28	176	●■
			黄敬之	董事	2008.3.22	13:18～13:40	22	●■
			謝書林★	経理	2008.3.22	10:20～13:40	200	●■
			（女性）★	銷售顧問	2008.3.22	10:20～13:40	200	●■
	2	Dltc Tools Dubai L.L.C.	葉鑫★	Managing Director	2008.3.22	14:59～18:18	199	●■
	4	U.A.E. 温州商会	黄隆勛★	秘書長	2008.3.21	6:57～ 8:10	73	●■
					2008.3.22	13:40～15:28 16:34～17:54	188	●■
			謝蓮蓮★	副会長（靴卸経営者）	2008.3.22	11:05～13:40	155	●■
			楊顕珍	副会長（Yang Xianzhen Trading Est. 董事長）	2008.3.22	11:20～15:28	248	●■

			応国棟★	副会長（中国鮮又多超市董事長）	2008.3.22	11:05～15:28	263	●■
			張少壮★	副会長（吉星房地産公司董事）	2008.3.22	12:32～15:28	176	●■
			陳和勝★	常務理事（阿朕酋迪拝中国商品城（鞋城）副総経理）	2008.3.22	13:56～15:28 16:49～17:54	157	●■
アメリカ								
ニューヨーク	4	美国福建同郷会	鄭思祺	第1常務副主席	2014.8.13	15:46～15:59 16:25～16:41 18:47～20:15	117	●
			陳学順	主席	2014.8.13	15:59～16:41 18:47～20:15	130	●
	4	美国龍津（長柄）同郷会	鄭思祺	第1常務副主席	2014.8.13	15:46～15:59 16:25～16:41 18:47～20:15	117	●
	4	美東華人社団聯合総会	林学文	秘書長	2014.8.13	18:47～20:15	88	●

参考文献（アルファベット順）

中国人名は，オリジナルに近い音読みアルファベットで，配置している。そのため，例えば，「林」という日本人に共通する姓も，「はやし」ではなく，"Lin"として収録されている。ただし，著者・編纂者が政府組織，報道機関，ないし，それらに準ずる団体等の場合は，中国のものも含めて慣行に従い，日本語の読み方で配列してある。

天児慧・石原享一・朱建栄・辻康吾・菱田雅晴・村田雄二郎編.
 1999.『岩波現代中国事典』岩波書店.
Amin, Samir.
 1974. *Accumulation on a World Scale: A Critique of the Theory of Underdevelopment.* New York, NY: Monthly Review Press.
青島矢一・王文.
 2015.「社会ネットワークを介した希少資源の効率的多重活用——中国 PV 産業急発展のメカニズム」『一橋ビジネスレビュー』63(3): 34-47.
青田県.
 2008.「華僑之郷——青田」
  http://www.qingtian.gov.cn/ztzj/tszj/200811/t20081118_8926.htm（2016年1月3日アクセス）.
青田県帰国華僑聯合会.
 2013.「青田華僑分布図」
  http://www.qtxql.com/common/Model/ShowArticle.aspx?WHICHID=3373（2016年1月3日アクセス）.
Aral, Sinan, and Marshall Van Alstyne.
 2011. "The Diversity-Bandwidth Trade-off." *American Journal of Sociology* 117(1): 90-171.
Aral, Sinan, and Dylan Walker.
 2011. "Creating Social Contagion through Viral Product Design: A Randomized Trial of Peer Influence in Networks." *Management Science* 57(9): 1623-1639.
 2012. "Identifying Influential and Susceptible Members of Social Networks." *Science* 337(6092): 337-341.
『朝日新聞』.
 2001．3月17日朝刊，2面.
 2011．6月18日朝刊，9面.
朝日新聞デジタル.
 2015．6月22日「中国銀行ミラノ支店に資金洗浄問題で起訴状，現地中国人が関与」
  http://www.asahi.com/international/reuters/CRWKBN0P2036.html（2015年11月7日アクセス）.

坂東忠信.
  2008.『通訳捜査官——中国人犯罪者との闘い 2920 日』経済界.
Barabási, Albert-László.
  2002. *Linked: The New Science of Networks Science of Networks*. Cambridge, MA: Perseus Publishing（アルバート・ラズロ・バラバシ『新ネットワーク思考——世界のしくみを読み解く』青木薫訳, NHK 出版, 2002 年）.
BBC ニュース.
  2004. 6 月 22 日. "Cockle Pickers Died From Drowning."
  http://news.bbc.co.uk/2/hi/uk_news/england/lancashire/3827623.stm（2010 年 12 月 1 日アクセス）.
  2005. 10 月 21 日. "Cockle Jury Played Distress Call."
  http://news.bbc.co.uk/2/hi/uk_news/england/lancashire/4364586.stm（2010 年 12 月 1 日アクセス）.
Becker, Gary S.
  1964. *Human Capital: A Theoretical and Empirical Analysis, with Special Reference to Education*. Chicago, IL: University of Chicago Press（ゲーリー・S. ベッカー『人的資本——教育を中心とした理論的・経験的分析』佐野陽子訳, 東洋経済新報社, 1976 年）.
Böhning, Wolf Rüdiger.
  1984. *Studies in International Labour Migration*. London, UK; New York, NY: Macmillan.
Borjas, George J.
  1989. "Economic Theory and International Migration." *International Migration Review* 23 (3): 457–485.
  1990. *Friends or Strangers: The Impact of Immigration on the U.S. Economy*. New York, NY: Basic Books.
Bourdieu, Pierre.
  1984. *Distinction: A Social Critique of the Judgement of Taste* (R. Nice, Trans.). Cambridge, MA: Harvard University Press（ピエール・ブルデュー『ディスタンクシオン——社会的判断力批判 1・2』石井洋二郎訳, 藤原書店, 1990）.
Burt, Ronald S.
  1992. *Structural Holes: The Social Structure of a Competition*. Cambridge, MA: Harvard University Press（ロナルド・S. バート『競争の社会的構造——構造的空隙の理論』安田雪訳, 新曜社, 2006 年）.
  2005. *Brokerage and Closure: An Introduction to Social Capital*. Oxford, UK: Oxford University Press.
蚕子（Can Zi）.
  2011.「倒下或站立, 危機中的温州」『小康財智』139: 22–25.
Caritas.
  2009. *Dossier Statistico Immigrazione Caritas-Migrantes 2009*.
Caserta, Dario, and Anna Marsden.
  2007. *L'imprenditoria Straniera in Provincia di Prato*. Camera di Commercio Prato.
  http://www.po.camcom.it/doc/public/2007/stran07.pdf（2015 年 11 月 23 日アクセス）.
  2010. *L'imprenditoria Straniera in Provincia di Prato*. Camera di Commercio Prato.

http://www.po.camcom.it/servizi/public/index.htm（2010年10月10日アクセス）．
　　2012. *L'imprenditoria Straniera in Provincia di Prato*. Camera di Commercio Prato. http://www.po.camcom.it/doc/public/2012/stranieri_11.pdf（2015年11月23日アクセス）．
Castles, Stephen, and Mark J. Miller.
　　2009. *The Age of Migration: International Population Movements in the Modern World*, 4th ed. New York, NY: Palgrave Macmillan（ステファン・カースルズ，マーク・J・ミラー『国際移民の時代（第4版）』関根政美・関根薫訳，名古屋大学出版会，2011年）．
Ceccagno, Antonella.
　　2003. "New Chinese Migrant in Italy." *International Migration* 41(3): 187-213.
　　2007. "The Chinese in Italy at a Crossroads: The Economic Crisis." In Thunø, Mette, ed., *Beyond Chinatown: New Chinese Migration and the Global Expansion of China*. Copenhagen, Denmark: Nordic Institute of Asian Studies Press.
　　2009."Chinese Migrants as Apparel Manufacturing in an Era of Perishable Global Fashion: New Fashion Scenarios in Prato, Italy." In Johanson, Graeme, Russell Smyth, and Rebecca French, eds., *Living Outside the Walls: The Chinese in Prato*. Newcastle upon Tyne, UK: Cambridge Scholars Publishing.
Ceccagno, Antonella, Renzo Rastrelli, and Alessandra Salvati.
　　2010. "Exploitation of Chinese Immigrants in Italy." In Gao, Yun, ed., *Concealed Chains: Labour Exploitation and Chinese Migrants in Europe*. Geneva, Switzerland: ILO.
陳玉雄（Chen Yuxiong）．
　　2004a.「中国の民間金融──温州を中心とする東南沿海部における民間金融の実態と地域経済」『三田学会雑誌』96(4): 149-170.
　　2004b.「中国東南沿海部における『合会』の実態とその金融機能」『中国経営管理研究』4: 23-47.
　　2010.『中国のインフォーマル金融と市場化』麗澤大学出版会．
陳周錫（Chen Zhōuxi）．
　　2013.「温州上百家企業瀕臨破産倒閉」『第一財経日報』2013年3月22日記事．
程学童（Cheng Xuetong）・王祖強・李涛．
　　2004.『集群式民営企業成長模式分布』北京：中国経済出版社．
長三角聯合研究中心．
　　2008.『長三角年鑑（Yearbook of Changjiang Delta Development）2008年版』南京：河海大学出版社．
Christiansen, Flemming.
　　2003. *Chinatown, Europe: An Exploration of Overseas Chinese Identity in the 1990s*. London, UK: Routledge Curzon.
中国服装協会．
　　http://www.cnga.org.cn/（2010年10月10日アクセス）．
中国人民銀行．
　　http://www.pbc.gov.cn/publish/zhengcehuobisi/625/2011/20110706183212152848729/20110706183212152848729_.html（2011年10月28日アクセス）．
中国鞋都図書館．

http://www.shoelib.com（2010 年 10 月 10 日アクセス）.
『中国新聞網』.
　　2011. 10 月 14 日「跑路還是破産　温州債務危機下企業如何收場？」
　　　　http://www.chinanews.com/fortune/2011/10-14/3389855.shtml（2011 年 12 月 20 日アクセス）.
『中国通信社』.
　　2009. 6 月 27 日「改正『中華人民共和国統計法』」
　　　　http://www.china-news.co.jp/node/46859（2012 年 7 月 20 日アクセス）.
中華人民共和国国家統計局編.
　　2003.『中国統計年鑑 2003』北京：中国統計出版社.
　　2008.『中国統計年鑑 2008』北京：中国統計出版社.
　　2009.『中国統計年鑑 2009』北京：中国統計出版社.
　　2011.『中国統計年鑑 2011』北京：中国統計出版社.
　　2014.『2014 年国民経済和社会発展統計公報』
　　　　http://www.stats.gov.cn/tjsj/zxfb/201502/t20150226_685799.html（2015 年 12 月 15 日アクセス）.
中華人民共和国教育部発展規劃司編.
　　2009.『中国教育統計年鑑 2008』北京：人民教育出版社.
　　2011.『中国教育統計年鑑 2010』北京：人民教育出版社.
　　各年版.『全国教育事業発展統計公報』.
　　　　http://www.moe.edu.cn/publicfiles/business/htmlfiles/moe/moe_335/index.html（2012 年 5 月 27 日アクセス）.
中華民国僑務委員会編.
　　2010.『僑務統計年報 2009』台北：僑務委員会.
Coleman, James Samuel.
　　1988. "Social Capital in the Creation of Human Capital." *American Journal of Sociology Supplement* 94: 95-120.
Cologna, Daniele.
　　2005. "Chinese Immigrant Entrepreneurs in Italy: Strengths and Weaknesses of an Ethnic Enclave Economy." In Spaan, Ernst, Felicitas Hillmann, and Ton van Naerssen, eds., *Asian Migrants and European Labour Markets: Patterns and Processes of Immigrant Labour Market Insertion in Europe*. London, UK: Routledge.
Concejalía de Fomento de Ayuntamiento de Elche.
　　2005. *La Empresa en Elche*.
　　2008. *La Empresa en Elche*.
　　　　http://economiaelche.com/hemeroteca/（2010 年 10 月 10 日アクセス）.
『第一財経日報』.
　　2011. 8 月 4 日「錢都温州——全民"炒錢"」
　　　　http://www.yicai.com/news/2011/08/985637.html（2011 年 11 月 20 日アクセス）.
『ダイヤモンドオンライン』.
　　2011. 9 月 22 日「中秋の節句を前に起きた夜逃げ現象に温州モデルの限界を見る」
　　　　http://diamond.jp/articles/-/14104（2012 年 3 月 1 日アクセス）.
Davis, Gerald, Mina Yoo, and Wayne E. Baker.

2003. "The Small-world of the American Corporate Elite, 1982-2001." *Strategic Organization* 1(3): 301-326.
Dei Ottati, Gabi.
　　　2015. "Chinese Immigrant Businesses in the Industrial District of Prato and Their Interpretation." In Sanfilippo, Marco, and Agnieszka Weinareds, *Chinese Migration and Economic Relations with Europe*. Abingdon, UK; New York, NY: Routledge.
丁可（Ding Ke）．
　　　2007．「中国の雑貨産業における高度化──『市場』はなぜ中小企業活躍の舞台になれるのか？」今井健一・丁可編『中国高度化の潮流──産業と企業の変革』アジア経済研究所．
　　　2011．「温州商人のネットワークと中国における産業集積発展のダイナミズム」『社會科學研究』63(2): 87-105.
段躍中主編（Duan Yuezhong）．
　　　1998．『在日中国人大全（1998-99年版）』日本僑報社．
永嘉県橋頭鎮志編纂領導小組．
　　　1989．『橋頭鎮志』北京：海洋出版社．
『El País』．
　　　2012．10月21日 "Gao Ping: The Emperor and His Clothes."
　　　http://elpais.com/elpais/2012/10/21/inenglish/1350821764_413124.html（2015年8月9日アクセス）．
費孝通（Fei Xiaotong）．
　　　1994．「内発的発展と外向型発展──回顧と展望」宇野重昭・鶴見和子編『内向的発展と外向的発展──現代中国における交錯』東京大学出版会．
Fladrich, Anja.
　　　2009. "The Chinese Labour Market and Job Mobility in Prato." In Johanson, Graeme, Russell Smyth, and Rebecca French, eds., *Living Outside the Walls: The Chinese in Prato*. Newcastle upon Tyne, UK: Cambridge Scholars Publishing.
Fleming, Lee, Charles King, and Adam I. Juda.
　　　2007. "Small-worlds and Regional Innovation." *Organization Science* 18: 938-954.
『Forbes　資本家』．
　　　1994．6月号．
Frank, Kenneth A.
　　　2009. "Quasi-ties: Directing Resources to Members of a Collective." *American Behavioral Scientist* 52(12): 1613-1645.
『福建僑聯』．
　　　2007．2月2日「福建海外華僑華人十年増加230万」
　　　http://www.fjql.org/fjrzhw/a689.htm（2012年7月20日アクセス）．
福建省地方志編纂委員会編．
　　　1992．『福建省志・華僑志』福州：福建人民出版社．
福建省統計局編．
　　　2011．『福建統計年鑑2011』北京：中国統計出版社．
福州年鑑編纂委員会編．
　　　2008．『福州年鑑2008』北京：方志出版社．

福州市統計局・国家統計局福州調査隊編.
　　2009.『福州統計年鑑 2009』北京:中国統計出版社.
Gladwell, Malcom.
　　2000. *The Tipping Point: How Little Things Can Make a Big Difference*. Boston, MA: Little, Brown(マルコム・グラッドウェル『ティッピング・ポイント——いかにして「小さな変化」が「大きな変化」を生み出すか』高橋啓訳,飛鳥新社,2000年;マルコム・グラッドウェル『急に売れ始めるにはワケがある——ネットワーク理論が明らかにする口コミの法則』高橋啓訳,ソフトバンククリエイティブ,2007年).
Gold, Thomas B., Doug Guthrie, and David Wank.
　　2002. "An Introduction to the Study of Guanxi." In Gold, Thomas B., Doug Guthrie, and David Wank, eds., *Social Connections in China: Institutions, Culture, and the Changing Nature of Guanxi*. Cambridge, UK: Cambridge University Press.
Granovetter, Mark S.
　　1973. "The Strength of Weak Ties." *American Journal of Sociology* 78(6): 1360-1380(マーク・グラノヴェッター「弱い紐帯の強さ」大岡栄美訳『リーディングス　ネットワーク論——家族・コミュニティ・社会関係資本』野沢慎司編・監訳,勁草書房,2006年).
　　1974. *Getting a Job: A Study of Contacts and Careers*. Chicago, IL: Univercity of Chicago Press(マーク・グラノヴェッター『転職——ネットワークとキャリアの研究』渡辺深訳,ミネルヴァ書房,1998年).
　　1985. "Economic Action and Social Structure: The Problem of Embeddedness." *American Journal of Sociology* 91(3): 481-580(マーク・グラノヴェッター「経済行為と社会構造——埋め込みの問題」『転職——ネットワークとキャリアの研究』渡辺深訳,ミネルヴァ書房,1998年).
郭海東(Guo Haidong)・張文彦.
　　2012.『商機を見いだす「鬼」になれ——中国最強の商人・温州人のビジネス哲学』原口昭一・永井麻生子・趙麗娜訳,阪急コミュニケーションズ.
Hayashi, Yukio.
　　2014 "Growing Self-organized Design of Efficient and Robust Complex Networks." IEEE 8 th International Conference on Self-Adaptive and Self-Organizing Systems (SASO): 50-59.
Herrmann, Hans J., Christian M. Schneider, André A. Moreira, José S. Andrade, Jr., and Shlomo Havlin.
　　2011. "Onion-like Network Topology Enhances Robustness against Malicious Attacks." *Journal of Statistical Mechanics: Theory and Experiment* 2011(01): P01027.
樋口直人.
　　2002.「国際移民の組織的基盤——移住システム論の意義と課題」『ソシオロジ』47(2): 55-71.
Homans, George Casper.
　　1964. "Bringing Men Back In." *American Sociological Review* 29(5): 809-818.
Hood, Marlowe.
　　1997. "Sourcing the Problem: Why Fuzhou?" In Paul J. Smith ed., *Human Smuggling, Chinese Migrant Trafficking and the Challenge to America's Immigration Tradition*.

　　　　Washington, DC: Center for Strategic and International Studies.
Hopper, Kenneth, and William Hopper.
　　2007. *The Puritan Gift: Triumph, Collapse and Revival of an American Dream*. London, UK ; New York, NY: I. B. Tauris.
法務省入国管理局編.
　　1964.『在留外国人統計昭和39［1964］年版』法務省入国管理局.
　　1974.『在留外国人統計昭和49［1974］年版』入管協会.
　　1985.『在留外国人統計昭和60［1985］年版』入管協会.
　　1995.『在留外国人統計平成7［1995］年版』入管協会.
　　2003.『出入国管理平成15［2003］年版』法務省入国管理局.
　　2005.『在留外国人統計平成17［2005］年版』入管協会.
　　2006.『出入国管理平成18［2006］年版』法務省入国管理局.
　　2011.『出入国管理平成23［2011］年版』法務省入国管理局.
　　2012.『在留外国人統計平成24［2012］年版』
　　2014.『出入国管理平成26［2014］年版』
　　　　http://www.moj.go.jp/nyuukokukanri/kouhou/nyukan_nyukan42.html（2015 年 12 月 20 日アクセス）.
胡方松（Hu Fangsong）・林堅強.
　　2012.『温州民間借貸風暴』北京：中国民族撮影芸術出版社.
胡瑞懐（Hu Ruihuai）・王春光主編.
　　2012.『温州藍皮書――2012年温州経済社会形勢分析与預測』北京：社会科学文献出版社.
市川信愛.
　　1991.『現代南洋華僑の動態分析』九州大学出版会.
伊原弘.
　　1991.「中国知識人の基層社会――宋代温州永嘉学派を例として」『思想』802：82-103.
飯島渉編.
　　1999.『華僑・華人史研究の現在』汲古書院.
Immigrants.Stat.
　　　　http://stra-dati.istat.it/Index.aspx（2015 年 8 月 8 日アクセス）.
稲葉陽二.
　　2007.『ソーシャル・キャピタル――「信頼の絆」で解く現代経済・社会の諸問題』生産性出版.
　　2011.『ソーシャル・キャピタル入門――孤立から絆へ』中央公論新社.
International Organization for Migration（IOM）.
　　2008. *World Migration 2008: Managing Labour Mobility in the Evolving Global Economy*. Geneva, Switzerland: IOM.
Istat（Istituto Nazionale di Statistica）.
　　2008. "Permessi di Soggiorno per Sesso, per Area Geografica e Singolo Paese di Cittadinanza, al 1º Gennaio. Anni 1992-2008."
　　　　http://demo.istat.it/altridati/permessi/index.html（2010 年 10 月 10 日アクセス）.
　　2010. "Structure and Competitiveness of Industrial and Services Enterprises Year 2008."
　　　　http://www.istat.it/en/archive/business-size-and-competitivenes（2012 年 7 月 20 日アクセス）.

2014. "International and Internal Migration Year 2013."
http://www.istat.it/en/archive/141477（2015年8月8日アクセス）．

姜紅祥（Jiang Hongxiang）・西口敏宏・辻田素子．
2014．「信用危機後の温州金融総合改革に関する一考察——民間金融の法制化への動き」ワーキングペーパー No.13-27 一橋大学イノベーション研究センター．

金浩（Jin Hao）・王春光主編．
2008．『温州藍皮書——2008年温州経済社会形勢分析与預測』北京：社会科学文献出版社．
2009．『温州藍皮書——2009年温州経済社会形勢分析与預測』北京：社会科学文献出版社．
2010．『温州藍皮書——2010年温州経済社会形勢分析与預測』北京：社会科学文献出版社．
2011．『温州藍皮書——2011年温州経済社会形勢分析与預測』北京：社会科学文献出版社．

『人民網』．
2007．10月9日．「中国共産党員数が7336万3千人に——2007年6月」
http://j.peopledaily.com.cn/2007/10/09/jp20071009-77752.html（2007年12月3日アクセス）．
2011．10月8日「温州中小企業平均利潤1％-3％，6成参与民間借貸」
http://ccnews.people.com.cn/GB/15819713.html（2011年10月25日アクセス）．
2012．5月14日「温州民間借貸規模縮水3成，毎天有近1億元糾紛産生」
http://www.022net.com/2012/5-14/43671724267059.html（2012年6月6日アクセス）．

Johanson, Graeme, Russell Smyth, and Rebecca French, eds.
2009. *Living Outside the Walls: The Chinese in Prato*. Newcastle upon Tyne, UK: Cambridge Scholars Publishing.

Kadushin, Charles.
2012. *Understanding Social Networks: Theories, Concepts, and Findings*. Oxford, UK: Oxford University Press（チャールズ・カドゥシン『社会的ネットワークを理解する』五十嵐祐監訳，佐藤有紀・五十嵐祐・加藤仁・古谷嘉一郎・西村太志・竹村幸祐・竹中一平・平島太郎・石黒格・浅野良輔訳，北大路書房，2015）．

金光淳．
2003．『社会ネットワーク分析の基礎——社会的関係資本論にむけて』勁草書房．

加藤健太郎．
2003．「中国の市場経済化と内発的発展——温州の経済発展と産業集積」『世界経済評論』47（9）：47-57．

Kawachi, Ichiro, S. V. Subramanian, and Daniel Kim, eds.
2008. *Social Capital and Health*. New York, NY: Springer（イチロー・カワチ，S. V. スブラマニアン，ダニエル・キム『ソーシャル・キャピタルと健康』藤澤由和・高尾総司・濱野強訳，日本評論社，2008年）．

茅原圭子・森栗茂一．
1989．「福清華僑の日本での呉服行商について」『地理学報』27：17-44．

Kogut, Bruce M., and Gordon Walker.
2001. "The Small World of Germany and the Durability of National Notworks." *American Sociological Review* 66(3): 317-335.

小島麗逸．
2003．「中国の経済統計の信憑性——GDP推計」『アジア経済』44（5・6）：4-26．

Kwong, Peter.

1987. *The New Chinatown.* New York, NY: Hill and Wang（ピーター・クォン『チャイナタウン・イン・ニューヨーク——現代アメリカと移民コミュニティ』芳賀健一・矢野裕子訳，筑摩書房，1990年）．

Kynge, James.
   2006. *China Shakes the World: The Rise of a Hungry Nation.* London, UK: Weidenfeld and Nicolson（ジェームズ・キング『中国が世界をメチャクチャにする』栗原百代訳，草思社，2006年）．

蘭辛珍（Lan Xinzhen）．
   2011.「温州中小企業の苦境」『北京週報e刊』11: 29-32.

Levathes, Louise.
   1994. *When China Ruled the Seas: The Treasure Fleet of the Dragon Throne 1405-1433.* New York, NY: Simon and Schuste（ルイーズ・リヴァシーズ『中国が海を支配したとき——鄭和とその時代』君野隆久訳，新書館，1996年）．

李丁富（Li Dingfu）．
   1997.『温州之謎——中国脱貧到富的成功模式』改革出版社．

李明歓（Li Minghuan）．
   2002.『欧州華僑華人史』中国華僑出版社．

李文彦（Li Wenyan）．
   2005.『警察通訳が明かす中国人犯罪　驚愕の手口』双葉社．

廖赤陽（Liao Chiyang）．
   1997.「在日華商の社会組織とその商業ネットワーク——長崎福建会館の事例を中心に（1860〜1950年代）」『東洋文化研究所紀要』134: 109-173.

Light, Ivan Hubert.
   1972. *Ethnic Enterprise in America: Business and Welfare among Chinese, Japanese, and Blacks.* Berkeley, CA: University of California Press.

Liker, Jeffrey, K.
   2003. *The Toyota Way: 14 Management Principles from the World's Greatest Manufacturer.* New York, NY: McGraw-Hill（ジェフリー・K. ライカー『ザ・トヨタウェイ（上・下）』稲垣公夫訳，日経BP社，2004年）．

Liker, Jeffrey K., and David P. Meier.
   2005. *The Toyota Way Fieldbook: A Practical Guide for Implementing Toyota's 4Ps.* New York, NY: McGraw-Hill（ジェフリー・K. ライカー，デイビッド・マイヤー『ザ・トヨタウェイ——実践編（上・下）』稲垣公夫訳，日経BP社，2005年）．

林力（Lin Li）．
   2006.「中国福建省からの労働移民に関する研究——移民潮流の形成と地域社会の変動を中心に」龍谷大学経済研究科博士論文．

Lin, Nan.
   2001. *Social Capital: A Theory of Social Structure and Action.* New York, NY: Cambridge University Press（ナン・リン『ソーシャル・キャピタル——社会構造と行為の理論』筒井淳也・石田光規・桜井政成・三輪哲・土岐智賀子訳，ミネルヴァ書房，2008年）．

林同春（Lin Tongchun）．
   1997.『橋渡る人——華僑波瀾万丈私史』エピック．
   2007.『二つの故郷——在日華僑を生きて』エピック．

Luhmann, Niklas.
>   1984. *Soziale Systeme: Grundriß einer Allgemeinen Theorie*. Frankfurt am Main: Suhrkamp（ニクラス・ルーマン『社会システム理論（上・下）』佐藤勉監訳，恒星社厚生閣，1993年および1995年）．

Luigi, Tomba.
>   1999. "Exporting the 'Wenzhou Model' to Beijing and Florence: Labour and Economic Organization in Two Migrant Communities." In Pieke, Frank N., and Hein Malle, eds., *Internal and International Migration: Chinese Perspectives*. Richmond, Surrey: Curzon.

『毎日経済新聞網』．
>   2011. 5月15日「央行持続収緊銀根，民間借貸利率飆昇」http://old.nbd.com.cn/newshtml/20110515/2011051511174167.html（2011年10月29日アクセス）．

Ma, Laurence J. C.
>   2003. "Space, Place, and Transnationalism in the Chinese Diaspora." In Ma, Laurence J. C. and Carolyn Cartier, eds., *The Chinese Diaspora: Space, Place, Mobility, and Identity*. Lanham, Maryland: Rowman and Littlefield Publishers.

Ma Mung, Emmanuel.
>   2005. "Chinese Immigration and the (ethnic) Labour Market in France [*sic*]." In Spaan, Ernst, Felicitas Hillmann, and Ton van Naerssen, eds., *Asian Migrants and European Labour Markets: Patterns and Processes of Immigrant Labour Market Insertion in Europe*. London: Routledge.

丸川知雄．
>   2001.「中国の産業集積――その形成過程と構造」関満博編『アジアの産業集積――その発展過程と構造』アジア経済研究所．
>   2004.「温州産業集積の進化プロセス」『三田学会雑誌』96(4): 521-541.

Massey, Douglas S., Joaquin Arango, Graeme Hugo, Ali Kouaouci, Adela Pellegrino, and J. Edward Taylor.
>   1998. *Worlds in Motion: Understanding International Migration at the End of the Millennium*. Oxford, UK: Oxford University Press.

松村明監修・小学館『大辞泉』編集部編．
>   1998.『大辞泉増補・新装版』小学館．

松村明・三省堂編修所編纂．
>   1988.『大辞林』三省堂．

McEvily, Bill, Jonathan Jaffee, and Marco Tortoriello.
>   2012. "Not All Bridging Ties Are Equal: Network Imprinting and Firm Growth in the Nashville Legal Industry, 1933-1978." *Organization Science* 23(2): 547-563.

Menz, Georg.
>   2009. *The Political Economy of Managed Migration: Nonstate Actors, Europeanization, and the Politics of Designing Migration Policies*. Oxford, UK: Oxford University Press.

Merton, Robert King.
>   1968a. *Social Theory and Social Structure*. New York, NY: Free Press.

　　　　1968b. "The Matthew Effect in Science." *Science* 159(3810): 56-63.
Michailova, Snejina, and Verner Worm.
　　　　2003. "Personal Networking in Russia and China: Blat and Guanxi." *European Management Journal* 21(4): 509-519.
Milgram, Stanley.
　　　　1967. "The Small-world Problem." *Psychology Today* 1(1): 61-67（スタンレー・ミルグラム「小さな世界問題」野沢慎司・大岡栄美訳，『リーディングスネットワーク論──家族・コミュニティ・社会関係資本』野沢慎司編・監訳，勁草書房，2006年）．
Mingione, Enzo.
　　　　2013. "New Migrants in Europe: The Chinese in Italy in Comparative Perspective." In Peilin, Li, and Laurence Roulleau-Berger, eds., *China's Internal and International Migration*. Abingdon, UK: Routledge.
宮崎正弘．
　　　　2006．『出身地でわかる中国人』PHP研究所．
宮崎正勝．
　　　　1997．『鄭和の南海大遠征──永楽帝の世界秩序再編』中央公論社．
『みずほ中国経済情報』．
　　　　2011．6月号 http://www.mizuho-ri.co.jp/publication/research/pdf/china-eco/cm1106.pdf（2016年5月1日アクセス）．
莫邦富（Mo Bangfu）．
　　　　1994．『蛇頭──中国人密航者を追う』草思社．
森田和正．
　　　　2004．「中国における中小企業信用保証制度の展開と課題──浙江省温州市を中心として」『三田学会雑誌』96(4)：133-147．
森田靖郎．
　　　　1991．『地下経済の新支配者──難民・ギャング，チャイナタウン最前線』角川書店．
　　　　1992．『チャイナ・コネクション──ニューヨーク・福建・日本を結ぶ地下ルート』日本評論社．
　　　　2007．『中国「犯罪源流」を往く』講談社．
Morone, Flaviano, and Hernán A. Makse.
　　　　2015. "Influence Maximization in Complex Networks through Optimal Percolation." *Nature* 524: 65-68.
『網易房産』．
　　　　2011．8月18日「温州炒楼資金轉戦民間借貸，炒房客抛售潮顕現」http://gz.house.163.com/11/0818/09/7BNSP28900873C6D.html（2011年10月25日アクセス）．
村瀬洋一・高田洋・廣瀬毅士共編．
　　　　2007．『SPSSによる多変量解析』オーム社．
内閣府国民生活局編．
　　　　2003．『ソーシャル・キャピタル──豊かな人間関係と市民活動の好循環を求めて』国立印刷局．
『南方周末』．
　　　　2012．11月22日 "皇帝行動"突襲海外 "義烏" 西班牙華商：危険的財富」

http://www.infzm.com/content/83079（2015年8月9日アクセス）．

Nee, Victor, and Sonja Opper.
 2012. *Capitalism from Below: Markets and Institutional Change in China*. Cambridge, MA: Harvard University Press.

『21世紀経済報道』．
 2011．8月17日「浙江民企再現倒閉危機，民間借貸崩盤風険隠現」
 http://epaper.21cbh.com/html/2011-08/17/content_5313.htm?div=-1（2011年10月25日アクセス）．

Nishiguchi, Toshihiro.
 1994. *Strategic Industrial Sourcing: The Japanese Advantage*. New York, NY: Oxford University Press（西口敏宏『戦略的アウトソーシングの進化』東京大学出版会，2000年）．

Nishiguchi, Toshihiro, and Alexandre Beaudet.
 1998. "The Toyota Group and the Aisin Fire." *MIT Sloan Management Review* 40 (1): 49-59.

西口敏宏．
 2007．『遠距離交際と近所づきあい——成功する組織ネットワーク戦略』NTT出版．
 2009．『ネットワーク思考のすすめ——ネットセントリック時代の組織戦略』東洋経済新報社．
 2011．『ココ・シャネルの「ネットワーク」戦略』祥伝社黄金文庫．

西口敏宏・姜紅祥・辻田素子．
 2012．「リーマン・ショック以降の温州企業——温州モデルの再考」ワーキングペーパー No.12-06，一橋大学イノベーション研究センター．

西口敏宏・辻田素子．
 2008．「王少眉（Wang Shaomei）ハンガリー東方賓館有限公司・総経理オーラルヒストリー」unpublished mimeo. 一橋大学イノベーション研究センター．
 2015．「国際起業成功の秘密を探る——コミュニティー・キャピタルに根差す中国温州人の越境戦略」ワーキングペーパー No.15-05，一橋大学イノベーション研究センター．

Niu, Pu.
 1998. "Confucian Statecraft in Song China: Ye Shi and the Yongjia School." Ph. D. dissertation, Department of History, Arizona State University, May.

Nyíri, Pál.
 2007. *Chinese in Eastern Europe and Russia: A Middleman Minority in a Transnational Era*. Abingdon, UK; New York, NY: Routledge.

小木裕文．
 2009．「華人ネットワークの変容——福清僑郷と福清移民ネットワークを事例に」篠田武司・西口清勝・松下冽編『グローバル化とリージョナリズム』御茶の水書房．

岡本義行．
 1994．『イタリアの中小企業戦略』三田出版会．

温州華僑華人研究所編．
 1999．『温州華僑史』北京：今日中国出版社．

温州市．
 2011．『温州年鑑2011』

　　　　http://www.wenzhou.gov.cn/col/col11961/index.html（2016 年 1 月 3 日アクセス）.
　　2011.『2010 年温州市国民経済和社会発展統計公報』
　　　　http://www.wenzhou.gov.cn/art/2011/8/24/art_3583_177610.html（2016 年 5 月 1 日
　　　　アクセス）.
　　2012.『2011 年温州市国民経済和社会発展統計公報』
　　　　http://www.wenzhou.gov.cn/art/2012/4/18/art_3583_214701.html（2016 年 5 月 1 日
　　　　アクセス）.
　　2012．3 月 8 日「呉邦国――温州模式靠的是信用」
　　　　http://wz.zj.gov.cn/art/2012/3/8/art_3596_209086.html（2012 年 3 月 8 日アクセス）.
　　2012．3 月 30 日「専家解読温州金融総合改革試験区」
　　　　http://www.wenzhou.gov.cn/art/2012/3/30/art_5997_218819.html（2012 年 6 月 1 日
　　　　アクセス）.
　　2012．5 月 7 日「背景――民間資本受限制引発金融風波」
　　　　http://www.wenzhou.gov.cn/art/2012/5/7/art_5992_217220.html（2012 年 6 月 1 日
　　　　アクセス）.
　　2013．4 月 8 日「対外経済」『2012 年温州市国民経済和社会発展統計公報』
　　　　http://www.wenzhou.gov.cn/art/2013/4/8/art_9346_260986.html（2015 年 9 月 13 日
　　　　アクセス）.
　　2013．9 月 18 日「2013 浙江華僑華人社団負責人温州研習班圓満結束」
　　　　http://www.wzwqb.gov.cn/zthd/qlyxb/2015/07/25/39226.html（2016 年 3 月 2 日ア
　　　　クセス）.
　　2014．3 月 27 日「対外経済」『2013 年温州市国民経済和社会発展統計公報』
　　　　http://www.wenzhou.gov.cn/art/2014/3/27/art_13421_302127.html（2015 年 9 月 13
　　　　日アクセス）.
　　2015.『2014 年温州市国民経済和社会発展統計公報』
　　　　http://www.wenzhou.gov.cn/art/2015/4/7/art_3583_350264.html（2015 年 7 月 29 日
　　　　アクセス）.
　　2015．4 月 7 日「対外経済」『2014 年温州市国民経済和社会発展統計公報』
　　　　http://www.wenzhou.gov.cn/art/2015/4/7/art_14761_350271.html（2015 年 9 月 13
　　　　日アクセス）.
　　2015．10 月 23 日「温籍僑団負責人研習班開班　僑領回温集体充電」
　　　　http://www.wzwqb.gov.cn/zthd/qlyxb/2015/10/23/82350.html（2016 年 3 月 2 日ア
　　　　クセス）.
温州市地方志編纂委員会温州年鑑編集部編.
　　2003.『温州年鑑 2003』北京：中華書局出版.
　　2007.『温州年鑑 2007』北京：中華書局出版.
　　2008.『温州年鑑 2008』北京：中華書局出版.
　　2010.『温州年鑑 2010』北京：中華書局出版.
温州市服装商会.
　　http://www.wzfashion.org/（2016 年 5 月 1 日アクセス）.
　　2005.『温州服装』第 3 期.
温州市志編纂委員会編，章志誠主編.
　　1998.『温州市志（上）』，北京：中華書局出版.

温州市統計局編.
 2003.『温州統計年鑑 2003』北京：中国統計出版社.
 2008.『温州統計年鑑 2008』北京：中国統計出版社.
 2009.『温州統計年鑑 2009』北京：中国統計出版社.
 2011.『温州統計年鑑 2011』北京：中国統計出版社.
『温州党建』.
 2012. 2月16日「陳德栄同志在全市金融工作会議上的講話」
  http://www.wzdj.gov.cn/system/2012/02/16/103014734.shtml（2012年3月1日アクセス）.
大島一二・佐藤宏.
 1994.「中国農村経済の市場化と郷鎮企業供銷員の役割——蘇南および温州における実態調査から」『農村研究』79：95-106.
大槻文彦.
 1987.『新編大言海［新編版第8刷］』冨山房.
『欧浪網』.
 2011. 9月20日「普拉托華人超市被槍女老板受重傷，商店遭焚焼」
  http://www.eulam.com/html/201109/20/329194.html（2012年6月30日アクセス）.
 2012. 1月6日「中国人羅馬被殺凶手叫囂：殺你就像殺狗」
  http://www.eulam.com/html/201201/6/347043.html（2012年6月30日アクセス）.
 2012. 3月13日「治安状況堪憂　意大利普拉托48小時内3華人遭槍劫」
  http://www.eulam.com/html/201203/13/356780.html（2012年6月30日アクセス）.
潘翎編（Pan Ling）.
 1998.『海外華人百科全書』三聯書店.
Pan, Lynn, ed.
 1999. *The Encyclopedia of the Chinese Overseas.* Cambridge, MA: Harvard University Press.
Panayiotopoulos, Prodromos.
 2006. *Immigrant Enterprise in Europe and the USA.* London, UK; NewYork, NY: Routledge.
Pieke, Frank N., Pál Nyíri, Mette Thunø, and Antonella Ceccagno.
 2004. *Transnational Chinese: Fujianese Migrants in Europe.* Stanford, CA: Stanford University Press.
Piore, Michael J.
 1979. *Birds of Passage: Migrant Labour and Industrial Societies.* Cambridge, UK: Cambridge University Press.
Piore, Michael J., and Charles F. Sabel.
 1984. *The Second Industrial Divide: Possibilities for Prosperity.* New York, NY: Basic Books（マイケル・J. ピオリ，チャールズ・F. セーブル『第二の産業分水嶺』山之内靖・永易浩一・石田あつみ訳，筑摩書房，1993年）.
Polanyi, Karl.
 1944. *The Great Transformation: The Political and Economic Origins of Our Time.* Boston, MA: Beacon Press（カール・ポラニー『新訳　大転換——市場社会の形成と崩壊』野口建彦・栖原学訳，東洋経済新報社，2009年）.

1977. *The Livelihood of Man*. New York, NY: Academic Press（カール・ポランニー［*sic.*］『人間の経済（Ⅰ・Ⅱ）』玉野井芳郎・栗本慎一郎訳，岩波書店，1980 年）．

Portes, Alejandro.
　　　1998. "Social Capital: Its Origins and Applications in Modern Sociology." *Annual Review of Sociology*, 24: 1-24.
　　　2003. "Conclusion: Theoretical Convergencies and Empirical Evidence in the Study of Immigrant Transnationalism." *International Migration Review* 37(3): 874-892.
　　　2010. *Economic Sociology: A Systematic Inquiry*. Princeton, NJ: Princeton University Press.

Portes, Alejandro, and Bach, Robert L.
　　　1985. *Latin Journey: Cuban and Mexican Immigrants in the United States*. Berkeley, CA: University of California Press.

Portes, Alejandro, Luis E. Guarnizo, and Patricia Landolt.
　　　1999. "The Study of Transnationalism: Pitfalls and Promise of an Emergent Research Field." *Ethnic and Racial Studies* 22(2): 217-237.

Prato (Comune di Prato).
　　　2005. "Commento Sull'anzianità di Immigrazione e Nascite."
　　　http://www.comune.prato.it/immigra/cinesi/anagrafe/annuali/htm/canzim.htm（2016 年 1 月 3 日アクセス）．
　　　Annuario（各年版）. "Statistica del Comune di Prato."
　　　http://statistica.comune.prato.it/annuario/（2015 年 11 月 23 日アクセス）．
　　　2012. "Analisi della Popolazione al 31 Dicembre 2011 con Particolare Riferimento alla Popolazione Cinese."
　　　http://allegatistatistica.comune.prato.it/dl/20120102152435537/cinesi_dicembre2011.pdf（2012 年 7 月 20 日アクセス）．
　　　2014. Popolazione Straniera al 31. 12. 2015.
　　　http://statistica.comune.prato.it/?act=f&fid=6370（2016 年 1 月 3 日アクセス）．

Putnam, Robert D.
　　　1993. *Making Democracy Work: Civic Traditions in Modern Italy*. Princeton, NJ: Princeton University Press（ロバート・D. パットナム『哲学する民主主義——伝統と改革の市民的構造』河田潤一訳，NTT 出版，2001 年）．
　　　2000. *Bowling Alone: The Collapse and Revival of American Community*. New York, NY: Simon and Schuster（ロバート・D. パットナム『孤独なボウリング——米国コミュニティの崩壊と再生』柴内康文訳，柏書房，2006 年）．

Rath, Jan, ed.
　　　2002. *Unravelling the Rag Trade: Immigrant Entrepreneurship in Seven World Cities*. Oxford, UK: Berg.

Rawski, Thomas G.
　　　2001. "What's Happening to China's GDP Statistics?" *China Economic Review* 12(4): 347-354.

『聯合早報網』．
　　　2011. 9 月 10 日「温州民間瘋狂借貸面臨崩盤」
　　　http://www.zaobao.com/special/hotspot/pages1/hotspot110910.shtml（2011 年 10

月 25 日アクセス）.
Robinson William S.
  1950. "Ecological Correlations and the Behavior of Individuals." *American Sociological Review* 15(3): 351-357.
Rodríguez, Havidán, Joseph Trainor, and Enrico L. Quarantelli.
  2006. "Rising to the Challenges of a Catastrophe: The Emergent and Prosocial Behavior following Hurricane Katrina." *Annals of the American Academy of Political and Social Science* 604(1): 82-101.
阮加文（Ruan Jiawen）.
  2012.「温州担保噩夢」『法人』2012 年第 7 期: 14-18.
『365 地産家居網』.
  2011. 8 月 18 日「人行温州市中心支行発布《温州民間借貸市場報告》」
   http://news.house365.com/gbk/hzestate/system/2011/08/18/010356501.html（2011 年 11 月 20 日アクセス）.
Schilling, Melissa A., and Corey Phelps.
  2007. "Interfirm Collaboration Networks: The Impact of Large-scale Network Structure on Firm Innovation." *Management Science* 53(7): 1113-1126.
Schultz, Theodore W.
  1961. "Investment in Human Capital." *American Economic Review* 51(1): 1-17.
関満博.
  1995.『中国長江下流域の発展戦略』新評論.
関満博編.
  2006.『現代中国の民営中小企業』新評論.
泉州市華僑志編纂委員会編，卓正明主編.
  1996.『泉州市華僑志』北京：中国社会出版社.
Sequeira, Jennifer M. and Abdul A. Rasheed.
  2006. "Start-up and Growth of Immigrant Small Businesses: The Impact of Social and Human Capital." *Journal of Developmental Entrepreneurship* 11(4): 357-375.
瀋旭文（Shen Xuwen）.
  2012.「互保貸款危局」『環球企業家』第 15 期
   http://www.gemag.com.cn/11/29906_1.html（2013 年 4 月 15 日アクセス）.
史晋川（Shi Jinchuan）・黄艶君・何嗣江・厳谷軍.
  2003.『中小金融機構与中小企業発展研究——以浙江温州，台州地区為例』浙江大学出版社.
史晋川（Shi Jinchuan）・金祥栄・趙偉・羅衛東.
  2004.『制度変遷与経済発展——温州模式研究』浙江大学出版社.
『新華網』.
  2008. 4 月 12 日「月息高出央行 20 倍——浙江民間融資再度瘋狂」
   http://news.xinhuanet.com/fortune/2008-04/12/content_7964903.htm（2011 年 10 月 28 日アクセス）.
  2012. 5 月 16 日「温州——正式に社会全体に民間融資利率を公開」（日本語版）
   http://203.192.6.79/201205/aaa117140010_1.htm（2012 年 7 月 20 日アクセス）.
『新華網浙江チャンネル』.

2013年4月22日「温州市正式加入,"長三角"轉型更有動力」http://www.zj.xinhuanet.com/video/2013-04/22/c_115489016.htm(2013年12月28日アクセス).

新村出編.
 2008.『広辞苑(第6版)』岩波書店.

小学館.
 1988.『日本大百科全書22』小学館.

Stark, Oded.
 1991. *The Migration of Labour*. Cambridge, MA: Basil Blackwell.

Stiglitz, Joseph E., and Bruce Greenwald.
 2003. *Towards a New Paradigm in Monetary Economics*. Cambridge, UK: Cambridge University Press(ジョセフ・E. スティグリッツ,ブルース・グリーンウォルド『新しい金融論——信用と情報の経済学』内藤純一・家森信善訳,東京大学出版会,2003年).

Stiglitz, Joseph E., and Andrew Weiss.
 1981. "Credit Rationing in Markets with Imperfect Information." *American Economic Review* 71(3): 393-410.

田中修.
 2001.『中国第十次五カ年計画——中国経済をどう読むか?』蒼蒼社.

Tanizawa, Toshihiro, Shlomo Havlin, and H. Eugene Stanley.
 2012. "Robustness of Onionlike Correlated Networks against Targeted Attacks." *Physical Review E* 85: 046109.

Tarantino, Matteo, and Simone Tosoni.
 2009. "The Battelle of Milan: Social Representations of April 2007 Riots by Two Chinese Communities." In Johanson, Graeme, Russell Smyth, and Rebecca French, eds., *Living Outside the Walls: The Chinese in Prato*. Newcastle upon Tyne, UK: Cambridge Scholars Publishing.

Taylor, J. Edward.
 1987. "Undocumented Mexico-U.S. Migration and the Returns to Households in Rural Mexico." *American Journal of Agricultural Economics* 69(3): 626-638.
 1999. "The New Economics of Labour Migration and the Role of Remittances in the Migration Process." *International Migration* 37(1): 63-88.

Thunø, Mette.
 1999. "Moving Stones from China to Europe: The Dynamics of Emigration from Zhejiang to Europe." In Pyke, Frank N., and Hein Malle, eds., *Internal and International Migration: Chinese Perspectives*. Richmond, Surrey: Curzon.

田雁(Tian Yan).
 2003.『蛇頭の生まれし都』二見書房.

Tocqueville, Alexis de
 1961 [1835, 1840]. *De la Démocratie en Amérique I et II*. Paris, France: Gallimard(A・トクヴィル『アメリカの民主政治(上・中・下)』井伊玄太郎訳,講談社,1987年).

徳岡仁・小木裕文.
 2003.「僑郷としての福建省福清地方と人口移動について——人口移動の背景を巡る初歩

的考察」『問題と研究』32(12): 92-102.
Travers, Jeffrey, and Stanley Milgram.
 1969. "An Experimental Study of the Small World Problem." *Sociometry* 32(4): 425-443.
辻康吾.
 1989. 「温州抬会事件顚末——混迷の中の変動」宇野重昭編集責任『静かな社会変動』岩波書店.
辻田素子・西口敏宏.
 2008. 「中国・温州の中小企業ネットワーク——現地服装産業の独自調査から」『商工金融』58(4): 25-44.
Uslaner, Eric M.
 2002. *The Moral Foundation of Trust.* Cambridge, UK: Cambridge University Press.
 2003. "Trust in the Knowledge Society." Prepared for the Conference on Social Capital, Cabinet of the Government of Japan, March 24-25, Tokyo (エリック・M. アスレイナー「知識社会における信頼」西出優子訳, 宮川公男・大守隆編『ソーシャル・キャピタル——現代経済社会のガバナンスの基礎』東洋経済新報社, 2004 年).
Uzzi, Brian.
 1996. "The Sources and Consequences of Embeddedness for the Economic Performance of Organizations: The Network Effect." *American Sociological Review* 61(4): 674-698.
 1997. "Social Structure and Competition in Interfirm Networks: The Paradox of Embeddedness." *Administrative Science Quarterly* 42(1): 35-67.
Uzzi, Brian, and Jarrett Spiro.
 2005. "Collaboration and Creativity: The Small World Problem." *American Journal of Sociology* 111(2): 447-504.
Veblen, Thorstein.
 1899. *The Theory of the Leisure Class: An Economic Study of Institutions.* New York, NY: Macmillan (ソースティン・ヴェブレン『有閑階級の理論——制度の進化に関する経済学的研究』高哲男訳, 筑摩書房, 1998 年).
Waldinger, Roger, Howard Aldrich, and Robin Harwood Ward.
 1990. *Ethnic Entrepreneurs: Immigrant Business in Industrial Societies.* Newbury Park, CA: Sage Publications.
Wallerstein, Immanuel.
 1984. *The Politics of the World Economy: The States, the Movements, and the Civilizations.* New York, NY: Cambridge University Press.
Wall Street Journal.
 2011. 11 月 15 日 "Wenzhou's 'Annus Horribilis' Shakes China Model of Entrepreneurial Zeal Unravels in City of Shoemakers, Nouveaux Riches; Indebted Factory Bosses Flee."
 http://online.wsj.com/article/SB10001424052970204505304577001180665360306.html#articleTabs%3Darticle (2012 年 3 月 1 日アクセス).
 2012. 6 月 11 日 "An Indonesian Tycoon Dies——Liem Sioe Liong, Ally of Dictator Suharto, Built Country's Biggest Conglomerate."
 http://www.wsj.com/articles/SB10001424052702303444204577460351515148464

(2016 年 5 月 1 日アクセス).
王春光（Wang Chunguang）.
 1995.『社会流動和社会重構——京城「浙江村」研究』浙江人民出版社.
 2000.『巴黎的温州人——一個移民群体的跨社会建構行動』江西人民出版社.
王暁毅（Wang Xiaoyi）・蔡欣怡・李人慶.
 2004.『農村工業化与民間金融——温州的経験』山西経済出版社.
渡辺幸男.
 2001.「中国浙江省温州市産業発展試論——温州市工業・企業発展把握の仮説的フレームワークの提示とその若干の検討」『三田学会雑誌』94(3): 507-526.
 2002.「中国浙江省温州市産業発展試論（その 2 ）——温州市産業機械メーカーの形成と意味」『三田学会雑誌』95(3): 589-608.
 2004.「温州の産業発展試論——自立・国内完結型・国内市場向け産業発展，その意味と展望『三田学会雑誌』96(4): 503-520.
 2016.『現代中国産業発展の研究——製造業実態調査から得た発展論理』慶應義塾大学出版会.
Watts, Duncan J.
 1999a. *Small Worlds: The Dynamics of Networks between Order and Randomness*. Princeton, New Jersey: Princeton University Press（ダンカン・ワッツ『スモールワールド——ネットワークの構造とダイナミクス』栗原聡・佐藤進也・福田健介訳，東京電機大学出版局，2006 年）.
 1999b. "Networks, Dynamics, and the Small-world Phenomenon." *American Journal of Sociology* 105(2): 493-527.
 2003. *Six Degrees: The Science of a Connected Age*. New York, NY: Norton（ダンカン・ワッツ『スモールワールド・ネットワーク——世界を知るための新科学的思考法』辻竜平・友知政樹訳，阪急コミュニケーションズ，2004 年）.
 2004. "The New Science of Networks." *Annual Review of Sociology* 30: 243-270.
 2011. *Everything is Obvious: How Common Sense Fails*. New York, NY: Crown Business（ダンカン・ワッツ『偶然の科学』青木創訳，早川書房，2012 年）.
Watts, Duncan J., and Steve Strogatz.
 1998. "Collective Dynamics of Small-world Networks." *Nature* 393: 440-442.
翁仕友（Weng Shiyou）・楊中旭・袁満.
 2011.「温州銭殤」『財経』24: 68-89.
White, Jonathan.
 2000. *Italy: The Enduring Culture*. London, UK: Leicester University Press.
Williamson, Oliver E.
 1985. *The Economic Institutions of Capitalism: Firms, Markets, Relational Contracting*. New York, NY: Free Press.
Womack, James P., Jones, Daniel T., and Roos, Daniel.
 1990. *The Machine that Changed the World*. New York, NY: Rawson Associates.
Wu, Zhi-Xi, and Petter Holme.
 2011 "Onion Structure and Network Robustness." *Physical Review E* 84: 026106.
項飈（Xiang Biao）.
 2000.『跨越辺界的社区——北京"浙江村"的生活史』北京：生活・読書・新知三聯書店.

許丹(Xu Dan).
    2005.『公共事業の投資意思決定に関する実証研究——中国上海市と温州市を中心に』一橋大学商学研究科博士論文.
徐鶴森(Xu Hesen).
    2009.『民国浙江華僑史』北京:中国社会科学出版社.
許淑真(Xu Shuzhen).
    1989.「日本における福州幇の消長」『摂大学術 B.(人文科学・社会科学編)』7:59-77.
『雅虎(ヤフー)評論』.
    2011. 9月24日「温州民間借貸危情警示中国企業発展」
    http://opinion.cn.yahoo.com/ypen/20110924/605984.html(2011年10月25日アクセス).
山岸猛.
    2005.『華僑送金——現代中国経済の分析』論創社.
厳善平(Yan Shanping).
    1994.「中国温州農村市場経済化の展開過程」『アジア経済』35(8):34-60.
    2003.「温州民間企業の成長過程——代表的な民間企業に対する現地調査の報告」『アジア経済』44(2):61-82.
    2004.「温州モデルと蘇南モデル」『三田学会雑誌』96(4):487-502.
安室憲一.
    2003.『徹底検証中国企業の競争力——「世界の工場」のビジネスモデル』日本経済新聞社.
葉剛(Ye Gang).
    2006.「中国における私有企業の生成について」『比較経済研究』43(1):39-49, 95.
『読売新聞』.
    2010. 8月5日夕刊, 13面.
    2010. 8月16日朝刊, 1面, 3面.
游仲勲(You, Zhongxun)先生古希記念論文集編集委員会編.
    2003.『日本における華僑華人研究——游仲勲先生古希記念論文集』風響社.
郁貝紅(Yu Beihong)他.
    2010.『僑村蒜嶺的変遷』北京:社会科学文献出版社.
Yu Sion, Live.
    1998. "The Chinese Community in France: Immigration, Economic Activity, Cultural Organization and Representations." In Benton, Gregor, and Frank N. Pieke, eds., *The Chinese in Europe*. Basingstoke, UK: Macmillan Press.
袁恩楨(Yuan Enzhen).
    1987.『温州模式与富裕之路』上海:上海社会科学院出版社.
張国楽(Zhang Guoyue).
    2006.「1920・30年代における在日福清呉服行商の実態と動向——『福益号』を通じて」『歴史研究』44:1-34.
張荊(Zhang Jing).
    2003.『来日外国人犯罪——文化衝突からみた来日中国人犯罪』明石書店.
張仁寿(Zhang Renshou)・李紅.
    1990.『温州模式研究』中国社会科学出版社.

鄭楽静（Zheng Lejing）.
  2012.『在日中国人社会の歴史と現状——在日温州人を中心に』京都大学人間・環境学研究科博士論文.
周徳文（Zhou Dewen）.
  2011.「民間借貸——不是撒旦也不是上帝」『小康財智』139: 32.
  2013.「奥古斯都鞋業為什麼撒手而去」『中華工商時報』2013 年 4 月 22 日記事.
朱康対（Zhu Kangdui）.
  2008.「改革開放以来温州経済発展的回顧与展望」金浩・王春光主編『温州藍皮書——2008 年温州経済社会形勢分析与預測』社会科学文献出版社.
朱炎（Zhu Yan）.
  1995.『華人ネットワークの秘密——アジアの新龍』東洋経済新報社.
Zuckerman, Ezra W.
  2010. "Why Social Networks are Overrated: Downsides of the Commensuration that Underlies Social Network Analysis." *Perspectives* (*Newsletter of the ASA Theory Section*) 32(1): 3-5, 15.

謝　　辞

　社会ネットワーク研究の対象として，私たちが温州人企業家の調査を開始したのは2004年3月のことである。以来，12年の歳月が流れた。非常に多くの方々の献身的なご協力がなければ，本書は完成しなかったであろう。本研究を支援してくださった大勢の方々に，心からお礼を申し上げたい。
　私たちはこの間，毎年のように，欧州，米国および中国各地に出かけ，700人を超える企業家，政府や各種機関の関係者らと，インタビューを重ねてきた。とりわけお世話になったのが，企業家の方々である。彼らへの質問項目は，創業の経緯や経営実態にとどまらず，学歴や職歴，結婚相手といった個別の案件に及び，時には，研究目的のため，密入国や不法滞在，身分の合法化といったデリケートな問題にまで踏み込まざるをえなかった。そうした面倒な調査にもかかわらず，時に数回にわたって長時間，辛抱強くおつきあいくださった企業家の皆様に，まず何よりも感謝申し上げたい。
　また，これほど多くの温州人企業家に会い，お話を伺うことができたのは，ひとえに，日本温州同郷会の陳今勝会長（朝日貿易㈱代表取締役）が，長期に及んだ調査期間の特に前半部分で，その仲介役を担ってくださったからである。陳会長の温かいご支援がなければ，このプロジェクトを，現在のような形にまとめ上げるまで遂行することはできなかったはずである。ここに改めて深謝したい。
　温州経済と温州人企業家の実態に詳しい温州大学商学院の張一力先生やご同僚の先生方にも，一再ならず大変お世話になった。お会いするたびに，有益な情報や忌憚ないコメントを頂戴し，温州人とそのコミュニティーへの理解を深めることができた。同大学の先生方には，温州の市政府幹部や企業家らを，インタビュー相手としてご紹介頂くこともあったばかりでなく，多数回に及ぶ国際会議やセミナーなどを通して，学者ならではのディスカッションを深め，刺激的な学術交流の体験を共有できたことも，よき思い出の一部となっている。
　インタビューの大半を占めた中国語での聞き取り調査の際，筆者らの奉職する一橋大学と龍谷大学，ならびに，京都大学を含む周辺校等で，経営学，経済学，社会学などを専攻する中国人留学生に大いに助けられた。この12年間，通訳兼研究助手としてお世話になった順に，主な人名を記すと，許丹さん（一橋大学商学研究科博士課程，当時，以下同じ），張暁銘さん（一橋大学経済学研究科博士課程），陶智雲さん（龍谷大学経済学部），鄭楽静さん（京都大学人間・環境学研究科博士課程），

劉佳さん（一橋大学商学研究科博士課程），王鵬さん（京都大学経済学研究科博士課程）である。さらに，横浜国立大学講師の孟勇先生，龍谷大学非常勤講師の姜紅祥先生にもご協力頂いた。彼らにはその時々に，現場での通訳やインタビュー相手との日程調整だけでなく，センシティブな質問内容を含むため，時にインタビューを回避したがる傾向もあった相手先への事前交渉や説得も含めて，非常に骨の折れる作業を遂行して頂いた。通訳の現場でも，質問事項によっては，話すことを躊躇する中国人企業家と，研究の遂行上，掘り下げて聞かざるをえない日本人研究者の間に挟まれて，大変なご苦労をされたはずである。そうした困難なプロセスを経て，ようやく現在の形態に研究成果をまとめ上げることができたのも，彼らの並外れた忍耐強さと聡明さによる部分が大きく，改めて謝意を表したい。

執筆の段階でも，多くの方々のご協力を仰いだ。量的データの取り扱いに関しては，龍谷大学経済学部講師の木下信先生，京都大学経済学研究科博士課程の王鵬さんにご尽力頂いた。また，本書の執筆中に発生した2011年秋の温州金融危機に関する資料収集とその分析にあたっては，龍谷大学非常勤講師の姜紅祥先生に多大なご助力を賜った。

本書は，共著者2人が，新しいデータの入手と分析，それに呼応する形での理論的枠組みの見直しなどを含む，その時々の研究の進展に応じて，後に本書で形を変えて活かされることになった諸々の単独論文やワーキングペーパーの草稿，さらに，本書各章の原稿素案などを，夥しい頻度でやり取りし，改訂し，長い年月をかけて，多様な知見を統合する最新の研究書として完成させていく営みの最後の所産として生まれた。その間，特に図表の作成と改訂，原稿案や資料等の送受信などでお世話になったのが，一橋大学イノベーション研究センターの森本典子さん（当時），小貫麻美さん，米元みやさん，志水まどかさんである。彼女らの丹念な仕事ぶりに心から感謝している。

最後に，12年にも及ぶ長丁場の海外調査が可能となったのは，言うまでもなく，数多くの関連する学術研究の補助金や助成金を活用させて頂いたお陰である。複雑で多岐にわたる社会経済事象を扱う本書のどの側面が，直接，具体的に，どの助成金等に依拠するかを精査することは，不可能なだけでなく，意味がないので省くが，下記の網羅的なリストによって，御礼に代えさせて頂ければ幸甚である。

- 文部科学省科学研究費補助金（基盤研究B），2003-2005年度，「企業を取り巻く新しい組織間関係モデルの国際比較研究——日中米欧の事例を中心に」研究代表者：西口敏宏一橋大学教授，研究分担者：辻田素子静岡産業大学専任講師（当時，以下同じ），研究経費：740

謝　辞

万円
- 一橋大学イノベーション研究センター共同プロジェクト，2004-2007 年度，「ネットワークとイノベーション —— Part 1」研究代表者：西口敏宏一橋大学教授，研究分担者：ジェフリー・ファンク一橋大学教授，研究経費：274 万円
- 一橋大学イノベーション研究センター共同プロジェクト，2004-2007 年度，「ネットワークとイノベーション —— Part 2」研究代表者：西口敏宏一橋大学教授，研究分担者：辻田素子静岡産業大学・龍谷大学准教授，天野倫文法政大学・東京大学准教授，許丹一橋大学商学研究科ジュニアフェロー，趙長祥一橋大学商学研究科博士課程，研究経費：274 万円
- 一橋大学商学研究科中小企業基盤整備機構寄附講義関連共同研究費プロジェクト，2005-2006 年度，「発展的な中小企業のネットワーク分析」研究代表者：西口敏宏一橋大学教授，研究分担者：辻田素子龍谷大学准教授，研究経費：800 万円
- 文部科学省科学研究費補助金（基盤研究 B），2006-2008 年度，「地域経済の盛衰とネットワーク構造に関する国際研究比較」研究代表者：西口敏宏一橋大学教授，研究分担者：辻田素子龍谷大学准教授，研究経費：946 万円
- 一橋大学商学研究科中小企業基盤整備機構寄附講義関連共同研究費プロジェクト，2007 年度，「中小企業の発展と金融ネットワーク」研究代表者：西口敏宏一橋大学教授，研究分担者：辻田素子龍谷大学准教授，研究経費：200 万円
- 文部科学省科学研究費補助金（基盤研究 A），2007-2009 年度，「イノベーションとネットワークの学際的研究——理論，実証，そして政策提言」研究代表者：武石彰一橋大学・京都大学教授，米倉誠一郎一橋大学教授，研究分担者：西口敏宏一橋大学教授，長岡貞男一橋大学教授，中馬宏之一橋大学教授，延岡健太郎神戸大学・一橋大学教授，ジェフリー・ファンク一橋大学教授，青島矢一一橋大学准教授，軽部大一橋大学准教授，辻田素子龍谷大学准教授，研究経費：2249 万円
- ㈶三井住友銀行国際協力財団発展途上国関連調査研究助成金，2010 年度，「中国中小企業の途上国進出が，送り出し地域および進出地域の産業発展に及ぼすインパクト」研究代表者：西口敏宏一橋大学教授，研究分担者：辻田素子龍谷大学准教授，採択金額：150 万円
- 文部科学省科学研究費補助金（基盤研究 B），2011-2014 年度，「組織間関係論の国際実証研究」研究代表者：西口敏宏一橋大学教授，研究経費：819 万円
- 公益財団法人カシオ科学振興財団，2011 年度，「新華僑の組織間関係に関する国際実証研究——温州人，福建人，広東人のトポロジーとパフォーマンス」研究代表者：西口敏宏一橋大学教授，研究分担者：辻田素子龍谷大学准教授，採択金額：100 万円
- 公益財団法人日本証券奨学財団，2011 年度，「新華僑の組織間関係に関する国際比較研究——温州人・福建人・広東人のネットワーク構造に着目して」研究代表者：西口敏宏一橋大学教授，研究分担者：辻田素子龍谷大学准教授，採択金額：100 万円
- ㈶ユニベール財団，2012 年度，「北米における新華僑コミュニティー形成のプロセスとパフォーマンス——温州人コミュニティーを中心に」研究代表者：西口敏宏一橋大学教授，採択金額：100 万円
- 文部科学省科学研究費補助金（基盤研究 C）2014-2016 年度，「新華僑のソーシャルキャピタルに関する比較研究」研究代表者：辻田素子龍谷大学教授，姜紅祥龍谷大学非常勤講師，研究経費：429 万円
- 龍谷大学社会科学研究所共同研究プロジェクト，2014-2016 年度，「新華僑の組織間関係に関する国際比較研究——温州人と福建人等のソーシャルキャピタルに着目して」研究代表者・研究総括：辻田素子龍谷大学教授等計 6 名（西口敏宏一橋大学教授，大原盛樹龍谷大学

准教授,森光高大日本経済大学准教授,姜紅祥龍谷大学非常勤講師,王鵬京都大学経済学研究科博士課程)の共同研究,研究経費:300万円

索　引

原則として，中国人名は，ピンインのカナ表記で配置している。そのため，例えば，「林」という日本人に共通する姓も，「はやし」ではなく，リン（Lin）として収録されている。ただし，鄧小平，温家宝，費孝通のように，日本語読みでなじみのある人名は，ピンインではなく，日本語読みで，さらに，国名，地名，政府組織，報道機関，それらに準じる団体名，ならびに，歴史的呼称等の場合は，慣行に従い，日本語の読み方で配列してある。

● アルファベット
DNA（温州人の）　281
enclave（ethnic）　222
　➥少数民族（集団）　200
EU（欧州連合）　98, 100, 102, 111, 144, 168, 204
　──欧州委員会　182
　──欧州委員会の中小企業の定義　182
　　➥中小企業
GDP（国内総生産）　327
　──成長率　327
　──成長率の速報値（確報値）　327
　──温州市の──の年平均成長率　323
GDP（中国の）　146
H&M（ヘネス・アンド・マウリッツ）　110
homophily（類は友を呼ぶ）現象　45
I字型往復パターン　145
Iリターン（型）　23, 248, 278
LINE　18
NHK　102, 104, 111, 113, 120
ODM（original design manufacturing）　83
OEM（original equipment manufacturing）　83, 325, 335, 336, 337, 340, 344, 347, 359
　──委託企業　344
　──顧客（数）　337, 359
Pronto Moda（プロント・モーダ）　110
SNS（ソーシャル・ネットワーキング・サービス）　18, 37
SPSS　154, 223
TCL　280
Tukey HSD（honestly significant difference）多重比較　158, 227
U. A. E.（アラブ首長国連邦）温州総会　395
Unione Industriale Pratese　379
　➥プラート産業連盟　104, 109, 110, 111, 112
Ward法　154, 156, 157, 172, 223, 224

● あ　行
アイシン精機火災事故　ⅲ
アイデンティティー　5, 170, 175, 239, 318
　コミュニティーへの──　6
　同一尺度による──　7
アウトソーシング　348, 349, 350
　──戦略　324
青田（人・県・石）　13, 88, 93, 94, 95, 96, 97, 98, 100, 119, 127, 189, 193
　──（人）企業　127
　──（人）企業家の進出（外出）先　130
　──（県）帰国華僑聯合会　370
　──同郷会　143
アグリジェント　101, 102
頭のない鶏　184
斡旋業者　259
アパレル　63, 107
　──企業（家）　28, 180, 269, 272, 273, 316, 323, 324, 325, 329, 330, 333, 336, 343
　──業界　326, 328, 329
　──業者　120
　──産業　51, 323, 324, 325, 348
　──産地　180
　──事業　358
　──製品　271
　──マーケット　329
　──メーカー　82, 101, 270, 271, 336, 350
　（在）温州──企業（家）　323, 334, 335, 339, 347, 348, 349, 350, 351, 357, 363
　温州──産業　347
アヘン戦争　245
天下り　325, 345
アムステルダム　175, 181, 197, 232
アムステルダム華商会　388
厦門（アモイ）　245, 246, 247, 250
厦門市僑務弁公室　373
厦門大学　374
アラブ首長国連邦　194
　温州（青田）人企業家の進出先としての──　132
アリカンテ　187
域　外　349
域外アウトソーシング　350
域外開拓型（サプライヤー）　324, 347, 348, 349
域外外注　344
域外企業　339
域外取引　350
移住システム論　97

イスタンブール　189
イタリア　101, 121
　——の財務警察　114
　温州（青田）人企業家の進出先としての——
　　130, 132
　温州人集住地としての——　98
　第3——（Third Italy）　109
イタリア人（営業代理人〔専門販売員〕）　180, 182
　➡外国人（現地人）（専門）販売員（営業代理人）
　　149, 150
意大利福建華僑華人聯誼総会　382
イタリア（意大利）福建総商会　277, 382
イタリア・プラート華人華僑聯誼会（意大利普拉托華
　人華僑聯誼会）　105, 112, 380
意大利羅馬（イタリア・ローマ）華僑華人貿易総会
　（Associazione Commercianti Cinese di Roma）
　101, 106, 207, 297, 381
1次卸　101
1度の隔たり（one degree of separation）　17, 18
逸話的証拠　210
違法滞在（者）
　➡不法滞在（者）
移　民　314
　——企業家　iii, 103, 115, 168
　契約——　245
　合法——　247
　市場媒介型——　98
　自由——　245
　相互扶助型——　97
移民政策
　——（移民法）　98, 99, 121, 268, 280, 316
　——（日本政府の）　264
隠　元　253
印象論　210
インタビュー
　——件数　364
　調査のカバレージ率　364
インタビュー・リスト　363
インバウンド投資　249, 250
インフォーマル
　——なつきあい　237, 238, 239, 240, 356, 357
　——なネットワーク　286
　➡フォーマル（なつきあい，ネットワーク）　237,
　　238, 280, 355, 356
ウィルス・マーケティング（viral marketing）　46
ウィン・ウィン・ゲーム　102, 107, 178
ヴェブレン（Veblen, Thorstein）　251
温州（Wenzhou, ウェンジョウ）　➡温州（おんしゅ
　う）（市・人）
ウクライナ（温州〔青田〕人企業家の進出先として
　の）　131
動き回り型（active mover）　17, 19, 43, 80, 81, 89,

126, 151, 153, 165, 166, 168, 171, 172, 180, 183, 185,
186, 188, 193, 197, 198, 199, 209, 211, 216, 226, 306,
314, 315, 316, 318, 319, 322, 347
海のシルクロード　244
埋め込まれ（て）（embedded）　8, 22, 29, 37, 42,
171, 172, 209, 319
　➡社会的埋め込み　ii, 6, 52, 53
埋め込み度　212
温州（うんしゅう）　➡温州（おんしゅう）
永嘉学派（Yongjia School）　65, 66, 302
永楽帝　244
エスニック・エンクレイブ（ethnic enclave）　103,
106, 115
エルチェ（Elche）　116, 186, 198, 280
　——温州人靴卸店の倉庫襲撃事件　116, 117, 118,
　　120, 168
エルメネジルド・ゼニア（Ermenegildo Zegna）
　80
遠距離交際　iii, 23, 29, 39, 41, 42, 45, 64, 136, 151,
153, 165, 166, 173, 175, 177, 178, 180, 181, 200, 201,
216, 240, 272, 278, 313, 319, 321
円　卓　316
円卓食事会（晩餐会）　199, 200, 202, 204
　——参加者の多様性　202
　——の主催者　198
　温州人の——　192, 200, 202
　温州大学主催の——　203
　非温州人の——　201, 202
　リワイヤリングを行う——　198
エンポリ（Empoli）　269, 270, 271, 272, 273, 274
欧州温州華人華僑聯合会　385
欧州債務危機　305
　➡ギリシャ財政問題（の悪化）　305
欧州連合（欧州委員会）
　➡EU
欧州聯合周報　390, 394
欧盟浙江聯誼総会　389
オストラシズム（ostracism，陶片追放）　307
オーストリア（温州〔青田〕人企業家の進出先として
　の）　130
奥地利（オーストリア）華人商会　389
奥地利（オーストリア）中華工商会聯合会　390
オバマ大統領（Barack Hussein Obama II）　137
オーベルビリエ（Aubervilliers）　107, 109
オランダ　182
　温州（青田）人企業家の進出先としての——
　　130, 132
荷蘭（オランダ）中国商会　388
旅荷（オランダ）福建同郷聯合会　388
卸シッピング街　108
温家宝首相（総理）　289, 299
恩　赦　98, 99, 100, 168, 171, 204, 261, 264, 279, 316

索　引　425

温州（Wenzhou，ウェンジョウ）（市・人）　iii, 13,
　19, 20, 21, 23, 63, 246, 251, 253, 318
　──（市）GDP　66
　──域外GDP　96
　➡GDP（温州市の──の年平均成長率）　323
　──移民　20, 22
　──永嘉県橋頭鎮のボタン市場　75
　──大橋　85
　──（市）華僑リーダー（の）年次研修会　86,
　88, 169, 262
　──（人）企業　26, 125, 127, 128, 326
　──（人）企業家　i, ii, iv, 1, 21, 25, 29, 198, 213,
　214, 215, 216, 217, 218, 220, 221, 222, 223, 225, 226,
　227, 236, 237, 238, 239, 262, 265, 269, 273, 276, 297,
　302, 313, 314, 315, 316, 317, 321, 322, 323, 324, 333,
　334, 348, 349
　──（人）（の）企業家ネットワーク　14, 42, 43,
　88, 229
　（在欧・在外）──（人）企業家　211, 283, 325
　（在欧）──（人）企業家の学歴　139
　──（人）企業家の進出（外出）先　130
　──（人）起業家の成功要因　56
　──（人）企業家のつながり構造　125
　（在欧）──（人）企業家の同郷人結婚率　139
　　➡結婚相手　22, 136, 138, 146, 153, 154, 169, 171,
　　209, 218, 219, 223, 225, 229, 231, 235, 264, 272,
　　352
　　➡配偶者　37, 139, 140, 146, 218, 219, 316
　（在欧）──（人）企業家の4類型5タイプ　158
　（在欧）──（人）企業家の4類型5タイプの学
　歴・言語能力　181
　　➡ネットワーク戦略の4類型5タイプ　158,
　　173, 196
　──（市）企業の研究開発（R&D）投入額　301
　──（市）共産党委員会書記　303
　──・金華鉄道　85
　──空港　68, 85
　──（人）コミュニティー　22, 60, 123, 127, 143,
　178, 194, 197, 208, 209, 211, 220, 308, 313, 314, 315,
　316, 317, 318, 320, 321, 333
　──（人）コミュニティーの逆作用　305, 306
　──（人）コミュニティーの底辺　190
　──指揮部　85, 86
　──（市）上場企業　312
　──（市）人口　42, 66, 210
　──（市）政府　85, 117, 127, 166, 286, 291, 299,
　309
　──（市）政府僑務弁公室　78, 127, 130, 367
　──（の）中小企業（数）　298, 299
　──中小企業の平均利益率　300
　──中小企業の利潤率（資本利益率）　294
　──（人）同郷会　74, 106, 127, 166, 207, 231

　➡温州商会　74, 81, 96, 127
　──（人の）ネットワーク　74, 191, 240, 281
　──（人）ネットワークの探索能力　306
　──のアパレル（産業・業界）　70, 348
　──（人）の温情主義　177
　──の金属製ライター（産業）　71, 81
　──の靴産業　69
　──（市）の戸籍人口　42, 64
　──（人）の刷り込み　37
　──の専門市場　65, 82, 89
　──の大家族主義　170
　──の低電圧機器産業　71, 76
　──のメガネ（産業）　71
　──（市）1人当たりGDP　66
　──（市）1人当たり可処分所得　67
　──蜜柑　19
　──民間信用危機　iv, v, 283, 284, 285, 286, 297,
　298, 299, 302, 303, 305, 308, 311, 312, 320
　──民間貸借登記サービスセンター（温州民間貸借
　登記服務中心）　309
　──モデル（模式）　iii, 32, 63, 64, 65, 69, 72, 303,
　305, 321, 323, 350
　行き詰まる──（人）企業家　320
　在日──（人）（企業家）　254, 262
　在日──人のコミュニティー・キャピタル　262
　在日──人のヒューマン・キャピタル（学歴）
　263
　中国における自発的な資本主義発祥の地としての
　──　65
温州（人）街　81, 82, 104
温州語　13, 22, 88, 90, 188, 191, 196, 306, 315, 319
温州市服装商会　28, 74, 325, 326, 336, 344, 345, 347,
　348, 357, 363, 370
温州商会　74, 81, 96, 127
　➡同郷会（組織）　74, 75, 106, 174, 316
　➡温州（市）同郷会　74, 106, 127, 166, 207, 231
ハンガリー　207, 231, 392
温州人企業家　i, ii, iv
　──（在欧）　211, 283
温州（青田）人企業家の進出先
　──としてのアラブ首長国連邦（UAE）　132
　　➡温州（青田）人企業家の進出先としてのドバイ
　　132
　──としてのイタリア　130, 132
　──としてのウクライナ　131
　──としてのオーストリア　130
　──としてのオランダ　130, 132
　──としてのシンガポール　130
　──としてのスペイン　130, 132
　──としてのチェコ　131, 132
　──としてのドイツ　130
　──としてのドバイ　132

426

──（温州〔青田〕人企業家の進出先としての）アラブ首長国連邦（UAE）　132
──としてのトルコ　132
──としてのハンガリー　131
──としてのフランス　130, 132
──としての米国　130
──としてのポーランド　131
──としてのポルトガル　130
──としてのロシア　131
温州大学　64, 127, 203, 300, 370
温州民間貸借服務中心　371

● か 行

改革開放　ii, 19, 63, 74, 77, 246, 250, 262, 272, 280, 283, 288, 291, 302, 317, 320, 323
海禁政策　245
外国人（現地人）
　──デザイナー　149, 150
　➥デザイナー（イタリア人）　83, 179, 180
　──（専門）販売員（営業代理人）　149, 150
外国人材　165
外資系企業　68
解　釈
　共同──　30, 56
　集団的──　24
　➥共同（通・有）知　29, 31, 56, 57, 58, 88, 199, 280, 317, 318
外出（離郷）　64, 74, 81, 167, 168, 171, 278, 280, 306, 349
　──先　32, 313
　──者　250
　──人（離郷人）　42
　──率　189
階　層　118
　──間　46, 210
　──構造　45
　──性　43, 44, 45, 46, 315, 319
　➥ヒエラルキー構造　182
　──的移動　122
　社会──　103
　社会経済──　3
　高い──　175
外　注　341
　──総額　341, 360
　完成品──　343, 344
回転型貯蓄貸付講（rotating credit association, RCA）　77, 142
回転寿司店　184, 189, 193
外部資源　129, 193
外部（非受益）者（outs）　1, 7, 10, 143
外部情報　172, 209, 210
外部性
　正の──　54, 55
　負の──　55
外部探索性　8, 24, 29, 44, 60, 126, 240, 319, 322
　➥探索　23
架橋（bridging）　38, 41, 49, 74
　──による情報利益　38
　──による統制利益　38
華　僑
　新──　246, 248, 250, 253, 263, 278, 318
　老──　245, 248, 249, 250, 254, 278
華僑・華人　ii, 42, 127
　──定義　20
　長楽（市）の──　243
　福州（市）の──（企業）　243
　福清（市）の──　243
　福建（省）の──　241, 242, 243
華僑の郷　248, 256
学　縁　58, 135, 136, 137, 140, 141, 146, 151, 201, 208, 218
拡散伝播（情報の）　183
　──に（の）最適な影響者（optimal influencers）　45, 188
学　歴　21, 22, 93, 216, 218, 232, 233, 259, 283, 352
カジュアル服　336, 340, 341, 343, 344, 345, 347, 349
　女性用──　328, 357
　男性用──　328, 330, 357
カジュアル服メーカー　341
家族経営　277
加泰羅尼亜（カタルーニャ）華人工商業協会　386
価値基準　32
価値体系　2
カドゥシン（Kadushin, Charles）　3
カトリック系（私立）ハイスクール　55
　──の低い退学率　55
家内工業　77, 79
金持ちは、より豊かになる（rich get richer）　43, 182
果報は寝て待て　182
借り換え拒否　284, 287
関係的資源　283
関東大震災　254
広東語　13
広東省　127
広東省華僑弁公室　375
義烏（市）　82, 149, 367
帰　化　99
起　業　115, 167
起業家　98
企業家精神　65, 86, 89
　➥起業家精神　31, 139, 330
　──の変容　302
起業家精神　31, 139, 330

索　引　427

　　➥企業家精神　　65, 86, 89
　　　温州人の──　　199
企業間関係　　323
帰国華僑聯合会　　243
　　青田県──　　370
　　長楽市──　　243, 372
　　福州市──　　243, 372
　　福清市──　　243, 252, 254, 372
　　福建省──　　243, 246, 248, 249, 372
　　麗水市──　　370
疑似自立型　　171
偽造品　　79
　　➥模造品（模倣商品）　　70, 84
偽造旅券（査証）　　99, 154, 168
帰属意識　　88, 239, 324
　　同一コミュニティーへの──　　115
規模の下方平準化（downward leveling norms）
　　55
逆インセンティブ効果　　311
逆作用　　308, 322
逆選別効果　　311
業縁（仕事縁）　　135, 136, 137, 140, 141, 146, 151, 208,
　　218, 324, 338, 342, 347, 349
境　界　　1, 2, 3, 5, 6, 7, 10, 11, 12, 16, 143
　　➥バウンダリー　　3, 7, 13, 53, 55, 143
供給業者
　　➥サプライヤー
共産党（組織）
　　──幹部　　93, 345, 346, 362
　　──書記　　74
　　社内──　　324, 345, 346, 349, 362
　　社内──の書記長　　324, 345, 362
共産党員　　349
　　中国非公有制企業の──　　346
凝集性（内部・内的な・排外的な）（社会）　　8, 22,
　　24, 29, 38, 44, 126, 240, 313, 319, 322
　　➥結束性　　60, 320
　　強固な（強い）──　　30, 172, 199, 205, 333
　　社会的──　　171
　　高い──　　145, 171
行商（人）　　74, 96, 253, 330, 347, 348
共著者　　210
　　──関係　　4, 48, 49
共同経営　　156, 164, 165, 170, 173, 184, 225, 231, 232,
　　235, 237, 355, 356
　　温州人との──　　272
共同経営相手　　150, 220, 355
共同出資　　83
共同（通・有）知　　29, 31, 56, 57, 58, 88, 199, 280,
　　317, 318
　　➥解釈
共同特許出願者　　47, 49, 50, 210

虚擬経営（企業）　　344
　　➥ファブレス（fabrication-less）　　325, 344, 347,
　　349
ギリシャ
　　──国家財政悪化　　115
　　──財政問題（の悪化）　　305
　　➥欧州債務危機　　305
銀行融資残高　　293
近所づきあい　　iii, 17, 23, 39, 40, 41, 42, 45, 84, 136,
　　153, 174, 175, 178, 180, 192, 201, 216, 278, 280, 315,
　　321
銀背（温州の銭庄）　　292
金融緩和政策　　293
金融引き締め政策　　292, 293, 295, 298, 302, 303, 311
金　利
　　➥利息
近隣効果　　30, 38, 39, 42, 126, 183, 209, 212, 279
グアンシー（guanxi，関係）　　15, 30, 64, 93, 115
　　➥面子（mianzi，メンツ）　　16, 235, 264, 266, 307,
　　308, 310
クスマノ（Cusumano, Michael）　　ii
クラスター係数（clustering coefficient）　　39, 40, 49,
　　50, 60, 171, 319, 334
クラスター結合距離　　157, 224
クラスター分析　　18, 28, 43, 122, 125, 126, 153, 172,
　　185, 208, 209, 211, 223, 273, 274, 347, 349, 351
　　──の標準化　　156
　　──の分類感度　　156
　　（在欧）温州人企業家の──　　153
　　階層（的）──　　154, 156, 223
中国在住の温州人企業家の──　　171
グラッドウェル（Gladwell, Malcom）　　17
グラノベッター（Granovetter, Mark S.）　　16, 36, 41,
　　52, 53, 60
グラフ理論　　38, 41, 49, 60
苦力（クーリー）　　245
クリントン大統領（William Jefferson"Bill"Clinton）
　　137
クロス・ファクショナル・チーム　　85
(中小)（企業）経営者の失踪（・逃亡・行方不明)
　　（事件）　　283, 284, 286, 287, 289
経営の近代化　　80
計画経済　　63, 64, 75
経験職種　　217, 218
経済合理性　　61
経済社会学（economic sociology）　　ii
形式的な経済　　52
刑事拘留（〔企業〕経営者の）　　287
携帯電話　　117, 171, 204, 314
契約書　　310
　　──の作成　　309
契約労働者　　96

428

経路依存性　97
経路の長さ（path length）　49
毛織物産業　102
血縁（者）　14, 16, 23, 33, 52, 58, 64, 74, 76, 81, 97, 126, 135, 136, 140, 141, 146, 150, 206, 208, 209, 218, 256, 263, 280, 308, 314, 315, 316, 319, 320, 321, 324, 330, 333, 334, 338, 339, 340, 347, 348, 349
　非——　342
結婚相手　22, 136, 138, 146, 153, 154, 168, 171, 209, 218, 219, 223, 225, 229, 231, 235, 264, 272, 352
　➡（在欧）温州（人）企業家の同郷人結婚率　139
　➡配偶者　37, 139, 140, 146, 218, 219, 316
結節点　41
　➡ノード　iv, 4, 14, 39, 43, 45, 46, 47, 49, 183, 188, 276, 315, 349, 350
結束性　60, 320
　➡凝集性（内部・内的な・排外的な）（社会）　8, 22, 24, 29, 38, 126, 240, 313, 319, 322
研究開発（R&D）（温州市企業の，投入額）　301
顕示的消費（conspicuous consumption）　251
現状利用型（passive recipient）　17, 19, 43, 80, 81, 89, 126, 151, 153, 171, 172, 180, 197, 199, 207, 211, 216, 225, 226, 227, 229, 231, 239, 274, 280, 306, 315, 316, 318, 319, 322, 347
　——A/B　122, 153, 165, 166, 167, 168, 170, 185, 192, 209
現状利用型 A　186, 189, 193
現状利用型 B　186, 190, 198
現地企業　166
現地社会　93, 206
現地人　167
現地政府　98, 128
高級（外）車　67, 68, 112, 119, 172, 176, 199, 308
高級住宅（街・地）　68, 175
高金利　79, 288
広州（市）　148, 245, 246
杭州（市）　70, 262
工場の操業停止（閉鎖）　283, 284, 286, 289, 300
構造
　——的弊害　312
　——特性　1, 35, 208
　社会——（的）　2, 32, 102, 216, 250, 261, 284, 305, 313
　全体——　24
　つながり——　i, 5, 211, 239, 281, 302, 303, 319, 321, 334
　「もちつもたれつ」——　303
構造的な溝（structural hole）　17, 18, 19, 38, 41, 49, 181, 183
行動規範　32
行動様式　208

購買　341
合弁会社　80
合法化　99, 191
合法滞在（者）　261, 316
江門市帰国華僑聯合会　375
高利貸　257, 258, 284, 287, 289, 296, 297, 298, 302, 303, 306, 310
　➡民間金融（民間貸借）　77, 78, 79, 112, 286, 287, 288, 290, 291, 293, 294, 295, 296, 297, 298, 299, 300, 301, 302, 303, 307, 309, 310, 311, 312, 320
小売業者　101
合理的な選択　302
高齢者行方不明問題　136
語学（能）力　233, 357
顧客（販売先）　359, 360
　——数　337
　——との接触頻度　339, 360
　——の多様性　154, 155, 170, 171, 221, 223, 229, 231, 234
　➡販売先　147, 148
　——の立地場所　339, 360
国営（有）企業　68, 331, 335, 345, 349
国際化　164, 166, 168
国務院常務会議　299
互恵性（reciprocity）　210
互恵的（reciprocal）　15, 87, 210
　➡リワイヤリング（互恵的な）　8, 17, 18, 23, 30, 40, 41, 74, 85, 86, 87, 89, 123, 181, 184, 185, 186, 193, 200, 210, 236, 278, 279, 314, 315, 319, 324, 333, 334, 348, 349, 351
呉語（上海語）　13
互酬（性）（reciprocity）　15, 53, 307, 321
　——的な慣行　281
互助組織　106
個人事業主　331
個人的資質（能力）　2, 153, 176, 212, 273, 274, 334
個体戸（自営業者，従業員7人以下）　68, 296, 304
コダック　175
コネ　93
個票　273
互保（相互担保）　289, 290
コミュニケーション（定義）　51
コミュニティー
　——成長　183
　——定義　1
　——の構造基盤　308
　——の排他性　33
　分析（的）単位としての——　7, 11, 138
コミュニティー・キャピタル（community capital）　ii, v, 2, 11, 13, 14, 22, 33, 53, 54, 55, 57, 93, 126, 137, 143, 168, 186, 194, 199, 208, 211, 223, 234, 236, 240, 241, 258, 261, 262, 278, 279, 284, 307, 311, 313, 322

——定義　i
　　——の成育限界　305
　　——の測定（指標）　138
　　——の閉鎖性　120
　結束型（bonding）　——　29, 58, 59, 64, 76, 80, 81, 115, 123, 125, 208, 240, 313, 318, 319, 320
　結束型——の逆作用　305
　橋渡し型（bridging）　——　29, 58, 59
コミュニティー・メンバー　6
小物（外注）　344
孤　立
　　——化　240, 264
　　——型　229, 236, 238, 239, 274
　　——者（isolates, loner）　49, 234
　　——度　227
ゴールデン・ベンチャー号事件　242
コールマン（Coleman, James Samuel）　55
コロンブス（Colombo, Cristoforo）　244
コンティンジェンシー（contingencies, 付随する偶発事）　24

● さ　行

最下層（社会の）　103
最小有効多様性（requisite variety）　42
最新情報　172, 204
サイバネティクス　42
財務部長（財務大臣）　299
債務連鎖　289, 290
ザッカーマン（Zuckerman, Ezra W.）　14, 47
里帰り　278, 315
サパテロ政権（スペイン）　204
サプライチェーン　12, 343
サプライヤー（供給業者）　342, 344, 347
　　——（の）数　340, 341, 360
　　——（と）の接触頻度　343, 362
　　——の立地場所　343, 361
ザラ（Zara）　110
産業構造の高度化　32
産業集積　69
サンクトペテルブルク　229, 231
3次卸　101
参入障壁　76
三刃（サンバ）　130
三明市　213, 235, 241, 243, 268, 269, 270, 271, 272, 274, 278
蒜嶺（サンレイ）村（福清市）　256, 257, 258, 259
厦門（シアメン）　➡厦門（アモイ）
仕入先　147, 149, 186, 191, 198
　　——の多様性　154, 155, 222, 223, 234, 355
私営企業（従業員8人以上の私的所有の企業）　68, 303
事業拡大　132, 214

➡出国理由　132, 135, 352
事業資金　142, 208, 211
資金繰り悪化　298
資金チェーン　287, 289, 298, 303
資金調達　142
資金（カネ）の貸（し）借（り）　156, 164, 165, 173, 231, 232, 233, 235, 237, 277, 355, 356
資金の融通　170
ジグザグ型　23, 42, 184, 185, 248, 278
　　——の探索経路　145
自己中心（ego-centric）　4, 8
自己超越（集団を通した）　61
自己破産　320
自　殺　288, 289, 305, 306, 307, 311
　　（企業）経営者（負債者）の——　287
自社ブランド型（企業）　324, 334, 347, 348, 349
自主研究会（自主研）　89
市場原理　324
市場情報　64
　　最新の——　74
　　生の——　74
市場取引　339, 347, 349, 350
市場ニーズ　56, 74
次数中心性（network degree centrality）　45
下　請　12, 51, 109, 111, 113, 178, 348
下請加工（企業）　336
シチリア島　101
実体経済　52, 299, 303, 304, 311
質問票　127, 154
　　——記入（の）一定枠の選択　335
　　——調査　26, 28, 326, 327, 336, 347, 363
実利主義　302
指標（index, indexicality）　47, 48, 51
　　——の標準化　14
資　本　11
　　——定義　2
　　（社会）関係（的）——　i, ii, 2, 9
　　個人的——　2
地元企業　350
地元政府　84, 327, 349
地元密着型（下請）　324, 334, 347, 348, 349
社会規範　2, 57, 261, 281, 307
社会貢献活動　175, 205
社会集資　292
社会的埋め込み（social embeddedness）　ii, 6, 52, 53
➡埋め込まれ（て）（embedded）　8, 22, 29, 37, 42, 171, 172, 209, 319
　　前近代的な経済の——　320
社会的転換のメカニズム　316
社会的伝染（social contagion）　46
社会的な死　307

社会ネットワーク研究　210
社会ネットワーク分析（social network analysis, SNA）　8, 46, 47, 48
ジャスト・イン・タイム　301
借金連鎖　289, 307
蛇頭（スネークヘッド）　97, 99, 100, 154, 242, 247, 250, 253, 254, 259, 264
シャネル，ココ（Chanel, CoCo）　183
上　海　245, 246
ジャンプ・アウト　209
ジャンプ型（jumper）　17, 18, 19, 42, 43, 61, 64, 80, 89, 90, 122, 126, 151, 153, 164, 168, 170, 171, 172, 173, 178, 181, 182, 184, 185, 186, 188, 192, 193, 197, 198, 199, 200, 205, 207, 209, 211, 216, 225, 227, 229, 236, 239, 240, 272, 273, 274, 278, 279, 308, 313, 314, 315, 316, 318, 319, 321, 322, 347, 348
収穫逓減の法則　40, 60
従業員の多様性　154, 155, 192, 222, 223, 234, 353
重慶市　262
集　資　85
従属変数　348
集団化（グループ化）　79
集団学習　29, 56, 57, 199, 317
集団的影響（collective influence）　43, 315, 319
　——ネットワーク論　45, 188
集団的諜報力（collective intelligence）　56
習　律　9
珠江デルタ　68
珠江モデル　iii
朱子（Zhu Zi, チュ・ズー）　65
朱子学　65, 66
出国理由　132, 135, 352
　——事業拡大　132, 214
　➡投資移民　18, 99, 123, 126, 132, 140, 153, 168, 194, 195, 236, 247, 276
　——商機探索　132, 141, 184
準紐帯（quasi-ties）　7, 30, 126, 170, 177, 188, 200, 239
商機探索　23, 214, 348
　➡出国理由（商機探索）　132, 141, 184
商業銀行　286, 287, 288, 295, 297, 298
　中国の——　296
小商品　72, 76
少数民族（集団）　200
　➡ enclave（ethnic）　222
冗長（性）
　——な情報（交換）　202
　——の少ない情報（交換）　201, 204
　——のない情報　38, 40, 42, 60, 126, 193
情報交換の場　198
情報伝達経路　171
　——のかけ直し　185
　——のつなぎ直し　8
情報伝達特性　30, 41, 48, 50, 126, 210, 212, 314, 334
情報の非対称性　54, 311
情報網　56
初期条件　199
職種・事業（業種）の数　147, 154, 155, 223, 354
吉利（Geely, ジーリー）　280
自立型（independent）　17, 18, 19, 43, 126, 151, 153, 165, 168, 170, 172, 194, 196, 209, 211, 212, 216, 225, 227, 234, 236, 274, 276, 279, 316, 347
辛亥革命　245
シンガポール（温州〔青田〕人企業家の進出先としての）　130
人　口
　戸籍——　243, 244, 247
　総——　243
伸縮性のある専業化　109
人民元（為替レート）の切り上げ　300, 320
信　頼　ii, 11, 51
　➡同一尺度の信頼（commensurate trust）　v, 6, 11, 12, 13, 14, 15, 29, 59, 64, 84, 89, 90, 93, 115, 126, 136, 138, 143, 146, 151, 171, 186, 188, 206, 208, 211, 216, 236, 276, 279, 281, 308, 309, 313, 316, 319, 320
　均一的な——　12
　特殊化（particularistic）——　30
　特殊化——（particularized）定義　12
　特定化——　11, 14, 15, 58, 59, 64, 89, 90, 136, 279, 308, 315
　普遍化（universalistic generalized）——　11, 14, 15, 30, 33, 58, 90, 136, 151, 173, 206, 211, 271, 272, 278, 279, 315, 320, 321
　普遍化——（universalistic）定義　12
　普遍的——　59, 209
瑞安（市）　65, 66, 187
　——同郷会　234
　——同郷会（在マラガ）会長　188
　➡何佐斌（He Zuobin, フェア・ズゥオビン）　187, 188, 233
スウェットショップ（sweatshop）　114
スケールフリー　43
スター企業　327
スーツ
　男性用——（企業）　325, 328, 330, 331, 335, 336, 344, 345, 346, 347, 349, 357
　中国の——市場　344
ステータス　252
ストロガッツ（Strogatz, Steve）　38
スハルト（Soeharto, Haji Muhammad Soeharto）　248
スペイン　121
　温州（青田）人企業家の進出先としての——　130, 132

索　引　431

温州人（青田人）集住地としての―― 100
西班牙（スペイン）温州人同郷会　385
西班牙（スペイン）華人企業聯合会　385
西班牙（スペイン）華人靴業協会　117, 387
西班牙（スペイン）中国商会　385
西班牙（スペイン）南部華商会　387
西班牙（スペイン）バルセロナ華人商貿総会　386
西班牙（スペイン）北京同郷会　385
住まいや職の斡旋・提供　156, 170
スモールワールド　194, 314, 319, 322
　　――指数　50
スモールワールド・ネットワーク　iii, iv, 23, 35, 39, 40, 41, 43, 48, 50, 60, 126, 145, 210
　➡ネットワーク
3M（スリーエム）　175
刷り込み（imprinting）　37, 84
　➡ネットワークの刷り込み　200
西安交通大学　365
正規金融　292
　➡ヤミ（非正規）金融　292
正規滞在者　98
生産調査部　89
製造業（中国の）
　　――の生産コスト（の）上昇　300
　　――の低利潤　300
浙江省　13
浙江村　81
浙江大学　21, 367
　　――法学院　305
説明変数　348
セーフティーネット　140, 261, 280, 319
船員（中国）　94, 96
前近代社会　52
泉州市　148, 205, 244, 245, 247, 249, 250, 276, 277, 278
泉州市科学技術局　374
銭庄（個人貸金業者）　77, 292, 310
全体経路　40
　　――の短縮　39
全方向探索（broadcast）　52
専門市場　76, 79
粗悪品　70, 79, 85
創業（者）　330, 331, 332, 338, 347, 348, 349, 358
　　――資金　114, 118, 310, 311
　　共同――　338
創業（期）の資金（調達）（先）　219, 220
総経理　329, 360, 361, 362
倉庫（街・区）　107, 108
相互浸透性（permeability）　198, 200
相互扶助　23, 75, 93, 207, 236, 250, 261, 264, 277, 291, 295, 307, 316, 317
操作化（operationalization）　5, 17

宗族　307, 308
　➡父系の血縁集団　308
相転移（phase transition）　39, 60, 303
相補的差別化　107
相補的進出戦略　109
測定尺度　47, 48, 51
　➡同一尺度の信頼　v, 6, 11, 12, 13, 14, 15, 29, 59, 64, 89, 90, 115, 126, 136, 138, 143, 146, 151, 171, 186, 188, 206, 208, 211, 216, 236, 276, 279, 281, 308, 309, 313, 316, 319, 320
　同じ――（commensuration）　4, 10, 14
ソシオグラム（sociogram，社会的配線図）　4, 8
ソーシャル・キャピタル（social capital）　2, 9, 55, 121, 137, 143
　　――定義　8
ソーシャル・コンストラクト（social construct，社会的な構成実体）　29
蘇南モデル　iii

●た　行
ダイアスポラ（diaspora，離散集団，流浪の民）　ii
帯域幅（bandwidth）　46
第1次世界大戦　95
抬会（事件）　292, 307, 308
　➡ネズミ講　292, 307
滞在許可（証）　99, 144, 168, 171, 261
滞在国数（中国出国後の）　217
タイトカプリング型（tight coupling，緊密に連結する）　312
第2世代　121
大連　120
台湾　63, 69
多角化　175
ターゲット・パーソン　35
多国籍化
　株主の――　177
　従業員の――　173
脱税　305
脱日常的　201
頼母子講　77
玉ねぎ構造（onion structure）　43, 322
　　――ネットワーク論　45, 188
多様性
　顧客（販売先）の――　154, 155, 170, 171, 221, 223, 229, 231, 234, 354
　➡販売先　147, 148
　仕入先の――　154, 155, 222, 223, 234, 355
　従業員の――　154, 155, 192, 222, 223, 234, 353
探索　23
　➡外部探索性　8, 24, 29, 44, 60, 126, 240, 319, 322
チェコ　186
　温州（青田）人企業家の進出先としての――

131, 132
旅捷（チェコ）青田同郷会　394
地　縁　52, 135, 136, 151, 208, 218, 256
陳傅良（Chen Fuliang, チェン・フリィアン）　65
地下銀行　251, 253, 261, 292
知人構造　52
千葉明　376
チャイナタウン　82, 105, 113, 118, 180, 190, 201, 253
張一力（Zhang, Yili, チャン・イーリー）　64, 203, 300
中越戦争　13
中央政府　69
仲介者　52
中華人民共和国統計法　327
中華民国期（1912～1949 年）　77
中国（中華人民共和国）
　——の GDP　146
　——の WTO 加盟　73
　——の地方行政（層）　71, 213
中国管理科学院　370
中国銀行（ミラノ支店）　102, 103
中国銀行業監督管理委員会主席　299
中国人民銀行
　——温州市中心支行（支店）　293, 294, 296
　——行長（総裁）　299
　——の貸出基準金利　296
中国著名商標　325
中山市　344, 345
中山市外事僑務局　375
中小企業
　——経営者　ii
　EU（欧州連合）欧州委員会の——の定義　182
　温州（の）——（数）　298, 299
　温州——の平均利益率　300
　温州——の利潤率（資本利益率）　294
　日本の平均的な——　349
紐帯（汎コミュニティー的な）　261
中途退学率　55
中範囲の概念　7, 313
中範囲の社会　1, 25
中範囲の理論（middle-range theory）　2
朱熹（Zhu Xi, ヂュ・シー）　65
　➡朱子（しゅし）　65
長江デルタ　68, 69
　——定義　68
調査法
　留め置き——　327
　郵送——　327
長楽（市・人）　20, 21, 97, 213, 241, 242, 243, 244, 247, 250, 251, 259, 268, 278
直接貸借　142
陳今勝　262, 263, 376

　➡日本温州総商会　74, 262, 263, 376
　➡同郷会（組織）　74, 75, 106, 174, 316
ツイッター　18, 45
つきあい
　同郷人とのビジネス上の——の程度（強弱）　154, 156, 223
　非同郷人とのビジネス上の——の程度（強弱）　154, 156, 223
つながり
　➡構造（つながり——）　i, 5, 211, 239, 281, 302, 303, 319, 321, 334
つながり指標　323
つなぎ資金　298
定性（的）
　——アプローチ　i
　——観察　24, 28
ティッピング・ポイント　17
定　量
　——化　i
　——分析　i, 24, 28, 208
鄭　244, 245
出稼ぎ　74
デザイナー
　イタリア人——　83, 179, 180
　➡外国人（現地人）デザイナー　149, 150
　中国人——　179
　ハンガリー人——　230
デジタル・デバイド（digital divide）　7
デフォルト（債務不履行）　311
テルミニ駅　276
　ローマの——　101
天安門事件　131, 270
デンドログラム（dendrogram, 樹形図）　156, 157, 223, 224
ドイツ（温州〔青田〕人企業家の進出先としての）　130
遠い知人　36, 84
同一尺度の信頼（commensurate trust）　v, 6, 11, 12, 13, 14, 15, 29, 59, 64, 89, 90, 93, 115, 126, 136, 138, 143, 146, 151, 171, 186, 188, 206, 208, 211, 216, 236, 276, 279, 281, 308, 309, 313, 316, 319, 320
　➡信頼　ii, 11, 51
　➡測定尺度　47, 48, 51
東欧（諸国）　20, 131
投　機　295, 296, 297, 299, 311, 320
　——的　302
　不動産——集団　295
同郷縁　14, 16, 23, 29, 33, 58, 64, 76, 81, 97, 126, 135, 136, 138, 140, 141, 143, 146, 150, 184, 201, 206, 208, 209, 216, 217, 218, 223, 240, 280, 308, 315, 316, 318, 320, 321, 324, 330, 334, 338, 339, 340, 347, 349
　非——　342

索 引　433

同郷会（組織）　74, 75, 106, 174, 316
　➡温州（市・人）同郷会　74, 106, 127, 166, 207, 231
　　　──幹部　37
同郷人（者）　22, 23, 333
　　──コミュニティー　90, 91, 126, 135, 142, 143, 144, 171, 172, 174, 180, 189, 193, 199, 209, 210, 211, 212, 222, 223, 235, 236, 238, 239, 261, 264, 273, 280, 303, 306, 307, 314, 315, 318, 319
　　──と結婚　169
　　➡結婚相手　22, 136, 138, 146, 153, 154, 169, 171, 209, 218, 219, 223, 225, 229, 231, 235, 264, 272, 352
　　──（人・者）ネットワーク　ii, 23, 90, 118, 186, 191, 306, 324, 348
　　扶助し合う──の数　185
統計違法事件　327
統計データ（数字）
　　──の水増し　327
　　中国──の信頼性　326, 327
党　校　327
倒　産　283, 289, 291, 292, 300, 302, 303
　　連鎖──　291
投　資
　　公共──　69
　　国家──　63
　　初期──　76
　　直接──　63
　　不動産──　66
投資移民　18, 99, 123, 126, 132, 140, 153, 168, 194, 195, 236, 247, 276
　　➡出国理由（事業拡大）　132, 214
董事長　326, 360, 361, 362
鄧小平（とうしょうへい）　19
　　──の南巡講話　73
唐人街　95
同窓会　143
逃　亡　305, 306, 311
遠い知人（友人）　36, 41, 84, 166
特定小集団中心（socio-centric）　4, 8
特約販売店　336, 340, 347
　　──数　337, 359
トスカーナ地方　102, 103, 104, 178, 269
ドストエフスキー（Dostoyevsky, Fyodor Mikhailovich）　231
ドバイ　82, 194
　　温州（青田）人企業家の進出先としての──　132
トポロジー（topology）　41
　　──の可視化　48
ドミノ倒し　79, 298, 311
　　──現象　284

共食い　199
トヨタ（自動車）　1, 89, 138, 280
　　──生産方式　89
　　──のサプライチェーン　14
トヨティズム　56, 89
トランスナショナルな移住（移民）　121, 122, 123, 314
取引関係　324
　　市場経済型の──　339
　　➡市場取引　339, 347, 349, 350
　　長期安定的な──　337, 342
取引コスト　78
トルコ（温州〔青田〕人企業家の進出先としての）　132
土耳其（トルコ）中国工商総会　395
トレードオフ　278
鄧小平（Deng Xiaoping）　➡鄧小平（とうしょうへい）

● な 行

内閣府　138
　　──ソーシャル・キャピタル調査　138
内部（内的な）凝集性
　　➡凝集性　8, 22, 24, 29, 38, 44, 126, 240, 313, 319, 322
内部資源　129
内部（受益）者（ins）　1, 7, 10, 91, 143
内部者同士　8
ナポリ　101, 235, 268, 269, 273, 274, 275
南京条約　245
南宋時代（1127〜1279 年）　65
2 次卸　101
ニーズ・プル　56
日常的な交流関係（日常的につきあう相手）　237, 238
日用品（日用消費財）　29, 63, 65, 69, 75, 317
　　──卸売市場　149
　　──の専門市場　75
　　低級──　73
ニッチ市場　102, 103, 115
2 度の隔たり（two degrees of separation）　6
日本温州総商会　74, 262, 263, 376
　　➡同郷会（組織）　74, 75, 106, 174, 316
　　➡温州商会　74, 81, 96, 127
　　➡温州（人）同郷会　74, 106, 127, 166, 207, 231
　　➡陳今勝　262, 263
日本温州同郷会　262, 376
日本浙江総商会　86, 87, 88, 262, 377
　　➡温州商会　74, 81, 96, 127
　　➡温州（人）同郷会　74, 106, 127, 166, 207, 231
　　➡同郷会（組織）　74, 75, 106, 174, 316
入国管理局　193

入国管理法　265
入職年齢　352
ニューヨーク（市）　242
　──の（ユダヤ人商人）ダイヤモンド（取引・商人）　54, 55
任天堂　280
寧　波　245, 246
ネズミ講　292, 307
　➡抬会（事件）　292, 307, 308
ネットワーク
　➡スモールワールド・ネットワーク　iii, iv, 23, 35, 39, 40, 41, 43, 48, 50, 60, 126, 145, 210
　──戦略　16, 18, 125, 129, 153, 208, 239, 313
　──戦略の4類型5タイプ　158, 173, 196
　➡4類型5タイプ，（在欧）温州（人）企業家の4類型5タイプ　153, 158, 168, 170, 172, 173, 196, 209
　──の刷り込み（network imprinting）　200
　　➡刷り込み（imprinting）　37, 84
　──の中心性（centrality）　43
　──の媒介中心性（betweenness centrality）　43
　──配線図　7
　官民の──　324, 348
　血縁（者）──　246
　結束型──　340
　周辺的な──　36
　ランダム・──　39, 40, 60
　レギュラー・──　39, 40, 60
ネットワーク構造　241, 278, 319, 321, 324, 325
ネットワーク・トポロジー　334
農村工業化　63
農村戸籍　42
農民城　86
ノード（node, 結節点）　iv, 4, 39, 49, 349, 350
　──間関係　276
　──間の不平等　43
　──の対関係（dyad）　14, 47
　弱い──　43, 45, 46, 183, 188, 315

● は　行

ハイアール　280
媒介中心性　44
排外（他）的（exclusionary）　199
　──慣行　55
　──（な）コミュニティー　58, 284, 320
　──な信頼関係　305, 321
　──ネットワーク　30
排華政策（日本政府の）　254
拝金主義　284, 305
配偶者　37, 139, 140, 146, 218, 219, 316
　➡（在欧）温州（人）企業家の同郷人結婚率　139
　➡結婚相手　22, 136, 138, 146, 153, 154, 169, 171, 209, 218, 219, 223, 225, 229, 231, 235, 264, 272, 352
敗者復活の社会装置　185
排斥運動（活動）　106, 115, 116, 167
培　地　209
ハイリスク・ハイリターン　302, 303, 320
バウンダリー　3, 7, 13, 53, 55, 143
　➡境界　1, 2, 3, 5, 6, 10, 11, 12, 16, 143
生え抜き　345, 346, 362
破　産　311
破産法　306
橋渡し役　126, 321
　➡架橋　38, 41, 49, 74
バスコ・ダ・ガマ（da Gama, Vasco）　244
蜂の巣
　──の情報伝播　198
　──モデル　199
パットナム（Putnam, Robert David）　3, 8, 137
バート（Burt, Ronald S.）　18, 37, 41, 183
パドバ　180, 181
離れ小島　49, 236, 322
ハブ（hub, 中心的な結節点）　19, 43, 49, 181, 182, 280
　──への固執　46
バラバシ（Barabási, Albert-László）　36, 43, 182, 183
パリ　107, 109, 192
ハリケーン・カトリーナ　10
バルセロナ　232, 233, 234, 317
パレルモ　101, 102
繁栄メカニズム　64
ハンガリー　205
　温州（青田）人企業家の進出先としての──　131
ハンガリー温州商会　392
ハンガリー華人婦人聯合会　393
ハンガリー福建同郷会　393
阪神（・淡路）大震災　10, 254
販売員（行商人）　76, 79
販売先　147, 148
　➡顧客，顧客の多様性　154, 155, 170, 171, 221, 223, 229, 231, 234
ヒエラルキー構造　182
　➡階層　43, 44, 45, 46, 315, 319
非温州人　209, 318
非温州人企業家　25, 213, 214, 215, 216, 217, 218, 220, 221, 222, 223, 225, 226, 227, 229, 236, 237, 238, 239, 273, 274, 276, 323
　──ネットワーク　229
　（在欧）──　v, 122, 211, 212
　（在欧）──の学歴　139
　（在欧）──の3類型　225

索　引　435

(在欧)──の3類型の学歴・言語能力　181
(在欧)──の同郷人結婚率　139
➡結婚相手　22, 136, 138, 146, 153, 154, 169, 171, 209, 218, 219, 223, 225, 229, 231, 235, 264, 272, 352
➡配偶者　37, 139, 140, 146, 218, 219, 316
東日本大震災　9, 10
非合法移民　99, 316
➡不法(違法)
費孝通 (Fei Xiaotong, フェイ・シャオトン)　63
ビジネス移民 (21世紀型)　122
ビジネスジェット機レンタル会社 (中国初の)　86
ビジネス情報の交換　156
ビジネスチャンス　79
ピッキング
──犯罪　252
──村　253
ビッグデータ　4, 45, 46
──解析　i
非農村戸籍 (都市戸籍)　42
ひまわりモデル　39
ヒューマン・キャピタル (human capital)　2, 18, 22, 57, 139, 143, 200, 231, 233, 234, 236, 261, 264, 318, 319, 320, 321, 334
──分布の不均衡　199
ヒューレット・パッカード　137
評判効果　180, 182
閩 (びん)　244
閩語 (福建語)　13
品質の向上　73, 80
ファースト・ムーバーの利点 (first mover's advantage, 先行者利益)　118, 179, 272
ファッション服 (女性用)　334
ファブレス (fabrication-less)　325, 344, 347, 349
➡虚擬経営 (企業)　344
ファミリービジネス　349
フィールド調査 (フィールドワーク)　i, ii, iv, 24, 25, 125, 126, 130, 154, 171, 192, 201, 202, 210, 212, 234, 236, 313, 315, 325, 335, 351
フィールドノート　28
フィレンツェ　101, 102, 103, 104, 113, 114, 178, 268, 269, 270
何佐斌 (He Zuobin, フェア・ズゥオビン)　187, 188, 233
➡瑞安 (市) 同郷会 (在マラガ) 会長　188
費孝通 (Fei Xiaotong) ➡費孝通 (ひ・こうつう)
フェイスブック　18, 19, 46
フエンラブラダ (Fuenlabrada)　107, 108
フォーマル
➡インフォーマル (なつきあい、ネットワーク)　237, 238, 239, 240, 280, 356, 357
──なつきあい　237, 238, 355, 356

──なネットワーク　280
副経理　335
福州 (人・市)　13, 20, 21, 205, 213, 232, 241, 242, 243, 244, 245, 246, 247, 261, 263, 268
在日不法滞在──(人)(の学歴)　260
福州市人民政府僑弁公室　267, 373
福州大学　373
福清 (市・人)　20, 21, 213, 241, 242, 243, 244, 247, 249, 250, 251, 252, 253, 254, 255, 257, 259, 264, 265, 266, 267, 268, 273, 277, 278, 280, 281
在日──(人)　257, 274
福青幇　242
服装 (衣服) 完成品　341, 343
福利厚生機能　31, 143, 168
父系の血縁集団　308
➡宗族　307, 308
2つ以上の故郷　121, 122
ブダペスト　229, 274, 276
福建 (人・省)　20, 118, 119, 126, 127, 207, 278
──(人) 企業家　205, 273, 277, 279
──(省) 帰国華僑聯合会　243, 246, 248, 249, 372
──(人) コミュニティー　207
在日──(人)　261
米国 (美国) ──(人) 同郷会　201
ハンガリー──同郷会　205, 206, 207, 231, 393
福建師範大学　206
福建省僑務弁公室　371
仏山市　10, 16
不動産
──投資　66
──(への) 投資規制　298, 302
──バブル　298
不法 (違法)
➡非合法移民　99, 316
──就労 (者)　20, 21, 99, 242
──滞在 (者)　20, 99, 100, 104, 113, 114, 154, 197, 247, 252, 254, 255, 261, 263, 264, 265, 266, 279
──入国 (者)(数)　20, 99, 113, 241, 266, 267
不法移民　v, 98, 114, 144, 154, 168, 171, 204, 250, 255, 268
不法残留者 (数)　267
不法入国　270
ブラックエコノミー　67
ブラット (blat)　15
プラート (Prato)(市・県)　101, 102, 103, 104, 105, 109, 111, 112, 113, 114, 118, 120, 168, 178, 179, 180, 181, 197, 265, 268, 269, 270, 271, 272, 273
──(市) 政府　102, 121
──繊維 (アパレル) 産業　110, 111, 180
──のイオロ (Iolo) 地区　179
プラート産業連盟 (Unione Industriale Pratese, UIP)

104, 109, 111, 112
➡ Unione Industriale Pratese　379
プラハ　　　184, 185, 186, 189, 193, 275
フランス（温州〔青田〕人企業家の進出先としての）　130, 132
ブランド（力）　　79, 80, 230
　──企業　　325
　──の構築　　73, 80
　相手先──　　336, 359
　　➡ OEM　83, 325, 335, 336, 337, 340, 344, 347, 359
　自社──（製品）　65, 128, 336, 344, 347, 359
ブランド化　　301
ブランドスーツ　　336
ブレシア（Brescia）　191, 192, 197, 198
フレミング（Fleming, Lee）　49, 50
付録A　　127, 128, 154
ブロードウェイ　　50
ブロント・モーダ　　110, 111
文化大革命（1966～1976年）　21, 174, 181
分業　　76
　──構造　　77
　──体制　　76
　──ネットワーク　　76
分析単位　　11
米国（美国）福建同郷会　　396
米国（美国）龍津（長柄）同郷会　　396
米（美）東華人社団聯合会　　396
閉鎖的（な信頼関係）　　209
平準化　　301
北京語　　13, 22, 172, 187, 191, 196, 234
北京師範大学　　21
北京大学　　327, 328, 365
ペナルティー　　316
ベニス　　197
ベルガモ（Bergamo）　　192
会（*hui*，ホィ）　77, 78, 112, 142, 291, 292, 307
方向性をもった探索（directed search）　52
宝船（ほうせん）　　244
訪問面接法　　327
北方語（官話方言）　　13
莆田市　　205, 268
ポラニー，カール（Polanyi, Karl）　52, 53, 320
ポーランド（温州〔青田〕人企業家の進出先としての）　131
ポルテス（Portes, Alejandro）　　55
補論A　　128, 129

● ま 行
マイクロクレジット　　77
マイクロファイナンス　　77
マサチューセッツ工科大学（MIT）　ii

麻雀　　203
マゼラン（Magellan, Ferdinand）　244
マタイ効果（Metthew effect）　43, 182, 183
又貸し　　284, 289, 297, 303, 320
マドリード　　107, 108, 119, 175, 195, 204, 232, 234, 277, 279
マートン（Merton, Robert King）　43, 182, 183
マネー・ゲーム　　ii, 79, 298, 299, 302, 311
マネー・ロンダリング　　119
マフィア　　55
　福清──　　255
　福建──　　255
マラガ　　187, 188, 232, 233, 234
マルコ・ポーロ（Polo, Marco）　244
ミクロ・マクロ問題　　48
見込みによる絞り込み　　52
短い経路（short path length）　39, 40, 50, 60, 334
密航（者）　　242, 251, 254, 265
　──斡旋組織　　97
　──業者　　154
　──御殿　　21, 251, 261, 265
　──仲介業者　　98
　──の郷　　241, 247
　──の館　　251
　中国人──　　241
3つ以上の故郷　　122
密入国（者）　　190, 191, 198, 255, 265
蜜蜂の情報伝達　　315
　➡ 蜂の巣（の情報伝播，モデル）　198, 199
三菱
　──重工　　280
　──商事　　280
　──電機　　280
ミラノ　　101, 178, 185, 186, 190, 197, 268
　──の中国人暴動事件　　118
ミラノ華僑華人商業総会　　379
ミルグラム（Milgram, Stanley）　35, 52, 140
民営企業　　65, 68, 283, 303, 345
　──家　　323
　温州──　　288, 291, 292, 300, 301, 346, 349
民間金融（民間貸借）　77, 78, 79, 112, 286, 287, 288, 290, 291, 292, 293, 294, 295, 296, 297, 298, 299, 300, 301, 302, 303, 307, 309, 310, 311, 312, 320
　➡ 温州民間信用危機　iv, v, 283, 284, 285, 286, 297, 298, 299, 302, 303, 305, 308, 311, 312, 320
　➡ 高利貸　257, 258, 284, 287, 289, 296, 297, 298, 302, 303, 306, 310
　──市場　　291, 293, 294, 295, 296, 297
　──市場のモニタリングの強化　　299
民間貸借（比）　　293
　➡ 民間金融
民間直接貸借　　292

索　引　437

無尽　77
村社会　256
　　──の規範　264, 265
村八分（ostracism）　15
無利子・無担保・無証文（・無期限）　91, 135, 142, 177, 184, 208, 211, 220, 273
美国　➠米国
面子（mianzi, メンツ）　16, 235, 264, 266, 307, 308, 310
　➠グアンシー　15, 29, 64, 93, 115
メンバーシップ　1, 2, 3, 5, 6, 10, 11, 12, 55
モスクワ　194, 195
モスクワ華人婦女連合会　390
模造品（模倣商品）　70, 84
　➠偽造品　79
元請　12, 51
　　イタリアの──　101
ものづくり　300, 302, 303
　➠製造業　300
モノ不足経済　79
文盲　233

● や　行
ヤミ（非正規）金融　292
　➠正規金融　292
優先的選択（preferential attachment）　43, 182, 183
優先的な特恵扱い（preferential treatment）　51
揺り戻し（類型間の）　196
緩いつながり（現在の）　36
　　──（ネットワーク）の強み（strength of weak ties）　16, 37, 60
葉適（Ye Shi, イェ・シィ）　65, 66
預金準備率切り上げ　298
4類型5タイプ　153, 168, 170, 172, 209
　➠（在欧）温州（人）企業家の4類型5タイプ　158
　➠ネットワーク（戦略）の4類型5タイプ　158, 173, 196

● ら　行
ラオバン（経営者）　145
楽清県　292
ランダム（性）　314, 315
　　──・ウォーク　23, 42, 145
離郷（外出）　315, 333, 340, 349
　　──経験（者）　333, 334, 335
　　創業者の──経験　324, 332, 347, 348, 359
離郷人　14, 67, 81, 89, 90, 210, 319
利己主義　61
利鞘稼ぎ　284, 287, 295, 310, 311, 320
リスク回避　236

利息（金利）　78, 288, 289, 291, 292, 293, 294, 295, 296, 298, 300, 311
利他主義　61
利他性（的）（altruism）　199
離脱　44, 236, 238, 322
　　（同郷人）コミュニティーから──　174, 236, 238, 274
離反性　235
リーマン・ショック　iv, 66, 70, 71, 72, 112, 115, 119, 130, 176, 283, 290, 293, 298, 300, 301, 304, 320
琉球王国　245
利率　295
リロケート　51
リワイヤリング（rewiring, 情報伝達経路のつなぎ直し）　8, 17, 18, 23, 30, 40, 41, 74, 85, 86, 87, 89, 123, 181, 184, 185, 186, 193, 200, 210, 236, 278, 279, 314, 315, 319, 324, 333, 334, 348, 349, 351
　　──（の）制度化　86
　　──能力　173, 208, 210, 223, 280
　　──能力の代理変数　154, 209
　　──の過剰　60
　　アウトバウンドの──　183
　　インバウンドの──　182, 183
　　経歴上の──　335
　　互恵的な──　193
　　➠互恵的　15, 87, 210
　　ランダム（な）──　145, 153, 183
　　被──能力　182, 183, 322
リワイヤリング指標（指数）
　　動き回り型の──　183
　　現状利用型Aの──　186, 189
　　現状利用型Bの──　190
　　ジャンプ型の──　174
　　自立型の──　194
リン（Lin, Nan）　8
林紹良（Lin Shaoliang, リン・シャオリャン）　248, 249
林同春（Lin Tongchun, リン・トンチュン）　254
類型
　　──間の揺り戻し　196, 197
　　──の使い分け　197
累積的因果関係（cumulative causation）　97
ルーティン　199, 264
ルーティン・ワーク　115
麗水市　93
　　──帰国華僑聯合会　370
レオナルド・ダ・ヴィンチ　269
レッセフェール（なすがまま）　207
レディネス（readiness, 準備万端状態, 喜んで引き受ける態度）　7
連江県　242, 243, 247, 259
連鎖移民　97, 123

連鎖倒産　320
連帯保証（人・先）　284, 289, 290, 291, 298, 308
連保（連合担保，連帯保証グループ）　289, 290
労働合同法（労働法）　301
労働市場分断論　97, 103
労働集約型産業（事業）　301, 303, 311, 319, 320, 323
6度の隔たり（six degrees of separation）　35
　↪6人の隔たり
6人の隔たり　40
ロシア（温州〔青田〕人企業家の進出先としての）　131
ロシア・サンクトペテルブルク華人華僑聯合会　231, 391

ロシア楽清モスクワ中華総商会　390
ロシア連邦中国浙江同郷会　390
ロッテルダム　175, 196
ロバスト（ネス）（頑健）　41, 45, 48, 58, 188
ローマ　119, 196, 268, 270, 273, 275, 276, 277

● わ　行
渡辺幸男　63
ワッツ（Watts, Duncan）　iii, 38, 39, 40, 43, 48, 49, 60, 314
ワルシャワ　194, 195, 196
ワンストップ　309

著者紹介

西口敏宏（にしぐち としひろ）
　一橋大学名誉教授・特任教授

辻田素子（つじた もとこ）
　龍谷大学経済学部教授

コミュニティー・キャピタル
中国・温州企業家ネットワークの繁栄と限界

Community Capital:
The Prosperity and Limits of China's Wenzhou Entrepreneurial Networks

2016年6月30日　初版第1刷発行

著　者	西口敏宏 辻田素子
発行者	江草貞治
発行所	株式会社　有斐閣

〒101-0051
東京都千代田区神田神保町2-17
(03) 3264-1315〔編集〕
(03) 3265-6811〔営業〕
http://www.yuhikaku.co.jp/

印　刷	大日本法令印刷株式会社
製　本	牧製本印刷株式会社

© 2016, Toshihiro Nishiguchi and Motoko Tsujita.
Printed in Japan

ISBN 978-4-641-16482-6

★定価はカバーに表示してあります。
落丁・乱丁本はお取替えいたします。

JCOPY　本書の無断複写(コピー)は、著作権法上での例外を除き、禁じられています。複写される場合は、そのつど事前に、(社)出版者著作権管理機構（電話03-3513-6979, FAX03-3513-6979, e-mail:info@jcopy.or.jp）の許諾を得てください。